Brauner/Hamblock/Schwindt/Spörl • IT'S ALL PART OF THE JOB
– EIN WÖRTERBUCH –

IT'S ALL PART OF THE JOB

ENGLISCH FÜR DIE POLIZEI – EIN WÖRTERBUCH –

Von

Norbert Brauner
Diplom-Übersetzer, Studiendirektor a.D.

Dr. Dieter Hamblock
Studienprofessor a.D.

Friedrich Schwindt
Kriminaldirektor

Udo Harry Spörl
Polizeihauptkommissar

VDP

VERLAG DEUTSCHE POLIZEILITERATUR GMBH
Buchvertrieb

Bibliographische Information der Deutschen Nationalbibliothek

Die Deutsche Nationalbibliothek verzeichnet diese Publikation in der Deutschen Nationalbibliographie; detaillierte bibliographische Daten sind im Internet über **http://dnb.d-nb.de** abrufbar

4. Auflage 2010

Satz: VDP GMBH Buchvertrieb, Hilden/Rhld.
Druck: Griebsch & Rochol Druck GmbH, Hamm
Bindung: Buchbinderei Büge, Celle
Printed in Germany
ISBN 978-3-8011-0650-8

Vorwort

It's All Part of the Job – ein Wörterbuch basiert auf einer mehr als 100 000 Einheiten umfassenden Datenbank von Polizeibegriffen aus dem britischen und amerikanischen Englisch, die auch Begriffe aus anderen englischsprachigen Ländern enthält. Sie wurde über einen längeren Zeitraum erstellt und wird fortlaufend ergänzt.

It's All Part of the Job – ein Wörterbuch enthält ca. 20 000 Einträge aus allen Bereichen der Polizeiarbeit in jede Richtung (deutsch-englisch und englisch-deutsch). Dabei wurden sowohl die polizeispezifischen als auch die in der Umgangssprache verwendeten Wörter und Wendungen berücksichtigt, z.B. Führerschein – Fahrerlaubnis, Gefängnis – Justizvollzugsanstalt (JVA), Geisterfahrer – Falschfahrer.

It's All Part of the Job – ein Wörterbuch ist ein Fachwörterbuch, dessen Benutzung grundlegende Englischkenntnisse voraussetzt; daher wurde, von Ausnahmen abgesehen, auf die Aufnahme der grammatische Bezeichnungen, des Grundwortschatzes, deckungsgleicher Wörter und auf Angaben zur Aussprache verzichtet.

It's All Part of the Job – ein Wörterbuch ist im Zeitalter der Globalisierung und des Zusammenwachsens in Europa ein unverzichtbares Hilfsmittel für die tägliche Polizeiarbeit. Die Zusammenarbeit europäischer Polizeien auf der Grundlage des Schengener Abkommens, die Installation von Ermittlungsbehörden mit internationaler Besetzung zur zeiteffizienten und effektiven Polizeiarbeit, bi- und multilaterale Verbindungen und Verflechtungen jeglicher Art machen allgemeine und fachliche Fremdsprachenkenntnisse immer wichtiger.

Die vier Verfasser von **It's All Part of the Job – ein Wörterbuch** wären, trotz engster Zusammenarbeit untereinander, ohne die Mithilfe der anschließend genannten Personen nicht zum Ziel gekommen. Allen sei an dieser Stelle recht herzlich gedankt.

Ganz besonders bedanken möchten wir uns bei unseren vier Ehefrauen Gisela Brauner, Heather Hamblock, Gabriele Schwindt und Ingrid Spörl, ohne deren Geduld und Verständnis dieses Wörterbuch nicht möglich gewesen wäre. Diplom-Übersetzerin Gisela Brauner und Heather Hamblock, B.A., gebührt zusätzlicher Dank für ihre sachkundige Mitarbeit und akribische Lektüre.

Zum Gelingen haben außerdem beigetragen:

Albrecht, James, Captain i.R., New York City Police Department, USA

Dr. Bachem, Walter, Ruhr-Universität Bochum

Carter, Alan, Chief Inspector i.R., Internationaler Generalsekretär i.R. der IPA, Cambridgeshire Constabulary, England

Clemens, Karl Heinz, Erster Kriminalhauptkommissar a.D., Wittlich

Dambly, Egon, Polizeihauptkommissar, Wittlich
Dr. Ehses, Stefan, Staatsanwalt, Wittlich
Finnell, Bill, Senior State Trooper i.R., Klamath Falls, Oregon, USA
Forman, Chris und *Janet,* Soberton Heath, Portsmouth, England
Frings, Nicole, Steineroth
Dr. Geisen, Herbert, Ruhr-Universität Bochum
Goodwin, Stuart, Detective Chief Inspector, New Scotland Yard, London, England
Hahn, Eugen, Oberstudienrat, Altrich
Hahn, Petra, Grundschulleiterin, Altrich
Hamblock, Barbara, B.A., Witten
Huber, Ludwig, Polizeioberkommissar, Zewen
Dr. James, Earl, Police Lieutenant i.R., Lansing, Michigan, USA
Jaminet, Armand, Commissaire-en-Chef, Internationaler Präsident i.R. der IPA, Luxemburg
Steele, Steven, Police Major, Tulsa, Oklahoma, USA
Stratton, Steven A., Detective, Chicago Police Department, Chicago, Illinois, USA
Dr. Swallow, Paul, Chief Inspector, New Scotland Yard, London, England
Walker, William, M.A., Ruhr-Universität Bochum
Waumsley, John, Police Constable i.R., Metropolitan Police Service London, Internationaler Generalsekretär der IPA, England
Zisch, Günter, Polizeihauptkommissar und Polizeidiakon, Wittlich

Die Verfasser

Hinweise für den Benutzer

Die englischsprachigen Einträge beziehen sich auf das britische Englisch; rein amerikanische Ausdrücke sind durch den Zusatz *US* gekennzeichnet; in der Regel wurde nur die britische Schreibweise verwendet, z.B. centre - center, harbour – harbor. Landestypische Institutionen sind mit *GB* bzw. *US* gekennzeichnet.

Übersetzungen bzw. Erklärungen von Begriffen, für die es in der Zielsprache keine Entsprechung gibt, sind kursiv gedruckt, z.B. **Spätaussiedler** *ethnic German repatriated to Germany*, oder **New Scotland Yard** *Zentrale des Metropolitan Police Service in London*. In diesen Fällen wurde auf einen Eintrag in der Zielsprache verzichtet, d.h. **Spätaussiedler** findet sich nur im deutsch-englischen, und **New Scotland Yard** nur im englisch-deutschen Teil.

Im englisch-deutschen Teil sind die verschiedenen Wortarten durch hochgestellte Ziffern gekennzeichnet.

Ein senkrechter Strich grenzt den Teil des Eintrags ab, der durch die Tilde (~) wiederholt wird.

Zum Verständnis der alphabetischen Anordnung mögen folgende Beispiele dienen:

Deutsch-englisch

1. Nomen: **Unfall** accident
2. Präposition + Nomen: **bei einem Unfall** in an accident
3. Nomen + präpositionale Verbindung: **Unfall im Ausland** accident abroad
4. Nomen + Verb: **Unfall aufnehmen** record an accident
5. Adjektiv + Nomen: **schwerer Unfall** severe accident
6. Komposita: **Unfallzeit** time of the accident

Englisch-deutsch

1. Nomen: **accident** Unfall
2. Präposition + Nomen: **in an accident** bei einem Unfall
3. Nomen + präpositionale Verbindung: **accident at work** Arbeitsunfall
4. Nomen + Verb: **have an accident** Unfall haben
5. Adjektiv + Nomen: **severe accident** schwerer Unfall
6. Komposita: **accident statistics** Unfallstatistik

Folgende Abkürzungen wurden verwendet:

coll umgangssprachlich
fig figürlich, im übertragenen Sinn
pl Plural
tm *trade mark* (Markenzeichen)

Erklärung der Symbole

Kfz	Flugwesen
Straßen, Straßenverkehr	Elektrizität
Recht	Militär
Medizin	Drogen
Telefon	Haus
Waffen	Chemie
Zoll	Computer
Eisenbahn	Schiffahrt

Englisch – Deutsch

A

abandon 1 verlassen; 2 *(Kind, Tier)* aussetzen; **~ing a child** Kindesaussetzung
abate *(Missstand)* abstellen
abbreviate *(Wort)* (ab)kürzen
abbreviation Abkürzung
abdomen Unterleib
abduct *(Person)* entführen; **~ion** Entführung; **~or** Entführer
abide by einhalten
ability| to judge Urteilsfähigkeit; **~ to react** Reaktionsfähigkeit
able| to drive *(Person)* fahrtüchtig; **not ~ to drive** fahruntüchtig; **~ to work** arbeitsfähig
abnormal *(Bedingung)* ungewöhnlich
abode Wohnsitz, Aufenthaltsort; **fixed ~** fester Wohnsitz; **of no/without fixed ~** ohne festen Wohnsitz
abolish abschaffen
above oberhalb
abreast, two ~ *(Parken)* in der zweiten Reihe
abridge *(Text)* verkürzen
abroad im/ins Ausland
abscond 1 *(aus Gewahrsam)* fliehen; 2 *(vom Elternhaus)* ausreißen, durchbrennen; 3 verschwinden, sich absetzen; **~er** Flüchtiger
absence Abwesenheit, Fehlen; **in the ~ of** in Abwesenheit von; **~ without (official) leave (AWOL)** unerlaubtes Fernbleiben vom Dienst
absent abwesend; **be ~ without leave** *(Dienst)* unentschuldigt fernbleiben; **~-minded** zerstreut
abstain from sich enthalten, Abstand nehmen von
abstract[1] of record Aktenauszug
abstract[2] ⚡ abzapfen
abstracting of electricity Entziehung elektrischer Energie
abundance Überfluss
abuse[1] 1 Misshandlung; 2 *(✗, sexuell)* Missbrauch; 3 Beschimpfung; **~ of authority; ~ of official functions** Verletzung der Dienstpflichten, Amtsmissbrauch; **~ of pharmaceutical drugs** Medikamentenmissbrauch; **~ of power** Machtmissbrauch; **racist ~** rassistische Beschimpfung; **sexual ~** sexueller Missbrauch; **verbal ~** Be|leidigung, -schimpfung
abuse[2] 1 misshandeln; 2 missbrauchen; **~ verbally** beschimpfen
abut angrenzen
academy Hochschule; **~ of public administration** Fachhochschule für öffentliche Verwaltung; **~ of public administration – police branch** Fachhochschule Polizei
accelerate beschleunigen, Gas geben
acceleration Beschleunigung; **~ lane** ▽ Beschleunigungsstreifen
accelerator 1 🚗 Gas(pedal); 2 *(Motorrad usw)* Gas|griff, -hebel; **~ pedal** Gaspedal
accent Akzent; **slight/strong ~** leichter/starker Akzent
accept 1 akzeptieren, annehmen, in Kauf nehmen; 2 *(gesellschaftlich usw)* anerkennen; 3 zusagen; 4 *(TÜV usw)* abnehmen; **~able** annehmbar
acceptance 1 Akzeptanz, Annahme; 2 Anerkennung; 3 Abnahme; **~ certificate** Abnahmeschein; **~ declaration** Annahmeerklärung
access[1] 1 Zugang, Zutritt; 2 Gebäudezufahrt; 3 💻 Zugriff; **~ to the records** Akteneinsicht; **~ to a solicitor** Recht auf einen Anwalt; **deny ~** Zugang verweigern; **gain ~** Zugang erlangen
access|, free ~ freier Zugang; **possible ~** Zugangsmöglichkeit; **safe ~** sicherer Zugang; **unimpeded ~** ungehinderter Zugang; **vehicular ~** Zufahrtsmöglichkeit
access[2] 💻 zugreifen;
access check Durchlasskontrolle
accessible zugänglich
accessories Zubehör
accessory ⚖ Helfer, Mitwisser, Mittäter; **~ before the fact** Gehilfe
access| point Anschlussstelle, Autobahn-

einfahrt; ~ **ramp** Auffahrtrampe; ~ **road** 1 Zubringer(straße), Zufahrtsstraße; 2 Gebäudezufahrt
accident 1 Unfall, Unglück; 2 ⚓ Havarie; **without causing ~s** unfallfrei; ~ **on duty** Dienstunfall; ~ **resulting in bodily injury** Verkehrsunfall mit Personenschaden/Verletzten; ~ **involving game** Wildunfall; ~ **at work** Arbeits-, Betriebsunfall; **person injured in the** ~ Unfallverletzter; **person involved in an** ~ Unfallbeteiligter; **person responsible for the** ~ Unfallverursacher
accident|, cause an ~ Unfall verursachen; **have an ~; be involved in an** ~ an einem Unfall beteiligt sein, verunglücken; **record (and investigate) an** ~ Verkehrsunfall aufnehmen/bearbeiten; **report an** ~ Unfall melden; **say how the ~ happened** Unfallhergang schildern
accident|, alcohol/drink-related ~ Verkehrsunfall unter Alkoholeinwirkung; **bad/serious/severe** ~ schwerer Unfall; **damage-only** ~ Unfall mit Sachschaden; **fatal** ~ tödlicher Unfall, Unfall mit Todesfolge; **hit-and-run** ~ Verkehrsunfall mit Fahrerflucht, unerlaubtes Entfernen vom Unfallort; **industrial/occupational** ~ Arbeits-, Betriebsunfall; **light/minor** ~ Bagatellunfall
accidental 1 Unfall-; 2 zufällig
accident| black spot Unfall|häufungsstelle, -brennpunkt; ~ **insurance** Unfallversicherung; ~ **investigation** Verkehrsunfalluntersuchung; **on-the-spot ~ investigation** örtliche Verkehrsunfalluntersuchung; ~ **investigator** Experte/Polizeibeamter mit Spezialkenntnissen für Unfallaufnahme und -ermittlung; ~ **prevention** Verkehrsunfallprävention; ~ **rate** Unfallrate; ~ **recording and investigating** Verkehrsunfallaufnahme; ~ **report** Unfall(aufnahme)bericht; ~ **report form** *(Formular)* Verkehrsunfallanzeige; ~ **reporting procedure** Unfallmeldeschema; ~ **risk** Unfallrisiko; ~ **scene/site** Unfallort; **secure an ~ spot** Gefahrenstelle absichern; ~ **squad** Verkehrsunfallkommando; ~ **statistics** Unfallstatistik
accommodate *(Person)* unterbringen, beherbergen
accommodation Unterbringung, Unterkunft, Logis; **find** ~ unterkommen; **overnight** ~ Übernachtungsmöglichkeit; **temporary** ~ vorübergehende Unterbringung; ~ **service** Zimmervermittlung
accompany begleiten, mitkommen; **~ing form** Begleitformular; **~ing person** Begleitperson
accomplice Komplize, Mittäter
accomplish erledigen
accord Übereinkommen
accordance, in ~ with gemäß, im Einklang/in Übereinstimmung mit, laut
according to nach, gemäß
accost *(Person)* ansprechen
account[1] 1 Konto; 2 Darstellung; **on no** ~ auf keinen Fall; **settle ~s** *(Rache nehmen)* abrechnen; **take ~ of** berücksichtigen; **current** ~ Girokonto; **detailed** ~ Detailschilderung; **factual** ~ sachliche Darstellung; **frozen** ~ Sperrkonto; **numbered** ~ Nummernkonto; **overdrawn** ~ überzogenes Konto
account|ability Verantwortlichkeit; **~able** verantwortlich, zuständig
account| number Kontonummer; ~ **number and (bank) sort code** Bankverbindung; ~ **statement** Kontoauszug
account[2] for Rechenschaft ablegen
accrual *(Recht, Anspruch)* Entstehung
accrue 1 entstehen; 2 *(Rückstände usw)* anfallen
accusation Vorwurf, Be|schuldigung, -zichtigung
accuse vorwerfen, be|schuldigen, -zichtigen
accused|[1], the ~ ⚖ Angeklagter; **give the ~ the benefit of the doubt** im Zweifel für den Angeklagten sein
accused[2] beschuldigt; ~ **of** beschuldigt wegen
achieve *(Plan, Ziel)* erreichen, leisten; **~ment** Erreichen, Leistung

acid Säure; **carbonic ~** Kohlensäure
acknowledge 1 zugeben; 2 bestätigen; **~ment of receipt** Empfangsbescheinigung
acquaint| oneself with sich vertraut machen mit; **~ance** Bekannter; **be ~ed with** kennen
acquire anschaffen, erwerben
acquisition Anschaffung, Erwerb; **illegal ~** Erschleichung; **~ costs** Anschaffungskosten
acquit freisprechen; **~tal** Freispruch
across hinüber
act|[1] 1 Handlung, Tat(handlung); 2 Gesetz; **in the ~** auf frischer Tat; **catch someone in the ~** jemanden auf frischer Tat ertappen; **~ of aggression** Angriffshandlung; **~ of despair** Verzweiflungstat; **~ of God** *(Versicherung)* Naturereignis, höhere Gewalt; **~ of sovereignty** Hoheitsakt; **~ of violence** Gewaltakt
act|, administrative ~ Verwaltungsakt; **arbitrary ~** Willkürakt; **criminal ~** Straftat; **hostile ~** feindselige Handlung; **indecent ~** Unzucht, unzüchtige Handlung; **indecent ~s with children** sexuelle Belästigung/sexueller Missbrauch von Kindern; **official ~** Amtshandlung; **punishable ~** strafbare Handlung
act[2] 1 agieren, einschreiten, fungieren, handeln, vorgehen; 2 *(auch fig)* Theater spielen; **~ illegally** illegal handeln; **~ negligently** fahrlässig handeln
acting with foresight vorausschauendes Handeln
action 1 Ein|greifen, -schreiten, Handlung, Maßnahme, Vorgehen; 2 Zugriff; 3 *(Zivilrecht)* Prozess, Klage; **for immediate ~** zur sofortigen Veranlassung
action| for damages Schadensersatzklage; **~ for eviction** Räumungsklage; **~ by the security forces** Vorgehen der Sicherheitskräfte; **~ in violation of international law** völkerrechtswidrige Handlung
action|, bring an ~ against someone jemanden verklagen; **fail to take ~** untätig bleiben; **take ~** 1 handeln, Maßnahme ergreifen; 2 Initiative ergreifen; 3 durchgreifen; 4 *(polizeiliches Eingreifen)* zugreifen; **take ~ against someone** Schritte gegen jemand unternehmen; **watch without taking any ~** tatenlos zusehen
action|, affirmative ~ positive Diskriminierung; **appropriate ~** angemessenes Einschreiten; **civil ~** Zivil|prozess, -klage; **cloak-and-dagger ~** Nacht- und Nebelaktion; **common/concerted/joint ~** gemeinsames Handeln; **covert ~** verdeckte Ermittlung(en); **disciplinary ~** Disziplinarmaßnahme; **evasive ~** Ausweichmanöver; **further ~** weitere Veranlassung; **immediate ~** sofortiges Handeln, Sofortmaßnahme; **impulsive ~** Kurzschlusshandlung; **industrial ~** Streik; **initial ~** erste Maßnahme; **instant ~** Sofortmaßnahme; **legal ~** Rechtsweg; **private ~** Zivilklage; **selective ~** Schwerpunkt|aktion, -arbeit; **post-conflict ~** Maßnahme nach einem Konflikt; **take rigorous ~** energisch/hart/konsequent durchgreifen
actionable einklagbar
activate einschalten
activist, anti-nuclear ~ Kernkraftgegner
activity Tätigkeit; **charitable ~** karitative Tätigkeit; **criminal ~** strafbare Handlung; **terrorist ~** terroristische Aktivität
actor Schauspieler
actress Schauspielerin
actual tatsächlich
acuity, visual ~ Sehschärfe
ADAC| breakdown service ADAC-Pannendienst; **~ (patrol)man** ADAC-Pannendienstfahrer
adamant unnachgiebig
adapt| (to) anpassen; **~ability** Anpassungsfähigkeit
add hinzufügen
addict (Drogen)Abhängiger, Suchtkranker; **~ed** (drogen)abhängig
addiction Abhängigkeit; **~ to alcohol** Alkoholabhängigkeit
addictive abhängig/süchtig machend

addition Zusatz; **in ~ to** darüber hinaus, zusätzlich

address[1] Adresse, Anschrift; **of no/without fixed ~** ohne festen Wohnsitz; **change one's ~** umziehen; **fixed ~** fester Wohnsitz; **last known ~ (LKA)** letzte bekannte Anschrift; **postal ~** Postanschrift; **private ~** Wohnanschrift; **registered ~** Meldeanschrift; **residential ~** Privatanschrift; **temporary ~** Verbleibadresse; **~ book** Adressenverzeichnis

address[2] 1 *(Person)* ansprechen; 2 *(Problem usw)* angehen

adhere| to einhalten, festhalten an; **~nce** Einhalten

adjacent; adjoining angrenzend, benachbart

adjourn ⚖ vertagen, aussetzen; **~ment** Vertagung, Aussetzung

adjudication ⚖ *(Zivilrecht)* Entscheidung, Urteil

adjust 1 *(regulieren)* einstellen, verstellen; 2 *(Schaden)* regulieren; **~ to** anpassen; **~ to something** sich an etwas anpassen; **~able** verstellbar; **~ment** Einstellung, Anpassung

administer 1 leiten, verwalten; 2 ⚕ verabreichen

administration 1 Verwaltung; 2 *US* Regierung; **~ of justice** Rechtspflege; **general ~** allgemeine Verwaltung; **public ~** öffentliche Verwaltung; **~ department** Verwaltungsabteilung; **local ~ officer** Beamter des kommunalen Vollzugsdienstes

administrative Amts-, Verwaltungs-

administrator Verwalter

admissible zulässig

admission 1 Eintritt(spreis), Zutritt; 2 (Teil)Geständnis; **~ of guilt** Schuldanerkenntnis; **~ of liability** Anerkennung der Haftung; **free ~** freier Eintritt; **~ check** Durchlasskontrolle; **~ charge/fee** Eintrittspreis; **~ ticket** Eintrittskarte

admit 1 gestehen, bekennen, zugeben; 2 zulassen; 3 Zutritt gewähren; **no ~tance** *(Schild)* Zutritt verboten

adolescent Heranwachsender

adopt 1 einführen; 2 *(Gesetz)* verabschieden

ADR document ADR-Nachweis

adult[1] Erwachsener; **~s only** nur für Erwachsene

adult[2] erwachsen

adulterate *(alkohol. Getränk)* panschen

adultery Ehebruch

adult movie *US* pornographischer Film

advance|[1]**, in ~** im Voraus; **make ~s** Annäherungsversuch(e) machen; **~ on costs** Kostenvorschuss; **~ party** Vor(aus)kommando; **~ warning** Vorwarnung

advance[2] sich nähern, vordringen

advantage Vorteil, Gewinn; **take ~ of** Vorteil ziehen aus; **pecuniary ~** finanzieller Vorteil, Gewinn; **~ous** vorteilhaft

adversary Gegner

adverse nachteilig

advertise *(Zeitung usw)* inserieren, werben

advertisement Anzeige; **~ of a position** (Stellen)Ausschreibung; **classified ~** Kleinanzeige

advertising Werbung

advice Ratschlag, Beratung, Empfehlung; **~ on legal remedies** Rechtsbehelfsbelehrung; **legal ~** Rechts|auskunft, -beratung; **free legal ~** kostenlose Rechtsberatung; **legal ~ centre** Rechtsberatungsstelle

advise (an-, be)raten, empfehlen, Ratschlag geben; **~ against** abraten; **legal ~r** Rechts|beistand, -berater

advocate sich einsetzen für

aerial Antenne

aeroplane Flugzeug

aerosol| can Spraydose; **~ dispenser** Druckgaspackung

affair 1 Angelegenheit, Sache; 2 *(sexuell)* Verhältnis, Seitensprung; **administrative and legal ~s** Verwaltung und Recht; **internal ~s** 1 innere Angelegenheiten; 2 *(Abteilung)* Dienstvergehen *US*; **legal ~s** *(Abteilung)* Recht

affect beeinflussen, einwirken auf, sich auswirken auf, betreffen; **~ed** betroffen; **those ~ed** die Betroffenen

affiliation Zugehörigkeit; **religious ~** Religionszugehörigkeit
affirm bekräftigen, beteuern
affirmation (in lieu of oath) den Eid ersetzende Bekräftigung, Versicherung an Eides Statt, eidesstattliche Erklärung
affix anbringen, befestigen
affluence Wohlstand, Reichtum
affluent reich, wohlhabend
afford, be able to ~ sich leisten können
affray Schlägerei
afore|named; ~said oben genannt, vorher erwähnt
afraid|, be ~ Angst haben; **I'm ~** leider
after *(Zeit)* nach; **in the ~math of** *(Ereignis)* im Gefolge
age Alter; **at the ~ of** im Alter von; **of ~** volljährig; **under ~** minderjährig; **apparent ~** scheinbares Alter; **approximate ~** ungefähres Alter; **full/legal ~** Volljährigkeit; **minimum ~** Mindestalter; **~ limit** Altersgrenze
agency 1 Behörde, Dienststelle; 2 Geschäftsstelle; **competent ~** zuständige Dienststelle; **federal ~** Bundesbehörde; **issuing ~** ausstellende Behörde; **military ~** militärische Dienststelle; **postal ~** Poststelle; **special ~** Sonderorganisation; **~ worker** Leiharbeiter
agenda Tagesordnung
agent 1 *(Beauftragter usw)* Vertreter; 2 Wirkstoff; **absorbent/absorptive ~** Bindemittel; **authorized ~** Bevollmächtigter; **effective ~** Wirkstoff; **undercover ~** verdeckter Ermittler
agglomeration, urban ~ Ballungsgebiet
aggravate *(Situation usw)* verschärfen, erschweren, verschlimmern
aggravating strafverschärfend
aggregates Schüttgut(ladung)
aggression, prevent ~ Gewalt vorbeugen
aggressive angriffslustig; **~ness** Aggressivität
agree 1 vereinbaren, abmachen, sich einigen/verständigen; 2 zustimmen, einwilligen; **~ on** vereinbaren; **~ to** zustimmen, einverstanden sein; **~ with** übereinstimmen mit; **~ to do something** *(Übereinkunft)* sich verständigen
agreement 1 Vereinbarung, Ab|machung, -kommen, Über|einkommen, -einstimmung; 2 Ein|verständnis, -willigung, Zustimmung; **in ~ with** im Einverständnis mit
agreement|, breach an ~ Vereinbarung nicht einhalten, Abkommen verletzen; **come to an ~** sich einigen; **negotiate/reach an ~** Vereinbarung aushandeln; **prior ~** vorherige Zustimmung; **ride-sharing ~** Fahrgemeinschaft; **special ~** Sonderregelung; **tacit ~** stillschweigendes Übereinkommen
agri|cultural landwirtschaftlich; **~culture** Landwirtschaft
ahead, drive/go ~ vorausfahren
aid[1] 1 Hilfe(leistung); 2 Hilfsmittel; **administrative ~** Amtshilfe;
aid|, first ~ erste Hilfe; **give/render first ~** erste Hilfe leisten; **be obliged to give first ~** zur Hilfeleistung verpflichtet sein; **first ~ box/kit** Verbandskasten, Erste-Hilfe-Set
aid|, humanitarian ~ humanitäre Hilfe; **immediate ~** Soforthilfe; **legal ~** Rechts-, Prozesskostenhilfe
aid[2] helfen; **~ (and abet)** Beihilfe leisten
aiding (and abetting) Beihilfe, Mittäterschaft
AIDS, contract ~ sich mit Aids anstecken/infizieren
aim[1] Ziel; **~s** Zielsetzung; **common ~** gemeinsames Ziel
aim[2] zielen; **~ at** richten auf
air Luft; **by ~** auf dem Luftweg; **compressed ~** Druckluft; **compressed ~ tank** Druckluftbehälter; **compressed ~ tube** Druckluftleitung; **fresh ~** Frischluft
air ambulance Rettungshubschrauber
airbag|, deactivate the ~ Airbag deaktivieren; **dual/twin ~s** Doppelairbags
air|base Luftwaffenstützpunkt, Militärflugplatz; **~ bed** Luftmatratze; **~ brake** Druckluftbremse; **~ bubble** Luftblase; **~ cargo** Luftfracht; **~-con-**

ditioned klimatisiert; ~ **conditioner/conditioning** Klimaanlage
aircraft Flugzeug; **low-flying** ~ Tiefflieger; **microlight** ~ Ultraleichtflugzeug; **military** ~ Militärflugzeug
air| crash/disaster Flugzeugabsturz; ~ **fare** Flugpreis; ~**field** Flugplatz; ~ **force** Luftwaffe; ~ **gun** Luft(druck)gewehr; ~ **journey** Flugreise; ~**line** Flug|gesellschaft, -linie; ~**mail** Luftpost; ~**man** *US* Luftwaffensoldat; ~ **marshal** *(im Flugzeug)* bewaffneter Sicherheitsbeamter; ~ **mattress** *US* Luftmatratze; ~ **passage** ⚕ Atemweg; ~ **passenger check** Fluggastkontrolle; ~ **piracy** Luftpiraterie; ~ **pistol** Luft(druck)pistole
airplane Flugzeug; **private** ~ Privatflugzeug
air pollution Luft|verschmutzung, -verunreinigung
airport Flughafen; ~ **detail/police/security** Flughafenpolizei; ~ **security** Sicherheit auf Flughäfen
air| pressure Luftdruck; ~ **pressure gauge** Druck|luftanzeiger, -messer; ~ **pump** Luftpumpe; ~ **purity** Luftreinheit; ~ **rescue service** Luftrettung; ~**ship** Luftschiff; ~**space** Luftraum; ~**strip** Landeplatz; ~ **support (unit)** Hubschrauberstaffel; ~**tight** luftdicht; ~ **traffic** Luftverkehr; ~**way** ⚕ Luftröhre
aisle 1 Schneise; 2 *(Bus, Flugzeug usw)* Gang; 3 *(Parkplatz)* Fahrgasse
alarm[1] 1 Alarm; 2 Alarmanlage; **activate/set the** ~ Alarmanlage einschalten; **deactivate the** ~ Alarmanlage ausschalten; **give/sound the** ~ alarmieren; **set/trigger off the** ~ *(durch Eindringling)* Alarmanlage auslösen; **false** ~ Fehlalarm(ierung)
alarm| clock Wecker; ~ **device/system** Alarmanlage; ~ **shot** Schreckschuss; ~ **signal** Alarmmeldung; ~ **unit** Alarmhundertschaft, Bereitschaftszug
alarm[2] alarmieren
alcohol|, addicted to ~ alkoholabhängig; **excess** ~ **in the blood** zu hoher Blutalkoholgehalt; **consume/drink** ~ Alkohol zu sich nehmen; **be able to smell** ~ Alkohol riechen können; **residual** ~ Restalkohol
alcohol| abuse/misuse Alkoholmissbrauch; ~ **consumption** Alkoholgenuss; ~ **content/level** Alkoholgehalt; **legal** ~ **limit** Promillegrenze; ~ **test** Alkotest
alcoholic Alkoholiker, Trinker
alcoholism Alkoholabhängigkeit
alert[1] 1 Alarm(signal); 2 (Alarm)Bereitschaft; **put out an** ~ **for** Fahndung auslösen nach; **sound the** ~ Alarmknopf betätigen; **full** ~ Alarmbereitschaft; ~ **button** Alarmknopf; ~ **forces** Alarmkräfte; **back-up** ~ **forces** zusätzliche Alarmkräfte
alert[2] alarmieren
A level examination/qualifications *GB* Abitur
alias Aliasname, falscher Name
alibi|, confirm an ~ Alibi bestätigen; **have an** ~ Alibi besitzen; **prove an** ~ Alibi nachweisen; **question an** ~ Alibi in Frage stellen; **watertight** ~ wasserdichtes Alibi; ~ **witness** Alibizeuge
alien[1] Ausländer; ~ **in transit** durchreisender Ausländer; **illegal** ~ illegal eingereiste Person; ~**s act** Ausländergesetz; ~**s department** Ausländer|amt, -behörde; ~**s law** Ausländerrecht
alien[2] ausländisch, fremd
alight[1] *(LKW usw)* aussteigen
alight[2]**, set** ~ anzünden
align *(Rad)* auswuchten
alimony Unterhalt *(für Kinder)*
alive lebendig; **be** ~ lebendig sein, leben; **burn** ~ bei lebendigem Leib verbrennen
allegation Behauptung, Beschuldigung; **deny an** ~ einer Behauptung widersprechen
allege behaupten; ~**d** angeblich, mutmaßlich
allegiance Treuepflicht
all-embracing alles umfassend
alleviate lindern, mildern
alley Durchgang, schmale Gasse; **blind**

~ *US* Sackgasse; **~way** schmale Gasse
all-inclusive *(Preis)* pauschal
allocate auf-, zuteilen
allocation Auf-, Zuteilung; **~ of duties** Kompetenzverteilung; **~ of personnel** Personalzumessung
allot *(Ressourcen)* zuweisen; **~ment** Schrebergarten
allow erlauben, gestatten, zulassen; **~ in(to)** hineinlassen; **~ someone to finish (talking)** jemanden ausreden lassen; **~ oneself to be overwhelmed by something** sich in etwas hineinsteigern
allowance *(Gehalt)* Zulage; **daily ~** Tagegeld
allowed, be ~ to dürfen, berechtigt sein
alloy wheel Alu-, Leichtmetallfelge
along entlang, längs; **~side** längsseits, nebeneinander
Alsatian Schäferhund
alter ändern
alternative andere Möglichkeit; **have no ~** keine andere Wahl haben
alternator Lichtmaschine
aluminium foil Alufolie
amalgamate verschmelzen
amalgamation Verschmelzung, Fusion, Zusammenschluss
amateur Laie
amazed verblüfft
amazement Verblüffung
ambassador Botschafter
amber *(Ampel)* gelb
ambi|guity Zweideutigkeit; **~guous** unklar, zweideutig
ambition Ehrgeiz
ambitious ehrgeizig
ambi|valence Zweideutigkeit; **~valent** zweideutig
ambulance Kranken-, Rettungswagen, Rettungsfahrzeug; **~ with a doctor on board** Notarztwagen; **send for/call an ~** Krankenwagen anfordern; **~ crew** Krankenwagenbesatzung; **~man** Sanitäter; **~ service** Rettungsdienst
amend *(Gesetz usw)* ändern, novellieren; **~ment** Änderung, Novellierung
amenity site Müll|deponie, -kippe
America's| finest *US (coll)* Polizei; **~ most beautiful** *(US, Sammelbegriff, ironisch)* Kriminalpolizei; **~ Most Wanted** *US (Fernsehserie)* Aktenzeichen XY
American|, Afro-/African/Black ~ Farbiger; **Latin ~** Lateinamerikaner; **~ Automobile Association (AAA)** *Automobilclub in USA*
ammunition Munition; **live ~** scharfe Munition; **special ~** Sondermunition; **spent ~** verschossene Munition; **~ find** Munitionsfund
amnesia Erinnerungsverlust
amok, run ~ Amok laufen
amount Betrag, Summe, Menge; **~ of money** Geldbetrag; **steal an ~ of money** Geldbetrag entwenden; **large ~ (of money)** größerer Betrag; **excessive ~** Übermaß; **minimum ~** Mindestbetrag; **missing ~** Fehlbetrag; **remaining ~** Restbetrag; **vast ~** Unmenge
ample reichlich
amplifier Verstärker; **outdoor ~** Außenlautsprecher
ampoule Ampulle
amusement arcade Spielhalle
analyse begutachten
analysis, operational ~ Einsatzanalyse
anarchist Autonomer
anchor[1] Anker; **drop ~** vor Anker gehen, ankern; **lie at ~** vor Anker liegen, ankern
anchor[2] vor Anker gehen, ankern; **be ~ed** vor Anker liegen, ankern
ancillary Hilfs-
anger[1] *(Wut)* Ärger
anger[2] ärgern
angle (Blick)Winkel; **~-park** schräg einparken
angler Angler
Anglo *US* Person angelsächsischer Herkunft
animal Tier; **dangerous ~** gefährliches Tier; **exotic ~** exotisches Tier; **stray ~** streunendes Tier; **~ bite** Tierbiss; **~ hospital** Tierklinik; **~ keeper** *(Zoo)* Wärter; **~ rights activist** Tierschützer; **~ rights extremist** militanter Tierschützer; **~ transport** Tiertransport

animosity Feindseligkeit
ankle Knöchel
anklet Fußkettchen
annex 1 *(Dokument)* Anlage; 2 🏠 Anbau
anniversary Jahres-, Jubiläumstag, Dienstjubiläum
announce 1 ankündigen, bekannt|geben, -machen; 2 *(Lautsprecher usw)* verkünden, durchsagen; **~ment** 1 Bekannt|gabe, -machung; 2 Mitteilung, Durchsage
annoy ärgern; **~ed** ungehalten; **~ing** lästig
annual jährlich, Jahres-
anorak Anorak
anonymous anonym
answer|, I'm afraid I can't ~ this damit bin ich überfragt; **~ing machine; ~phone** Anrufbeantworter
antagonist, separate ~s *(Schlägerei usw)* Gegner trennen
antenna *US* Antenne
ante-room Vorzimmer
anthem, national ~ Nationalhymne
anthrax ⚕ Milzbrand
anticipate ahnen, voraus-, vorhersehen, vorwegnehmen
anticipation Vor|aussicht, -wegnahme
anti|-clockwise gegen den Uhrzeigersinn; **~-constitutional** verfassungsfeindlich; **~depressant** Antidepressivum; **~dote** ⚕ Gegenmittel; **~-freeze** Frostschutzmittel
antiquated veraltet
antique|s Antiquitäten; **~ dealer** Antiquitätenhändler
anti|-skid; ~-slip rutschfest; **~social** *(Benehmen)* ungebührlich
apart, take ~ auseinander nehmen
apartment *US* (Miet)Wohnung, Apartment; **~ complex** Wohnblock
apologize sich entschuldigen
apology Entschuldigung
appalling entsetzlich
apparent anscheinend, augenscheinlich, scheinbar
appeal[1] 1 ⚖ Berufung, Revision, Anfechtung, Widerspruch, Rechts|mittel, -behelf; 2 Aufruf; **~ on a point of law** Rechtsbehelf; **allow an ~** Berufung zulassen; **dismiss/quash an ~** Berufung verwerfen/zurückweisen; **lodge an ~** Rechtsmittel/Revision einlegen; **~ period** Einspruchsfrist
appeal[2] 1 Berufung/Widerspruch einlegen, anfechten; 2 aufrufen
appear 1 auftauchen; 2 *(als Zeuge usw)* auftreten; 3 *(den Anschein haben)* scheinen; **~ance** 1 Auftauchen; 2 Erscheinen vor Gericht, Auftreten; 3 (An)Schein; 4 Aussehen; **(physical) ~ance of a police officer** (äußeres) Erscheinungsbild des Polizeibeamten
appendix *(Buch usw)* Anhang
appliance Gerät
applicable zutreffend; **not ~** *(Formular)* Fehlanzeige
applicant Antragsteller, Bewerber
application 1 Antrag, Bewerbung; 2 Anwendung; **~ for asylum** Asylantrag; **reject an ~ for asylum** Asylantrag ablehnen; **~ for custody** Haftantrag; **~ to leave the country** Ausreiseantrag; **~ form** Antrags-, Bewerbungsformular
apply 1 beantragen, sich bewerben; 2 anwenden; 3 *(Gesetz)* gelten; **~ for** beantragen, sich bewerben; **~ to** 1 gelten für; 2 sich wenden an
appoint ernennen, berufen
appointment 1 Ernennung; 2 Termin, Verabredung; **~ for life** Lebensstellung
appraisal *(Person)* Beurteilung, **~ guideline** Beurteilungsrichtlinie; **above-average ~ marks** gute Beurteilung; **fair ~ marks** befriedigende Beurteilung; **~ report** Beurteilung
appraise 1 abschätzen; 2 beurteilen
appreciate Verständnis haben für, zu schätzen wissen
apprehend 1 festnehmen; 2 *(Flüchtigen usw)* stellen
apprehension 1 Festnahme; 2 Befürchtung
apprentice Lehrling, Auszubildender; **~ship** Lehre, Ausbildung
approach[1] 1 Annäherung; 2 Ansatz, Methode; 3 Vorgehen; 4 ✈ Anflug; **~ to the bridge** Brückenzufahrt; **take an ~**

Ansatz verfolgen; **covert** ~ verdeckte Annäherung; **holistic** ~ ganzheitlicher Ansatz (der Verbrechensbekämpfung); ~ **road** Zufahrtsstraße

approach[2] 1 herantreten, sich nähern; 2 *(Person)* ansprechen; ~ **someone** auf jemanden zukommen

appropriate[1] *(Gegenstände)* sich aneignen

appropriate[2] angemessen, zuständig, zweck|dienlich, -mäßig; **deem** ~ für angemessen halten

appropriateness Verhältnis-, Zweckmäßigkeit; ~ **of the means employed** Verhältnismäßigkeit der Mittel

appropriation Aneignung; ~ **of a find** Fundunterschlagung

approval Einverständnis, Genehmigung, Zustimmung

approve billigen, genehmigen, gutheißen, einverstanden sein, zustimmen

approximately annähernd, ungefähr

approximation Näherungswert

aptitude Eignung; ~ **test** Eignungsprüfung

arbitrariness Willkür

arbitrary willkürlich

arcade (Einkaufs)Passage

arch(way) 🏠 (Tor)Bogen

arched gewölbt

archive(s) Archiv

area 1 Gebiet, Gegend, Gelände, Zone, Fläche, Raum; 2 Sachbereich; 3 Dienst-, Polizeibezirk; **within the** ~ im Bereich von; ~ **of general access** allgemein zugänglicher Bereich; ~ **of outstanding natural beauty** *GB* Landschaftsschutzgebiet; ~ **of newly built houses** Neubaugebiet; ~ **of jurisdiction** *(räumlich)* Zuständigkeitsbereich; ~ **of observation** Beobachtungsbereich; ~ **of operations** Einsatzraum; ~ **of responsibility** 1 Aufgaben-, Zuständigkeits-, Verantwortungsbereich; 2 Dienstbereich, Einsatzraum; **restricted ~ of stay** Aufenthaltsbereich; **comb/search an** ~ Gelände absuchen; **control an** ~ Gebiet beherrschen; **cordon off an** ~ Gelände absperren

area|, administrative ~ Zuständigkeitsbereich; **blind** ~ Funkschatten; **built-up** ~ 1 bebautes Gebiet; 2 geschlossene Ortschaft; **in a built-up** ~ innerorts; **outside built-up ~s** außerorts; **cordoned-off** ~ abgesperrter Bereich; **crime-ridden** ~ Gegend mit hoher Kriminalitätsrate; **enclosed** ~ umfriedetes Gelände; **fallow** ~ brachliegendes Gelände; **fenced-in** ~ eingezäuntes Gelände; **no-go/off-limits/restricted** ~ Sperr|bezirk, -gebiet; **grey** ~ Grauzone; **high-crime** ~ Gebiet mit hoher Kriminalität; **industrial** ~ Industriegebiet; **marked** ~ gekennzeichneter Bereich; **no-parking/no-waiting area** Parkverbotszone; **no-waiting** ~ Haltverbot(szone); **operational** ~ Einsatzbereich; **protected** ~ Landschaftsschutzgebiet; **red-light** ~ Rotlicht|bezirk, -viertel; **residential** ~ Wohn|gebiet, -viertel; **rural** ~ ländliche Gegend; **specified** ~ bezeichnetes Gebiet; **surrounding** ~ Umkreis, Umland; **uninhabited** ~ unbewohntes Gebiet; **urban** ~ Stadtgebiet; **well-lit** ~ gut beleuchtete Gegend

area| code ☎ Ortskennzahl, Vorwahl (nummer); ~ **security** Raumschutz; ~ **surveillance** raumdeckende Überwachung; **~-wide** flächendeckend

argue diskutieren, streiten; ~ **heatedly** heftig diskutieren

argument Streit, Wortwechsel, verbale Auseinandersetzung; **spurious** ~ Scheinargument

arise auftauchen, entstehen, *(Problem usw)* auftreten

arm|[1]**, open one's ~s** Arme auseinander spreizen; **lower** ~ Unterarm; **upper** ~ Oberarm

arm[2] bewaffnen

armament Bewaffnung

armed bewaffnet; **heavily** ~ schwerbewaffnet

arming *(Vorgang)* Bewaffnung

armour Panzerung; **soft-body** ~ Schutzweste; **~ed** *(Kfz)* gepanzert; **~y** Waffen|depot, -kammer, -werkstatt

arm|pit Schulterhöhle; **~rest** Armstütze
arms Waffen; **bear ~** Waffen tragen; **small ~** Handfeuerwaffen; **~ cache/dump** Waffenversteck; **~ dealer** Waffenhändler; **~ theft** Waffendiebstahl; **~ trade** Waffenhandel; **~ traffic(king)** Waffenschmuggel
army Heer; **~ boots** Springerstiefel; **Swiss ~ knife** Schweizer Offiziersmesser
A road *GB* Hauptverkehrs-, Bundesstraße
arouse *(Wunsch, Sexualität)* wecken
arraignment Anklageerhebung
arrange 1 ab|machen, -sprechen, ver|abreden, -anlassen; 2 *(Einrichtung)* anordnen
arrangement 1 Ab|machung, -sprache, Regelung, Verabredung; 2 Anordnung; **make new ~s** umdisponieren; **financial ~** finanzielle Regelung; **special ~** Sonderregelung
arrears|, in ~ *(Zahlung)* rückständig; **be in ~** im Rückstand sein
arrest[1] Festnahme; **you are under ~** Sie sind festgenommen; **~ for default** Festnahme wegen Nichtbezahlens eines Bußgeldes/Strafbefehls; **~ and preservation of evidence squad** Beweissicherungs- und Festnahmetrupp; **~ under a warrant** Festnahme auf Grund eines Haftbefehls; **make an ~** festnehmen; **place under ~** festnehmen; **resist ~** sich der Festnahme widersetzen; **cardiac ~** Herzstillstand; **lawful ~** rechtlich abgesicherte Festnahme
arrest warrant Haftbefehl, Ausschreibung zur Festnahme; **there is a valid ~ for someone** jemand ist zur Festnahme ausgeschrieben; **execute an ~** Haftbefehl vollstrecken; **issue an ~** Haftbefehl ausstellen/erlassen
arrest[2] 1 festnehmen; 2 *(Flüchtigen usw)* stellen
arrival Ankunft, Eintreffen; **~s hall** Ankunftshalle
arrive eintreffen
arrow Pfeil; **green ~** Grünpfeil
arsenal Waffenarsenal
arson Brandstiftung; **~ resulting in death** Brandstiftung mit Todesfolge; **aggravated ~** schwere Brandstiftung; **~ attack** Brandanschlag; **~ist** Brandstifter
art Kunst
arterial Umgehungsstraße
artery Puls-, Schlagader; **carotid ~** Halsschlagader
article 1 Gegenstand; 2 Paragraph; **~ of value** Wertgegenstand
artificial künstlich, unecht
artist Künstler; **~'s composite** Phantom|bild, -zeichnung
arts, martial ~ Kampfsportarten;
art theft Kunstdiebstahl
ascending aufsteigend
ascent *(Straße usw)* Anstieg, Steigung
ash(es) Asche
ashamed, be ~ sich schämen
ashtray Aschenbecher
ask bitten, ersuchen; **~ around** herumfragen; **~ for** 1 sich erkundigen; 2 bitten um
askew schief
asphyxiated, be ~ ersticken
asphyxiation Tod durch Ersticken
assailant Angreifer
assassin *(politisch motiviert)* Mörder, Attentäter; **~ate** Attentat verüben
assassination Mord(anschlag), Ermordung, (geglücktes) Attentat; **~ attempt** Attentat, Mordanschlag; **failed ~ attempt** misslungenes Attentat
assault 1 ⚖ (tätlicher) Angriff, Tätlichkeit, *(Person)* Überfall; 2 ⚖ Körperverletzung(sdelikt); **~ and battery** 1 tätlicher Angriff; 2 Körperverletzung; **~ resulting in death** Körperverletzung mit Todesfolge; **aggravated ~** gefährliche Körperverletzung; **common ~** Körperverletzung; **indecent ~** Sexualdelikt, *(sexuell)* tätliche Beleidigung, sexuelle Belästigung *(mit Körperkontakt)*
assault angreifen, überfallen, stürmen; **indecently ~ someone** sich an jemandem vergehen
assemble 1 sich (ver)sammeln; 2 montieren, zusammen|bauen, -setzen
assembly Versammlung, Menschenan-

sammlung; **lawful ~** zulässige Versammlung; **peaceful ~** friedliche Versammlung; **public ~** öffentliche Versammlung; **riotous ~** unfriedliche Versammlung; **unlawful ~** verbotene Versammlung; **~ point** *(Personen)* Sammelplatz

assert behaupten, beteuern; **~ion** Behauptung

assess 1 schätzen, *(Lage)* einschätzen; 2 bewerten, *(Person)* beurteilen

assessment 1 (Ein)Schätzung; 2 Be|urteilung, -wertung; **due ~ of the circumstances** pflichtgemäßes Ermessen; **~ of the situation** Beurteilung der Lage

asset Vermögenswert; **~s** Mittel, Guthaben

assign 1 abordnen, vorübergehend unterstellen; 2 einteilen, *(Streifenbezirk usw)* zuteilen, *(Aufgabe)* zuweisen, beauftragen; 3 ⚖ abtreten, *(Forderung)* übertragen; **~ to** 1 abordnen; 2 einteilen (für), zuordnen; **~ed** zugewiesen; **be ~ed (to)** unterstellt sein

assignment 1 Aufgabe, 2 *(Arbeit)* Einteilung, *(Person)* Verwendung, 3 *(Polizei)* Einsatz, *(speziell)* Auftrag

assist helfen, unterstützen

assistance Hilfe(leistung), Hilfsmaßnahme, Unterstützung; **~ in an emergency** Nothilfe; **humanitarian ~** humanitäre Hilfe; **legal ~** Rechtshilfe

assistant Gehilfe

associate[1] Mitarbeiter, Partner

associate[2] in Verbindung bringen; **~ with** *(Personen)* verkehren, Umgang pflegen mit

association Ver|band, -ein, -einigung

Association of Chief Police Officers (ACPO) *GB Vereinigung leitender Polizeibeamter*

association, criminal ~ kriminelle Vereinigung

assume 1 annehmen, vermuten, ausgehen von; 2 *(Verantwortung, Aufgabe)* übernehmen

assumption 1 Annahme, Vermutung; 2 Übernahme; **false/unauthorized ~ of authority** Amtsanmaßung; **~ of police powers** Übernahme der Ordnungsgewalt

assurance Beteuerung, Ver-, Zusicherung

assure ver-, zusichern

astonish|ed verblüfft; **~ment** Erstaunen, Verblüffung

asylum Asyl; **person entitled to ~** Asylberechtigter; **ask for ~** Asylantrag stellen; **grant ~** Asyl gewähren; **lunatic ~** Nervenheilanstalt; **political ~** politisches Asyl; **~ authority** Asylbehörde; **~ procedure** Asylverfahren; **~ seeker** Asylbewerber; **bogus ~ seeker** Scheinasylant; **failed ~ seeker** abgelehnter Asylbewerber

athletic sportlich

atrocity Gräueltat

attach 1 befestigen; 2 *(e-mail)* beifügen; 3 pfänden; **~ to** vorübergehend unterstellen

attaché case Aktenkoffer

attach|ed unterstellt; **~ment** 1 Befestigung; 2 *(e-mail)* Anlage; 3 Pfändung

attack[1] Angriff, Anschlag, Überfall, Übergriff; **~ of dizziness** Schwindelanfall; **ward off an ~** Angriff abwehren; **suicidal ~** Selbstmordattentat; **terrorist ~** Terroranschlag; **unlawful ~** rechtswidriger Angriff; **unprovoked ~** unprovozierter Angriff

attack[2] 1 angreifen, überfallen; 2 *(Hund)* anfallen; **~er** Angreifer

attain|able erreichbar; **~ment** Leistung

attempt[1] Versuch; **~ to deceive** Täuschungsversuch; **~ to resuscitate someone** Wiederbelebungsversuch; **make an ~ on someone's life** Mordanschlag verüben

attempt[2] versuchen

attend *(Veranstaltung)* teilnehmen; **~ to** sich kümmern um

attendance 1 Anwesenheit; 2 *(Veranstaltung)* Besucherzahl; 3 Teilnahme; 4 Schulbesuch; **~ at court** Anwesenheit vor Gericht; **compulsory ~** Zwangsvorführung

attention 1 *(Vorsicht)* Achtung, Aufmerksamkeit; 2 *(Schriftverkehr)* zu

Händen; **attract ~** Aufmerksamkeit erregen; **bring something to someone's ~** jemanden auf etwas aufmerksam machen; **pay ~** aufmerksam sein, aufpassen; **pay ~ to** beachten
attentive aufmerksam
attest bescheinigen
attic Mansarde, Speicher, Dachgeschoss; **~ flat** Dachwohnung; **~ terrace** Dachterrasse
attitude Haltung, *(Meinung)* Einstellung; **~ towards ....** Einstellung gegenüber ....; **~ of the population** Einstellung der Bevölkerung
attorney 1 *US* Rechtsanwalt; 2 *(Anwalt)* Bevollmächtigter; **~-at-law** *US* Rechtsanwalt
attract *(Interesse)* anziehen
attribute Eigenschaft
auction, court-ordered ~ Zwangsversteigerung
audible hörbar
auditor, internal ~ Rechnungsprüfungsstelle
augmentation forces Verstärkungskräfte
authentic echt; **~ate** beglaubigen; **~ation** Beglaubigung; **~ity** Echtheit
author Verfasser
authoritative verbindlich, maßgeblich
authorities, known to the ~ amtsbekannt
authority 1 Behörde, Dienststelle; 2 Befugnis, Vollmacht; **under the ~ of** im Auftrag von; **~ to act** Ermächtigung; **~ in charge** zuständige Beörde/Dienststelle; **~ to issue instructions** Weisungsrecht
authority|, administrative ~ Verwaltungsbehörde; **appropriate ~** zuständige Behörde/Dienststelle; **civil ~** zivile Dienststelle; **disciplinary ~** Disziplinarbehörde; **federal ~** Bundesbehörde; **fixed-penalty ~** Bußgeldstelle; **issuing ~** ausstellende Behörde; **judicial/legal ~** Justizbehörde; **local ~** Gemeinde-, Kommunalbehörde, Gemeinde-, Stadtverwaltung, örtliche Verwaltung, örtliche/städtische Behörde; **parental ~** elterliche Gewalt; **ultimate political ~** höchste politische Instanz; **prosecuting ~** Staatsanwaltschaft; **prosecuting ~ in charge** zuständige Staatsanwaltschaft; **~ concerned** zuständige Behörde
authorization Bevollmächtigung, Erlaubnis, Ermächtigung, Berechtigung
authorize bevollmächtigen, ermächtigen, genehmigen, beauftragen; **~d** *(Genehmigung)* berechtigt; **be ~d** befugt/berechtigt sein; **~d person** (Verfügungs)Berechtigter
auto Auto; **~ accident** Verkehrsunfall; **~ carrier** PKW-Transporter; **~crime** Diebstahl von, an und aus Kfz; **~ electrician** Kfz-Elektrodienst; **~ insurance** Kfz-Versicherung; **compulsory ~ insurance** vorgeschriebene Kfz-Versicherung; **~maker** Autohersteller
automatic, fully ~ vollautomatisch
automobile Auto
Automobile Association (AA) *Automobilclub in GB*
automobile association/club Automobilclub
auto pound Kfz-Verwahrort für abgeschleppte Fahrzeuge
autopsy Obduktion
auto theft *US* Kfz-Diebstahl
autumn Herbst
availlability Erhältlich-, Verfügbarkeit, Vorhandensein; **~able** erhältlich, verfügbar, vorhanden, vorrätig
avalanche Lawine
average[1] Durchschnitt; **on ~** im Durchschnitt, durchschnittlich; **above ~** überdurchschnittlich
average[2] im Durchschnitt fahren/verbrauchen
average[3] durchschnittlich, mittelmäßig
avert *(Schaden usw)* abwenden
avoid vermeiden
awake wach
award[1] 1 Auszeichnung; 2 *(Zivilrecht)* Urteil
award[2] 1 *(Urkunde, Auszeichnung)* verleihen; 2 zuerkennen
aware, be ~ of sich bewusst sein

awareness| of wrongdoing Unrechtsbewusstsein; **environmental ~** Umweltbewusstsein

awkward 1 *(Gefühl)* unbehaglich; 2 unbeholfen, ungeschickt

awning Markise

axe Axt, Beil

axle (Fahrzeug)Achse; **~ load** Achslast; **(maximum) permissible ~ load** zulässige Achslast; **exceeding the (maximum) permissible ~ load** Achslastüberschreitung

B

baby buggy/carriage *US* Kinderwagen

bachelor Junggeselle

back[1] 1 Rücken; 2 Rückseite; 3 🚗 Heck; **~ of one's hand** Handrücken; **~ of the knee** Kniekehle; **run into the ~ (of the vehicle in front)** auffahren

back[2] rückwärts fahren, zurück|setzen, -stoßen; **~ up** *(Hilfe durch zweiten Streifenwagen usw)* unterstützen

back|bone Rückgrat, Wirbelsäule; **~date** nachdatieren; **~fire** 1 🚗 fehlzünden; 2 *(fig)* das Gegenteil bewirken; **~firing** Fehlzündung

background 1 Hintergrund; 2 Herkunft; **against the ~** vor dem Hintergrund; **criminological ~** kriminologischer Hintergrund; **~ check** Personenüberprüfung

backpack *US* Rucksack; **~er** Rucksacktourist

back-pedal *(Fahrrad)* Rücktritt

back-up Verstärkung, Unterstützung, zweiter Streifenwagen; **~ crew** Unterstützung, zweite Streifenwagenbesatzung; **~ unit** Reserveeinheit, zweiter Streifenwagen

backward rückwärts

bad 1 schlecht, schlimm; 2 *(Charakter)* übel; 3 *(Scheck)* ungedeckt

Baden-Wurttemberg Baden-Württemberg

badge 1 *(zum Anstecken)* Abzeichen; 2 Dienstmarke; 3 *(coll)* Polizeibeamter; **disabled person's ~** *(im Kfz)* Behindertenschild

baffled, be ~ vor einem Rätsel stehen

bag 1 *(zum Tragen)* Tasche; 2 Sack; **~s under the eyes** Tränensäcke; **plastic ~** Plastiktüte

baggage Gepäck; **diplomatic ~** Diplomatengepäck; **~ check** Gepäckkontrolle; **~ identification** Gepäckidentifizierung; **~ search** Gepäckdurchsuchung; **~ tag** Gepäckanhänger; **~ ticket** Gepäckschein; **~ trolley** Kofferkuli

baggy *(Kleidung)* ausgebeult

bag people *(coll)* Penner

bail[1] Kaution, Sicherheitsleistung; **on ~** gegen Kaution; **put up ~** bürgen; **release someone on ~** jemanden gegen Kaution Sicherheitsleistung freilassen

bail[2] **someone out** jemanden gegen Kaution freibekommen

bailee Person, für die Kaution gestellt wurde

bailiff 1 Gerichtsvollzieher; 2 *US* Gerichtsdiener *(veraltet)*

bailor Person, die Kaution stellt

baking powder Backpulver

balance[1] 1 Gleichgewicht; 2 Ausgewogenheit

balance[2] *(Rad)* auswuchten

balcony Balkon; **~ railing** Balkongeländer

bald 1 glatzköpfig, kahl; 2 *(Reifen)* abgefahren

ball and socket unit *(Anhänger)* Kugel und Elektrikanschluss

balloon Ballon; **hot-air ~** Heißluftballon

ballot, secret ~ geheime Wahl

ballpoint pen Kugelschreiber

Baltic Sea Ostsee

ban[1] Verbot; **~ on demonstrations** Demonstrationsverbot; **~ on the use of force** Verbot des Einsatzes von Zwangsmitteln; **~ on imports** Einfuhrverbot; **~ on leave** Urlaubssperre; **~ on wearing masks (during demonstrations)** Vermummungsverbot; **~ on smoking** Rauchverbot; **~ on turning** Abbiegeverbot; **~ on visits and let-**

ters Kontaktsperre; **impose a ~** verbieten
ban[2] verbieten
band *(Musik)* Kapelle
bandage[1] Bandage, Verband
bandage[2] bandagieren, verbinden
bandit, one-armed ~ Spielautomat
bandy-legged, be ~ O-Beine haben
bang Knall
bangle Armreif
bangs *US* Fransen
banisters Treppengeländer
bank 1 Bank, Geldinstitut; 2 Ufer; **~ of fog** Nebelwand
bank| account Bankkonto; **freeze a ~ account** Bankkonto sperren; **~ card** Bankkarte; **~ card fraud** Missbrauch von Kredit-/Bankkarten; **~ code number** Bankleitzahl (BLZ)
banked *(Kurve)* überhöht
bank| hold-up/raid Banküberfall; **~ holiday** (gesetzlicher) Feiertag
banking institution Geldinstitut
banknote Banknote, Geldschein; **counterfeit ~** falsche Banknote, Blüte
bank| robber Bankräuber; **~ robbery** Bankraub; **~ruptcy** Konkurs; **~ sort code** Bankleitzahl (BLZ); **~ transfer** *(Geld)* Überweisung
banner Spruchband, Transparent
banning order Hausverbot
banquet *(Fest)* Bankett
bar 1 Lokal, Kneipe; 2 *(Gaststätte)* Theke; 3 Stab; **the Bar** *US* Rechtsanwaltskammer; **behind ~s** im Gefängnis; **~anti-roll/roll(over) ~** Überrollbügel
barbecue Grillparty; **~ area** Grillplatz; **~ hut** Grillhütte
bar code *(auf Waren)* Strichcode
Bar Council *GB* Rechtsanwaltskammer
bargain[1] gutes Geschäft, Schnäppchen
bargain[2] aushandeln
barge (Binnen)Schiff; **docked/moored ~** Stillieger
bark bellen
barman Barkeeper
barn Scheune
bar, unruly ~ patron randalierender/herumpöbelnder Kneipenbesucher
barracks Kaserne
barrel 1 Fass; 2 Lauf
barricade[1] 1 Barrikade; 2 *(Straße)* Absperrung
barricade[2] 1 verbarrikadieren, 2 absperren; **~ oneself** sich verschanzen
barrier Absperrung, Schranke, Sperre, Hindernis; **anti-dazzle ~** Blendschutzzaun
barrister *GB (höhere Instanz)* Rechtsanwalt
barter Tauschhandel
base 1 Unterbau, Basis; 2 Stützpunkt
baseball| bat Baseballschläger; **~ cap** Baseballkappe
based|, be ~ at/in Dienst tun in; **be ~ on** basieren auf
basement Keller, Tief-, Untergeschoss, Souterrain; **~ entrance** Kellereingang
bash zusammenschlagen
basic grundlegend, Grund-
basis| for negotiations Verhandlungsbasis; **on a case-by-case ~** im Einzelfall; **on a common ~** auf der gleichen Grundlage; **legal ~** Rechtsgrundlage
bathing| beach Badestrand; **~ costume/suit** Badeanzug; **~ trunks** Badehose
bathrobe Bademantel
baton Schlagstock; **side-handled ~** Schlagstock mit Querholz; **~ charge** Schlagstockeinsatz
battered 1 *(Person)* misshandelt; 2 *(eingebeult)* beschädigt
battering körperliche Misshandlung
battery 1 Batterie, Akku; 2 Körperverletzung; **charge the ~** Batterie laden; **disconnect the ~** Batterie abtrennen; **discharged/flat ~** leere Batterie; **start-up ~** Startbatterie; **~ charger** Ladegerät; **~ lead** Batteriekabel
battle Kampf; **~field** Schlachtfeld
Bavaria Bayern
bawl grölen
bay Bucht
be 1 *(Person)* sich aufhalten; 2 *(Sache)* sich befinden; **~ at large** frei herumlaufen
beach Strand; **~robe** Bademantel

beacon|, flashing ~ *(an Baustellen usw)* Warnleuchte, Warn(blink)licht; **~ light** *(auf Baken)* Warnleuchte
bead unechte Perle
beam Strahl; **~ of light** Lichtstrahl; **dimmed/dipped/low ~** Abblendlicht; **full/high/main ~** Fernlicht; **wrongly adjusted full ~** falsch eingestelltes Fernlicht
bean counter (and paper shuffler) Erbsenzähler
bear[1] *(coll) US* Verkehrspolizist, Polizeibeamter
bear|[2] **in mind** beachten; **~able** erträglich
beard Bart, Bärtchen; **grow a ~** sich einen Bart wachsen lassen; **full ~** Vollbart; **pointed full ~** spitzer Vollbart; **incipient ~** Bartansatz, Dreitagebart; **small ~** Bärtchen; **small pointed ~** Spitzbart; **trimmed ~** gestutzter Bart; **~less** bartlos, ohne Bart
bearer 1 Inhaber; 2 *(Scheck)* Überbringer
bearing 1 *(Verhalten)* Auftreten; 2 Peilung; 3 **~(s)** *(Technik)* Lager; **get one's ~s** *(Ort usw)* sich orientieren
beat[1] 1 Dienst-, Streifenbezirk; 2 (Fuß)-Streife; **on the ~** auf Streife; **walk the ~** (Fuß)Streife gehen; **~ car** Streifenwagen; **~ guy** *(coll)* Streifenpolizist; **~ officer** Fußstreife, Streifenpolizist; **~ policing** Fußstreifendienst
beat[2] prügeln, schlagen; **~ up** verprügeln, zusammenschlagen
because of wegen
bed and breakfast| hotel Hotel garni; **~ (place)** Zimmer mit Frühstück, *(Hotel)* Pension
bedsit(ter) Wohnschlafzimmer
beeper Rufgerät
beer|, alcohol-free ~ alkoholfreies Bier; **~ garden** Biergarten; **~ joint** Bierkneipe; **~ mat** Bierdeckel; **~ mug** Bierkrug; **~-swilling** Bier trinkend
beforehand vorher, im Voraus
befuddled beschwipst
beg betteln; **~gar** Bettler
begging, get/obtain by ~ erbetteln
beginning| of built-up area Ortsschild; **start from the ~** von vorne anfangen
behalf, on ~ of im Auftrag von
behave sich benehmen/verhalten
behaviour Benehmen, Verhalten; **antisocial ~** ungebührliches Benehmen; **criminal ~** kriminelles Verhalten; **racially discriminatory ~** rassendiskriminierendes Verhalten; **good ~** Wohlverhalten; **immoral ~** sittenwidriges Verhalten; **irrational ~** unvernünftiges Verhalten; **punishable ~** strafbares Verhalten; **suspicious ~** auffälliges/verdächtiges Verhalten
behind *(Ort)* nach; **be ~ something** *(Grund, Urheber)* dahinter stecken
being, come into ~ entstehen
belief Glaube; **mistaken ~** falscher Glaube
believe meinen; **someone is ~d to be/have ....** man vermutet, dass jemand ...
belittle verharmlosen
bell *(Tür)* Klingel; **ring the ~** klingeln; **~ button** Klingelknopf
belly Bauch; **~ache** Bauchschmerzen
belong| to gehören zu; **personal ~ings** persönliches Eigentum
below 1 unter; 2 unten, unterhalb
belt[1] Gurt, Gürtel, Koppel; **adjustable ~** Spanngurt; **three-point ~** Dreipunktgurt; **~ buckle** Gürtelschnalle, Koppelschloss; **~ tensioner** Gurtstraffer
belt[2] **up** sich anschnallen
bench 1 *(Sitzmöbel)* Bank; 2 Richterbank
bend Kurve; **negotiate a ~** Kurve durchfahren/nehmen; **double ~** S-Kurve; **sharp/tight ~** enge/scharfe Kurve
beneficiary Empfangsberechtigter, Nutznießer
benefit[1] 1 Vorteil, Gewinn, Nutzen, Vergünstigung; 2 Sozialhilfe; **medical ~** *(im Krankheitsfall)* Beihilfe
benefit[2] Nutzen ziehen, profitieren
bent 1 gebeugt, gebückt, krumm; 2 korrupt
beret Baskenmütze, Barett
berth[1] 1 Koje; 2 ⚓ Liegeplatz; **give something a wide ~** 1 einen großen

Bogen um etwas machen, einer Sache aus dem Weg gehen; 2 etwas weiträumig umfahren; **leave ~** ⚓ ablegen
berth[2] ⚓ anlegen
beside neben
bespectacled Brille tragend
bet[1] Wette
bet[2] wetten
betray verraten; **~al** Verrat
betting office/shop Wettbüro
beverage Getränk; **alcoholic ~s** Alkoholika
beware sich vorsehen
beyond, that's ~ me damit bin ich überfragt
bias Befangen-, Voreingenommenheit, Vorurteil; **~ed** befangen, voreingenommen
bicycle Fahrrad; **ride a ~** Rad fahren; **wheel a ~** Fahrrad schieben; **electric ~** Fahrrad mit Hilfsmotor; **folding ~** Klappfahrrad; **twelve-speed ~** Fahrrad mit zwölf Gängen
bicycle| bell Fahrradklingel; **~ helmet** Fahrradhelm; **~ number** Fahrradnummer; **~ path/track** Radweg; **~ patrol** Fahrradstreife; **~ rack** Fahrrad|ständer, -träger; **~ route** Radwanderweg; **~ squad** Fahrradstaffel; **~ storage facility** Fahrradstellplatz; **~ theft** Fahrraddiebstahl
bifurcate ▽ sich gabeln;
bifurcation Gabelung
bike 1 Fahrrad; 2 Motorrad; **~r** 1 *(Mountainbike)* Radfahrer; 2 Motorradfahrer
bike| ride Radtour; **rear ~ rack** Heckgepäckträger für Fahrrad
bilateral zweiseitig;
bilingual zweisprachig
bilk *(Zeche)* prellen; **~er** Zechpreller; **~ing** Zechprellerei
bill 1 Rechnung, Zeche; 2 *US* Banknote, Geldschein; 3 ⚖ Urkunde; 4 Gesetzentwurf; **~ of indictment** ⚖ Anklageschrift; **~ of sale** Kaufvertrag; **foot the ~** Rechnung/Zeche bezahlen; **jump the ~** *US* Lokal verlassen, ohne die Rechnung zu bezahlen; **pay/settle the ~** Rechnung bezahlen, abrechnen; **skip out without paying the ~** Lokal verlassen, ohne die Rechnung zu bezahlen; **anti-terror ~** Antiterrorgesetz
billboard Reklametafel
billeting *(Truppen usw)* Unterbringung, Unterkunft
billfold *US (für Banknoten)* Geld|beutel, -börse
billing, itemized ~ ☎ Rechnung mit Einzelnachweis
billion Milliarde
billy club *(coll)* Schlagstock
bind fesseln
binding verbindlich, verpflichtend; **legally ~** rechtsverbindlich; **not ~** unverbindlich
bindle ✗ Briefchen, kleines Päckchen mit Drogen
bin liner Müllsack
binoculars Fernglas
biometric biometrisch; **~s** Biometrie
biplane Doppeldecker(flugzeug)
bird *US* Stinkefinger; **~'s droppings** Vogelkot
biro Kugelschreiber
birthmark ⚕ Muttermal
bit Stück; **smash to ~s** kaputt/kurz und klein schlagen
bite[1] Biss(wunde); **put the ~ on someone** *(coll)* jemanden unter Druck setzen
bite[2] beißen
black[1] Farbiger
black[2]**, beat someone ~ and blue** jemanden grün und blau schlagen
black-and-white *US* Streifenwagen
blacken schwärzen
Black Forest Schwarzwald
blackjack *US* Totschläger
blacklist someone jemanden auf eine schwarze Liste setzen
blackmail[1] Erpressung; **~ with violence** räuberische Erpressung
blackmail[2] erpressen; **~er** Erpresser
blacktop ▽ Schwarzdecke
bladder ⚕ Blase
blade Klinge
blame Schuld geben
blanket Decke; **disposable ~** Einmal-

decke; **fire-retarding** ~ Feuerlöschdecke; ~ **of snow** Schneedecke
blasphemy Gotteslästerung
blasting Sprengung
blaze(-yellow) Signalfarbe
bleach *(Haare)* bleichen
bleed bluten; **~ing** Blutung; **stop/staunch the ~ing** Blutung stillen
bless you! *(nach Niesen)* Gesundheit!
blind Jalousie; **retractable/Venetian ~** Jalousie
blink[1] Augenzwinkern
blink[2] zwinkern
blinker *US* 🚗 Fahrtrichtungsanzeiger
blister *(auf der Haut)* Blase
blitz Razzia
block[1] 1 Häuserblock; 2 Straßenviertel; ~ **of flats** Wohnblock; ~ **on promotions** Beförderungssperre
block[2] versperren, *(Straße)* (ab)sperren
blockade, sit-down ~ Sitzblockade
block letter Druckbuchstabe
blond blond; **~e** Blondine
blood Blut; **in cold** ~ kaltblütig; **spill** ~ Blut vergießen; ~ **alcohol concentration/level** Blutalkoholkonzentration; ~ **alcohol content** Blutalkoholgehalt; ~ **alcohol test** *(Vorgang)* Blutprobe; **~bath** Blutbad; ~ **group** Blutgruppe; ~ **poisoning** Blutvergiftung
blood sample Blutprobe; **provide a** ~ Blutprobe entnehmen lassen; **take a** ~ Blutprobe nehmen
blood|shot blutunterlaufen; ~ **stain** Blutfleck; ~ **substitute** Blutersatz; ~ **test** Bluntuntersuchung; ~ **test form** *(Formular)* Blutprobenprotokoll; ~ **vessel** Ader, Blutgefäß; **~y** blutig
blossom, be in ~ *(Pflanzen)* blühen
blotch Hautfleck; **~y** fleckig
blotting paper Löschpapier
blow[1] Schlag, Hieb; **come to ~s** handgreiflich werden; **parry/ward off a** ~ Schlag abwehren
blow[2] *(Sicherung)* durchbrennen; ~ **into** hineinpusten; ~ **out** *(Reifen)* platzen; ~ **up** 1 *(Foto)* vergrößern; 2 explodieren, sprengen; ~ **steadily** in einem Zug hineinpusten
blower 🚗 Gebläse
blowing-up Sprengung
blow-out Reifen|defekt, -panne
blue|-and-white *(coll) US* Streifenwagen; **~bell** *(coll)* Polizeibeamter
blunder Fauxpas
blunt 1 *(Äußerung)* direkt, unverblümt; 2 stumpf; **be** ~ sich sehr deutlich/unverblümt ausdrücken
blur *(Sicht)* verschwimmen; **~red** 1 verwischt; 2 *(Foto)* unscharf; 3 *(Sehvermögen)* schwach
boar, wild ~ Wildschwein
board[1] 1 Brett; 2 Behörde; ~ **of examiners** Prüfungsausschuss; ~ **and lodging** Unterkunft und Verpflegung; **disciplinary** ~ Disziplinarkommission
board [2] ein-, zusteigen
boarded up mit Brettern vernagelt
boarding| card Bordkarte; ~ **house** *(Hotel)* Pension
boardroom Chefetage
boat Fähre; **docked/moored** ~ 🚢 Stillieger; **high-speed** ~ Schnellboot; **~ing certificate** Sportschifferpatent
boat operator's licence (Sport)Bootführerschein; ~ **for inland waterways** Sportbootführerschein Binnen; **offshore** ~ Sportbootführerschein See
bobble cap Pudelmütze
bobby *(coll)* Polizeibeamter
body 1 Körper, Leib; 2 Leiche; 3 🚗 Karosserie, Aufbau; 4 Gremium, *(Gruppe von Personen mit bestimmten Aufgaben)* Organ; **lower part of the** ~ Unterkörper; **dead** ~ Leiche; **decision-making** ~ Entscheidungsträger; **dismembered** ~ *(Körper)* Rumpf; **foreign** ~ Fremdkörper; **representative** ~ Vertretungsorgan; **supervisory** ~ Kontrollausschuss
body| armour kugelsichere Weste; **~bag** Leichensack; **~guard** Leib|wache, -wächter; ~ **hair** Körperhaar; ~ **odour/smell** Körpergeruch; ~ **parts** Leichenteile; ~ **search** *(Person)* Abtasten, körperliche Durchsuchung; ~ **shop** 🚗 Karosseriefachbetrieb; ~ **temperature** Körpertemperatur

bodywork 🚗 Karosserie; ~ **damage** Karosserieschaden

bog, get ~ged down (on soft ground) *(Fahrzeug auf weichem Grund)* einsinken

bogies *(coll)* Polizei

bogus unecht, Schein-; ~ **deal** Scheingeschäft

bollard ▽ Absperrpfosten

bolster stützen

bolt[1] 1 Riegel; 2 Bolzen; 3 Schraube *(für Mutter)*; 4 🔫 Verschluss; 5 Ruck; ~ **cutters** Bolzenschneider

bolt[2] 1 verriegeln; 2 rucken

bomb|, plastic ~ Plastikbombe; **remote-control** ~ ferngezündete/fernzündbare Bombe; ~ **attack** Bomben-, Sprengstoffanschlag; ~ **discovery** Bombenfund; ~ **disposal unit** Kampfmittelräumdienst

bomber jacket Blouson

bombing Bombenanschlag

bomb scare/threat Bombendrohung

bond Kaution; **on** ~ gegen Kaution/Sicherheitsleistung

bone Knochen; **nasal** ~ Nasenbein

bonnet Kühler-, Motorhaube; ~ **(catch) release** Hebel zur Entriegelung der Motorhaube

bonus Prämie, (einmalige) Zulage; **no-claim(s)** ~ Schadensfreiheitsrabatt

boobs *(coll)* Brüste

booby trap Sprengfalle

book|[1]**, blue/adult** *US***/pornographic** ~ pornographisches Buch; ~ **of matches** Streichholzbriefchen; ~ **of stamps** Briefmarkenheftchen

book[2] buchen, reservieren; ~ **someone** jemandem einen Strafzettel ausstellen

booking Reservierung; ~ **hall** *(Post, Eisenbahn)* Schalterhalle; ~ **office** Fahrkartenschalter

book|keeping Buchführung; ~**let** Broschüre; ~**shop** Buch|handlung, -laden

booming *(Markt)* blühend

booster cable 🚗 Starthilfekabel

boot 1 Schuh, Stiefel; 2 Kofferraum; **high ~s** Schaftstiefel; **hobnailed** ~ Nagelschuh; **laced/lace-up** ~ Schnürstiefel; ~ **lid** Kofferraum|deckel, -klappe; ~ **lock** Kofferraumschloss

booze *(coll)* Besäufnis; ~**-up** Sauferei, Zechgelage

border 1 *(politisch)* Grenze; 2 🏠 Umfriedung; **cross the** ~ einreisen, Grenze überqueren/überschreiten; **national** ~ Landesgrenze; **open** ~ offene Grenze; **not completely watertight** ~ durchlässige Grenze

border| alarm search Grenzalarmfahndung; ~ **check** Grenzkontrolle; ~ **commuter** Grenzgänger; ~ **control(s)** Überwachung der Grenzen; **(illegal)** ~ **crossing** (unerlaubter) Grenzübertritt; ~ **crossing point** Grenzübergang; ~ **district** Grenzgebiet; ~ **formalities** Grenzformalitäten; ~ **guard** Grenz(schutz)beamter, Grenzposten; ~ **incident** Grenzzwischenfall

bordering on an der Grenze von

border|line case Grenzfall; ~ **penetration** Grenzdurchbruch; ~ **police** Grenzpolizei; ~ **processing** Grenzabfertigung

bore 🔫 Kaliber

bored, be ~ sich langweilen

boredom Langeweile

boring langweilig

born gebürtig

borough council Gemeinde-, Stadtverwaltung, Gemeinde-, Stadtbezirk

borrow something sich etwas ausleihen

bosom Busen, Brüste

boss around herumkommandieren

bother sich die Mühe machen

bottle|, disposable ~ Einwegflasche; **return(able)** ~ Pfandflasche; ~ **bank** Altglascontainer; ~**neck** Engpass

bottom 1 Unterteil; 2 *(Koffer usw)* Boden; **double/false** ~ doppelter/falscher Boden

bounce| back zurückprallen, *(Kfz usw)* abprallen; ~**r** *(Nachtlokal)* Türsteher

boundary *(Bezirk)* Grenze; ~ **line** Grenzverlauf; ~ **stone** Grenzstein

bounty *(Ladendieb)* Fangprämie

bow *(Waffe)* Bogen: **be ~-legged** O-Beine haben; ~ **legs** O-Beine

bowling alley Bowlingbahn
bow tie *(Kleidung)* Fliege
box|[1], night-safe ~ Geldbombe; ~ **car** geschlossener Güterwagen; ~ **office** *(Kino, Theater usw)* Kasse
box[2] in (another car) jemanden zuparken
boy, the ~s in blue *(coll)* Polizei
bra(ssiere) Büstenhalter
bracelet *(Schmuck)* Armband
braces Hosenträger
bracket Klammer
brains *(fig)* Hintermann; **rack one's** ~ sich den Kopf zerbrechen
brake[1] Bremse; **apply the ~s** auf die Bremse treten; **jam/step on the ~(s)** stark bremsen; **slam on the ~s** Vollbremsung machen
brake|, back-pedal ~ *(Fahrrad)* Rücktritt; **continuous** ~ *(LKW)* Dauerbremse; **power-assisted** ~ Servobremse; **worn ~s** abgefahrene Bremsbeläge
brake Bremse; ~ **assist** Bremsassistent; ~ **drum** Bremstrommel; ~ **fluid** Bremsflüssigkeit; ~ **fluid reservoir** Bremsflüssigkeitsbehälter; ~ **lamp/light** Bremsleuchte; ~ **lever** Bremshebel; ~ **lining/pad** Bremsbelag; ~ **marks** Bremsspuren; ~ **pad wear** Bremsbelagverschleiß; ~ **pedal** Bremspedal; ~ **pressure** Bremsdruck; **authorized** ~ **repair shop** anerkannte Bremsendienstwerkstätte; ~ **shoe** Bremsbacke
brake[2] bremsen; ~ **abruptly** plötzlich bremsen; ~ **hard** stark bremsen
braking|, anti-lock ~ **system (ABS)** ABS; ~ **distance** Bremsweg; ~ **system** Bremsanlage
branch[1] 1 Abteilung, Dezernat; 2 Filiale, Außen-, Geschäfts-, Nebenstelle, Niederlassung; 3 Zweig; **anti-terrorist** ~ Antiterroreinheit; **mounted** ~ Reiterstaffel; **overhanging ~es** überhängende Zweige; **plain-clothes** ~ Kriminalpolizei; **uniformed** ~ Schutzpolizei; ~ **line** Nebenstrecke
branch[2] off sich verzweigen
brand Marke, Sorte
brandy Kognak
brassard Armbinde
brawl (handgreifliche) Auseinandersetzung, (Massen)Schlägerei; **domestic** ~ Hausstreit; **drunken** ~ Schlägerei unter Betrunkenen
brazen dreist
breach[1] Verstoß, Verletzung; ~ **of confidence** Vertrauensbruch; ~ **of contract** Vertrags|bruch, -verletzung; ~ **of duty** Pflichtverletzung; ~ **of (official) duty** Amtspflichtverletzung, Dienstvergehen; ~ **of the (public) peace** Ruhestörung, Störung der öffentlichen Sicherheit und Ordnung, Landfriedensbruch; ~ **of a secret** Verletzung eines Geheimnisses; ~ **of an official secret** Verletzung eines Dienstgeheimnisses; ~ **of trust** Untreue; ~ **of warranty** Garantieverletzung
breach[2] *(Gesetz)* übertreten
break[1] (Arbeits)Pause, Fahrtunterbrechung; **have a** ~ Pause einlegen
break[2] 1 (zer)brechen; 2 verstoßen (gegen), *(Gesetz)* übertreten, verletzen; 3 brechen; ~ **down** 1 kaputt gehen; 2 liegen bleiben, Panne haben; 3 zusammenbrechen; ~ **free** sich losreißen; ~ **in** einbrechen; ~ **into ....** sich mit Gewalt Zutritt verschaffen zu ....; ~ **off** abbrechen; ~ **out** *(Feuer usw)* ausbrechen; ~ **through** *(Straßensperre usw)* durchbrechen; ~ **up** *(Versammlung)* auflösen; ~ **and enter** einbrechen
breakdown 1 *(technisch)* Ausfall, Betriebsstörung, Zusammenbruch; 2 Panne; ~ **because of fuel shortage** Liegenbleiben wegen Kraftstoffmangels; **nervous** ~ Nervenzusammenbruch; ~ **lane** Seitenstreifen; ~ **man** Pannendienstfahrer; ~ **service** Hilfsdienst, Pannen|dienst, -hilfe; ~ **truck** Abschleppfahrzeug; ~ **vehicle** Pannenhilfsfahrzeug
break-in Einbruch
breaking| off Abbruch; ~ **and entering** Einbruch; ~ **an official seal** Siegelbruch; **pre-determined** ~ **point** Sollbruchstelle
breakwater Mole, Wellenbrecher, Buhne

breast *(Busen)* Brust; **~s** Brüste; **~ pocket** Brusttasche
breath Atem, Hauch; **hold one's ~** Luft anhalten; **take a ~** Luft holen; **~ alcohol concentration** Atemalkoholkonzentration
breathalyze someone jemanden einem Alkotest unterziehen
breathalyzer| (device) Alkomat, Atemtestgerät; **~ test** Alko-, Atemalkoholtest
breathe atmen, hauchen; **~ in** einatmen, Luft holen; **~ at someone** jemanden anhauchen; **~ heavily** schwer atmen
breathing apparatus Atemschutz-, Sauerstoffgerät
breath| sample/specimen Atemprobe; **~ test** Alkotest, Atemalkohol|test, -analyse; **fail a ~ test** beim Alkotest über der Grenze liegen
breed of dog Hunderasse
bribable käuflich, bestechlich
bribe[1] Bestechungsgeld
bribe[2] bestechen, schmieren
bribery Bestechung; **(not) open to ~** (un)bestechlich
bribe-taking Vorteilsannahme
brick Ziegelstein
bridge 1 bridge; 2 Zahnbrücke; **~ of the nose** Nasenwurzel; **arched ~** Bogenbrücke; **~ pier** Brückenpfeiler; **~ toll** Brückenzoll
brief[1] 1 ⚖ Mandat; 2 ⚖ Schriftsatz
brief[2] beauftragen, informieren; **~ someone** jemanden einweisen in
brief[3] kurz; **be ~** sich kurz fassen
briefcase Akten|koffer, -tasche
briefing Einweisung (in die Lage), Lage-, Dienst-, Einsatz-, Früh-, Vorbesprechung, Dienstbesprechung mit Befehlsausgabe
briefs Slip, Unterhose
bright hell, leuchtend; **~s** Fernlicht
bring (her)bringen
British| Forces driving licence Führerschein der britischen Stationierungskräfte in Deutschland; **~ Transport Police** *GB* Bahnpolizei
B road *GB* Landstraße
broad *(coll)* Prostituierte
broadcast[1] *(Radio usw)* Übertragung, Sendung
broadcast[2] übertragen, senden
broaden erweitern
broad-shouldered breitschultrig
brochure Broschüre, Informationsschrift
broke pleite; **~n** 1 kaputt; 2 unterbrochen; 3 *(Sprache)* gebrochen
brooch Brosche
brook Bach
broom Besen
brothel Bordell
brother|-in-law Schwager; **~s and sisters** Geschwister
brow of a hill Kuppe
bruise[1] blauer Fleck, Prellung, Quetschung
bruise[2] *(leicht)* quetschen; **be ~d** Prellung bekommen
bruiser Schläger
brunt, bear the ~ Hauptlast tragen
brush against someone jemanden anstoßen/streifen
BSE (bovine spongiform encepalopathy) BSE
B test Alkotest
bubble (Luft)Blase
bucket Eimer; **~ seat** 🚗 Integral-, Schalensitz; **~ truck** LKW mit Hebekorb
buckle[1] Gurtverriegelung, Schnalle
buckle[2] **up** sich anschnallen
buckshot 🔫 Schrot
bud, nip something in the ~ etwas im Keim ersticken
buddy *(coll)* Kamerad
budget Haushalt(splan); **decentralized ~** dezentralisierter Haushalt; **regular ~** ordentlicher Haushalt; **~ cut** Haushaltskürzung; **~ department** Haushaltsabteilung; **~ situation** Haushaltslage
buffet car 🚃 Büffetwagen
bug(ging device) *(coll)* Abhör|gerät, -vorrichtung, Wanze
buggery Sodomie
buggy *(Kinderwagen)* Buggy
build[1] *(Person)* Figur, Statur, Körperbau; **of slight ~** schmächtig
build[2] **in** einbauen; **~ up** 1 aufbauen; 2 *(Verkehr)* auflaufen, stärker werden; **~ upon** aufbauen auf

builder| , mobile ~'s hut Bauwagen; **~'s shed** Baubude

building Gebäude; **high-rise ~** Hochhaus; **be classified as a listed ~** unter Denkmalschutz stehen; **new ~** Neubau; **residential ~** Wohnhaus; **~ regulations** Bauvorschriften; **~ shed** Baubude; **~ site** *(Gebäude usw)* Baustelle; **big/major ~ site** Großbaustelle; **~ work** Baumaßnahme

bulb Glühbirne

bulging hervortretend

bulk *(Menge)* Masse; **~ cargo** Massengutladung; **~ commodity** Massengut

bulky sperrig

bull|bar(s) Frontschutzbügel; **~dozer** Planierraupe

bullet Geschoss, Kugel; **put a ~ through one's head** sich eine Kugel in den Kopf schießen; **explosive ~s** Explosivmunition; **~ fragments** Geschosssplitter; **~ hole** Einschuss(loch)

bulletin Meldung an alle Einheiten, Suchmeldung

bulletproof *(Weste)* kugelsicher

bullshit *(coll)* Blödsinn, Unsinn

bumbag *(coll)* Gürteltasche

bump 1 Stoß; 2 *US (Fahrbahn)* Schwelle

bumper Stoßstange; **body-coloured ~s** lackierte Stoßstangen; **~ sticker** Stoßstangenaufkleber

bumpy schlecht, uneben

bun Haarknoten

bunch| of hair Haarschopf; **~ of keys** Schlüsselbund

bundle Bündel; **~ of car keys** Autoschlüsselbund

bunk Koje, *(LKW)* Schlafkabine; **~ bed** Etagenbett

bunker bunkern

buoy Boje

burden Last; **~ of proof** Beweislast; **shift the ~ of proof** Beweislast umkehren

bureau *US* Dezernat, Abteilung, Kommissariat, Amt; **~ de change** Wechselstube; **~ of standards** *US* Eichamt

bureaucracy Bürokratie

burglar Einbrecher; **prolific ~** Gewohnheitseinbrecher; **~ alarm** Alarmanlage; **~ize** einbrechen; **~-proof** aufbruch-, diebstahl-, einbruchsicher

burglary Einbruch(sdiebstahl), Wohnungseinbruch; **~ in a dwelling** Wohnungseinbruch; **commercial ~** Einbruch in Geschäfte; **daytime ~** Tageseinbruch; **domestic/residential ~** Wohnungseinbruch; **~ scene** Einbruchsort; **~ squad** Einbruchsdezernat

burgle einbrechen

burial Beerdigung

burly stämmig

burn[1] 1 Brandwunde, Verbrennung; 2 **~ (mark)** Brandfleck

burn[2] (ver)brennen; **~ down** ab-, niederbrennen; **~ out** 1 *(Fahrzeug nach Brand usw)* ausglühen; 2 *(Feuer)* erlöschen; **~t out** ausgebrannt

burst *(Reifen usw)* platzen; **~ into** hineinplatzen

bury 1 beerdigen; 2 verschütten

bus (Linien)Bus; **go by ~; catch/take the ~** mit dem Bus fahren; **articulated ~** Gelenkbus; **double-decker ~** Doppeldeckerbus; **regular ~** Linienbus; **~ driver** Busfahrer; **~ fare** Busfahrpreis

bush Strauch; **beat about the ~** *(coll)* herumreden; **~y** buschig

business Geschäft, Firma, Betrieb; **on ~** *(im Gegensatz zu privat)* geschäftlich; **any other ~** *(Tagesordnung)* Verschiedenes; **that's none of your ~** das geht Sie nichts an; **~ enterprise** Unternehmen; **~ hours** Geschäftszeit(en), Schalterstunden; **~man** Geschäftsmann; **~ premises** Geschäftsräume; **~ purposes** berufliche Zwecke; **~ trip** Geschäftsreise; **~woman** Geschäftsfrau; **~ year** Geschäftsjahr

bus| lane Busspur; **~ operator** Busunternehmer; **~ route/service** Buslinie; **~ shelter** Wartehäuschen; **~ station/terminal** Busbahnhof; **~ stop** Bushaltestelle

bust[1] *US* Festnahme

bust[2] 1 *(kriminelle Vereinigung usw)* sprengen; 2 *US (coll)* schlagen

bust[3] pleite
bust-up Schlägerei
busy 1 eifrig, fleißig; 2 ▽ belebt, stark befahren, verkehrsreich; 3 *US* ☎ besetzt
butt 1 *(Zigarette)* Kippe; 2 🔫 Griff, Kolben; 3 Kopfstoß
butterfly knife Klappmesser
buttocks Gesäß
button Taste
buy kaufen, abnehmen, erwerben
buyer Käufer, Abnehmer
buy money Kaufgeld
buzz summen; **~er** Summer
by *(mit Frist)* bis
by-law *(städtisch)* Verordnung
bypass[1] Umgehungsstraße
bypass[2] umfahren, umgehen
by-road Nebenstraße
bystander, innocent ~ unbeteiligter Anwesender am Tatort
byway Seitenweg

C

cab 1 Taxi; 2 Fahrerhaus
cabbie *(coll)* Taxifahrer
cab driver Taxifahrer
cabin Hütte; ~ **cruiser** Motorjacht
cable Kabel; **connecting** ~ Verbindungskabel; **electric** ~ Stromkabel; **overhead (electric)** ~ Oberleitung; ~ **ferry** Seilfähre; ~ **railway** Seilbahn; **~way** Berg-, Seilbahn
cab| stand *US* Taxenstand; ~ **tilt lock** Fahrerhausverriegelung
cache *(Objekt)* Versteck
cadaver Tierkörper
café *US* Restaurant
calculate berechnen; ~ **roughly** ungefähr berechnen, überschlagen
calculating berechnend
calculation Berechnung
calculator Taschenrechner
calendar Kalender; ~ **year** Kalenderjahr
calf Wade
calibre 🔫 Kaliber
call[1] 1 Ruf; 2 Aufruf; 3 Funk|ruf, -spruch; 4 Besuch; 5 Anruf, (Telefon)Gespräch; **on** ~ auf Abruf; **be on** ~ *(Arzt)* Dienst haben; **respond to a** ~ *(Eingreifen der Polizei)* auf einen Anruf reagieren, zum Einsatzort entsenden; **anonymous** ~ anonymer Anruf; **collect** ~ *US* R-Gespräch; **inland** ~ Inlandsgespräch; **international** ~ Auslandsgespräch; **local** ~ Ortsgespräch; **long-distance** ~ Ferngespräch; **misguided** ~ fehlgeleiteter Anruf; **reversed charge** ~ R-Gespräch; ~ **duration** Gesprächsdauer
caller ☎ Anrufer
calling card Visitenkarte
callous 1 kaltschnäuzig; 2 schwielig
call|, (personal) ~ **sign** Rufzeichen, *(Streifenwagen usw)* Rufname; ~ **tracing** ☎ Fangschaltung
call[2] 1 *(auch Polizei)* rufen; 2 bezeichnen als; 3 anrufen, telefonieren; ~ **at** halten; ~ **back** zurückrufen; ~ **for** fordern, *(Unterstützung)* anfordern; ~ **in** *(vom Streifenwagen)* Dienststelle anfunken; ~ **off** *(Termin)* rückgängig machen; ~ **upon** auffordern
calm[1] beschwichtigen; ~ **down** (sich) beruhigen
calm[2] 1 ruhig; 2 gefasst, gelassen; 3 windstill; **keep** ~ ruhig bleiben
cam belt 🚗 Zahnriemen
camera Fotoapparat; **in** ~ ⚖ nicht öffentlich, in nicht-öffentlicher Verhandlung; **instant** ~ Sofortbildkamera
camp Lager
campaign[1] *(Werbung, Wahlkampf)* Aktion, Kampagne
campaign[2] **for** kämpfen für
camper 1 Wohnmobil; 2 *US* Wohnwagen; **~-trailer** Wohnwagen
camp-fire Lagerfeuer
camping Zelten; ~ **ground/site** Campingplatz
can 1 (Getränke)Dose; 2 *US* Konservendose
canal *(Gewässer)* Kanal
cancel 1 (Termin) absagen; 2 *(Bestellung)* rückgängig machen, stornieren; 3 *(Fahrkarte)* entwerten; 4 *(Genehmigung usw)* aufheben

cancel|lation 1 Absage; 2 *(Veranstaltung)* Ausfall; 3 Aufhebung
cancelled, be ~ ausfallen
candle Kerze; **~stick** Kerzenleuchter
canine *US* Diensthund; **~ officer** Diensthundeführer; **~ sniffing** Schnüffeln durch Hund; **~ unit** Diensthundestaffel
cannabis Haschisch; **~ brick** Haschischplatte; **~ oil** Cannabisöl; **~ plant** Cannabispflanze; **~ resin** Cannabisharz; **~ weed** Cannabiskraut
cannibalize ausschlachten
canoe Kanu, Paddelboot
canopy *(über Haustür usw)* Schutz-, Vordach
canteen Kantine
cantonment Kasernierung, *(Truppen usw)* Unterbringung; **~ area** 1 Sammelraum; 2 Unterkunftsbereich
canvas Tür-zu-Tür-Befragung durchführen; **~sing** Tür-zu-Tür-Befragung
cap Kappe, Mütze; **peaked ~** Schirmmütze
capability Fähigkeit
capable 1 fähig, tauglich, *(Person)* leistungsfähig; 2 rechtsfähig; **~ of being interrogated/interviewed/questioned** vernehmungsfähig; **legally ~** geschäftsfähig
capacity Kapazität; **cubic ~** Hubraum
cape Umhang
capita, per ~ pro Person
capital (city) Hauptstadt
capsize kentern
cap star Mützenstern
capsule Kapsel
captain 1 Kapitän, Schiffsführer; 2 *(Verkehrsflugzeug)* Pilot
captive, hold/keep ~ gefangen halten
captivity Gefangenschaft
capture[1] Festnahme, Ergreifung
capture[2] gefangen nehmen, erbeuten
car Auto, PKW, Wagen, Limousine; **by ~** per Auto; **break into a ~** Kfz aufbrechen; **bump into another ~** Auffahrunfall verursachen; **road-test a ~** Probefahrt machen; **steal a ~** Kfz stehlen; **steal from a ~** aus einem Kfz stehlen; **wreck a ~** Kfz zu Schrott fahren
car|, armoured ~ gepanzerter PKW; **battered ~** verbeultes Auto; **classic ~** *(etwa ab 1930)* Oldtimer; **compact ~** Kleinwagen; **electric ~** Elektroauto; **regularly garaged ~** Garagenwagen; **getaway ~** Fluchtfahrzeug; **hire(d)/rental/rented ~** Leihwagen; **leased ~** Leasingfahrzeug; **medium-sized ~** Mittelklassewagen; **new ~** Neuwagen; **second ~** Zweitwagen; **second-hand ~** Gebrauchtwagen; **small ~** Kleinwagen; **unmarked ~** neutrales Zivilfahrzeug der Polizei, Zivilwagen; **used ~** Gebrauchtwagen
car accessories Autozubehör
caravan Wohnwagen; **~ park/site** Campingplatz für Wohnwagen
carbine Karabiner
car bomb Autobombe
carbon monoxide Kohlenmonoxid
car| break-in Autoeinbruch; **~ carrier** Autotransporter; **~ chase** Verfolgung eines Kfz; **~ crash** Verkehrsunfall
card 1 Karte; 2 Spielkarte; 3 Visitenkarte
cardboard Pappe; **~ box** Karton
car dealer Autohändler
card file/index Kartei
cardigan Strick|jacke, -weste
card phone Kartentelefon
care 1 Betreuung, Pflege, Fürsorge; 2 Sorgfalt, Vorsicht; **take ~** aufmerksam sein, aufpassen; **take ~ of** sich kümmern um, erledigen; **without due ~** ohne die nötige Sorgfalt; **intensive ~ (unit)** Intensivstation; **medical ~** ärztliche Betreuung/Versorgung
career berufliche Laufbahn, Dienstzeit, Karriere; **criminal ~** Verbrecherlaufbahn; **professional ~** berufliche Laufbahn; **climb the ~ ladder** Karriereleiter ersteigen; **~prospects** berufliche Chancen
care facilities Betreuungseinrichtungen
careful vorsichtig; **be ~** *(aufmerksam sein)* aufpassen
careless fahr-, nachlässig, unachtsam, leichtfertig; **~ness** Nachlässigkeit, Unachtsamkeit, Leichtsinn
caress streicheln

caretaker Hausmeister
car ferry Autofähre
cargo Fracht, Ladung; **dangerous ~** Gefahrgut; **enclosed ~** geschlossene Ladung; **hazardous ~ (HC)** Gefahrgut; **heavy ~** Schwergut; **~ documents** Fracht-, Ladepapiere; **~ handling equipment** Umschlaggerät; **~ list** Ladeverzeichnis; **~ net** Netztrennwand; **~ space** Laderaum
carjack *(Kfz)* entführen; **~er** Entführer; **~ing** Entführung
car key Autoschlüssel; **~load** Wagenladung; **~ manufacturer** Autohersteller; **~ mechanic** Kfz-Mechaniker
carnage Blutbad
carnival 1 Karneval; 2 Fest(zug)
carotid Halsschlagader
car|, registered ~ owner Kfz-Halter; **~ park** *(viele Kfz)* Parkplatz; **multistorey ~ park** Parkhaus; **~ park space indicator** Parkleitsystem; **~ park ticket machine** Parkschcinautomat
carpet Teppich
car| pool Fahrgemeinschaft; **~ pound** Verwahrort für abgeschleppte Kfz; **~ rental company** Leihwagenunternehmen
carriage 1 🚃 Waggon; 2 Beförderung, Transport; **~ of hazardous goods** Gefahrguttransport; **~ of passengers** Personenbeförderung; **horse-drawn ~** Pferdefuhrwerk; **through ~** 🚃 Kurswagen; **~ licence** Beförderungserlaubnis
carriageway Fahrbahn; **dual ~** autobahnähnlich ausgebaute Straße, vierspurige Straße mit zwei Fahrstreifen in jeder Richtung und Mittelstreifen; **single-lane ~** einspurige Fahrbahn, Richtungsfahrbahn; **through ~** durchgehende Fahrbahn; **~ marking** Fahrbahnmarkierung; **~ widening** Fahrbahnverbreiterung
carrier 1 Frachtführer, Spediteur, Spedition; 2 🚐 Transporter; 3 *(Fahrrad, Motorrad)* Gepäckträger; **rear ~** Heckgepäckträger; **~ bag** Tragetasche
car roof Autodach
carry tragen, transportieren, befördern, mitführen; **~ away/off** wegtragen; **~ on** weiter|fahren, -machen; **~ out** aus-, durchführen, erledigen; **~ straight on** geradeaus weiterfahren
carryall Reisetasche
carrying| an unregistered weapon Führen einer nicht genehmigten Schusswaffe; **~ capacity** Lade|gewicht, -vermögen
car shop *US* Kfz-Werkstatt
cart 1 *US (Supermarkt)* Einkaufswagen; 2 *US* Kofferkuli
car team Streifenwagenbesatzung
carte blanche *(fig)* Blankoscheck
car| theft Diebstahl von Kfz, Kfz-Diebstahl; **~ thief** Kfz-Dieb
carton of cigarettes Stange Zigaretten
cartoon Karikatur
cart racecourse Gokart-Bahn
car transporter Autotransporter
cartridge 🔫 Patrone; **blank ~** Platzpatrone; **blank ~ pistol** Schreckschusspistole; **empty/spent ~** Hülse; **~ pouch** Patronentasche
cart-track Feldweg
car wash Autowaschanlage
case 1 Kiste, Koffer, Etui; 2 ⚖ Prozess, Fall; **~ of a dead body** Leichensache; **~ of damage** Schadensfall; **unresolved ~ of death** ungeklärter Todesfall; **~ of medical malpractice** ⚕ Kunstfehler; **~ in point** Fall-, Paradebeispiel
case|, close a ~ Fall abschließen; **conduct a ~** Gerichtsverhandlung durchführen; **hear a ~** Fall vor Gericht verhandeln; **win a ~** Prozess gewinnen; **work on a ~** Fall bearbeiten
case|, civil ~ Zivilprozess; **criminal ~** Kriminalfall, Strafsache; **disciplinary ~** Disziplinarfall; **drink-and-drive ~** Fall von Trunkenheit am Steuer; **exceptional/special ~** Ausnahmefall; **hard ~** schwieriger Fall; **open ~** ungeklärter Fall; **solved ~** aufgeklärter Fall; **urgent ~** dringender Fall
caseload Arbeitsbelastung; **above-average ~** überdurchschnittliche Arbeitsbelastung
case| preparation *(durch Polizisten vor*

Vernehmung) Aktendurchsicht zur Vorbereitung; ~ **study** Fallstudie

cash[1] Bargeld; **in ~ or in kind** in Geld oder Sachleistungen; **pay ~** bar bezahlen; ~ **box** Geldkassette; ~ **card** Geldkarte; ~ **dispenser** Geldautomat; **have a ~flow problem** *(coll)* knapp bei Kasse sein

cashier *(Supermarkt usw)* Kassierer; **~'s office** *(Büro usw)* Kasse, Zahlstelle

cashing up *(Kellner bei Geschäftsschluss)* Abrechnung

cash|-in-transit security vehicle Geldtransporter; **~less** bargeldlos; ~ **payment** Barzahlung; **~point** Geldautomat; ~ **purchase** Barkauf; ~ **sale** Barverkauf

cash[2] *(Scheck)* einlösen; ~ **up** *(Kellner bei Geschäftsschluss)* abrechnen

casino Spiel|bank, -kasino

casket *US* Sarg

cassette Kassette; ~ **recorder** Kassettenrekorder

cast off ablegen

cast-iron *(Alibi usw)* hieb- und stichfest

casual 1 *(Kleidung)* salopp; 2 Gelegenheits-

casualty Unfallopfer, Verwundeter; ~ **department/ward** *(Krankenhaus)* Unfallstation; ~ **hospital** Unfallklinik

cat *(coll)* Katalysator

catamaran Zweirumpfboot

catapult *(Waffe)* Schleuder

cat| burglar *(Fassadenkletterer)* Einsteigdieb; ~ **burglary** Einsteigdiebstahl

catch fangen, ertappen, erwischen; ~ **someone** jemanden schnappen; ~ **someone by surprise** jemanden überrumpeln

category Klasse; **~ of risk** Gefahrgutklasse

catenary Oberleitung

cater| for verpflegen; **~ing department** Verpflegungsabteilung

cathedral Dom, Münster

cats's eye 1 Katzenauge, Rückstrahler; 2 Straßenleuchtnagel

cattle Vieh; ~ **rustler** Viehdieb; ~ **rustling** Viehdiebstahl; ~ **truck/van** Tiertransporter

Caucasian *US (Rasse)* Weißer

cause[1] Grund, Ursache, Anlass; **without good** ~ ohne hinreichenden Grund; ~ **of the accident** Unfallursache; **chief ~ of the accident** Hauptunfallursache; ~ **of action** Klage|gegenstand, -grund; ~ **for complaint** Beschwerdegrund, Grund zur Klage; **(natural) ~ of death** (natürliche) Todesursache; ~ **of fire** Brandursache

cause|, chief ~ Hauptursache; **probable** ~ wahrscheinlicher Grund; **reasonable** ~ hinreichender Verdacht; **reasonable and probable** ~ dringender (Tat)Verdacht; **unknown** ~ ungeklärte Ursache

cause[2] verschulden, verursachen

caution[1] 1 Vorsicht, Achtung; 2 (gebührenfreie) Verwarnung; 3 (Rechtsmittel)Belehrung

caution[2] 1 verwarnen; 2 belehren; **~ing** Beschuldigtenbelehrung

cautious vorsichtig

cavity Hohlraum

cease einstellen, beenden; **~fire** Waffenstillstand

ceiling 1 Decke; 2 Obergrenze; ~ **lights** Deckenbeleuchtung

celebrate feiern

celebration Feier

cell Zelle

cellar Keller; ~ **entrance** Kellereingang

cellphone Handy

cemetery Friedhof

CEMT certificate CEMT-Bescheinigung

censorship Zensur

census Volkszählung

cent, per ~ Prozent

centigrade Grad Celsius

Central| Europe Mitteleuropa; ~ **European Time** mitteleuropäische Zeit

centre Mitte(lpunkt); **operational ~** Einsatzleitstelle; ~ **armrest** Mittelarmlehne; ~ **console** Mittelkonsole; ~ **lane** mittlerer Fahrstreifen; ~ **line** unterbrochene weiße Linie; ~ **parting** Mittelscheitel

century Jahrhundert

certain|, make ~ sich vergewissern; **~ty** Gewissheit

certificate 1 (Berechtigungs)Schein, *(Dokument)* Bestätigung, Bescheinigung; 2 Attest; 3 Zeugnis, Urkunde; ~ **of authority** Berechtigungsschein; ~ **of competency/qualification** Befähigungsnachweis; **lower ~ of secondary education** Mittlere Reife, mittlerer Bildungsabschluss; ~ **of insurance** Versicherungs|bescheinigung, -nachweis; ~ **of origin** Ursprungszeugnis; ~ **of ownership/title (of the car)** *US* Kfz-Brief; ~ **of posting** Einlieferungsschein; ~ **of registration** Zulassungszeugnis, Meldeschein; **international ~ of vaccination for dogs and cats** internationaler Impfpass für Hunde und Katzen

certificate|, medical ~ ärztliches Attest; **qualifying ~** Befähigungsnachweis; **school-leaving ~** Bildungsabschluss

certification Beglaubigung, Beurkundung

certify beglaubigen, bescheinigen, beurkunden

cessation of proceedings Verfahrenseinstellung

chain[1] (Absperr)Kette; ~ **of command** Dienstweg, Hierarchie; **up/down the ~ of command** auf dem Dienstweg; ~ **of evidence** Beweiskette; **tie-down ~** Spannkette; ~ **guard** Kettenschutz; ~ **letter** Kettenbrief; ~ **smoker** Kettenraucher

chain[2] fesseln; ~ **oneself up (to)** sich anketten

chair|, three-wheeled ~ Krankendreirad; **~lift** Sessellift

challenge[1] Anfechtung, Herausforderung; **meet a ~** sich einer Herausforderung stellen

challenge[2] anfechten, herausfordern

chamber Kammer; **~s** Kanzlei; **~maid** Zimmermädchen

champagne Sekt

champion *(Sport usw)* Meister

chance 1 Gelegenheit; 2 Zufall; **by ~** durch Zufall; **the ~s of acquittal are nil** die Chancen auf Freispruch sind null; ~ **of survival** Überlebenschance

change[1] 1 Änderung, Wechsel, Wandel, Abwechslung; 2 Geldwechsel; 3 Klein-, Wechselgeld; **for a ~** zur Abwechslung; **~ of behaviour** Verhaltensänderung; ~ **of clothes** Kleiderwechsel; **~ of directon** Richtungsänderung; ~ **of ownership** Umschreibung; ~ **of perception** Wahrnehmungsveränderung; **~ of shift** Schichtwechsel; **radical ~** Umbruch; **small ~** Kleingeld

change[2] 1 ändern, (ab)wechseln; 2 sich umziehen; 3 *(Ampel)* umschalten; 4 *(Bus, Bahn usw)* umsteigen; 5 *(Wind)* sich drehen; ~ **down** herunter-, zurückschalten; ~ **up** hochschalten

changing| cubicle *(Kaufhaus usw)* Umkleidekabine; ~ **room** *(Sporthalle usw)* Umkleideraum

Channel Ärmelkanal; ~ **Tunnel** Kanaltunnel

channel 1 *(Funk, Fernsehen)* Kanal, Programm; 2 Fahrrinne; **official ~s** Dienstweg; **through (official) ~s** auf dem Dienstweg; **go through (official) ~ s** Dienstweg einhalten

chant(ing) Sprechchöre

chaos on the roads Verkehrschaos

chap Bursche

chapel Kapelle

chaperon *US* Begleitlehrer

character| assassination Rufmord; ~ **guidance lessons** lebenskundlicher Unterricht

characteristic Besonderheit, Eigenart

charge[1] 1 (Straf)Anzeige; 2 *(offiziell)* Beschuldigung; 3 Anklage; 4 Gebühr; **in ~** *(Führungsfunktion)* verantwortlich; **free of ~** gebührenfrei, kostenlos; **liable/subject to a ~** gebühren-, kostenpflichtig; **~ for a traffic infraction** Verkehrsordnungswidrigkeitsanzeige; ~ **for towing away** Abschleppkosten

charge|, be in ~ zuständig sein; **be ~d (with)** angeklagt werden; **bring a ~ against someone** jemanden anklagen; **drop a ~** Anklage fallen lassen; **face a ~** angeklagt sein; **file a ~ against an unknown person** Anzeige gegen Unbekannt erstatten; **prefer criminal ~s**

Strafanzeige erstatten; **prefer/press ~s** *(Polizei bei Staatsanwalt)* anzeigen; **process a ~** Anzeige bearbeiten; **record/take down a ~** Anzeige aufnehmen; **withdraw a ~** Anzeige zurücknehmen/zurückziehen

charge|, additional/extra ~ *(Zuschlag)* Aufschlag; **administrative ~** Bearbeitungsgebühr; **criminal ~** Strafanzeige; **explosive ~** Sprengladung

charge[2] 1 anklagen; 2 *(Batterie)* laden; 3 *(mit Gebühr)* belegen, *(Preis)* verlangen, *(Rechnung ausstellen)* berechnen; 4 beauftragen; **~ someone with something** jemanden wegen etwas anklagen

charger 1 *(Akku für Funkgerät)* Sammler; 2 Ladegerät

charge| sheet Anzeigenformular; **fill in a ~ sheet** Anzeige aufnehmen; **~ unit** ☎ Gesprächseinheit

charity (organization) Wohltätigkeitsorganisation

charred verkohlt

chart, organizational ~ Organigramm, Geschäftsverteilungsplan

chase[1] 1 Verfolgung(sfahrt), Jagd; **give ~** *(konkret durch Hinterherfahren oder -laufen)* verfolgen; **high-speed ~** Verfolgungsfahrt mit hoher Geschwindigkeit

chase[2] *(allgemein)* verfolgen, jagen; **~ off/away** vertreiben

chassis 🚗 Fahrgestell; **~ number** Fahrgestellnummer

chat sich unterhalten

chauffeur (Berufs)Kraftfahrer, Chauffeur

cheat betrügen; **~ing** Betrug

check[1] 1 Kontrolle, Überprüfung; 2 *US* Scheck; 3 💻 Abfrage; 4 *US (Rechnung)* Zeche; **~ of lorries carrying hazardous cargo** Gefahrgutkontrolle; **~ on licensed premises** Gaststättenkontrolle; **conduct a ~** Kontrolle durchführen; **comprehensive ~** Vollkontrolle; **in-depth ~** intensive Kontrolle; **random ~** Selektivkontrolle; **roadside ~** Straßenkontrolle; **targeted ~** gezielte Kontrolle; **thorough ~** lückenlose Kontrolle; **visual ~** Sichtkontrolle; **~ certificate** *(LKW-Kontrolle)* Kontrollschein

check[2] 1 kontrollieren, nach-, überprüfen, nachsehen; 2 💻 *(Daten usw)* abgleichen, abfragen; **~ in** *(Hotel)* sich anmelden; **~ out** *(Hotel)* abreisen

checked kariert

checking| account ~ *US* Girokonto; **~ the files** Aktendurchsicht

check|out *(Supermarkt usw)* Kasse; **~point** Kontroll|punkt, -stelle; **medical ~up** ärztliche Untersuchung

cheek Backe, Wange; **flabby ~s** Hängebacken; **~bone** Backenknochen

cheer up Mut machen

chef de train *GB* 🚂 Zug|führer, -chef

chemise *(Damenwäsche)* Unter|kleid, -hemd

chemist Chemiker; **~'s (shop)** Apotheke, Drogerie

cheque Scheck; **cash a ~** Scheck einlösen; **write a ~** Scheck ausstellen; **bad/dud ~** ungedeckter Scheck; **counterfeit/false ~** gefälschter Scheck; **~book** Scheck|buch, -heft; **~ card** Bankkarte; **~ card fraud** Missbrauch von Kreditkarten/Bankkarten; **~ fraud** Scheckbetrug

chest Brust(korb)

chevron *(Rangabzeichen)* Winkel

chief[1] (Polizei)Chef, Leiter; **~ of detectives** Leiter der Kriminalpolizei; **~ of police** Polizeichef; **~ of staff** Leiter Führungsstab; **acting ~** kommissarischer Leiter

chief federal prosecutor Generalbundesanwalt

chief[2] hauptsächlich, Haupt-

child Kind; **missing ~** vermisstes Kind; **~ abuse** Kindesmisshandlung; **~ abuser** Kinderschänder **~ benefit** Kindergeld; **~ carrier (seat)** *(Fahrrad)* Kindersitz

childish kindisch

child marriage Kinderehe; **~ molester** Kinderschänder

Children| and Young Persons Act *GB* Jugendschutzgesetz; **children's (car)**

seat Kindersitz; **~'s clothes/wear** Kinderkleidung; **~'s document/passport** Kinderausweis

child| seat Kindersitz; **integrated ~ seat** integrierter Kindersitz; **rear-facing ~ seat** Reboard-Kindersitz; **~ snatching** Kindesraub; **~ stealing** Entziehung Minderjähriger

chimney Schornstein, Kamin

chin Kinn; **dimpled ~** Kinn mit Grübchen; **double ~** Doppelkinn; **pointed ~** spitzes Kinn; **protruding ~** hervorstehendes Kinn; **receding ~** fliehendes Kinn; **split ~** gespaltenes Kinn; **square ~** eckiges/kantiges Kinn; **~ beard/tuft** Kinnbart

chippings Splitt

chlorine Chlor

choice Wahl; **~ between conflicting rights** Güterabwägung; **have no ~** keine andere Wahl haben

choke[1], automatic ~ Startautomatik

choke[2] 1 ⚕ ersticken; 2 *(Luftröhre usw)* abdrücken; 3 *(Leitung, Rohr)* verstopfen

choose (aus)wählen

chopper 1 *(coll)* Hubschrauber; 2 Motorrad mit hohem Lenker

Christian[1] Christ

Christian[2] christlich

Christmas| bonus Weihnachtsgeld; **~ illuminations** Weihnachtsbeleuchtung; **~ party** Weihnachtsfeier; **~ spirit/ mood** Weihnachtsstimmung; **~ tree** Christbaum

chromium Chrom

chronic krankhaft

chuck out *(coll)* herauswerfen

church| clock Kirchturmuhr; **~ holiday** kirchlicher Feiertag; **~ tax** Kirchensteuer

CID| (criminal investigation department) Kriminalpolizei; **enter/join the ~** in die Kriminalpolizei eintreten; **~ division** Kriminal|inspektion, -direktion; **~ group leader** Kriminalgruppenleiter; **~ headquarters** Kriminaldirektion; **~ investigation** kriminalpolizeiliche Ermittlung; **~ matters** Kriminalitätsangelegenheiten; **~ officer** Kriminalbeamter; **~ unit** Kriminalkommissariat; **~ watch** Kriminal|dauerdienst, -inspektion, -wache

cigarette|, roll a ~ Zigarette drehen; **~ lighter** 🚗 Zigarettenanzünder; **~ machine** Zigarettenautomat; **~ packet** Zigarettenschachtel

cinema Kino

circle|, move in certain ~s in einem Milieu verkehren; **criminal ~s** Verbrechermilieu; **vicious ~** Teufelskreis

circuit 1 Gerichtsbezirk; 2 Rennstrecke; 3 ⚡ Stromkreis; **the ~ is broken** der Stromkreis ist unterbrochen; **short-~** Kurzschluss

circular[1] Rundbrief

circular[2] kreisförmig

circulate 1 im Umlauf sein; 2 in Umlauf bringen

circulation ⚕ Kreislauf; **take out of ~** *(Münze usw)* aus dem Verkehr ziehen

circum|cised beschnitten; **~cision** Beschneidung; **female ~cision** Beschneidung von Frauen; **~ference** Umfang

circumstances Umstände, Situation, Lage; **in/under the ~** unter diesen Umständen; **aggravating ~** erschwerende Umstände; **economic ~** wirtschaftliche Verhältnisse; **exceptional ~** besondere Umstände; **extenuating/mitigating ~** mildernde Umstände; **financial ~** Vermögensverhältnisse; **particular ~** nähere Umstände; **personal ~** persönliche Verhältnisse; **pertinent ~** Tatumstände

circumstantial ⚖ *(Prozess)* Indizien-

circumvent *(Problem)* umgehen; **~ion** Umgehung

citation *US* Strafzettel *(coll)*, Verwarnung mit Verwarngeld

cite *(zitieren)* anführen, sich berufen auf

citizen Bürger, Staatsangehöriger; **~ of the EU countries** EU-Bürger; **non-EU-~** Nicht-EU-Bürger; **honorary ~** Ehrenbürger; **native ~** Inländer; **senior ~** Rentner, Pensionär; **~s' action group** Bürgerinitiative; **~s' advice bureau** *GB* Bürgerberatung; **~'s arrest**

Festnahmerecht für jedermann, Festhalterecht
citizenship Staatsangehörigkeit; **dual ~** doppelte Staatsangehörigkeit
city 1 (Groß)Stadt; 2 *US* Gemeinde; **large ~** Großstadt; **~ administration** Stadtverwaltung; **~ agency** Stadtbehörde; **~ boundary** Stadtgrenze; **~ centre** Innenstadt; **~ council** *(Gesamtheit)* Stadtrat; **~ court** Amtsgericht; **~ hall** Rathaus; **~ judge** *US* Amtsrichter
City of London Police *Polizei im Londoner Stadtteil „City of London"*
city| park Stadtpark; **~ police** Stadtpolizei; **~ state** Stadtstaat; **~ traffic** Stadtverkehr
civilian[1] ziviler Mitarbeiter, Zivilist
civilian[2] Zivil-
civil-law zivilrechtlich
cladding 🏠 Außenwandverkleidung
claim[1] 1 Behauptung; 2 ⚖ (Rechts)Anspruch, (Schadens)Forderung; 3 *(Versicherung)* Schadensfall; **~ for compensation** Entschädigungsanspruch; **~ for damages** Schadenersatzforderung; **~ for restitution** Herausgabeanspruch; **adjudicate ~s** Schadenersatzansprüche entscheiden; **adjust a ~** Schaden abwickeln/regulieren; **file a ~; lay ~ to** Anspruch erheben auf
claim[2] 1 behaupten; beanspruchen, fordern; **~ back** zurückfordern
claimant Antragsteller
claim form Schadensformular
claims| adjuster Schadensregulierer; **~ adjustment** Schadensregulierung; **~ assessment** Schadens|bemessung, -berechnung
clamp[1] *(Falschparker)* Kralle
clamp[2] Kralle anbringen; **~ down (on something)** energisch/hart/konsequent durchgreifen
clampdown hartes Durchgreifen
clandestine *(Versteck, Tätigkeit)* geheim, heimlich, konspirativ, verdeckt
clarification Klärung
clarify klären
clash *(Demonstration)* Zusammenstoß; **armed ~** bewaffnete Auseinandersetzung
clasp *(Kleidung usw)* Verschluss; **~ knife** Klappmesser
class (Schul)Klasse; **~ of accident** Unfallkategorie; **in-service ~es** Dienstunterricht; **middle ~** Mittelklasse; **~ A uniform** Ausgehuniform; **~ action** ⚖ Sammelklage; **~ C drug** *GB* weiche Droge
classify klassifizieren
clause Klausel
claustrophobia Platzangst
clean[1] säubern
clean[2] drogenfrei, nicht mehr drogenabhängig
cleaner, high-pressure ~ Hochdruckreiniger
cleanse säubern
clean-shaven glattrasiert
clear[1] 1 *(durch Polizei usw)* räumen, frei machen; 2 ⊖ abfertigen; **~ up** 1 aufräumen, bereinigen; 2 *(Verbrechen)* aufklären; **~ oneself** seine Umschuld beweisen
clear[2] 1 eindeutig, übersichtlich, unmissverständlich, deutlich; 2 *(Straße)* frei
clearance 1 Erlaubnis, Genehmigung; 2 ⊖ Abfertigung, Verzollung; 3 Durchfahrtshöhe; **lateral ~** Seitenabstand; **~ light** Umrissleuchte; **~ sale** Ausverkauf
clearing Lichtung; **~ up** Aufklärung: **~ rate** Aufklärungsquote
clear-up rate Aufklärungsquote
clemency Gnade
clergyman Pfarrer
clerk (of the court) *(Gericht)* Protokollführer, juristischer Beisitzer
client 1 Kunde, Klient; 2 ⚖ Mandant
cliff Klippe
climate, electronic ~ control elektronische Klimaautomatik
climax Höhepunkt
climb[1] Steigung, Anstieg
climb[2] 1 klettern; 2 ansteigen; 3 bergauf fahren; **~ in** *(Dieb)* einsteigen
clinic Krankenhaus
clip 🔫 Magazin; **~ joint** *(coll)* Nepplokal; **~board** Klemmbrett
cloakroom *(Theater usw)* Garderobe

clock[1] *(coll)* Tachometer; **(a)round the ~** rund um die Uhr

clock[2] Zeit nehmen, stoppen; **~ (up)** *(Km/h)* fahren

clockwise im Uhrzeigersinn

clogged *(mit zuviel Verkehr)* verstopft

close[1] Schluss

close[2] 1 schließen; 2 *(Fall)* abschließen; 3 *(Straße)* sperren; **~ down** *(Kneipe usw)* dichtmachen

close[3] nahe; **very ~** ganz in der Nähe; **~-fitting** *(Kleidung)* eng anliegend; **~-up** Nahaufnahme

closing Schließung; **~ date (for registrations)** Anmeldeschluss; **~ day** Ruhetag; **~ time** 1 *(Gaststätten usw)* Sperr-, Polizeistunde; 2 Geschäfts-, Ladenschluss

closure Schließung, Sperrung

cloth *(Textil)* Stoff; **~ed** bekleidet

clothes Kleidung; **change ~** sich umziehen; **take one's ~ off** sich ausziehen; **wear ~** Kleidung tragen

clothes|, bulky ~ weite Kleidung; **casual ~** Freizeitkleidung; **dirty ~** schmutzige Kleidung; **highly elegant ~** sehr vornehme Kleidung; **plain ~** Zivilkleidung; **in plain ~** in Zivil; **posh ~** sehr vornehme Kleidung; **ragged ~** zerlumpte Kleidung; **sloppy/slovenly ~** schlampige/unordentliche Kleidung

clothing Kleidung, Garderobe; **high-visibility ~** Warnkleidung; **outer ~** Oberbekleidung; **protective ~** Schutzkleidung; **~ allowance** Kleidergeld

cloud| of smoke Rauchwolke; **~s of smoke** Rauchschwaden; **~burst** Platzregen, Wolkenbruch; **~y** *(Spiegel)* matt

cloverleaf interchange Autobahnkreuz

club[1] 1 Verein; 2 Schlagstock; **~ bar** Vereinslokal

club[2] niederknüppeln; **~ someone** Schlagstock gegen jemanden einsetzen

clue Spur, Anhaltspunkt, Hinweis, Indiz

clumsy unbeholfen, ungeschickt

clutch 🚗 Kupplung(spedal); **press the ~** einkuppeln; **slip the ~** Kupplung schleifen lassen; **damaged ~** Kupplungsschaden; **~ lever** Kupplungshebel; **~ pedal** Kupplungspedal

CMR certificate CMR-Bescheinigung

coach 1 (Reise)Bus; 2 Kutsche; **~ driver** Busfahrer; **~ operator** Busunternehmer; **~ station/terminal** Busbahnhof

coast[1] Küste; **~guard** Küstenwache

coast[2] im Leerlauf rollen

coat Mantel, Kittel; **~ of arms** Wappen; **national ~ of arms** *(Staat)* Landeswappen; **white ~** *(Schutzkleidung bei Autobahnpolizei usw)* weißer Mantel

cobblestone Pflasterstein; **~ pavement** Kopfsteinpflaster

cock[1] 🔫 Hahn

cock[2] 🔫 durchladen; **~ed** schussbereit

code[1] 1 Chiffre; 2 Gesetzbuch; 3 ☎ Vorwahl(nummer); **~ of conduct/practice** Verhaltensregeln; **~ of criminal procedure** Strafprozessordnung; **civil ~** Bürgerliches Gesetzbuch (BGB); **criminal/penal ~** Strafgesetzbuch (StGB); **international ~** ☎ internationale Vorwahl(nummer); **military postal ~** Feldpostnummer

code[2] verschlüsseln

co-|defendant ⚖ Mitangeklagter, Mitbeschuldigter; **~driver** *(Bus, LKW)* zweiter Fahrer

coerce ⚖ nötigen

coercion Nötigung; **sexual ~** sexuelle Nötigung

coffin Sarg

coil Zündspule

coin Münze; **~s** Hartgeld; **counterfeit ~** falsche Münze; **specially minted ~** Sondermünze

coincide *(zeitlich)* zusammentreffen; **~nce** Zufall

coin-operated Münz-

cold 1 Kälte; 2 Schnupfen; **be ~** frieren; **freezing ~** bittere Kälte; **~-blooded** kaltblütig

collaboration Zusammenarbeit

collapse[1] Zusammenbruch

collapse[2] einstürzen, zusammenbrechen

collar[1] 1 Kragen; 2 *(Hund)* Halsband; **~bone** Schlüsselbein

collar[2] *US (coll)* festnehmen

collate *(Daten usw)* abgleichen, auswerten, zusammentragen

collation Auswertung
colleague Kollege
collect 1 sammeln, zusammentragen; 2 *(Geld, Schulden)* eintreiben, kassieren; 3 *(Sachen)* abholen; **~ibles** Sammelgegenstände
collection Sammlung; **~ of bulky refuse** Sperrmüllabfuhr; **~ of evidence** Sammlung von Beweismaterial; **loose-leaf ~** Loseblattsammlung; **~ box** Opferstock
collector Sammler; **solar ~** Sonnenkollektor; **~'s firearm** Sammlerwaffe; **~'s item** Sammlerstück
college (Fach)Hochschule; **~ of public administration** Fachhochschule für öffentliche Verwaltung; **~ of public administration - police branch** Fachhochschule Polizei
collide zusammenstoßen; **~ head-on** frontal zusammenstoßen
collision Verkehrsunfall, Zusammenstoß; **head-on ~** Frontalzusammenstoß; **rear-end ~** Auffahrunfall
colloquial umgangssprachlich
collusion geheime Absprache
Cologne Köln
colour *(allgemein)* Farbe, Färbung; **~ of hair** Haarfarbe; **~ of the skin** Hautfarbe; **national ~s** *(Staat)* Landes-, Nationalfarben; **~-blind** farbenblind; **~ed person** Farbiger
column *(Zeitung)* Spalte; **~ of demonstrators** Demonstrationszug; **~ of vehicles** Fahrzeugkolonne
comb[1] Kamm
comb[2] *(Gelände usw)* absuchen, durchkämmen
combat[1] Kampf; **~ rations** Einsatzverpflegung
combat[2] bekämpfen
combating| crime Kriminalitätskontrolle; **~ terrrorism** Terrorismusbekämpfung
combination 1 (Zahlen)Kombination; 2 Motorrad mit Beiwagen; **numerical ~** Zahlenkombination; **~ lock** Kombinationsschloss; **~ pack** zusammengesetzte Verpackung
combined gemeinsam
combine harvester Mähdrescher
combustible brennbar
combustion Verbrennung; **spontaneous ~** Selbstentzündung; **internal ~ engine** Verbrennungsmotor
come| across stoßen auf, **~ back** wiederkommen, zurück|kehren, -kommen; **~ in** eintreten; **~ in(to)** hineinkommen; **~ into being** gegründet werden; **~ off** *(Lauffläche eines Reifens)* sich ablösen; **~ out** herauskommen; **~ out (with something)** herausrücken; **~ to** Bewusstsein wieder erlangen; **~ to think of it** es sich recht überlegen; **~ up to someone** auf jemanden zukommen
comfort[1] Trost
comfort[2] trösten
command[1] 1 Befehl, Kommando; 2 Führung, (Einsatz)Leitung; **~ and control** Führung; **~ and control principles** Führungsgrundsätze; **~ and control support** Führungsunterstützung; **co-operative ~** kooperative Führung; **divisional ~** Inspektionsleitung; **mission-oriented ~** Auftragstaktik; **overall ~** Gesamtleitung; **tactical ~** Führungs- und Lagezentrale
command| authority Befehlsgewalt; **~ centre** Lage|zentrale, -zentrum, Einsatzleitstelle; **~ course** Ratslehrgang
commander (Polizei)Führer, Leiter; **~ in the field; ~ on the spot** Führer vor Ort
command| office Einsatzleitstelle; **~ post** Befehls-, Einsatzleitstelle; **~ service** gehobener Dienst; **senior ~ service** höherer Dienst; **~ structure** Befehlsstruktur
command[2] befehlen, leiten
commend belobigen, loben; **~ation** Belobigung
comment[1], **official ~** dienstliche Äußerung
comment[2] **on** Stellung nehmen zu
commercial geschäftlich, gewerbsmäßig
commission[1] 1 *(Straftat usw)* Begehung; 2 Vermittlungsgebühr; 3 Patent; **~ of a crime** Tatbegehung; **disciplinary ~** Disziplinarkommission

commission[2] beauftragen
commissioner (of police) Polizeichef
commit 1 *(Straftat usw)* begehen; 2 *(Anstalt usw)* einweisen, einliefern, überstellen; 3 verpflichten; **(not) ~ oneself** sich (nicht) festlegen; **~ oneself to doing something** sich zu etwas verpflichten
commitment Engagement, Verpflichtung; **enter into a ~** Verpflichtung eingehen; **honour a ~** Verpflichtung einhalten; **~ warrant** Haftbefehl für Person, die Geldstrafe nicht bezahlt hat
committal Einlieferung, Überstellung; **~ order** Untersuchungshaftbefehl
committee Gremium
common gemeinsam, gemeinschaftlich
commotion, civil ~ Ausschreitung
communicate sich verständigen
communicating door Verbindungstür
communication 1 Verständigung; 2 *(Nachricht)* Übertragung; 3 *(Abteilung)* Informations- und Kommunikationsangelegenheiten; **two-way ~** Gegen-, Wechselsprechverkehr; **~s (department)** Fernmeldeabteilung
communicative redselig
community Gemeinde; **gated ~** eingezäunte und bewachte Siedlung; **local ~** Gemeinde; **~ beat officer** Bezirks(dienst)-, Kontaktbeamter; **~ centre** Bürger-, Dorfgemeinschaftshaus; **~ level** lokale Ebene; **~ liaison officer** Bezirks(dienst)beamter; **~ policing** bürgernahe Polizeiarbeit; **~ relations** Verhältnis zwischen den Bevölkerungsgruppen; **~ security partnership** Sicherheitspartnerschaft; **~ service** 1 *(freiwillig oder als Strafe)* sozialer Dienst; 2 Zivildienst; **~ support officer** *GB* Hilfspolizist
commute *(Arbeitsplatz usw)* pendeln
commuter Pendler; **~ car park** Mitfahrer-, Pendlerparkplatz; **~ train** 🚂 Nahverkehrs-, Pendlerzug
companion Begleitperson, Gefährte
company 1 Firma, Gesellschaft, Unternehmen; 2 Kompanie; **present ~ excepted** Anwesende ausgenommen; **bogus ~** Scheinfirma; **~ car** Firmenwagen; **~ car park** Werksparkplatz; **~ headquarters** Firmensitz; **~ pass** Firmen-, Werksausweis
compare vergleichen, *(Daten usw)* abgleichen
comparison Vergleich
compartment 1 🚂 Abteil; 2 (Ablage) Fach; **hidden/secret ~** Geheimfach; **parent-and-child ~** 🚂 Kleinkindabteil
compassion Mitleid
compatible with vereinbar mit
compel zwingen
compensate *(Schaden)* ersetzen, entschädigen, wiedergutmachen
compensation Schadensersatz, Entschädigung, Wiedergutmachung; **liable for ~** regresspflichtig, schadensersatzpflichtig; **~ for wrongful imprisonment** Haftentschädigung; **~ for pain and suffering** Schmerzensgeld; **award ~** Entschädigung zusprechen; **claim ~** Entschädigung fordern
competence Fähigkeit; **linguistic ~** Sprachfertigkeit; **official ~** Amtsbefugnis
competency *US* Fähigkeit
competent fähig
competition Konkurrenz, Wettbewerb; **unfair ~** unlauterer Wettbewerb
competitor Mitbewerber
compilation Zusammenstellung
compile zusammenstellen
complain Beschwerde einlegen, sich beschweren/beklagen; **~ of/about** beanstanden, sich beschweren über; **~ant** Beschwerdeführer
complaint 1 Beschwerde, Beanstandung; 2 (Straf)Anzeige; **file/lodge/make a ~** 1 Beschwerde einlegen, sich beschweren; 2 *(Bürger bei Polizei)* anzeigen; **process a ~** Anzeige bearbeiten; **substantiated ~** begründete Beschwerde; **~s department** Beschwerdestelle
complement ergänzen
complete[1] 1 *(beenden)* abschließen; 2 *(Formular)* ausfüllen
complete[2] ganz, gesamt, lückenlos, vollständig, vollzählig

completion Abschluss
complexion Gesichtsfarbe
compliance Einhalten; ~ **with the rules (and regulations)** Einhalten der Vorschriften
complicated kompliziert
complicity Mitschuld
comply einwilligen; ~ **with** *(Gesetz)* beachten, *(Anordnung)* befolgen, *(Vorschrift usw)* sich halten an, einhalten, Folge leisten
component Bestandteil
compose verfassen; ~**d** gefasst
composite[1] **(picture/drawing/sketch)** Phantom|bild, -zeichnung
composite[2] zusammengesetzt
composition Zusammensetzung
compound[1] eingezäuntes Gelände
compound[2] erschweren
comprehensible *(Äußerung usw)* verständlich, nachvollziehbar
comprehensive umfassend
comprise bestehen aus, umfassen
compromise[1] Kompromiss
compromise[2] kompromittieren
compulsion innerer Antrieb
compulsive zwanghaft
compulsory obligatorisch, Zwangs-; **be** ~ Pflicht sein
computer|s *(Abteilung)* Informations- und Kommunikationsangelegenheiten; **check with/run through the** ~ im Computer abfragen; **on-board** ~ Bordcomputer; **personal** ~ Personalcomputer; ~ **accessories** Computerzubehör; ~ **crime** Computerkriminalität
conceal verstecken, verbergen, verheimlichen, verschweigen; ~**ment** Verheimlichung
conceivable denkbar
concept|, moral ~ Wertevorstellung; **operational** ~ Einsatzkonzeption
concern Besorgnis, Sorge; **of mutual** ~ von gemeinsamem Interesse; **to whom it may** ~ *(Referenz)* für die zuständige Person; ~**ed** besorgt; ~**ing** betreffend, in Bezug auf
con|certina (wire) Stacheldrahtrolle; ~**cession** 1 Zugeständnis; 2 Seniorenrabatt; ~**clude** zu einer Schlussfolgerung gelangen
conclusion Schlussfolgerung; **draw a** ~ Schlussfolgerung ziehen; **jump to ~s** voreilige Schlussfolgerung ziehen; **wrong** ~ Trugschluss
con|clusive stichhaltig; ~**course** Bahnhofshalle; ~**crete** Beton; ~**current** gleichzeitig; ~**cussion** Gehirnerschütterung
condition 1 Auflage, Bedingung; 2 Zustand; **drive too fast given the prevailing ~s** für die Verhältnisse zu schnell fahren; **actual** ~ Istzustand; **in a critical** ~ in akuter Lebensgefahr; **current** ~ jetziger Zustand; **mechanical/technical** ~ technischer Zustand; **unsafe** ~ unsicherer Verkehrszustand; **in working** ~ betriebsbereit
condominium *US* Eigentumswohnung
conduct[1] Benehmen, Verhalten; ~ **towards a crowd** Verhalten gegenüber einer Menschenmenge; ~ **of duty** Dienstausübung; ~ **of proceedings** Verhandlungsführung; **criminal** ~ kriminelles Verhalten; **discreditable** ~ Schädigung des Ansehens (der Polizei in der Öffentlichkeit); **disorderly** ~ ungebührliches Benehmen; **good** ~ Wohlverhalten; **lewd public** ~ Belästigung der Allgemeinheit; **social** ~ soziales Verhalten; **violent** ~ gewalttätiges Verhalten; ~ **money** *(Zeugen)* Reisespesen
conduct[2] **oneself** sich benehmen/verhalten
conductor Kundenbetreuer, Schaffner, Zugbegleiter
cone (Leit)Kegel
confer übertragen
conference 1 Besprechung; 2 Tagung; ~ **venue** Tagungsort
confess geständig sein, Geständnis ablegen, gestehen, zugeben, bekennen
confession Geständnis; **make a** ~ Geständnis ablegen; **obtain/reach a** ~ Geständnis erreichen
confidant(e) Vertrauensperson, sozialer Ansprechpartner

confidence Vertrauen; ~ **building** Vertrauensbildung; ~ **trick** Trick|betrug, -diebstahl; ~ **trickster** Trickbetrüger, Hochstapler, Schwindler
confident zuversichtlich; **~ial** vertraulich
confidentiality Diskretion, Schweigepflicht; **medical** ~ ärztliche Schweigepflicht; **release the doctor from medical** ~ den Arzt von seiner Schweigepflicht entbinden
confine beschränken; **~d** beengt
confinement Arrest, Haft; ~ **pending extradition** Auslieferungshaft; **pre-trial** ~ Untersuchungshaft; **solitary** ~ Einzelhaft
confirm bestätigen; ~ **in writing** bescheinigen
confirmation Bestätigung; **official** ~ Behördenbestätigung; ~ **note** Aktenvormerkung
confiscate einziehen, beschlagnahmen
confiscation Einziehung, Beschlagnahme; ~ **order** Beschlagnahmebeschluss; ~ **record** Beschlagnahmeprotokoll
conflict| of interests Interessenkonflikt; **resolve a** ~ Konflikt lösen; **armed** ~ bewaffnete Auseinandersetzung; ~ **containment** Konfliktbegrenzung; ~ **counselling** Konfliktberatung; ~ **prevention** Konfliktvermeidung; ~ **resolution/settlement** Konfliktbeilegung
conformity, in ~ **with** gemäß, im Einklang mit
confront gegenüberstellen
confrontation Gegenüberstellung
confronted, be ~ **with** gegenüberstehen
con|fuse verwechseln, verwirren; **~fusing** unübersichtlich, verwirrend; **~fusion** Verwirrung
congest *(Straße)* verstopfen
congestion (Verkehrs)Stau; ~ **charge** *(z.B. London)* Innenstadtmaut; ~ **warning** Stauwarnung
conjunction, in ~ **with** ⚖ in Tateinheit/Verbindung mit
conman Hochstapler
connect verbinden, anschließen; **~ed** verbunden; **be ~ed** zusammenhängen
connection 1 Verbindung, Zusammenhang; 2 *(Verkehrsmittel)* Anschluss; **in** ~ **with** im Zusammenhang mit; **in this** ~ in diesem Zusammenhang; **get a** ~ Anschluss erreichen; **miss a** ~ Anschluss verpassen; **loose** ~ ⚡ Wackelkontakt; **plug-in** ~ ⚡ Steckverbindung
connivance passive Tathilfe, stillschweigende Duldung
connive at something etwas billigend in Kauf nehmen
conscience Gewissen; **clear** ~ gutes Gewissen; **guilty** ~ schlechtes Gewissen
conscientious pflichtbewusst
conscious bei Bewusstsein, bewusst; **be** ~ **of** sich bewusst sein; **~ness** Bewusstsein; **lose ~ness** bewusstlos werden, Bewusstsein verlieren; **recover/regain ~ness** Bewusstsein wieder erlangen
conscript Wehrpflichtiger; **drafted** ~ Grundwehrdienstleistender; ~ **armed forces** Wehrpflichtarmee; **~ion** Wehrpflicht
consent[1] Einverständnis, Einwilligung, Zustimmung; **express** ~ ausdrückliche Zustimmung; **full** ~ uneingeschränkte Zustimmung; **parental** ~ elterliche Erlaubnis
con|sent[2] **to** einwilligen, einverstanden sein, zustimmen; **~sequence** Folge
conservation Erhaltung, Natur-, Umweltschutz; ~ **area** Landschaftsschutzgebiet; **~ist** Naturschützer
conservatory Wintergarten
consider abwägen, bedenken, überlegen, berücksichtigen; **~able** beträchtlich
consideration Abwägung, Erwägung, Berücksichtigung, Rücksichtnahme; **after (due)** ~ **of all the facts and circumstances** nach Abwägung aller Fakten und Umstände; **take into** ~ berücksichtigen, in Betracht ziehen; **mutual** ~ gegenseitige Rücksichtnahme
consign *(Warenladung)* absenden; **be ~ed for** bestimmt sein für; **~ee** Empfänger
consign|ment Ladung, Sendung; **~ment note** Frachtbrief; **~or** *(Warenladung)* Absender

consist of bestehen aus
consistent folgerichtig, konsequent; **~ with** im Einklang mit
con|solation Trost; **~spicuous** auffällig
conspiracy Verschwörung; **~ to pervert the course of justice** Verabredung zur Rechtsbeugung; **~ to commit a crime; criminal ~** Verabredung zu einer Straftat
conspire ⚖ sich verschwören
constable Polizeibeamter; **~ on the beat** Streifenpolizist; **~'s pocket notebook** Berichtsbuch
constabulary *GB* Polizei *(einer Grafschaft/eines Bezirks)*
con|stant beständig, gleichmäßig; **~stitute** darstellen, ausmachen, bestehen aus, bilden
constitution *(Staat)* Verfassung; **~al** verfassungsmäßig
constraint Einschränkung
construction 1 Bau; 2 Auslegung, Deutung; **under ~** im Bau; **~ site** *(Gebäude usw)* Baustelle; **moving ~ site** Wanderbaustelle; **~ site vehicle** Baustellenfahrzeug; **~ work** Baumaßnahme
construe *(Wortlaut)* auslegen
consul, honorary ~ Honorarkonsul
consult hinzuziehen, *(Anwalt usw)* nehmen, *(Arzt usw)* aufsuchen; **~ (with)** konsultieren, Rücksprache halten, zu Rate ziehen
consultation Rücksprache, *(Arzt usw)* Beratung; **in ~ with** im Einverständnis mit; **without prior ~** ohne Absprache
consulting hours Sprechstunde
consume verbrauchen, verzehren; **~r** Konsument, Verbraucher; **~r habits** Konsumgewohnheiten
consumption Konsum, Verbrauch, Verzehr; **~ of alcohol** Alkoholaufnahme; **own ~** Eigenkonsum
contact[1] 1 Berührung, Umgang; 2 Ansprech|partner, -person; **establish ~** Verbindung aufnehmen; **maintain ~** Verbindung halten; **physical ~** Hautkontakt; **visual ~** Sichtkontakt; **~ lens** Kontaktlinse; **~ person** Ansprech|partner, -person
contact[2] sich in Verbindung setzen mit, Verbindung aufnehmen
con|tagious ⚕ ansteckend; **~tain** 1 enthalten; 2 eindämmen
container Behälter; **intermediate bulk ~ (IBC)** Großpackmittel; **CASTOR ~** CASTOR-Behälter; **demountable ~** *(LKW)* Wechselbehälter; **fumigated ~** begaster Container; **large ~** Großcontainer; **open-top ~** oben offener Container; **small ~** Kleincontainer; **~ lorry/truck** Container-LKW; **~ ship/vessel** Containerschiff; **~ twistlock** Containertransportsicherung
con|tainment Eindämmung; **~taminants** umweltgefährdende Stoffe; **~taminate** verseuchen; **~tamination** Verseuchung; **~tempt of court** Missachtung des Gerichts, vorsätzliches Nichterscheinen vor Gericht; **~tend** geltend machen, vorbringen; **~tention** Vorbringen; **~tentious** umstritten; **~tents** Inhalt
context *(geistig)* Zusammenhang; **in this ~** in diesem Zusammenhang; **(with)in the ~** im Rahmen
Continent, the ~ *(aus Sicht der Briten und Iren)* Festlandeuropa
contingency Notfall; **~ plan** Notfall-, Krisenplan
con|tinual ständig; **~tinuance** Fortdauer
continue fort|fahren, -setzen, weitermachen; **~ to drive** weiterfahren
con|tinuous *(Straßenmarkierung)* ununterbrochen; **~torted** *(Gesicht)* verzerrt
contraband ⊖ Schmuggelware
contract *(Zivilrecht)* Vertrag; **~ of employment/service** Arbeits-, Dienstvertrag; **be bound by ~** vertraglich verpflichtet sein; **breach a ~** Vertrag verletzen; **enter into a ~** Vertrag abschließen; **honour a ~** Vertrag erfüllen; **rescind a ~** Vertrag kündigen; **~ing party** Vertragspartei; **~ual** vertraglich
contradict widersprechen; **~ oneself** sich widersprechen; **~ion** Widerspruch; **get caught up in ~ions** sich in Widersprüche verwickeln; **~ory** widersprüchlich
contraflow (system) *(Autobahnbaustelle)* Gegenverkehr

contrary Gegenteil; **~ to** im Gegensatz zu
contrast Gegensatz; **in ~ with** im Gegensatz zu
contra|vene zuwiderhandeln; **~vention** Zuwiderhandlung
contribute beitragen
contribution Beitrag; **~ towards expenses** Unkostenbeitrag; **mandatory/statutory ~** Pflichtbeitrag
control[1] 1 Leitung, Aufsicht; 2 *(Polizei)* (Führungs)Zentrale, Einsatz|leitstelle, -leitung; 3 *(Verkehr)* Regelung; 4 Beherrschung; **out of ~** außer Kontrolle; **under ~** unter Kontrolle; **~ of access** Zugangskontrolle
control|, inform/pass on to ~ Leitstelle informieren; **lose ~** Kontrolle verlieren; **anti-slip ~ (ASP)** Antischlupfregelung; **functional/technical ~** fachdienstliche Unterstellung; **remote ~** Fernbedienung, Fernsteuerung; **detonate by remote ~** fernzünden; **remote ~ central locking** fernbediente Zentralverriegelung
control| book Kontrollbuch; **~ centre** Lage|zentrale, -zentrum; **~ desk** Schaltpult
controlled *(Verhalten)* beherrscht
control measure Kontrollmaßnahme; **~ panel** Schalttafel; **~ room** *(Polizei)* (Führungs)Zentrale, Einsatzleitstelle, Lage|zentrale, -zentrum; **daily ~ sheet** Tageskontrollblatt; **~ tower** Kontrollturm
control[2] 1 leiten; 2 beherrschen; 3 *(Verkehr)* lenken, regeln; 4 *(fig)* steuern
controls Bedienungselemente
controversial umstritten
con|tusion Platzwunde; **~urbation** Ballungsgebiet; **~vene** *(Versammlung)* einberufen
conveniences, public ~ öffentliche Toiletten
convent (Nonnen)Kloster
convention 1 *(Völkerrecht)* Vertrag, Abkommen; 2 Konferenz, Kongress, Tagung; **~al** herkömmlich
conversion 1 Umbau; 2 *(Währung)* Umrechnung
convert 1 umbauen; 2 umrechnen; **catalytic ~er** Katalysator; **three-way catalytic ~er** Dreiwegekatalysator; **~ible** Kabrio(let)
convey vermitteln, überbringen, übermitteln
conveyance of passengers Personenbeförderung
convict[1] Strafgefangener
convict[2] verurteilen, überführen, (mit einer Freiheitsstrafe) bestrafen; **~ed** vorbestraft; **~ed person** Verurteilter
conviction 1 Verurteilung, Strafe, Bestrafung (mit einer Freiheitsstrafe), Strafurteil, Vorstrafe; 2 Überzeugung; **quash a ~** Urteil aufheben; **criminal ~** Verurteilung wegen einer Straftat; **previous ~** Vorstrafe; **have a previous ~** vorbestraft sein; **have previous ~s for similar offences** einschlägig vorbestraft sein
con|vince überzeugen; **~vincing** stichhaltig
convoy *(Polizei usw)* (Fahrzeug)Kolonne, Verband; **drive in ~** im Verband fahren; **humanitarian ~** Hilfskonvoi; **~ escort** Konvoibegleitung; **~ escort/protection/security** Begleitschutz
convulsion Krampf
cool gelassen
coolant Kühl|flüssigkeit, -mittel; **~ temperature gauge/display** Kühlmitteltemperaturanzeige
cooling| body *(LKW)* Kühlaufbau; **~ system** Kühlsystem
cooperate mitwirken, zusammenarbeiten
cooperation Mitarbeit, Mitwirkung, Zusammenarbeit; **administrative ~** Amtshilfe
coordinate *(Maßnahme)* abstimmen
coordination, in ~ with in Absprache mit
cop *(coll)* Polizeibeamter
cope with bewältigen
copper 1 Kupfer; 2 *(coll)* Polizeibeamter (in Uniform)
cop shop Polizeirevier
copy[1] Ausfertigung; **fair ~** Reinschrift; **first authentic ~** *(Dokument)* Original;

certified (true) ~ beglaubigte Kopie
copy[2] abschreiben
copycat| offence/crime Resonanzdelikt; ~ **offender** Nachahmungstäter
cord Kabel, Schnur
cordon[1] Absperrung, Postenkette
cordon[2] **off** absperren, abriegeln, umzingeln, umstellen
cordoning-off| device Absperrgerät; ~ **measure** Absperrmaßnahme
cord(uroy) Kord
corduroy road Knüppeldamm
core policing Hauptaufgaben der Polizeiarbeit; ~ **task** Kernaufgabe
corkscrew Korkenzieher; ~ **curls** Korkenzieherlocken
cornea *(Auge)* Hornhaut
corner[1] 1 Ecke; 2 Kurve; **around the** ~ um die Ecke; ~ **of the mouth** Mundwinkel; **negotiate/turn around a** ~ Kurve durchfahren/nehmen, um eine Ecke fahren; **turn on the** ~ an der Ecke abbiegen; **blind** ~ unübersichtliche Kurve; **sign in the bottom left/right-hand** ~ links/rechts unten unterschreiben; **sharp/tight** ~ enge/scharfe Kurve; ~ **house** Eckhaus
corner[2] **someone** jemanden in die Enge treiben
cornerstone Eckpfeiler
corn liquor/schnapps *US* Korn
coroner ⚖ Leichenbeschauer, Untersuchungsrichter zur Klärung der Todesursache
corporation Körperschaft
corpse Leiche
corpus delicti Beweisstück
correct[1] berichtigen, korrigieren
correct[2] richtig, zutreffend; **be** ~ stimmen
correction Berichtigung; **~s officer** *US* Justizvollzugsbeamter
correspond entsprechen; **~ence** Schriftverkehr; **~ing** entsprechend
corroborate *(Verdacht usw)* bestätigen, erhärten
corroboration Bestätigung
corrode ⚗ ätzen
corrosive ⚗ ätzend; **~s** ätzende Stoffe

corrupt bestechlich; **~ion** Bestechung
cosh Totschläger
cost|(s) Kosten, Preis; **~s** ⚖ Kosten des Verfahrens; ~ **of freight** Frachtkosten; ~ **of living** Lebenshaltungskosten; ~ **of travelling by public transport** Kosten für die Benutzung öffentlicher Verkehrsmittel
cost|, assess ~s Kosten veranschlagen; **bear the** ~ die Kosten tragen; **defray ~s** Kosten übernehmen; **administrative ~s** Verwaltungs|gebühr, -kosten; **considerable extra** ~ beträchtliche zusätzliche Kosten; **legal ~s** Gerichtskosten; **original ~s** Anschaffungskosten; **running ~s** laufende Kosten; **~-benefit analysis** Kosten-Leistungsrechnung; ~ **price** Selbstkostenpreis; ~ **settlement** Kostenregelung
cot Kinderbett
cotton Baumwolle; ~ **wool** Watte
couchette (car) 🚂 Liegewagen
cough husten
council 1 *(Gremium)* Rat, 2 *(Gesamtheit)* Gemeinde-, Stadtrat; **local** ~ *(Gesamtheit)* Gemeinde-, Stadtrat; **municipal** ~ *(Gesamtheit)* Stadtrat; ~ **flat/house** Sozialwohnung
councillor *(einzelnes Mitglied)* Gemeinde-, Stadtrat
councill|man *(einzelnes Mitglied)* Stadtrat; ~ **member** *(einzelnes Mitglied)* Gemeinde-, Stadtrat; **~woman** Stadträtin
counsel[1] Rechtsanwalt; ~ **for the defence** Verteidiger; ~ **for the prosecution** Vertreter der Anklage; **appoint a** ~ Verteidiger bestimmen; **assigned/court-appointed** ~ Pflichtverteidiger; **legal** ~ 1 Rechtsberater; 2 Rechtsberatung; **prosecuting** ~ Ankläger, Vertreter der Anklage
counsel[2] beraten
counselling Beratung; ~ **about traffic rules** Verkehrsberatung
counselor *US* Rechtsanwalt
count[1] ⚖ Anklagepunkt
count[2] **on** sich verlassen auf; ~ **someone** auf jemanden rechnen

counter[1] 1 *(Bank usw)* Schalter; 2 Theke; **over the ~** rezeptfrei

counter-[2] entgegengesetzt, Gegen-

counter|-accusation Gegenbeschuldigung; **~-evidence** Gegenbeweis

counterfeit[1] *(gesamtes Dokument)* fälschen

counterfeit[2] gefälscht

counterfeit|er (Geld)Fälscher; **~ing** Falschmünzerei, (Geld)Fälschung

counter|-intelligence Spionageabwehr; **~-measure** Gegenmaßnahme; **~part** Gegenstück, Pendant; **be ~-productive** *(fig)* das Gegenteil bewirken

countless unzählig

country Staat; **~ of destination** Bestimmungsland; **~ of origin** Herkunfts-, Ursprungsland; **leave the ~** ausreisen; **live in the ~** auf dem Land wohnen; **order (someone) to leave the ~ immediately** sofortige Ausreise anordnen; **developing ~** Entwicklungsland; **foreign countries** Ausland; **third ~** Drittstaat; **safe third ~** sicherer Drittstaat

country| code ☎ internationale Vorwahl(nummer), Landeskennzahl; **~ house** Landhaus; **~ lane** Feldweg; **~ residence** Landsitz; **~ road** 1 Landstraße; 2 *US* Gemeindestraße; **~side** Landschaft

county 1 Bezirk; 2 *(auch US)* (Land)-Kreis; 3 *GB* Grafschaft; **~ administration** Kreisverwaltung; **~ chief executive** Landrat; **~ council** Kreistag; **~ road** *US* Kreisstraße; **~ town** Kreisstadt

coup de grace Fangschuss

couple[1] (Ehe)paar, Pärchen; **married ~** Ehepaar

couple[2] **up to** ankuppeln

coupling *(Anhänger)* Kupplung; **fifth-wheel ~** 🚗 Sattelkupplung

coupon, international (postal) reply ~ internationaler Rückantwortschein

courage Mut

courier (Drogen)Kurier; **~ service** Kurierdienst

course 1 Lehrgang; 2 Verlauf; 3 *(Fluss usw)* Lauf; **~ of action** Vorgehen; **in due ~** zur gegebenen Zeit; **~ of events** Hergang; **pervert the ~ of justice** Recht beugen; **give a ~** Kurs abhalten; **basic ~** Grundkurs; **introductory ~** Einführungslehrgang; **post-foundation ~** Aufbaukurs

court Gericht; **admissible in ~** gerichtsverwertbar; **before the ~** vor Gericht; **in open ~** in öffentlicher Verhandlung; **out of ~** außergerichtlich; **~ of appeal** Berufungs-, Revisionsgericht; **~ of ordinary jurisdiction** ordentliches Gericht; **appear in ~** vor Gericht erscheinen; **attend ~** der Gerichtsverhandlung beiwohnen; **go to ~** den Rechtsweg beschreiten, vor Gericht gehen; **take someone to ~** *(Zivilrecht)* jemanden vor Gericht bringen, gegen jemanden gerichtlich vorgehen, jemanden verklagen; **testify in ~** vor Gericht aussagen

court|, administrative ~ Verwaltungsgericht; **appellate ~** Berufungsgericht; **civil ~** Zivilgericht; **criminal ~** Strafgericht(shof), Strafkammer; **fiscal ~** Finanzgericht; **juvenile ~** Jugendgericht; **juvenile ~ proceedings** Jugendstrafverfahren; **local ~** Amtsgericht; **municipal ~** *US* Amtsgericht; **ordinary ~** ordentliches Gericht; **superior ~** höheres Gericht; **supreme regional ~** Oberlandesgericht

court| appearance Erscheinen vor Gericht; **~ -appointed** vom Gericht bestellt; **~ attendance** Anwesenheit vor Gericht, Erscheinen vor Gericht; **if there is a ~ case** falls es zu einer Gerichtsverhandlung kommt; **~ costs** Gerichtskosten; **~ decision** Urteil, Gerichtsentscheidung

courteous höflich

courtesy| of mit besten Empfehlungen; **~ light** 🚗 Innenbeleuchtung

court| fees Gerichtsgebühren; **~ fine** Geldstrafe; **~house** Gerichtsgebäude; **~ interpreter** Gerichtsdolmetscher; **~ martial** Militärgericht; **~ order** richterliche Anordnung/Entscheidung/Verfügung; **~ record** Gerichtsakte; **~ re-**

view richterliche Prüfung
courtroom Gerichtssaal; **mock ~** Lehrgerichtssaal; **~ artist** Zeichner im Gerichtssaal
court| ruling Gerichtsentscheidung; **~ summons** *(zum Gericht)* Ladung; **~ usher** Gerichtsdiener *(veraltet)*; **inner ~yard** Innenhof
cover[1] 1 Briefumschlag; 2 Laderaumabdeckung; 3 *(Schusswechsel)* Deckung; 4 Versicherungsschutz; **under separate ~** mit getrennter Post; **under ~ of darkness** im Schutz der Dunkelheit; **without (adequate) ~** ohne (ausreichenden) Versicherungsschutz; **comprehensive ~** Vollkasko(versicherung); **full ~** voller Versicherungsschutz; **loose-leaf ~** *(für Loseblattsammlung)* Ordner; **send something under plain ~** etwas in einem neutralen Briefumschlag verschicken
cover|, provide ~ Feuerschutz geben; **provide mutual ~** sich gegenseitig sichern; **take ~** in Deckung gehen, Deckung nehmen;
cover[2] 1 erfassen; 2 Feuerschutz geben; 3 verschleiern, *(Unterschlagung usw)* decken, *(Spur)* verwischen; **~ up** vertuschen, *(Spur)* verwischen
coverage 1 *(Medien)* Berichterstattung; 2 *US* Versicherungsschutz
covered überdacht
cover note Versicherungs(doppel)karte, vorläufige Deckungszusage
covert heimlich, verdeckt, versteckt
cover-up Vertuschung
coward Feigling; **~ly** feige
crack[1] Riss, Sprung, *(Kfz usw)* Anriss; **~ den/house** Crackhöhle
crack[2] *(Problem, (Schloss, Safe, Code)* knacken; **~ down (on something)** energisch/hart/konsequent durchgreifen; **~ up** *(Nerven verlieren)* durchdrehen
crackdown 1 hartes Durchgreifen; 2 Razzia
cracked *(z.B. Scheinwerferglas)* gesprungen
craft *(Wasser)* Fahrzeug; **~sman** Handwerker; **~y** schlau
crammed *(Bus usw)* überfüllt
cramp ☤ Krampf; **~ed** beengt
crane Kran; **mobile ~** Kranwagen
crash 1 Verkehrsunfall, Zusammenstoß, Kollision; 2 ✈ Absturz; **fatal ~** tödlicher Unfall; **~ barrier** Schutzplanke; **~ course** Intensiv-, Schnellkurs; **~ helmet** *(Motorrad usw)* Schutz-, Sturzhelm; **~ site** 1 Kollisionsort; 2 Absturzstelle
crash[2] zusammenstoßen; **~ into** auffahren, prallen gegen; **~ into something** gegen etwas fahren, in etwas rasen; **~ through** *(Schutzplanke usw)* durchbrechen
crate Kiste
crawl[1] Schneckentempo
crawl[2] 1 im Schneckentempo fahren; 2 krabbeln, kriechen
crawler lane Kriechspur
crazy *(auch Fahrweise usw)* verrückt, wahnsinnig
crease Bügelfalte
create schaffen
credentials, check someone's ~ jemandes Papiere überprüfen
credibility Glaubwürdigkeit
credible glaub|haft, -würdig
credit, on ~ auf Kredit
credit card Kreditkarte; **pay by ~** mit (Kredit)Karte bezahlen; **stop a ~** (Kredit)Karte sperren (lassen); **~ fraud** Missbrauch von Kreditkarten; **~ swiper** Kreditkartenabrechnungsgerät
creditor Gläubiger
credulity Leichtgläubigkeit
credulous gutgläubig
creek *US* Bach
cremate einäschern
cremation Einäscherung
crescent (moon) Halbmond, Mondsichel
crew 1 Mannschaft; 2 *(🚢, Streifenwagen usw)* Besatzung; **~ cut** *(Haar)* Bürstenschnitt; **~ member** Besatzungsmitglied
crib *US* Kinderbett
crime 1 Delikt, Straftat, Verbrechen; 2 Kriminalität; **~s committed by aliens**

Straftaten von Ausländern; ~ **with a religious background** Straftat mit religiösem Hintergrund; **~s committed to fund a drug habit** Beschaffungskriminalität; ~ **against humanity** Verbrechen gegen die Menschlichkeit; ~ **against life** Verbrechen gegen das Leben; ~ **of omission** Unterlassungsdelikt; ~ **does not pay** Verbrechen lohnt sich nicht; ~ **in progress** aktuelle Tatbegehung

crime|, combat ~ Verbrechen bekämpfen; **commit a** ~ straffällig werden, Straftat/Verbrechen| begehen ~ verüben; **encourage** ~ Kriminalität fördern; **fight** ~ Verbrechen bekämpfen; **report a** ~ Verbrechen anzeigen; **suspect a** ~ Verbrechen vermuten; **tackle** ~ Verbrechen bekämpfen

crime|, alcohol-related ~ Alkoholdelikt; **attempted** ~ versuchte Straftat; **capital** ~ Kapitalverbrechen, schweres Verbrechen; **commercial** ~ Wirtschaftsstraftat; **cowardly** ~ feiges Verbrechen; **cross-border** ~ grenzüberschreitende Kriminalität; **drug-related** ~ Beschaffungskriminalität; **economic** ~ Wirtschaftskriminalität; **environmental** ~ Umwelt|kriminalität, -straftat; **everyday/low-level** ~ Kleinkriminalität; **inner-city** ~ Kriminalität in den Innenstädten; **juvenile** ~ Jugendkriminalität; **major** ~ schweres Verbrechen; **politically motivated** ~ Straftat mit politischem Hintergrund; **racially motivated** ~ Straftat mit rassistischem Hintergrund; **organized** ~ organisierte Kriminalität; **petty** ~ Kleinkriminalität; **serial** ~ Serienstraftat; **serious/severe** ~ schweres Verbrechen, Schwerkriminalität; **sexual** ~ Sexualdelikt; **unsolved** ~ nicht aufgeklärtes Verbrechen; **violent** ~ Gewalt|kriminalität, -verbrechen; **gun-related violent** ~ Gewaltverbrechen mit Waffen; **white-collar** ~ Wirtschafts|straftat, -kriminalität

crime| bulletin Tageslagebericht; ~ **figure(s)** Kriminal|statistik, -itätsrate; ~**file** Verbrechensdatei; ~ **hotspot** Kriminalitätsbrennpunkt; ~ **laboratory** kriminaltechnisches Labor, gerichtsmedizinisches Institut; ~ **matters** Kriminalitätsangelegenheiten; ~ **museum** Kriminalmuseum; ~ **prevention** Kriminal|itätsvorbeugung, -prävention, Verbrechens|verhütung, -vorbeugung; ~ **prevention council** kriminalpräventiver Rat; ~ **rate** Verbrechens-, Kriminalitätsrate; ~ **report** Tatbericht

crime scene Tatort; ~ **photography** Tatortfotografie; ~ **report** Tatort- und Ermittlungsbericht; ~ **tape** Absperrband

crime| situation Kriminalitätslagebild; ~ **squad** Kriminalpolizei; **statistics** Kriminalstatistik, Kriminalitätsrate; ~ **syndicate** Verbrecherorganisation;

Crime Watch *GB (Fernsehserie)* Aktenzeichen XY

crime wave Verbrechenswelle

criminal[1] (Straf)Täter, Verbrecher; **harbour a** ~ einem Verbrecher Unterschlupf gewähren; **habitual** ~ Gewohnheitstäter; **independently operating** ~ Alleintäter; **professional** ~ gewerbsmäßig handelnder Verbrecher; **seasoned** ~ Gewohnheitstäter; **travelling** ~ reisender Täter; **violent** ~ Gewaltverbrecher

criminal[2] 1 straf|bar, -rechtlich, Straf-; 2 verbrecherisch

criminalistics Kriminalistik

Criminal Record Office *GB* Kriminalaktenhaltung, kriminalpolizeiliche Sammlung

criminogen kriminogen

criminologic kriminologisch

cripple[1] Krüppel

cripple[2] verkrüppeln

crippling Verkrüppelung

crisis Krise; ~ **management** Krisen|bewältigung, -management; ~ **team** Krisenstab

crisp *(Banknote)* druckfrisch

criticism Kritik; **voice** ~ Kritik äußern; **objective** ~ sachliche Kritik

C road *GB* Kreisstraße

crook Betrüger, Gauner; **~ed** krumm

crop *(Menge)* Ernte

cross|[1]**bar** *(Fahrrad)* Querstange; **~-bor-**

der grenzüberschreitend; **~bow** Armbrust; **~-examination** Kreuzverhör; **~-examine** ins Kreuzverhör nehmen; **~ hairs** Fadenkreuz

crossing 1 Überweg; 2 Kreuzung; **~ guard** Schülerlotse

cross|-reference Querverweis; **~road** Querstraße; **~roads** (Straßen)Kreuzung; **~-section** Querschnitt; **~ traffic** Querverkehr; **~walk** *US* Fußgängerüberweg, Zebrastreifen; **~ wind** Seitenwind

cross[2] 1 über-, durchqueren, *(Grenze)* überschreiten; 2 *(Straßen)* sich kreuzen; **~ out** *(Text)* durchstreichen; **~ under** unterqueren

crow|, as the ~ flies Luftlinie; **~bar** Brechstange

crowd[1] Menschenmenge; **~ control** Ordnerdienst bei Großveranstaltungen

crowd|[2] **around someone** jemanden umringen; **~ed** *(Bus usw)* überfüllt, voll

crow's foot Krähenfuß

crown *(auch Zahn)* Krone

Crown| Court *(England, Wales)* höheres Gericht, Schwur-, Landgericht; **~ Prosecution Service (CPS)** *(England, Wales)* Staatsanwaltschaft

crucial äußerst wichtig, entscheidend

cruel grausam

cruelty Grausamkeit; **~ to animals** Tierquälerei; **mental ~** seelische Grausamkeit

cruise[1] Kreuzfahrt; 2 **~ control** Tempomat

cruise[2] 1 mit gleichmäßiger Geschwindigkeit fahren; 2 *US* Streife fahren

cruiser *US* Streifenwagen

cruising speed Reisegeschwindigkeit

crumple zone Knautschzone

crusade Kreuzzug

crush[1] Quetschung; **~ barrier** Sperrgitter

crush[2] 1 zerquetschen; 2 (schwer) quetschen

crutch Krücke

cry *(Hilfe usw)* schreien; **~ out** aufschreien

CS spray CS-Reizgas

cubicle kleine Kabine

cuff Manschette; **~s** Handschellen; **~link** Manschettenknopf

cul-de-sac Sackgasse, Stichstraße

culottes Hosenrock

culpable schuldhaft

culprit Schuldiger, Täter

cultivate anbauen

cultivation *(Pflanzen)* Anbau

cup|, plastic ~ Plastikbecher; **~ holder/ tray** Becherhalter

curb[1] *US* Bord-, Randstein; **~ cut** abgesenkter Randstein

curb[2] einschränken

curbside suspension (of the driving licence) sofortiger Entzug der Fahrerlaubnis

curfew 1 Ausgangssperre, Ausgehverbot; 2 Sperrstunde

curiosity Neugier(de)

curious neugierig

curl *(Haar)* Locke

currency Währung; **foreign ~** Devisen; **(foreign) ~ (ex)change** Geldwechsel; **~ exchange office** Wechselstube; **~ exchange rate** Wechselkurs

current[1] 1 Strom; 2 Strömung

current[2] aktuell, derzeitig, gegenwärtig, laufend; **~ly** zur Zeit

curriculum Lehrplan; **~ vitae (CV)** Lebenslauf

curse fluchen; **~ and swear** schimpfen

cursory *(oberflächlich)* flüchtig

curtail kürzen

curtain Vorhang; **~ airbag** Kopfairbag

curve Bogen, *US* Kurve; **on ~** in der Kurve; **negotiate a ~** Kurve durchfahren/ nehmen

cushion Kissen

cuss *(coll)* fluchen

custody 1 (Untersuchungs)Haft; 2 (Sicherheits)Gewahrsam; 3 Vormundschaft, Sorgerecht, *(Kinder)* Obhut; **in ~** in Haft; **~ prior to deportation** Abschiebehaft; **~ of a vehicle** Verfügungsgewalt über ein Fahrzeug; **capable of being taken into ~** gewahrsamsfähig

custody|, release from ~ aus der Haft entlassen; **take into ~** festnehmen;

parental ~ elterliches Sorgerecht; **preventive** ~ Sicherheitsgewahrsam, Schutzhaft

custody| centre Gewahrsamsanlage; ~ **record** Festnahmenachweis, Gewahrsams|buch, -meldung; ~ **suite** Gewahrsamszelle

custom Brauch, Gewohnheit, Sitte; ~**s and habits** Sitten und Gebräuche; **local** ~ örtliche Gepflogenheit

customer Kunde, Kundin, Abnehmer; **regular** ~ *(Kneipe)* Stammgast; ~ **satisfaction** *Vertrauen der Bevölkerung (in die Polizei)*

customs Zollbehörde; **clear something through** ~ Zollformalitäten erledigen; ~ **barrier** Zollschranke; ~ **boat/cutter** Zollboot; ~ **clearance** Verzollung, Zollabfertigung; ~ **declaration** Zoll|anmeldung, -erklärung; ~ **documents** Zoll|dokumente, -papiere; ~ **duties** Einfuhrabgaben; ~ **evasion** Zollunterschlagung; ~ **examination/inspection** Zollkontrolle; ~ **investigation (department)** Zollfahndung; ~ **investigator** Zollfahnder; ~ **offence** Zollvergehen; ~ **office** Zollamt; ~ **officer** Zollbeamter; ~ **receipt** Zollquittung; ~ **regulations** Zollbestimmungen; ~ **seal** Zoll|plombe, -verschluss; ~ **stamp** Zollstempel

cut[1] 1 Schnitt(wunde) 2 Kürzung

cut[2] 1 *(auch Kurve, Überholvorgang)* schneiden; 2 ↯ unterbrechen; ~ **back** *(Stellen usw)* abbauen; ~ **down on something** Abstriche machen; ~ **in** einscheren, sich einordnen; ~ **off** 1 abschneiden; 2 *(Strom usw)* sperren; 3 ☎ unterbrechen; ~ **out** 1 herausschneiden; 2 *(Motor)* aussetzen

cutback *(Stellen usw)* Abbau

cuticle Nagelhaut

cutters Seitenschneider

cutting *(Zeitung usw)* Ausschnitt

cyber crime Internetstraftat

cycle|[1]**, motorized** ~ Fahrrad mit Hilfsmotor; ~ **clip** *(Radfahrer)* Hosenklammer; ~ **path/track** Radweg; ~ **race** Radrennen; ~ **route** Radwanderweg

cycle[2] Rad fahren

cycling offence Verkehrsverstoß mit dem Fahrrad

cyclist Radfahrer

cylinder|, multi-chambered ~ Trommel; ~ **capacity** Hubraum; ~ **head** Zylinderkopf; ~ **lock** Zylinderschloss

Cyrillic kyrillisch

D

dagger Dolch

dam Staudamm, *(Mauer)* Talsperre; **under-bumper** ~ *(LKW)* Bugschürze

damage[1] Beschädigung, (Sach)Schaden, Zerstörung; ~ **to the car** Schaden am Fahrzeug; ~ **caused by fire** Brandschaden; ~ **caused by game** Wildschaden; ~ **to police property** Beschädigung von Polizeieigentum; **the** ~ **is estimated/put at ....** der Schaden wird auf .... beziffert; ~ **to the road surface** Schaden an der Straßendecke; ~ **in transit** Transportschaden; ~ **to vehicles** Sachbeschädigung an Fahrzeugen; **cause** ~ Schaden verursachen; **pay for the** ~ für den Sachschaden aufkommen

damage|, accidental ~ Unfallschaden; **actual** ~ tatsächlich entstandener Schaden; **collateral** ~ *(unbeabsichtigt)* Nebenschäden; **consequential** ~ Schadensfolge(n), Folgeschaden; **criminal** ~ Vandalismus; **estimated** ~ geschätzter Schaden; **intentional** ~ vorsätzliche Schädigung; **major** ~ bedeutender Schaden; **minor** ~ geringer/leichter Schaden; **pecuniary** ~ Vermögensschaden; **self-inflicted** ~ Eigenschaden, -schädigung; **serious** ~ schwerer Schaden; **slight** ~ geringer/leichter Schaden; **third-party** ~ Fremdschaden; **total** ~ Gesamtschaden; **wilful** ~ vorsätzliche Schädigung; ~ **control/limitation** Schadensbegrenzung

damage[2] beschädigen, zerstören; ~**d** beschädigt, schadhaft

damages Entschädigung(ssumme), Schadensersatz; **claim for** ~ Schadensersatzanspruch; **be entitled to** ~ Anspruch auf Schadensersatz haben; **claim ~** Schadensersatz fordern/verlangen; **pay ~** Schadensersatz leisten/zahlen; **sue for ~** auf Schadensersatz klagen; **liable in ~; liable to pay ~** schadensersatzpflichtig

dandruff *(Haar)* Schuppen

danger| of accidents Unfallgefahr; **~ of collusion** Verdunklungsgefahr; **~ of explosion** Explosionsgefahr; **~ of fire** Brand-, Feuergefahr; **~ of black ice** Glatteisgefahr; **~ to life and limb** Lebensgefahr; **~ of recidivism** Rückfallgefahr; **~ of tampering with evidence** Verdunklungsgefahr

danger|, pose a ~ Gefahr darstellen; **apparent ~** Anscheinsgefahr; **imminent ~** Gefahr in Verzug, konkrete Gefahr; **present ~** gegenwärtige Gefahr

danger| area Gefahren|bereich, -zone; **~ category** Gefahrenklasse; **flashing ~ light** *(an Baustellen usw)* Warn-(blink)-, Lauflicht; **~ money** Gefahrenzulage; **~ sign** Warnschild; **secure a ~ spot** Gefahrenstelle absichern; **~ zone** Gefahren|bereich, -zone; **be outside the ~ zone** aus der Gefahrenzone sein

Danube Donau

dare go into sich hineinwagen

dark|-haired dunkelhaarig; **~ness** Dunkelheit; **~-skinned** dunkelhäutig

dart Wurfpfeil

dash|, make a ~ into the road plötzlich auf die Fahrbahn laufen; **~board** Armaturenbrett

data Angaben, Daten; **~ on** Angaben zu; **~ referring to a person** personenbezogene Daten; **personal ~** Personalien, Personendaten, Angaben zur Person; **collect personal ~** Personendaten erfassen

data| bank Datenbank; **~base** Datenbank; **hand-held ~ capture** mobile Datenabfrage; **~ carrier** Datenträger; **electronic ~ processing** EDV

data protection Datenschutz; **~ act** Datenschutzgesetz; **~ office** Datenschutzbehörde; **~ officer** Datenschutzbeauftragter

data| storage Datenspeicher; **~ system** Datensystem; **central ~ system** zentrale Fahndungsdatei; **mobile ~ terminal** Computer im Streifenwagen; **~ transmission** Datenübermittlung

date[1] Datum, Termin; **out of ~** veraltet; **to ~** bis heute; **up to ~** aktuell, bisher; **~ of birth (DOB)** Geburtsdatum; **what is your ~ of birth?** wann sind Sie geboren?; **~ of commencement and expiry** *(Versicherung)* Beginn und Ende; **~ of death** Sterbedatum; **~ of departure** Abreisedatum; **~ of hearing** Gerichtstermin; **~ of issue** Ausstellungsdatum; **~ of payment** Fälligkeitsstag; **~ of trial** Gerichtstermin; **appoint/fix a ~** Termin festsetzen; **due ~** Fälligkeitsstag; **effective ~** Tag des Inkrafttretens; **~ stamp** Datums-, Eingangsstempel

date[2] datieren; **~ back** zurückdatieren

daughter-in-law Schwiegertochter

dawn *(Morgen)* Dämmerung, Morgengrauen

day| of entry Einreisetag; **clear ~s** *(z.B. 7 Tage von 22.00 bis 22.00)* ganze Tage; **open all ~** durchgehend geöffnet; **the other ~** neulich, vor kurzem

daylight Tageslicht; **in broad ~** am hellichten Tag, auf offener Straße; **~ saving time** Sommerzeit

day| nursery Kindertagesstätte; **~ shift** Tagesschicht; **~ trip** Ausflug

dazed benommen

dazzle blenden

dead *(Batterie)* leer; **~ on arrival** *(Unfallort, Krankenhaus)* tot beim Eintreffen; **found ~** tot aufgefunden; **leave someone half ~** jemanden halb tot schlagen

deadline Frist, (letzter) Termin, Stichtag, Ultimatum; **~ for applications** Antragsfrist; **~ for complaints** Beschwerdefrist; **~ for leaving the country** Ausreisefrist; **meet a ~** Termin einhalten

deadlock Stillstand, *(bei Ermittlungen)* toter Punkt; **~ed** *(Situation)* festgefahren

deadly tödlich

dead, (unknown) ~ person (unbekannter) Toter; ~ **slow** *(Schild)* Schritt fahren

deadpan *(Miene, Gesichtsausdruck)* unbewegt; **look** ~ keine Miene verziehen

deaf taub; ~ **and dumb** taubstumm; ~ **aid** Hörgerät; ~**-mute** taubstumm

deal handeln; ~ **with** sich auseinander setzen mit, sich befassen mit

dealer (Kfz-)Händler; **approved** ~ Vertragshändler

dealing with the media Umgang mit den Medien

death Tod(esfall); ~ **in suspicious circumstances** Tod unter mysteriösen Umständen; ~ **in custody** Tod im Polizeigewahrsam; ~ **from exposure** Tod durch Erfrieren/Unterkühlung; ~ **caused by negligence** Tod durch Vernachlässigung; ~ **from an overdose of drugs** Drogentod; **break the news of ~; inform relatives about a** ~ Todesnachricht überbringen; ~ **by shooting** Tod durch Schusswaffengebrauch

death|, beat/bludgeon to ~ totschlagen; **bleed to** ~ verbluten; **confirm/establish someone's** ~ jemandes Tod feststellen; **freeze to** ~ erfrieren; **be frightened to** ~ zu Tode erschrocken sein; **accidental** ~ Unfalltod; **natural** ~ natürlicher Tod; **sudden** ~ plötzlicher Tod; **suspicious** ~ Tod unter mysteriösen Umständen; **unnatural** ~ unnatürlicher Tod; **violent** ~ gewaltsamer Tod

death| certificate Sterbeurkunde, Todesbescheinigung; ~ **penalty/sentence** Todesstrafe; ~ **scene/site** Sterbeort; ~ **threat** Morddrohung; ~ **toll** Zahl der Todesopfer

debiting, direct ~ Gebühreneinzugsverfahren

debriefing Nach|bereitung, -besprechung

debris Schutt, Trümmer

debt *(Geld)* Schuld; **in** ~ verschuldet; **collect a** ~ Schuld eintreiben/einziehen; **get into serious** ~ sich in Schulden stürzen; **incur ~s** Schulden machen

debtor Schuldner

decade Jahrzehnt

decamp flüchten

decayed *(verfault)* faul

deceased[1]**, the** ~ Verstorbener

deceased[2] verstorben; ~ **person** Toter

deceit Täuschung; ~**ful** hinterlistig

deceive täuschen

decelerate Geschwindigkeit reduzieren/verringern

deceleration Verringerung der Geschwindigkeit; ~ **lane** Verzögerungsstreifen

deception Betrug, Täuschung; **obain by means of** ~ durch Täuschung erlangen; **criminal** ~ Betrug, Täuschung

deceptive täuschend

decide 1 entscheiden; 2 *(Gericht)* urteilen

decipher entschlüsseln, entziffern

decision 1 Entscheidung, Beschluss; 2 Gerichtsentscheidung, Urteil; **reserve a** ~ sich eine Entscheidung vorbehalten; **binding** ~ verbindliche Entscheidung; **discretionary** ~ Ermessensentscheidung; **interim** ~ *(Gericht)* Zwischenbescheid; **judicial** ~ richterliche Entscheidung; ~**-maker** Entscheidungsträger

decisive ausschlaggebend, entscheidend

deck 1 Terrasse; 2 Deck; **below** ~ unter Deck; **on** ~ an Deck; **upper** ~ *(, Bus)* Oberdeck; **rear** ~ **carrier** *US* Heckgepäckträger

declaration 1 Angabe, Erklärung; 2 Zollanmeldung; **personal ~ for documents** verantwortliche Erklärung für Nachweise; **solemn** ~ eidesstattliche Erklärung; ~ **analysis for disposal documents** Deklarationsanalyse zum Entsorgungsnachweis

declare 1 *(Erklärung abgeben)* erklären; 2 angeben; 3 anmelden, verzollen; ~ **open(ed)** eröffnen

decline[1] Abnahme, Rückgang

decline[2] abnehmen, *(sich verringern)* zurückgehen

declutch auskuppeln

decocked entspannt

decode entschlüsseln

decompose sich zersetzen, verwesen

decomposition Zersetzung, Verwesung

decontaminate entgiften, entseuchen, *(nuklear)* entstrahlen

decoration *(Zierde)* Schmuck

decoy Lockvogel

decrease[1] Abnahme, Rückgang, Verringerung

decrease[2] 1 abnehmen, zurückgehen, sich verringern; 2 senken

decree[1] *(Minister)* Erlass

decree[2] ⚖ anordnen, verordnen

dedication Hingabe

deduce schließen, schlussfolgern

deduct 1 *(subtrahieren)* abziehen; 2 *(von Steuer)* absetzen; **~ion** *(Denken)* Kombination, Folgerung

deed 1 Tat; 2 ⚖ Urkunde; **record in a notarial ~** beurkunden; **criminal ~** Straftat

deem halten für

deep|-frozen tiefgefroren; **~-set** *(Augen)* tiefliegend

deer Hirsch, Reh, (Rot)Wild

de-escalate *(Situation)* entschärfen; **de-escalation** Entschärfung

deface unkenntlich machen, verunstalten

defamation of character üble Nachrede

default (Pflicht)Versäumnis; **by ~** durch Unterlassung; **~ fine** Versäumnisgebühr; **~ offence** Unterlassungsdelikt; **~ proceedings** ⚖ Versäumnisverfahren

defect Fehler, Mangel; **formal ~** Formfehler; **procedural ~s** Verfahrensmängel; **visual ~** Sehfehler

defective defekt, fehler-, schadhaft

defence Abwehr, Verteidigung; **civil ~** Zivilschutz; **justifiable ~** Notwehr; **~ attorney/counsel/lawyer** (Straf)Verteidiger; **~ lawyer chosen by the defendant** Wahlverteidiger; **~less** schutzlos; **~ witness** Entlastungszeuge, Zeuge der Verteidigung

defend abwehren, verteidigen

defendant, the ~ ⚖ Angeklagter

defender ⚖ Verteidiger; **public ~** Pflichtverteidiger

deficiency 1 *(Knappheit)* Mangel, Fehlmenge; **~ symptom** ⚕ Ausfallerscheinung

deficit Fehlbetrag, Fehlmenge

definition Erklärung

definitive endgültig

deformity Missbildung

defraud betrügen

defray *(zahlen)* bestreiten, aufkommen für

defuse *(Bombe)* entschärfen

defy sich widersetzen

degree 1 Grad; 2 Hochschulabschluss; **~ of endangerment** Gefährdungsgrad; **use only the ~ of force necessary in the circumstances** nach dem Grundsatz der Verhältnismäßigkeit der Mittel handeln; **unnecessary ~ of force** unnötige Gewalt; **~ of negligence** Fahrlässigkeitsgrad; **~ of probability** Wahrscheinlichkeitsgrad; **~ of readiness** Bereitschaftsgrad; **~ of relationship** Verwandtschafts|grad, -verhältnis; **~ Celsius** Grad Celsius

de-icing salt Auftausalz

delay[1] 1 Aufschub, Verspätung, Verzögerung, Verzug; 2 Verkehrsstau; **without ~** unverzüglich

delay[2] aufschieben, verspäten, verzögern

delaying| action Verzögerungsmaßnahme; **~ tactics** Verzögerungstaktik

delegate[1] Beauftragter

delegate[2] beauftragen, delegieren

delegation 1 Abordnung; 2 Delegierung

delete 1 *(Text)* durchstreichen; 2 🖳 löschen; **~ as appropriate** *(Formular)* Nichtzutreffendes streichen

deliberate absichtlich, vorsätzlich

delinquency Kriminalität; **juvenile ~** Jugendkriminalität

delinquent Täter; **juvenile ~** jugendlicher Straftäter

deliver 1 aushändigen, überbringen, zustellen; 2 einliefern

delivery Aushändigung, Zustellung, Ablieferung; **general ~** *US* postlagernd; **~ driver** Auslieferungsfahrer; **recorded ~ letter** Einschreibebrief mit Rückschein; **~ note** Lieferschein; **recorded**

~ **service** Einschreiben durch Zustelldienst; ~ **van** Lieferwagen
delusion Wahnvorstellung
demand[1] (Auf)Forderung; **on** ~ nach Aufforderung; ~ **to leave the country** Aufforderung zur Ausreise; ~ **(by the prosecutor) for a penalty** *(Staatsanwalt)* Strafantrag; **unreasonable** ~ Zumutung
demand[2] (auf)fordern, verlangen; ~**ing** 1 anstrengend; 2 *(Erwartung)* anspruchsvoll
demarcation *(Grenze)* Festlegung
demist beschlagene Scheibe freimachen; ~**er** 🚗 Gebläse
demolish 1 demolieren, zerstören, zertrümmern; 2 🏠 abreißen
demolition 🏠 Abbruch
demonstrable nachweisbar
demonstrate 1 demonstrieren; 2 vorführen
demonstration 1 Demonstration, Kundgebung; 2 Vorführung; **large-scale** ~ Großdemonstration; **peaceful** ~ friedliche Demonstration; **violent** ~ gewalttätige/unfriedliche Demonstration; ~ **car** Vorführwagen
demonstrator Demonstrant
demote degradieren
demotion Degradierung
denial Dementi, Leugnen
denim suit Jeansanzug
denomination 1 *(Banknoten)* Stückelung; 2 **(religious)** ~ Konfession, Religionszugehörigkeit, Glaubensgemeinschaft
dense dicht
dent[1] 🚗 Beule, Delle; **remove the** ~**(s)** ausbeulen
dent[2] verbeulen; ~**ed** eingedrückt
denture(s) künstliches Gebiss, Prothese, Zahnersatz; **incomplete/partial** ~ unvollständiges Gebiss
deny 1 abstreiten, dementieren, leugnen; 2 verwehren
depart ab-, fort-, wegfahren, abreisen, abfliegen
department 1 Ministerium; 2 Abteilung, *(Ministerium)* Referat; 3 Amt; 4 Dezernat, Kommissariat; ~ **of external/foreign affairs** Außenministerium; ~ **of justice** Justizministerium; ~ **of state** Ministerium; ~ **of transport** Verkehrsministerium; **legal** ~ Rechtsabteilung; **outpatient** ~ Ambulanz; ~ **store** Kauf-, Warenhaus
departure 1 Abfahrt, Abreise, Abmarsch, Abflug; 2 Ausreise; ~**(s) hall** Abflughalle; ~ **stamp** Ausreisestempel
depend| on 1 abhängen von; 2 sich verlassen auf; ~**able** zuverlässig; ~**ant** abhängige Person; ~**ants** *(Kinder usw)* Familienangehörige; **surviving** ~**ant** Hinterbliebener; ~**ence** Abhängigkeit; ~**ency** (Drogen)Abhängigkeit
dependent[1] Abhängiger
dependent[2] (drogen)abhängig; ~ **on** 1 angewiesen auf; 2 💊 💉 abhängig von
deplane *US* aus Flugzeug aussteigen
depleted *(Vorräte)* erschöpft
deploy verlegen, *(Polizei)* einsetzen
deployment Verlegung, Einsatz, *(Personal)* räumliche Verteilung
deport *(aus einem Land)* ausweisen, abschieben, *(illegal eingereiste Person)* zurückschieben
deportation Ausweisung, Abschiebung; **suspend** ~ Abschiebung aussetzen; ~ **facility** Abschiebehaftanstalt; ~ **order** Abschiebe-, Ausweisungsverfügung; ~ **proceedings/process** Abschiebeverfahren
deportee abzuschiebende Person, Ausgewiesener
deposit[1] 1 Anzahlung, Kaution; 2 *(Leergut)* Pfand; **pay a** ~ anzahlen; **safe** ~ **box** Bankschließfach
deposit[2] in Verwahrung geben
deprivation of a person's liberty Freiheitsentzug
depth Tiefe; ~ **of tread** Reifenprofiltiefe
deputy[1] ständiger Vertreter, Stellvertreter; ~ **unit commander** stellvertretender Dienststellenleiter
deputy[2] stellvertretend
derailed, be/become ~ entgleisen
derailleur *(Fahrrad)* Gang-, Kettenschaltung

derailment Entgleisung

deranged, mentally ~ geistesgestört

deregister 1 *(Einwohnermeldeamt)* sich abmelden; 2 *(Kfz)* abmelden

deregistration *(Kfz)* Abmeldung; **final ~** *(Kfz)* Löschung

dereliction of duty (Amts-, Dienst-) Pflichtverletzung

derision Spott

derogatory abfällig

descend hinunterfahren; **~ant** Nachfahre; **~ing** absteigend

descent 1 Gefälle; 2 *(Bergbahn usw)* Talfahrt; 3 Abstammung

describe beschreiben, darlegen, darstellen, schildern

description Beschreibung; **~ of a dead body** Leichenbeschreibung; **~ of contents** *(Information über den Inhalt eines Behälters)* Inhaltsangabe; **incorrect ~ of contents** falsche Inhaltsangabe; **~ of a person** Personenbeschreibung; **~ of a wanted person** Steckbrief; **~ of tasks** Aufgabenbeschreibung; **answer/match the ~** der Beschreibung entsprechen; **give/furnish a ~** Beschreibung abgeben; **publish a ~** Beschreibung herausgeben; **detailed ~** ausführliche Beschreibung, Detailschilderung; **physical ~** Personenbeschreibung

desecrate schänden

desecration Schändung; **~ of a corpse** Leichenschändung

desert *(Partner)* verlassen; **~ed** leer, verlassen, ausgestorben

deserve *(Strafe usw)* verdienen

designate *(Nachfolger)* benennen

designation Bezeichnung; **official ~** Amtsbezeichnung

desirable begehrt

desire Wunsch

desist (from) ablassen

desk 1 Schreibtisch, *(auch Leitstelle)* Pult; 2 *(Polizeirevier)* Theke; **work the ~** Wachhabender sein; **front ~** *(Hotel)* Empfang; **~ job** Innendienst; **~ officer** Wachbeamter

despair[1] *(Gemütszustand)* Verzweiflung

despair[2] verzweifeln

desperate verzweifelt

desperation *(Ratlosigkeit)* Verzweiflung

destination *(Reise)* Ziel(ort), Bestimmungs|land, -ort; **leave for an unknown ~** mit unbekanntem Ziel abreisen

destiny Schicksal

destitute mittellos

destroy 1 vernichten, zerstören; 2 *(Tier)* einschläfern

destruction Vernichtung; **~ of evidence** Vernichtung von Beweismitteln

detail[1] 1 Einzelheit, Kleinigkeit; 2 Polizeieinheit; **~s** nähere Angaben; **take down the ~s of an accident** Verkehrsunfall aufnehmen/bearbeiten; **personal ~s** Angaben zur Person, Personalien; **give one's personal ~s** Angaben zur Person machen

detail[2] beauftragen, einsetzen

detain in Haft behalten/nehmen, vorläufig festnehmen; **~ someone** jemanden in Polizeigewahrsam nehmen

detect entdecken, bemerken, aufdecken, aufspüren, *(Verbrechen)* aufklären

detection Aufdeckung, Aufklärung; **~ rate** Aufklärungsquote

detective Kriminalbeamter; **plain-clothes ~** Kriminalbeamter; **private ~** Privatdetektiv, privater Ermittler; **~ agency** Detektivbüro; **~ branch** Kriminalpolizei; **~ department** 1 Kriminalpolizei; 2 Kriminal|abteilung, -dienststelle; **~ division** Kriminalpolizei; **~ work** Ermittlungsarbeit

detector dog Spürhund

detention 1 (vorläufige) Festnahme, Ingewahrsamnahme, Inhaftierung; 2 (Polizei)Gewahrsam, Freiheitsentzug, Haft; 3 Schutzhaft, Sicherheitsgewahrsam; **~ of juvenile delinquents** Jugendarrest; **~ prior to deportation** Abschiebehaft; **~ prior to extradition** Auslieferungshaft

detention|, arbitrary ~ willkürliche Festnahme; **coercive ~** Erzwingungshaft; **coercive ~ order** Erzwingungshaftbefehl; **preventive ~** Sicherungsverwahrung; **random** ~ wahllose Festnahme; **wrongful** ~ Freiheitsberaubung

detention| cell Gewahrsams-, Haftzelle; ~ **centre** (geschlossene) Aufnahmeeinrichtung für Asylbewerber; **juvenile** ~ **centre/home** Jugend|strafanstalt (JSA), -arrestanstalt, sozialtherapeutische Anstalt; ~ **facility** Haftzelle; ~ **facility for persons required to leave the country** Ausreisezentrum für abgelehnte Asylbewerber; ~ **order** Haftbefehl

deter abschrecken; ~ **someone from doing something** jemanden von etwas abhalten

deteriorate sich verschlimmern

deterioration Verschlechterung

determination Entschlossenheit; ~ **of age** Altersbestimmung; ~ **of the blood alcohol concentration/level** Blutalkoholkonzentrationsbestimmung; ~ **of residence** Aufenthaltsermittlung

determine 1 *(Identität, Tatbestand)* feststellen; 2 *(Umstände)* bestimmen; **~d** entschlossen

deterrence Abschreckung

deterrent[1] Abschreckungsmittel

deterrent[2] abschreckend

detonate *(Sprengkörper)* zünden

detonation Explosion, Zündung

detonator Zünder

detour Umweg

detoxify entgiften

devaluation *(Währung)* Abwertung

devalue abwerten

develop entwickeln, sich (weiter) entwickeln; **~ment** Entwicklung; **~ment of the situation** Lageentwicklung

deviate *(Norm)* abweichen

deviation Abweichung

device Gerät, Vorrichtung; **anti-dazzle/anti-glare** ~ Blendschutz; **anti-theft** ~ Diebstahlsicherung; **explosive** ~ Sprengsatz; **incendiary** ~ Brandsatz; **night-vision** ~ Nachtsichtgerät; **protective** ~ Schutzvorrichtung

devious hinterhältig

dew *(Niederschlag)* Tau

diagonal schräg

diagram Schaubild

dial[1] Anzeigeinstrument; **luminous** ~ Leuchtzifferblatt

dial[2] ☎ wählen; ~ **direct** durchwählen

diameter Durchmesser

diamond Karo

diary Terminkalender

dick *(coll)* Kriminalbeamter

dictionary Wörterbuch

die[1]**, straight as a** ~ 1 offen und ehrlich; 2 schnurgerade

die[2] sterben, ums Leben kommen, *(einer Verletzung)* erliegen; ~ **instantly/on the spot** auf der Stelle tot sein

diesel 1 Diesel; 2 Dieselfahrzeug; ~ **engine** Dieselmotor; ~ **filter** Rußfilter; ~ **fuel/oil** Diesel

diet, federal ~ Bundestag

differ 1 sich unterscheiden; 2 anderer Meinung sein

difference Unterschied; ~ **of opinion** Meinungsverschiedenheit; ~ **in rank** Rangunterschied

different verschieden; **~iate** unterscheiden

difficult schwer, schwierig; ~ **to understand** schwer verständlich

difficulties|, be in financial ~ in finanziellen Schwierigkeiten sein; **unknown** ~ Schwierigkeiten unbekannter Art

difficulty Schwierigkeit; ~ **of communication** Verständigungsschwierigkeit; **able to walk only with** ~ gehbehindert: **main** ~ Hauptschwierigkeit

dig graben

digest *(gedanklich)* verarbeiten

digit Ziffer

dignity Würde; **human** ~ Würde des Menschen

digress *(Thema)* abweichen; **~ion** Abweichung

dike Deich

dilapidated baufällig, verwahrlost

dilemma Zwangslage

dilute *(Alkohol usw)* verdünnen

dim[1] abdunkeln

dim[2] *(Aussichten)* düster

dimensions Ausmaße

dimple Grübchen

diner *US* Speisewagen
dining| car Speisewagen; ~ **hall** Speisesaal
dipstick Ölmessstab
direct[1] 1 anweisen, anordnen; 2 *(Verkehr)* regeln; ~ **in** *(Kfz)* einwinken; **as ~ed** weisungsgemäß
direct[2] 1 unmittelbar; 2 durchgehend
direction 1 Richtung; 2 *(Befehl)* Anordnung, Anweisung, Verfügung; 3 Führung, (Einsatz)Leitung; 4 *(Verkehr)* Regelung; **~s** Wegbeschreibung; **in the ~ of** in Richtung; ~ **of escape** Fluchtrichtung; **drive in the wrong ~ on the motorway** *(Falschfahrer)* in falscher Richtung auf der Autobahn fahren; **fail to obey the ~s of a police officer** Anweisung eines Polizisten nicht beachten; ~ **of traffic** Fahrtrichtung; **follow the ~ for ....** in Richtung .... fahren/gehen; **take a ~** eine Richtung einschlagen; **travel in the wrong ~** in die falsche Richtung fahren; **opposite ~** Gegenrichtung; **in the opposite ~** entgegen der Fahrtrichtung; **travel in the opposite ~** entgegenkommen; ~ **finder** Peilgerät; ~ **indicator** Fahrtrichtungsanzeiger, Blinker; ~ **sign** Wegweiser
director Chef; **Director of Public Prosecution (DPP)** *GB* leitender Oberstaatsanwalt; ~ **of human resources** Personalchef
directorate Direktion; ~ **of professional standards** *GB (Abteilung)* Dienstvergehen
directory Adressbuch, (Adressen-) Verzeichnis; ~ **information/inquiries** *US* Auskunft
dirt Dreck, Schmutz; ~ **road** *US* Feldweg, unbefestigte Straße
disability 1 Arbeitsunfähigkeit; 2 Behinderung; ~ **pension** Invaliditätsrente
disabled[1] **toilet** behindertengerechte Toilette
disabled[2] (körper)behindert; **mentally ~** geistig behindert; **physically ~** körperbehindert; **severely ~** schwerbehindert; ~ **person** Behinderter
disablement Behinderung
disadvantage Nachteil; **to the ~ of** zu Ungunsten von; **place at a ~** benachteiligen
disagree uneinig sein; **~ment** Uneinigkeit
disappear verschwinden
disappoint enttäuschen; **~ment** Enttäuschung
disapprove of missbilligen
disarm entwaffnen; **~ament** Entwaffnung
disaster *(Unfall)* Unglück, Katastrophe; **natural ~** Naturkatastrophe; ~ **area** Katastrophen-, Notstandsgebiet; ~ **relief** Katastrophenhilfe
disastrous verheerend
disband *(Vereinigung)* auflösen; **~ment** Auflösung
discharge[1] 1 Entlastung; 2 Schussabgabe; **accidental ~** unbeabsichtigte Schussabgabe
discharge[2] 1 *(JVA usw)* (aus der Haft) entlassen, auf freien Fuß setzen; 2 entlasten; 3 *(Flüssigkeit)* ablassen; 4 *(von Position)* absetzen; 5 abfeuern
disclose enthüllen, offen|baren, -legen, preisgeben
disclosure Enthüllung; **improper ~ of information** unbefugte Weitergabe von Informationen
discolour verfärben
discount Rabatt; **no-claim(s) ~** Schadensfreiheitsrabatt
dis|courage entmutigen; **~courtesy** Unhöflichkeit; **~cover** entdecken; **~covery** Entdeckung; **~covery of a corpse** Leichenfund; **~creet** verschwiegen; **~crepancy** Unstimmigkeit
discretion 1 Ermessen, Opportunitätsprinzip; 2 Verschwiegenheit; **I have no ~; this is not within my ~** das steht nicht in meinem Ermessen; **within someone's ~** nach Ermessen; **exercise one's ~** seinen Ermessensspielraum nutzen; **judicial ~** richterliches Ermessen; **~ary** nach Ermessen
discriminate against benachteiligen
discrimination Benachteiligung; **racial ~** Rassendiskriminierung

discussion Besprechung; ~ **of the situation** Lagebesprechung
disease Krankheit; **industrial/occupational** ~ Berufskrankheit; **notifiable** ~ meldepflichtige Krankheit; **venereal** ~ **(VD)** Geschlechtskrankheit
dis|embark von Bord gehen; **~grace** Schande
disguise[1] Tarnung, Verkleidung
disguise[2] tarnen, verkleiden; ~ **oneself** sich verkleiden; **~d** maskiert
dish Parabolantenne
dishonest unehrlich
disk Plakette, Scheibe; **hard** ~ Festplatte; ~ **brake** Scheibenbremse; ~ **parking** Parken mit Parkscheibe
dis|like nicht mögen; **~locate something** sich etwas verrenken; **~location** Verrenkung
disloyal untreu; **~ty** Untreue
dis|mantle abmontieren, zerlegen; **~mantling** Demontage
dismiss 1 *(Arbeit, usw)* entlassen; 2 *(von Position)* absetzen; 3 *(Klage)* abweisen; **~al** 1 Absetzung; 2 Abweisung; **instant ~al** fristlose Kündigung
dismount *(Pferd, Motorrad)* absitzen
disobedience Ungehorsam; **civil** ~ passiver Widerstand
dis|obedient ungehorsam; **~obey** nicht beachten/gehorchen
disorder Unordnung, Unruhen; **cause ~; foment** ~ Unruhe stiften; **civil** ~ Unruhen; **mental** ~ Geistesstörung; **mentally ~ed** geistesgestört; **~ly** *(Benehmen)* ungebührlich, belästigend
disparage *(schlecht machen)* herabsetzen
dispatch[1] *(Polizei)* (Einsatz)Leitstelle, *US* Notrufzentrale; ~ **centre** Einsatzleitstelle; ~ **form** Versandformular
dispatch[2] *(Warenladung)* absenden, versenden; **~er** *(in der Einsatzleitstelle)* Einsatz(sach)bearbeiter
dis|pensation *(von einer Verpflichtung usw)* Befreiung; **~persal** *(Menschenmenge)* Auflösung; **~perse** auflösen, zerstreuen; **~placed person** Bürgerkriegsflüchtling
display[1] *(Instrument)* Anzeige(feld); ~ **of fireworks** Feuerwerk; **visual ~ unit** Monitor
display[2] ausstellen, zeigen
disposable Einweg-, Wegwerf-
disposal Entsorgung; **have at one's** ~ verfügen über; ~ **document** Entsorgungsnachweis; **collective ~ document** Sammelentsorgungsnachweis; ~ **site** Müll|deponie, -kippe; **illegal** ~ **site** wilde Müllkippe
dispose of entsorgen
disposition Veranlagung; **criminal** ~ kriminelle Veranlagung
disproportionate *(Mittel)* unverhältnismäßig
dispute Auseinandersetzung, Streit; ~ **with a neighbour** Nachbarschaftsstreit; **be a matter of** ~ strittig sein; **settle a** ~ Streit beilegen/schlichten; **domestic** ~ Ehe-, Hausstreit; **legal** ~ Rechtsstreit
disqualification Entziehung der Fahrerlaubnis, Fahrverbot, Führerscheinentzug; **statutory** ~ vorgesehenes Fahrverbot
dis|regard absichtlich übersehen, missachten; **~repute** Verruf
disruption Störung; ~ **of traffic** Verkehrs|beeinträchtigung, -behinderung
dis|seminate verbreiten; **~semination** Verbreitung; **~solve** auflösen; **~suade someone from doing something** jemandem etwas ausreden, jemanden von etwas abbringen
distance Entfernung, Abstand, Strecke; **keep one's** ~ Abstand halten; **adequate** ~ ausreichender Abstand; **minimum** ~ Mindestabstand; **safe** ~ Sicherheitsabstand; **safe** ~ **sensor** Abstandmesser; **a short** ~ **away** ganz in der Nähe; **at a sufficient** ~ mit ausreichendem Abstand; **total** ~ Gesamtwegstrecke
distance| control Abstandsregelung; ~ **recorder** Wegstreckenzähler; ~ **recorder reading** Wegstreckenzählerstand; ~ **recording** Abstandsmessung; ~ **travelled** zurückgelegte Wegstrecke
distinct deutlich; **~ion** Unterscheidung
distinguish unterscheiden
distract ablenken; **~ed** zerstreut

distress Elend; ~ **at sea** Seenot; ~ **call** *(Anruf)* Notruf; ~**ed** niedergeschlagen; ~ **signal** Notsignal
distribute verteilen, ausgeben
distribution Verteilung, Ausgabe, Aufteilung; ~ **list** Verteilerschlüssel; ~ **network** Verteilerring; ~ **point** Ausgabestelle
distributor *(auch)* Verteiler
district 1 Gebiet; 2 Regierungs-, Stadt-, Gemeindebezirk; 3 Streifenbezirk; (Polizei)Inspektion; **administrative** ~ Regierungsbezirk; **jurisdictional** ~ Gerichtsbezirk; **red-light** ~ Rotlicht|bezirk, -viertel; **residential** ~ Wohngebiet; **exclusive residential** ~ Villenviertel; **rural** ~ Verbandsgemeinde; **urban** ~ Stadtbezirk; ~ **administration** Bezirksregierung, Regierungspräsidium; ~ **attorney** *US* Staatsanwalt(schaft); ~ **court** *(England, Wales)* Amtsgericht, *US* Bezirksgericht; ~ **judge** *(England, Wales, Jurist)* (besoldeter) Amtsrichter; ~ **training centre** Polizeischule
distrust Misstrauen; ~**ful** misstrauisch
disturb stören
disturbance Störung, Unruhe; ~ **of consciousness** Bewusstseinsstörung; ~ **of the peace** Ruhestörung, Störung der öffentlichen Sicherheit und Ordnung; **domestic** ~ Hausstreit
disturbed, mentally ~ geistesgestört
disturber of the peace Ruhestörer
ditch (Straßen)Graben
dive tauchen; ~**r** Taucher
diversion Umleitung; ~ **sign** Umleitungsschild; **set up a** ~ eine Umleitung einrichten; **recommended** ~ Umleitungsempfehlung
diversity Vielfalt
divert 1 ablenken; 2 *(Verkehr)* umleiten
divide auf-, unterteilen; ~ **up** einteilen
dividend, pay ~**s** *(fig)* sich (wirklich) bezahlt machen
divider *US* Verkehrsinsel
diving Tauchen; ~ **goggles** Taucherbrille; ~ **suit** Taucheranzug
division 1 Teilung; 2 Abteilung, Dezernat; 3 *(Gericht)* Senat; 4 *(Polizeidienststelle)* Inspektion; 5 Polizeibezirk; 6 Verwaltungsbezirk; **executive** ~ Führungsstab; **operational** ~ Schutzpolizei; ~ **commander** Inspektionsleiter
divorce Scheidung; **get a** ~ sich scheiden lassen; ~**d** geschieden
divulge enthüllen
dizziness Schwindel
dizzy schwind(e)lig
DNA (desoxyribonucleic acid) DNA
do 1 tun, machen; 2 *(Km/h)* fahren; 3 *(Freiheitsstrafe)* absitzen; **what can I ~ for you?** womit kann ich helfen?; ~ **without** verzichten auf
dock[1] 1 Dock; 2 Hafenbecken
dock[2] anlegen
docket number Tagebuchnummer
docklands Hafen|gegend, -viertel
doctor's certificate ärztliches Attest
document 1 Schriftstück, Beleg; 2 Urkunde; ~**s** Unterlagen; ~ **of appointment** Ernennungsurkunde; ~ **of identification/identity** Personalausweis, Identitätsdokument; ~ **of ownership** Eigentumsnachweis; **present/show one's** ~**s** Papiere zeigen; **surrender** ~**s** Unterlagen übergeben
document|, accompanying ~**s** Begleitpapiere; **appended/attached/enclosed** ~**s** beigefügte Unterlagen; **certified** ~ beglaubigte Urkunde; **classified** ~ Verschlusssache; **misdirected** ~ Irrläufer; **simplified** ~ vereinfachter Nachweis; ~ **processing** Bearbeitung von Dokumenten; ~ **tester** Echtheitsprüfgerät
dog| that bites bissiger Hund; ~ **on a lead** angeleinter Hund; **beware of the** ~ Vorsicht, bissiger Hund; **handle a** ~ mit einem Hund umgehen; **set a ~ on someone** Hund auf jemanden hetzen; **walk the** ~ Hund ausführen; **blind/seeing-eye** ~ Blindenhund; **collarless** ~ Hund ohne Halsband; **drug-sniffing** ~ Rauschgiftspürhund; **explosives-sniffing** ~ Sprengstoffspürhund
dog| barking Hundegebell; ~ **bite** Hundebiss; ~ **branch/section** Diensthundestaffel; ~ **collar** Hundehalsband; ~ **handler** Diensthundeführer; ~ **kennel** Hundezwinger; ~ **tax** Hundesteuer

dole Arbeitslosenunterstützung; **on the ~** arbeitslos
doll Puppe
dollar bill Dollarnote
dome Kuppel; **(rotating) ~ light ~** *(auf Polizeifahrzeug)* Blaulicht
domestic 1 einheimisch, Binnen-; 2 Familien-, Haus-
domicile Wohnort, Wohnsitz; **~d in/at ....** *(Firma)* mit Sitz in ....
donate spenden
donation Spende
door|, break/force a ~ Tür aufbrechen; **kick in a ~** Tür eintreten; **open the ~** Tür öffnen; **get someone to open the ~** *(durch Schlüsseldienst)* Tür öffnen lassen; **back ~** Hinter|ausgang, -eingang, -tür; **behind closed ~s** in nicht öffentlicher Verhandlung; **double ~** Doppeltür; **French** *US*/**sliding ~** Schiebetür
door|bell Türklingel; **~ chain** Türkette; **~ handle** Tür|griff, -klinke; **~ knob** Türknopf; **~ knocker** Türklopfer; **~ lock** Türschloss; **child-proof ~ lock(s)** Kindersicherung; **doorman** (Nachtlokal) Türsteher; **~ mirror** Außenspiegel; **~ opener** Türöffner; **~step** Eingangsstufe, Türschwelle; **~way** Eingang; **~ window** Türfenster
dope *(coll)* Droge, Stoff
dormer Dachgaube
dormitory Wohnheim
dose Dosis; **fatal/lethal ~** tödliche Dosis
dossier *(Inhalt)* Akte
dotted punktiert
double[1] Doppelgänger
double[2] doppelt; **~-decker** Doppeldeckerbus; **~ garage** Doppelgarage
doubt[1] Bedenken, Zweifel; **reasonable ~** begründeter vernünftiger Zweifel; **beyond ~ doubt** jeden vernünftigen Zweifel ausschließend, zweifelsfrei
doubt[2] (an-, be)zweifeln
doubtful zweifelhaft
douse übergießen
down|grade; ~hill abschüssig, bergab; **~pour** Regenguss; **~side** *US* Nachteil; **~stream** fluss-, stromabwärts; **go ~stream** zu Tal fahren; **~town** *US* Innenstadt; **~wards** bergab
doze off eindösen
dozen Dutzend
dozer Planierraupe
draft[1] Entwurf
draft[2] entwerfen
draftee *US* Wehrpflichtiger
drag schleifen, schleppen
drain *(Flüssigkeit)* ablassen; **~age** Entwässerung; **~pipe** Fallrohr
dram *(Schnaps usw)* Gläschen
draught Tiefgang
draw ziehen; **~ up** entwerfen, *(Dokument)* ausfertigen, *(Liste usw)* aufstellen
drawback Nachteil
drawer Schublade
drawing Zeichnung; **~ made to scale** maßstabgerechte Zeichnung
dreadlocks Rastazöpfchen
dress[1] 1 Kleid, 2 Kleidung, Garderobe; **~ and jacket** *(Damenbekleidung)* Kostüm; **improper ~** unangemessene Kleidung; **neat ~** gepflegte Kleidung; **~ code** Kleiderordnung
dress[2] sich kleiden; **~ up as** sich verkleiden als
dressed gekleidet, bekleidet mit; **get ~** sich anziehen
dressing Verband; **adhesive ~** (Heft)Pflaster; **~ material** Verbands|material, -stoff, -zeug
drift sich treiben lassen; **~er** Obdachloser, Wohnsitzloser
drink alkoholisches Getränk; **~-and-drive** Fahren unter Alkoholeinwirkung; **~ and drive accident** Verkehrsunfall unter Alkoholeinwirkung; **propose a ~ to** die Gläser erheben auf; **national ~** Nationalgetränk; **soft ~** alkoholfreies Getränk; **~s dispenser/machine** Getränkeautomat; **~-drive limit** Alkoholgrenze *(bei der man noch fahren darf)*; **~-drive test** Alkotest; **~-driving** Fahren unter Alkoholeinwirkung
drinker Trinker; **habitual ~** (Gewohnheits)Trinker

drinking| and driving Fahren unter Alkoholeinwirkung; ~ **and driving accident** Verkehrsunfall unter Alkoholeinwirkung; ~ **on duty** Alkohol im Dienst; **used to (hard)** ~ trinkfest; ~ **ban** Alkoholverbot; ~ **bout** Besäufnis, Trinkgelage; ~ **water** Trinkwasser

drink[2] Alkohol zu sich nehmen; ~ **to something** auf etwas anstoßen; ~ **heavily** viel trinken

drip tropfen; ~**ping wet** klatschnass

drive[1] 1 (Spazier)Fahrt; 2 *(Garage usw)* Zufahrt, *(Ein-, Zufahrt)* Auffahrt, *(vor Garage usw)* Einfahrt, Gebäudezufahrt; 3 Antrieb; **prevented ~ under the influence** verhinderte Trunkenheitsfahrt

drive|, all-wheel/four-wheel ~ Allradantrieb; **all-wheel/four-wheel ~ vehicle** Allradfahrzeug; **four-wheel** ~ Vierradantrieb; **front-wheel** ~ Frontantrieb; **hybrid** ~ Hybridantrieb; **left-hand ~ (LHD)** Linkssteuerung; **left-hand ~ vehicle** Linkslenker; **private** ~ *(vor Garage usw)* Einfahrt, Privatstraße; **rear-wheel** ~ Heckantrieb; **right-hand ~ (RHD)** Rechtssteuerung; **right-hand ~ vehicle** Rechtslenker; **sexual** ~ Geschlechtstrieb

drive[2] **along** entlangfahren; ~ **around** herumfahren; ~ **away** *(wegfahren)* fort-, davonfahren; ~ **away/out** *(z.B. Drogenabhängige)* vertreiben; ~ **back** zurückfahren, umdrehen; ~ **off** 1 weg-, los-, fort-, davonfahren; 2 *(aus Parklücke)* ausparken; ~ **on** weiterfahren; ~ **past** vorbeifahren; ~ **up** vorfahren

drive| dangerously rücksichtslos fahren; ~ **defensively** defensiv fahren; ~ **downhill** bergab fahren; ~ **erratically** ungleichmäßig/unkontrolliert fahren; ~ **next to each other** nebeneinander fahren; ~ **slowly/slow** *US* langsam fahren; ~ **straight on** geradeaus weiterfahren; ~ **straight through** nicht anhalten, durchfahren; ~ **uphill** bergauf fahren

driver 1 Fahrer, Fahrzeugführer; 2 *(Beruf)* Kraftfahrer; 3 *(jeder einzelne)* Autofahrer

Driver and Vehicle Licensing Agency (DVLA) *(GB)* zentrale Führerschein- und Zulassungsstelle

driver of a vehicle carrying hazardous goods Gefahrgutfahrer

driver|, dangerous ~ rücksichtsloser Fahrer; **drunk** ~ betrunkener Fahrer; **hit-and-run** ~ Fahrerflüchtiger, Unfallflüchtiger

driver|'s cab(in) Fahrerhaus; ~**'s duties** Fahrerpflichten; ~ **identification** Fahrerermittlung; ~**'s license** *US* Fahrerlaubnis, Führerschein; ~ **licensing agency** Führerscheinstelle; ~**'s permit** Führerschein; ~**'s seat** Fahrersitz; ~**'s statement about the quantity of alcohol consumed** Nachweis über die Aufnahme von Alkohol; ~ **travelling in the wrong direction (on a four-lane road or motorway)** Falsch-, Geisterfahrer

drive|shaft Antriebswelle; ~**way** Auf-, Zufahrt

driving (Auto)Fahren, Fahrweise; ~ **(a motor vehicle) while/when disqualified** *(nach Führerscheinentzug)* Fahren ohne Fahrerlaubnis; ~ **in convoy** Kolonnenverkehr; ~ **with excess alcohol;** ~ **while unfit through drink;** ~ **under the influence (of alcohol) (DUI);** ~ **while intoxicated (DWI)** *US* Fahren unter Alkoholeinwirkung, Trunkenheitsfahrt; ~ **left of centre** Nichteinhalten des Rechtsfahrgebots; ~ **without insurance** Fahren ohne Versicherungsschutz; ~ **on the left** Linksverkehr; ~ **without a licence** Fahren ohne Fahrerlaubnis; ~ **with flashing blue lights and/or siren** Wegerechtsfahrt

driving|, aggressive ~ aggressives Fahren/Fahrverhalten; **careless** ~ unvorsichtiges Fahren; **dangerous** ~ gefährdende Fahrweise; **drunk(en)** ~ Trunkenheit am Steuer, Fahren unter Alkoholeinwirkung

driving| axle Antriebsachse; ~ **ban** Fahrverbot; ~ **ban for large goods vehicles on Sundays and public holidays** Sonn- und Feiertagsfahrverbot;

~ **code** *US* Straßenverkehrsordnung (StVO); ~ **error** Fahrfehler; ~ **instructor** Fahrlehrer; ~ **lane** Fahrstreifen; ~ **lesson** Fahrstunde

driving licence Fahrerlaubnis, Führerschein; **confiscate the** ~ Führerschein beschlagnahmen *(ohne Einverständnis des Betroffenen)*; **disqualify someone (from holding a ~)** jemandem den Führerschein entziehen; **newly grant the** ~ Fahrerlaubnis neu erteilen; **refuse to issue the** ~ Fahrerlaubnis versagen; **secure the** ~ Führerschein sicherstellen *(mit Einverständnis des Betroffenen)*; **withdraw the** ~ Fahrerlaubnis entziehen

driving licence|, graded ~ Stufenführerschein; **international** ~ internationaler Führerschein; **probationary** ~ Fahrerlaubnis auf Probe; **special ~ (for certain types of vehicles and/or routes)** Sonderfahrerlaubnis; ~ **category** Führerscheinklasse; ~ **check** Führerscheinüberprüfung; ~ **data** Führerscheindaten

driving| offence; minor ~ offence Verkehrsordnungswidrigkeit; **international ~ permit** internationaler Führerschein; ~ **permit authority** Fahrerlaubnisbehörde; ~ **permit category** Führerscheinklasse; **have a clean ~ record** unfallfrei fahren; ~ **skill** fahrerisches Können; **advanced ~ skills training** Fahrsicherheitsstraining; ~ **test** Fahrprüfung

driving time Fahrzeit, Lenkzeit; **exceed the** ~ Lenkzeit überschreiten; **keep to the** ~ Lenkzeit einhalten; **daily** ~ tägliche Lenkzeit; **legal/statutory** ~ gesetzlich vorgeschriebene Lenkzeit; **permissible** ~ maximale Lenkzeit; **weekly** ~ wöchentliche Lenkzeit

drizzle Sprühregen

D road *GB* Gemeinde-, Nebenstraße

drop[1] Tropfen; **~-out** *(Gesellschaft)* Aussteiger

drop[2] **off** aussteigen lassen, *(Fahrgast)* absetzen; ~ **out** *(Gesellschaft)* aussteigen

drought Dürre

drown ertrinken; **~ing** (Tod durch) Ertrinken

drowsy schlaftrunken

drug[1] 1 Medikament; 2 Droge; **~s** Stoff, Betäubungsmittel; **be on/be addicted to ~s** drogenabhängig sein; **stop taking ~s** aussteigen; **flush ~s down a lavatory** Drogen die Toilette hinunterspülen; **sniff out ~s** Drogen durch Hunde suchen lassen

drug|, addictive ~ Suchtstoff; **dangerous** ~ Droge; **illegal** ~ illegale Droge; **narcotic** ~ Droge; **pharmaceutical** ~ Medikament; **sleep-inducing** ~ Schlafmittel; **soft** ~ weiche Droge; **synthetic** ~ synthetische Droge; **vegetable-based** ~ pflanzliche Droge

drug| abuse Drogenmissbrauch; **~s act** Betäubungsmittelgesetz (BtMG); ~ **addict** Drogenabhängiger; **~-addicted** drogenabhängig; ~ **addiction** Drogensucht; ~ **advice centre** Drogenberatungsstelle; ~ **agent** Drogenfahnder; ~ **buying** Drogenkauf; ~ **check** Drogenkontrolle; ~ **courier** Drogenkurier; ~ **dealer** Drogendealer; ~ **den** Drogenhöhle; ~ **dependency** Drogenabhängigkeit

Drug Enforcement Administration (DEA) *(US) Drogenpolizei*

drugged unter Drogen, unter dem Einfluss von Betäubungsmitteln stehend

drug| investigation Drogenfahndung; ~ **investigator** Drogenfahnder; ~ **king/lord** Drogenboss; ~ **lab(oratory)** Drogenlabor; ~ **mafia** Drogenmafia; ~ **market** Drogenmarkt; ~ **misuse** Drogenmissbrauch; ~ **offence** Drogendelikt; ~ **offender** Person, die gegen das Betäubungsmittelgesetz verstößt; ~ **overdose (OD)** Überdosis; ~ **paraphernalia** Drogenzubehör; ~ **peddler** Drogendealer; ~ **pushing** Drogenhandel; ~ **raid** Drogenrazzia; ~ **sale** Drogenverkauf; ~ **scene** Drogen|milieu, -szene; ~ **screen(ing)** Drogentest; ~ **seller** Drogendealer; ~ **smuggling** Drogenschmuggel; ~ **squad** Drogenabteilung; **~store** *US* Apotheke, Drogerie; ~ **substitute/surrogate** Drogenersatzmittel; ~ **supplier** Drogenlieferant; ~ **tak-**

ing Betäubungsmitteleinnahme; ~ **test** Drogen(vor)test; ~ **trade/traffic/trafficking** Drogenhandel; ~ **trafficker** Drogen|kurier, -schmuggler, -dealer; ~ **usage** Drogen|gebrauch, -konsum; ~ **user** Drogenkonsument; ~ **victim** Drogentoter; ~ **war** Drogenbekämpfung
drug[2] durch Drogen betäuben
drum 1 Fass; 2 Trommel; ~ **brake** 🚘 Trommelbremse
drunk[1] Betrunkener
drunk[2] betrunken, blau; **get** ~ sich betrinken
drunkard Alkoholiker, Trinker; **habitual** ~ Alkoholiker
drunk-driving *US* Fahren unter Alkoholeinwirkung, Trunkenheitsfahrt
drunken *US* betrunken; **~ness** Rausch, Trunkenheit
drunk| person Betrunkener; ~ **test** Alkotest
drying-out cell Gewahrsamszelle
dubious bedenklich, zweifelhaft, zwielichtig
dud 1 *(coll)* falsche Banknote, Blüte; 2 *(Munition)* Versager
due fällig; ~ **to** aufgrund, wegen
dues *(Gewerkschaft)* Mitgliedsbeitrag
duffel bag *US* Reisetasche
dull *(Spiegel)* matt
dumb stumm
dummy Strohmann; ~ **gun** Waffenattrappe
dump[1] 1 *(Objekt)* Versteck; 2 Müll|deponie, -kippe; **~(er) truck** *(LKW)* Kipper
dump[2] *(illegal)* abladen, *(LKW-Ladung)* kippen, wegwerfen
dumping ground Müll|deponie, -kippe
dumpster *US* Abfall-, Müllcontainer
dune Düne
dunning charge Mahngebühr
duplicate Kopie, Zweitschrift
durable dauerhaft
duration Dauer
dusk Abenddämmerung
dust Staub; **~bin** Mülltonne; ~ **particle** Staubkorn
Dutch holländisch; **double** ~ Kauderwelsch
dutiable ⊖ anmelde-, zollpflichtig
duties Abgaben; **official** ~ dienstliche Tätigkeit; **parental** ~ elterliche Pflichten; **general ~ branch** Schutzpolizei
duty 1 Dienst; 2 (Dienst)Pflicht, Aufgabe; 3 *(Abgabe)* Steuer; 4 ⊖ Zoll; **in the line of** ~ in Ausübung des Dienstes; **off** ~ dienstfrei, nicht im Dienst; **on** ~ diensthabend, im Dienst; **on temporary** ~ befristet kommandiert; ~ **to appear** Pflicht zum Erscheinen; ~ **of care** Sorgfaltspflicht; ~ **to carry a passport** Passzwang; ~ **to disclose everything** *(Gebrauchtwagen)* Pflicht alles anzugeben; ~ **to give evidence** Aussagepflicht; ~ **to give notice** Anzeigepflicht; ~ **to have a passport** Passpflicht; ~ **to leave the country** Ausreisepflicht; ~ **to obey orders** Gehorsamspflicht; ~ **to register** Registrierungspflicht; ~ **at unfavourable/unsociable hours** Dienst zu ungünstigen Zeiten; ~ **to wait** Wartepflicht
duty|, be on ~ Dienst haben; **discharge a** ~ Pflicht erfüllen; **do one's** ~ Pflicht erfüllen; **report for** ~ sich zum Dienst melden; **late** ~ Spätdienst; **operational** ~ Einzeldienst, praktische Polizeiarbeit; **standby** ~ Rufbereitschaft; **supervisory** ~ Aufsichtspflicht
duty| boots Einsatzstiefel; ~ **cap** Dienstmütze; **~-free** steuer-, zollfrei; ~ **hours** Dienststunden; ~ **officer** Dienst-, Wachhabender, diensthabender Offizier; ~ **prosecutor** Bereitschaftsstaatsanwalt; ~ **room** Dienst|raum, -zimmer, Wachraum; ~ **roster** Einsatzplan; ~ **solicitor** Pflichtverteidiger; ~ **station** Dienstort; **special ~ training** Spezialausbildung; ~ **weapon** Dienstwaffe
dwarf Liliputaner
dwelling Wohnung; ~ **house** Wohnhaus
dyed gefärbt
dyke Deich

E

eager begierig
eagle Adler; **federal** ~ Bundesadler

ear|, play it by ~ improvisieren; **scratch one's ~s** sich am Ohr kratzen; **floppy ~s** abstehende Ohren; **~ache** Ohrenschmerzen; **~clip** Ohrklipp; **~ flap** Ohrenklappe

ear lobe Ohrläppchen; **dangling ~** hängendes Ohrläppchen; **missing ~** fehlendes Ohrläppchen; **pierced ~** durchstochenes Ohrläppchen

earmuffs Ohrenschützer

earn verdienen; **~ings** Einkommen, Einkünfte; **monthly ~ings** monatliches Einkommen

ear|phones Kopfhörer; **~piece** 1 Brillenbügel; 2 ☎ Hörmuschel; **~ring** Ohrring

earshot Hörweite; **out of ~** außer Hörweite; **within ~** in Hörweite

ear stud Ohrstecker

earth ⚡ Masse; **~ bank** Erdwall; **~ lead** Massekabel; **~ road** Feldweg, unbefestigte Straße

ease *(Verkehr nach Stau)* ablaufen

east Osten; **~bound** in Richtung Osten, nach Osten fahrend

Eastern European[1] Osteuropäer

Eastern European[2] osteuropäisch

easy *(Aufgabe usw)* leicht

eatable genießbar

eavesdrop *(zweiter Telefonhörer)* mithören; **~ (on someone)** lauschen; **~ping** Telefonüberwachung

echelon Befehlsebene; **~ of command** Führungsebene; **upper ~s** hohe/höchste Dienstgrade

eco-friendly umweltfreundich

econometer Ökometer

economic Wirtschafts-; **~al** sparsam

economy Wirtschaft; **~ measure** Sparmaßnahme

edge Rand; **~ of one's hand** Handkante; **~ of the kerb** Bordsteinkante; **~ of the road** Straßenrand; **on the ~ of town** am Stadtrand

edible genießbar

edition, pirated ~ Raubdruck, unerlaubter Nachdruck

education *(Schule usw)* Bildung; **physical ~ (PE)** *(Unterrichtsfach)* Sport; **physical ~ teacher** Sportlehrer

educator Lehrer

effect (Aus)Wirkung; **~ of alcohol** Rauschwirkung; **~ of drugs** Drogenwirkung; **come into ~** in Kraft treten; **give ~ to a decision** einer Entscheidung Nachdruck verleihen; **put into ~** in Kraft setzen; **sleep off the ~s of drink** seinen Rausch ausschlafen

effect|, combined ~ Kombinationswirkungen; **cumulative ~** additiver Effekt; **deterrent ~** abschreckende Wirkung; **intoxicating ~** berauschende Wirkung; **knock-on ~** Schneeballeffekt; **long-term ~** Langzeitauswirkung; **personal ~s** Gegenstände des persönlichen Gebrauchs; **reciprocal ~** Wechselwirkung

effective gültig, wirksam; **(legally) ~** rechtswirksam; **~ immediately** ab sofort wirksam; **~ness** Wirksamkeit

efficiency Leistungsfähigkeit

efficient *(Person)* leistungsfähig

effort|(s) Bemühung, Anstrengung; **make every ~** sich alle erdenkliche Mühe geben; **use one's best ~s** alles daransetzen

ejaculation Samenerguss

ejection *US* Platzverweis

elaborate detailliert

elbow Ell(en)bogen

elderly *(Person)* alt; **~ person** alter Mensch, ältere Person

elect *(Politik usw)* wählen; **~ion** Wahl

electrician Elektriker

electrics elektrisches System

electro|cute durch Stromschlag töten; **~cution** Tod durch Stromschlag

element, armed ~s bewaffnete Personen

elevated *(Straße)* aufgeschüttet

elevation Anhöhe

elevator *US* Aufzug, Lift

eligibility 1 *(Anspruch)* Berechtigung; 2 Eignung

eligible 1 berechtigt; 2 geeignet; **~ person** Antragsberechtigter; **~ to vote** wahlberechtigt

eliminate 1 beseitigen; 2 *(Bewerber)* sieben

embankment Böschung, Straßendamm; **noise-abating ~** Lärmschutzwall

embark sich einschiffen; **~ation** Einschiffung; **~ation card** Bordkarte

embarrass in Verlegenheit bringen; **~ing** peinlich; **~ment** Peinlichkeit, Verlegenheit

embassy Botschaft *(eines Staates)*

embers Glut

embezzle veruntreuen; **~ment** Veruntreuung; **~r** Person, die Veruntreuung begeht

embrace[1] Umarmung

embrace[2] umarmen

emerge auftauchen, sich herausstellen; **~nce** Auftauchen

emergency 1 Ausnahmezustand, Notstand, Notlage, Ernstfall; 2 (plötzlicher) Notfall; 3 *(Anruf)* Notruf; **in case of ~** im Notfall; **domestic/internal ~** innerer Notstand; **medical ~** medizinischer Notfall

emergency| accommodation Notunterkunft; **~ action** Sofortmaßnahme; **~ aid** Soforthilfe; **~ alert** Katastrophenalarm

emergency brake 1 Notbremse; 2 *US* 🚗 Handbremse; **pull the ~** Notbremse betätigen/ziehen; **~ cable** *(Anhänger)* Abreißseil

emergency| call *(Anruf)* Notruf, Notfallmeldung; **false ~ call** falscher Notruf; **~ call box** Notruf|säule, -telefon; **~ control centre** Notrufzentrale; **~ department** *(Krankenhaus)* Unfallstation, Notaufnahme; **~ doctor** Notarzt; **~ dressing** ⚕ Notverband; **~ equipment** Einsatz-, Notfallausrüstung; **~ exit** Not|ausgang, -ausstieg; **~ flashers** Warnblinkanlage; **~ generator** Notstromaggregat; **~ hammer** Nothammer; **~ hospital** Unfallklinik; **~ landing** Notlandung; **~ lane** Seitenstreifen; **~ lay-by** Nothaltebucht; **~ lighting/lights** Notbeleuchtung: **~ medical technician** *US* Sanitäter; **~ mission** Katastropheneinsatz; **~ number** *(Nummer)* Notruf; **~ off-switch** *(LKW)* Notausschalter; **~ passport/document** Passersatz; **~ power supply** Notstromversorgung; **~ repair** Notreparatur; **~ service** Notdienst; **~ services** Katastrophenschutz; **~ situation** Ernstfall, Notlage; **~ staff** Krisenstab; **~ stop** Notbremsung; **~ surgery** Notoperation; **~ telephone** Notruf|säule, -telefon; **~ vehicle** Einsatz-, Notdienstfahrzeug; **~ vehicle exit** Behelfsausfahrt; **~ ward** *(Krankenhaus)* Unfallstation, Notaufnahme;**~ warning device/lights** Warnblinkanlage

emetic ⚕ Brechmittel

emigrate auswandern

emigration Auswanderung

emission|, industrial ~s Industrieabgase; **noxious ~s** umweltschädigende Abgase; **~ standard** Schadstoffgrenzwert

emotional 1 leicht erregbar; 2 seelisch

empathy Einfühlungsvermögen

emphasis Betonung

emphasize betonen

employ beschäftigen, einsetzen, verwenden; **be ~ed at/in** eingesetzt sein in

employee Angestellter, Arbeitnehmer, Beschäftigter, Mitarbeiter; **civilian ~s** *(bei Polizei)* Zivilangestellte; **salaried ~** Angestellter; **~ theft** Diebstahl durch Personal

employer Arbeitgeber, Dienstherr; **~'s duty of care** Fürsorgepflicht des Dienstherrn

employment 1 Anstellung, Arbeits-, Dienstverhältnis, Berufstätigkeit, Beschäftigung; 2 *(Mittel)* Einsatz; **~ of a doctor** Arzteinsatz; **be in/without regular ~** eine/keine feste Anstellung haben; **illicit ~** illegale Beschäftigung; **~ agency/bureau/exchange/office** Stellenvermittlung; **~ contract** Arbeits-, Dienstvertrag; **~ papers** Arbeitspapiere; **~ permit** Arbeitserlaubnis

empower bevollmächtigen, ermächtigen

empty[1] *(Flüssigkeit)* ablassen

empty[2] leer

en|able befähigen, ermächtigen, ermöglichen; **~act** *(Gesetz)* erlassen; **~circle** *(einkesseln)* einschließen, *(umzingeln)* umstellen, einkreisen

enclose *(Brief)* beifügen; **~d** eingezäunt

en|closure 1 *(Brief)* Anlage; 2 Umzäunung; **~code** verschlüsseln

encounter[1] Begegnung
encounter[2] begegnen
en|courage animieren, ermutigen, Mut machen; **~croachment** Übergriff
encrypt verschlüsseln; **~ion** Verschlüsselung
end|, to this ~ zu diesem Zweck; **~ in itself** Selbstzweck; **~ of shift/work** Dienstende; **the thin ~ of the wedge** *(fig)* dickes Ende
endanger gefährden; **~ing road traffic** Straßenverkehrsgefährdung; **~ment** Gefährdung; **~ment of witnesses** Gefahr für Zeugen
endeavour[1] Bemühung
endeavour[2] sich bemühen
end house *(Ende einer Häuserreihe)* Eckhaus
endorse *(Führerschein)* eintragen, vermerken; **~ment** Eintrag, Vermerk
endurance test Härtetest
energetic aktiv, schwungvoll
energy|, save ~ Energie sparen; **~ supply** Energieversorgung
enforce ⚖ vollstrecken, durchsetzen, erzwingen, vollziehen; **~able** durchsetzbar, erzwingbar, vollstreckbar
enforcement *(Einhaltung)* Überwachung, Durchsetzung, Erzwingung, Vollstreckung; **~ of a judg(e)ment** Urteilsvollstreckung; **~ action** Zwangsmaßnahme; **~ agency** Vollstreckungsbehörde; **~ role** *Rolle der Polizei allgemein*
engage 1 *(Personal)* einstellen; 2 🚗 *(Gang)* einlegen; **~ in something** sich mit etwas beschäftigen; **~d** ☎ besetzt; **~ment** Eingriff
engine 1 Maschine; 2 *(Verbrennungsmotor)* Motor; 3 Lokomotive; **rev (up) the ~** Motor aufheulen lassen; **switch/turn off the ~** Motor abstellen; **warm up the ~** Motor warmlaufen lassen; **auxiliary ~** Hilfsmotor; **electric ~** elektrische Lokomotive; **marine ~** Schiffsmotor; **rear ~** Heckmotor; **souped-up ~** frisierter Motor; **~ brake** Motorbremse; **~ compartment** 🚗 Motorraum;
engineering, genetic ~ Gentechnologie
engine| failure Motordefekt; **~ noise** Fahrgeräusch; **~ noise (when stationary)** Standgeräusch; **~ number** Motornummer; **~ oil** Motoröl
English Channel Ärmelkanal
en|grave eingravieren; **~graving** Gravur; **~join someone to do something** jemanden zu etwas anhalten; **~joy** *(auch ⚖)* genießen
enlarge *(Foto)* vergrößern; **~ment** Vergrößerung
enlist einschreiben
enough genügend; **have had ~** die Nase voll haben
enquire *(Auskunft)* anfragen, sich erkundigen; 2 ermitteln, nachforschen
enquiries|, hinder ~ Ermittlung(en) behindern; **make ~** herumfragen, Ermittlungen (durch)führen; **further ~** weitere Nachforschungen; **pending further ~** bis zur weiteren Klärung der Sache
enquiry 1 *(Auskunft)* Anfrage; 2 Untersuchung, Ermittlung, Nachforschung; 3 polizeiliches Ermittlungsverfahren; **carry out an ~** ermitteln; **disciplinary ~** Disziplinaruntersuchung; **follow-up ~ (of a crime)** Folgeermittlungen; **house-to-house ~** Ermittlung(en) von Haus zu Haus; **judicial ~** gerichtliche Untersuchung
en|rich oneself sich bereichern; **~sure** *(sich vergewissern)* sicherstellen, sorgen für; **~tail** nach sich ziehen
enter 1 be-, eintreten, einreisen, eindringen; 2 eintragen; 3 💻 eingeben; **~ing** 1 Eindringen; 2 Einbruch; **~prise** Unternehmen
entertain *(Gäste)* unterhalten; **~ment** Vergnügen; **in-car ~ment** 🚗 Radioanlage
enthusiast, outdoor ~ Frischluftfanatiker
entire ganz, gesamt
entitle berechtigen; **be ~d** berechtigt sein, Anrecht/Anspruch haben auf; **you are ~d to ....** Sie haben das Recht zu ...; **~ment** Berechtigung, (Rechts)Anspruch, Anrecht

entity, legal ~ juristische Person
entrance 1 Einfahrt, Eingang; 2 Autobahnlanschlussstelle, -einfahrt; **front** ~ Vordereingang; **main** ~ Haupteingang; ~ **check** Durchlasskontrolle; ~ **examination** Aufnahmeprüfung; ~ **fee** Eintrittspreis
entrant Einreisender; **illegal** ~ illegal Einreisender; **lateral** ~ *(öffentlicher Dienst)* Seiteneinsteiger
entrust anvertrauen
entry 1 Eingang, Zugang, Einfahrt; 2 Betreten, Eintritt; 3 Einreise; 4 *(Buch usw)* Eintrag(ung), Vermerk; **force an** ~ gewaltsam eindringen; **gain** ~ sich Eintritt verschaffen; **forced/forceful/forcible** ~ gewaltsames Eindringen; **illegal** ~ illegale/unerlaubte Einreise; **lateral** ~ Seiteneinstieg; **no** ~ *(Schild)* kein Zutritt; **unlawful** ~ Hausfriedensbruch
entry| control list Zutrittskontrollliste; ~ **document** Einreisepapier; ~ **permit** Einreiseerlaubnis; ~ **requirement** Einstellungsvoraussetzung; ~ **stamp** Einreisestempel; **keyless ~ system** fernbediente Zentralverriegelung; ~ **visa** Einreisevisum; **~way** Eingang, Einfahrt; ~ **wound** Eintrittswunde
envelope Briefumschlag; **stamped addressed ~ (SAE)** adressierter und frankierter Rückumschlag
environment 1 Umwelt, Umfeld; 2 *(sozial)* Umgebung; **safe/secure** ~ sichere Umgebung; ~ **department** Umweltministerium; **~al** Umwelt-; **~alist** Umweltschützer
envisage vorsehen
envy[1] Neid
envy[2] beneiden
epaulettes Schulterklappen
epidemic Epidemie, Seuche
E-purchasing Kauf im Internet
equal gleich; **be** ~ gleichen
equality 1 Gleichberechtigung; 2 Gleichheit; ~ **before the law** Gleichheit vor dem Gesetz; ~ **of opportunity** Chancengleichheit
equestrian Reit-
equilibrium Gleichgewicht
equip ausrüsten, ausstatten; ~ **someone with something** jemanden mit etwas ausrüsten
equipment Ausrüstung, Ausstattung, *(Sammelbegriff)* Gerät; **fire-fighting** ~ Feuerlöschgerät(e); **minimum** ~ Ausstattungssoll; **non-serviceable** ~ auszusonderndes Gerät/Material; **personal** ~ persönliche Ausstattung; **prescribed** ~ vorgeschriebene Ausstattung; **protective** ~ Schutzausrüstung; **sophisticated/state-of-the-art** ~ modernste Ausrüstung; ~ **familiarization** Ausbildung am Gerät; ~ **regulations** Ausrüstungsvorschriften
equipped ausgerüstet
equivalent[1] Entsprechung, Gegenstück
equivalent[2] gleichwertig; **be ~ to** entsprechen
erase löschen
err sich irren
error Fehler, Irrtum; **arithmetical** ~ Rechenfehler; **factual** ~ Tatbestandsirrtum; **human** ~ menschliches Versagen
escalator Rolltreppe
escape[1] Flucht, Ausbruch; ~ **attempt** Fluchtversuch
escapee Flüchtiger, Flüchtling
escape| lane *(bei Bremsversagen)* Notweg, Auslaufstrecke; ~ **plan** Fluchtplan; ~ **route** Fluchtweg; **block the ~ route** Fluchtweg abriegeln/versperren; ~ **vehicle** Fluchtfahrzeug
escape[2] 1 *(aus Gewahrsam)* (ent)fliehen, die Flucht ergreifen, entkommen, ausbrechen; 2 *(Gas, Substanz)* entweichen
escaping Fliehen; ~ **is useless** Fliehen ist zwecklos
escort[1] Begleit|schutz, -kommando, -person; **wide-load/oversize** ~ Großraum- und Schwertransportbegleitkommando; ~ **duty** Begleitschutz; ~ **vehicle** Begleitfahrzeug
escort[2] begleiten
espionage Spionage; **commercial/industrial** ~ Wirtschaftsspionage
essential[1], **the ~s** das Wesentliche
essential[2] entscheidend, unbedingt not-

wendig, unerlässlich, wesentlich

establish 1 *(Identität, Tatbestand)* feststellen, herausfinden, nachweisen; 2 aufbauen, ein-, errichten, schaffen; **~ed** 1 allgemein eingeführt; 2 erwiesen

establishment 1 Feststellung; 2 *(Vorgang)* Einrichtung, Aufbau; **~ of liaison** Verbindungsaufnahme

estate 1 Gruppe von Wohnblocks, (Wohn)Siedlung; 2 Kombi; **industrial ~** Gewerbe-, Industriegebiet; **real ~** Grundbesitz, Immobilie(n); **~ car** Kombi

estimate[1] (Kosten)Voranschlag, Schätzung; **~ of the situation** Lagebeurteilung; **conservative ~** vorsichtige Schätzung; **rough ~** grobe Schätzung

estimate[2] *(Lage)* (ein)schätzen; 2 beziffern; **~ roughly** ungefähr berechnen, überschlagen

estuary Flussmündung *(ins Meer)*

etch *(Kennzeichnung)* ätzen

ethnic[1] *US* Angehöriger einer Minderheit

ethnic[2] Volks-

EU|, external ~ border EU-Außengrenze; **~ member (country)** EU-Mitglied(sstaat); **~ Mutual Assistance Act** EU-Amtshilfegesetz; **~ national** EU-Bürger;

Europe *(aus Sicht der Briten und Iren)* Festlandeuropa

European[1] Europäer

European[2] europäisch; **~ Convention - Mutual Assistance in Criminal Matters** Europäisches Rechtshilfeübereinkommen; **~ Convention on Human Rights** Europäische Menschenrechtskonvention; **~ Cup** Europapokal; **~ Union law** EU-Recht

EU type approval EU-Typengenehmigung

evacuate *(Bevölkerung, z.B. bei Bombenalarm)* evakuieren

evacuation route Evakuierungsweg

evade 1 *(Steuern usw)* hinterziehen; 2 sich entziehen

evaluate 1 aus-, bewerten, berechnen; 2 beurteilen, *(Lage)* einschätzen

evaluation 1 Aus-, Bewertung, Berechnung; 2 Beurteilung, Einschätzung; **~ of accident black spots** örtliche Verkehrsunfalluntersuchung; **~ of crime-related data** Kriminalitätsauswertung

evasion of customs duty Zollunterschlagung

evasive ausweichend

eve Vorabend

evenhandedness Unparteilichkeit

evening leisure time *(Freizeit)* Feierabend

event 1 Ereignis, Geschehen; 2 Veranstaltung, Vorgang; **in the ~ of recurrence** im Wiederholungsfall; **because of current/recent ~s** aus aktuellem Anlass; **major ~** Großveranstaltung; **public ~** öffentliche Veranstaltung; **special ~** besonderer Anlass; **special ~ operation** Einsatz aus besonderem Anlass

eventually endlich, schließlich

everywhere überall

eviction *(Mieter usw)* (Zwangs)Räumung; **~ suit** Räumungsklage

evidence 1 Beweis(material, -mittel), Asservat, Sachbeweis; 2 Nachweis; 3 Beweiserhebung; 4 (Zeugen)Aussage; **~ of identity** Identitätsnachweis; **for lack of ~** mangels Beweises; **not a shred of ~** keine Spur eines Beweises

evidence|, blackmail someone into giving ~ Aussage erpressen; **collect/gather ~** Beweismaterial sammeln; **confiscate as ~** als Beweis beschlagnahmen; **disprove ~** Beweis widerlegen; **furnish ~** Beweis/Nachweis erbringen; **give ~** bezeugen, vor Gericht aussagen, Aussage machen; **give false ~ against someone** Falschaussage gegen jemanden machen; **give ~ behind a screen** hinter einer Leinwand aussagen; **give ~ under oath** unter Eid aussagen; **persuade someone to give false ~** jemanden zur Falschaussage verleiten; **plant ~** Beweismaterial unterschieben; **preserve as ~** als Spur sicherstellen; **produce ~** Beweis/Nachweis erbringen; **rebut ~** Beweis widerlegen; **refuse to give ~** Aussage verweigern; **secure ~** Beweismaterial sicherstellen; **seize as ~** zur Beweissicherung beschlagnahmen; **tamper with ~** Beweismaterial unterschlagen, Beweismittel beiseite schaffen; **tender something as ~** als Beweis vorbringen; **use something in ~ against someone** etwas gegen jemanden als Beweis verwenden; **willing to give ~** aussagebereit

evidence|, admissible ~ zugelassener Beweis, zugelassenes Beweisstück; **ample ~** umfangreiches Beweismaterial; **circumstantial ~** Indizien-, Tatsachenbeweis; **conclusive ~** schlüssiger/stichhaltiger Beweis; **conflicting/contradictory ~** widersprüchliche(s) Zeugenaussage/Beweismaterial; **corroborating ~** erhärtendes Beweismaterial; **fresh ~** neues Beweismaterial; **hard-and-fast/tangible ~** Handhabe; **inadmissible ~** unzulässiges Beweismaterial; **incriminating ~** 1 belastende Aussage; 2 Belastungsmaterial; **insufficient ~** Mangel an Beweisen; **physical ~** Sachbeweis; **supporting ~** unterstützende Indizien; **written ~** schriftliches Beweismaterial

evidence| room Asservaten|kammer, -raum; **~ technician** Spurensicherungsbeamter

evident klar, offensichtlich; **~iary** beweiserheblich

exactness Genauigkeit

exaggerate übertreiben; **~d** überspitzt

exaggeration Übertreibung

examination 1 (Über)Prüfung, Untersuchung; 2 *(Zeugen)* Befragung, Vernehmung; **~ of a witness** Zeugenvernehmung; **fail an ~** Prüfung nicht bestehen; **pass an ~** Prüfung bestehen; **take an ~** Prüfung machen; **follow-up ~** Nachuntersuchung; **inpatient ~** stationäre Untersuchung; **intermediate ~** Zwischenprüfung; **medical ~** ärztliche Untersuchung; **psychological ~** psychologischer Test; **oral ~** mündliche Prüfung; **written ~** schriftliche Prüfung

examine 1 (über)prüfen, untersuchen, durchsehen; 2 *(Zeugen)* befragen, vernehmen

example Beispiel; **set a good ~** ein gutes Beispiel geben, mit gutem Beispiel vorangehen; **prime ~** Paradebeispiel

excavator Bagger

exceed 1 überschreiten; 2 *(Möglichkeit)* übersteigen; **~ing the maximum towed load** Anhängelastüberschreitung; **~ing the speed limit** Geschwindigkeitsüberschreitung

ex|cept for abgesehen von, außer; **~ception** Ausnahme

excerpt *(Text)* Auszug; **~ from the record(s)** Aktenauszug

excess Übermaß; **personal ~** *(Kfz-Versicherung)* Selbstbeteiligung; **~ baggage** Mehrgepäck; **~ fare** 🚂 Nachlösegebühr; **~ ive** übermäßig; **~ pressure** Überdruck; **~ speed** überhöhte Geschwindigkeit

exchange[1] 1 (Aus)Tausch, Wechsel; 2 Telefonvermittlung; **~ of personal data** Personalienaustausch; **~ of personnel** Personalaustausch; **~ of shots** Schusswechsel; **~ office** Wechselstube; **~ rate** Wechselkurs; **~ student** Austausch|schüler, -student; **~ value** Tauschwert

exchange[2] (aus)tauschen, wechseln

excise| duty on hydrocarbon fuels Mineralölsteuer; **~ licence disk** *(Kfz)* Steuerplakette; **~s** Abgaben

excited aufgeregt; **get ~** sich aufregen

ex|clude *(nicht beteiligen)* ausnehmen, ausschließen; **~cluding** ausgenommen

exclusion Ausschluss; **~ zone** ⚔ Sperrzone

ex|clusive ausschließlich; **~-con(vict)** Vorbestrafter

excuse Ausrede, Entschuldigung(sgrund); **flimsy/poor/lame ~** faule Ausrede; **~ me** *(Bitte)* Entschuldigung

execute 1 aus-, durchführen; 2 ⚖ vollstrecken, vollziehen; 3 hinrichten

execution 1 Aus-, Durchführung; 2 Voll|zug, -streckung, Erfüllung; 3 Hinrichtung; **~ of an arrest warrant** Fest-

nahme auf Grund eines Haftbefehls; ~ **of duty** Dienstausübung; ~ **of a judg(e)ment** Urteilsvollstreckung; ~ **of the mandate** Erfüllung des Mandats; ~ **of an order** Ausführung eines Auftrages; ~ **of sentence(s)** Strafvollstreckung; ~ **of official tasks** Ausführung dienstlicher Aufgaben
executive leitender Angestellter
exemplary vorbildlich
exempt[1] freistellen, ausnehmen, *(von einer Verpflichtung usw)* befreien
exempt[2] ausgenommen
exemption *(Nichtbeteiligung)* Ausnahme, *(von einer Verpflichtung usw)* Befreiung; ~ **from punishment** Straffreiheit; ~ **from tax** Steuerbefreiung; ~ **permit** Ausnahmegenehmigung
exercise[1] Übung
exercise[2] 1 üben; 2 *(Recht)* ausüben
exhaust[1] Auspuff; ~ **brake** Motorbremse
exhaust[2] erschöpfen; **~ed** erschöpft, übermüdet
exhaust| emission sticker Abgasuntersuchungsplakette; ~ **emissions/fumes/gases** Auspuff-, Abgase; ~ **emission/gas test** Abgasuntersuchung (AU); ~ **explosion** Auspuffknall
exhaustion Erschöpfung, Übermüdung
exhaust pipe Auspuffrohr
exhibit[1] Ausstellungs-, Beweisstück
exhibit[2] *(darstellen)* zeigen, ausstellen
exhibition Ausstellung; ~ **centre** Ausstellungs-, Messegelände
existence Vorhandensein
exit[1] 1 *(Tür usw)* Aus|gang, -fahrt; 2 Ausreise; 3 Autobahn|ausfahrt, -anschlussstelle; ~ **control/check** Ausreisekontrolle; ~ **permit** Ausreisegenehmigung; ~ **point** Autobahnausfahrt; ~ **stamp** Ausreisestempel; ~ **visa** Ausreisevisum; ~ **wound** Austrittswunde
exit[2] von der Autobahn abfahren
ex|onerate entlasten; **~oneration** Entlastung
expand ausbauen, erweitern
expansion Ausbau, Erweiterung; ~ **joint** Dehnungsfuge
expatriate[1] im Ausland Lebender
expatriate[2] im Ausland lebend
expect erwarten; **~ation** Erwartung
expel ausschließen, *(aus einem Land)* ausweisen, *(Bevölkerung)* vertreiben; **~lee** Ausgewiesener, Vertriebener
expenditure *(Geld)* Ausgabe; **~s** Kosten
expense|(s) *(Geld)* Kosten, Auslagen, Spesen; **administrative ~s** Verwaltungskosten; **job-related ~s** *(Steuer)* Werbungskosten; **legal ~s** Anwaltskosten; **legal ~s insurance** Rechtsschutzversicherung; **at owner's** ~ kostenpflichtig; **at public** ~ auf Staatskosten; **secretarial ~s** Schreibauslagen; **at someone's** ~ auf jemandes Kosten; ~ **allowance** Aufwandsentschädigung
expensive 1 teuer, wertvoll; 2 *(Kosten usw)* aufwendig
experience[1] Erfahrung, Erlebnis; ~ **with drugs** Drogenerfahrung
experience[2] erfahren, erleben, durchmachen; **~d** erfahren
expert[1] Gutachter, (Kfz-)Sachverständiger; ~ **evidence** Sachverständigenbeweis; **~'s fees** Sachverständigenentschädigung; ~ **opinion/report** Gutachten; **give an expert** ~ begutachten; **commission an ~ report** Gutachten bestellen; **provide an ~ report** Gutachten erstellen; ~ **witness** Sachverständiger
expert[2] sachkundig
expertise 1 Fach|kenntnisse, -wissen, Sachkenntnis; 2 Gutachten
expiration *(Frist, Pass usw)* Ablauf, Erlöschen; ~ **date** Ablauf|datum, -tag; ~ **time** Ablaufzeit
expire erlöschen, *(Frist, Pass usw)* ablaufen, verfallen
expiry Ablauf, Erlöschen; ~ **date** Ablauf|datum, -tag, Verfallsdatum; ~ **time** Ablaufzeit
explain erklären, erläutern
explanation Erklärung, Erläuterung; **owe someone no** ~ jemandem keine Rechenschaft schuldig sein
explicit eindeutig
exploit aus|beuten, -nutzen; **~ation** Ausbeutung

explosive[1] Sprengmittel; **~s** explosive Stoffe, Kampfmittel, -stoff; **plastic ~** Plastiksprengstoff; **~ detector** Sprengstoffspürgerät; **~s officer** Beamter des Kampfmittelräumdienstes
explosive[2] brisant
export[1] Ausfuhr; **~ declaration** ⊖ Ausfuhranmeldung; **~ licence** Ausfuhrgenehmigung; **~ numberplate** Ausfuhrkennzeichen
export[2] ausführen
expose 1 *(Körper)* entblößen; 2 *(Sonne, Kälte)* aussetzen; 3 *(Täter)* entlarven
exposure Entblößung, Entlarvung; **indecent ~** exhibitionistische Handlung; **~ to danger** Gefährdung
express ausdrücken; **~ oneself** sich äußern; **~ oneself in .... (language)** sich in .... (Sprache) ausdrücken
expression *(Wort usw)* Ausdruck; **innocent ~** Unschuldsmiene
express| service Schnelldienst; **~ train** Schnellzug
expressway 1 *(in Ortschaft)* Kraftfahrstraße; 2 *US* (Stadt)Autobahn
ex-prisoner Strafentlassener
expulsion Ausweisung; **(un)limited ~** (un)befristete Ausweisung
ex|punge *(in Akte)* löschen; **~tend** erweitern, vergrößern
extension 1 ☎ (Neben)Anschluss, Apparat, Durchwahl(nummer); 2 🏠 Erweiterung, Vergrößerung, Anbau; 3 Nachfrist; **~ number** Nebenanschluss
extensive aufwendig, umfangreich
extent *(fig)* Umfang, Ausmaß; **to a large ~** in großem Umfang; **~ of damage/loss** Schadensumfang
ex|tinct *(nicht mehr vorhanden)* ausgestorben; **~tinguish** *(Feuer)* löschen; **~tort** erpressen
extortion Erpressung; **~ by means of force or threat of force** räuberische Erpressung; **~ racket** Schutzgelderpressung
extract heraus|lösen, -ziehen
extradite *(Person in anderes Land)* ausliefern
extradition Auslieferung; **~ request** Auslieferungsersuchen; **~ treaty** Auslieferungsabkommen
extraordinary außergewöhnlich
extras 🚗 Sonderausstattung
extraterritorial exterritorial
extricate herausholen
eye|, in the public ~ im Blickpunkt der Öffentlichkeit; **keep a (watchful) ~ on something/someone** etwas/jemanden (genau) beobachten; **turn a blind ~** Auge zudrücken; **artificial ~** Glasauge; **black ~** ⚕ blaues Auge; **bulging ~s** vorstehende Augen; **inflamed ~** entzündetes Auge; **naked ~** bloßes Auge; **private ~** Privatdetektiv; **slant ~s** Schlitzaugen
eye|ball Augapfel; **~brow** Augenbraue; **bushy ~brows** buschige Augenbrauen; **~lash** (Augen)Wimper; **~lid** (Augen)-Lid; **drooping ~lid** Hängelid; **~sight** 1 Augenlicht; 2 Sehvermögen; **defective ~sight** Sehschaden; **~ test** Sehtest; **~wash** Augenwischerei
eyewitness Augenzeuge; **~ account/testimony** Augenzeugenbericht; **~ identification** Identifizierung durch Augenzeugen

F

fabric *(Textil)* Stoff
fabricate *(Geschichte)* erfinden
fabrication Erfindung
face|[1] **to the wall** Gesicht zur Wand; **pull a ~** ein Gesicht machen/ziehen; **slap (someone) in the ~** ohrfeigen; **~ mask** Mundschutz
face[2] *(Anklage usw)* stehen vor
facilitate erleichtern, ermöglichen
facilities|, public ~ öffentliche Einrichtungen; **sanitary ~** sanitäre Einrichtungen
facility 1 *(Fabrik usw)* Anlage; 2 *(Institution)* Einrichtung; **juvenile ~** *US* Jugendstrafanstalt; **~ security** Objektschutz
facsimile Fax
fact Tatsache; **in ~** tatsächlich; **~s and cir-**

cumstances Sachverhalt; **the ~s of the case** *(Situation)* Lage; **~s of a crime** Tatbestand; **ascertain/find out the ~s** Tatbestand feststellen; **basic ~s** Grundtatbestand; **constituent/operative ~** *US* Tatbestandsmerkmal; **undeniable ~** unbestreitbarer Tatbestand; **~s (not) cleared up** Sachverhalt (nicht) geklärt

fact-finding[1] Tatbestandsaufnahme, Ermittlung

fact-finding[2] Ermittlungs-

faction Splittergruppe; **armed ~** bewaffnete Gruppe

factor, contributory ~ zusätzlicher Faktor

factory Fabrik, Werk; **~ inspection** Gewerbeaufsicht; **~ site** Werksgelände

factual sachlich

fade *(Bremswirkung)* nachlassen; **~d** *(Farbe, Stoff)* verblichen

fail 1 fehlschlagen, keinen Erfolg haben, missglücken, misslingen, scheitern; 2 *(etwas zu tun)* versäumen, unterlassen; 3 *(Bremsen)* versagen; **~ to observe** nicht beachten

failure 1 *(technisch)* Ausfall; 2 *(Regel usw)* Nichtbeachten, Unterlassung; 3 Versagen; **~ to stop after an accident** unerlaubtes Entfernen vom Unfallort, Fahrerflucht; **~ to render assistance** unterlassene Hilfeleistung; **~ to appear in court** Nichterscheinen vor Gericht; **~ to meet the deadline** Fristversäumnis; **~ to stop at a red light** Rotlichtverstoß; **~ to pay/provide maintenance** Verletzung der Unterhaltspflicht; **~ to come to the rescue** unterlassene Hilfeleistung; **~ to comply with rest period regulations** Ruhezeitunterschreitung; **~ to keep to the right** Verstoß gegen das Rechtsfahrgebot; **~ to give way** Nichtbeachten der Vorfahrt; **mechanical ~** technisches Versagen

faint[1] Ohnmacht

faint[2] bewusstlos/ohnmächtig werden

faint[3] 1 kraftlos; 2 *(Geräusch)* schwach

fainting Ohnmacht

fair[1] 1 Jahrmarkt, Volksfest, Kirmes; 2 Messe

fair[2] 1 blond; 2 *(Hautfarbe)* hell; 3 gerecht; 4 *(Wetter)* heiter

fair|ground Festplatz; **~-haired** blond; **~man** Schausteller; **~-skinned** hellhäutig; **~way** Fahrwasser

fairytale Märchen

faith Glaube; **in bad ~** arglistig; **in good ~** gutgläubig, in gutem Glauben, nach Treu und Glauben; **~ful** treu

fake[1] Fälschung, Imitation; **~ patrol car** nachgestellter Streifenwagen

fake[2] *(coll)* fälschen, nachmachen, fingieren, vortäuschen

fake[3] gefälscht, unecht

fall[1] 1 Fall, Sturz; 2 *US* Herbst

fall[2] stürzen

false *(gefälscht, unecht)* falsch; **~hood** Unwahrheit

falsification of an official document Urkundenfälschung

falsify *(Angaben in Dokument)* fälschen

familiar vertraut

family enge Verwandte; **single-parent ~** Familie mit nur einem Elternteil; **~ dispute** Ehestreit; **~ doctor** Hausarzt; **~ law** Familienrecht; **~ members** Familienangehörige; **~ name** Familienname; **~ party** Familienfeier; **~ support centre** Familienbetreuungszentrum; **~ support measures** Betreuungsmaßnahmen

famine Hungersnot

fan 1 *(Sport usw)* Anhänger, Fan(atiker); 2 🚘 Gebläse, Ventilator; **~ belt** 🚘 Keilriemen; **~ club** Fanklub

fanny pack *US* Gürteltasche

fare 1 Fahr|geld, -preis, Flugpreis, Beförderungsentgelt; 2 *(Taxi)* Fahrgast; **avoid/dodge paying the ~** schwarzfahren; **dodging the ~; ~-dodging** Schwarzfahren; **~ dodger** Schwarzfahrer; **~ meter** *(Taxi)* Fahrpreisanzeiger

farewell Abschied; **~ party** Abschiedsfeier

farming Landwirtschaft

farm| road *US* Gemeindestraße; **~ track** Wirtschaftsweg

far-sighted weitsichtig

fashionable modisch
fastback (PKW mit) Fließheck
fasten| to anhängen; **~er** *(Kleidung usw)* Verschluss; **~ing** Befestigung, Gurt; **~ings** Zurrmittel
fat *(Person)* dick
fatal tödlich, *(Unfall)* mit Todesfolge; **~ity** Todes|fall, -opfer, Unfalltoter
fate Schicksal
father-in-law Schwiegervater
fatigue Übermüdung; **~s** Arbeits|anzug, -uniform, Drillich, Mehrzweckanzug; **~ cap** (Drillich)Mütze; **~ jacket** (Drillich)Jacke; **~ trousers** (Drillich-)Hose
fault 1 *(Fehler)* Mangel, Defekt; 2 *(Unfall usw)* Schuld, Verschulden; **through no ~ of one's own** unverschuldet; **considerable ~** beträchtliches Verschulden; **own ~** Selbstverschulden; **serious ~** erheblicher Mangel; **visible ~** erkennbarer Mangel
faulty defekt, fehlerhaft
fauxpas verbale Entgleisung
favour[1] Gefallen, Gefälligkeit; **in ~ of** zu Gunsten; **be in ~ (of something)** dafür sein
favour[2] bevorzugen
favourable *(Wetterverhältnisse, Situation)* günstig, vorteilhaft
fax| (machine) Faxgerät; **~ number** Faxnummer
fear[1] Angst, Befürchtung, Furcht; **~ of crime** Angst vor Verbrechen; **lose one's ~** seine Furcht verlieren
fear[2] befürchten
fearsome Furcht einflößend
feasible durchführbar
feather *(Vogel)* Feder
feature 1 (besonderes) Kennzeichen, Merkmal; 2 Gesichtszug; **anti-theft ~** Diebstahlsicherung; **characteristic ~s** charakteristische Merkmale; **distinguishing ~** Unterscheidungsmerkmal; **extraordinary/special ~s** besondere Merkmale; **facial ~** Gesichtszug; **special physical ~** körperliche Besonderheit; **unique ~** Besonderheit
fed, be ~ up die Nase voll haben
federal 1 Bundes-; 2 föderalistisch
Federal|, (German) ~ Administrative Court Bundesverwaltungsgericht; **~ Border Guard/Police** Bundesgrenzschutz (BGS); **~ Bureau of Investigation (FBI)** *US* Bundespolizei; **~ Bureau/Office of Criminal Investigation** Bundeskriminalamt (BKA); **~ Chancellor** Bundeskanzler; **~ Constitutional Court** Bundesverfassungsgericht; **~ Council** Bundesrat; **~ Court** Bundesgerichtshof; **~ Intelligence Service** Bundesnachrichtendienst (BND); **~ Office for the Protection of the Constitution** Bundesamt für Verfassungsschutz; **~ Office of Statistics** Statistisches Bundesamt; **~ President** Bundespäsident; **~ President's Office** Bundespräsidialamt; **~ Republic of Germany** Bundesrepublik Deutschland; **~ Road Transport Agency** Bundesamt für Güterverkehr; **~ Vehicle Registration Office** Kraftfahrt-Bundesamt
federation *(Organisation)* Zusammenschluss, Verband
fee 1 (Benutzungs)Gebühr; 2 *(Anwalt, Arzt usw)* Honorar; **administrative ~** Verwaltungsgebühr; **rental ~** Leihwagengebühr
feeble matt
feed[1] *(Vieh usw)* Futter
feed[2] ernähren, verpflegen; **~er (road)** Zubringer(straße), Autobahnzubringer
feel fühlen, spüren, empfinden; **~ weak** sich schwach fühlen
feeling Gefühl; **have a ~** ahnen
fellow| citizen Mitbürger; **~ countryman** Landsmann; **~ passenger** Mitreisender; **~ (police) officer** (Polizei-)Kollege; **~ prisoner** Mitgefangener
felon *US* (Schwer)Verbrecher; **~ious** verbrecherisch; **~y** Kapitalverbrechen, schweres Verbrechen
felt *(Stoff)* Filz; **~ pen** Faserschreiber, Filzstift
female[1] weibliche Person
female[2] weiblich
fence 1 Zaun, Umzäunung; 2 *(coll)* Hehler; **chain-link ~** Maschendrahtzaun;

electric ~ Elektrozaun; **folding** ~ Scherengitter; **wooden** ~ Holzzaun; **~d-in** eingezäunt
fender *US* Kotflügel, Stoßstange; ~ **bender** *(coll)* Bagatellunfall
ferry Fähre; ~ **service** Fährverbindung
fertilizer Düngemittel
festival Fest(spiel(e)); **local** ~ *(Kirmes, Weinfest)* örtliches Fest; ~ **hall** Fest|halle, -saal
fetch holen
fetters Fessel(n)
fiancé Verlobter; **~e** Verlobte
fibre Faser; **artificial/man-made/synthetic** ~ Kunstfaser
fiddle *(coll)* Schiebung
fidelity Treue
field *(Fach)* Gebiet, Sachbereich; **in the** ~ vor Ort; ~ **of activity** Tätigkeitsbereich; ~ **of vision** Gesichts-, Sehfeld; ~ **of work** Arbeitsbereich; ~ **accommodation** Feldunterkünfte; ~ **barn** Feldscheune; ~ **detective division** Kriminalpolizei; ~ **glasses** Fernglas; ~ **name** Flurname; ~ **office** Außenstelle; ~ **officer** Einzeldienstbeamter; ~ **service** Außendienst; ~ **training officer** Ausbilder, Mentor
fierce heftig
fight[1] *(handgreiflich)* Auseinandersetzung, Rauferei, Schlägerei; **(repressive)** ~ **against crime** repressive Kriminalitätsbekämpfung; ~ **against drugs** Drogenbekämpfung; ~ **against terrorrism** Terrorismusbekämpfung; **have a** ~ sich schlagen; **be involved in a** ~ in eine Schlägerei verwickelt sein; **start a** ~ Schlägerei anzetteln
fight[2] (be)kämpfen, sich prügeln; ~ **for** kämpfen für; **~ing dog** Kampfhund
figure 1 *(Person)* Figur, Gestalt; 2 Zahl, Ziffer; **put a** ~ **to** beziffern; **corpulent** ~ dicke Gestalt; **slim** ~ schmale Gestalt
filch *(coll)* klauen
file[1] 1 Feile; 2 (Akten)Ordner; 3 (Ermittlungs)Akte; 4 Datei; **according to the ~s** nach Aktenlage; **ask for ~s** Akten anfordern; **keep ~s** Akten führen; **open a** ~ **on someone/something** Akte anlegen; **put on** ~ aktenkundig machen; **reopen a** ~ Fall neu aufrollen; **personal** ~ Personalakte; **single** ~ einspurige Verkehrsführung; **wanted** ~ Fahndungsdatei; ~ **number** Aktenzeichen; **wanted persons** ~ **pool** Fahndungsbestand
file[2] 1 *(Akten)* ablegen, abheften, zu den Akten nehmen; 2 *(Beschwerde, Klage)* einreichen; ~ **away** *(Akten)* ablegen; **to be ~d** zu den Akten
filing Akten|führung, -haltung; ~ **card** Karteikarte
fill| in/out *US (Formular)* ausfüllen; ~ **someone in on something** jemanden in etwas einweisen; ~ **up** 1 auf-, volltanken; 2 nachschenken; ~ **someone up** jemanden betrunken machen
filler Befüller; ~ **cap** Tankdeckel; ~ **pipe** Tank(füll)stutzen
filling *(auch Zahn)* Füllung, Plombe; ~ **regulations** Füllbedingungen; ~ **station** Tankstelle; ~ **station fraud** Tankbetrug
film, plastic ~ Plastikfolie
filter[1] **light** ▽ grünes Licht für Abbieger
filter[2] **in(to)** *(Verkehr)* sich einfädeln, einscheren; ~ **out** herausfiltern
filth Dreck; **~y** schmuddelig
final endgültig
finance[1] **(department)** Finanzabteilung
finance[2] *(Kredit)* finanzieren
find[1] Fund|sache, -gegenstand
find[2] 1 vorfinden; 2 aufspüren; 3 *(Gericht)* urteilen; ~ **out** dahinter kommen, heraus|bekommen, -finden
finder Finder; **~'s reward** Finderlohn
finding ⚖ Entscheidung, Urteil
fine[1] Verwarnungs-, Bußgeld, Geldstrafe; **impose a** ~ Bußgeld/Geldstrafe verhängen, zu Geldstrafe verurteilen, mit Verwarnungsgeld belegen; **incur a** ~ Bußgeld/Geldstrafe nach sich ziehen
fine|, civil ~ Bußgeld; **heavy** ~ hohe Geldbuße/Geldstrafe; **mandatory** ~ vorgeschriebenes Verwarnungs-/Bußgeld; **maximum** ~ Höchststrafe; **on-the-spot (warning)** ~ gebührenpflich-

tige Verwarnung, Verwarnungsgeld; **warning** ~ gebührenpflichtige Verwarnung; **accept a warning** ~ mit einem Verwarnungsgeld einverstanden sein; **offer a warning** ~ Verwarnungsgeld anbieten; ~ **dodger** Person, die Bußgeld/Geldstrafe nicht bezahlt hat; ~ **proceedings** Bußgeldverfahren

fine[2] Bußgeld verhängen, gebührenpflichtig verwarnen, mit Verwarnungsgeld/Geldstrafe belegen, zu Geldstrafe verurteilen

finger|, give someone the ~ jemandem den Stinkefinger zeigen; **keep one's ~s crossed** den Daumen drücken; **roll a ~ on a sheet of paper** Finger auf einem Blatt abrollen; **first** ~ Zeigefinger; **little** ~ kleiner Finger

fingernail Fingernagel; **bite one's ~s** Fingernägel kauen; **bitten ~s** abgebissene Fingernägel; **varnished ~s** lackierte Fingernägel; ~ **dirt** Fingernagelschmutz

fingerprint[1] Finger|abdruck, -spur; **preserve/secure ~s** Fingerabdrücke sicherstellen; **take ~s** Fingerabdrücke nehmen; **genetic** ~ genetischer Fingerabdruck; **automated ~ identification system (AFIS)** computergestütztes Fingerabdruckerkennungssystem

fingerprint[1] **(someone)** Fingerabdrücke nehmen; ~ **and photograph someone** jemanden erkennungsdienstlich behandeln

finger|tip Fingerspitze; **~-to-finger test** Finger-Finger-Probe; **~-to-nose test** Nasen-Finger-Probe

finish[1] *(Qualität)* Verarbeitung

finish[2] beenden, abschließen; **~ed** *(zu Ende)* fertig

fire[1] 1 Brand, Feuer; 2 *(Schusswechsel)* Feuer; **causing ~ by negligence** fahrlässige Brandstiftung; **be on** ~ brennen; **catch** ~ Feuer fangen, in Brand geraten; **cease** ~ Feuer einstellen; **extinguish/put out a** ~ Feuer löschen; **fight a** ~ Feuer bekämpfen; **open** ~ Feuer eröffnen; **return the** ~ zurückschießen; **set ~ to** Feuer legen, anzünden, in Brand setzen; **start a** ~ Feuer anzünden, Brand legen

fire|, aimed ~ gezielter Schuss; **covering** ~ Feuerschutz; **disastrous** ~ Großbrand; **open** ~ offenes Feuer; **smouldering** ~ Schwelbrand; ~ **alarm** 1 Feueralarm; 2 Feuermelder

fire[2] 1 *(Arbeit)* entlassen; 2 (ab)feuern, schießen; ~ **at** beschießen; ~ **off** abfeuern

firearm (Schuss)Waffe; **carry ~s (illegally)** Schusswaffen (unerlaubt) mitführen; **large-bore/-calibre** ~ Großkaliberwaffe; **mock** ~ Nachbildung einer Waffe

firearms| act Waffengesetz; ~ **certificate/licence/permit** Waffenschein; ~ **instructor** Schießausbilder; ~ **offence** Waffendelikt; **(authorized)** ~ **officer** *GB* bewaffneter Polizeibeamter; ~ **response team** *GB* bewaffnete Polizei-, Streifenwageneinheit; ~ **unit** Einheit aus bewaffneten Polizisten; ~ **violation** Verstoß gegen das Waffengesetz

fire| bomb Brandbombe; ~ **bombing** Brandanschlag; ~ **brigade** Feuerwehr; ~ **cracker** Feuerwerkskörper; ~ **damage** Brandschaden; ~ **department** *US* Feuerwehr; ~ **door** Feuertür; **~-drill** Probealarm; ~ **engine** Feuerwehr-, Löschfahrzeug; ~ **escape** Feuer|leiter, -treppe; ~ **extinguisher** Feuerlöscher; **dry ~ extinguisher** mit Pulver gefüllter Feuerlöscher; **hand-held ~ extinguisher** Handfeuerlöscher; ~ **fighter** Feuerwehrmann; **~-fighting** Brandbekämpfung; ~ **guard** Brandwache; ~ **hazard** Brand-, Feuergefahr; **~house** *US* Feuerwehrgerätehaus; ~ **insurance** Feuerversicherung; ~ **investigation** Brandermittlung; **~light** Feuerschein; **~man** Feuerwehrmann; **~place** *(offen)* Kamin; **~power** Feuerkraft; **~-proof** feuer|beständig, -fest; ~ **protection** Brandschutz; ~ **protection regulations** Brandschutzbestimmungen; **~-raiser** *US* Brandstifter; ~ **raising** Brandstiftung; **~-raising material** Brandbeschleuniger; ~ **regulations** Brandschutzbestimmungen; ~ **report** Feuermeldung; ~**-resistant** feuerhemmend; ~**-setter** *US* Brandstifter; ~ **station** Feuer|wache, -wehrgerätehaus; ~ **truck** *US* Feuerwehrfahrzeug; ~ **victim** Brandopfer; ~**wall** Brandmauer; ~**works** Feuerwerk

firing *(Arbeit)* Entlassung; ~ **pin** ☛ Schlagbolzen; ~ **position** ☛ Anschlag; ~ **range supervisor** Schießaufsicht

firm *(Firma)* Betrieb, Unternehmen; ~ **of lawyers** Rechtsanwalts|kanzlei, -praxis; ~ **of undertakers** Beerdigungsinstitut; **bogus** ~ Scheinfirma; **mail-order** ~ Versandhaus

fiscal steuerlich

fish|erman Angler; ~**ing licence/permit** Angelschein; ~ **poaching** Fischwilderei; ~**y** *(coll)* verdächtig, zweifelhaft

fist Faust; **clench one's** ~ Faust ballen

fit[1], **epileptic** ~ Epilepsieanfall

fit[2] *(anschrauben usw)* anbringen, montieren; ~ **in** einfügen

fit[3] tauglich; ~ **to be detained** gewahrsamsfähig; ~ **to drive** *(Person)* fahrtüchtig; ~ **to be transported** transportabel; **physically** ~ körperlich belastbar

fitness|, physical ~ **test** Sportprüfung; ~ **to drive** *(Person)* Fahrtüchtigkeit

Five-o *US (coll)* Polizei

fix[1] ✗ Schuss

fix[2] 1 *(Termin)* festlegen, *(Umstände)* bestimmen, festsetzen; 2 reparieren

fixer| set of instruments ✗ Fixerbesteck; ~ **utensils** Fixerutensilien

fixing Befestigung

fixture Einrichtungsgegenstand

flabbergasted verblüfft

flabby schwammig

flag[1] Fahne, Flagge; ~ **of the Federal Republic of Germany; federal** ~ Bundesflagge; **show the** ~ Flagge zeigen; **national** ~ Nationalflagge

flag[2] **down** *(durch Polizei usw)* anhalten

flagpole Fahnen|mast, -stange

flagrant offenkundig

flame Flamme

flammable (leicht) brennbar; **(highly)** ~ feuergefährlich

flap seat 🚗 Notsitz

flare 1 (Warn)Fackel; 2 Leuchtgeschoss; ~ **pistol** Signalpistole

flash[1] Blitzlicht; ~ **of lightning** Blitz

flash[2] 1 aufblinken, aufblitzen; 2 für kurze Zeit zeigen; 3 Lichthupe betätigen

flasher Lichthupe; ~**s** Warnblinkanlage

flash|light Taschenlampe; ~ **money** Vorzeigegeld; ~**point** Brenn-, Flammpunkt

flat[1] (Miet)Wohnung, Apartment; **check/search a** ~ Wohnung durchsuchen; **rented** ~ Mietwohnung

flat[2] 1 *(Batterie)* leer; 2 *(Reifen)* platt

flatbed (truck) *US* 🚗 Pritsche(nwagen)

flat-share Wohngemeinschaft

flatten plattwalzen

flat-top Kastenschnitt

flawed *(Text usw)* fehlerhaft

flee (ent)fliehen, entweichen

fleece *(neppen)* ausnehmen

fleeing the scene of a traffic accident unerlaubtes Entfernen vom Unfallort, (Verkehrs)Unfallflucht

fleet Fuhrpark

Fleming Flame

Flemish flämisch

flex Kabel

flexitime flexible/gleitende Arbeitszeit, Gleitzeit

flick knife Schnapp-, Spring-, Klappmesser

flier 1 Flieger; 2 Flugblatt

flight 1 Flucht; 2 Flug; **connecting** ~ Anschlussflug; **outward and inward** ~ Hin- und Rückflug; **regular/scheduled** ~ Linienflug; **roundtrip** ~ *US* Hin- und Rückflug; ~ **attendant** Flugbegleiter; ~ **there and back** Hin- und Rückflug; ~ **ticket** Flugschein

fling Seitensprung

floater *(coll)* Wasserleiche

flock Herde

flood[1] Flut, Hochwasser; ~ **of information** Informationsflut; ~ **damage** Wasserschaden

flood[2] überfluten, überschwemmen; **be**

~ed unter Wasser stehen; **~ing** Überschwemmung

floodlight(s) 1 Scheinwerfer; 2 Flutlichtanlage

floor 1 (Fuß)Boden; 2 Etage, Geschoss, Stock(werk); **first** ~ *US* Erdgeschoss; **first/second** *US* ~ erster Stock; **top** ~ oberstes Stockwerk; ~ **mat** Fußmatte

flourish *(Markt, Schmuggel)* blühen; **~ing** *(Handel)* schwunghaft, *(Markt)* blühend

flow|[1] **of refugees** Flüchtlingsstrom; ~ **of traffic** Verkehrs|fluss, -strom

flow[2] fließen; ~ **into** *(Fluss)* einmünden

fluctuate schwanken

fluent *(Beherrschung einer Fremdsprache)* fließend

fluffy flockig

fluid *(Stoff)* flüssig

fly 1 Fliege; 2 Hosenschlitz; **~er** Flieger; **~ing squad** *(Polizei)* schnelle Eingreiftruppe, Überfallkommando; **~over** *(Brücke)* Überführung

foam Schaum; ~ **rubber** Schaumstoff

focus[1] *(Mittelpunkt)* Brenn-, Schwerpunkt

focus[2] **on** sich konzentrieren auf

fog|, dense/thick ~ dichter Nebel; ~ **bank** Nebelbank; **~-bound** durch Nebel verursacht; **~gy** nebelig; **~horn** Nebelhorn

fog lamps/lights Nebel|leuchte, -licht, -scheinwerfer; **front** ~ Nebel|leuchte, -licht, -scheinwerfer; **high-intensity/rear** ~ Nebelschlussleuchte

fog|-shrouded nebelig; ~ **signal** Nebelsignal

foil Folie

fold falten; ~ **back** *(Sitz)* zurückklappen; **~er** Aktenmappe

foliage Laub

follow folgen, nachfahren; ~ **(too) closely** (zu) dicht auffahren; **~er** *(Sport usw)* Anhänger; **~ing** 1 anschließend; 2 nachstehend

fondle streicheln

food Lebens-, Nahrungsmittel, Verpflegung; ~ **distribution point** Verpflegungsausgabestelle; ~ **inspection** Lebensmittelüberwachung; **fast** ~ **outlet** Schnellrestaurant; ~ **pack** Verpflegungsbeutel; **fast ~ restaurant** Schnellrestaurant; **fast** ~ **stall** Imbissstand

fool[1] Trottel

fool|[2] **around** herumspielen; ~ **someone** jemanden hereinlegen/täuschen

foot, on ~ zu Fuß; **put one's ~ in it** *(coll)* einen Fauxpas begehen, ins Fettnäpfchen treten; **flat** ~ *(coll)* Polizeibeamter

football| fan Fußball|anhänger, -fan; ~ **special** Bus/Sonderzug mit Fußballanhängern

foot| brake Fußbremse; **~bridge** 1 Fußgängerbrücke, Überführung; 2 Steg; ~ **and mouth disease** Maul- und Klauenseuche; ~ **officer** *(Person)* Fußstreife; **~path** (Fuß-, Geh)Weg; **foul the ~path** Gehweg mit Hundekot verschmutzen; ~ **patrol** Fußstreife; **~print** Fußabdruck; **~rest** *(Motorrad)* Fuß|raste, -stütze; **~steps** Trittspur; **~way** Gehweg

for the ..... im Auftrag (i.A.)

forage cap Schiffchen

forbidden verboten; **strictly** ~ strengstens verboten

force[1] 1 Kraft, Gewalt(anwendung); 2 Zwang; 3 *(Polizei)* Behörde; **~s** (Streit-) Kräfte; **by** ~ *(mit Gewalt)* gewaltsam; **in** ~ in Kraft; **the** ~ Polizei; **come into** ~ in Kraft treten; **put into** ~ in Kraft setzen; **threaten someone with (the use of) ~; threaten to use ~ against a person** jemandem Gewalt androhen; **use** ~ Gewalt anwenden; **use deadly/lethal** ~ tödlich wirkende Waffen einsetzen; **use excessive/undue** ~ übermäßige Gewalt einsetzen

force|, active ~ aktive Gewalt; **Allied Forces in Germany** Stationierungsstreitkräfte; **arbitrary** ~ willkürliche Gewalt; **armed** ~ Waffengewalt; **armed ~s** Streitkräfte; **(German) federal armed ~s** Bundeswehr; **armed ~s police officer** Militärpolizist; **direct** ~ unmittelbarer Zwang; **excessive/unreasonable** ~ übermäßige Gewalt; **legal**

~ Gesetzes-, Rechtskraft; **passive/unarmed** ~ passive Gewalt; **physical** ~ körperlicher Zwang; **probatory** ~ Beweiskraft; **standby** ~**s** Bereitschaftspolizei, Alarmkräfte

force| area Zuständigkeitsbereich; **~-feed** zwangsernähren; **~ful** *(Argument)* schlagkräftig; **~ majeure** höhere Gewalt; **~ protection** 1 Schutz eigener Kräfte; 2 Einwirkungsschutz

force[2] 1 (er)zwingen; 2 *(Tür, Kfz usw)* aufbrechen; **~ back** zurückdrängen; **~ off** *(anderen Autofahrer von Straße)* abdrängen; **~ upon** aufzwingen; **be ~d** gezwungen sein

forcible gewaltsam

fore|arm Unterarm; **~cast** Vorhersage; **~finger** Zeigefinger; **~ground** Vordergrund

forehead Stirn; **tap one's ~** jemandem den Vogel zeigen; **receding ~** niedrige Stirn

foreign fremd, ausländisch; **~er** Fremder, Ausländer

Foreign Office *GB* Außenministerium

fore|man *(Fabrik usw)* Meister; **~name** Vorname

forensic gerichtsmedizinisch, kriminaltechnisch

fore|see voraus-, vorhersehen; **~seeable** absehbar; **~sight** Voraus-, Weitsicht

forest| fire Waldbrand; **~ path** Waldweg; **~ ranger** *US* Förster

forestry Forstwirtschaft; **~ authority** Forstbehörde; **~ department** Forstamt

forest| road Forstweg; **~ warden** Förster

forfeit verwirken, *(Anspruch usw)* verlieren, *(Recht)* einbüßen; **~ure** Verlust

forge *(Dokument echt, Eintrag gefälscht)* fälschen, *(Bilanz)* frisieren; **~d** gefälscht; **~r** Fälscher

forgery Fälschung; **~/forging of documents** Urkundenfälschung

forget, don't ~ denken Sie daran

fork Gabel; **~s** *(Motorrad usw)* Gabel; **~-lift (truck)** Gabelstapler

form[1] 1 Formblatt, Formular, Vordruck; 2 Schulklasse; **in the ~ of** in Form von; **in due** ~ vorschriftsmäßig

form[1] *(gründen)* bilden; **~ up** *(aufstellen)* antreten

formal formell, förmlich, offiziell; **~ity** Formsache; **a mere ~ity** reine Formsache

formation Bildung

formed, be ~ gegründet werden

forming| an armed gang Bildung einer bewaffneten Gruppe; **~ a criminal/terrorist organization** Bildung einer kriminellen/terroristischen Vereinigung

formulate formulieren

forthcoming 1 bevorstehend; 2 mitteilungsfreudig

fortnight vierzehn Tage, zwei Wochen

forward 1 *(transportieren)* befördern, übersenden; 2 nachsenden, weiter|geben, -leiten; **~ed to** gesandt an; **~er** Spediteur, Spedition

forwarding *(Transport)* Beförderung; **~ address** Nachsendeadresse; **~ company** Spediteur, Spedition; **~ note** Abverfügung

forward-looking zukunftsorientiert

foster parents Pflegeeltern

foul *(Geruch)* übel

foundation Fundament, Grundlage, Gründung; **~ phase** Grundkurs

founded, be ~ gegründet werden

fountain (Spring)Brunnen; **~ pen** Füllhalter

four|-door viertürig; **~-lane** vierspurig; **~ stroke** Viertakt-

fracture[1] Knochenbruch

fracture[2] brechen

fragile brüchig, zerbrechlich

fragment Bruchstück

frail gebrechlich, schwach; **~ty** Gebrechlichkeit, Schwäche

frame[1] 1 Rahmen; 2 Brillengestell; **~ of cylinders** Gasflaschenbündel; **auxiliary ~** *(LKW)* Hilfsrahmen

frame[2] *(coll)* hereinlegen

framework|, (with)in the ~ im Rahmen; **legal** ~ rechtlicher Rahmen

frank *(Äußerung usw)* offen, unumwunden

Frankonia Franken

fraud Betrug, Schwindel, arglistige Täuschung; **~ster** Betrüger; **~ulent** betrügerisch
freak Fan(atiker)
freckles Sommersprossen
free[1] *(in Freiheit setzen)* befreien
free[2] kostenlos; **set ~** *(JVA usw)* entlassen, freilassen; **you are ~ to** es bleibt Ihnen unbenommen
freedom Freiheit; **~ of action** Handlungsfreiheit; **~ of assembly** Versammlungsfreiheit; **~ of association** Vereinsfreiheit; **~ of belief** Glaubensfreiheit; **~ from injury** körperliche Unversehrtheit; **~ of movement** Bewegungsfreiheit, Freizügigkeit; **~ of occupation** Berufsfreiheit; **~ of opinion/speech** Meinungsfreiheit; **~ of the press** Pressefreiheit; **~ of religion** Religionsfreiheit
freedom|, basic ~s Grundfreiheiten; **personal ~** persönliche Freiheit; **~ movement** Unabhängigkeitsbewegung
freelance[1] freier Mitarbeiter
freelance[2] freiberuflich tätig sein
freelance[3] freiberuflich
Freemason Freimaurer
freeway *US* Autobahn
freewheel[1] Freilauf
freewheel[2] im Leerlauf rollen
freeze[1] **on recruitment** Einstellungsstopp
freeze[2] (zu)frieren; ~! Halt!, Keine Bewegung!; **~ over** zu-, überfrieren
freezing of assets Einfrieren von Vermögenswerten
freight 1 Fracht, Beförderungsgut; 2 Frachtkosten; **~age** Frachtkosten; **~ car** 🚂 Güterwagen; **~ train** Güterzug
frequency Häufigkeit
frequent häufig besuchen, *(Lokal usw)* verkehren
friend|, be ~s with befreundet sein mit; **ecologically/environmentally ~ly** umweltfreundlich
fright Schreck(en)
frighten erschrecken; **~ off** abschrecken; **~ed** erschrocken; **~ing** Furcht einflößend
fringe| group Randgruppe; **~s** *(Haare)* Fransen
Frisia Friesland
frisk *(Person)* abtasten, durchsuchen; **~ing** Abtasten, Personendurchsuchung
frog|man Froschmann; **~march someone** jemanden im Festnahmegriff abführen
front Vorderseite; **~ desk** Rezeption; **~ door** Haustür; **~ glare** Blendung von vorn
frontier *(politisch)* Grenze; **green ~** grüne Grenze
front| lights 🚗 Scheinwerfer; **~ part** Vorderteil; **~ registration mark** vorderes Kennzeichen
frost Frost, Reif; **~bite** Erfrierung; **~ damage** Frostschaden; **~ heave** Frostaufbruch
frozen (tief)gefroren
fruit machine Spielautomat
frustrate durchkreuzen
fry, small ~ kleine Fische
fuel Benzin, Brenn-, Kraftstoff; **liquid ~s** flüssige Kraftstoffe; **unleaded ~** bleifreies Benzin
fuel| can Reservekanister; **~ cap** Tankdeckel, -verschluss; **lockable ~ cap** abschließbarer Tankdeckel; **~ cap unlocking device** Tankverschlussentriegelung; **~ consumption** Benzin-, Kraftstoffverbrauch; **~ filter** Kraftstofffilter; **remote interior ~ flap and boot opener** Fernentriegelung für Tankdeckel und Gepäckraum; **~ gauge** Tank-, Kraftstoffanzeige; **~ injection** Einspritzung; **direct ~ injection** Direkteinspritzung *(Pumpe-Düse)*; **~ injector** Einspritzpumpe; **~ lead** Benzinleitung; **~ pump** 1 Kraftstoffpumpe; 2 Zapfsäule; **~ station** Tankstelle; **~ stop** Tankstopp; **~ tank** Tank
fugitive[1] Flüchtiger, Flüchtling
fugitive[2] flüchtig
fulfil erfüllen
fulfilment Erfüllung; **in ~** in Erfüllung; **~ of the mandate** Erfüllung des Mandats; **~ of a mission** Durchführung/Erfüllung eines Auftrages; **~ of obligations** Pflichterfüllung

full|-figured vollschlank; **~-time** hauptamtlich, Vollzeit-
fumes Dämpfe; **noxious** ~ umweltschädigende Abgase; **poisonous/toxic** ~ giftige Dämpfe/Abgase
fun Vergnügen; ~ **fair** Jahrmarkt, Kirmes, Volksfest
function 1 Aufgabe; 2 *(Fest)* Bankett; **~s and powers** Aufgaben und Befugnisse; **exercise a** ~ Aufgabe wahrnehmen; **governmental/sovereign ~s** hoheitliche Befugnisse; **honorary** ~ Ehrenamt
fundamental grundlegend
funds Gelder, Geldmittel
funeral Beerdigung; ~ **home/parlour** Leichenhalle; ~ **procession** Leichen-, Trauerzug; ~ **service** Trauerfeier
funicular Seilbahn
funnel *(Verkehr)* lenken
funny komisch
fur Pelz
furious wütend
fur-lined pelzgefüttert
furlough ⚔ Urlaub
furnish *(Dokument)* vorlegen; **~ing of the premises** Ausstattung der Räumlichkeiten
furniture Möbel, Mobiliar, Einrichtungsgegenstände; **small** ~ Kleinmöbel; ~ **van** Möbelwagen
furthermore darüber hinaus
fur-trimmed pelzbesetzt
fuse 1 ⚡ Sicherung; 2 Zündschnur; **blown** ~ durchgebrannte Sicherung; ~ **box** Sicherungskasten
fuss|, make a ~ Wirbel machen; **don't make such a** ~ stellen Sie sich nicht so an
futile sinnlos, vergeblich
fuzz, the ~ *(coll)* Polizei

G

gable ⌂ Giebel
gadget Apparat, Gerät
gaffe Fauxpas
gag[1] Knebel
gag[2] knebeln
gain (Zu)Gewinn
gait Gehweise, Gang
gale Orkan, Sturm; ~ **force** Windstärke; ~ **warning** Unwetterwarnung
gallon *(GB 4,546 l, USA 3,785 l)* Gallone
galvanized, fully ~ vollverzinkt
gamble *(um Geld)* spielen; **~r** (Glücks)Spieler; **compulsive ~r** Zocker
gambling Glücksspiel; **illicit** ~ unerlaubtes Glücksspiel; ~ **debt** Spielschuld; ~ **den** Spielhölle; ~ **machine** Spielautomat; ~ **shop** Wettbüro
game 1 Spiel; 2 Wild; **be on the** ~ *(Prostitution)* anschaffen; ~ **bag** Jagdtasche; ~ **law** Jagd(ausübungs)recht; ~ **licence** Jagdschein; ~ **path** Wildwechsel; ~ **tenant** Jagdpächter; ~ **warden** Jagdaufseher
gang[1] (kriminelle) Bande; **criminal** ~ kriminelle Bande; ~ **of robbers** Räuberbande; ~ **of thugs** gewaltbereite Gruppe; ~ **crime** Bandenkriminalität; ~ **feud/war(fare)** Bandenkrieg; ~ **land** Unterwelt; ~ **leader** Bandenführer; ~ **rape** Vergewaltigung durch mehrere Täter; ~ **robbery/theft** Bandendiebstahl
gang[2] **up** sich zusammenrotten
gantry ⛉ Schilderbrücke
gaol Gefängnis
gap (Zahn)Lücke; **adequate** ~ ausreichender Abstand; **full of ~s** lückenhaft; **safe** ~ Sicherheitsabstand
gape gaffen, glotzen; **~r** Gaffer
garage 1 Garage; 2 (Kfz-)Werkstatt; **authorized** ~ anerkannte Kundendienstwerkstätte, Vertragswerkstatt; ~ **door** Garagen|tor, -tür
garbage *US* Abfall, Müll; ~ **bag** Müllsack; ~ **can** Mülltonne; ~ **collection (service)** Müllabfuhr; ~ **disposal** Abfallentsorgung; **polluting ~ disposal** umweltgefährdende Abfallentsorgung; ~ **dump** Müll|deponie, -kippe; ~ **truck** Müllfahrzeug; ~ **waybill** Abfallbegleitschein
garden|, front ~ Vorgarten; **(public) ~s** Grünanlage; ~ **fence** Gartenzaun; ~ **house** Gartenhaus; ~ **shed** Geräteschuppen; ~ **wall** Gartenmauer

garment Kleidungsstück
garrison ⚔ Garnison
garter Strumpfband; **~s** Strumpfhalter
gas 1 *US* Benzin, Kraftstoff; 2 *US* Gaspedal; **step on the ~** (Voll)Gas geben; **irritating ~** Reizgas; **~ can** Reservekanister; **~ cap** Tank|deckel, -verschluss; **~ cylinder** Gas|container, -flasche
gases Gase; **asphyxiating ~** erstickende Gase; **compressed ~** verdichtete Gase; **corrosive ~** ätzende Gase; **flammable ~** entzündbare Gase; **noxious ~** umweltschädigende Abgase; **oxidizing ~** oxidierende Gase; **refrigerated ~** tiefgekühlte Gase; **refrigerated liquefied ~** tiefgekühlt verflüssigte Gase; **toxic ~** giftige Gase
gas gauge *US* Kraftstoffanzeige
gasket Dichtung
gas| mask Gasmaske; **~ oil** Diesel; **gasoline** *US* Benzin, Kraftstoff; **~ pedal** *US* Gaspedal; **~ pipe** Gasleitung; **high-pressure ~ pipe** Druckgasleitung; **~ pistol** Gaspistole; **~ pump** Zapfsäule; **~ station** Tankstelle; **~ station attendant** Tankwart; **~ tank** Tank; **~ tax** *US* Mineralölsteuer
gate 1 Eingang, Tor; 2 Flugsteig; **~ crossing** *US* beschrankter Bahnübergang; **~way** Toreinfahrt
gather 1 sich (ver)sammeln; 2 zusammentragen; **~ing** Treffen, Versammlung, Menschenansammlung; **~ing of information** Informationserhebung
Gatso(meter) Geschwindigkeitsüberwachungskamera
gauge Anzeigeinstrument, Mess|gerät, -instrument
gaunt *(Gesicht)* eingefallen, hager
gay[1] Homosexueller
gay[2] homosexuell
gear 1 Ausrüstung, Zeug; 2 🚗 Gang; **out of ~** im Leerlauf; **change ~** schalten, Gang wechseln; **drop a ~** herunterschalten; **engage a ~** Gang einlegen; **put the ~ into neutral** Gang herausnehmen; **shift ~** schalten; **shift into higher ~** heraufschalten; **shift into lower ~** herunterschalten; **auxiliary ~** *(LKW)* Hilfsfahrwerk; **first ~** erster Gang; **high ~** hoher Gang; **low ~** kleiner Gang
gearbox 🚗 Getriebe; **automatic ~** automatisches Getriebe; **manual ~** Handschaltgetriebe
gear| knob Schalthebelknauf; **~ lever** Schalt|hebel, -knüppel; **~ pedal** *(Motorrad)* Schaltpedal
gears *(Fahrrad)* Gangschaltung; **automatic ~** Automatik(schaltung)
gear|shift Schalt|hebel, ~knüppel; **floor-mounted ~ shift** Knüppelschaltung; **manual ~ shift** Handschaltung; **~ stick** Schalt|hebel, -knüppel
gem Edelstein
general generell; **~ize** verallgemeinern
generate erzeugen
generator 🚗 Lichtmaschine; **back-up ~** Notstromaggregat; **coded-tone ~** Statusgeber
generous großzügig
genitals Geschlechtsteile, Genitalien
gentleman's watch Herrenuhr
gents' Herrentoilette
genuine echt; **~ness** Echtheit
German|, low ~ Plattdeutsch; **~ police officers' union** Deutsche Polizeigewerkschaft (DPolG), Gewerkschaft der Polizei (GdP); **~ postal services** Deutsche Post
gesture Gebärde, Geste; **threatening ~** Drohgebärde
get 1 bekommen, erhalten; 2 holen; **~ about** *(reisen)* herumkommen; **~ away** davonkommen, entwischen; **~ back** zurückbekommen; **~ in** einsteigen; **~ into** 1 eindringen; 2 hinein|geraten, -schlittern; **~ off** 1 *(Fahrrad usw)* absteigen; 2 ohne Anzeige davonkommen; **~ on** 1 ein-, zusteigen; 2 *(Fahrrad usw)* aufsteigen; **~ out** 1 🚗 aussteigen; 2 herausholen; **~ over something** etwas verschmerzen; **~ to know** herausfinden
getaway Flucht-
ghost Gespenst
ghoul Gaffer
giddiness ⚕ Schwindel

giddy schwind(e)lig
gift Geschenk, Schenkung
girlish mädchenhaft
give schenken; ~ **oneself away** sich verraten; ~ **back** wieder-, zurückgeben; ~ **in** einlenken, nachgeben; ~ **up** aufgeben; ~ **oneself up** sich ergeben
glance flüchtiger/kurzer Blick
glare grelles Licht
glaring grell
glass|, fill/top up someone's ~ nachschenken; **raise one's ~es to** die Gläser erheben auf; **bulletproof** ~ Panzerglas; **magnifying** ~ Lupe; ~ **cutter** Glasschneider
glasses Brille; **metal-rimmed** ~ Nickelbrille; **non-reflecting** ~ entspiegelte Brille; **person wearing** ~ Brillenträger
glass| eye Glasauge; **tilting** ~ **sunroof** Glashebedach
gleam of light Lichtschein
glider Segelflugzeug
glimpse flüchtiger/kurzer Blick; **get a** ~ **of something** etwas kurz zu Gesicht bekommen
glossary Wortliste
glove Handschuh; **protective ~s** Schutzhandschuhe; **surgical ~s** Aids-Handschuhe; **disposable (surgical) ~s** Einmalhandschuhe; ~ **box/compartment** Handschuhfach
glow Feuerschein; **~ing** glühend
glue[1] Klebstoff, Leim; ~ **sniffing** Schnüffeln von Klebstoff
glue[2] kleben, leimen
G-man *(coll)* Kriminalbeamter *(FBI)*
go gehen, fahren; ~ **about** herumlaufen; ~ **along** entlang|gehen, -fahren; ~ **around** umfahren; ~ **back** zurückgehen; ~ **off** 1 explodieren, losgehen; 2 *(Wecker)* läuten; ~ **on** weiter|gehen, -fahren; ~ **out** (hinaus)gehen; ~ **past** vorbei|gehen, -fahren; ~ **straight on** geradeaus gehen/fahren; ~ **straight through** *(nicht anhalten)* durchfahren; ~ **through** 1 *(kontrollieren)* sichten, durch|sehen, -suchen; 2 durchmachen; ~ **to** aufsuchen; ~ **with someone** mit jemandem gehen/fahren
goal Ziel; **common** ~ gemeinsames Ziel; **overriding/primary** ~ vorrangiges Ziel
goatee Kinn-, Spitzbart
go-between Mittelsmann, Vermittler
goggle| eyes Glotzaugen; **~s** Motorrad-, Schutzbrille
Golden Crescent Goldener Halbmond
golf| course/links Golfplatz; ~ **shirt** Polohemd
good|, be up to no ~ nichts Gutes im Schilde führen; **say ~bye** sich verabschieden
goods Güter, Ware(n); **branded** ~ Markenartikel; **hot** ~ Beute, Diebesgut; **imported** ~ Importware; **smuggled** ~ Schmuggelware; **stolen** ~ Beute, Diebesgut; **handle/receive stolen** ~ hehlen
goods| entrance Hintereingang; ~ **station** Güterbahnhof; **heavy** ~ **traffic** Schwerverkehr; ~ **trailer** *(Fahrzeug)* Anhänger; ~ **train** Güterzug; **large/heavy** ~ **vehicle (LGV/HGV)** LKW; **light** ~ **vehicle** Lieferwagen
goose, the blue ~ *(coll)* Polizei
gorge Schlucht
gossip Klatsch
government[1] 1 Regierung; 2 Dienstherr; **local** ~ örtliche Verwaltung; **regional** ~ **administration** Regierungspräsidium, Bezirksregierung; **~'s coffers** Staatskasse; **local** ~ **enforcement agency** kommunaler Vollzugsdienst; ~ **man** *(coll)* Kriminalbeamter *(FBI)*; ~ **numberplate** Behördenkennzeichen; ~ **vehicle** Dienstfahrzeug
government[2]**(al)** staatlich, Regierungs-
governor 1 Geschwindigkeitsbegrenzer; 2 *(US-Bundesstaat)* Ministerpräsident
gown Robe, Talar
grab packen, (er)greifen; ~ **handle** Haltegriff
grade 1 *(Bewertung)* Note; 2 Abstufung innerhalb eines Dienstgrades, Rangunterscheidung; 3 Klasse; **downhill** ~ *US* Gefälle; **uphill** ~ *US* Steigung; ~ **crossing** *US* Bahnübergang; **(un)gated**

crossing (un)beschrankter Bahnübergang
gradient Gefälle, Steigung; **downhill ~** Gefälle; **uphill ~** Steigung
gradually nach und nach
graduate[1] (Hochschul)Absolvent
graduate[2] *(Hochschule usw)* abschließen, Ausbildung/Schule erfolgreich abschließen
graduation Abschluss
graffiti Farbschmiererei; **~ sprayer** Farbsprüher
graft 1 *(Klüngel)* Filz; 2 Bestechung
grammar school Gymnasium
granny flat Einliegerwohnung
grant[1] Bewilligung, Zuschuss
grant[2] 1 *(Antrag)* stattgeben; 2 *(Erlaubnis)* erteilen, gewähren; 3 *(Zuschuss)* bewilligen
grant-in-aid Zuschuss
grape harvest *(Vorgang)* Weinlese
grasp ergreifen, packen
grass 1 *(coll)* Gras; 2 *(coll)* Informant; **at ~roots (level)** an der Basis; **~ verge** Grasstreifen
grateful dankbar
gratitude Dankbarkeit
gratuity Trinkgeld
grave Grab
gravel Kies; **~ pit** Kiesgrube
graveyard shift *(coll)* Nachtschicht
graze[1] Hautabschürfung, Schürfwunde
graze[2] *(Schuss)* streifen
grease[1] Schmierfett
grease[2] schmieren
greasy fettig, schmierig
great groß(artig)
greed (Hab)Gier; **~y** (hab)gierig
greenback *US (coll)* Dollarnote
grenade Granate
grid|, protective ~ Schutzgitter; **~ square** Planquadrat
grief, come to ~ zu Schaden kommen
grievance 1 Beschwerde; 2 Missstand; **~ procedure** Beschwerdeverfahren
grievous 1 *(Personenschaden)* schwer; 2 schwerwiegend
grill grillen
grille Kühlergrill
grimy schmuddelig
grind schleifen
grip[1] Griff(schale); **get a ~ on something** etwas unter Kontrolle bringen
grip[2] packen, (er)greifen, festhalten
grisly grausig
grit[1] Streugut
grit[2] *(Winter)* streuen; **~ter; ~ting truck** Streufahrzeug
groan[1] Stöhnen
groan[2] stöhnen
groin Leiste
gross 1 brutto; 2 grob
ground 1 Gelände; 2 *(Sport)* Platz; 3 Grund; 4 Grundbesitz; **~ floor/level** *US* Erdgeschoss; **on the ~ floor** ebenerdig; **~ fog** Bodennebel; **~ frost** Bodenfrost; **~less** unbegründet
grounds 1 Grund, Ursache; 2 Grundbesitz; 3 *(Park)* Anlage; **~ for suspicion** Anfangsverdacht; **reasonable ~ for suspicion** hinreichender (Tat)Verdacht; **legal ~** rechtliche Gründe
ground|water Grundwasser; **lay the ~work for** Vorarbeit leisten für
group| of allotment gardens Laubenkolonie; **~ of people involved in a crime** Täter|gruppe, -kreis; **dismantle/dissolve a ~** Gruppe auflösen; **anti-globalization ~(s)** Globalisierungsgegner; **ethnic ~** Volksgruppe; **homogeneous ~** homogene Gruppe; **~ action** Sammelklage
groupage consignment *(Spedition)* Sammelladung
group| pressure Gruppendruck; **~ ticket** Gruppenfahrkarte
grow 1 anbauen; 2 *(Verdacht)* sich verdichten
grown-up Erwachsener
growth Wachstum; **~ of hair** Haarwuchs
grumble murren, schimpfen
guarantee[1] Garantie, Gewähr
guarantee[2] garantieren, bürgen
guarantor Bürge; **joint ~** Mitbürge
guard 1 (Wach)Posten, Aufseher; 2 Bewachung; 3 Schaffner, Zugbegleiter; **be on ~ one's ~** aufpassen; **under heavy ~** schwerbewacht; **~ dog** Wach-

hund; ~ **duty** Wachdienst; **be on ~ duty** Wache haben
guard[2] bewachen; **heavily ~ed** schwerbewacht; **~house** Wachgebäude
guardian Vormund
guardrail *US* Schutzplanke
guess raten; **~work** Vermutung
guest Gast; ~ **of honour** Ehrengast; **~-house** *(Hotel)* Pension; ~ **worker** Gastarbeiter
guidance Anleitung, Orientierung, Vorgabe
guide[1] *(Person, Buch)* Reiseführer; ~ **dog** Blindenhund
guide[2] lotsen; ~ **in** *(Kfz)* einwinken
guideline Leitlinie; **~s** Richtlinien; **promulgate ~s** Richtlinien erlassen; **operational** ~ (operative) Leitlinie (des Polizeiführers)
guide lug *(Tachograph)* Führungsecke
guilt Schuld; **admit one's** ~ Schuld bekennen
guilty ⚖ schuldig; **not** ~ nicht schuldig, schuldlos, unschuldig; **be** ~ Schuld haben; **find someone (not)** ~ jemanden für (nicht) schuldig befinden; **plead (not)** ~ sich (nicht) schuldig bekennen; ~ **plea** *(Gericht)* Schuldeingeständnis
gulf *(Meer)* Golf
gullet Speiseröhre
gum Gaumen; **~shoe** *(coll) US* Kriminalbeamter
gun[1] (Schuss)Waffe; **aim a ~ at a person** Waffe in Anschlag bringen; **carry/tote a** ~ Waffe tragen; **draw a** ~ Waffe ziehen; **drop a** ~ Waffe fallen lassen; **hand in one's** ~ Waffe abgeben; **level/point a ~ at someone** Waffe auf jemanden richten, mit der Waffe auf jemanden zielen; **possess a ~ legally** Waffe legal besitzen; **threaten someone with a** ~ jemanden mit einer Waffe bedrohen ; **use a ~ to resist arrest** Waffe gebrauchen, um sich der Festnahme zu entziehen; **concealed** ~ verdeckt getragene Waffe; **with drawn** ~ mit gezogener Waffe; **mock** ~ nachgebildete Waffe; **pump-action** ~ Pumpgewehr; **with one's ~ ready** mit schussbereiter Waffe
gun| battle/fight Feuergefecht, Schießerei; ~ **control** Einschränkung von (Schuss)Waffenbesitz, Überwachung von Waffenbesitz; ~ **dealer** Waffenhändler; ~ **law** Waffengesetz; **~man** Bewaffneter, Schütze, bewaffneter Täter; **at ~point** mit vorgehaltener Waffe; **~-running** Waffenschmuggel
gunshot 🔫 Schuss; ~ **wound** Schussverletzung
gun-wielding mit gezogener Waffe
gun[2] **down** er-, niederschießen
gust| (of wind) Bö, Windstoß; **~y** böig
guts Mut
gutter 1 🏠 Dachrinne; 2 Rinnstein
gym(nasium) Sport-, Turnhalle
gyp *US (coll)* Nepp

H

habit Gewohnheit; **bad** ~ Unsitte
habitual gewohnheitsmäßig, Gewohnheits-
haematoma ⚕ Bluterguss
hail[1] Hagel; ~ **of stones** Steinhagel
hail[2] 1 hageln; 2 *(Taxi)* heranwinken
hail|stone Hagelkorn; **~storm** Hagelschauer; **~storm damage** Hagelschaden
hair|, do someone's ~ frisieren; **ash-grey** ~ aschgraues Haar; **auburn** ~ kastanienbraunes Haar; **crinkly** ~ krauses Haar; **curly** ~ lockiges/gewelltes Haar; **dense** ~ dichtes Haar; **dishevelled** ~ zerzaustes Haar; **dyed** ~ gefärbtes Haar; **facial** ~ 1 Gesichtshaar; 2 Damenbart; **unwanted facial** ~ Damenbart; **fair** ~ blondes Haar; **false** ~ falsches Haar; **frizzy/fuzzy** ~ krauses Haar; **greying** ~ meliertes Haar; **matted** ~ verfilztes Haar; **parted** ~ Haar mit Scheitel; **pubic** ~ Schamhaar; **real** ~ echtes Haar; **shoulder-length** ~ schulterlanges Haar; **sparse** ~ dünnes Haar; **straggly/streaked** ~ strähniges Haar; **straight** ~ glattes Haar; **tangled**

~ struppiges Haar; **thick** ~ dichtes Haar; **thinning** ~ schütteres Haar; **tousled** ~ zerzaustes Haar; **wavy** ~ gewelltes Haar

hair| analysis Haaranalyse; ~ **balding/receding at the temples** Geheimratsecken; **~band** Haarband, Stirnreif; **by a ~'s breadth** um Haaresbreite; ~ **clasp** Haarspange; ~ **clip** Haarklammer; ~ **crack** Haarriss; ~ **curler** Lockenwickler; **~-do** Frisur; **~less** ohne Haare; **receding ~line** Stirnglatze; **~piece** Haarteil; **~pin** Haarnadel; **~pin bend** Haarnadelkurve, Serpentine; ~ **sample** Haarprobe; **~-slide** Haarspange; ~ **spray** Haarspray; **~-style** Frisur; **~y** behaart, haarig

half|-brother Halbbruder; **~-moon** Halbmond; **~-sister** Halbschwester; **~-truth** Halbwahrheit; **~way** auf halbem Wege

hall Festhalle, Saal; ~ **of residence** Studentenwohnheim; **multi-purpose** ~ Mehrzweckhalle

hallucination Wahnvorstellung

hallucinogen halluzinogene Droge

hallway Flur

halogen| bulb Halogenbirne; ~ **lamp** Halogenleuchte; ~ **lights** Halogenscheinwerfer

halt 1 Halt, Stopp; 2 Halte|punkt, -stelle; **come to an abrupt** ~ plötzlich anhalten; **grind/screech to a** ~ mit quietschenden Reifen zum Stehen kommen; **~ing** *(Sprechen)* stockend; ~ **sign** Stoppschild; **fail to obey a ~ sign** Stoppschild überfahren/nicht beachten

hammer 1 *(auch)* Hammer; 2 Schlagbolzen

hammock Hängematte

hamper behindern

hand[1] (Uhr)Zeiger; **be ~ in glove with someone** mit jemandem unter einer Decke stecken *(coll)*; **get into the wrong ~s** in die falschen Hände geraten

hand|[2] in subsequently nachreichen; ~ **out** *(Papiere bei Besprechung usw)* verteilen, ausgeben; ~ **over** her(aus)geben, aushändigen, über|geben, -reichen; ~ **someone over** jemanden überstellen

handbag Handtasche

hand baggage/luggage Handgepäck

handbag| snatcher Handtaschenräuber; ~ **snatching** Handtaschenraub

handbrake Feststell-, Handbremse; **apply/pull the** ~ Handbremse anziehen; **release the** ~ Handbremse lösen; ~ **lever** Handbremshebel

handcuff Handschellen anlegen; **~ed** mit Handschellen gefesselt

handcuffs Hand|schellen, -fesseln; **put/click on** ~ Handschellen anlegen; **remove** ~ Handschellen abnehmen; **plastic** ~ Plastikhandfessel

handgun Faust-, Handfeuerwaffe

handicap Behinderung

handicapped behindert; **mentally** ~ geisteskrank, geistig behindert; **severely** ~ schwerbehindert; ~ **person** Behinderter

handing-over Aushändigung, Übergabe

handkerchief Taschentuch

handle[1] 1 Haltegriff; 2 Türklinke

handle[2] 1 bearbeiten, handhaben, sich befassen mit; 2 *(Beschwerde usw)* entgegennehmen; 3 *(Maschine usw)* bedienen; 4 *(Passagiere)* abfertigen

handlebar Lenker, Lenkstange; **dropped** ~ Rennlenker; ~ **moustache** Schnauzbart

handler of stolen goods Hehler

handling 1 Bearbeitung; 2 Bedienung; 3 Abfertigung; **dishonest** ~ Hehlerei; ~ **charge** Bearbeitungsgebühr; ~ **(of) stolen goods** Hehlerei

hand|over Übergabe; **~rail** Geländer; **~shake** Händedruck; ~ **signal** Handzeichen

handwriting (Hand)Schrift; ~ **expert** Schriftsachverständiger; ~ **specimen** Schriftprobe

handwritten handschriftlich

hang| about/around herumlungern, sich herumtreiben; ~ **oneself** sich erhängen; **~out** *(Gruppe)* Treffpunkt

happen geschehen, sich ereignen, vorkommen, eintreten

happiness *(Gefühl)* Glück
happy glücklich
harass *(ständig)* belästigen, schikanieren; **~ sexually** sexuell belästigen; **~ment** Belästigung; **sexual ~ ment** sexuelle Belästigung *(ohne Körperkontakt)*
harbour[1] Hafen
harbour[2] someone jemandem Unterschlupf gewähren
hard schwer, schwierig; **~ened** *(Verbrecher)* abgebrüht, hartgesotten
hardship Härte, Not(lage), Armut; **~ allowance** Härteausgleich; **~ case** Härtefall
hard-working fleißig
harm[1] Schaden; **occasion actual bodily ~** Körperverletzung zufügen; **bodily ~** ⚖ Körperverletzung; **dangerous/ serious bodily ~** gefährliche Körperverletzung; **grievous bodily ~** schwere Körperverletzung; **intentional bodily ~** vorsätzliche Körperverletzung; **bodily ~ caused by negligence** fahrlässige Körperverletzung
harm[2] someone *(Körper, Psyche)* jemandem Schaden zufügen
harm|ful schädlich; **~less** ungefährlich
harp on about something auf etwas herumreiten
harsh 1 *(Kritik usw)* scharf; 2 *(Strafe)* hart
harvest *(Vorgang)* Ernte; **~er** Erntemaschine; **~ time** Erntezeit
hashish|, smoke ~ haschen; **~ biscuit/ cookie** *US* Haschischplätzchen; **~ oil** Haschischöl
hassle Ärger
hat, hard ~ *(Baustelle usw)* Schutzhelm
hatch Ladeklappe, Luke; **~back** (PKW mit) Steilheck
hate Hass; **ingrained ~** tief verwurzelter Hass; **~ crime** 1 ausländerfeindliche Straftat, Hassverbrechen; 2 Hasskriminalität; **~ group** rassistische Gruppe; **racist ~ mail** rassistische Hasspost
hatred Hass; **racial ~** Rassenhass; **stir up racial ~** Rassenhass schüren
haulage Beförderung, Transport; **long-distance road ~** Güterfernverkehr; **~ company/contractor** 1 Spediteur, Spedition; 2 Beförderer, Frachtführer
hauler *US*; **haulier** Spediteur, Spedition
have verfügen über; **~ one too many** ein Glas zu viel trinken
hay fever ⚕ Heuschnupfen
hazard 1 Gefahr; 2 Risiko; **environmental ~** Umweltgefahr; **occupational ~** Berufsrisiko; **~ information/ warning panel** Gefahrguttafel; **~ label** Gefahrzettel; **~ note** Warnzettel; **~ous** gefährlich; **~ symbol** Gefahrgut-, Warnsymbol; **diamond ~ symbol** *(LKW)* Gefahrendiamant
hazard warning| flashers/lights Warnblinkanlage; **~ plate** Gefahrguttafel; **~ triangle** Warndreieck
haze Dunst
hazy dunstig
head[1] Chef, Leiter; **~ of department** Abteilungsleiter; **~ of operations** Einsatzleiter; **~ of section** *(Bereitschaftspolizei usw)* Abteilungsführer; **~ of the traffic section** Leiter der Verkehrsabteilung; **bald ~** Glatze; **shaved ~** rasierter Kopf
head|ache Kopfschmerzen; **~band** Stirnband; **~-butt** Kopfstoß; **~gear** Kopfbedeckung; **protective ~gear** Kopfschutz, Schutzhelm; **~ing** Überschrift; **~ injury** ⚕ Kopfverletzung
headlamp 🚗 Scheinwerfer; **~ flasher** Lichthupe
headlight|(s) 🚗 Scheinwerfer; **adjust the ~s** Scheinwerfer einstellen; **dim/ dip one's ~s** abblenden; **flash one's ~s** Lichthupe betätigen; **switch/turn one's ~s to full beam** aufblenden; **additional ~s** Zusatzscheinwerfer; **dimmed/dipped ~s** Abblendlicht; **switch on the dimmed/dipped ~s** Abblendlicht einschalten; **~ flasher** Lichthupe; **~ flashing** Anblinken; **~ protector** Lampengitter; **~ washer jets** Scheinwerferwaschanlage
head|line Schlagzeile, Überschrift; **~master** *(Schule)* Direktor; **~mistress**

Direktorin; ~ **office** *(Unternehmen usw)* Zentrale, Hauptverwaltung; **~-on** frontal; **~phones** Kopfhörer

headquarters *(Unternehmen usw)* Zentrale, Direktion, Haupt|sitz, -verwaltung, -quartier, Polizeipräsidium; **national ~** nationale Polizeizentrale; **~ section** Stabsgruppe

head|rest Kopfstütze; **adjustable ~rest** verstellbare Kopfstütze; **~ restraint** Kopfstütze; **rear ~ restraint** Kopfstütze hinten; **~room** Durchfahrtshöhe; **~-scarf** Kopftuch; **~ wind** Gegenwind

head[2] for .... in Richtung .... fahren/gehen

health Gesundheit; **drink someone's ~** auf jemanden anstoßen; **~ authority** Gesundheits|amt, -behörde; **~ certificate** Gesundheitszeugnis; **~ check** Kontrolluntersuchung

health insurance Krankenversicherung; **~ card** *(Krankenkasse)* Versichertenkarte; **~ company** Krankenversicherungsgesellschaft; **~ scheme** Krankenkasse

health| resort Kurort; **climatic ~ resort** Luftkurort; **~ threat** Gesundheitsgefährdung

health, safety and public order office Ordnungsamt

heap Haufen

hear anhören, verhandeln

hearing 1 Gerichtsverhandlung, mündliche Verhandlung, Termin; 2 Anhörung; **~ of (the) evidence** Beweis|aufnahme, -erhebung; **conduct a ~** Gerichtsverhandlung durchführen; **formal ~** förmliche Anhörung; **hard of ~** schwerhörig; **impaired ~** Gehörschaden; **public ~** öffentliche Verhandlung; **~ aid** Hörgerät; **be within ~ distance** Rufkontakt haben

hearsay Gerücht, Hörensagen; **~ evidence** Beweis vom Hörensagen; **~ witness** Ohrenzeuge

hearse Leichenwagen

heart Herz; **~ failure** Herz|infarkt, -versagen

heat[1] 1 Wärme; 2 *(coll)* Polizei; **~ development** Wärmeentwicklung

heat[2] erhitzen; **~ed** beheizbar

heater 1 Heizung; 2 Glühkerze

heating|, auxiliary ~ Zusatzheizung; **independent ~ (system)** Zusatzheizung; **~ oil** Heizöl

heat stroke Hitzschlag

heavy[1] Schläger

heavy[2] 1 *(Gewicht)* schwer; 2 *(Verkehr)* dicht, stark; **~-handed** 1 *(Mittel)* unverhältnismäßig; 2 ungeschickt

hedge Hecke

heel 1 Ferse; 2 *(Schuh)* Absatz; **low/high ~** flacher/hoher Absatz

height 1 Höhe; 2 Körpergröße; **of average/medium ~** mittelgroß; **clear ~** Durchfahrtshöhe; **~ adjustment** Höhenverstellung

held, be ~ up *(Verkehr)* aufgehalten werden

helicopter squad/unit (Polizei)Hubschrauberstaffel

heli|pad *(Schiff, Gebäude)* Hubschrauberlandeplatz; **~port** Hubschrauberlandeplatz

helm *(Schiff)* Steuer

helmet Helm; **full-coverage/full-face/integral ~** Integralhelm; **protective ~** Schutzhelm

help[1] Hilfe(leistung); **ask/call/shout for ~** um Hilfe rufen

help[2] helfen, unterstützen; **can I ~ you?** womit kann ich helfen?

helper Hilfswilliger; **~'s syndrom** Helfersyndrom

help|ful hilfreich, hilfsbereit, entgegenkommend; **~less** hilflos

hemp Hanf

herd Herde

here you are *(wenn man etwas überreicht)* bitte

herring, red ~ *(coll)* falsche Fährte

hesitate zögern

hesitation, without ~ ohne zu zögern

Hesse Hessen

Hessian hessisch

hiccup aufstoßen

hidden verborgen, versteckt

hide (sich) verstecken, verbergen; **~out** *(Person)* Versteck, Schlupfwinkel

hiding, go into ~ *(fig)* untertauchen
hiding place *(Person, Objekt)* Versteck; **disguise the** ~ Versteck tarnen; **underground** ~ Erddepot
high ✗ Hochgefühl
High Court ~ *(Zivilrecht)* Landgericht
higher-ranking ranghöher
High-German hochdeutsch
highlight betonen; **~er** Markierstift, Textmarker
high|-performance *(Gerät)* leistungsfähig, Hochleistungs-; **~-pitched** *(Stimme)* hoch; **~-proof** hochprozentig; **~-ranking** hochrangig; **~-speed** Hochgeschwindigkeits-; **~-value** hochwertig; **~-velocity** ☛ Hochgeschwindigkeits-
highway (Land)Straße; **enter a** ~ in öffentliche Straße einfahren; **divided** ~ *US* vierspurige Straße mit zwei Fahrstreifen in jeder Richtung und Mittelstreifen; **elevated** ~ Hochstraße; **public** ~ öffentliche Straße; ~ **authority** Straßenbaubehörde; ~ **authority in charge** Straßenbaulastträger
highway code Straßenverkehrsordnung (StVO); **break the** ~ Verkehrsverstoß begehen; **infringe the** ~ gegen die Straßenverkehrsordnung verstoßen; ~ **rule** Verkehrsregel
highway| light(ing) Straßenbeleuchtung; ~ **network** Straßennetz; ~ **patrol** *(Streife)* Verkehrspolizei; ~ **patrol car** Streifenwagen; ~ **robbery** Wegelagerei, räuberischer Angriff auf Kraftfahrer; ~ **safety planning** Verkehrssicherheitsplanung; ~ **system** Straßennetz
hijack *(Flugzeug, Kfz)* entführen; **~er** (Flugzeug)Entführer; **~ing** (Flugzeug-) Entführung
hike[1] Wanderung
hike[2] wandern; **~r** Wanderer
hiking| map Wanderkarte; ~ **trail** Wanderweg
hill 1 Anhöhe; 2 Steigung; **on** ~ *US* vor einer Kuppe; **halfway down/up the** ~ auf halber Höhe; ~ **crest** Kuppe; **~holder** *(LKW)* Rollsperre; ~ **start** Anfahren am Berg
hinder (be)hindern, hemmen
hindsight, with ~ im Nachhinein
hint[1] Anzeichen, Hinweis, Tipp, Andeutung; **big** ~ Wink mit dem Zaunpfahl
hint[2] *(Hinweis)* andeuten
hip Hüfte; ~ **flask** Taschenflasche; Flachmann *(coll)*
hire 1 mieten; 2 *(Personal)* einstellen; ~ **charge** *(Kfz)* Miete; **~r** *(Kfz)* Mieter
hiring (process) *(Personal)* Einstellung(sverfahren)
Hispanic[1] *(US-Bürger)* Lateinamerikaner, Person lateinamerikanischer Herkunft
Hispanic[2] lateinamerikanisch
history 1 (Vor)Geschichte; 2 Vorstrafe; **prior** ~ Vorgeschichte
hit[1] 1 Schlag; 2 ✗ Schuss; ~ **with a rifle butt** Kolbenhieb
hit[2] 1 (zu)schlagen; 2 auffahren, prallen gegen, *(Person mit Kfz)* anfahren; 3 *(Wurfgeschoss)* treffen; ~ **back** zurückschlagen; **~-and-run** unerlaubtes Entfernen vom Unfallort, (Verkehrs-) Unfallflucht
hitch| to anhängen, ankuppeln; **~hike** per Anhalter fahren; **~hiker** Anhalter; **~hiking** Autostopp
HIV-infected/-positive aidsinfiziert
hoarding Bauzaun
hoar frost (Rauh)Reif
hoarse heiser
hoax (call) ☎ falscher Anruf
hobble humpeln
hobnail boot Nagelschuh
hobo *US* Landstreicher
hold| back verheimlichen; ~ **on!** ☎ bitte warten!; ~ **up** 1 aufhalten, verzögern; 2 überfallen; ~ **to ransom** erpressen
hold|all Reisetasche; **~er** Inhaber; **~ing cell** Gewahrsamszelle
hold-up 1 (Raub)Überfall, Bankraub; 2 Verkehrsstau; **armed** ~ bewaffneter Raubüberfall
hole in the wall (machine) *(coll)* Geldautomat
holiday 1 (gesetzlicher) Feiertag; 2 **~(s)** Urlaub, Ferien; **be on** ~ Urlaub haben;

allow someone a ~ jemandem Urlaub gewähren; **take a** ~ Urlaub nehmen; **national** ~ Nationalfeiertag; **public/statutory** ~ (gesetzlicher) Feiertag; **short** ~ Kurzurlaub

holiday| address Urlaubsanschrift; ~ **entitlement** Urlaubsanspruch; ~ **home** Ferienhaus; ~ **park** Ferienpark; ~ **pay** Urlaubsgeld; ~ **resort** Urlaubsort; ~ **season** Urlaubszeit; ~ **traffic** Reiseverkehr; ~ **trip** Ferien-, Urlaubsreise

hollow[1] out aushöhlen

hollow[2] 1 hohl; 2 *(Gesicht)* eingefallen; **~-cheeked** hohlwangig

holster Halfter, Pistolentasche

Holy Week Karwoche

home 1 Heimat; 2 Haus, Heim, Wohnung; **evict someone from one's** ~ jemanden aus der Wohnung vertreiben; **run away from** ~ ausreißen, durchbrennen; **broken** ~ zerrüttetes Elternhaus; **second** ~ Nebenwohnsitz

home| address Heimatadresse, Privat-, Wohnanschrift; ~ **beat** Fußstreifenbezirk; ~ **beat officer** Bezirks(dienst)-, Kontaktbeamter; ~ **contents insurance** Hausratversicherung; ~ **country** Heimat(land), Herkunftsland; **~jacking** Wohnungseinbruch mit Beuteziel hochwertige PKW; **~land** Heimat; **~less** obdachlos; **~less person** Obdachloser; **~-made** selbstgemacht

Home Office *GB* Innenministerium

home| owner Hausbesitzer; ~ **phone** Privattelefon; ~ **port** Heimathafen

Home Secretary *GB* Innenminister

home| team *(Sport)* Heimmannschaft; ~ **town** Heimatstadt

homicide Mord, Totschlag, Tötung(sdelikt); **attempted** ~ Mordversuch, versuchtes Tötungsdelikt; **culpable** ~ Mord, Totschlag; **justifiable** ~ Totschlag in Notwehr/Nothilfe; **negligent** ~ fahrlässige Tötung; ~ **detail/squad** *US* Mordkommission

homo|geneous einheitlich; **~phobic** antihomosexuell

honest aufrichtig, ehrlich, redlich; **~y** Aufrichtigkeit

honk hupen

honorarium *(Vergütung für Vortrag usw)* Honorar

honorary ehrenamtlich

honour[1] Ehre; **personal** ~ persönliche Ehre

honour[2] auszeichnen

hood 1 *US* Motor-, Kühlerhaube; 2 *(Kabriolett)* Verdeck; 3 Kapuze; 4 Maske *(ganzer Kopf)*

hook Haken; ~ **and ladder truck** *(Feuerwehr)* Drehleiter

hookah Wasserpfeife

hooked drogenabhängig; **get** ~ drogenabhängig werden

hooker *(coll)* Prostituierte

hooligan Halbstarker, Rowdy, Schläger; **~ism** Rowdytum

hoot hupen; **~er** Hupe

horn Hupe; **blast the** ~ laut hupen; **honk/sound one's** ~ hupen; **lay on the** ~ ständig hupen; **tap the** ~ kurz hupen; **multiple-tone** ~ Mehrklanghorn; **two-tone** ~ Zweiklanghorn

horrendous entsetzlich

horrible abscheulich, grässlich, grauenhaft, schrecklich

horror Abscheu, Entsetzen, Grauen

horse| and cart Pferdefuhrwerk; ~ **box/trailer** Pferdeanhänger; **~power (HP, hp)** Pferdestärke (PS); **~shoe** Hufeisen

hose *(Wasser usw)* Schlauch; **hydraulic** ~ Bremsschlauch

hospitable gastfreundlich

hospital|, mental ~ Nervenheilanstalt, psychiatrische Klinik; **secure** ~ geschlossenes Krankenhaus

hospitality Gastfreundschaft

host Gastgeber

hostage Geisel; **hold/keep someone** ~ jemanden als Geisel festhalten; **release a** ~ Geisel freilassen; **take a** ~ Geisel nehmen; ~ **negotiation team** *(bei Geiselnahme)* Verhandlungsgruppe; ~ **taker** Geiselnehmer; ~ **taking** Geiselnahme

host country/nation 1 Aufnahmestaat, Gastland; 2 Einsatzland

hostel 1 Herberge; 2 Wohnheim; ~ **for**

asylum seekers Asylantenwohnheim; **~ for the homeless** Obdachlosenunterkunft
hostess 1 Gastgeberin; 2 Bardame
hostile feindlich, feindselig
hostility Feindseligkeit
hot *(auch Geld, Ware)* heiß, brisant; **~bed of espionage** Spionagezentrum
hotel|, check into a ~ Hotelzimmer nehmen; **check out of a ~** Hotelzimmer aufgeben; **sleazy ~** Stundenhotel; **~ guest** Hotelgast; **~ thief** Hoteldieb
hour|, after ~s außerhalb der normalen Dienstzeit, nach Dienstende; **~s of darkness** Dunkelheit; **open 24 ~s a day** durchgehend geöffnet; **required (working) ~s** Sollstunden; **small ~s** frühe Morgenstunden; **actual ~s worked** Iststunden
house (Wohn)Haus; **refurbish a ~** Haus renovieren; **seal a ~** Haus versiegeln; **newly built ~** Neubau; **detached ~** freistehendes (Einfamilien)Haus; **semi-detached ~** Doppelhaushälfte; **half-timbered ~** Fachwerkhaus; **prefabricated ~** Fertighaus; **public ~** Gaststätte, Kneipe; **terraced ~** Reihenhaus
house|boat Hausboot; **~breaker** Einbrecher; **~breaking** Einbruch; **~breaking tool** Einbruchswerkzeug; **~ coat** Hausmantel; **~ dress** Hauskleid
household Haushalt; **~ burglary** Wohnungseinbruch; **~ effects** Hausrat
house|-to-house Haus-zu-Haus-; **~ number** Hausnummer; **~ search** Hausdurchsuchung; **~ trailer** Wohnanhänger
housing| area Wohngebiet; **~ benefit** Wohngeld; **~ estate** Gruppe von Wohnblocks, Wohnanlage, (Wohn)Siedlung
howl *(Hund)* heulen
hub 1 Radnabe; 2 Dreh- und Angelpunkt, Mittelpunkt; 3 Verkehrsknoten; **~ bearing** Radlager; **~ cap** Radkappe
hug[1] Umarmung
hug[2] umarmen
huge riesig
hum summen; **~ and haw** herumdrucksen
humidity Luftfeuchtigkeit
humiliate demütigen, erniedrigen
humiliating entwürdigend, erniedrigend
humiliation Demütigung, Erniedrigung
hump *(Fahrbahn)* Schwelle
Hun *(verächtlich)* Deutscher
hunch, have a ~ ahnen
hundredweight *(45,4kg)* Zentner
hunger strike Hungerstreik
hungry, be ~ Hunger haben
hunt[1] 1 Jagd; 2 *(Straftäter)* Verfolgung; 3 Fahndung, Suche
hunt[2] 1 jagen; 2 verfolgen; 3 fahnden, suchen; **~ down** aufstöbern
hunter Jäger
hunting Jagd; **~ ammunition** Jagdmunition; **~ authority** Jagdbehörde; **~ district** Jagdbezirk; **~ knife** Jagdmesser; **~ licence** Jagdschein; **~ lodge** Jagdhütte; **~ rifle** Jagdgewehr; **~ right** *(Berechtigung)* Jagdrecht; **~ season** Jagdzeit; **~ weapon** Jagdwaffe
hurt[1] verletzen
hurt[2] verletzt
husband Ehegatte; **common-law ~** Lebensgefährte; **~'s name at birth** Geburtsname des Ehemanns
hush[1] **money** Schweigegeld
hush[2] **up** vertuschen
hustle and bustle Trubel
hustler *(coll)* Prostituierte
hut Baracke, Hütte
hydro|foil Tragflügelboot; **~gen** Wasserstoff; **~planing** Aquaplaning
hypermarket großer Supermarkt
hypothermia Unterkühlung

I

ice|[1] **on the roads** Reifglätte; **black ~** Eis-, Reifglätte, Glatteis, überfrorene Nässe
ice[2] **over/up** vereisen
icy vereist
ID| card (Personal)Ausweis; **~ check** Ausweiskontrolle, Personalien|feststellung, -überprüfung, Personenüber-

prüfung; ~ **document** Identitätsdokument

idea 1 *(Gedanke)* Einfall; 2 Vorstellung; **have an ~** einen Einfall haben; **full of ~s** einfallsreich

ideal Leitbild

identifiable identifizierbar

identification 1 Ausweispapiere; 2 Identifizierung, Identitäts- Personenfeststellung, Personenkontrolle; **~ of the (registered) owner** Halter|ermittlung, -feststellung; **~ by means of photographs** Identifizierung durch Lichtbildvorlage; **~ card** (Personal)Ausweis; **~ disk** Erkennungsmarke; **personal ~ number (PIN)** persönliche Geheimnummer; **~ parade** Wahlgegenüberstellung; **~ plate** *(Polizei-/Fahndungsfoto)* Erkennungstafel; **~ procedure** Personenfeststellungsverfahren; **~ service** Erkennungsdienst

identify erkennen, identifizieren; **~ immediately** unverzüglich feststellen; **~ oneself** sich ausweisen; **~ subsequently** nachträglich feststellen

identikit Phantom|bild, -zeichnung

identity|, ascertain/establish someone's ~ jemandes Identität feststellen; **prove one's ~** Identität nachweisen, sich ausweisen; **false ~** falsche Identität, falscher Name; **mistaken ~** *(Person)* Verwechselung, Identitätsirrtum

identity| card/paper (Personal)Ausweis; **~ check** Personenkontrolle; **~ documents/papers** Ausweispapiere; **check ~ papers** Ausweispapiere überprüfen; **~ parade** Wahlgegenüberstellung

idle *(Motor)* im Leerlauf laufen

ID paper Personalausweis

ignition Zündung; **switch off/on the ~** Zündung aus-/einschalten; **bypass the ~ circuit** Zündung kurzschließen; **~ key** Zündschlüssel; **~ lead** Zündkabel; **~ lock** Zündschloss; **short-circuit the ~ system** Zündung kurzschließen

ignorance Unkenntnis, Unwissenheit; **~ of the law is no defence/excuse** Unwissenheit schützt vor Strafe nicht; **plead ~** sich unwissend stellen

ignorant unwissend

ignore nicht beachten, überhören, *(übergehen)* nach-, hinwegsehen, absichtlich übersehen

ill, terminally ~ todkrank

illegal rechtswidrig, unrechtmäßig; **~ity** Illegalität

illegible unleserlich

illegitimate unehelich

ill|-equipped schlecht ausgerüstet; **~-famed** verrufen; **~-gotten** illegal erworben

illicit illegal, rechtswidrig, verboten

illness Erkrankung, Krankheit; **fatal ~** tödliche Krankheit; **severe ~** schwere Erkrankung

illuminate beleuchten

illumination Beleuchtung

illuminator Markierstift, Textmarker

image *(Ansehen)* Ruf, Erscheinungsbild des Polizeibeamten; **thermal ~ camera** Wärmebildkamera

imager, thermal ~ Wärmebildgerät

imagine *(Phantasie)* sich vorstellen

imbalance 1 Ungleichgewicht; 2 Unwucht

imitate nachahmen, nachmachen

imitation Nachbildung; **~ gun** nachgebildete Waffe; **~ fur** Pelzimitat

im|material unerheblich, unwesentlich; **~mediate** unmittelbar; unverzüglich

immigrant Ein-, Zuwanderer

immigrate einwandern

immigration Einreise, Ein-, Zuwanderung; **illegal ~** illegale/unerlaubte Einreise; **~ abuse** Verstoß gegen Einreisegesetze; **~ act** Ausländer-, Zuwanderungsgesetz; **~ authority** Einreise-, Einwanderungsbehörde; **~ control** Einreisekontrolle; **~ officer/official** Einreise-, Passkontrollbeamter; **~ stamp** Einreisestempel

im|minent bevorstehend; **~mobilizer** Wegfahrsperre; **~munity** Straffreiheit

impact[1] 1 Aufprall; 2 (Aus)Wirkung, Einfluss; **environmental ~** Umweltbelastung; **~ attenuator** Aufpralldämpfer; **~ bars/protection** Auffahrschutz; **~-proof** schlagfest

impact[2] aufprallen
impair beeinträchtigen, behindern, hemmen; **visually ~ed** sehbehindert; **~ment** Beeinträchtigung
impartial neutral, unparteiisch; **~ity** Neutralität, Unparteilichkeit
im|passable unbefahrbar, unpassierbar; **~patience** Ungeduld; **~patient** ungeduldig; **~pede** behindern, hemmen; **~pediment** ⊤ Hindernis; **~pending** bevorstehend
imperative dringend notwendig, unbedingt erforderlich
im|peril gefährden; **~personate** sich ausgeben als; **~personation** Vortäuschen einer falschen Identität; **~pertinence** Unverschämtheit; **~pertinent** unverschämt; **~plausible** unglaubwürdig
implement[1] (Arbeits)Gerät, Werkzeug; **dangerous ~** gefährliches Werkzeug; **sharp ~** scharfer/spitzer Gegenstand
implement[2] aus-, durchführen, umsetzen
implementation Aus-, Durchführung, Umsetzung; **~ scheme** Durchführungsplan
implementing| ordinance Durchführungsverordnung, **~ provision** Durchführungsbestimmung
im|plicate *(Verbrechen)* verwickeln; **~plication** 1 Auswirkung; 2 Verwicklung; **~ply** indirekt besagen; **~polite** unhöflich
import[1] Einfuhr; **~s** Importware; **~ for personal use** Einfuhr zum persönlichen Gebrauch; **illegal ~** unerlaubte Einfuhr
importance Wichtigkeit, Bedeutung; **attach ~ to** Wert legen auf
important bedeutend, wichtig; **extremely ~** äußerst wichtig; **very ~ person (VIP)** wichtige Person
import| certificate Einfuhrbescheinigung; **~ declaration** ⊖ Einfuhranmeldung; **~ duty** Einfuhrzoll; **~ licence/ permit** Einfuhrgenehmigung; **~ regulations** Einfuhrbestimmungen
import[2] einführen
im|portunate aufdringlich; **~pose** *(Strafe)* auferlegen, verhängen; **~postor** Hochstapler; **~pound** sicherstellen; **~practicable** undurchführbar
impression 1 Abdruck; 2 Eindruck
imprint of the official seal Dienstsiegelabdruck
imprison einsperren, ins Gefängnis einliefern; **~ment** Freiheits|entzug, -strafe, Haft(strafe); **wrongful ~ment** Freiheitsberaubung
im|probable unwahrscheinlich; **~proper** 1 *(Benehmen)* ungebührlich; 2 unsachgemäß
improve verbessern; **~ment** (Ver)Besserung
im|provise improvisieren; **~pudence** Unverfrorenheit; **~pudent** unverfroren
impunity Straffreiheit; **with ~** ungestraft
imputation Unterstellung; **~ of malice** Unterstellung einer bösartigen Absicht
in|accessible unzugänglich; **~accurate** ungenau; **~adequate** unangemessen, unzulänglich, unzureichend; **~admissible** unzulässig; **~advertent** unabsichtlich, unbeabsichtigt, versehentlich; **~appropriate** unangebracht, unangemessen, unpassend
inattentive unachtsam, unaufmerksam; **~ness** Unachtsamkeit
in|augurate einweihen; **~auguration** Einweihung
incapable, legally ~ geschäftsunfähig
in|capacitated 1 *(Person)* fahruntüchtig; 2 arbeitsunfähig; **criminal ~capacity** Schuldunfähigkeit; **~centive** Anreiz
inch *(2,54 cm)* Zoll
incidence Häufigkeit, Vorkommen; **~ rate** Häufigkeitszahl
incident Ereignis, Vorkommnis, Vor-, Zwischenfall; **run an ~** Einsatz leiten; **major/minor ~** größerer/kleinerer Zwischenfall; **racist ~** Vorfall mit rassistischem Hintergrund; **~ room** *(Lageraum)* Sonderkommission; **~al** nebensächlich, Neben-
in|cineration *(Abfall usw)* Verbrennung; **~cision** Schnitt; **~cite** animieren, anstiften, anzetteln, aufstacheln, verleiten
incitement 1 Verleitung, Anstiftung,

Aufforderung; 2 ⚖ Volksverhetzung; **~ to commit a crime/an offence** Anleitung/Aufforderung/Anstiftung zu einer Straftat; **~ to racial hatred** Anstiftung zum Rassenhass; **~ to religious hatred** Anstiftung zu religiösem Hass; **~ to violence** Anstiftung zur Gewalt

in|clude einbeziehen, einschließen, umfassen; **~cluding** einschließlich; **~coherent** unzusammenhängend

income Einkommen, Einkünfte, Bezüge, Verdienst; **additional ~** Nebeneinkünfte; **monthly ~** monatliches Einkommen; **net ~** Nettoeinkommen; **other ~** sonstige Bezüge; **~ tax** Einkommen-, Lohnsteuer

in|coming einreisend; **~compatible** unvereinbar; **~complete** 1 unvollständig; 2 *(Zähne)* lückenhaft; **~comprehensible** unverständlich; **~conceivable** undenkbar; **~considerate** rücksichtslos; **~consistency** Ungereimtheit, Unstimmigkeit; **~consistent** inkonsequent, unstimmig, widersprüchlich; **~contestable** unanfechtbar

inconvenience¹ Unannehmlichkeit(en)

inconvenience² someone jemandem Unannehmlichkeiten bereiten

in|corporate einschließen; **~correct** 1 falsch; 2 *(Text usw)* fehlerhaft, unzutreffend; **~corrigible** unverbesserlich

increase¹ Wachstum, Zunahme, Anstieg, Vergrößerung

increase² 1 zunehmen, (an)steigen; 2 erhöhen, heraufsetzen, steigern, vergrößern

in|credible unglaublich; **~crement** *(automatische Steigerung z.B. nach Dienstalter)* Gehaltserhöhung

incriminate *(Straftat)* belasten; **~ oneself** sich selbst belasten

in|criminating belastend; **~crimination** Be-, Anschuldigung, Belastung; **~cursion** *(Eindringen)* Einfall; **~debted** verschuldet; **~decent** unanständig, unsittlich; **~definite** unbefristet, unbestimmt; **~demnification** Entschädigung, Schadensersatz; **~demnify** entschädigen, Schadensersatz leisten; **~demnity insurance** Haftpflichtversicherung; **~dependence** Selbstständigkeit, Unabhängigkeit; **~dependent** selbstständig, unabhängig

index Register; **~ finger** Zeigefinger

in|dicate *(Hinweis)* an-, hindeuten, hinweisen auf; **~dication** Andeutung, Anhaltspunkt, Anzeichen, Hinweis

indicator 🚗 Fahrtrichtungsanzeiger, Blinker; **switch on the ~** blinken; **~ lamp/light** Blinkerleuchte

indict ⚖ Anklage erheben, anklagen; **~ment** Anklage(schrift), Anklageerhebung

in|difference Gleichgültigkeit; **~digenous** einheimisch

indignant ungehalten; **be ~ about** sich empören über

in|dignation Empörung, Entrüstung; **~discriminate** unterschiedslos; **~dispensable** unbedingt notwendig, unverzichtbar; **~disposed** unpässlich; **~disputable** unbestreitbar

individual Einzelperson; **private ~** Privatperson

induce *(Straftat)* anleiten; **~ someone to do something** jemanden dazu veranlassen etwas zu tun; **~ment to commit a crime/an offence** Anleitung/Anstiftung/Aufforderung zu einer Straftat

in|duction centre Auffanglager; **~dustrialist** Unternehmer; **~dustrious** fleißig; **~ebriation** *(Alkohol)* Rausch; **~effective** unwirksam, wirkungslos; **~equality** Ungleichheit; **~evitable** unausweichlich, unumgänglich, unvermeidlich, zwangsläufig; **~experienced** unerfahren

infant Kleinkind; **~icide** Kindestötung

in|fectious ⚕ ansteckend; **~ferior** 1 minderwertig; 2 untergeordnet; **~filtrate** unterwandern; **~filtrating an undercover agent** Einschleusen eines verdeckten Ermittlers; **~filtration** Unterwanderung

infirm gebrechlich; **~ity** Gebrechlichkeit

in|flammable (leicht) brennbar, feuergefährlich; **~flammation** ⚕ Entzündung;

~flatable Schlauchboot; **~flate** *(Reifen)* aufpumpen; **~flict** *(Schaden)* zufügen
influence[1] Einfluss, Beeinflussung; **under the ~ (of alcohol)** alkoholisiert, betrunken; **~ of alcohol** Alkoholeinwirkung; **under the ~ of drugs** unter Drogen; **be under the ~ of drugs** unter Drogeneinfluss stehen
influence[2] beeinflussen, einwirken auf
in|fluential einflussreich, mächtig; **~flux** Zustrom
inform benachrichtigen, unterrichten, verständigen, belehren; **~ against someone** jemanden (bei der Polizei) denunzieren; **~ oneself** sich orientieren/unterrichten
informant 1 Informant, Spitzel; 2 Denunziant, Hinweisgeber; **confidential ~ (CI)** Informant, verdeckter Ermittler
information 1 Auskunft, Information; 2 Benachrichtigung, Mitteilung; 3 ⚖ (Straf)Anzeige; 4 Verständigung; **~ about legal rights** rechtliche Beleh rung; **~ and communication** *(Abteilung)* Informations- und Kommunikationsangelegenheiten; **~ and press office** Informations- und Pressestab
information|, collate ~ Informationen abgleichen; **exchange ~** Informationen austauschen; **furnish ~** Informationen liefern; **gather ~** Informationen sammeln, sich Informationen beschaffen; **gather ~ covertly** sich Informationen verdeckt beschaffen; **give ~** Aufschluss geben, Auskunft erteilen; **lay an ~** *(Bürger bei Polizei)* anzeigen, Anzeige erstatten; **refuse to disclose/give ~** Auskunft verweigern; **supply ~** Auskunft erteilen
information|, classified ~ Geheimsache; **official ~** Bescheid; **person-related ~** personenbezogene Informationen; **pertinent/relevant ~** sachdienliche Information; **unconfirmed ~** unbestätigte Information
information| board Hinweis-, Informationstafel; **~ desk** *(Firma, Verwaltung)* Auskunft; **~ material** Informationsmaterial; **~ office** Pressebüro; **~ officer** Presse|referent, -sprecher; **~ system** Informationssystem; **shared ~ system** gemeinsames Informationssystem
informer 1 Informant, Spitzel; 2 Denunziant; **run an ~** einen Informanten führen; **confidential ~ (CI)** Informant, Vertrauensperson (VP), verdeckter Ermittler
informing the police Benachrichtigung der Polizei
infraction Ordnungswidrigkeit (OWI), Verstoß
infringe ⚖ verletzen, *(Gesetz)* übertreten, verstoßen (gegen), zuwiderhandeln; **~ment** Zuwiderhandlung, Übertretung, Verstoß
in|furiate wütend machen; **~genious** einfalls-, erfindungsreich; **~genuity** Einfallsreichtum, Findigkeit; **~habitant** Be-, Einwohner; **~habited** bewohnt; **~hale** einatmen
inhibit hemmen; **~ion** Hemmung; **~ion level** Hemmschwelle
in-house hausintern
initial[1] *US* Anfangsbuchstabe (des zweiten Vornamens)
initial[2] (mit Anfangsbuchstaben) abzeichnen
initial[3] ursprünglich, erst-
initiate in die Wege leiten
initiative|, on the ~ of auf Veranlassung von; **take the ~** Initiative ergreifen
inject 1 🚗 einspritzen; 2 ⚕ ✗ spritzen
injection 1 Einspritzung; 2 Spritze, Einstichstelle; **have an ~** Spritze bekommen; **lethal ~** Giftspritze; **sedative ~** Beruhigungsspritze; **~ needle** Injektionsnadel; **~ spot** Einstichstelle
injector 🚗 Einspritzpumpe
injunction ⚖ einstweilige/richterliche Verfügung; **negative ~** Untersagungsverfügung
injure ⚕ verletzen
injured|[1]**, the ~** die Verletzten; **rescue the ~** Verletzte bergen; **have the ~ examined** Verletzte ärztlich untersuchen lassen
injured[2] verletzt; **seriously ~** schwer verletzt; **slightly ~** leicht verletzt; **~**

person verletzte Person, Verletzter; **seriously ~ person** Schwerverletzter; **slightly ~ person** Leichtverletzter

injuries|, multiple ~ mehrfache Verletzungen; **~ resulting from an accident** Unfallfolge

injury ⚕ Verletzung; **suffer/sustain an ~** Verletzung erleiden

injury, bodily ~ 1 *(Unfall)* Körperverletzung, 2 ⚖ Körperverletzung; **~ sustained on duty** im Dienst erlittene Verletzung; **bodily ~ caused by negligence** fahrlässige Körperverletzung; **bodily ~ caused by an officer of the law** Körperverletzung im Amt; **dangerous bodily ~** gefährliche Körperverletzung; **grievous/serious ~** schwere Körperverletzung

injury|, criminal ~ Verletzungsdelikt; **fatal ~** tödliche Verletzung; **intentional ~** vorsätzliche Körperverletzung; **internal ~** innere Verletzung; **minor/slight ~** leichte Verletzung; **personal ~** *(Unfall)* Körperverletzung, Personenschaden; **serious/severe bodily ~** schwere Verletzung

injury| ~ accident (Verkehrs)Unfall mit Personenschaden/Verletzten

injustice 1 Ungerechtigkeit; 2 ⚖ Unrecht

ink, colour-shifting ~ feature *(Banknote)* optisch variables Farbelement

Inland Revenue (IR) *GB (Behörde)* Finanzamt

inmate Gefängnisinsasse, Strafgefangener

innocence Unschuld; **protest one's ~** seine Unschuld beteuern; **prove one's ~** seine Unschuld beweisen

innocent unschuldig, schuldlos, nicht schuldig; **presumed ~ until proved/proven** *US* **guilty (in a court of law)** unschuldig, solange nicht rechtskräftig verurteilt

in|novative neu; **~nuendo** Unterstellung; **~numerable** unzählig; **~oculate** impfen; **~oculation** Impfung; **~operative** außer Betrieb; **~-patient** ⚕ stationär; **~put** Eingabe; **~quest** Todesermittlungen

inquire → enquire; inquiry → enquiry

inquisitiveness Neugier(de)

insane geisteskrank, wahnsinnig, verrückt; **~ person** Geisteskranker, psychisch Kranker

in|sanity Geisteskrankheit, Wahnsinn, Unzurechnungsfähigkeit; **~scription** Aufschrift; **~secure** *(psychisch)* unsicher; **~security** Unsicherheit; **~separable** untrennbar, unzertrennlich; **~sert** 1 einfügen; 2 *(Münze)* einwerfen; **overtake on the ~side** rechts überholen; **~sidious** hinterlistig; **~sight** Einblick; **~significant** unbedeutend, unwesentlich; **~sinuate** *(Sache usw)* unterstellen; **~sinuation** Andeutung, Unterstellung; **~sist on** bestehen auf; **~solence** Unverfrorenheit; **~solent** unverfroren; **~soluble** unlösbar; **~solvency** Konkurs; **~somnia** Schlaflosigkeit

inspect 1 kontrollieren, prüfen, sichten, Einsicht nehmen; 2 *(TÜV usw)* abnehmen

inspection 1 Kontrolle, (technische) Prüfung; 2 *(TÜV usw)* Abnahme; **~ of (the) files/records** Akteneinsicht; **~ certificate** Prüfbescheinigung

inspector *(in öffentl. Verkehrsmitteln usw)* Kontrolleur

instal(l) einbauen

installation *(Fabrik usw)* Anlage; **sanitary ~s** sanitäre Einrichtungen

instalment Rate, Teilzahlung; **pay off in ~s** abzahlen

instance 1 Beispiel; 2 ⚖ Instanz; **first/last ~** erste/letzte Instanz

instant Augenblick

in|stead of anstelle von; **~stigate** anstiften, anzetteln, aufstacheln; **~stigator** Anstifter

institution *(Institution)* Einrichtung, Anstalt; **correctional ~** *US* Justizvollzugsanstalt; **financial ~** Geldinstitut; **penal ~** *US* Justizvollzugsanstalt; **permanent ~** Dauereinrichtung

instruct 1 befehlen, anordnen, anweisen, beauftragen; 2 unter|richten, -weisen, belehren, einweisen, anleiten

instruction 1 Befehl, Anordnung, (An-)

Weisung, Verfügung; 2 Unterricht, Unterweisung, Belehrung, Einweisung, Ausbildung; **follow an ~** Anweisung befolgen; **bound by ~s** weisungsgebunden; **authorized to issue ~s** weisungsberechtigt

instructor Ausbilder, (Fach)Lehrer

instrument Tatwerkzeug; **bladed ~** messerartiger Gegenstand; **blunt ~** stumpfer Gegenstand; **statutory ~** Rechtsverordnung; **~ board/panel** Armaturenbrett

in|subordination Gehorsamsverweigerung; **~sufficient** ungenügend, unzureichend

insult[1] Beleidigung; **exchange/trade ~s** sich wechselseitig beleidigen

insult[2] beleidigen

insurance Versicherung(sgesellschaft); **~ against damage/loss** Schadensversicherung; **take out (an) ~** sich versichern, Versicherung abschließen; **comprehensive ~** Vollkasko(versicherung); **compulsory/mandatory/statutory ~** Pflichtversicherung; **medical ~** Krankenversicherung; **no-fault ~** Vollkasko(versicherung); **part-comprehensive ~** Teilkaskoversicherung; **third-party ~** Haftpflichtversicherung

insurance| card Versicherungskarte; **green/international ~ card** grüne Versicherungskarte; **~ claim** Versicherungsanspruch; **~ company** Versicherungs(gesellschaft); **~ cover/coverage** *US* Versicherungsschutz; **~ data** Angaben zur Versicherung; **~ fraud** Versicherungsbetrug; **~ numberplate** Versicherungskennzeichen; **~ policy** Versicherungs|police, -schein; **~ policy number** Versicherungsscheinnummer; **~ premium** Versicherungsprämie

insure versichern

insured[1]**, the ~** Versicherter, Versicherungsnehmer

insured[2] versichert

in|suree *US* Versicherter, Versicherungsnehmer; **~surer** Versicherer, Versicherung(sträger); **~take of alcohol** Alkoholaufnahme; **~tegration of foreigners** Ausländerintegration; **~tegrity** Unversehrtheit

intelligence Information; **compelling ~** überzeugende Informationen; **~ quotient (IQ)** Intelligenzquotient; **~ service** Nachrichtendienst; **~ system** Informationssystem; **~ test** Intelligenztest

in|temperate unbeherrscht; **~tend** beabsichtigen, vorhaben

intent ⚖ Absicht, Vorsatz; **fraudulent ~** betrügerische Absicht; **~ to kill** Tötungsabsicht

intention Absicht, Vorhaben; **~ to commit suicide** Selbstmordabsicht; **~al** absichtlich, vorsätzlich

intercede eingreifen, einschreiten

intercept 1 *(Brief, Schmuggelware)* abfangen; 2 *(Meldung, Funkspruch usw)* abhören; **~ion** 1 Abfangen; 2 Abhören

intercom 1 Rufanlage; 2 *(Haustür)* Sprechanlage; **~ button** Sprechtaste; **~ system** Rufanlage

intercourse Geschlechtsverkehr, Beischlaf; **oral ~** Oralverkehr; **sexual ~** Geschlechtsverkehr, Beischlaf; **have sexual ~** Geschlechtsverkehr durchführen; **interrupt sexual ~** Geschlechtsverkehr unterbrechen; **extramarital ~** außerehelicher Geschlechtsverkehr

interest 1 Interesse; 2 Zins; **reconcile divergent ~s** unterschiedliche Interessen ausgleichen; **personal ~** persönliches Interesse

interface 💻 Schnittstelle

interfere ein|greifen, -schreiten, sich einmischen; **~nce** Ein|griff, -schreiten, -mischung

interim Übergangs-

intermediary Mittelsmann, Vermittler, Moderator

intern Praktikant

Internal Revenue Service (IRS) *US (Behörde)* Finanzamt

International| Police Association (IPA) Internationale Polizeiassoziation (IPA); **~ Police Task Force (IPTF)** Polizei der Vereinten Nationen

internet surveillance Internetermittlung

interpret 1 deuten, auslegen; 2 dolmet-

schen, ~ation Auslegung; **~er** Dolmetscher; **sworn-in ~er** vereidigter Dolmetscher
interrogate befragen, vernehmen
interrogation Vernehmung; **~ technique** Vernehmungsmethode
interrupt unterbrechen; **~ someone** jemanden ins Wort fallen; **~ion** (Fahrt-) Unterbrechung
intersect sich kreuzen; **~ion** (Straßen-) Kreuzung, Autobahn|kreuz, -dreieck
interstate *US* Autobahn
inter-state zwischenstaatlich
interval 1 *(Veranstaltung usw)* Pause; 2 *(Zeit)* Abstand; **at regular ~s** in regelmäßigen Abständen
intervene ein|greifen, -schreiten, zugreifen, sich einmischen
intervention Ein|greifen, -schreiten, -mischung, Zugriff; **early ~** frühzeitiges Einschreiten; **mobile ~ squad** mobiles Einsatzkommando
interview[1] 1 Vernehmung; 2 Einstellungsgespräch
interview[2] vernehmen, befragen
interviewing Befragung; **~ of a witness** zeugenschaftliche Vernehmung
intimate intim
intimidate einschüchtern; **~d** verschüchtert
in|timidation Einschüchterung; **~toxicant** alkoholisches Getränk, berauschendes Mittel
intoxicate berauschen; **~d** alkoholisiert, betrunken
intoxicating berauschend, betrunken machend
intoxication *(Alkohol)* Rausch, Trunkenheit; **legal ~** zulässige Alkoholaufnahme; **~ test** Alkotest
in|toxilizer *US* Alkomat, Atemtestgerät; **~toximeter machine** Alkomat; **~transigent** unnachgiebig
intra-state innerstaatlich
in-tray *(Büro)* Eingangskorb
introduce einführen; **~ oneself** sich vorstellen; **~ someone** jemanden vorstellen
introduction Einführung
intrude eindringen; **~r** Eindringling
intrusion Eindringen
invade eindringen; **~r** Eindringling
invalid[1] Behinderter; **~ carriage** (motorisierter) Krankenfahrstuhl; **~ chair** Rollstuhl
invalid[2] ungültig; **~ate** für ungültig erklären, ungültig machen
invasion Einfall, Eindringen; **~ of privacy** Verletzung der Privatsphäre; **~ of personal privacy** Verletzung des Persönlichkeitsrechts
invent *(auch Geschichte)* erfinden; **~ion** Erfindung
inventory Bestand, Inventar; **total ~** Gesamtbestand; **~ control** Bestandsprüfung
invest *(Geld)* anlegen
investigate ermitteln, nachforschen, recherchieren, überprüfen, untersuchen, fahnden; **~ thoroughly** genau untersuchen
investigation 1 Ermittlung, Nachforschung, Überprüfung, Untersuchung, Fahndung; 2 polizeiliches Ermittlungsverfahren; **be under ~** ermittelt werden; **carry out ~s** Ermittlungen (durch)führen; **complete ~s** Ermittlung(en) abschließen; **conduct an ~** Ermittlungen (durch)führen; **perform ~s** *US* Ermittlungen (durch)führen; **start an ~** Ermittlung(en) einleiten
investigation|, covert ~ verdeckte Ermittlung(en); **financial ~s** Finanzermittlungen; **front-end ~s** erster Angriff; **joint ~** gemeinsame Ermittlung(en); **official ~** gerichtliche Untersuchung; **preliminary ~** Voruntersuchung; **further ~s** weitere Nachforschungen
investigation|, follow-up ~ (of a crime) Folgeermittlungen; **criminal ~ branch/department (CID)** 1 Kriminalpolizei; 2 Kriminalabteilung; **hit-and-run ~ team** Unfallfluchtermittlungsgruppe; **after ~s have been completed** nach Abschluss der Ermittlungen
investigative ermittelnd, Ermittlungs-
investigator 1 Kriminal-, Ermittlungs-

beamter, Ermittler, Fahnder; 2 Sachbearbeiter; **chief ~** Fahndungsleiter; **private ~** Privatdetektiv; **undercover ~** verdeckter Ermittler

in|vestment Investition; **~violability** Unverletzlichkeit; **~violable** unantastbar; **~voice** Rechnung

involve *(Verbrechen)* verwickeln; **~ someone in something** jemanden in etwas hineinziehen

involved|, be ~ in something an etwas beteiligt sein; **get ~ with someone** sich mit jemandem einlassen; **other persons ~** andere Beteiligte; **person ~ (in the accident)** *(Unfall)* Beteiligter; **those ~** die Beteiligten

involvement 1 *(Verbrechen)* Beteiligung, Verwicklung; 2 Engagement

IOU (I owe you) Schuldschein

iron| bar Eisenstange; **~ chain** Eisenkette

irregular vorschriftswidrig; **~ity** Vorschriftswidrigkeit

irrelevant nebensächlich, unerheblich, unwichtig

irrespective of ohne Rücksicht auf, unabhängig von, ungeachtet

irresponsible unverantwortlich, verantwortungslos

irrevocable unwiderruflich

irritable *(Person)* gereizt

irritate reizen

Islamic mohammedanisch, moslemisch

isolation ward ⚕ Quarantänestation

issuance *(Dokument usw)* Ausstellung

issue[1] 1 Thema; 2 Streit|frage, -punkt, Problem; 3 *(Buch, Zeitung)* Ausgabe; 4 *(Dokument usw)* Ausstellung; **address an ~** Thema ansprechen; **delicate/touchy ~** heikles Problem; **relevant to the ~** sachverhaltsrelevant; **first ~ of a driving licence** Ersterteilung einer Fahrerlaubnis

issue[2] 1 *(verteilen)* ausgeben; 2 *(Gesetz, Münze usw)* herausgeben; 3 *(Dokument usw)* ausstellen; 4 *(Haftbefehl)* erlassen; **~ someone with something** jemanden mit etwas ausrüsten; **~d by** *(Dokument usw)* ausgestellt von

issuing of commands Befehls|ausgabe, -gebung

item 1 Gegenstand; 2 Tagesordnungspunkt; **~s** Sachen; **~ of luggage/baggage** Gepäckstück; **confiscated ~** Einziehungsgegenstand; **misdirected ~** Irrläufer; **personal ~s** persönliche Gebrauchsgegenstände; **prohibited ~** verbotener Gegenstand; **unclaimed ~s** herrenloses Gut

itemize einzeln aufführen

itinerary Reiseplan

J

jack Wagenheber

jacket Jacke, Sakko; **fluorescent ~** reflektierende Jacke; **high-visibility ~** Warnkleidung; **protective ~** Schutzweste

jack knife[1] Klappmesser

jack-knife[2] *(Auflieger des Sattelschleppers, Wohnwagengespann)* sich querstellen; **~d** *(LKW)* eingeknickt

jail[1] Gefängnis, Justizvollzugsanstalt (JVA); **put into ~** einsperren

jail|break Gefängnisausbruch; **~breaker** Ausbrecher; **~ cell** Gefängnis-, Haftzelle; **~ clothing** Haftkleidung; **~ sentence** Freiheitsstrafe; **impose a ~ sentence** zu einer Freiheitsstrafe verurteilen

jail[2] einsperren

jam 1 Verkehrsstau; 2 Ladehemmung; **be in a ~** in der Klemme sein

janitor Hausmeister

jaw ⚕ Kiefer; **~s of life** Rettungsschere; **lower ~** Unterkiefer; **receding ~** zurückweichender Kiefer; **upper ~** Oberkiefer

jay-walker Person, die eine Straße vorschriftswidrig überquert *(Fußgängerverstoß)*

jealous eifersüchtig; **~y** Eifersucht; **~y killing** Mord aus Eifersucht

jeans|, faded blue ~ ausgewaschene Jeans; **~ jacket** Jeansjacke

Jehova's Witnesses Zeugen Jehovas

jemmy Brecheisen

jeopardize gefährden
jerk[1] Ruck, ruckartige Bewegung
jerk[2] rucken
jerry can Reservekanister
jersey *(Sport)* Trikot
jet 1 Düse; 2 Düsenflugzeug; 3 *(Flüssigkeit)* Strahl; ~ **of flame** Stichflamme; ~ **airplane** Düsenflugzeug; ~ **fighter** Düsenjäger; ~**ski** Wassermotorrad
jetty Anlegesteg, Landungsbrücke, Pier
Jew Jude
jewel Edelstein; ~**lery** Schmuck
Jewish jüdisch
jiggle bar Rüttelschwelle
job 1 Beruf, ausgeübte Tätigkeit; 2 Arbeitsplatz, (Arbeits)Stelle; ~**s for the boys** Klüngel, Filz; **do a good** ~ gute Arbeit leisten; **lose one's** ~ arbeitslos werden; **pull a** ~ *(coll)* ein Ding drehen *(coll)*
job|, inside ~ *(bei Straftat)* Beteiligung Betriebsangehöriger; **main** ~ Hauptberuf; **part-time** ~ Teilzeitbeschäftigung; **present** ~ derzeitiger Beruf
job| centre Arbeitsamt, Stellenvermittlung; ~ **description** Arbeitsplatzbeschreibung; ~**less** arbeitslos; ~ **prospects** berufliche Chancen; ~ **satisfaction** Mitarbeiterzufriedenheit; ~ **title** Berufsbezeichnung
jockey wheel *(Wohnwagen usw)* Stützrad
Johnny Law *(coll)* Polizei
join 1 *(Fluss, Straße)* einmünden; 2 mitmachen, sich anschließen, *(Polizei usw)* eintreten
joint[1] 1 Gelenk; 2 Haschisch-, Marihuanazigarette; 3 Bierkneipe; 4 Verbindungsstück
joint[2] gemein|sam, -schaftlich, Gemeinschafts-
joke Witz
jolt[1] Stoß
jolt[2] durchrütteln
jostle anrempeln, drängeln, schubsen
journey 1 Reise, Fahrt; 2 An-, Hinfahrt; **homeward** ~ Rückreise; **outward** ~ Hinfahrt; ~ **there** An-, Hinfahrt; ~ **there and back** Hin- und Rückfahrt; ~ **time** Fahrzeit
jowl, flabby ~**s** Hängebacken
joy Freude; ~**ride** Spritztour mit fremdem Kfz; ~**rider** 1 Person, die einen Wagen für eine Spritztour benutzt (hat); 2 Trittbrettfahrer; ~**riding** Spritztour mit fremdem Kfz, unbefugter Gebrauch eines Kfz
jubilee Jubiläum
judge Richter; ~ **and jury** Geschworenengericht, Richter und Geschworene; **bring before the** ~ vorführen; **municipal** ~ *(USA)* Amtsrichter; ~**'s order** richterliche Anordnung
judg(e)ment Urteil(svermögen), richterliche Entscheidung, Ermessen; ~ **for damages** Verurteilung zu Schadensersatz; **deliver a** ~ Urteil fällen/verkünden; **rescind a** ~ Urteil aufheben; **final** ~ rechtskräftiges Urteil
judicial gerichtlich, Gerichts-, richterlich, Justiz-, rechtlich, Rechts-
jug ears abstehende Ohren
juggernaut *(coll)* LKW
juice *(auch coll)* Saft
jumble sale Trödelmarkt
jump[1] Sprung; ~ **lead(s)** Starthilfe-, Überbrückungskabel
jump[2] springen, hüpfen; ~ **at someone** *(Schlägerei)* jemanden anspringen
jumper Pullover; ~ **cable** Starthilfekabel
jumping the (red) lights Rotlichtverstoß
jumpy nervös
junction 1 (Straßen)Einmündung, Abzweigung, Kreuzung; 2 (Autobahn-) Anschlussstelle, Autobahn|ausfahrt, -einfahrt, -ein- und –ausfahrt, -dreieck, -kreuz
junk Trödel; ~**-dealer** Trödler
junkie *(coll)* Drogenabhängiger
junkyard Autofriedhof
juridical juristisch, Justiz-
jurisdiction 1 Justiz, Rechtsprechung, Gerichtsbarkeit, Hoheitsgewalt; 2 Gerichtsbezirk, Geltungs-, Kompetenzbereich, Zuständigkeit(sbereich); **be subject to the** ~ **of ....** der Gerichtsbarkeit von .... unterworfen sein; **come under**

the ~ of unter die Zuständigkeit fallen von; **civil ~** Zivilgerichtsbarkeit; **criminal ~** Strafgerichtsbarkeit; **local ~** örtliche Zuständigkeit; **ordinary ~** ordentliche Gerichtsbarkeit
juror Geschworene(r)
jury *(Gesamtheit)* die Geschworenen; **~man** Geschworener; **~woman** Geschworene
justice 1 Justiz, 2 Gerechtigkeit; **~ of the peace (JP)** *GB* Schiedsmann, Friedensrichter; **bring someone to ~** *(Strafrecht)* jemanden vor Gericht bringen; **dispense ~** Recht sprechen; **criminal ~** Strafgerichtsbarkeit, Strafjustiz; **restorative ~** Täter-Opfer-Ausgleich; **~ department** *US* Justizministerium
justifiable gerechtfertigt
justification Berechtigung, Rechtfertigung; **legal ~** Rechtfertigungsgrund
justified gerechtfertigt
justify begründen, rechtfertigen
juvenile[1] Jugendlicher, Minderjähriger; **not suitable for ~s** jugendgefährdend
juvenile[2] jugendlich

K

K-9| officer *US* Diensthundeführer; **~ unit** Diensthundestaffel
keel ⚓ Kiel
keen begierig
keep (auf)bewahren, verwahren, (bei)behalten, einbehalten; **~ off/out** *(Schild)* Betreten/Zutritt verboten; **~ on** weiterfahren; **~ up** aufrechterhalten; **~ to the left/right** links/rechts fahren; **~ out of something** sich aus etwas heraushalten; **~ straight on** geradeaus weiterfahren
keeper Kfz-Halter, Fahrzeughalter; **~ of the animal** Tierhalter
keeping Aufbewahrung
kennel (Hunde)Zwinger
kerb Bord-, Randstein
key Schlüssel; **duplicate ~** Nach-, Zweitschlüssel; **front-door ~** Hausschlüssel; **spare ~** Zweitschlüssel; **square-section ~** Vierkant(schlüssel)
key|board 1 💻 Tastatur; 2 Schlüsselbrett; **(electronic) ~card** *(Hotelzimmer)* Codekarte, Zimmerschlüssel; **electronic ~ fob** Fernbedienung für Zentralverriegelung; **~hole** Schlüsselloch; **~pad** *(☎, Taschenrechner usw)* Tastatur; **~pad lock** *(Handy)* Tastatursperre; **~ point** Kernpunkt; **~ ring** Schlüsselring; **~ ring pendant** Schlüsselanhänger; **~ role** Schlüsselrolle; **~ service** Schlüsseldienst; **~ witness** Hauptzeuge
kick[1] (Fuß)Tritt
kick[2] treten; **~ in** *(Tür usw)* eintreten, aufstoßen; **~ out** hinauswerfen
kid *(coll)* Kind, Jugendlicher; **handle someone with ~ gloves** jemanden mit Samthandschuhen anfassen
kidnap *(Person)* entführen; **~per** Entführer
kidnapping 1 Entführung, Menschenraub; 2 Kindesentführung; **~ with the kidnapped person's consent** Entführung mit Zustimmung des/der Entführten; **~ threat** Entführungsdrohung
kidney Niere; **~ belt** Nierengurt
Kiel Canal Nord-Ostsee-Kanal
kill (er)morden, töten; **~ someone** jemanden umbringen; **be out/try to ~ someone** jemandem nach dem Leben trachten; **threaten to ~ someone** jemanden mit dem Tode bedrohen; **be ~ed** umkommen, ums Leben kommen; **~er** Mörder; **serial ~er** Serien-, Massenmörder
killing Ermordung, Tötung; **~ by failing to render assistance** Tötung durch Unterlassen; **~ on demand** Tötung auf Verlangen; **involuntary ~** fahrlässige Tötung; **unintentional ~** unbeabsichtigte Tötung; **~ spree** Mordserie
kind Sorte
King's/Queen's evidence *GB* Kronzeuge
kinship Verwandtschaft
kiss of life ⚕ Mund-zu-Mund-Beatmung; **give someone the ~** jemanden von Mund zu Mund beatmen

kit *(Werkzeug usw)* Satz; **first-aid ~** Erste-Hilfe-Kasten; **hands-free ~** ☎ Freisprechanlage; **personal ~** persönliche Ausstattung
kitbag Seesack
kitchen Küche; **~ knife** Küchen-, Haushaltsmesser
knee|cap Kniescheibe; **~ joint** Kniegelenk
kneel knien
knife|, attack someone with a ~ jemanden mit einem Messer angreifen; **draw a ~** Messer ziehen; **~ attack** Angriff mit einem Messer; **~ blade** Messerklinge; **~point** Messerspitze
knifer Messerstecher
knife| ~ thrust Messerstich; **~ wound** Stichwunde
knifing Messerstecherei
knob Knauf
knock[1] on the chin Kinnhaken
knock[2] 1 klopfen; 2 schlagen; **~ against** stoßen gegen; **~ back** *(Getränk)* hinunterkippen; **~ down** 1 *(Person)* überfahren; 2 niederschlagen; **~ over** umstoßen
knocker Türklopfer
knock-kneed, be ~ X-Beine haben
knock-knees X-Beine
knot *(auch* ⚓*)* Knoten
know[1], be in the ~ eingeweiht sein
know[2] kennen, wissen; **~ personally** persönlich kennen; **I don't ~** damit bin ich überfragt
knowingly wissentlich
knowledge Kenntnis, Wissen; **to the best of one's ~ and belief** nach bestem Wissen und Gewissen; **detailed ~** Detailkenntnisse; **expert ~** Fachkenntnisse, Sachkenntnis; **general ~** Allgemein|bildung, -wissen; **local ~** Ortskenntnis; **previous ~** Vorwissen
known bekannt; **become ~** sich herumsprechen; **also ~ as (aka); otherwise ~ as** alias, auch bekannt unter dem Namen; **last ~** *(Anschrift usw)* zuletzt bekannt
knuckle (Finger)Knöchel; **~duster** Schlagring
Koran Koran
Kraut *GB (verächtlich)* Deutscher
Krooklock™ (mechanische) Wegfahrsperre

L

lab(oratory) Labor; **forensic ~** gerichtsmedizinisches Institut, kriminaltechnisches Labor
label Etikett, Anhänger; **~ling requirement** Kennzeichnungspflicht
labor union *US* Gewerkschaft
labour|, subcontracted ~ Leiharbeit; **~ exchange** Arbeitsamt
laceration ⚕ Risswunde
lack[1] *(Knappheit)* Mangel; **~ of care** Fahrlässigkeit, Verletzung der Sorgfaltspflicht; **~ of confidence** Mangel an Vertrauen; **~ of evidence** Mangel an Beweisen; **~ of experience** Mangel an Erfahrung; **~ of oxygen** Sauerstoffmangel
lack[2] fehlen
lad Bursche, Junge
ladder *(Gerät)* Leiter; **rear(side) ~** *(Wohnmobil usw)* Heckleiter
laden beladen
ladies'| bicycle/bike Damenfahrrad; **~ clothes/wear** Damenbekleidung; **~ toilet** Damentoilette; **~ underwear** Damenunterwäsche; **~ watch** Damenuhr
lager lout alkoholisierter Rowdy
lake See
Lake Constance Bodensee
lakeside[1] Seeufer
lakeside[2] am See gelegen
lame, be/walk ~ lahmen
lamp|, rear/tail ~ Rück|leuchte, -licht; **~ post** Laternenpfahl
land[1] Grundbesitz
Land of the Federal Republic of Germany Bundesland
land, military ~ Militärgelände
land[2] landen
landfill (site) Müll|deponie, -kippe
landing 1 🏠 Treppenabsatz; 2 Landung; 3 *US* Bootssteg, Landungsbrücke; ~

stage Bootssteg; ~ **strip** ✈ Piste, Landeplatz

land|lady 1 Vermieterin; 2 (Gast)Wirtin; **~lord** 1 Vermieter; 2 (Gast)Wirt; **~lord-tenant dispute** Mietstreitigkeit; **~mark** Orientierungspunkt, Wahrzeichen, weithin sichtbares Erkennungszeichen; ~ **register** Grundbuch; **~slide** Erdrutsch

lane 1 Fahr|bahn, -streifen, -spur; 2 Feldweg, Gasse; **cut into the left/right** ~ links/rechts einscheren; **get in(to)** ~ sich einordnen; **get/move into the left-hand** ~ sich links einordnen

lane|, closed ~ gesperrter Fahrstreifen; **fast/left/outside/overtaking/passing** ~ linker Fahrstreifen, Überholspur; **left-turn** ~ Linksabbiegespur; **narrow** ~ verengter Fahrstreifen; **oncoming/opposite** ~ Gegenfahrbahn; **right-turn** ~ Rechtsabbiegespur; **runaway** ~ *US* ▽ *(Bremsversagen)* Notweg, Auslaufstrecke; **slow** ~ rechter Fahrstreifen; **through** ~ durchgehender Fahrstreifen

lane| assist *(LKW)* Spurassistent; ~ **change** Fahrstreifen-, Spurwechsel; **abrupt ~ change** plötzlicher Fahrstreifenwechsel; **unsignalled ~ change** Fahrstreifenwechsel ohne Blinkzeichen; ~ **line** Leitlinie; ~ **marking** Fahrstreifenmarkierung; ~ **sideline** Fahrstreifenbegrenzung; ~ **signal** Dauerlichtzeichen

language Sprache; ~ **of the country** Landessprache; **in your** ~ in Ihrer Muttersprache; **proficient in a** ~ sprachkundig; **abusive** ~ beleidigende Sprache; **bad** ~ Kraftausdrücke; **deaf-and-dumb** ~ Taubstummensprache; **foreign** ~ Fremdsprache; **insulting/offensive** ~ beleidigende Worte; **national** ~ Landessprache; **obscene** ~ obszöne Sprache; **official** ~ Amtssprache; **special** ~ Fachsprache; **spoken** ~ gesprochene Sprache; **strong** ~ Schimpfworte; ~ **barrier** Sprachbarriere ~ **problem** Sprachschwierigkeiten; ~ **skills** Sprachkenntnisse; ~ **test** Sprachtest

lantern Handlampe

lap| belt Beckengurt; ~ **and diagonal belt** Dreipunktgurt

lapse ⚖ verfallen

larceny *US* Diebstahl; **grand/severe** ~ schwerer Diebstahl; **petty** ~ Diebstahl geringwertiger Sachen

large, at ~ auf der Flucht

larynx Kehlkopf

laser set Lasergerät *(zum Überwachen der Geschwindigkeit)*

lash Wimper

last[1] dauern

last[2] vorherig

latch Riegel

late|, be ~ sich verspäten; **~ly** in der letzten Zeit

Latin American lateinamerikanisch

Latino *US* Person lateinamerikanischer Herkunft

latter, the ~ letztere, -r, -s

laugh lachen; **~ter** Gelächter

laundry Wäsche

lavatory Toilette

law 1 Recht; 2 Gesetz; **be above the** ~ über dem Gesetz stehen; **against the** ~ rechtswidrig; **by/in law** von Amts wegen; **outside the** ~ 1 außerhalb des Gesetzes; 2 nicht im Einklang mit dem Recht; **act outside the** ~ sich rechtswidrig verhalten; **the** ~ *(coll)* Polizei; **under German** ~ nach deutschem Recht; **within the** ~ im Rahmen des Gesetzes, rechtmäßig; ~ **of contract** Schuldrecht; **~s in force** geltendes Recht; ~ **of the jungle** Faustrecht

law and order öffentliche Sicherheit und Ordnung, Recht und Gesetz; **enforce** ~ Recht und Gesetz durchsetzen; **maintain** ~ öffentliche Sicherheit und Ordnung aufrechterhalten; **restore** ~ öffentliche Sicherheit und Ordnung wiederherstellen

law on police powers Eingriffs-, Polizeirecht

law|, amend a ~ Gesetz novellieren; **bend the** ~ Recht beugen; **break the** ~ sich rechtswidrig verhalten, gegen ein Gesetz verstoßen, Gesetz übertreten; **circumvent a ~** Gesetz umgehen; **comply with the ~** Gesetze einhalten; **construe a ~** Gesetz auslegen; **enforce the ~** für Recht und Gesetz sorgen, Recht und Gesetz durchsetzen; **fix by ~** durch Gesetz festlegen; **go to ~** den Rechtsweg beschreiten, vor Gericht gehen; **infringe a ~** gegen ein Gesetz verstoßen, Gesetz übertreten; **observe a ~** Gesetz beachten/einhalten; **repeal a ~** Gesetz außer Kraft setzen; **take the ~ into one's own hands** Selbstjustiz üben, zur Selbsthilfe greifen; **violate a ~** gegen ein Gesetz verstoßen, Gesetz übertreten; **violate the ~** Recht verletzen

law|, according to (the) ~ nach dem Gesetz, von Amts wegen; **according to German ~** nach deutschem Recht; **administrative ~** Verwaltungsrecht; **civil ~** Zivilrecht; **commercial ~** Handelsrecht; **common/customary ~** Gewohnheitsrecht; **constitutional ~** Staats-, Verfassungsrecht; **contrary to German ~** deutschem Recht entgegenstehend; **criminal ~** Strafrecht; **domestic ~** nationales Recht; **federal ~** 1 Bundesgesetz; 2 Bundesrecht; **international ~** internationales Recht; **military ~s** Wehrgesetze; **national ~** nationales Recht; **operational ~** Einsatzrecht; **penal ~** Strafrecht; **private ~** Zivilrecht; **procedural ~** Verfahrensrecht; **public ~** öffentliches Recht; **public service ~** öffentliches Dienstrecht; **statute/statutory ~** geschriebenes Recht; **unwritten ~** ungeschriebenes Gesetz, Gewohnheitsrecht

law|-abiding gesetzestreu; **~breaker** Gesetzesbrecher; **~ court** Gericht

law enforcement *(Polizei)* Strafverfolgung; **~ agency** (Straf)Verfolgungsbehörde; **~ officer/official** Hilfsbeamter der Staatsanwaltschaft, Strafverfolgungsbeamter; **~ personnel** Polizeikräfte

law| firm (Rechts)Anwalts|kanzlei, -praxis; **~ful** rechtmäßig; **~ gazette** Gesetzblatt; **~man** *US (coll)* Polizeibeamter

lawn Rasen; **~-mower** Rasenmäher

law officer Amtsanwalt

Law Society *GB* Rechtsanwaltskammer

lawsuit (Zivil)Klage, Rechtsstreit, Zivilprozess

lawyer Jurist, Rechtsanwalt; **appoint/retain a ~** Rechtsanwalt nehmen; **~'s fee** Anwaltshonorar

laxative ⚕ Abführmittel

lay (down) legen

lay|about Gammler; **~-by** 1 Halte-, Parkbucht, Parkstreifen; 2 Rast-, Autobahnparkplatz

layer Schicht; **~ of dirt** Schmutzschicht; **~ of dust** Staubschicht; **~ of management** Führungsebene; **~ of mud** Schlammschicht

lay magistrate *(England, Wales, Laie, ehrenamtlich)* Amtsrichter

layman Laie, Nichtfachmann

lazy faul

leach durchsickern

lead[1] Blei

lead[2] 1 Spur, Hinweis; 2 *(Abstand)* Vorsprung; 3 *(Hund)* Leine; **follow a ~** Spur verfolgen; **get a ~** Hinweis bekommen; **false ~** falsche Spur; **~ car** Führungsfahrzeug

lead[3] (an)führen, leiten; **~ off** *(Nebenvon Hauptstraße)* wegführen

leader (An)Führer, Leiter; **~ship** Menschenführung; **~ship principles** Führungsgrundsätze

leaflet Broschüre, Falt-, Flug-, Merkblatt, Handzettel

leak[1] undichte Stelle, Leck

leak[2] 1 undicht/leck sein, lecken, *(Ladung usw)* auslaufen, *(Gas)* ausströmen; 2 *(Information)* zuspielen; **~age** Leck, Ladungsaustritt; **~-proof** *(undurchlässig)* dicht

lean 1 hager; 2 *(Benzingemisch)* mager

leap[1] Sprung; **~ year** Schaltjahr

leap[2] hüpfen, springen

learner driver Fahranfänger, Fahrschüler; **~'s licence** Anfängerfahrerlaubnis

lease[1] 1 Mietvertrag; 2 Pacht

lease[2] 1 mieten; 2 pachten

leash *US (Hund)* Leine

leather Leder; **artificial ~** Kunstleder; **~ belt (for carrying equipment)** Koppel
leave[1] Urlaub, Beurlaubung; **grant ~** beurlauben; **annual ~** Jahresurlaub; **exceptional ~** unbezahlter Urlaub; **maternal ~** *(Mutter)* Erziehungsurlaub; **parental ~** Erziehungsurlaub; **paternal ~** *(Vater)* Erziehungsurlaub; **special ~** Sonderurlaub; **unpaid ~** unbezahlter Urlaub
leave[2] 1 verlassen, sich entfernen, weg-, hinausgehen; 2 abfahren, abreisen, weg-, fortfahren, abfliegen; 3 *(Kfz usw)* abstellen, stehen lassen; 4 hinterlassen; **~ someone behind** jemandem davonfahren; **~ something behind** etwas zurücklassen; **~ it to someone to do something** *(Tätigkeit)* jemandem etwas überlassen; **~ out** aus-, weglassen
leaves Laub
leaving the country Ausreise
lectureship Lehrauftrag
ledge *(Fels)* Vorsprung
lee Windschatten; **~way** Freiraum
left|, on the ~ zur Linken; **to the ~** nach links; **keep ~** sich links halten
left|overs Speisereste; **~-wing** linksradikal
leg|, pull someone's ~ jemanden auf den Arm nehmen; **spread one's ~s** Beine auseinander machen; **artificial ~** Beinprothese; **bandy ~s** O-Beine; **lower ~** Unterschenkel; **steady ~** *(Wohnwagen)* Kurbelstütze
legal 1 juristisch, rechtlich, Rechts-; 2 rechtmäßig
legalese *(coll)* Juristen-, Gesetzessprache
legality Rechtmäßigkeit
leggings Beinlinge
legible leserlich
legislation Gesetzgebung; **tighten up ~** Gesetze verschärfen; **subordinate ~** nachgeordnete Gesetzgebung
legislative gesetzgebend
legislator Gesetzgeber
legitimacy Rechtmäßigkeit
legitimate legal, legitim, rechtmäßig
leisure|, at ~ nach Belieben; **~ time** Freizeit
lemonade Limonade
lend aus-, verleihen
length Länge; **excessive ~** Überlänge; **~ of hair** Haarlänge; **~ of stay** Aufenthaltsdauer
leniency *(Strafe)* Milde
lenient mild
lens Brillenglas, Linse; **wide-angle ~ for rear windows** Weitwinkellinse für Heckfenster
Le Shuttle Pendelzug unter dem Ärmelkanal
lessee Leasingnehmer, Pächter
lesson 1 *(Unterricht)* Stunde; 2 Denkzettel; **teach someone a ~** jemandem einen Denkzettel verpassen
lessor Leasinggeber
let vermieten; **~ down** *(Autofenster)* herunter kurbeln; **~ someone down** jemanden im Stich lassen; **~ in(to)** hineinlassen; **~ off** davonlassen; **~ someone have something** jemandem etwas überlassen; **~ through** durchlassen
lethal tödlich
letter 1 Brief; 2 Buchstabe; **International Letter of Request (ILOR)** internationales Rechtshilfeersuchen; **anonymous ~** anonymer Brief; **block/printed ~s** Blockschrift; **capital ~** Großbuchstabe; **circular ~** Rundbrief; **misdirected ~** Irrläufer; **printed ~** Druckbuchstabe; **printed ~s** Druckschrift; **registered ~** Einschreibebrief; **small ~** Kleinbuchstabe; **threatening ~** Drohbrief
letter| bomb Briefbombe; **~ box** Briefkasten; **~ box company** Briefkastenfirma; **~ opener** Brieföffner; **~s rogatory** Amtshilfe-, Rechtshilfeersuchen
level 1 Höhe, Niveau; 2 *(fig)* Ebene; 3 Stadium; 4 *(Gewässer)* Pegel; **~ of command** Führungsebene; **~ of government** Regierungs-, Verwaltungsebene
level|, divisional ~ Inspektionsebene; **at the highest ~** auf höchster Ebene; **low ~** *(Fluss)* Niedrigwasser; **national ~**

Bundesebene, nationale Ebene; **regional** ~ regionale Ebene; **same** ~ gleiche Ebene

level| control 🚘 Niveauregelung; ~ **crossing** (schienengleicher) (Bahn)Übergang; **(un)gated** ~ **crossing** (un)beschrankter Bahnübergang; ~ **crossing attendant** Schrankenwärter; **~-headed** besonnen

lever *(auch am Notruftelefon)* Hebel; **foot-operated** ~ Fußhebel

liability Haftung, Haftpflicht; ~ **for damage/loss** Schadenshaftung; ~ **for an offence** Strafbarkeit; **establish** ~ Haftung nachweisen; **(public)** ~ **insurance** Haftpflichtversicherung; ~ **insurer** Haftpflichtversicherer

liable haftbar; **be** ~ haften; **be** ~ **to** *(Vorschrift)* unterliegen

liaise Verbindung aufnehmen

liaison|, establish ~ Verbindung aufnehmen; **maintain** ~ Verbindung halten; ~ **office** Verbindungsbüro; ~ **officer** Verbindungsbeamter

liar Lügner

libel[1] Verleumdung

libel[2] verleumden; **~lous** verleumderisch

liberate *(in Freiheit setzen)* befreien

liberation Befreiung

liberty Freiheit

library Bibliothek

licence 1 (behördliche) Genehmigung, Konzession; 2 *(Dokument)* Zulassung; 3 Führerschein; ~ **for one day** Tageszulassung; ~ **to buy ammunition** Munitionserwerbsschein; ~ **to possess firearms** Waffenbesitzkarte; ~ **to transport hazardous goods** Zulassung zur Beförderung gefährlicher Güter; ~ **to sell liquor for consumption on the premises** Schankerlaubnis; ~ **to carry passengers** Personenbeförderungsschein

licence|, expired ~ abgelaufene Zulassung; **military (driving)** ~ Militärführerschein; **qualifying** ~ Befähigungsnachweis; **suspended** ~ eingezogener Führerschein

licence| number amtliches Kennzeichen, Zulassungsnummer; ~ **plate** amtliches Kennzeichen, Kennzeichenschild; ~ **plate lamp/light** Kennzeichenbeleuchtung; ~ **plate number** amtliches Kennzeichen

licensing *(Vorgang)* Zulassung(sverfahren); ~ **authority** Zulassungs|behörde, -stelle; ~ **certificate/document** Zulassungsbescheinigung; ~ **document for case-by-case/occasional services** *(Bus)* Genehmigungsurkunde Gelegenheitsverkehr; ~ **document for scheduled services** Genehmigungsurkunde Linienverkehr; ~ **hours** Schankzeiten; ~ **regulations** Straßenverkehrszulassungsordnung (StVZO), Zulassungsvorschriften; ~ **requirement** Genehmigungspflicht; **subject to** ~ **requirements** genehmigungspflichtig

licensure *US* Zulassungsverfahren

lid 1 Klappe; 2 *(Tankwagen)* Tankdeckel; **hinged** ~ 1 Klappe; 2 *(Tankwagen)* Tankdeckel

lie[1] Lüge; **white** ~ Notlüge; ~ **detector** Lügendetektor

lie[2] 1 lügen, die Unwahrheit sagen; 2 liegen; ~ **around** herumliegen; ~ **down** sich hinlegen

lieu, in ~ **of** anstelle von

life ⚖ lebenslänglich; **appointed for** ~ auf Leb(ens)zeit ernannt; **for** ~ lebenslänglich; **not on your** ~ ich denke nicht daran; **run for one's** ~ um sein Leben rennen; **save someone's** ~ jemandem das Leben retten; **risk** ~ **and limb** Haut und Haar riskieren; **double** ~ Doppelleben; **private** ~ Intimsphäre

life|belt Rettungsring; **~boat** 1 Rettungsboot; 2 Seenotrettungskreuzer; **~-endangering** lebensgefährlich; ~ **imprisonment/sentence** lebenslange Freiheitstrafe; ~ **insurance** Lebensversicherung; ~ **jacket** Rettungsweste; ~ **raft** Rettungsfloß; **~style** Lebensstil; **~-threatening** lebensgefährlich; ~ **vest** Schwimmweste;

lift[1] 1 Aufzug; 2 Hebebühne; 3 Mitfahrgelegenheit; **get/thumb a** ~ per Anhalter fahren; **give someone a** ~ jemanden (im Kfz) mitnehmen; **hydraulic ~** Hebebühne

lift[2] 1 heben; 2 *(Genehmigung usw)* aufheben; 3 *(coll)* stehlen

liftback (PKW mit) Fließheck

lifting| of a ban Aufhebung eines Verbotes; **~ of blockades** Öffnen von Blockaden; **~ of immunity** Aufhebung der Immunität; **~ of restrictions** Aufhebung von Beschränkungen; **~ roof** 🚘 Hubdach

light[1] 1 Lampe; 2 *(für Zigarette)* Feuer; **come to ~** an den Tag/ans Licht kommen; **additional ~s** Zusatzscheinwerfer; **back ~(s)** Rück|leuchte, -licht; **back-up ~(s)** *US* Rückfahrscheinwerfer; **flash(ing) ~** 1 Blink|leuchte, -licht; 2 Blitzleuchte; **additional flashing~** Zusatzblitzleuchte; **flashing amber ~** *(Ampel)* gelbes Blinklicht; **flashing blue ~** *(Polizeifahrzeug)* Blaulicht; **flashing red ~** rotes Blinklicht; **flashing yellow ~** Gelblicht; **portable flashing ~** Nissenleuchte; **rear ~** Rück|leuchte, -licht; **naked ~** offene Flamme; **rotating blue ~** Blaulicht; **warning ~** Kontroll|lampe, -leuchte

light[2] 1 ausleuchten; 2 *(Zigarette)* anzünden; **~ up** 1 aufleuchten; 2 beleuchten

light[3] 1 *(Gewicht)* leicht; 2 *(Tageszeit)* hell; 3 *(Verkehr)* gering

light| bar Lichtleiste *(auf Polizeifahrzeug)*; **~ beacon** Leuchtbake; **~ buoy** Leuchtboje; **~ conditions** Lichtverhältnisse; **~er** Feuerzeug; **~house** Leuchtturm

lighting Beleuchtung; **~ cable** Lichtleitung; **~ conditions** Lichtverhältnisse; **~ pole** Lichtmast; **~ system** Lichtanlage

light|ning Blitz; **~ pole** Lichtmast

lights 1 🚘 Beleuchtung(sanlage); 2 Ampel; 3 Beleuchtungsgeräte; **dim/dip one's ~** abblenden; **additional ~** Zusatzleuchten; **bright ~** Fernlicht; **dimmed/dipped ~** Abblendlicht; **switch on the dimmed/dipped ~** Abblendlicht einschalten; **pedestrian-controlled/-operated ~** Bedarfsampel; **jump the (red) ~** bei Rot über die Ampel fahren

light| signal Lichtsignal; **~ switch** Lichtschalter; **~ test** Lichttest; **~ wire** Lichtleitung

likelihood Wahrscheinlichkeit

likely wahrscheinlich

likewise ebenso

lilo Luftmatratze

limb Glied; **~s** Gliedmaße; **artificial ~** *(Gliedmaßen)* Prothese

limit Begrenzung, Grenzwert; **off ~s** 1 *(Schild)* Zutritt verboten; 2 ⚔ verboten; **legal ~** Promillegrenze; **per mil ~** Promillegrenze; **way above the ~** weit über der (zulässigen) Grenze; **be way over the ~** 1 viel zu schnell fahren; 2 weit über der (gültigen) Promillegrenze liegen

limitation 1 Begrenzung, Einschränkung; 2 Verjährung; **~ of liability** Haftungsbeschränkung; **~ period** Verjährungsfrist

limousine 1 PKW; 2 Straßenkreuzer; 3 *US* großes Taxi; **armoured ~** gepanzerter PKW

limp hinken, humpeln

line[1] 1 Strich; 2 (Telefon)Leitung, Telefonanschluss; 3 🚂 Strecke; 4 *US* (Warte)Schlange; **the ~ is bad/poor** ☎ die Leitung ist gestört; **the ~ is busy/ engaged** *US* ☎ die Leitung ist besetzt;**~ of communication** Verbindungs|linie, -weg; **~ of fire** Schusslinie; **stand in ~** Schlange stehen; **take a hard ~** energisch/hart/konsequent durchgreifen

line|, continuous ~ ununterbrochene weiße Linie; **dashed ~** ▽ Strichlinie; **high-tension/high-voltage ~** Hochspannungsleitung; **horizontal ~** Querstrich; **side-of-pavement ~** Leitlinie *(am Fahrbahnrand)*; **transverse ~** Querlinie *(auf Fahrbahn)*; **wavy ~** Schlangenlinie; **double white ~ with a broken white line nearest you** ununterbrochene weiße Linie mit unterbrochener Linie auf der eigenen Seite; **unbroken white ~** ununterbrochene weiße Linie

lined *(Kleidung)* gefüttert
line measure *(Glas)* Eichstrich
line[2] up *US* sich anstellen
lineup Wahlgegenüberstellung
lingo *(coll)* Fachsprache
lining *(Kleidung)* Futter
link[1] 1 Binde-, Verbindungsglied; 2 *(Verkehrsmittel)* An-, Verbindung; ~ **between offenders** Täterverbindung; ~ **road** Autobahnzubringer
link[2] in Verbindung bringen; ~**ed** verbunden
link-up Koppelung
lip Lippe; **lower** ~ Unterlippe; **swollen** ~**s** geschwollene Lippen, **upper** ~ Oberlippe; ~**stick** Lippenstift
liqueur Likör
liquid Flüssigkeit; **flammable** ~**s** entzündbare flüssige Stoffe
liquor|, (hard/strong) ~ Schnaps; ~ **licence** Schankerlaubnis
list[1] Liste, Verzeichnis; ~ **of personal belongings/items** Effektenliste; ~ **of beverages** *(Restaurant)* Getränkekarte; ~ **of prescription-only drugs** rote Liste; ~ **of confiscated/seized items** Verzeichnis der beschlagnahmten Gegenstände; ~ **of names** Namensliste; ~ **of penalties** Bußgeldkatalog; ~ **of warning fines** Verwarnungsgeldkatalog; **black** ~ schwarze Liste; **be on the sick** ~ krank(gemeldet) sein; **put someone on the sick** ~ jemanden krank schreiben; **this ~ does not claim to be comprehensive** die Liste erhebt keinen Anspruch auf Vollständigkeit
list[2] auflisten
listen (to) zuhören, anhören, mithören; ~ **in** *(zweiter Telefonhörer)* mithören
list price Listenpreis
lit *(Straße)* ausgeleuchtet; **poorly** ~ schlecht ausgeleuchtet
literal wörtlich
litigant prozessführende Partei; **vexatious** ~ ⚖ Querulant
litigate (vor Gericht) streiten, prozessieren
litigation Prozess, Rechtsstreit; ~ **insurance** Rechtsschutzversicherung
litter[1] *(herumliegende Verpackungen usw)* Abfall; ~ **bin** Abfallbehältnis
litter[2] *(Abfall)* verunreinigen
live|[1] on sich ernähren von; ~ **rough** *(Wohnsitzlose)* im Freien leben; ~ **together** zusammenleben
live[2] ⚡ eingeschaltet, stromführend; **be** ~ unter Spannung stehen
livelihood Lebensgrundlage
lively lebhaft
liver spot ⚕ Leberfleck
livestock Vieh; **straying** ~ Tiere auf der Fahrbahn; ~ **disease** Viehseuche
lividity, post-mortem ~ Leichen-, Totenfleck
living Lebensunterhalt; **high** ~ aufwendiger Lebenswandel; ~ **conditions** Lebensbedingungen
load[1] Ladung, Last; **fix/secure the** ~ Ladung befestigen/sichern; **fifth-wheel** ~ Sattellast; **high-risk** ~ Gefahrgut; **mixed** ~ Sammel-, Zusammenladung; **oversize/wide** ~ Großraum- und Schwertransport, übergroße Ladung; **maximum permissible** ~ Nutzlast; **precious** ~ wertvolle Ladung; **towed** ~ Anhängelast; **wide** ~ Überbreite
load[2] 1 (be-, auf-, ver)laden; 2 🔫 laden; ~ **and lock** 🔫 fertigladen und sichern
loaded *(Adjektiv)* beladen; **heavily** ~ schwerbeladen; ~ **and locked** 🔫 fertiggeladen und gesichert; ~ **and made safe (no round in chamber); ~ with safety on (no round in chamber)** 🔫 teilgeladen
loading| and unloading permitted *(Schild)* Be- und Entladen gestattet; **no ~ or unloading** *(Schild)* Be- und Entladen verboten; ~ **edge** Ladekante; ~ **gauge** Lademaß; ~ **platform** 1 Ladelfläche, -pritsche; 2 Laderampe; ~ **ramp** Laderampe; ~ **space** Laderaum; ~ **tailgate** Ladebordwand
loaf| about herumlungern; ~**er** Slipper
loan[1] Kredit; ~ **shark** Kredithai
loan[2] (ver)leihen
lobe Ohrläppchen
local[1] 1 Einheimischer; 2 Stammlokal
local[2] einheimisch, hiesig, örtlich, ortsansässig

locate Aufenthalt ermitteln, ausfindig machen, Ort feststellen; **~d** gelegen; **be ~d** *(Sache)* sich befinden

location 1 (Stand)Ort, Lage; 2 **~ (of the crime)** Tatort; **exact ~** genaue Ortsangabe, genauer Standort; **temporary ~** vorübergehender Standort; **automatic ~ system** Fahrzeugortungssystem

lock[1] 1 *(Tür usw,)* Schloss; 2 Bügelschloss; 3 Schleuse; **~ of hair** Haarsträhne; **crack a ~** Schloss aufbrechen; **pick a ~** Schloss knacken

lock[2] *(Tür usw)* absperren, ver-, abschließen; **~ in** einschließen; **~ out** aussperren; **~ oneself out** sich ausschließen; **~ up** ab-, zuschließen; 2 einsperren

lockable abschließbar

locker Spind; **left-luggage ~** Schließfach; **~ room** Umkleideraum mit Spinden

lock gate Schleusentor

locking|, central ~ (system) Zentralverriegelung; **~ cylinder** Schließzylinder

lockup (facility) Gewahrsamszelle

lodge *(Beschwerde, Klage)* einreichen, einlegen; **~r** Untermieter

lodging(s) Unterkunft

loft Speicher, Dachgeschoss

log eintragen; **~book** 1 Tagebuch; 2 Arbeitszeitnachweis, Dienstbuch; 3 Fahrten|buch, -nachweisheft; 4 Schiffstage-, Bordbuch; 5 Schießkladde; **personal ~book** persönliches Kontrollbuch

logging| trailer Langholzanhänger, Nachläufer; **~ truck** Langholz-LKW

logical folgerichtig

loiter *(außen)* gammeln, herumlungern; **~ing** Stadtstreicherei; **~ing with intent** Verdacht erregendes Herumschleichen

lollipop lady/man *(coll) (Erwachsener)* Schülerlotse

lonely einsam

loner Einzelgänger

long|, unusually ~ überlang; **~-barrelled** mit langem Lauf

longevity Langlebigkeit; **~ pay** Dienstalterszulage

long|-legged langbeinig; **~-sighted** weitsichtig; **~-term** langfristig

look[1] Aussehen, Blick

look|[2] **after** *(auf jemanden/etwas)* aufpassen; **~ for** suchen; **~ forward to** erwarten; **~ something up** etwas nachschlagen

lookout, act as a ~ Schmiere stehen *(coll)*

loophole (in the law) Gesetzeslücke

loose locker, lose; **~n** lockern

loot[1] Beute, Diebesgut; **share out the ~** Beute aufteilen

loot[2] plündern; **~er** Plünderer; **~ing** Plünderung

lorry LKW; **~ for/with a container** Trägerfahrzeug für/mit Container; **~ with multiple element gas containers** Trägerfahrzeug mit MEGC; **~ with trailer** LKW mit Anhänger; **articulated ~** Sattelschlepper; **heavy ~** Schwerlastkraftwagen; **~ check** LKW-Kontrolle; **~ driver** LKW-Fahrer; **~load** LKW-Ladung

lose verlieren, einbüßen

loss 1 Verlust, Einbuße; 2 *(Versicherung)* Schaden; **at a ~** ratlos; **the ~ is put/estimated at ....** der Schaden wird auf .... beziffert; **be completely at a ~** keinen Rat mehr wissen; **~ of blood** Blutverlust; **~ to someone's detriment** Schaden zum Nachteil von; **~ of earnings** Verdienstausfall; **~ of memory** Gedächtnisverlust; **~ of oil** Ölverlust; **~ of moral standards** Werteverfall; **~ of use** Nutzungsausfall; **~ of value** Wertminderung

loss|, occasion a ~ *(Versicherung)* Schaden verursachen; **report a ~** Verlust anzeigen; **actual ~** tatsächlich entstandener Schaden; **consequential ~** Schadensfolge(n); **major ~** bedeutender Schaden; **partial ~** Teilschaden; **pecuniary ~** finanzieller Verlust; **total ~** Total|schaden, -verlust

lost verschollen; **get ~** sich verfahren/verirren

loudhailer Megaphon

loudspeaker Lautsprecher; **outdoor ~** Außenlautsprecher; **~ announcement**

Lautsprecherdurchsage; ~ **car/van** Lautsprecherwagen
lounge[1] Wohnzimmer
lounge[2] **around** *(innen)* gammeln
lout Rüpel
love|, unrequited ~ verschmähte Liebe; ~ **affair** Liebesabenteuer
lover 1 Geliebter; 2 Liebhaber; **~s' lane** Treffpunkt für Verliebte
lovesickness Liebeskummer
low *(Stimme)* tief; **~-alcohol** mit niedrigem Alkoholgehalt; **~-boy** *US* Tieflader; **~-cut** *(Kleid)* ausgeschnitten; **~-emission** schadstoffarm
lower[1] senken
lower[2]**-ranking** rangniedriger
Lower Saxony Niedersachsen
Low German Plattdeutsch
low|-loader Tieflader; **~-quality** minderwertig; **~-value** geringwertig
loyal treu; **~ty** Treue
lubricant Schmier|mittel, -stoff
lubricate schmieren
luck *(Zufall)* Glück; **bad** ~ Unglück, Pech
lucky glücklich; **be** ~ Glück haben
lucrative gewinnbringend
luggage Gepäck; **cumbersome** ~ sperriges Gepäck; ~ **compartment** Kofferraum; ~ **cover** Gepäckraumabdeckung; ~ **locker** Schließfach; **left ~ office** Gepäckaufbewahrung; ~ **mesh/restraint/partition** Kofferraumnetz; ~ **rack** 1 🚗 Gepäckträger; 2 🚂 Gepäckablage; ~ **trolley** Kofferkuli
lug wrench|, four-way ~ Radmutterkreuz
lump| of cannabis Cannabisbrocken; ~ **sum** Pauschalbetrag
lunatic Geisteskranker
lunch| break Mittagspause; ~ **pack** Verpflegungsbeutel; **~time** Mittag
lunettes Halbbrille
lure locken

M

machine|, road-making ~ Straßenbaumaschine; **self-propelled** ~ selbstfahrende Arbeitsmaschine; ~ **gun** Maschinengewehr
mad *(erregt)* verrückt, wahnsinnig; ~ **cow disease** BSE; **armed ~man** Amokschütze; **~ness** Wahnsinn
magazine 1 🔫 (Einsatz)Magazin; 2 Illustrierte, Zeitschrift; **spare** ~ 🔫 Ersatzmagazin
magistrate 1 *(England, Wales, Laie, ehrenamtlich)* Amts-, Laienrichter; 2 *(USA)* Amtsrichter; 3 Haftrichter; **examining** ~ Ermittlungs-, Untersuchungsrichter; **stipendiary** ~ *(England, Wales, Jurist, besoldet)* Amtsrichter; **~s' court** *(England, Wales)* Amtsgericht
maiden name Geburtsname (der Ehefrau)
mail[1] Post; **by** ~ mit der Post, durch Postversand; **incoming** ~ Eingang; **outgoing** ~ Ausgang; **~bag** Postsack; **~box** Briefkasten; **~box company** Briefkastenfirma; **internal ~ system** hausinternes Post(verteilungs)system
mail[2] *(Brief usw)* absenden, einwerfen
maim schwer verletzen, verstümmeln
main| Haupt-; **the ~ thing** Hauptsache; **~land** Festland
Mainland Europe *(aus Sicht der Briten und Iren)* Festlandeuropa
mains *(⚡, Gas, Wasser)* Hauptleitung; ~ **connection** Netzanschluss
mainstream policing Kernaufgaben der Polizeiarbeit
maintain 1 pflegen, warten, in Stand halten; 2 aufrechterhalten, beibehalten; 3 behaupten; 4 unterhalten
maintenance 1 Wartung, Instandhaltung; 2 Aufrechterhaltung; 3 Unterhalt(spflicht); **sue someone for** ~ jemanden wegen Unterhalt verklagen; **entitled to** ~ unterhaltsberechtigt; **person entitled to** ~ Unterhaltsberechtigter; ~ **of highways/roads** Straßeninstandhaltung; ~ **of law and order** Aufrechterhaltung/Wahrung von Recht

und Gesetz; ~ **costs** *(auch Kfz)* Unterhaltskosten; ~ **payment** Unterhaltszahlung

major[1] Volljähriger; **~ity** 1 Volljährigkeit; 2 Mehrheit

major[2] 1 *(Problem usw)* größer; 2 maßgeblich, Haupt-

make[1] Fabrikat, Marke; **foreign ~** ausländisches Fabrikat

make[2] herstellen, machen, anfertigen; **~ it** *(Verkehrsmittel)* Anschluss erreichen; **~ off** entwischen, sich davonmachen; **~ out** erkennen, lesen, verstehen; **~ up** *(Geschichte)* erfinden; **~ up for** wiedergutmachen

maker Hersteller

makeshift[1] Notbehelf

makeshift[2] notdürftig, provisorisch, Behelfs-

making off without payment for accommodation Logisbetrug

male[1] männliche Person

male[2] männlich

malevolent arglistig, boshaft

malfeasance Amtsdelikt

malfunction technischer Defekt

malice Arglist, Böswilligkeit; **with ~ aforethought** mit Vorbedacht, vorsätzlich

malicious 1 arglistig, bösartig, böswillig, *(Person)* heimtückisch; 2 vorsätzlich

malinger simulieren, krankfeiern

mall Einkaufszentrum

malpractice, medical ~ Kunstfehler

maltreat misshandeln

man|[1]**, undercover ~** verdeckter Ermittler

man[2] mit Personal besetzen

manacles (Hand)Fessel(n)

manage verwalten; **only just ~ to avoid each other** *(Kfz)* haarscharf aneinander vorbeifahren

management Geschäftsführung, Verwaltung; **senior ~** Führungsmanagement; **new ~ scheme/system** neue Steuerung; **~ and services division** Verwaltungsabteilung

manager Geschäftsführer, Verwalter; **~ess** Geschäftsführerin

mandate (Prozess)Vollmacht

mandatory (gesetzlich) vorgeschrieben, obligatorisch, verpflichtend, Pflicht-

manhandle grob behandeln

manhunt Personenfahndung; **~ for a high-profile criminal** Zielfahndung

maniac Verrückter

manifest[1] 1 Ladelliste, -schein, -verzeichnis; 2 Passagierliste

manifest[2] offenbaren

manifest[3] offenkundig

manifold Krümmer

manned bemannt, besetzt; **permanently ~** ständig besetzt

manner Art und Weise; **~s** Umgangsformen

manning Besetzung; **~ level** Personalstärke

manoeuvre rangieren

manpower Personalstärke

mans's bike Herrenfahrrad; **~'s watch** Herrenuhr

manslaughter Totschlag, Tötungsdelikt; **attempted ~** versuchtes Tötungsdelikt; **involuntary ~** fahrlässige Tötung; **negligent ~** fahrlässige Tötung

manual Handbuch

manufacture[1] Herstellung

manufacture[2] herstellen

manufacturer Hersteller; **~'s certificate** Herstellerbescheinigung; **~'s warranty** Herstellergarantie

map Landkarte; **aerial ~** Luftbildkarte

march[1] Marsch

march[2] marschieren

marching| column Marschkolonne; **~ competition** Marschwettbewerb; **~ day** Marschtag

marina Jachthafen

mark[1] 1 (Kenn)Zeichen; 2 *(sichtbar)* Spur, Abdruck; 3 *(Bewertung)* Note; **~ on the beer mat** Strich auf Bierdeckel; **distinctive/distinguishing/identifying/special/specific ~** besonderes Kennzeichen, (besonderes) Merkmal

mark[2] bezeichnen, kennzeichnen; **~ed** gekennzeichnet

marker Markierungszeichen; **~ line** Markierungslinie; **~ post** Leitpfosten; **~ spray** Markierungsspray

market Markt; **be on the ~** auf dem Markt sein; **black ~** Schwarzmarkt; **~ hall** Markthalle; **black ~ing** Schwarzhandel; **~ place/square** Marktplatz; **~ stall** Markt|bude, -stand

marking Kennzeichnung, Aufschrift; **~ of hazardous cargo** Gefahrgutkennzeichnung; **~ chalk** Markierungs-, Ölkreide

marks|man; ~woman Scharfschütze

marriage Ehe, Heirat; **related by ~** verschwägert; **~ of convenience** Scheinehe; **~ under false pretences** Heiratsschwindel; **homoerotic ~** gleichgeschlechtliche Partnerschaft; **sham ~** Scheinehe; **~ bureau** Ehevermittlungs-, Heiratsinstitut; **~ contract** Ehevertrag; **~ impediment** Ehehindernis

marshal 1 *US Beamter des → US Marshal Service;* 2 *(Veranstaltung)* Ordner

marshalling| area Bereitstellungsraum; **~ yard** Rangierbahnhof

marten Marder

mask[1] Maske, Vermummung; **surgical ~** Mundschutz

mask[2] maskieren; **~ed** maskiert, vermummt

mass 1 Masse; 2 *(Kirche)* Messe

massage parlour Massagesalon

mass| exodus Massenflucht; **~ grave** Massengrab; **~ jailbreak** Massenausbruch; **~ murderer** Massenmörder; **~ media** Massenmedien; **~ murder** Massenmord; **~ transit** *US* (öffentlicher) Personennahverkehr, öffentliche Verkehrsmittel

mast *(Schiff)* Mast

master[1] **copy** *(Dokument)* Original; **~ craftsman** (Handwerks)Meister; **~ key** General-, Hauptschlüssel

master[2] *(Fremdsprache)* beherrschen

master|mind führender Kopf, Schreibtischtäter; **~ switch** 1 ⚡ Hauptschalter; 2 Batterietrennschalter

masturbation Onanie

mat, anti-skid ~ Anti-Rutschmatte

match[1] 1 *(Wettkampf)* Spiel; 2 Streichholz; **qualifying ~** Qualifikationsspiel

match[2] *(Farbe, Beschreibung)* übereinstimmen

match|box Streichholzschachtel; **~ day** *(Fußball usw)* Spieltag

mate Kamerad, Kumpan, Kumpel

material[1]**, offensive ~** anstößiges Material; **racially offensive ~** rassistisches Material; **recyclable ~** Wertstoff

material[2] rechtserheblich, wesentlich

maternity| leave Mutterschaftsurlaub; **~ outfit/wear** Umstandskleidung

matter Angelegenheit, Sache; **~ of trust** Vertrauenssache; **clear up ~s** Dinge klären; **investigate a ~** einer Sache nachgehen; **settle a ~** Angelegenheit regeln, Sache erledigen; **civil ~** zivilrechtliche Angelegenheit; **disciplinary ~** Disziplinarfall; **irrelevant ~** Nebensache; **operational ~s** Einsatzangelegenheiten; **printed ~** Drucksache; **private ~** Privatangelegenheit; **procedural ~** Verfahrensfrage

matter-of-fact sachlich

mature reif

maturity, sexual ~ Geschlechtsreife

maximum[1] Obergrenze; **~ speed** landesweit geltende Geschwindigkeitsbegrenzung

maximum[2] Höchst-

mayday signal internationaler Notruf

mayhem 1 Chaos; 2 *US* schwere Körperverletzung

mayor Bürgermeister

maze of traffic signs Schilderwald

mean[1] 1 bedeuten; 2 meinen

mean[2] geizig

meaning *(Wort)* Bedeutung

means Gelder, (Geld)Mittel; **by ~ of** mittels; **~ of coercion** Zwangsmittel; **~ of crime** Tatmittel; **~ of defence** Verteidigungsmittel; **~ of escape** Fluchtmittel; **~ of identification** Ausweispapiere; **~ and personnel** Einsatzmittel; **~ to exert pressure** Druckmittel; **~ of transport** Beförderungs-, Transport-, Verkehrsmittel; **by appropriate ~** durch geeignete Mittel; **all necessary ~** alle erforderlichen Mittel

meantime, in the ~ in der Zwischenzeit

meanwhile in der Zwischenzeit

measure[1] 1 Maß; 2 Maßnahme; **~s**

taken for one's own safety Eigensicherung; **~s to avoid a dangerous situation** Gefahrenabwehr; **take ~s** Maßnahmen ergreifen
measure|, accompanying/associated ~ begleitende Maßnahme; **coercive ~** Zwangsmaßnahme; **cost-cutting ~** Sparmaßnahme; **covert ~** verdeckte Maßnahme; **defensive ~** Abwehrmaßnahme; **disciplinary ~** Disziplinar-, Dienstordnungsmaßnahme; **investigative ~** Fahndungsmaßnahme; **necessary ~** erforderliche Maßnahme; **precautionary ~** Vorsichtsmaßnahme; **preventive ~** Maßnahme zur Gefahrenabwehr, vorbeugende Maßnahme; **protective ~** Schutzmaßnahme; **provisional ~** vorläufige Maßnahme; **re-educational ~** Besserungsmaßnahme; **retaliatory ~** Vergeltungsmaßnahme; **give short ~** zu wenig einschenken; **tactical ~** taktische Maßnahme; **targeted ~** geplante Maßnahme
measure[2] messen
mechanic Kfz-Mechaniker
Mecklenburg-Western Pomerania Mecklenburg-Vorpommern
medal *(Auszeichnung)* Orden
meddle *(abwertend)* sich einmischen
media Massenmedien
median *(Autobahn usw) US* Mittelstreifen
media officer Presse|referent, -sprecher
mediate *(Streit)* vermitteln
mediation Vermittlung
mediator Unterhändler, Vermittler
medical ärztlich
medication Medikament
medicine Heilmittel, Medikament; **forensic ~** Gerichtsmedizin; **~ cabinet/chest** Hausapotheke
medieval mittelalterlich
mediocre mittelmäßig
Mediterranean| (Sea) Mittelmeer; **~ person** südländischer Typ
medium Mittel; **~-length** halblang; **~-term** mittelfristig
meet 1 begegnen, (zusammen)treffen, zusammenkommen; 2 abholen; 3 *(zahlen)* bestreiten
meeting 1 Begegnung, Treffen; 2 (Dienst)Besprechung, Sitzung, Versammlung; **appoint a ~** Treffen vereinbaren; **public ~** öffentliche Versammlung; **~ point** *(Bahnhof, Flughafen usw)* Treffpunkt
melee Gedränge
melt schmelzen
melting| of the snow Schneeschmelze; **~ pot** Schmelztiegel
member Mitglied; **be a ~ of** angehören; **~ of military forces** Angehöriger militärischer Kräfte; **~ of a minority group** Angehöriger einer Minderheit; **~ of parliament** Abgeordneter; **honorary ~** Ehrenmitglied
members only *(Schild)* (Zutritt) nur für Mitglieder
membership Mitgliedschaft, Zugehörigkeit; **~ card** Mitgliedsausweis; **~ fee** *(Verein usw)* Mitgliedsbeitrag
member state Mitgliedstaat
memo 1 Benachrichtigungszettel, (Haus)Mitteilung; 2 Aktennotiz; **internal ~** Hausmitteilung
memorandum Mitteilung, Aktennotiz
memorial Gedenkstätte
memorize sich einprägen
memory 1 Gedächtnis, Erinnerungsvermögen; 2 💻 Speicher; **~ for faces** Personengedächtnis; **~ for names** Namensgedächtnis; **refresh one's ~** Gedächtnis auffrischen; **~ button** ☎ Kurzwahltaste
menace[1] Bedrohung
menace[2] bedrohen
mend ausbessern
men's| clothing Herrenbekleidung; **~ toilet** Herrentoilette; **~ underwear** Herrenunterwäsche
mental geistig
mention *(sagen)* bemerken, erwähnen; **don't ~ it** *(als Reaktion auf danke)* bitte
menu Speisekarte
merchandise Ware(n)
merchant Kaufmann; **~ navy** Handelsmarine
mercy Gnade
merely lediglich

merge 1 sich zusammenschließen, verschmelzen, ineinander übergehen; 2 *(Verkehr)* zusammenfließen; 3 *(Fluss, Straße)* einmünden; 4 *(Verwaltungseinheiten usw)* zusammenlegen; **~ in(to)** *(Verkehr)* sich einfädeln
merger Fusion, Verschmelzung
merit Leistung, Verdienst; **on its ~; on the ~s of the case** ⚖ in der Sache selbst
mess *(coll)* Unordnung
message Meldung, Nachricht; **leave a ~** Nachricht hinterlassen; **brief ~** Kurzmitteilung; **incoming ~s** Eingang; **outgoing ~s** Ausgang
metal|, hydraulic ~ cutters Rettungsschere; **hand-held ~ detector** Handsonde; **~ detector frame** Detektorrahmen
mete out *(Strafe)* auferlegen
meter 1 Parkuhr; 2 *(Taxi)* Fahrpreisanzeiger, Taxameter; **~ maid** *US (coll)* Politesse
method, debatable ~ fragliche Methode
meticulous peinlich genau
Metropolitan Police Service (MPS) *Londoner Polizei*
midday Mittag
Middle East Naher Osten
middle| lane mittlerer Fahrstreifen; **~finger** Mittelfinger; **~man** Mittelsmann; **~ name** zweiter Vorname
mid-engine Mittelmotor
midget Liliputaner
midway auf halbem Wege
migrant, economic ~ Wirtschaftsflüchtling
mil, per ~ Promille
mild *(Wetter)* mild
mile Meile *(=1609m)*; **nautical ~** Seemeile *(=1852m)*
mileage Kilometer-, Meilen-, Tachometerstand, Fahrleistung; **~ at the beginning/end of the trip** Kilometer-, Meilenstand bei Antritt/Ende der Fahrt; **~ allowance** Kilometergeld
mil(e)ometer 🚘 Meilenzähler
miles| per gallon (mpg) Kraftstoffverbrauch; **~ per hour (mph)** Meilen pro Stunde
milestone Kilometer-, Meilenstein
milk *(coll)* abkassieren *(coll)*, ausnehmen, neppen
million, one thousand ~ Milliarde
mimick *(Person)* nachmachen
mind|, come to someone's ~ jemandem einfallen; **of (un)sound ~** (un)zurechnungsfähig; **~less** gedankenlos
mini|bus Kleinbus; **~cab** Klein-, Ruftaxi; **~car** Kleinstwagen; **~mize** bagatellisieren; **~-roundabout** enger Kreisverkehr
minister| of home affairs; ~of the interior Innenminister, *(Berlin, Bremen, Hamburg)* Innensenator; **prime ~** Ministerpräsident; **prime ~'s office** Staatskanzlei
Ministry of Defence Police *GB* Militärpolizei
ministry| of the environment Umweltministerium; **~ of external/foreign affairs** Außenministerium; **~ of finance** Finanzministerium
Ministry for Homeland Security *US* Ministerium für innere Sicherheit
ministry| of justice Justizministerium; **~ of transport** Verkehrsministerium
Ministry of Transport test (MOT) *GB* TÜV|-Abnahme, -Prüfung, Hauptuntersuchung (HU)
minivan Großraumlimousine
minor[1] Minderjähriger
minor[2] gering(fügig), kleiner
minority Minderheit; **ethnic ~** ethnische Minderheit; **~ rights** Rechte von Minderheiten
minster Münster
minute, a ~'s silence Schweigeminute
minutes Protokoll; **keep/record/take the ~** Protokoll führen; **sign the ~** Protokoll unterschreiben
miracle Wunder
mirror (Rück)Spiegel; **concave ~** Hohlspiegel; **inside (rear view) ~** Innenspiegel; **outside ~** Außenspiegel; **additional outside ~** zusätzlicher Außenspiegel; **(electrically) adjustable outside ~** (elektrisch) verstellbarer Außenspiegel; **one-way viewing ~** Einwegspiegel

misappropriate unterschlagen
misappropriation Unterschlagung, missbräuchliche Benutzung; ~ **by a public official** Veruntreuung im Amt
mis|behaviour Fehlverhalten; ~**calculate** sich verrechnen; ~**carriage of justice** Fehlurteil, Justizirrtum; ~**cellaneous** *(Tagesordnung)* Verschiedenes
mischief Unfug; **malicious** ~ grober Unfug
misconception irrtümliche Annahme
misconduct Fehlverhalten, Verfehlung; ~ **in office** Dienstvergehen; **public** ~ Fehlverhalten in der Öffentlichkeit
mis|construe falsch interpretieren; ~**demeanour** Fehlverhalten, geringfügiges Delikt, Ordnungswidrigkeit (OWI), Verstoß; ~**description** falsche Inhaltsangabe; ~**direct someone** jemanden in die falsche Richtung schicken
miserable *(Gefühl)* elend
misery Elend
mis|feasance Amts-, Dienstvergehen; ~**fire** 🚗 fehlzünden; ~**firing** Fehlzündung; ~**handling of property** falsche Behandlung von (asservierten) Gegenständen; ~**hap** Missgeschick; ~**identification** *(Person)* Verwechselung, falsche Identifizierung; ~**interpret** falsch interpretieren; ~**judge** falsch beurteilen/einschätzen; ~**judg(e)ment** 1 falsche Beurteilung, Fehleinschätzung; 2 ⚖ Fehlurteil; ~**lay;** ~**place** *(weglegen und nicht wiederfinden)* verlegen; ~**leading** irreführend, missverständlich; ~**quote** falsch zitieren; ~**represent** falsch darstellen
misrepresentation Täuschung, falsche Angaben, falsche/unrichtige Darstellung; **fraudulent** ~ arglistige Täuschung, betrügerische Darstellung
miss[1] 🔫 Fehlschuss
miss[2] 1 🔫 vorbeischießen, verfehlen; 2 vermissen; 3 *(Gelegenheit)* verpassen, versäumen
missile Wurfgeschoss
missing 1 abwesend; 2 *(Person)* unauffindbar, vermisst, verschollen; **report someone** ~ Vermisstenanzeige erstatten; ~ **person** vermisste Person, Vermisster
mission 1 *(allgemein)* Auftrag, Aufgabe; 2 *(Polizei)* Einsatz; ~ **of the police** polizeilicher Auftrag; ~ **area** Einsatz|gebiet, -raum; ~ **journal** Einsatztagebuch; ~**-oriented** einsatzbezogen; ~ **statement** Grundsatzerklärung; ~ **training** Einsatzausbildung
mistake[1] Irrtum, Missverständnis; **by** ~ versehentlich; **factual** ~ Tatbestandsirrtum
mistake[2] missverstehen, verwechseln; **be** ~**n** sich irren
misted *(Scheibe)* beschlagen
mistress Geliebte
mistrust Misstrauen; ~**ful** misstrauisch
misty dunstig
misunderstand missverstehen; ~ **something** etwas falsch verstehen; ~**ing** Missverständnis
misuse[1] Missbrauch, missbräuchliche Benutzung; ~ **of authority** Verletzung der Amts-/Dienstpflichten; ~ **of command authority** Missbrauch der Befehlsgewalt; ~ **of bank/cheque/credit cards** Missbrauch von Kreditkarten/Bankkarten; ~ **of identification documents** Ausweismissbrauch
misuse[2] missbrauchen
mitigate lindern, mildern
mitigating (straf)mildernd
mitigation (Straf)Milderung
mitten Fausthandschuh
mix up vertauschen
mixture Gemisch
mix-up *(Sache)* Verwechselung
mob aufgebrachte Menschenmenge
mobile[1] Handy
mobile[2] fahrbar, beweglich
mockery Spott
mode| of communication/information Mitteilungsform; ~ **of consumption** Konsumform; ~ **of transport** Beförderungsart
model Leitbild; **latest** ~ neuestes Modell
moderate mäßig
moderation Mäßigung
modest mäßig
modus operandi Vorgehen(sweise)
moist feucht; ~**ure** Feuchtigkeit

mole ⚕ Leberfleck, Muttermal
molest belästigen; ~ **sexually** sexuell belästigen; ~**ation** Belästigung
Molotov cocktail Molotowcocktail
moment Augenblick, Zeitpunkt; ~ **of shock** Schrecksekunde
monastery (Mönchs)Kloster
money|, launder ~ Geld waschen; **black** ~ Schwarzgeld; **counterfeit** ~ Falschgeld; **hot** ~ heißes Geld; **plastic** ~ Kreditkarte, Plastikgeld; ~ **bag (worn around the neck)** Brustbeutel; ~ **bill** *US* Banknote, Geldschein; ~ **(ex-) change** Geldwechsel; ~ **launderer** Geldwäscher; ~ **laundering** Geldwäsche; ~ **machine** *(coll)* Geldautomat; ~ **order** Zahlkarte; ~ **transport** Geldtransport; **protected** ~ **transport** *(Polizei)* geschützter Geldtransport; **secured** ~ **transport** *(Sicherheitspersonal)* gesicherter Geldtransport
monitor[1] 1 Beobachter; 2 *(auch* 💻*)* Bildschirm
monitor[2] beobachten, kontrollieren, überwachen
monitoring Beobachtung, Überwachung; ~ **measure** Überwachungs-, Kontrollmaßnahme
monk Mönch
monotonous eintönig
monument Denkmal
mood Stimmung
moonlight[1] Mond|licht, -schein
moonlight[2] schwarzarbeiten; ~**ing** Schwarzarbeit
moor ⚓ anlegen
mop of hair Haarschopf
moped with a kick-starter Mokick
moreover darüber hinaus
morgue Leichenschauhaus
morning Vormittag; ~ **briefing** Frühbesprechung; ~ **shift** Frühschicht
mortise lock Steckschloss
mortuary Leichenschauhaus
Moselle Mosel
most, at the ~ höchstens
MOT decal TÜV-Plakette, Prüfplakette
mother *(coll)* Drogenlieferant; ~ **country** Mutterland; ~**-in-law** Schwiegermutter; ~ **tongue** Muttersprache
motion sensor Bewegungsmelder
motive Beweggrund, Tatmotiv; **base** ~ niederer Beweggrund; **do something from ~s of self-interest** etwas aus Berechnung tun
motor 1 🚗 Motor; 2 Elektromotor; **electric** ~ Elektromotor; **outboard** ~ Außenbordmotor
motorail (train) Autoreisezug
motor| bicycle Kleinkraftrad; ~**bike** Motorrad; ~ **boat** Motorboot; ~**cade** Autokorso; ~ **car** Kfz, Auto, Wagen; ~ **car insurance** Kfz-Versicherung; ~ **caravan** Wohnmobil; ~ **carrier officer** *US* auf LKW-Kontrollen spezialisierter Polizeibeamter
motorcycle Motorrad, Krad; **big/powerful** ~ schweres Motorrad; **small** ~ Klein-, Leichtkraftrad, leichtes Motorrad; ~ **combination** Motorrad mit Beiwagen; ~ **helmet** Motorradhelm; ~ **outfit** Motorradanzug; ~ **stand** Motorradständer; ~ **unit** Kradstaffel
motorcyclist Motorradfahrer
motorhome Wohnmobil; ~ **site** Wohnmobilstellplatz
motoring Autofahren; ~ **conviction** Verurteilung wegen eines Verkehrsdelikts; ~ **offence** Verkehrs|delikt, -verstoß; ~ **offender** Verkehrssünder; ~ **organization** Automobilclub; ~ **public** *(Sammelbegriff)* Autofahrer
Motor Insurers' Bureau *GB HUK-Verband*
motorist *(jeder einzelne)* Auto-, Kraftfahrer, Verkehrsteilnehmer; **stranded** ~ liegengebliebener Autofahrer
motor| pool 1 Fahrbereitschaft, Fuhrpark; 2 Fahrgemeinschaft; ~ **racing/sport** Motorsport; ~ **road** Kraftfahrstraße; **fast** ~ **road** Kraftfahrstraße; ~ **scooter** Motorroller; ~ **tax** Kfz-Steuer; ~ **tractor** *(LKW)* Zugmaschine; ~ **trader** Kfz-Händler; ~ **tricycle** *(Motorrad)* Dreirad(fahrzeug)
motor vehicle Auto, Kfz; ~ **on fire** brennendes Kfz; **third-party** ~ **insurance** Kfz-Haftpflichtversicherung; ~ **license**

bureau *US* Kfz-Zulassungsstelle; ~ **taking/theft** Kfz-Diebstahl; ~ **tax** Kfz-Steuer; ~ **testing station** technische Prüfstelle für den Kfz-Verkehr, TÜV

motorway Autobahn; **enter the** ~ auf die Autobahn auffahren, in die Autobahn einfahren; **leave the** ~ von der Autobahn abfahren, Autobahn verlassen; **orbital** ~ Autobahnring; **urban** ~ Stadtautobahn; ~ **accident** Verkehrsunfall auf der Autobahn; ~ **crew** Autobahnstreife; ~ **maintenance department** Autobahnmeisterei; ~ **offence** Verkehrsverstoß auf der Autobahn; ~ **patrol/police** Autobahnpolizei; ~ **pile-up** Massenunfall auf der Autobahn; ~ **police station** Autobahnpolizeirevier (APRev), Polizeiautobahnstation (PASt); ~ **toll** Autobahn(benutzungs)gebühr; ~ **toll sticker** Vignette

MOT| **report** *GB* Untersuchungsbericht *(TÜV)*; ~ **test** Hauptuntersuchung (HU); ~ **test report** Vorführbericht

mount montieren

mountaineer Bergsteiger; **~ing** Bergsteigen

mountainous bergig, gebirgig

mountain| **pass** Pass(straße); ~ **railway** Bergbahn; ~ **rescue service/team** Bergwacht; ~ **road** Bergstraße

moustache Oberlippen-, Schnurrbart

mouth 1 (Fluss)Mündung; 2 *(Höhle usw)* Eingang; **crooked** ~ schiefer Mund; **~piece** *(Alcotestgerät usw)* Mundstück; **~wash** Mundwasser

movable 1 *(beweglich)* fahrbar; 2 transportfähig

move[1] Bewegung; **on the** ~ auf der Flucht, unterwegs; **be on the** ~ auf Achse sein; **threatening** ~ Drohgebärde

move[2] (sich) bewegen; 2 *(Verkehr)* fließen; 3 umziehen; ~ **away** verziehen; ~ **in** 1 *(Polizei)* anrücken; 2 *(Wohnung)* einziehen; ~ **out** *(Wohnung)* ausziehen; **suddenly** ~ **out** ausscheren; **don't ~!** Keine Bewegung!

movement Bewegung; ~ **control** Verkehrsführung; ~ **sensor** Bewegungsmelder

movie Film; **blue/pornographic** ~ pornographischer Film; ~ **theater** *US* Kino

moving company Möbelspedition

mow down *(Person)* überfahren

mucus Schleim

mud Dreck, Matsch, Schlamm; **throw ~ at each other** einander mit Dreck bewerfen; **~dy** schlammig; **~flap** Schmutzfänger; **~guard** Kotflügel, Radabdeckung, Schutzblech

muffler 1 Schalldämpfer; 2 Auspufftopf

mug *(an öffentlich zugänglichen Orten)* berauben; ~ **ears** abstehende Ohren

mugger Räuber, Straßendieb

mugging Raubüberfall, Straßenraub

mug shot Fahndungsfoto

multi|**disciplinary** *(Polizeiausbildung)* mehrere Bereiche umfassend; **~function computer** Multifunktionsanzeige; **~-lane** mehrspurig; **~lingual** mehrsprachig

multiple mehrfach, vielfach

multiplier Multiplikator

multiply multiplizieren

multitude Vielzahl

mumble nuscheln

Munich München

municipal städtisch; **~ity** Gemeindebezirk

murder[1] Mord(anschlag), Ermordung, Tötung; ~ **in conjunction with robbery** Raubmord; **arrest someone for** ~ jemanden wegen Mordes festnehmen; **attempted** ~ Mordanschlag, Mordversuch; **double** ~ Doppelmord; **first-degree/premeditated** ~ Mord; **multiple** ~ mehrfacher Mord; **ritual** ~ Ritualmord; **second-degree** ~ Totschlag; ~ **clear-ups** aufgeklärte Morde; ~ **department** Morddezernat; ~ **squad** Mordkommission; ~ **suspect** Mordverdächtiger; ~ **trial** Mordprozess; ~ **victim** Mordopfer; ~ **weapon** Mord|instrument, -waffe

murder[2] (er)morden; **~er** Mörder; **~ess** Mörderin

muscle Muskel

muscular muskulös
Muslim[1] Mohammedaner, Moslem
Muslim[2] mohammedanisch, moslemisch
muster station Sammelplatz
must not nicht dürfen
mute stumm
mutilate verstümmeln
mutilation Verstümmelung
mutiny Meuterei
mutual gegen-, wechselseitig
muzzle 1 Mündung; 2 Maulkorb; ~ **flash** Mündungsfeuer
mysterious *(geheimnisvoll)* dunkel
mystery Rätsel; **the ~ man** *(coll)* der große Unbekannte

N

nail[1] 1 Nagel; 2 Fingernagel; ~ **varnish** Nagellack
nail[2] *(coll)* festnehmen; ~ **someone** *(coll)* jemanden dingfest machen *(coll)*, jemanden schnappen
naked nackt; **stark** ~ splitternackt
name|[1] **at birth** Geburtsname; ~ **of the company** Name der Gesellschaft; **in the ~ of the law** im Namen des Gesetzes; **fill in one's ~ and address** Name und Adresse eintragen; **furnish someone's** ~ jemandes Namen nennen; **know someone only by** ~ jemanden nur dem Namen nach kennen; **withhold someone's** ~ jemandes Namen nicht nennen; **additional** ~ Beiname; **assumed** ~ Deckname; **Christian/first** ~ Vor-, Rufname; **criminal ~s' index** Fahndungsdatei; **double-barrelled** ~ Doppelname; **false** ~ falscher Name; **last** ~ Familienname; **maiden** ~ Mädchenname; ~ **badge/tag** Namensschild
name[2] benennen
name|less namenlos; **~plate** Türschild
Nansen passport Fremdenpass
nap Nickerchen, Schläfchen
nape of the neck Nacken
narco- Drogen-
narco squad Drogenabteilung
narcotics Betäubungsmittel, Drogen; ~ **act** Betäubungsmittelgesetz (BtMG); ~ **addict** Drogenabhängiger; ~ **agent/investigator** Drogenfahnder; ~ **detail/division/squad** Drogenabteilung; ~ **user** Drogenkonsument
narrow[1] enger werden
narrow[2] eng, schmal
narrowing of the carriageway/roadway Fahrbahn|verengung, -verschmälerung
nasty 1 *(Charakter)* übel; 2 *(Unfall)* schlimm
national[1] Staatsangehöriger; **foreign** ~ Ausländer
national[2] Bundes-
National| Criminal Intelligence Service (NCIS) *GB* zentrale Verbrechensdatei; ~ **Insurance** *GB* Sozialversicherung; ~ **Insurance contribution** *GB* Sozialversicherungsbeitrag; ~ **Insurance number** *GB* Sozialversicherungsnummer
nationality Staatsangehörigkeit; **dual** ~ doppelte Staatsangehörigkeit; ~ **sign** *(auch auf Kennzeichen)* Nationalitätenkennzeichen
National Rifle Association (NRA) *US Organisation, die für uneingeschränkten Waffenbesitz eintritt*
nationwide landesweit
native[1] Einheimischer
native[2] einheimisch, gebürtig
NATO licence plate Natokennzeichen
natural person natürliche Person
naturalization Einbürgerung
naturalize einbürgern
nature| conservation Naturschutz; ~ **reserve** Landschaftsschutzgebiet, Natur|park, -reservat, -schutzgebiet; ~ **trail** Naturlehrpfad
nausea Brechreiz, Übelkeit
navel Nabel
navigable schiffbar
navigation|, downstream ~ Talfahrt; **inland** ~ Binnenschifffahrt; **upstream** ~ Bergfahrt; ~ **light** Positionslampe; **navigation system** Navigationssystem
navigator Lotse

navy Marine
near(by) nahe
nearest *(Entfernung)* nächste, -r, -s, nächstgelegen
near|-miss Beinaheunfall; **~-sighted** kurzsichtig
neat ordentlich
necessary erforderlich, notwendig; **as ~** soweit erforderlich; **absolutely ~** unbedingt erforderlich; **if absolutely ~** wenn es unbedingt sein muss
neck Hals, Nacken; **~hold** *US* 🚗 Kopfstütze; **~lace** Hals|band, -kette, Kollier; **~line** *(Kleidung)* Ausschnitt
neé geborene
needle (Drogen-, Injektions)Nadel; **look for a ~ in a haystack** Stecknadel im Heuhaufen suchen; **~ marks** Einstichmale, Injektionsspuren
needs Bedarf, Bedürfnisse; **basic human ~** Grundbedürfnisse; **personal ~** persönlicher Bedarf; **physical ~** *(Notdurft)* menschliche Bedürfnisse
neglect[1] Fahrlässigkeit, Vernachlässigung, Verwahrlosung; **~ of duty** Dienstpflichtverletzung, Pflichtversäumnis
neglect[2] vernachlässigen; **~ed** verwahrlost
negligence Nach-, Fahrlässigkeit, Leichtfertigkeit; **contributory/comparative** *US* ~ Mitverschulden; **criminal/culpable/gross ~** grobe Fahrlässigkeit; **punishable ~** strafbare Fahrlässigkeit; **~ offence** Fahrlässigkeitsdelikt
negligent fahr-, nachlässig; **grossly ~** grob fahrlässig
negligible geringfügig
negotiate 1 aushandeln, verhandeln; 2 *(Kurve)* durchfahren
negotiating skills Verhandlungsgeschick
negotiation Verhandlung; **conduct ~s** Verhandlungen führen
negotiator Unterhändler, Verhandelnder; **chief ~** Verhandlungsführer
negro Neger
neighbourhood 1 *(allgemein, kleinräumig)* Stadtteil, Viertel; 2 Gegend, Umgebung; 3 *(Leute, Ort)* Nachbarschaft; **~ beat manager** Leiter des Bezirksdienstes; **~ (support) officer** Bezirks(dienst)beamter; **~ warden** Mitglied/Leiter einer Nachbarschaftshilfe; **~ watch** Nachbarschaftshilfe zur Kriminalitätsvorbeugung
neighbouring benachbart
nerve, get on someone's ~s jemandem auf die Nerven gehen
neutral[1] 🚗 Leerlauf
neutral[2] unparteiisch; **~ity** Neutralität
new|, as ~ neuwertig; **~comer** Neuling
news Nachrichten; **~paper kiosk** Zeitungskiosk
New Scotland Yard *Zentrale des Metropolitan Police Service in London*
next *(Reihenfolge)* nächste, -r, -s; **~ to** in der Nähe (von), neben; **~-door** nebenan; **~ of kin** nächste Angehörige
niche Nische
nick *(coll)* festnehmen; **~ someone** jemanden schnappen; **~name** Spitzname
niece Nichte
night|, at/by ~ nachts; **~blind** nachtblind; **~blindness** Nachtblindheit; **~cap** Schlaftrunk; **~club** Bar, Nachtlokal; **~club hostess** Animierdame; **~ desk** Nachtschalter; **~ duty** Nacht|dienst, -wache; **~ frost** Nachtfrost; **~gown** Nachthemd; **~life** Nachtleben; **~mare** Albtraum, Horrortrip; **~ porter** Nachtportier; **~'s rest** Nachtruhe; **disturb the ~'s rest** Nachtruhe stören; **keep the ~'s rest** Nachtruhe einhalten; **~ safe** Nachttresor; **~ shift** Nachtschicht; **~stick** *US* Schlagstock; **~-time disturbance** nächtliche Ruhestörung; **~-time driving ban** Nachtfahrverbot; **~-vision device** Restlichtverstärker; **~watch** Nachtwache; **~watchman** Nachtwächter
nipple Brustwarze
nod nicken; **~ off** einnicken; **~ off for a second** für eine Sekunde am Steuer einschlafen *(Sekundenschlaf)*
noise| of passing cars Fahrgeräusch; **make a ~** Lärm machen; **~ barrier** Lärmschutzwand; **~ disturbance** ruhe-

störender Lärm; ~ **level** Lärmpegel; ~ **pollution** Lärmbelästigung; ~ **protection wall** Lärmschutzwand

nominate *(Kandidat)* be-, ernennen

non|-alcoholic alkoholfrei; **~-appearance** Nichterscheinen; **~-binding** unverbindlich; **~-compliance** Zuwiderhandlung, Missachtung, Nichteinhalten; **~descript** unscheinbar; **~-disclosure** Verletzung der Anzeigepflicht; **~-expert** Nichtfachmann; **~-flammable** nicht brennbar; **~-hazardous** ungefährlich; **~-observance** *(Regel usw)* Nichtbeachten; **~-partisan** überparteilich; **~-payment** Nichtzahlung; **~-perishable** *(Lebensmittel)* haltbar; **~-poisonous** ungiftig; **~-returnable** Einweg-; **~-sense** Blödsinn, Unsinn; **~-smoker** Nichtraucher; **~stop** durchgehend; **~-toxic** ungiftig; **~-transferable** nicht übertragbar; **~-violent** gewaltlos

noon Mittag

noose *(Galgen usw)* Schlinge

norm, legal ~ Rechtsnorm

normal gewöhnlich

north Norden

North African[1] Nordafrikaner

North African[2] nordafrikanisch

northbound in Richtung Norden, nach Norden fahrend

North| Rhine-Westphalia Nordrhein-Westfalen; ~ **Sea** Nordsee

nose|, inhale through one's ~ durch die Nase einziehen; **talk through one's** ~ näseln; **broken** ~ Nasenbeinbruch; **curved** ~ gekrümmte Nase; **hooked** ~ Hakennase; **straight** ~ gerade Nase; **~bleed** Nasenbluten; ~ **ornaments** Nasenschmuck; ~ **ring** Nasenring

nose weight Aufliegelast; **maximum permissible** ~ zulässige Aufliegelast; **exceed the maximum permissible** ~ Aufliegelast überschreiten

nostril Nasenloch

notary (public) Notar

notch ▸ Kimme; ~ **and bead (sight)** Kimme und Korn; **~back** (PKW mit) Stufenheck

note[1] 1 Notiz; 2 Banknote, Geldschein; ~ **in the files** (Akten)Vermerk; **make a ~ of** vormerken; **take ~s** notieren; **counterfeit** ~ falsche Banknote, Blüte; **promissory ~ (P/N)** Schuldschein

note[2] 1 notieren, Notiz machen, vermerken, verzeichnen; 2 *(entdecken)* bemerken, Kenntnis nehmen; ~ **down** notieren, Notiz machen

nothing|, come to ~ im Sande verlaufen; **say** ~ schweigen; **there is ~ one can do (about it)** da ist nichts zu machen; ~ **doing** nichts zu machen

notice[1] Benachrichtigung, Bescheid, Mitteilung; ~ **of a claim** Schadensanzeige; ~ **of intended prosecution** Ordnungswidrigkeitenanzeige; **give** ~ kündigen; **serve a** ~ eine Mitteilung zustellen; **fixed-penalty** ~ Bußgeldbescheid; **international** ~ Information, dass in einem Mitgliedsland ein internationaler Haftbefehl/Steckbrief vorliegt; **at short** ~ kurzfristig

notice[2] entdecken, bemerken, spüren

noticeable erkennbar; **be** ~ auffallen

notifiable (an)melde-, anzeigepflichtig

notification Meldung, Verständigung; **provisional** ~ Zwischenbescheid; ~ **sheet** Notifizierungsbogen

notify benachrichtigen, informieren, Kenntnis geben, verständigen, ausrichten

notion Konzept

notorious berüchtigt

noxious schädlich

nuclear atomar

nude nackt

nuisance Ärgernis, Beeinträchtigung, *(Lärm, Geruch)* Belästigung, Plage; **abate a** ~ Ärgernis abstellen; **common/public** ~ grober Unfug, öffentliches Ärgernis

null and void null und nichtig

nullify *(ungültig machen)* annullieren

nullity Nichtigkeit

number *(Bus usw)* Linie; ~ **of unrecorded/unreported cases** Dunkelziffer; **ex-directory/secret/unlisted** ~ ☎ Geheimnummer; **identifying** ~ Erkennungsnummer; **serial** ~ Seriennummer; **superior ~s** Übermacht; **~ 15 bus** Bus Linie 15

numberplate amtliches Kennzeichen, Kennzeichenschild; **classic-car ~** Oldtimerkennzeichen; **military ~** Militärkennzeichen; **seasonal ~** Kurzzeit-, Saisonkennzeichen; **~ identification system** Kennzeichenlesesystem; **~ lamp/light** Kennzeichenbeleuchtung

nun Nonne; **~nery** (Nonnen)Kloster

Nuremberg Nürnberg

nurse[1] Krankenschwester; **male ~** (Kranken)Pfleger

nurse[2] *(kranke Person)* pflegen

nursery Schonung

nursing Pflege

nut *(Schraube)* Mutter

nutshell, in a ~ auf den Punkt gebracht

O

oath Eid, Schwur; **in lieu of an ~** an Eides Statt; **on/under/upon ~** unter Eid; **~ of allegiance** Treueeid; **~ of office** Diensteid; **be under ~** unter Eid aussagen; **confirm upon ~** *(Aussage)* beeiden; **swear an ~** Eid leisten/schwören

obedience Gehorsam

obedient gehorsam

obese *(Person)* extrem dick, stark übergewichtig

obey 1 gehorchen; 2 *(Anordnung)* befolgen; 3 *(Gesetz)* beachten

object[1] Gegenstand; **~ of art** Kunstgegenstand; **dangerous ~** gefährlicher Gegenstand

object[2] Einwand vorbringen; **~ to something** Einspruch einlegen/erheben

objection Einspruch, Einwand; **lodge an ~** Einspruch einlegen/erheben; **raise an ~** Einwand vorbringen

objective[1] *(konkret)* Ziel

objective[2] sachlich

objector, conscientious ~ Wehrdienstverweigerer

obligation Pflicht, Verpflichtung; **without ~** unverbindlich; **~ to carry identification papers** Ausweispflicht; **~ to disclose/give information** Auskunftspflicht; **~ to maintain secrecy** Geheimhaltungspflicht; **~ to notify** Anzeigepflicht; **legal ~** gesetzliche Pflicht, rechtliche Verpflichtung

obligatory verpflichtend, vorgeschrieben

oblige verpflichten; **~d** verpflichtet; **be ~d** gezwungen sein; **be ~d to do something** etwas tun müssen

ob|long länglich; **~scene** unflätig; **~scure** *(geheimnisvoll)* dunkel

observance of human rights Achtung der Menschenrechte

observation 1 Beobachtung; 2 Einhalten; **be under ~** unter Beobachtung stehen; **cross-border ~** grenzüberschreitende Observation; **~ point/post** Beobachtungsposten; **establish an ~ post** Beobachtungsposten einrichten; **~ report** Observationsbericht; **~ tower** Beobachtungsturm

observe 1 beobachten, überwachen; 2 *(Gesetz)* beachten, einhalten; **~ scrupulously/strictly** konsequent/strikt einhalten; **~r** Beobachter

obsolete veraltet

obstacle Hindernis; **negotiate an ~** Hindernis überwinden; **insurmountable ~** unüberwindliches Hindernis

obstinate stur

obstruct 1 behindern; 2 versperren; **~ing the police** Behinderung der Polizei, Widerstand gegen Vollstreckungsbeamte

obstruction Behinderung, Hindernis; **~ of traffic; unlawful ~ of the highway** Verkehrs|beeinträchtigung, -behinderung; **~ to road users** Verkehrshindernis

obtain erwerben, sich verschaffen; **~ fraudulently** erschwindeln; **~able** erhältlich

obvious naheliegend, offenkundig, offensichtlich

occasion Anlass, Gelegenheit; **~al** gelegentlich, vereinzelt

occupant 1 *(Wohnung usw)* Bewohner; 2 🚗 Insasse

occupation 1 Beruf, Beschäftigung, (ausgeübte) Tätigkeit; 2 *(Land usw)* Besetzung; 3 ⚔ Besatzung; **freelance** ~ freiberufliche Tätigkeit; **main** ~ Hauptberuf; **practised** ~ ausgeübter Beruf; **~al** Berufs-

occupier Besitzer

occupy *(Land usw)* besetzen

occur geschehen, eintreten, sich ereignen, vorkommen, auftreten

occurrence 1 Geschehen, Ereignis; 2 Vorfall, Vorkommen, Auftreten; **~ of damage/loss** Schadenseintritt; **be a common** ~ häufig vorkommen

odd komisch, merkwürdig, seltsam, sonderbar

odometer 🚗 Kilometerzähler

offence Delikt, Straftat, Vergehen, (Gesetzes)Verstoß; **~ in law** Gesetzesverstoß; **~ of failing/failure to stop after an accident** Fahrerflucht, unerlaubtes Entfernen vom Unfallort; **~ against the person** Körperverletzungsdelikt; **commit an** ~ sich strafbar machen, Straftat begehen/verüben; **be suspected of having committed an** ~ tatverdächtig sein; **disrupt an** ~ Straftat beenden/unterbrechen; **report an** ~ Straftat anzeigen; **take** ~ Anstoß nehmen, beleidigt sein

offence|, completed ~ vollendete/beendete Straftat; **criminal** ~strafbare Handlung, Straftat; **criminal ~ by a public official** Amtsdelikt; **deportable** ~ Abschiebunsdelikt; **disciplinary** ~ Dienstvergehen; **drink-related** ~ Straftat unter Alkoholeinwirkung; **environmental** ~ Umweltdelikt; **first** ~ Erst|tat, -verstoß; **fiscal** ~ Steuerdelikt; **hit-and-run** ~ Fahrerflucht, unerlaubtes Entfernen vom Unfallort, Verkehrsunfallflucht; **commit a hit-and-run** ~ Fahrerflucht begehen; **indictable** ~ Offizialdelikt, Vergehen; **lesser/minor/non-arrestable/petty/small** ~ Bagatellsache, minderschwere Tat, Kavaliersdelikt, Ordnungswidrigkeit (OWI); **racially motivated** ~ rassistische Straftat; **person charged with an** ~ Beschuldigter; **premeditated** ~ Vorsatzdelikt; **public order** ~ Ordnungswidrigkeit (OWI), Störung der öffentlichen Sicherheit und Ordnung; **punishable** ~ Straftat; **second** ~ Rückfall; **sexual** ~ Sexualdelikt; **state-security** ~ Staatsschutzdelikt; **statutory** ~ Straftat; **subsequent** ~ Rückfall; **summary** ~ Ordnungswidrigkeit (OWI), Bagatellsache; **moving-traffic** ~ Verkehrsverstoß während der Verkehrsteilnahme

offence| liable to prosecution Auffangtatbestand; **~ requiring an application for prosecution** Privatklagedelikt; **~ requiring public prosecution** Offizialdelikt

offend 1 Straftat begehen/verüben; 2 beleidigen; **~ again** rückfällig werden; **~ against** verstoßen (gegen)

offender 1 (Straf)Täter; 2 Verkehrssünder; **~ on probation** ⚖ Proband; **alleged** ~ mutmaßlicher Straftäter; **compulsive** ~ Triebtäter; **first/first-time** ~ Ersttäter; **habitual/hard-core/hardened/seasoned** ~ Gewohnheitstäter; **juvenile/young** ~ jugendlicher (Straf-) Täter; **main** ~ Haupttäter; **old** ~ amtsbekannte Person, mehrfach Vorbestrafter; **persistent** ~ Wiederholungstäter; **persistent young** ~ jugendlicher Wiederholungstäter

offending anstößig

offensive anstößig

offer[1] Angebot

offer[2] anbieten

offertory box Opferstock

office 1 Amt, *(Ort)* Dienststelle, Kanzlei; 2 Büro, Dienst-, Geschäftszimmer

Office| of the Federal Chancellor Bundeskanzleramt

office| of professional responsibility *US (Abteilung)* Dienstvergehen; **~ of weights and measures** *GB* Eichamt

office|, corporate ~ Firmensitz; **fixed-penalty** ~ Bußgeldstelle; **front** ~ *(Hotel)* Empfang; **~ block** Bürogebäude; **high-rise ~ block** Bürohochhaus; **~ holder** Amtsträger; **~ hours**

Bürostunden; **after ~ hours** nach Dienstende

officer (Polizei)Beamter, Angestellter im öffentlichen Dienst; **~ in charge** Dienstgruppenleiter, diensthabender/leitender Beamter; **~(s) in charge** *(Personen)* Einsatzleitung; **~ on duty** Diensthabender; **~ stopping vehicles** Anhalteposten

officer|, armed ~ bewaffneter Polizeibeamter; **arresting ~** festnehmender Beamter; **commanding ~** Befehlshaber, Einsatzleiter, leitender Beamter, Polizeiführer; **experienced ~** erfahrener Beamter; **female (police) ~** Polizeibeamtin; **forensic ~** Erkennungsdienstbeamter; **investigating/investigative ~** Ermittlungsbeamter, Ermittler; **judicial ~** Justizbeamter; **medical ~ (of health)** Amtsarzt; **non-commissioned ~ (NCO)** Unteroffizier; **plain-clothes ~** Kriminalbeamter; **ranking ~** vorgesetzter Beamter; **recording (police) ~** aufnehmender Beamter; **senior ~** leitender/ranghöherer Beamter; **tactical ~** Einsatzbeamter; **undercover ~** verdeckter Ermittler; **undersigned ~** unterzeichnender Beamter; **uniformed ~** Schutzpolizist; **veteran ~** erfahrener Polizeibeamter

official[1] 1 (Verwaltungs)Beamter, Angestellter im öffentlichen Dienst; 2 Polizeibeamter; **~ in charge** *(allgemein)* Sachbearbeiter; **senior ~** *(Verwaltung)* leitender Beamter; **top-ranking ~** Spitzenbeamter

official[2] amtlich, dienstlich, Amts-

off-season Nebensaison

oil| on the road Ölspur; **red ~** Haschischöl; **~-absorbing** *(Bindemittel)* ölbindend; **~ can** Ölkanister, **~ change** Ölwechsel; **~ level** Ölstand; **~ pressure** Öldruck; **~ pressure gauge** Öldruckmesser; **~ pump** Ölpumpe; **~skins** Ölzeug; **~ slick** Ölteppich; **~ spill** 1 Öllache, Ölspur; 2 Ölunfall, Auslaufen von Öl; **~ spillage** Auslaufen von Öl; **~ spot** Ölfleck; **~ tanker** Öltanker; **~ temperature gauge** Öltemperaturanzeige

ointment Salbe

Old Bill *(coll)* Polizei

old-fashioned altmodisch

ombudsman Bürgerbeauftragter

omission Versäumnis, Unterlassung

omit weglassen

oncoming entgegenkommend

one| after the other hintereinander; **~-armed** einarmig; **~-eyed** einäugig; **~-way** *(Fahrkarte)* einfach

ongoing fortlaufend, ständig

on-line, available ~ im Internet abrufbar

onlooker Zuschauer, Schaulustiger

on-ramp Auffahrtrampe

onus Last

open[1] einweihen, eröffnen; **~ officially** einweihen

open[2] 1 *(Äußerung usw)* offen, unumwunden; 2 *(Fall)* ungeklärt

open|-air im Freien; **~er** Öffner

opening 1 Öffnen; 2 Einweihung, Eröffnung; **~ of the tachograph** Geräteöffnung; **official ~** Einweihung; **~ the door of a dwelling** Öffnen einer Wohnungstür; **~ hours** Geschäfts-, Öffnungs-, Dienstzeit(en)

operate 1 *(Anlage, Busdienst usw)* betreiben; 2 *(Maschine usw)* bedienen

operating *(Maschine usw)* Bedienung; **~ costs/expenses** Betriebskosten; **~ elements** Bedienungselemente; **~ fitness** Betriebstauglichkeit; **~ instructions** Bedienungs-, Betriebsanleitung; **~ licence** Betriebserlaubnis; **~ system** Betriebssystem; **~ technique** Einsatzverfahren; **~ theatre** Operationssaal; **~ weight** Betriebsgewicht

operation 1 *(Funktion)* Betrieb; 2 (Polizei)Einsatz; **come into ~** in Kraft treten; **conduct an ~** Operation durchführen; **head an ~** Einsatz leiten; **antiterrorist ~** Polizeieinsatz gegen Terroristen; **cloak-and-dagger ~** Nacht- und Nebelaktion; **covert/undercover ~** Einsatz von V-Leuten, verdeckter Einsatz; **special ~** Sondereinsatz

operational betriebsbereit, einsatz-, funktionsfähig, Einsatz-

operations|, streamline ~ rationalisieren; **proactive ~** agierende Polizeimaßnahmen; **special ~** *(Abteilung)* Spezialeinheiten; **~ chief** Einsatzleiter; **~ (control) room** Einsatzleitstelle, Zentrale; **~ plan** Einsatzplan; **~ planning** Einsatzangelegenheiten

operator 1 Fahrer, Fahrzeugführer; 2 *(Anlage, Busdienst usw)* Betreiber, Unternehmer; 3 ☎ Vermittlung; **~'s licence** Genehmigungsurkunde, Betriebserlaubnis; **~'s manual** Bedienungs-, Betriebshandbuch; **~'s name** *(auf Bus usw)* Unternehmeranschrift

opinion Auffassung, Meinung; **in my ~** meines Erachtens; **form an ~** Meinung bilden; **legal ~** Rechtsauffassung; **~ poll** Meinungsumfrage

opponent Gegner; **separate ~s** *(Schlägerei usw)* Gegner trennen

opportunity Anlass, Gelegenheit, Möglichkeit; **seize the ~** Gelegenheit ergreifen; **equal ~ employer** Arbeitgeber, der Männer und Frauen gleichberechtigt einstellt

oppose sich widersetzen; **as ~d to** im Gegensatz zu

opposing gegensätzlich

opposite[1] Gegenteil

opposite[2] gegenüber, entgegengesetzt; **diagonally ~** schräg gegenüber

oppression *(politisch)* Unterdrückung

optimize optimieren

option Wahl(möglichkeit)

oral mündlich

orbital Autobahnring, Ringstraße

ordain verordnen

order[1] 1 Befehl, (An)Weisung, Auftrag; 2 Dienstanweisung, Einsatzbefehl; 3 Bestellung; 4 richterliche Entscheidung, Anordnung; 5 *(religiös)* Orden; 6 Ordnung; **on ~** auf Befehl; **out of ~** außer Betrieb, kaputt; **~ to investigate** Ermittlungsauftrag; **~ of precedence** *(Bewertung)* Rang|folge, -ordnung; **~ of summary punishment** Strafbefehl; **be in ~** funktionieren; **comply with an ~** einer Anordnung Folge leisten; **make out an ~** Verfügung erlassen

order|, chronological ~ zeitliche Reihenfolge; **constitutional ~** Grundordnung; **free and democratic constitutional ~** freiheitliche demokratische Grundordnung; **executive ~** *(Minister)* Erlass; **interim ~** ⚖ einstweilige Verfügung; **official ~** Dienstanweisung; **provisional ~** ⚖ einstweilige Verfügung; **public ~** öffentliche Sicherheit und Ordnung; **offend against public ~** gegen die öffentliche Sicherheit und Ordnung verstoßen; **standing ~** 1 Dauerbefehl; 2 *(Bank)* Dauerauftrag; **in working ~** funktionsfähig

order[2] 1 befehlen, anweisen, beauftragen; 2 *(auch ⚖)* anordnen; 3 bestellen, anfordern; 4 verfügen, Verfügung erlassen

ordinance Erlass; **hazardous-goods ~ for road and railway transport** Gefahrgutverordnung Straße/Eisenbahn; **municipal ~** städtische Verordnung

ordinary gewöhnlich

ordnance Kampfmittel

organ|, subsidiary ~ Hilfs-, Nebenorgan; **~ bank** ⚕ Organbank; **~ donation** Organspende; **~ donor** Organspender

organization 1 *(Behörde)* Dienststelle; 2 Verband, Vereinigung; **abolish an ~** Organisation abschaffen; **dissolve an ~** Organisation auflösen; **criminal ~** kriminelle Vereinigung; **governmental ~** staatliche Organisation; **non-governmental ~** nichtstaatliche Organisation; **receiving ~** aufnehmende Dienststelle; **secret ~** Geheimbund; **special ~** Sonderorganisation; **(incident-related) special ~** besondere Aufbauorganisation; **structural ~** Aufbauorganisation; **terrorist ~** terroristische Vereinigung

organize veranstalten, Veranstaltung ausrichten; **~r** Veranstalter

organ| removal Organentnahme; **~ transplant** Organverpflanzung

orientation Orientierung; **sexual ~** sexuelle Orientierung; **~ course** Einweisungslehrgang

origin Abstammung, Herkunft, Ur-

sprung; **ethnic** ~ Rasse; **~al** urschriftlich, ursprünglich
ostensible angeblich
outage *US* Stromausfall
out|break *(Beginn)* Ausbruch; **~burst of anger** Jähzorn; **~come** Ausgang, Ergebnis; **public ~cry** *(Protest)* Aufschrei; **~door** im Freien
outerwear Oberbekleidung
out|fit 1 Ausrüstung; 2 Drogenbesteck; **~ing** Ausflug; **financial ~lays** Aufwendungen; **~let** Verkaufsstelle
outline[1] Form, Umriss
outline[2] kurz darstellen
out|pace *(schneller sein)* davonlaufen; **~patient** ⚕ ambulant
outrage Entrüstung; **be ~d about** sich empören über; **~ous** unerhört
outset, from the ~ von Anfang an
outside außerhalb; **~r** Außen|seiter, -stehender
out|size Übergröße; **~skirts** Außenbezirke, Stadtrand, Randbezirk; **~smart someone** jemandem ein Schnippchen schlagen; **~standing** hervorragend; **~-tray** *(Büro)* Ausgangskorb; **~wit** überlisten
overall generell; **~s** Arbeitsanzug
overboard|, go ~ über Bord gehen; **throw something ~** etwas über Bord werfen
overburdened, be ~ überfordert sein
over|cast *(Wetter)* bedeckt; **~charge** zuviel berechnen; **~coat** Mantel; **~come** überwinden; **~come someone** jemanden überwältigen; **~crowded** *(Bus usw)* überfüllt, *(von Touristen usw)* überlaufen
overdose (OD) Überdosis; **die of an ~** an Überdosis sterben; **~ victim** Drogentoter
over|drive 🚗 Schongang; **~due** überfällig; **~estimate** überbewerten, überschätzen; **~flow** *(Wasser usw)* überlaufen; **~hanging** überhängend; **~haul** *(reparieren)* überholen; **~heads** *US (auf Polizeifahrzeug)* Blaulicht; **~hear** *(zufällig)* mithören; **~heat** *(Motor)* überhitzen, heißlaufen; **~land** auf dem Landweg
overlap[1] Überschneidung
overlap[2] sich überschneiden
over|lay *(Projektor)* Folie; **~leaf** umseitig
overload[1] Überladung
overload[2] überladen; **~ed** überladen
overlook[1] Aussichtspunkt
overlook[2] 1 überblicken, 2 *(versehentlich)* übersehen; **~ing the terrain** mit Blick auf das Gelände
over|pass *(Brücke)* Überführung; **~power someone** jemanden überwältigen; **~reaction** Überreaktion
overrun[1] **brake** 🚗 Auflaufbremse
overrun[2] überrollen
overrun[3] *(von Touristen usw)* überlaufen
Overseas Visitors Records Office *GB* Ausländer|amt, -behörde
over|sized *(Person)* übergroß; **~stay** zulässige Aufenthaltsdauer überziehen; **~steer** 🚗 übersteuern; **~stepping the bounds of reasonable self-defence** Notwehrüberschreitung; **~take** überholen
overtaking Überholen, Überholvorgang; **improper ~** falsches Überholen; **~ manoeuvre** Überholmanöver
overtime Mehrarbeit, Überstunden; **work ~** Überstunden machen; **~ pay** Bezahlung von Mehrarbeit/Überstunden
over|turn 1 umkippen; 2 sich überschlagen; 3 ⚓ kentern; **~view** Über|blick, -sicht
overwhelm überwältigen; **~ing** erdrückend
owe schulden
owing to aufgrund, wegen
own up to *(Geständnis)* sich bekennen zu, zugeben
owner Eigentümer, Inhaber; **~ of the animal** Tierhalter; **registered ~ of the car/vehicle** Kfz-Halter; **~ of the flat** Wohnungsinhaber; **at ~'s risk** auf eigene Gefahr; **joint ~s** gemeinsame Eigentümer; **previous ~** Vorbesitzer; **rightful ~** rechtmäßiger Eigentümer; **~'s handbook/manual** Bedienungs-,

Betriebshandbuch; **~-occupied flat** Eigentumswohnung
oxidizers entzündend wirkende Stoffe
oxyacetylene torch Schneidbrenner
oxygen Sauerstoff; **~ apparatus** Sauerstoffapparat, -gerät; **~ cylinder** Sauerstoffflasche; **~ mask** Sauerstoffmaske
ozone Ozon; **~ hole** Ozonloch; **~ layer** Ozonschicht

P

pack[1] Bündel, Paket
pack[2] verpacken
package 1 Päckchen, Paket, Versandstück; 2 Verpackung; **empty ~** leere Verpackung; **outer ~** Außen-, Umverpackung; **uncleaned ~** ungereinigte Verpackung
packaging, outer ~ Außenverpackung
packet Päckchen, Schachtel; **~ of cigarettes** Päckchen Zigaretten
packing|, mixed ~ Zusammenpackung; **~ material** Verpackungsmaterial
pad Schreibblock; **duplicating ~** Mehrfach|durchschrift, -satz
padlock[1] Vorhängeschloss
padlock[2] mit einem Vorhängeschloss sichern
page *(Buch usw)* Seite
pager Rufgerät
pain Schmerz; **alleviate ~** Schmerz lindern; **be a ~ in the neck** auf die Nerven gehen; **cry with ~** vor Schmerzen schreien; **minor ~** leichte Schmerzen; **severe ~** starke Schmerzen; **~ful** schmerzhaft; **~killer** schmerzstillendes Mittel
paint[1] *(zum Auftragen)* Farbe, Lack; **luminous ~** Leuchtfarbe; **metallic ~** Metallic|farbe, -lack(ierung); **premium ~** Sonderlackierung
paint[2] lackieren; **~ over** *(Schild)* übermalen
pain threshold Schmerzgrenze
paintwork Lack(ierung); **~ damage** Lackschaden
pair *(Sachen)* Paar; **~ of pliers** Zange
palace Schloss
pale blass, bleich; **deadly ~** leichenblass
Palestine Palästina
Palestinian Palestinenser
paling fence Lattenzaun
pallet Palette
palm Handfläche; **grease someone's ~(s)** *(coll)* jemanden bestechen/schmieren; **press one's ~s against the wall** sich mit den Handflächen gegen die Wand stützen; **~ print** Hand(flächen)abdruck
pamphlet, explanatory ~ Merkblatt
panda car Streifenwagen
pane (Glas)Scheibe
panel|, additional ~ Zusatzschild; **orange(-coloured) ~** orangefarbene Tafel
pang of conscience Gewissensbiss
panic in Panik geraten
pannier *(Fahrrad, Motorrad)* Pack-, Satteltasche
panties Höschen
pants 1 Unterhose; 2 *US* Hose; **~ suit** Hosenanzug
pantyhose *US* Strumpfhose
paper|s 1 (Ausweis)Papiere; 2 Unterlagen; **on ~** auf dem Papier; **present a ~** Referat halten; **present/show one's ~s** Papiere zeigen; **accompanying ~s** Begleitpapiere; **~ bag** Papiertüte; **~ clip** Büroklammer; **~ money** Papiergeld; **~ shuffler** *(coll)* Bürokrat; **~ tissue** Papiertaschentuch; **~work** Schreibarbeiten
parachute Fallschirm
parachutist Fallschirmspringer
parade Festzug
para|graph *(Text)* Absatz, Abschnitt; **~legal** Rechtspfleger
paralyzation Lähmung
paralyze *(Verkehr)* lahmlegen; **~d** gelähmt
para|medic Sanitäter; **~meters** Rahmenbedingungen; **~phernalia** Fixerutensilien, (Drogen)Zubehör; **~phrase** umschreiben
parcel Paket; **small ~** Päckchen; **~ bomb** Paketbombe; **~ service** Paketdienst

pardon, (I beg your) ~? wie bitte?

parent Elternteil, Erziehungsberechtigte(r); **single ~** Alleinerziehende(r); **~s-in-law** Schwiegereltern; **~s' last name** Familienname der Eltern **~ unit** entsendende Dienststelle

park[1] (Grün)Anlage; **public ~** Stadtpark; **~ bench** Parkbank

park[2] 1 (ein)parken; 2 *(Kfz usw)* abstellen; **short-stay ~er** Kurzparker

parking Parken; **~ on the pavement causing an obstruction to pedestrians** Parken auf dem Gehweg mit Behinderung von Fußgängern; **~ at a dangerous point** Parken an gefährlicher Stelle; **~ on a slope** Parken am Hang; **double ~** Parken in der zweiten Reihe; **handicapped ~** Behindertenparkplatz; **illegal ~** falsches/verbotenes Parken, Parken im Haltverbot; **improper ~** Falschparken; **on-street ~** Parken auf der Fahrbahn

parking| attendant Parkplatzwächter; **~ brake** Feststell-, Handbremse; **~ charge(s)** Parkgebühr; **~ configuration** *(für parkende Fahrzeuge)* Aufstellungsart; **(electronic) ~ device** Parkassistent **~ disk** Parkscheibe; **~ facility** Parkgelegenheit; **~ fine** Verwarngeld für falsches Parken; **~ heater** Standheizung; **~ lane** Parkstreifen; **~ level** Park|deck, -ebene; **~ light** Park|leuchte, -licht; **~ lights** Standlicht; **~ lot** 1 Abstellplatz; 2 *(einzelnes Kfz)* Parkplatz; **~ meter** Parkuhr; **~ meter zone** Parkuhrzone; **~ offence/violation** Parkverstoß; **~ permit** Park|ausweis, -erlaubnis; **display a ~ permit** Parkausweis sichtbar im Auto anbringen; **~ prohibition** Parkverbot; **~ restrictions** *(aus besonderem Anlass)* eingeschränkte Parkmöglichkeiten; **~ rules** Parkvorschriften; **~ space** 1 Park|fläche, -lücke, -raum; 2 *(einzelnes Kfz)* Park-, (Ab-) Stellplatz; **back into a ~ space** rückwärts einparken; **reserved ~ space** Stellplatz; **~ stall** *US* Abstellplatz; **~ tax** Parksteuer; **~ ticket** 1 Knöllchen *(coll)*, Strafzettel für falsches Parken; 2 Parkschein; **~ time** Parkzeit

parkway *US (in Ortschaft)* Autobahn, Kraftfahr-, Hauptdurchgangsstraße

parole *(vorzeitige Entlassung nach Verbüßung eines Teils der Strafe)* Bewährung, Hafturlaub; **without ~** ohne Bewährung; **~ officer** Bewährungshelfer; **~ violation** Verstoß gegen Bewährung(sauflage)

part (Ersatz)Teil, Stück; **~ of the body** Körperteil; **upper ~ of the body** Oberkörper; **~ of town** Ortsteil; **private ~s** Genitalien, Geschlechtsteile; **spare ~** Ersatzteil

parted gescheitelt

participant Beteiligter, Teilnehmer

participate mitwirken, sich beteiligen, teilnehmen; **~ in something** an etwas beteiligt sein

participation Mit|arbeit, -wirkung, Beteiligung, Teilnahme; **active ~ in a crime** aktive Tathilfe

particle *(Spurensicherung usw)* Teilchen

particularity Besonderheit, Eigenart

particulars Angaben (zur Person), nähere Angaben, Personalien; **ask for the ~** Personalien erfragen; **establish ~** Personalien feststellen; **exchange ~** *(nach Unfall usw)* Daten austauschen; **give ~** Angaben machen; **take down the ~** Personalien aufnehmen

parties| to a conflict Konfliktparteien; **the ~ involved** die Beteiligten

parting Scheitel

partisan parteiisch

partition 1 Teilung; 2 *(Taxi)* Trennscheibe

partner *(einer von zwei Beamten, die gemeinsam Streife fahren)* Kollege; **~ with equal rights** gleichberechtigter Partner; **homoerotic ~** gleichgeschlechtlicher Lebenspartner; **~ship** Partnerschaft; **~ swapping** Partnertausch

part| payment Teilzahlung; **~-time** Teilzeit-; **~-timer** Teilzeitkraft

party| to the accident Unfallbeteiligter; **guilty ~ in an accident** Unfallverursacher; **~ to the contract** Vertragspartei; **be a ~ to something** an etwas beteiligt sein, teilnehmen; **investigate the**

guilty ~ Verursacher ermitteln; **aggrieved/injured** ~ Geschädigter; **negotiating** ~ Verhandlungspartner; **noisy** ~ laute Feier; **opposing** ~ Prozessgegner; **private** ~ geschlossene Gesellschaft; **third** ~ Dritter

party| involved beteiligte Partei; ~ **member** Parteimitglied; ~ **membership book** Parteibuch; ~ **ticket** Gruppenfahrkarte

pass[1] 1 *(Gebirge)* Pass(straße); 2 Ausweis; **official** ~ amtlicher Ausweis

pass[2] 1 vorbei|fahren, -gehen; 2 überholen; 3 *(Gesetz)* verabschieden; 4 *(Prüfung)* bestehen; ~ **around** herumgehen lassen; ~ **on** übermitteln, weiter|geben, -leiten; ~ **out** ohnmächtig werden; ~ **through** durchlaufen

passable befahrbar

passage Durch|fahrt, -gang; ~ **of persons** Transit von Personen; **downstream** ~ Talfahrt; **safe/free** ~ freies Geleit; **upstream** ~ Bergfahrt

passenger 1 Reisender, Fahrgast; 2 Insasse, Bei-, Mitfahrer; ~ **car** PKW; ~ **check** Fluggastkontrolle; ~ **compartment** Fahrgastzelle; ~ **door** *(Bus)* Fahrgasttür; ~ **ferry** Personenfähre; ~ **insurance** Insassenunfallversicherung; ~ **list/manifest** Passagierliste; ~ **seat** Beifahrersitz; ~ **train** Personenzug; ~ **transport** Personenverkehr

passer-by Passant

passing[1] Überholen, Überholvorgang; **mention something in** ~ *(sagen)* etwas am Rand bemerken; ~ **lane** linker Fahrstreifen

passing[2], **be** ~ **through** auf der Durchreise sein

passion Leidenschaft; **~ate** leidenschaftlich

passkey General-, Hauptschlüssel

passport *(Dokument)* (Reise)Pass, Ausweis; ~ **for stateless persons** Fremdenpass; **expired** ~ abgelaufener Pass; ~ **check/control** Passkontrolle; ~ **holder** Passinhaber; ~ **photograph** Passbild

password Kenn-, Passwort

past Vorleben

pasture *(Weide)* Koppel

pat down *US (Person)* abtasten

patch[1] 1 Flicken; 2 (Stoff)Abzeichen; 3 *(coll)* Polizeirevier; **~es** Schulterklappen; ~ **of oil (on the road)** Ölspur; **bald** ~ kahle Stelle in der Mitte des Kopfes, Wirbelglatze

patch[2] **up** zusammenflicken; **~ed up** geflickt

patch pocket aufgesetzte Tasche

path *(Fußweg usw)* Weg, Pfad; **narrow** ~ schmaler Pfad

pathological krankhaft

pathway Fußweg

patience Geduld

patient geduldig

patrol[1] *(Polizei)* Kontrollgang, Patrouillenfahrt, Runde, Streife(nfahrt); **on** ~ auf Streife; ~ **and community beat** Wach- und Bezirksdienst; **conduct a** ~ Patrouille durchführen; **joint** ~ **(of a police officer and another official)** gemischte Streife; **motorized** ~ motorisierte Streife; **plain-clothes** ~ Zivilstreife

patrol| area Streifenbezirk; ~ **boat** Patrouillenboot; ~ **car** Streifenwagen; **radar-equipped** ~ **car** Radarwagen; ~ **crew** Streifenwagenbesatzung; ~ **duty** Streifendienst

patrolling, high-visibility ~ offene, erkennbare, gezielte Streife(nfahrt)

patrol| officer Streifenpolizist; ~ **technique** *(Eigensicherung usw)* Vorgehen und Verhalten im Streifendienst

patrol[2] Streife fahren/gehen

patron saint Schutzheiliger

pattern Muster; ~ **of crime** Verbrechensmuster; **~ed** gemustert

patting-down *US* Personendurchsuchung, Abtasten

pave 1 pflastern; 2 *US* asphaltieren

pavement 1 Gehweg; 2 Straßen|decke, -oberfläche, Belag, Fahrbahn; ~ **café** Straßencafé; ~ **marking** Fahrbahnmarkierung; ~ **marking machine** Fahrbahnmarkierungsmaschine

paving *(Straße)* Belag, Straßendecke; ~ **stone** Pflasterstein

paw Pfote
pawn Pfand, ~ **ticket** Pfandschein; ~**broker** Pfandleiher; ~**shop** Pfandhaus
pay[1] Besoldung, Bezüge; ~ **and display (parking)** Parken mit Parkschein; **incremental** ~ Dienstalterszulage
pay[2] 1 zahlen, bestreiten, *(Rechnung)* begleichen, *(Geld)* abführen; 2 sich (wirklich) bezahlt machen; ~ **back** zurückzahlen; ~ **down** anzahlen; ~ **for** aufkommen für; ~ **off** abzahlen, tilgen; ~ **out** auszahlen
payable fällig, zahlbar
pay cut Gehaltskürzung
payload Ladegewicht, Nutzlast, Zuladung; ~ **of the towing vehicle** Nutzlast des Zugfahrzeugs; **permissible** ~ maximale Zuladung
paymaster *(z.B. für kriminelle Organisation)* Geldgeber
payment (Be)Zahlung, *(Rechnung)* Begleichung; ~ **in instalments** Ratenzahlung; **make off without** ~ Zeche prellen, sich ohne Bezahlung davonmachen; **non-cash** ~ unbare Zahlung; **down** ~ Anzahlung; **making off without** ~ Zechprellerei
pay| rise Gehaltserhöhung; ~ **scale** Besoldungstabelle, Gehaltsskala
payslip Gehaltsabrechnung
pay (tele)phone Münztelefon, öffentliches Telefon
peace 1 Frieden; 2 Stille, Ruhe; ~ **of mind** innere Ruhe; **keep/preserve the** ~ die öffentliche Sicherheit und Ordnung aufrechterhalten; **maintain the** ~ Frieden wahren; **restore** ~ Frieden wiederherstellen; **domestic** ~ häuslicher Frieden; **public** ~ öffentlicher Frieden; ~**ful** friedlich
peak 1 *(Berg)* Spitze, Gipfel; 2 Höhepunkt; ~ **hours** Spitzenzeit; ~ **period/traffic** Verkehrsspitze; ~ **season** Haupt-, Hochsaison; ~ **traffic** Stoßverkehr; ~ **travel period** Hauptreisezeit
pearl Perle; ~ **necklace** Perlenkette
pebble Kieselstein
peculiar merkwürdig, seltsam, sonderbar; ~**ity** Besonderheit, Eigenart
pecuniary finanziell, Geld-
pedal[1] Pedal, Fußhebel
pedal[2] Rad fahren
pedestrian Fußgänger; ~ **crossing** Fußgängerüberweg, Zebrastreifen; ~ **island/refuge** *US* Verkehrsinsel; ~ **overpass** Fußgängerüberführung; ~ **precinct** Fußgängerzone; ~ **right of way** Vorrang für Fußgänger; ~ **subway** Fußgängerunterführung; ~ **traffic lights** Fußgängerampel; ~ **underpass** *US* Fußgängerunterführung
pedophile Kinderschänder
peeler *(coll)* Polizeibeamter
Peeping Tom *(coll)* Spanner, Voyeur
peer pressure Druck von Gleichaltrigen, Gruppendruck
pelican crossing Fußgängerüberweg mit Ampel
pellet Schrotkugel; ~**s** Schrot
pelvis Becken
penal strafrechtlich, Straf-
penalty Strafe, Bußgeld; ~ **for contempt of court** Ordnungsstrafe wegen Missachtung des Gerichts; ~ **for fare dodging** erhöhtes Beförderungsentgelt; **waive a** ~ von einer Strafe absehen; **fixed** ~ Bußgeld; **maximum** ~ Höchststrafe; ~ **charge notice** Parkticket, Strafzettel für falsches Parken; **report someone to the fixed** ~ **office** Ordnungswidrigkeitenanzeige bei der Bußgeldstelle vorlegen; ~ **point** *(Verkehrszentralregister)* Punkt; **accumulate** ~ **points** Punkte anhäufen
pendant *(Schmuck)* Anhänger
pending *(Verfahren)* schwebend, unerledigt
penetrate 1 unterwandern; 2 *(auch sexuell)* eindringen
penetration 1 Unterwanderung; 2 Eindringen
peninsula Halbinsel
penitentiary *US* Justizvollzugsanstalt (JVA)
pen knife Taschenmesser
pennant Wimpel
penniless mittellos
penny Kupfermünze, Pfennig; ~-**pinching** Geiz

pension|[1], old-age ~ Pension, Rente; **old-age ~er** Pensionär, Rentner
pension[2] off *(Ruhestand)* verabschieden
people|, beautiful ~ *(US, Sammelbegriff, ironisch)* Kriminalpolizei; ~ **carrier** Großraumlimousine, Minivan; **old ~'s home** Seniorenheim; ~ **smuggler** Schlepper, Schleuser; ~ **smuggling** Einschleusen, Menschenschmuggel, Schleusung; ~ **smuggling trip** Schleusungsfahrt
per|ceive wahrnehmen; **~centage** Prozentsatz; **~ceptible** wahrnehmbar; **~ception** Wahrnehmung; **~fect** lückenlos, vollkommen
perform leisten; ~ **well** gute Leistung bringen
performance 1 Leistung; 2 *(Theater usw)* Aufführung, Vorstellung; ~ **of duty** Pflichterfüllung; **maximum** ~ Höchstleistung; **outstanding** ~ hervorragende Leistung; ~ **bonus** Leistungszulage; ~ **rating** Leistungsbeurteilung
perhaps eventuell
perimeter fence Außenzaun
period| of conscription Wehrpflichtzeit; ~ **of notice** Kündigungsfrist; ~ **of time** Zeitraum; ~ **of validity** Geltungsdauer; **minimum** ~ Mindestfrist; **probationary** ~ Ausbildungs-, Probezeit; **start-up** ~ *(Maßnahme usw)* Anlaufzeit
perish 1 umkommen; 2 *(Lebensmittel)* verderben; **~able** verderblich
per|jure oneself ⚖ Meineid leisten; **~jury** Meineid
perk Vergünstigung; **~s** *(Dienstwagen usw)* Annehmlichkeiten
perm Dauerwelle
permanent dauernd, ständig, unbefristet
permissible zulässig; **maximum** ~ höchstzulässig
permission Erlaubnis, Genehmigung; **without** ~ unerlaubt; ~ **to give evidence** Aussagegenehmigung; ~ **to leave the country** Ausreiseerlaubnis; **refuse** ~ Erlaubnis verweigern; **special** ~ ausdrückliche Genehmigung; **verbal** ~ mündliche Genehmigung
permissive *(Moral)* freizügig
permit[1] 1 *(Dokument)* Genehmigung, (Durchfahr)Erlaubnis, Berechtigungsschein; 2 *(Güternahverkehr)* Erlaubnisurkunde; 3 Führerschein; ~ **to possess firearms** Waffenbesitzkarte; ~ **to practise a profession/trade** Berufsausübungserlaubnis; **cross-border** ~ Genehmigung für den grenzüberschreitenden Verkehr; ~ **holder** 1 *(Parkhaus)* Dauerparker; 2 Genehmigungsinhaber
permit[2] erlauben, genehmigen, gestatten, zulassen
per|petration of an offence Täterschaft; **~petrator** (Straf)Täter, Verursacher; **~secute** *(Minderheit)* verfolgen; **~secution** Verfolgung; **~severe** durchhalten; **~sistence** Hartnäckigkeit; **~sistent** hartnäckig, Gewohnheits-
person| affected Betroffener; ~ **in charge** Betreuer; ~ **not involved (in the accident)** *(Verkehrsunfall)* Unbeteiligter; ~ **present** Anwesender; ~ **hereinafter referred to** nachfolgend bezeichnete Person; ~ **behind the scenes** Hintermann
personnel Personal; **civilian** ~ Zivilpersonal; **enlisted** ~ ⚔ Unteroffiziere und Mannschaften; **unsworn** ~ *US (bei Polizei)* Zivil|angestellte, -personal; ~ **carrier** Gruppenkraftwagen (Grukw), Mannschaftstransportwagen; ~ **division** Personalabteilung; ~ **management** Personalführung; **chief** ~ **officer** Personalchef; ~ **(recruitment) officer** Einstellungsbeamter; ~ **replacement** Personalersatz; ~ **requirements** Personalbedarf
per|suade überreden, überzeugen; **~suasion** Überredung; **~tinent** sachdienlich; **~version of the course of justice** Rechtsbeugung
pest(s) Ungeziefer
pester belästigen
petition Eingabe
petrol Kraftstoff, Benzin; **fill up with** ~ tanken; **run out of** ~ liegen bleiben, weil der Kraftstoff ausgegangen ist; **four-star** ~ Superbenzin; ~ **bomb** Molotowcocktail; ~ **can** Reservekanister;

~ **cap** Tankverschluss; ~ **gauge** Kraftstoffanzeige; ~ **pump** Zapfsäule; ~ **station** Tankstelle; ~ **station attendant** Tankwart; ~ **tank** Tank
petty 1 unbedeutend, klein, geringfügig, Bagatell-; 2 kleinlich
pharmacy Apotheke
phase Alarmstufe; **post-foundation** ~ Aufbaukurs
phenomenon, natural ~ Naturereignis
phone[1] Telefon, -anschluss, -apparat; **answer the** ~ ans Telefon gehen; **be on the** ~ telefonisch erreichbar sein; **be wanted on the** ~ am Telefon verlangt werden; **cellular/mobile** ~ Handy; ~ **book/directory** Telefonbuch; ~ **booth/box/kiosk** Telefonzelle; ~ **call** Telefongespräch; **indecent** ~ **call** obszöner Anruf; **toll-free** ~ **call** gebührenfreies Telefongespräch; ~ **card** Telefonkarte; ~ **exchange/switchboard** Telefonzentrale; ~ **number** Ruf-, Telefonnummer; **have a** ~ **number** telefonisch erreichbar sein
phone[2] telefonieren, anrufen; ~ **back** zurückrufen
photo Lichtbild; **aerial** ~ Luftbild; ~ **album** Lichtbildsammlung; ~ **identification/spread** Wahllichtbildvorlage; **~card licence** Kartenführerschein; **~fit picture** Phantom|bild, -zeichnung; **~graph** Foto; **~graphing and fingerprinting** erkennungsdienstliche Behandlung;~ **montage** Fotomontage; ~ **variation ~map** Luftbildkarte; **(updating)** Bildvariation
phrase formulieren; ~ **book** Sprachführer
physician Arzt; **official** ~ Amtsarzt
pick[1] *(Werkzeug)* Hacke
pick[2] 1 auswählen; 2 *(mit Schlüssel usw)* knacken; ~ **out** heraus|greifen, -suchen; ~ **up** 1 aufschnappen; 2 *(vom Boden)* aufheben; 3 einsteigen lassen; 4 *(coll)* festnehmen, aufgreifen
picket fence Holzzaun
pickpocket Taschendieb; **~ing** Taschendiebstahl
pickup 1 🚗 Pritsche(nwagen), Klein-LKW; 2 mitgenommener Anhalter; 3 Haltepunkt; ~ **truck** 🚗 Pritsche(nwagen)
picnic| area; ~ **site** Autobahnpark-, Rastplatz
picture of the situation Lagebild
piece Stück; ~ **of advice** Ratschlag; ~ **of art** Kunst|gegenstand, -werk; ~ **of equipment** Arbeitsgerät; ~ **of evidence** Asservat, Sachbeweis, Beweis|anzeichen, -mittel, -stück; ~ **of furniture** Einrichtungsgegenstand; ~ **of information** *(Einzelinformation)* Information, Mitteilung; ~ **of jewellery** Schmuckstück; ~ **of paper** Zettel; **take to ~s** zerlegen
pier Brückenpfeiler
pierce durch|bohren, -stechen
piercing *(Schrei)* durchdringend
pig *(coll, abwertend)* Polizeibeamter
pigeonhole *(Büro)* Ablagefach; ~ **for incoming mail** Eingangsfach; ~ **for outgoing mail** Ausgangsfach
piggyback service 🚂 Huckepackverkehr
pile[1] Haufen; ~ **of sand** Sandhaufen
pile[2] **up** 1 *(Verkehr)* sich stauen; 2 *(Vorgänge)* auflaufen
pile-up Massenunfall
pilfer *(coll)* klauen, stehlen; **~age** Diebstahl geringwertiger Sachen; **~ing** Stehlen, Diebstahl geringwertiger Sachen; **~-proof** diebstahlsicher
pilgrimage Wallfahrt
pill Tablette; **addicted to ~s** tablettensüchtig
pillar ⚕ Pfeiler, Säule
pillion passenger/rider *(Motorrad)* Sozius
pillory *(fig)* an den Pranger stellen
pillow *(Bett)* Kissen
pilot[1] ⚓ Lotse
pilot[2] lotsen
pilot|age Lotsendienst; ~ **boat** Lotsenboot; **~'s case** Pilotenkoffer; ~ **scheme** Pilotprojekt; ~ **service** Lotsendienst
pimp Zuhälter; **~ing** Zuhälterei
pimple ⚕ Pickel, Pustel
pimply voller Pickel
pin[1] 1 *(zum Anstecken)* Abzeichen; 2 Stecknadel

pin[2] something on someone jemandem etwas anhängen
pinch[1] *US* Festnahme; **at a ~** zur Not
pinch[2] *(coll)* klauen, stehlen; **~ something** etwas mitgehen lassen
pint *(0,568 Liter)* Pint; **have a ~ with the lads** mit den Kumpeln einen trinken gehen
pipe 1 *(Raucher)* Pfeife; 2 Rohr; **hydraulic ~s and hoses** Bremsleitung
pistol for blanks Schreckschusspistole
piston 🚗 Kolben; **~ seizure** Kolbenfresser
pit Grube
pitch 1 *(Sport)* Platz, Spielfeld; 2 *(Campingplatz usw)* Stellplatz; **~-black/-dark** stockdunkel
pity Mitleid
place[1] Platz, Ort, Stätte, Stelle; **all over the ~** überall; **in ~s** stellenweise; **be out of ~** fehl am Platze sein; **public ~s** öffentliche Wege und Plätze; **safe ~** sicherer Aufbewahrungsort; **keep in a safe ~** verwahren
place|, usual ~ of abode gewöhnlicher Aufenthaltsort; **~ of birth** Geburtsort; **~ of death** Sterbeort; **~ of destination** Bestimmungsort; **~ of discharge** Entladeort; **~ of dispatch** Versandort; **~ of domicile/residence** Wohnort; **~ of issue** Ausstellungsort; **~ of loading** Ladestelle; **~ for the night** Nachtquartier; **~ of origin** Herkunftsort; **~ of residence** Aufenthaltsort; **main ~ of residence** Hauptwohnsitz; **~ of retreat** Zufluchtsort; **~ of safekeeping** Aufbewahrungsort; **~ of shipment** Beladeort; **~ to sleep** Schlafgelegenheit; **~ of work** *(Ort)* Arbeitsplatz; **~ frequented by people** häufig besuchter Ort; **~-name sign** Ortsschild
place[2] platzieren, stellen
plain[1] Ebene
plain[2] eindeutig, klar
plain-clothes Kriminal-, Zivil-
plaintiff Kläger; **find for the ~** dem Kläger Recht geben; **joint ~** *(Zivilrecht)* Nebenkläger
plait Zopf
plan[1] Vorhaben; **according to ~** planmäßig; **specific ~** genauer Plan
plan[2] vorhaben, vorsehen
plane Flugzeug; **hijack/skyjack a ~** Flugzeug entführen; **private ~** Privatflugzeug; **~ crash** Flugzeugabsturz
planned, carefully ~ durchdacht
plant[1] 1 Fabrik, Anlage; 2 *(coll)* Spitzel; **heavy ~ crossing** ⚠ Baustellenverkehr
plant[2] *(Beweismaterial, Drogen)* unterschieben
planter Blumen|kübel, -trog
plaque Gedenktafel
plaster 1 ⚕ Pflaster; 2 🏠 Putz; **sticking ~** Heftpflaster; **~ cast** Gipsverband
plastic|(s) Kunststoff; **solid ~ (material)** fester Kunststoff
plate Schild; **~ glass** Tafelglas; **~ shears** Rettungsschere
platform *(Bahnhof)* Gleis, Bahnsteig; **demountable ~** Wechselpritsche; **~ truck** 🚗 Pritsche(nwagen)
platoon *(⚔, Polizei)* Einsatzzug; **~ leader** Zugführer
play[1] 1 *(Lenkung usw)* Spiel; 2 (Theater)Stück; **~ area** Spielplatz; **~er** Spieler; **~ground** Spielplatz; **~ing card** Spielkarte; **~ school** Kindergarten; **~ street** Spielstraße
play[2]| down bagatellisieren, verharmlosen; **~ truant** *(Schule)* schwänzen, unentschuldigt fernbleiben
plea 1 Bitte; 2 ⚖ Plädoyer; **~ of guilty** *(Gericht)* Schuldeingeständnis
plead 1 geltend machen; 2 plädieren; **~ guilty** sich schuldig bekennen
please erfreuen, gefallen; **be ~d** sich freuen
pleasure Freude, Vergnügen; **~ boating** Freizeitschifffahrt; **~ cruise/ride/trip** Vergnügungsfahrt; **~ ground** Vergnügungspark
pledge Pfand
pliers (Kombi)Zange
plight *(Armut)* Notlage, schwierige Lage
plot[1] Anschlag, Verschwörung
plot[2] 1 ⚖ sich verschwören; 2 einzeichnen
plough into something in etwas rasen

ploy Täuschungsmanöver
pluck *(z.B. Augenbrauen)* auszupfen
plug Stecker; **incandescent ~** Glühkerze; **~ spanner/wrench** Zündkerzenschlüssel
plume of smoke Rauchfahne
plump vollschlank
plunge stürzen
poach wildern; **~er** Wilderer; **~ing** (Jagd)Wilderei
pocket 1 *(Kleidungsstück)* Tasche; 2 Ablagefach; **back ~** Gesäßtasche; **inside ~** Innentasche; **secret ~** versteckte Tasche; **~ calculator** Taschenrechner; **~ knife** Taschenmesser; **~ notebook** Berichtsbuch; **~ watch** Taschenuhr
pockmarks Pockennarben
point[1] 1 Punkt; 2 Spitze; 3 Steckdose, Kontakt; 4 Weiche; **return to the ~ of departure** zum Ausgangspunkt zurückkehren; **~ of entry** 1 Einreiseort; 2 Einschuss; **~ of impact** Ort des Aufpralls/Zusammenstoßes; **~ of intersection** Schnittpunkt; **~ of loading** Ladestelle; **~ of view** Gesichtspunkt, Meinung; **come to the ~** zur Sache kommen; **keep to the ~** beim Thema bleiben; **crucial ~** Dreh- und Angelpunkt, entscheidender Punkt; **focal ~** 1 *(von Banden usw)* Sammelplatz; 2 Brenn-, Mittelpunkt; **~-blank** *(z.B. Schusswaffe)* aus nächster Nähe
point[2] **out/to** aufzeigen, hinweisen; **~ to** hindeuten
pointed spitz
pointless sinn-, zwecklos
poison[1] Gift; **~ gas** Giftgas
poison[2] vergiften; **~ing** Vergiftung; **~ous** giftig
poke about/around herumschnüffeln
pole Mast, Pfahl, Pfosten
police[1] (Schutz)Polizei; **this is the ~ speaking** hier spricht die Polizei; **call the ~** Polizei rufen; **contact the ~** sich an die Polizei wenden; **inform the ~** zur Polizei gehen; **join the ~** in die Polizei eintreten; **report to the ~** *(Bürger bei Polizei)* anzeigen, zur Polizei gehen; **send for the ~** Polizei rufen; **wait for the ~ to arrive** das Eintreffen der Polizei abwarten; **wanted by the ~** polizeilich gesucht
police|, anti-riot ~ Bereitschaftspolizei; **armed ~** bewaffnete Polizei; **auxiliary ~** Hilfspolizei; **federal ~** Bundespolizei; **general ~** Schutzpolizei; **military ~ (MP)** Militärpolizei, Feldjäger; **municipal ~** Stadtpolizei; **operational ~** Schutzpolizei; **secret ~** Geheimpolizei; **standby ~** Bereitschaftspolizei; **uniformed ~** Schutzpolizei
police| academy Polizeischule; **~ act** Polizeigesetz; **~ action** Zugriff; **~ administration** Polizeiverwaltung; **~ advisory board** Polizeibeirat; **~ agency** 1 Polizeidienststelle; 2 Polizeibehörde **~ archives** Polizeiarchiv; **~ area** Polizeibezirk, Inspektionsbereich; **~ authority** 1 *GB* Aufsichtsbehörde über die Polizei; 2 Polizei(behörde); **~ badge** Polizeidienstausweis; **~ band** Polizeiorchester; **~ boat** Polizeiboot; **~ bus** Polizeibus; **~ cadet** Polizeikadett; **~ car** Einsatzfahrzeug, Streifenwagen; **unmarked ~ car** neutrales Polizeifahrzeug, Zivilfahrzeug der Polizei; **~ car siren** Polizeisirene; **~ caution** gebührenfreie/polizeiliche Verwarnung; **~ certificate of good conduct** polizeiliches Führungszeugnis; **~ chaplain** Polizei|pfarrer, -seelsorger; **~ check** Polizeikontrolle; **~ check report** Anhaltemeldung, Beobachtungs- und Feststellungsbericht; **~ choir** Polizeichor; **~ chopper** Polizeihubschrauber; **~ clearance certificate** polizeiliches Führungszeugnis; **~ college** Polizeischule; **~ collision** Verkehrsunfall mit Dienst-Kfz; **~ command** Polizeiführung
Police Complaints Authority *GB* Beschwerdestelle
police| constable Polizeibeamter; **~ contingent** Polizeiaufgebot; **~ cordon** Polizeikette; **~ custody** Gewahrsamsdienst, Polizeigewahrsam; **~ department** Polizei(behörde), Polizeiabteilung; **~ detachment** Polizeiaufgebot;

~ **detention** vorläufige Festnahme; ~ **directorate** Polizeidirektion; ~ **district** *(Verwaltungsbezirk)* Polizeiinspektion; ~ **division** 1 Polizeibezirk; 2 Polizeiabteilung; ~ **doctor** Polizeiarzt, (polizei)ärztlicher Dienst; ~ **dog** Diensthund; ~ **driving licence** Dienstführerschein; ~ **duty** Polizeiarbeit; ~ **escort** Polizeieskorte; **for ~ eyes only** nur für den Dienstgebrauch

Police Federation *GB* Polizeigewerkschaft *(vom constable bis chief inspector)*

police| firearms unit bewaffnete Polizei-/Streifenwageneinheit; ~ **flat** Dienstwohnung (für Polizei); ~ **force** Polizei; **local ~ force** Gemeinde-, Stadtpolizei, örtliche Polizei; **private ~ force** Privatpolizei; ~ **forces** Polizeikräfte; ~ **headquarters** Polizei|präsidium, -zentrale, -direktion; ~ **helicopter** Polizeihubschrauber; ~ **helicopter squad/unit** Polizeihubschrauberstaffel; ~ **house** Dienstwohnung (für Polizei); ~ **identity card** (Polizei-) Dienstausweis; ~ **inaction** Untätigkeit der Polizei; ~ **informant/informer** Polizeispitzel; ~ **lab(oratory)** polizeitechnisches Institut; ~ **law** Polizeirecht; ~ **leadership** Polizeiführung; **~man** Polizeibeamter; **sleeping ~man** *(coll)* (Fahrbahn)Schwelle; ~ **management (theory)** Führungslehre; ~ **management academy** Polizeiführungsakademie (PFA); ~ **marksman/markswoman** Scharfschütze; ~ **matters** Polizeiangelegenheiten; ~ **measure** polizeiliche Maßnahme; ~ **medical service** (polizei)ärztlicher Dienst; ~ **notice** polizeilicher Hinweis

police officer Polizeibeamter; **certified/ fully trained/sworn** ~ Polizeibeamter mit abgeschlossener Ausbildung *(im Gegensatz zu Zivilpersonal oder Hilfspolizisten)*; **female** ~ Polizeibeamtin; **(German) military** ~ Feldjäger; **plainclothes** ~ Ermittlungsbeamter; **retired** ~ pensionierter Polizeibeamter; **senior** ~ Polizeibeamter des höheren Dienstes; **serving** ~ aktiver Polizeibeamter; **uniformed** ~ Polizeibeamter in Uniform; ~ **with .... years' experience** Polizeibeamter mit .... Dienstjahren

police| official Polizeibeamter; ~ **operation** Polizeieinsatz; ~ **orchestra** Polizeiorchester; ~ **paraphernalia** Polizeiausrüstungsgegenstände; ~ **patrol** Polizeistreife; **military ~ patrol** Militärpolizeistreife; ~ **powers** Eingriffsrecht(e); ~ **precinct** *(Verwaltungsbezirk)* Polizeiinspektion; ~ **procedure** polizeiliches Vorgehen, Polizeitaktik; ~ **protection** Polizeischutz; ~ **radio (system)** Polizeifunk; ~ **raid** Polizeirazzia; ~ **recruiting department** Personalauswahldienst; ~ **region** *(Verwaltungsbezirk)* Polizeiinspektion; ~ **siren** Martinshorn; ~ **staff college** Polizeiführungsakademie (PFA)

police station 1 Polizei|posten, -revier, -station, (Polizei)Wache, Hauptwache; 2 *(Gebäude)* Polizeiinspektion, (Polizei)Dienststelle; **central** ~ Hauptwache; **military** ~ Militärpolizeistation; **mock** ~ Lehrwache; ~ **only open in the daytime** Tageswache; ~ **in charge** bearbeitende Dienststelle; ~ **custody suite** Gewahrsamszelle

police| subdivision *(Verwaltungsbezirk)* Polizeiinspektion; ~ **surgeon** Polizeiarzt; ~ **tactics** Polizeitaktik; ~ **tape** Absperrband; ~ **training** Polizeiausbildung; ~ **training centre** (Landes)Polizeischule, Bildungsinstitut der Polizei; ~ **union** Polizeigewerkschaft; ~ **unit** Polizeieinheit; ~ **van** 1 Mannschaftstransportwagen; 2 Streifenwagen; ~ **vehicle** Dienstfahrzeug; **multi-purpose ~ vehicle** Mehrzweckfahrzeug; **~woman** Polizeibeamtin; ~ **work** Polizeiarbeit

police² überwachen, Polizeiarbeit leisten; ~ **an area** Polizeiarbeit leisten

policing Polizeiarbeit; **intelligence-led** ~ erkenntnisorientierte Polizeiarbeit; **preemptive** ~ vorbeugende Polizeiarbeit; ~ **in formations** Verbandstraining

policy 1 *(Maßnahme)* Politik; 2 Ver-

sicherungs|police, -schein; **~holder** Versicherungsnehmer
polite höflich
politician Politiker
politics *(allgemein)* Politik
pollutant Schadstoff
pollute *(Substanz)* verunreinigen, verschmutzen; **~r** Umweltverschmutzer; **~r pays principle** Verursacherprinzip
polluting schadstoffhaltig
pollution (Umwelt)Verschmutzung, Verunreinigung; **~ of lakes/rivers** Gewässerverunreinigung; **atmospheric ~** Luft|verschmutzung, -verunreinigung; **environmental ~** Umweltverschmutzung; **~ filter** Schadstofffilter
polo neck Rollkragen; **~ sweater** Rollkragenpullover
poly|graph Lügendetektor; **~technic** Fachhochschule
pommel *(Messer)* Knauf
pond Teich
ponytail Pferdeschwanz
pool[1] 1 Fuhrpark; 2 Lache; **~ of blood** Blutlache
pool[2] *(Mittel)* zusammenfassen
poor *(Sprachkenntnisse, Gesundheit, Qualität usw)* schlecht
poppy Mohn
popular beliebt
populated besiedelt; **densely/sparsely ~** dicht/dünn besiedelt
population Bewohner, Bevölkerung; **blend into the ~** *(Terroristen, Schläfer usw)* sich unter die Bevölkerung mischen
porch 1 🏠 Windfang; 2 Veranda
port Hafen; **~ of entry** Einfuhr-, Einreisehafen; **~ of lading** Beladeort; **~ of registry** Heimathafen; **come into/enter ~** einlaufen; **leave ~** auslaufen; **free ~** Freihafen
Portacabin[tm] Containerunterkunft
port authority Hafenbehörde
porter 1 Pförtner, Portier; 2 *(Person)* Gepäckträger; 3 Malzbier; **~'s cabin** Pförtner|haus, -loge
portion Teil
portrayal(s) of violence Gewaltdarstellung
pose as sich ausgeben als
position *(Amt)* (Dienst)Posten, Arbeits|platz, -stelle, Stellung; **be in the ~** in der Lage sein; **leave a certain ~** aus einer bestimmten Stellung ausscheiden; **put oneself into someone's ~** sich hineinversetzen; **put someone in the ~** in die Lage versetzen; **stable lateral ~** ⚕ stabile Seitenlage; **social ~** soziale Stellung
positioning, global ~ system (GPS) Fahrzeugortungssystem
position lamp/light Begrenzungs-, Umrissleuchte
possess besitzen
possession Besitz; **~ of drugs/narcotics** Drogenbesitz; **in full ~ of one's faculties** im Vollbesitz seiner Kräfte; **~ of firearms** Schusswaffenbesitz; **~ with intent to supply** ✗ Besitz mit der Absicht des Verkaufs
possibility Möglichkeit; **~ to escape** Fluchtmöglichkeit
possible 1 eventuell; 2 durchführbar, möglich; **humanly ~** menschenmöglich
post[1] 1 Pfahl, Pfosten; 2 *(Arbeitsplatz)* Stelle, Stellung; 3 Post; **by ~** mit der Post; **advertise a ~** Stelle ausschreiben; **honorary ~** Ehrenamt; **registered ~** Einschreiben
post[2] 1 platzieren; 2 *(an andere Dienststelle)* versetzen; 3 *(Brief usw)* absenden, einwerfen
post|age Porto; **~ box** Briefkasten; **~ code** Postleitzahl
poste restante postlagernd
posting *(Person)* Verwendung
post-mortem (examination) Autopsie, Obduktion
post office Postamt; **~ box (POB)** Postfach; **~ certificate of delivery** Postzustellungsurkunde
postpone verlegen, auf-, verschieben; **~ment** Aufschub
posturing Imponiergehabe, Selbstdarstellung
pot *(coll)* ✗ Gras
potent *(Getränk)* stark; **~ial** möglich, potenziell

pothole Schlagloch
pound (lb = *453g*) *(Gewicht)* Pfund; ~ **sterling (£)** *(britische Währung)* Pfund
pour| (down) (in Strömen) regnen; ~ **into** hineinströmen; ~ **out** einschenken
poverty Armut; **~-stricken** *(Armut)* elend
powder burn(s)/residue(s) *(Haut)* Schmauchspur
power 1 Befugnis, Macht; 2 Energie; **~(s) to take action** Eingriffsermächtigung; **~s of arrest** Festnahme|befugnis, -recht; **~ of attorney** (Handlungs)Vollmacht, Prozessvollmacht, Vertretungs|befugnis, -vollmacht; **~s of concentration** Konzentrationsfähigkeit; **~ of instruction** Weisungsbefugnis; **~ of search** Durchsuchungsrecht; **catch-all ~s** umfassende Vollmachten; **discretionary ~s** Ermessensspielraum; **governmental ~s** hoheitliche Befugnisse; **special ~s** Sondervollmacht; **statutory ~** gesetzliche Befugnis
power|boat Motor-, Schnellboot; **~ cable** Stromkabel; **~ cut** Stromsperre; **~ failure** Stromausfall; **~ful** 1 mächtig, schlagkräftig; 2 *(Motor)* stark; 3 *(Motorrad usw)* schwer; **~less** machtlos; **high-tension/high-voltage ~ line** Hochspannungsleitung; **~ output** (Motor)Leistung; **~ plant/station** Kraftwerk; **nuclear ~ plant/station** Kernkraftwerk; **~ point** Steckdose; **~ steering** Servolenkung; **~ supply** Energieversorgung
practicable durchführbar; **as soon as ~** so bald wie möglich (durchführbar)
practice 1 Gewohnheit, Übung; 2 (Arzt)Praxis; **~s** Machenschaften; **in ~** in der Praxis; **put into ~** (in die Praxis) umsetzen; **bad ~** Unsitte; **fraudulent ~s** betrügerische Machenschaften; **legal ~** rechtliche Praxis; **sharp ~s** unlauteres Geschäftsgebaren; **~ alarm** Probealarm; **~ area for learner drivers** Verkehrsübungsplatz
practise (aus)üben, praktizieren
practitioner, general ~ (GP) praktischer Arzt
praise¹ Lob
praise² loben
pram Kinderwagen
prearrange verabreden; **~d** abgesprochen
precaution (Sicherheits)Vorkehrung; **as a ~** vorsichtshalber; **take ~s** Schutzmaßnahmen ergreifen, Vorkehrungen/Vorsichtsmaßnahmen treffen; **~ary** vorbeugend
precede voran|-, vorausgehen
precedence Vorrang; **accord ~** Vorrang gewähren
precinct 1 *(Verwaltungsbezirk)* Polizeiinspektion; 2 *US* Inspektion, Polizei|dienststelle, -wache, -revier
precipitation *(Regen usw)* Niederschlag
precise genau
precision Genauigkeit; **~ rifle** Präzisionsgewehr
pre|clusion Ausschluss; **~condition** Voraussetzung, Vorbedingung; **~cursor drug** Einstiegsdroge; **~decessor** Vorgänger
predicament Dilemma, Zwangslage
predict vorhersagen; **~ion** Vorhersage
prefab *(coll)* Fertighaus
prefer bevorzugen, vorziehen; **~ence** Vorliebe
pregnancy Schwangerschaft; **terminate a ~** Schwangerschaft abbrechen
pregnant schwanger
pre-heat *(Kfz)* vorglühen
prejudice Befangenheit, Vorurteil; **racial ~** Rassenvorurteil; **~d** befangen, voreingenommen
pre|liminary vorläufig, Vor-; **~mature** voreilig; **~meditated** mit Vorbedacht, vorsätzlich; **~meditation** Vorsatz, Vorbedacht
premises Anwesen, Gebäude und Gelände/Grundstück, Geschäftsräume, Lokal, Räumlichkeiten; **on the ~** an Ort und Stelle; **licensed ~** Gaststätte mit Schankerlaubnis
premium 1 (Versicherungs)Prämie; 2 *US* Superbenzin
prepared 1 *(Gegenstand)* präpariert; 2 gewillt, bereit
pre|requisite Voraussetzung, Vorbedin-

gung; **~rogative** Vorrecht; **~scribe** 1 vorschreiben; 2 ⚕ verschreiben

prescription ⚕ Rezept, Verschreibung; **forged** ~ gefälschtes Rezept; ~ **form** Rezeptformular; **~-free** rezeptfrei; **~-only** verschreibungs-, rezeptpflichtig

presence Anwesenheit; **in the ~ of** in Anwesenheit von

present[1] Geschenk; **give as a** ~ schenken

present[2] 1 anwesend; 2 derzeitig; **at** ~ zur Zeit; **be physically** ~ persönlich anwesend sein; **those** ~ Anwesende

presentation, on ~ of bei Vorlage von

presentiment, have a ~ ahnen

preservation Erhaltung; ~ **of evidence** Beweissicherung

preserve asservieren, bewahren

press|[1]**card/pass** Presseausweis; ~ **liaison officer** Presse|referent, -sprecher; ~ **popper/stud** Druckknopf; ~ **release** Pressemitteilung; ~ **report** Pressebericht

press[2] 1 *(Bremse, Gaspedal)* treten; 2 *(Knopf)* drücken

pressure Druck; **put ~ on someone** jemanden unter Druck setzen; **high** ~ Hochdruck; ~ **bandage** ⚕ Druckverband; ~ **group** Interessenverband; ~ **tank** Druckbehälter

pressurize someone jemanden unter Druck setzen

presume annehmen, vermuten

presumption Annahme, Vermutung; ~ **of innocence** ⚖ Unschuldsvermutung

presumptive mutmaßlich

pretence Vorwand; **under false ~s** unter Vorspiegelung falscher Tatsachen

pretend vorgeben, vortäuschen, simulieren; ~ **to be** sich ausgeben als

pre|-test ✗ Vortest; **~text** Vorwand

prevail against/upon sich durchsetzen gegenüber

prevent vorbeugen, verhüten, (ver)hindern, vermeiden, unterbinden, *(Verbrechen)* vereiteln; ~ **someone (from) doing something** jemanden| von etwas abhalten, ~ an etwas hindern

prevention Vorbeugung, Verhütung, Verhinderung, Vereitelung; ~ **of accidents** Unfallverhütung; ~ **of punishment** Strafvereitelung; ~ **of road accidents** Verkehrsunfallprävention; ~ **council** Präventionsrat; ~ **worker** Sozialarbeiter

preventive vorbeugend, verhütend

previous vorhergehend, vorherig, Vor-; **~ly** vorher

price (Kauf)Preis; ~ **when new** Neupreis; **pay the** ~ die Zeche bezahlen; **agreed** ~ vereinbarter Preis; ~ **label/tag** Preisschild; ~ **list** Preisliste

prick Nadelstich

primary hauptsächlich

prime *(Verdächtiger usw)* Haupt-

principal[1] 1 *(Schule)* Direktor; 2 Auftraggeber; 3 Dienstherr

principal[2] vorrangig, Haupt-

principle Grundsatz; ~ **of law** Rechtsgrundsatz; **~s of operation** Einsatzgrundsätze; ~ **of mandatory prosecution** Legalitätsprinzip; **guiding** ~ Leitbild

print[1] 1 Druck; 2 *(Foto)* Abzug

print[2] 1 drucken; 2 in Druckschrift schreiben; ~ **(out)** 💻 ausdrucken; **~er** Drucker; **~ing** Druck; **~ing error** Druckfehler; **~out** Ausdruck

priorities, set/establish ~ Prioritäten setzen

prioritize Prioritäten setzen; ~ **something** etwas vorrangig behandeln

priority Vorrang; **give something (top)** ~ etwas vorrangig behandeln; **have** ~ Vorfahrt/Vorrang haben; **high(est)/top** ~ höchste Priorität; ~ **road** Vorfahrtstraße

prise open mit Gewalt öffnen, *(Tür, Kfz usw)* aufbrechen

prison Justizvollzugsanstalt (JVA), Gefängnis, Vollzug; **be released from** ~ aus dem Gefängnis entlassen werden; **high-/maximum-/top-security** ~ Hochsicherheitsgefängnis; **open** ~ offener Vollzug; ~ **cell** Haftzelle; ~ **clothing** Haftkleidung; ~ **confinement** Vollzug

prisoner (Straf)Gefangener, Häftling; ~ **on remand; ~ awaiting trial** Untersuchungs|gefangener, ~häftling; **assist a ~ to escape** Fluchthilfe leisten; **~ escort** Gefangenentransport(kommando); **~s' mutiny** Gefangenenmeuterei

prison| escape Gefängnisausbruch; **~ escapee** Ausbrecher; **~ guard/officer** Justizvollzugsbeamter; **~ mutiny** Gefangenenmeuterei; **~ sentence/term** Frei-heits-, Haftstrafe; **serve a ~ sentence** einsitzen; **~ staff** Gefängnispersonal; **~ van** Gefangenentransportwagen

privacy Intim-, Privatsphäre

private nichtöffentlich; **~ person** Privatperson

privilege Vergünstigung, Vorrecht, **~ to refuse to give evidence** Zeugnisverweigerungsrecht; **diplomatic ~** Diplomatenstatus; **special ~s** Sonderrechte

prize *(Gewinn)* Preis

proactive vorausschauend (handelnd)

probability Wahrscheinlichkeit; **in all ~** mit an Sicherheit grenzender Wahrscheinlichkeit

probable wahrscheinlich

probation 1 Probezeit; 2 Bewährung *(Strafe wird nicht angetreten)*; **on ~** 1 auf Probe; 2 auf Bewährung; **without ~** ohne Bewährung

probationary auf Probe, Probe-

probationer 1 Anwärter, Auszubildender in der Probezeit, Polizeibeamter in Ausbildung; 2 vorzeitig Entlassener auf Bewährung

probation officer Bewährungshelfer

probation| period 1 Ausbildungs-, Probezeit; 2 Bewährungsfrist; **~ requirement** Bewährungsauflage; **~ service** Bewährungshilfe

probe[1] Untersuchung

probe[2] untersuchen; **~ (into something)** nachhaken

problem|, that's not our ~ das geht uns nichts an; **what's the ~?** *(coll)* wo fehlt's denn?; **address/deal with a ~** sich mit einem Problem auseinandersetzen/befassen; **encounter ~s** auf Probleme stoßen; **exacerbate a ~** Problem verschlimmern; **look at/view a ~ from one perspective/point/side of view** Problem von einer Seite betrachten; **solve a ~ on one's own** Problem allein lösen

problem|, intractable ~ hartnäckiges Problem; **main ~** Hauptschwierigkeit; **procedural ~** Verfahrensfrage; **unsolved ~** ungelöstes Problem; **~ area** Problemviertel

procedure Maßnahme, Verfahrensweise, Vorgehen; **~(s)** ⚖ Verfahren; **be standard ~** Vorschrift sein; **civil ~** Zivilverfahren; **criminal ~** Strafverfahren; **disciplinary ~** Dienstordnungsverfahren; **improper/irregular ~** unvorschriftsmäßiges Vorgehen; **operational ~** Einsatzmaßnahme, polizeiliches Vorgehen; **operational ~(s)** praktische Polizeiarbeit; **special operational ~s** Besondere Ablauforganisation (BAO)

proceed 1 weiter|fahren, -gehen; 2 ⚖ prozessieren, vorgehen; **~ against someone** jemanden verklagen

proceedings ⚖ Verfahren, Gerichtsverhandlung; **bring/institute/start (legal) ~ against someone** jemanden verklagen; **drop ~** Verfahren einstellen; **institute ~** prozessieren; **institute ~ against someone** gegen jemanden ein Verfahren einleiten; **institute legal ~** gerichtliche Schritte einleiten

proceedings|, accelerated ~ beschleunigtes Verfahren; **appellate ~** Berufungsverfahren; **civil ~** Zivil|prozess, -verfahren; **criminal ~** Straf|prozess, -verfahren; **disciplinary ~** Dienstordnungsverfahren; **interlocutory ~** Zwischenverfahren; **investigative ~** Ermittlungsverfahren; **initiate investigative ~** Ermittlungsverfahren einleiten; **judicial ~** Gerichtsverhandlung; **legal ~** 1 *(allgemein)* Prozess, gerichtliche Schritte, Gerichtsverfahren; 2 Rechtsweg; **main ~** Hauptverfahren; **preliminary ~** Vorverfahren; **summary ~** beschleunigtes Verfahren

proceeds Erlös

process[1] Verfahrensweise; **~ of law** rechtliche Verfahrensweise, ordentliches Verfahren; **decision-making ~** Entscheidungsprozess

process[2] be-, verarbeiten
processing *(Vorgang)* Be-, Verarbeitung
procession of demonstrators Demonstrationszug
Procurator Fiscal *(Schottland)* Staatsanwaltschaft
procuring forged official documents Verschaffen von falschen (amtlichen) Ausweisen
produce 1 herstellen; 2 *(Dokument usw)* vor|legen, -zeigen; **~r** Hersteller
production 1 Herstellung; 2 Vorlage; **on ~ of** bei Vorlage von
profession (freier) Beruf; **by ~** von Beruf
professional[1] Fachmann, Profi
professional[2] 1 fachmännisch, Fach-; 2 gewerbsmäßig
proficiency Können; **linguistic ~** Sprach|fertigkeit, -kenntnisse
proficient 1 geübt; 2 sprachkundig
profile 1 Seitenansicht; 2 *(Verbrecher)* Profil
profit[1] *(Ertrag)* Gewinn
profit[2] profitieren; **~able** einträglich, gewinnbringend, rentabel
progress report Tätigkeitsbericht
prohibit untersagen, verbieten; **~ed** verboten; **strictly ~ed** strengstens verboten
prohibition Verbot, Untersagung; **~ to consume alcohol** Alkoholverbot; **~ to leave a certain area** *(für Asylbewerber usw)* räumliche Beschränkung; **~ to leave the country** Ausreiseverbot; **~ to continue to drive** Untersagung der Weiterfahrt; **~ of mixed loads** Zusammenladeverbot; **~ to exercise a profession** Berufsverbot; **~ of excessive (re)action** Übermaßverbot; **~ of residence** Aufenthaltsverbot; **~ decree** Untersagungsverfügung
projectile Geschoss
projection *(Mauer usw)* Vorsprung
project manager Projektleiter
prolonged lang andauernd/anhaltend
promenade, lakeside/riverside ~ Uferpromenade
promise[1] Zusage, Zusicherung
promise[1] zusagen, zusichern; **~ to marry someone** jemandem die Ehe versprechen
promising *(Spur)* Erfolg versprechend
promote 1 *(zu höherem Rang)* befördern; 2 unterstützen; **be ~d** *(Sportklub usw)* aufsteigen
promotion 1 Beförderung; 2 Aufstieg; **~ prospects** Aufstiegsmöglichkeiten
prompt unverzüglich
prone, be ~ to anfällig sein für, neigen zu
pronounce aussprechen; **~ someone dead** jemandes Tod feststellen; **~ment of the judg(e)ment** Urteilsverkündung
pronunciation *(Sprechweise)* Aussprache
proof[1] 1 Be-, Nachweis; 2 Alkoholgehalt; **~ of alcohol content** Alkoholnachweis; **~ of guilt** Schuldbeweis; **~ of identification/identity** Identitätsnachweis; **~ of insurance** Versicherungsnachweis; **~ of qualification** Befähigungsnachweis
proof[2] *(undurchlässig)* dicht
propensity Neigung
proper ordnungsgemäß, vorschriftsmäßig
property 1 Besitz, Eigentum; 2 Grund|besitz, -stück, Immobilie(n); **enclosed ~** befriedetes/umfriedetes Besitztum; **found/lost ~** Fund|sache, -gegenstand; **unclaimed found ~** nicht abgeholte Fundsache; **movable ~** bewegliche Sachen; **other people's ~** fremdes Eigentum; **personal ~** persönliches Eigentum; **private ~** 1 Privat|besitz, -eigentum; 2 Privatgrundstück; **recovered ~** sichergestelltes Eigentum
property| crime Eigentumsdelikt; **~ crime unit** Einbruchsdezernat; **~ damage** Vermögens-, Sachschaden, Sachbeschädigung; **pay for the ~ damage** für den Sachschaden aufkommen; **lost ~ department/office** Fund|behörde, -büro; **~ management** 1 Gebäudeverwaltung; 2 Wirtschaftsangelegenheiten; **~ offence** Eigentumsdelikt; **~ room** Asservaten|kammer, -raum

proposal Antrag, Vorschlag
propose vorschlagen
proprietor Inhaber
proprietress Inhaberin
propulsion, hybrid ~ Hybridantrieb
proscribe *(polit. Partei)* verbieten
prosecutable strafbar
prosecute *(Strafrecht)* juristisch vorgehen, (strafrechtlich) verfolgen, Anklage erheben, anklagen
prosecution 1 ⚖ (Straf)Verfolgung; 2 Staatsanwaltschaft; **liable to** ~ strafbar; ~ **of human rights abuses** Verfolgung von Menschenrechtsverletzungen; **criminal** ~ Strafverfolgung; **disciplinary** ~ Dienstordnungsverfahren; **private** ~ *(Opfer/Geschädigte)* Strafantrag; ~ **authority** Verfolgungsbehörde; ~ **authority in charge** zuständige Strafverfolgungsbehörde; ~ **service** Staatsanwaltschaft; ~ **witness** Belastungszeuge, Zeuge der Anklage
prosecutor ⚖ Ankläger, Vertreter der Anklage, Staatsanwalt; **federal** ~ Bundesanwalt; **public** ~ Ankläger, Vertreter der Anklage, Staatsanwalt; **senior public** ~ Oberstaatsanwalt; ~**'s office** Staatsanwaltschaft
prospects (Zukunfts)Aussichten; **future** ~ Zukunftsaussichten; ~ **of success** Erfolgsaussichten
prosper gedeihen
prostitute, male ~ Strichjunge
prostitution, drug-related ~ Drogenstrich
protect schützen
protection Schutz; **in need of** ~ schutzbedürftig; ~ **of buildings/objects** Objektschutz; ~ **of the constitution** Schutz der Verfassung; ~ **of monuments** Denkmalschutz; ~ **against noise** Lärmschutz; ~ **of persons** Personenschutz; ~ **of private rights** Schutz privater Rechte; ~ **of victims** Opferschutz; **environmental** ~ Umweltschutz; **legal** ~ Rechtsschutz; **personal** ~ Personenschutz; ~ **money** Schutzgeld; ~ **racket** Schutzgelderpressung
protective 1 *(Weste)* kugelsicher; 2 Schutz-
protest|[1], under ~ unter Protest; **lodge a** ~ Protest einlegen; **sit-down** ~ Sitzstreik
protest[2] 1 Protest einlegen; 2 *(Unschuld)* beteuern; ~ **against something** sich gegen etwas verwahren
protestation of innocence Unschuldsbeteuerung
prototype test Bauartprüfung
protracted langwierig
protruding hervortretend
provable nachweisbar
prove be-, nachweisen
proven bewährt, erwiesen
provide bereitstellen, liefern, versorgen, zur Verfügung stellen; ~ **for** sorgen für; ~ **for something** Vorsorge für etwas treffen, vorsorgen; ~ **with** ausstatten mit; ~ **someone with something** jemanden mit etwas versorgen
provided (that) .... vorausgesetzt dass ...
provision 1 Bereitstellung; 2 Bestimmung, Klausel, Vorschrift; **make ~ for something** Vorsorge für etwas treffen, vorsorgen; **contractual ~s** Vertragsbestimmungen; **interim** ~ Übergangsbestimmung; **statutory ~s** gesetzliche Bestimmungen
provisional einstweilig, vorläufig
proviso Vorbehalt
provoke reizen
prowler Herumtreiber; ~ **car** *US* Streifenwagen
proximity Nähe
proxy ⚖ Vollmacht
prudent umsichtig
pry| about herumschnüffeln; ~ **into something** seine Nase in etwas stecken
pseudonym Deck-, Künstlername
psychiatrist Psychiater
psychologist Psychologe
pub Gaststätte, Kneipe, Lokal; **favourite** ~ Stammlokal; ~ **brawl** Gaststätten-, Kneipenschlägerei; ~ **crawl** Kneipenbummel; ~ **grub** *(coll)* Imbiss
public Öffentlichkeit; **in** ~ auf offener Straße; **dangerous to the** ~ gemeingefährlich; **not open to the** ~ nichtöffentlich; **make** ~ veröffentlichen; **reassure the** ~ die Öffentlichkeit beru-

higen; **general** ~ Allgemeinheit; **the general** ~ die breite Öffentlichkeit
publican (Gast)Wirt
publication 1 Bekannt|gabe, -machung; 2 Veröffentlichung
publicise *(Nachricht)* veröffentlichen
publish 1 bekannt|geben, -machen; 2 *(Buch usw)* veröffentlichen, herausgeben
puddle Lache, Pfütze
pull ziehen; ~ **around** herumreißen; ~ **away** an-, weg-, losfahren; ~ **in** 1 *(durch Polizei usw)* anhalten; 2 *(stehen bleiben)* anhalten; ~ **out** 1 ausscheren, herausfahren; 2 herausreißen; **suddenly** ~ **out** ausscheren; ~ **over** *(durch Polizei usw)* anhalten; ~ **to the left/right** nach links/rechts ziehen; ~ **up** anhalten, stehen bleiben, vorfahren
pull-in Haltebucht
pump[1] (Luft)pumpe; ~ **attendant** Tankwart
pump[2] **up** aufpumpen
punch[1] Faustschlag; ~**-drunk** stark betrunken; ~**-up** Schlägerei
punch[2] boxen, mit der Faust schlagen
puncture[1] 1 Reifen|defekt, -panne, Plattfuß; 2 ⚕ Einstich
puncture[2] *(Reifen)* zerstechen
pungent *(Geruch)* beißend, stechend
punish (be)strafen; ~**able** strafbar
punishment Strafe, Bestrafung; **liable to** ~ straffällig; **expect a** ~ mit einer Strafe rechnen; **capital** ~ Todesstrafe; **well-deserved** ~ wohlverdiente Strafe
punitive Straf-
punter *(Prostitution)* Freier
pupil Pupille; **constricted** ~ verengte Pupille; **dilated** ~ erweiterte/geweitete Pupille; **stiff** ~ lichtstarre Pupille
purchase[1] 1 Kauf, Erwerb; 2 gekaufter Gegenstand; ~ **price** Anschaffungs-, Kaufpreis
purchase[2] kaufen, abnehmen, erwerben; ~**r** Käufer
purported angeblich
purpose Zweck; **for this** ~ zu diesem Zweck; **common** ~ gemeinsames Ziel
purse 1 Geld|beutel, -börse; 2 *US* Handtasche; ~ **snatcher** Handtaschenräuber; ~ **snatching** Handtaschenraub
pursuant to gemäß
pursue 1 *(Fall)* verfolgen; 2 *(konkret durch Hinterherfahren oder -laufen)* verfolgen, nachfahren; ~**r** Verfolger
pursuit Nacheile, Verfolgung(sfahrt); **cross-border** ~ grenzüberschreitende Nacheile; **hot** ~ 1 Verfolgung auf frischer Tat; 2 Verfolgungsfahrt mit hoher Geschwindigkeit
purview *US* ⚖ Zuständigkeit(sbereich), Geltungsbereich
push|[1] **barge/vessel** Schubschiff; ~**chair** faltbarer Kinderwagen; ~ **unit** ⛴ Schubverband
push[2] 1 stoßen, drängeln; 2 *(auch Fahrrad usw)* schieben; 3 ✎ handeln, dealen; ~ **about** herumschubsen; ~ **around** herumkommandieren; ~ **back** *(Demonstranten usw)* ab-, zurückdrängen; ~ **forward** nachdrängen; ~ **into** hineindrängen; ~ **open** aufstoßen; ~ **out** hinausdrängen
put stecken, stellen; ~ **aside** weg-, zurücklegen; ~ **at** beziffern; ~ **back** zurücklegen; ~ **down** 1 legen; 2 *(Tier)* einschläfern; ~ **off** auf-, verschieben; ~ **on** 1 *(Brille, Hut)* aufsetzen; 2 *(Kleidung)* anziehen; ~ **out** 1 *(Licht usw)* ausmachen; 2 *(über Funk)* durchgeben; ~ **through** ☎ durchstellen, (weiter)verbinden; ~ **together** zusammen|setzen, -stellen; ~ **up** 1 beherbergen, aufnehmen, *(Person)* unterbringen; 2 *(Hände)* hoch nehmen; 3 *(Verkehrszeichen, Zelt usw)* aufstellen; ~ **up with something** sich mit etwas abfinden
putting counterfeit money into circulation Inverkehrbringen von Falschgeld
pylon *(Hängebrücke)* Brückenpfeiler; **high-tension** ~ Hochspannungsmast
pyromaniac Feuerteufel

Q

qualification Befähigung(snachweis), Eignung; **educational** ~**s** Schulabschluss
qualified ausgebildet

qualify befähigen
quantity Menge; **limited ~** begrenzte Menge; **permitted ~** erlaubte Menge; **prohibited ~** verbotene Menge
quantum of damages Entschädigungs-, Schadensersatzsumme
quarrel[1] verbale Auseinandersetzung, Streit; **pick a ~** Streit suchen; **pick a ~ with someone** sich mit jemandem anlegen
quarrel[2] streiten; **~some** streitsüchtig
quarry Steinbruch
quarter (Straßen)Viertel, Stadtteil; **~ litre** *(Wein usw)* Viertel; **~master** Bekleidungsstelle, Kleiderkammer
quash ⚖ *(Strafe, Urteil)* aufheben, widerrufen, niederschlagen
quay(side) Kai(mauer)
Queen's/King's evidence *GB* Kronzeuge
queer[1] *(coll)* Homosexueller
queer[2] *(coll)* homosexuell
query[1] Rückfrage
query[2] bezweifeln, in Frage stellen
question|[1] **of fact** Tatfrage; **in ~** fraglich; **be out of the ~** nicht in Frage kommen; **~ of fault/guilt** Schuldfrage; **~ of liability** Haftungsfrage; **leading ~** Suggestivfrage; **loaded ~** Fangfrage
question[2] 1 befragen, vernehmen; 2 in Frage stellen; **~able** bedenklich, fragwürdig; **~ing** Befragung, Vernehmung
questionnaire Fragebogen; **medical ~** ärztlicher/medizinischer Fragebogen
queue[1] (Warte)Schlange; **~ of cars** Fahrzeugschlange; **join a ~** sich anstellen; **jump the ~** sich vordrängen; **~ jumper** ▽ Kolonnenspringer
queue[2] Schlange stehen, sich anstellen
quiet 1 leise, ruhig; 2 schweigsam
quiz vernehmen
quota begrenzte Menge, Kontingent
quote zitieren; **~ incorrectly** falsch zitieren
Quran Koran

R

rabbi *(coll) US* höherer Polizeibeamter mit Beziehungen
rabbit punch Nackenschlag
rabble Gesindel
rabid tollwütig
rabies Tollwut
race[1] 1 Rasse; 2 Wettfahrt; **~ course** *US/* **track** Rennbahn; **~ hatred** Rassenhass; **~ relations** Beziehungen zwischen den Rassen
race[2] rasen, (zu) schnell fahren
race[3] Rassen-
racial Rassen-
racing| bicycle/bike Rennrad; **~ car** Rennwagen
racism Rassismus
racist[1] Rassist
racist[2] rassistisch
rack 🚗 Gepäckträger
racket 1 Schiebung, Schwindel(geschäft); 2 Schutzgelderpressung; 3 Verbrecherorganisation
rack rent Mietwucher
radar| beam Radarstrahl; **~ camera** Geschwindigkeitsüberwachungs-, Radarkamera; **~ car** Radarwagen; **~ control** Radarkontrolle; **~ device** Radargerät; **~ display** Radarbild *(am Gerät)*; **~ gun** Radarpistole; **~ patrol car** Radarwagen; **~ photograph** Radarbild; **~ set** Radargerät; **~ speed check** Radarkontrolle
radiation Strahlung
radiator 🚗 Kühler; **~ cap** Kühlerverschlussdeckel; **~ grille** Kühlergrill; **~ mascot** Kühlerfigur
radical|, left-wing ~ Autonomer, Linksradikaler; **right-wing ~** Rechtsradikaler
radio[1] 1 🚗 Radioanlage; 2 Rundfunk; 3 Funk(gerät), Sprechfunk; **by ~** über Funk; **put something out on the ~** etwas über Funk durchgeben; **switch/turn off the ~** Radio abstellen; **personal/portable ~** Sprechfunkgerät; **portable ~** Kofferradio; **two-way ~** Funkgerät
radio| amateur/ham *(coll)* Amateurfunker; **~ announcement** Rundfunkdurchsage, Verkehrswarnfunkmeldung; **~ car** Funkstreifenwagen; **unmarked ~ car** (nicht als Polizeifahrzeug erkenntlicher) neutraler Funk-

streifenwagen; ~ **channel** Funkkanal; ~ **communication** Funkverkehr; ~ **contact** Funkverbindung; **maintain ~ contact** Funkverbindung halten; ~ **control** Funkleitstelle; ~ **direction finder** Peilgerät; ~ **message** Funk|ruf, -spruch; ~ **motor patrol** Funkstreifendienst; ~ **patrol** Funkstreife; ~ **patrol car** Funkstreifenwagen; ~ **remote control** Funkfernbedienung

radio[2] funken, per Funk rufen

radius Umkreis; **within a ~ of .... kilometres** in einem Umkreis von .... Kilometern

rag Lappen

rage Wut; **in a ~** in einem Wutanfall; **vent one's ~ on someone** seine Wut an jemandem auslassen

ragged zerlumpt

raid[1] 1 *(Bank usw)* Überfall; 2 Razzia; ~ **on a bank** Banküberfall; **carry out a ~** Razzia durchführen; **smash-and-grab ~** Schaufensterblitzeinbruch

raid[2] 1 überfallen; 2 Razzia durchführen; **~er** Räuber

rail Schiene; **by ~** mit der Eisenbahn; **come off the ~s** entgleisen; **live/third ~** Stromschiene; **~car** Triebwagen; ~ **crash** Eisenbahnunglück

railing Geländer

railroad *US* (Eisen)Bahn; ~ **crossing** (unbeschrankter) Bahnübergang; ~ **station** Bahnhof

rail vehicle Schienenfahrzeug

railway (Eisen)Bahn; **narrow-gauge ~** Schmalspurbahn; **rack-and-pinion ~** Zahnradbahn; **(electric) suburban ~** S-Bahn; ~ **accident/disaster** Eisenbahnunglück; ~ **bridge** Eisenbahnbrücke; ~ **carriage** Eisenbahn-, Reisezugwagen; ~ **company** Eisenbahngesellschaft; ~ **crossing** Bahnübergang; ~ **embankment** Bahndamm; ~ **hub** Eisenbahnknotenpunkt; ~ **installation** Eisenbahnanlage; ~ **line** Eisenbahn|linie, -strecke; ~ **police** Bahnpolizei; ~ **station** Bahnhof; **central/main ~ station** Hauptbahnhof; ~ **thief** Eisenbahndieb; ~ **ticket** Bahnfahrkarte; ~ **track** *(Strecke)* Bahngleis; ~ **trip** Bahnreise

rain| on frozen ground Eisregen; **steady ~** Landregen; **~ cape** Regenumhang; **~coat** Regenmantel; ~ **jacket** Regenjacke; ~ **sensor** Regensensor; **~-slickened** *(Straße)* regennass; **~wear** Regenkleidung

raise 1 erhöhen, heben, heraufsetzen; 2 *(Geld)* aufbringen

rally Kundgebung

ram rammen

rambler Wanderer

rampage, go on the ~ randalieren

ramraid(ing) Schaufensterblitzeinbruch (bei dem die Scheibe mit einem Kfz gerammt wird)

ramshackle baufällig

random willkürlich, zufällig, Zufalls-

range 1 *(Wirkung)* Bereich; 2 Schießstand; 3 Reich-, Schussweite; **beyond ~** außer Schussweite; ~ **of observation** Beobachtungsbereich; ~ **of punishment(s)** Strafrahmen; ~ **of sight/vision** Sichtweite; **at close ~** aus kurzer Entfernung, aus nächster Nähe; **effective ~ of the marksmen teams** Einwirkungs- und Feuerbereich der Präzisionsschützen

rank 1 *(Taxi)* Stand; 2 Rang, Dienstgrad; **~s** *(in GB ab inspector, in US ab sergeant)* höhere Dienstgrade; **among the ~ and file** an der Basis; **according to ~** rangmäßig; **by virtue of ~** aufgrund des Ranges/Dienstgrades; ~ **and file (officers)** *(im Gegensatz zur Führung)* (Polizei)Basis, untere Dienstgrade, Mannschaftsdienstgrade; **senior ~s** hohe/höchste Dienstgrade; ~ **boards** Schulterklappen; **~ing (table)** *(Bewertung)* Rangfolge, Bewertungsstruktur; ~ **insignia** *(pl)* Rangabzeichen; ~ **structure** Rangfolge

ransack plündern

ransom Lösegeld; **demand ~** Lösegeld fordern; **hold to ~** gegen Lösegeld festhalten; **pay ~** Lösegeld zahlen; ~ **demand** Lösegeldforderung; ~ **money** Lösegeld; ~ **note** Erpresserbrief, schriftliche Lösegeldforderung

rape[1] Vergewaltigung; **attempted ~** versuchte Vergewaltigung; **male ~** Verge-

waltigung unter Homosexuellen, männliche Vergewaltigung; **statutory ~** *US* Geschlechtsverkehr mit Minderjährigen; **~ victim** Opfer einer Vergewaltigung
rape[2] vergewaltigen
rapist Vergewaltiger
rap sheet 1 Kriminalakte; 2 *US* Vorstrafenregister
rash übereilt, überstürzt, unüberlegt
rat Ratte
rate[1] *(Entwicklung)* Tempo; **~ of arrests** Festnahmerate; **~ of exchange** Wechselkurs; **~ of interest** Zinssatz; **~ of recidivism** Rückfallrate; **increase at an alarming ~** überhandnehmen; **(income-related) daily ~** *(Geldstrafe)* Tagessatz
rate[2] bewerten
rating Bewertung
ratio *(Zahlen)* Verhältnis
ration|, draw ~s Verpflegung empfangen; **~ scale** Verpflegungssatz
rat poison Rattengift
ray Strahl; **~ of light** Lichtstrahl
razor 1 Rasierapparat; 2 Rasiermesser; **~ blade** Rasierklinge; **~-sharp** messerscharf; **~ wire** Natodraht
re *(Brief)* Betreff, betrifft, unter Bezugnahme auf
reach[1] Reichweite; **within easy ~** greifbar nahe
reach[2] gelangen zu; **easy to ~** verkehrsgünstig gelegen; **~able** erreichbar
react reagieren
reaction force Eingreifreserve; **rapid ~** schneller Einsatzverband
read| aloud/out vorlesen; **~ into** hineininterpretieren
readiness (Verfügungs)Bereitschaft; **~ to resort to violence** Gewaltbereitschaft; **~ to work** Leistungsbereitschaft; **operational ~** Einsatzfähigkeit
reading gemessener Wert; **~ error** Messfehler; **~ glasses** Lesebrille; **~ lamp** Leseleuchte
ready fertig, bereit; **~mix vehicle** Transport(beton)mischer
reaffirm bekräftigen, beteuern
real wirklich
realization 1 Durchführung; 2 Erkenntnis
realize *(einsehen)* erkennen
reallocate neu verteilen
realty *US* Immobilie(n)
reappear wieder auftauchen
rear 🚘 Heck
rearrange umstellen
rearview mirror Rückspiegel
reason[1] 1 Grund, Ursache, Begründung, Motiv, Anlass, Veranlassung; 2 Argument; 3 Vernunft, Verstand; **~ for someone's arrest** Haftgrund; **have ~s to assume that ....** Grund zur Annahme haben, dass ....; **~ for being detained** Festnahmegrund; **~s for the judg(e)ment** Urteilsbegründung; **give ~s for** begründen
reason[2] **with someone** auf jemanden einreden
reasonable vernünftig, zumutbar; **be ~** Vernunft annehmen
reasoning Denken, Kombination
rebel| against aufbegehren gegen; **~lious** aufsässig, widerspenstig
rebuild umbauen
recall *(Kfz,* ☎*)* Rückruf; **~ action** Rückrufaktion
recapture wieder ergreifen
receipt 1 Annahme, Empfang, Eingang, Erhalt; 2 Quittung, Beleg, Empfangsbescheinigung, Kassen|bon, -zettel; **~ for charges paid** Gebührenbescheinigung; **acknowledge/confirm ~** Empfang bestätigen; **ask for/demand/insist on a ~** Beleg verlangen; **~ book** Quittungsblock; **~ stamp** Eingangsstempel
receive empfangen, erhalten, bekommen, *(akzeptieren)* annehmen, *(Ware durch Käufer)* entgegennehmen
receiver 1 Empfänger; 2 ☎ Hörer; **~ (of stolen goods)** Hehler; **put down/replace the ~** Hörer auflegen
receiving (of) stolen goods Hehlerei
recently neulich, vor kurzem
reception 1 *(Gäste)* Empfang; 2 *(Empfang)* Aufnahme; 3 *(Funkverkehr)* Empfang; **~ camp** Auffanglager; **~**

centre for asylum seekers Aufnahmeeinrichtung für Asylbewerber; ~ **desk** *(Hotel)* Empfang
receptionist 1 *(Arzt)* Sprechstundenhilfe; 2 *(Hotel)* Empfangsdame
recess Nische
recidivism Rückfall
recidivist[1] Wiederholungstäter
recidivist[2] rückfällig
recipient Empfänger
reciprocal gegenseitig
reciprocity principle Gegenseitigkeitsprinzip
reckless bewusst fahrlässig, rücksichtslos; ~**ness** bewusste Fahrlässigkeit, Rücksichtslosigkeit
reckon (aus)rechnen
re|cognition *(offiziell, Dokument)* Anerkennung; ~**cognize** 1 anerkennen; 2 (wieder)erkennen; ~**coil** Rückstoß
recollection Erinnerung; **have no** ~ sich nicht erinnern können; **dim** ~ dunkle Erinnerung
recommend empfehlen; ~**ation** Empfehlung
recondition (general)überholen
reconnoitre aufklären, ausspähen
reconsider überdenken
reconstruction of an incident Tatrekonstruktion
record[1] 1 Niederschrift, Protokoll, Aufzeichnung; 2 *(Beweissicherung)* Aufnahme; 3 (Gerichts)Akte; 4 Vorgeschichte, Vorleben; 5 Vorstrafe; ~**s** Archiv, Unterlagen; **for the** ~ für das Protokoll; **off the** ~ inoffiziell; **on** ~ aktenkundig; **put on** ~ ins Protokoll aufnehmen; **have a clean** ~ nicht vorbestraft sein; **someone has a clean** ~ es liegt nichts gegen jemanden vor
record|, criminal ~ 1 Kriminalakte; 2 Vorstrafe(nregister); **criminal** ~**s** Strafregister; **have a criminal** ~ vorbestraft sein; **lengthy criminal** ~ lange Liste von Vorstrafen; **criminal** ~ **sheet** Auszug aus dem Strafregister
record|, lawful ~ beweissichere Aufzeichnung; **non-current** ~**s** alte Unterlagen; **personal** ~**s** Personalakte; **verbatim** ~ wortgetreue Niederschrift; **central** ~**s division** Zentralarchiv
recording Aufzeichnung; ~ **device** Aufzeichnungsgerät
record keeping Aktenhaltung
record[2] 1 niederschreiben, aufzeichnen; 2 registrieren, verzeichnen, aktenkundig machen; 3 auf Tonband aufnehmen; 4 beurkunden; ~ **and investigate** *(Verkehrsunfall)* aufnehmen
recourse Regress; ~ **(to)** Inanspruchnahme
recover 1 sich erholen; 2 bergen, sicherstellen, wieder|auffinden, -erlangen, zurückerhalten
recovery 1 Erholung; 2 Bergung; ~ **position** stabile Seitenlage; ~ **service** Abschleppdienst; ~ **vehicle** Abschleppfahrzeug
recreation Erholung; ~ **area** Freizeitgelände; **local** ~ **area** Naherholungsgebiet
recrimination Gegenbeschuldigung
recruit[1] Polizei|anwärter, -schüler; ~ **academy** Polizeischule
recruit[2] *(Personal)* einstellen, anwerben; ~**ing department** *(Einstellung bei Polizei)* Werbe- und Auswahldienst, Personalauswahldienst
recruitment Personalwerbung, Einstellung; ~ **interview** Einstellungsgespräch; ~ **process** Einstellungsverfahren; ~ **requirement** Einstellungsvoraussetzung
rectangular viereckig
rectify berichtigen, korrigieren, richtig stellen
recur *(Ereignis)* sich wiederholen, wiederkehren; ~**rence** *(Ereignis)* Wiederkehr; ~**rent** wiederholt
red|, in the ~ im roten Bereich; ~**cap** *GB (coll)* Militärpolizist
Red Crescent Roter Halbmond
reddish rötlich
redeploy abordnen, *(Person innerhalb der gleichen Behörde)* umsetzen; ~**ment** Um-, Versetzung, Verlegung; Abordnung
red-handed auf frischer Tat; **catch someone** ~ jemanden auf frischer Tat ergreifen/ertappen

red-hot *(Metall)* glühend heiß
re|dial button ☎ Wahlwiederholungstaste; **~direct** *(Verkehr)* umleiten
redress[1] Entschädigung, Wiedergutmachung, Regress; **seek ~** Regressanspruch geltend machen
redress[2] wiedergutmachen
reduce 1 ver|ringern, -kürzen, senken; 2 *(Preis)* herabsetzen; 3 *(Stellen usw)* abbauen
reduction 1 Verringerung, Rückgang, Kürzung; 2 Abbau; **~ for children** Kinderermäßigung; **~ of penalty points** Punkte|abzug, -rabatt; **~ in rank** Degradierung
redundant überflüssig; **be made ~** arbeitslos werden
reel torkeln
re|-enter wieder einreisen; **~-entry** Wiedereinreise; **~-equip** umrüsten; **~-examination** erneute Untersuchung/Vernehmung; **~-examine** erneut überprüfen
refer| to 1 *(Brief usw)* sich beziehen auf, betreffen; 2 Bezug nehmen auf, sich berufen auf, sprechen von; 3 hinweisen auf; 4 verweisen an/auf; **~ to as** bezeichnen
reference 1 Bezug; 2 Aktenzeichen; 3 Hinweis; **for ~** zum Nachschlagen; **with ~ to** unter Bezugnahme auf; **no ~ to hazardous cargo and its designation** kein Hinweis auf Gefahrgut und dessen Bezeichnung; **~ file** Handakte; **~ material** Vergleichsmaterial; **~ number** Aktenzeichen
re|ferral Verweisung; **~fill** nachfüllen; **~flect** widerspiegeln
reflector Katzenauge, Rück-, Seitenstrahler; **front ~** *(Fahrrad)* Frontreflektor; **rear ~** Rückstrahler
reflex action Reflexbewegung
refrain from unterlassen, sich enthalten, Abstand nehmen von
refresher course Wiederholungskurs
refrigeration body *(LKW)* Kühlaufbau
refrigerator truck Kühlwagen
refuel auftanken
refuge 1 *(sicherer Ort)* Schutz, Zuflucht; 2 Asyl; 3 Verkehrsinsel
refugee Flüchtling, Vertriebener; **economic ~** Wirtschaftsflüchtling; **~ camp** Flüchtlingslager
refund[1] 1 Rückzahlung; 2 Kostenerstattung; **~ of travelling expenses** Reisekostenvergütung
refund[2] 1 zurückzahlen; 2 *(Geld, Kosten)* erstatten
refusal Absage, Ablehnung, (Ver)Weigerung; **~ of entry** Einreiseverbot; **~ to give evidence** Aussageverweigerung; **~ to obey orders** Befehls-, Gehorsamsverweigerung
refuse[1] Abfall, Müll; **bulky ~** Sperrmüll; **~ collection/disposal (service)** Müllabfuhr; **~ disposal** Abfallentsorgung; **polluting ~ disposal** umweltgefährdende Abfallentsorgung; **~ truck** Müllfahrzeug; **~ waybill** Abfallbegleitschein
refuse[2] Absage erteilen, ablehnen, sich weigern, verweigern, verwehren; **~ to pay** Zahlung verweigern
regard Rücksicht; **with ~ to** in Bezug auf; **with due ~ to** unter gebührender Berücksichtigung von
regard[2] **as** betrachten als, halten für
regardless of ohne Rücksicht auf, ungeachtet
region 1 Bezirk; 2 *(Verwaltungsbezirk)* Polizeiinspektion
register[1] Liste, Verzeichnis; **central ~ of foreigners** Ausländerzentralregister (AZR); **central ~ of traffic offenders** Verkehrszentralregister (VZR); **central ~ of driving permits** zentrales Fahrerlaubnisregister; **national ~ of public prosecutions** zentrales staatsanwaltschaftliches Verfahrensregister
register[2] 1 eintragen, erfassen; 2 *(Brief)* einschreiben; 3 *(Einwohnermeldeamt, Tagung)* sich anmelden; 4 *(Kfz usw)* anmelden; **~ed** amtlich zugelassen
registration 1 Eintragung, Erfassung; 2 Anmeldung; 3 *(Vorgang)* Zulassung; **~ of aliens** ausländerrechtliche Erfassung bei der Ausländerbehörde; **cancel a ~** *(Kfz)* abmelden; **compulsory ~** Meldepflicht; **new ~** Neuzulassung

registration| authority Melde-, Zulassungsbehörde; **~ fee** Anmeldegebühr; **~ form** Meldeformular; **~ mark** amtliches Kennzeichen; **~ number** 1 amtliches Kennzeichen, Zulassungsnummer; 2 Eintragungsnummer; **personalized ~ number** *(Kfz)* persönliches Kennzeichen, Wunschkennzeichen; **~ office** Einwohnermeldeamt; **~ plate** amtliches Kennzeichen; **rear ~ plate lamp/light** Kennzeichenbeleuchtung

regret bedauern

regular[1] 1 *(Kneipe)* Stammgast; 2 Normalbenzin; **~s' table** Stammtisch

regular[2] gleichmäßig

regulate regeln

regulation Bestimmung, Vorschrift; **~(s)** Dienstvorschrift; **be against ~s** vorschriftswidrig sein; **general ~(s)** Rahmenvorschrift; **special ~s** Sondervorschriften; **valid ~** gültige Vorschrift; **~ equipment** vorgeschriebene Ausstattung

rehabilitate resozialisieren

reimburse *(Geld, Kosten)* erstatten: **~ment** Kostenerstattung, Rückzahlung; **~ ment of travelling expenses** Reisekostenvergütung

re-import wieder einführen

reinforce verstärken; **~ment** Verstärkung; **external ~ment** auswärtige Verstärkung

reiterate *(Äußerung)* wiederholen

reject ablehnen, zurückweisen; **~ion** Ablehnung, Zurückweisung

relapse Rückfall

relate to sich beziehen auf; **~d** verwandt; **be ~d to** zusammenhängen

relations 1 Angehörige, Verwandte, Verwandtschaft; 2 Beziehungen; **break off diplomatic ~** diplomatische Beziehungen abbrechen: **extramarital ~** außereheliche Beziehungen; **public ~** Öffentlichkeitsarbeit; **public ~ office** Informationsbüro

relationship Beziehung, Verhältnis; **good ~** gutes Verhältnis

relative Angehöriger, Verwandter; **~ (by marriage)** Verschwägerter; **~s** Angehörige, Verwandte; **inform ~s** Angehörige verständigen

release[1] 1 Freilassung, -stellung; 2 *(für Presse)* Freigabe; 3 *(JVA usw)* Entlassung; **~ from custody** Haftentlassung

release[2] 1 freilassen, auf freien Fuß setzen; 2 freigeben; 3 (aus der Haft) entlassen; 4 *(Abzug einer Waffe)* loslassen; 5 *(Handbremse, Griff)* lösen

relevant 1 betreffend; 2 rechtserheblich; 3 sach-, zweckdienlich; 4 wichtig

reliable zuverlässig

relief 1 Ablösung; 2 Erleichterung; **humanitarian ~** humanitäre Hilfe; **~ agency** Hilfsorganisation; **civil ~ agency** zivile Hilfsorganisation; **~ measure** Hilfsmaßnahme; **~ road** Entlastungsstraße; **~ worker** Katastrophen-, Rettungshelfer

relieve 1 *(Dienst)* ablösen; 2 lindern; **~ oneself** seine Notdurft verrichten; **~ someone of something** *(coll)* jemanden um etwas erleichtern *(coll)*; **~d** erleichtert

reload 1 umladen; 2 nachladen

reluctant unwillig, zögerlich

rely on sich verlassen auf

remain verbleiben; **~ behind** zurückbleiben; **~der** Rest(betrag)

remand[1] Untersuchungshaft; **be on ~** in Untersuchungshaft sitzen; **~ custody** Untersuchungshaft; **~ prison** Untersuchungsgefängnis; **~ prisoner** Untersuchungs|gefangener, -häftling; **~ proceedings** Haftprüfungsverfahren

remand[2] in Untersuchungshaft nehmen

remark[1] Bemerkung; **disparaging ~** abwertende Bemerkung; **off-the-cuff ~** spontane Bemerkung

remark[2] *(sagen)* bemerken

remedy[1] 1 Abhilfe; 2 Behelfs-, Gegenmittel; 3 Heilmittel, Medikament; 4 Rechtsmittel; **legal ~** Rechts|behelf, -mittel

remedy[2] beheben

remember 1 sich erinnern; 2 denken Sie daran!

remind someone of something jemanden an etwas erinnern

reminder 1 Denkzettel; 2 Erinnerung; **~ (to pay)** Zahlungserinnerung, Mahnung; **~ fee** Mahngebühr
remission of the sentence Straferlass
remit[1] Aufgabenbereich
remit[2] *(Geld)* abführen, überweisen; **~tance** Überweisung
re|morse Reue; **~mote** abgelegen
removal 1 *(Demonstration)* Räumung; 2 *(Gefangene usw)* Abtransport; 3 *(Gegenstand, z.B. Radio)* Ausbau, Entfernung; 4 *(Wohnungswechsel)* Umzug; **~ of persons** Wegtragen von Personen; **~ van** Möbelwagen
remove 1 wegräumen, beseitigen; 2 abtransportieren; 3 ausbauen, entfernen, abmontieren; **~d - address unknown** unbekannt verzogen
remunerative einträglich
rename umbenennen
renew *(Genehmigung usw)* verlängern, erneuern; **~al** Verlängerung, Erneuerung
renovate renovieren
rent[1] Miete
rent[2] mieten, pachten; **~ (out)** vermieten
rental *(Kfz)* Miete; **~ contract** Mietvertrag
re-offend erneut eine Straftat begehen; **~er** Wiederholdungstäter
reorganization Neuorganisation
repair[1] Ausbesserung: **beyond ~** nicht mehr zu reparieren; **in bad/good ~** 🚗 in schlechtem/gutem Zustand; **in need of ~** reparaturbedürftig; **closed for ~s** wegen Reparatur geschlossen; **~ costs** Reparaturkosten; **estimate the ~ costs** Reparaturkosten schätzen; **~ service** Reparaturdienst
repair[2] ausbessern
repatriate *(ins Herkunftsland)* zurückweisen
repatriation 1 *(ins Heimatland)* Abschiebung, Rückführung; 2 *(ins Herkunftsland)* Zurückweisung
repay zurückzahlen; **~able** rückzahlbar; **~ment** Rückzahlung
repeal *(Gesetz)* aufheben, außer Kraft setzen
repeater Wiederholungstäter; **~ gun** Repetierwaffe
repeat| offence Wiederholungstat; **~ offender** Wiederholungstäter
repetition Wiederholung
replace 1 *(Teile)* austauschen, auswechseln; 2 *(Schaden)* ersetzen; **~ment** Ersatz, Austausch
replica Kopie, Imitation, Nachbildung; **~ firearm** Deko(rations)waffe, Nachbildung einer Waffe; **~ gun** nachgebildete Waffe; **~ shirt** Fantrikot
reply[1] Antwort, Erwiderung
reply[2] (be)antworten, erwidern
report[1] 1 Bericht, Meldung, Niederschrift; 2 ⚖ Anzeige; **~ (on the current state of affairs)** Rechenschaftsbericht; **draw up/file/make/write a ~** Bericht abfassen/erstellen/schreiben; **file a ~** Bericht zu den Akten legen; **present/submit a ~** Bericht vorlegen; **factual ~** Tatsachenbericht; **final ~** Schlussbericht; **instant ~** Meldung über ein besonderes/wichtiges Ereignis, BE-, WE-Meldung; **interim ~** Zwischenbericht; **medical ~** ärztliches Gutachten
report[2] 1 berichten, melden; 2 *(Bürger bei Polizei)* anzeigen; 3 sich (zurück-) melden; **nothing to ~** keine besonderen Vorkommnisse; **~ about** Meldung machen über; **~ to someone** jemandem unterstehen; **~ one fact/thing after the other** der Reihe nach berichten
reported angezeigt
reporting *(Medien)* Berichterstattung; **~ for duty** Dienstantritt
represent vertreten
representation Vertretung; **make ~s** vorstellig werden
representative Vertreter, Beauftragter; **authorized ~** Bevollmächtigter
repression *(politisch)* Unterdrückung
reprimand[1] Verwarnung, Rüge, Verweis
reprimand[2] rügen
reprint[1] Nachdruck
reprint[2] nachdrucken
reprisal Repressalie, Vergeltungsmaßnahme
reproach, be above ~ über jeden Vorwurf erhaben sein
reputation Ruf, Name, Ansehen

repute, of ill ~ von schlechtem Ruf
request[1] 1 Bitte, Ersuchen, Anliegen; 2 Anforderung, Antrag; **at the ~ of** auf Ersuchen von, nach Anforderung von; **on/upon** ~ auf Verlangen, nach Aufforderung, auf Antrag; **~ for an arrest** Festnahmeersuchen; **~ for (mutual) assistance** Amtshilfeersuchen; **~ for asylum** Asylantrag; **~ to leave the country** Ausreiseantrag; **~ for extradition** Auslieferungsersuchen; **~ for information** Auskunftsersuchen; **~ for information about wanted items/persons** Fahndungsersuchen; **~ for (specific) information (about a person)** Erkenntnisanfrage; **~ to interrogate** Vernehmungsersuchen; **~ for help** Hilfeersuchen; **have a ~** ein Anliegen haben; **~ stop** Bedarfshaltestelle
request[2] 1 bitten, ersuchen; 2 *(bitten)* an-, auffordern
require 1 benötigen, brauchen; 2 erfordern; **~d** erforderlich; **as ~d** wie vorgeschrieben; **be ~d** erforderlich sein
requirement Erfordernis, Voraussetzung; **~s** Bedarf; **in accordance with the ~s** den Anforderungen entsprechend; **~ to resign** Aufforderung den Dienst zu quittieren; **meet the ~s** die Anforderungen erfüllen; **meet the legal ~s** den gesetzlichen Erfordernissen entsprechen
requisite erforderlich
re-route *(Verkehr)* umleiten
rescind *(Vertrag)* auflösen, rückgängig machen, zurücktreten
rescission Auflösung, Rücktritt
rescue[1] 1 *(Person)* Bergung; 2 Rettung, Befreiung; **~ attempt** Rettungsversuch; **~ blanket** Rettungsdecke; **~r** Retter; **~ operation** Bergungs-, Rettungsaktion; **~ operations** Bergungsarbeiten; **~ service** Rettungsdienst; **~ squad/team** Rettungsmannschaft; **~ vehicle** Rettungswagen
rescue[2] retten, befreien
re|search Forschung; **~sell** weiterverkaufen
resemblance Ähnlichkeit, **bear a ~** Ähnlichkeit haben
resemble ähnlich sein
resent übelnehmen; **~ment** Groll
reservation *(Zweifel)* Bedenken, Vorbehalt; **subject to** ~ reservierungspflichtig; **without ~s** vorbehaltlos; **central** ~ *(Autobahn usw)* Mittelstreifen
reserve|, central ~ *US (Autobahn usw)* Mittelstreifen; **grassed central** ~ *US* begrünter Mittelstreifen
reservoir Talsperre, Stausee
residence Wohn|ort, -sitz, Aufenthaltsort; **establish someone's** ~ jemandes Wohnsitz feststellen; **foreign** ~ Auslandsaufenthalt; **illegal** ~ illegaler Aufenthalt; **unknown** ~ Aufenthalt unbekannt; **~ ban** Aufenthaltsverbot; **~ check** Wohnsitzüberprüfung; **~ control stamp** Aufenthaltssichtvermerk; **~ permit** Aufenthalts|erlaubnis, -genehmigung; **(un)limited ~ permit** (un-) befristete Aufenthaltsgenehmigung; **~ regulations** Aufenthaltsverordnung; **~ restriction** Aufenthaltsbeschränkung
resident[1] 1 Anlieger, An-, Be-, Einwohner; 2 Hotelgast; **~s only; ~ parking** *(Schild)* Parken nur für Anwohner/Hotelgäste
resident[2] ansässig, wohnhaft; **be ~ in/at ....** seinen Wohnsitz haben in ....
residential Wohn-
residue(s) *(Stoff)* Rest
resign| oneself to something sich mit etwas abfinden; **~ation (from office)** Rücktritt
resin Harz
resist sich wehren/widersetzen, Widerstand leisten, widerstehen
resistance Widerstand, Gegenwehr; **offer no** ~ keinen Widerstand leisten; **put up** ~ Widerstand leisten
resisting| apprehension/arrest; ~ law enforcement officers/officials (in the execution of their duties); ~ public authority Widerstand gegen Vollstreckungsbeamte
re|solute entschlossen; **~solution** 1 Entschließung; 2 Entschlossenheit
resolve *(Problem, Fall)* lösen
resort[1] Bade-, Kur-, Urlaubsort; **last** ~ 1

letztes Mittel; 2 ⚖ letzte Instanz; **seaside ~** Seebad
resort[2] to *(Maßnahme)* greifen zu, anwenden
resources *(pl)* Mittel; **within available ~** im Rahmen der verfügbaren Mittel; **human ~** Personal; **human ~ department** Personalabteilung; **human ~ management** Personalführung
respect Achtung; **mutual ~** gegenseitige Achtung
respective betreffend, jeweilig
respiration, artificial ~ künstliche Beatmung
respirator ⚕ Atem-, Beatmungsgerät
respite Nachfrist
respond einschreiten, reagieren, antworten, *(Polizei)* anrücken
response Einschreiten, Reaktion, Antwort; **medical first ~** medizinische Erstversorgung; **pupillary ~** Pupillenreaktion; **~ time** *(Zeit von Verständigung bis zum Eintreffen am Einsatzort)* Anfahrts-, Reaktions-, Umsetzzeit; **~ vehicle** Einsatzfahrzeug; **armed ~ vehicle** Streifenwagen mit bewaffneten Polizisten
responsibility 1 Verantwortung, Zuständigkeit, Verantwortlichkeit; 2 Schuldfähigkeit; **on one's own ~** in eigener Verantwortung; **apportion the ~** Verantwortung zuweisen; **assume ~** Verantwortung übernehmen; **bear the ~** Verantwortung tragen; **entrust someone with the ~** jemandem die Verantwortung übertragen; **of the age of criminal ~** strafmündig; **diminished ~** verminderte Schuldfähigkeit; **joint ~** Mitverantwortung; **political ~** politische Verantwortung; **prime ~** Hauptverantwortung
responsible 1 verantwortlich, zuständig; 2 zurechnungsfähig; **be ~ for** verantworten; **criminally ~** strafmündig; **jointly ~** mitverantwortlich; **legally ~** rechtsfähig; **person ~** Verursacher, Verantwortlicher
responsive ⚕ ansprechbar
rest *(Dienst usw)* Ruhe; **~ area** Autobahnpark-, Rastplatz, Ruhezone
restart wieder anlassen
restaurant Lokal; **frequent a ~** in einem Restaurant verkehren; **~ car** 🚆 Speisewagen
restitution Herausgabe
re|store *(Sicherheit und Ordnung usw)* wiederherstellen; **~storing law and order** Wiederherstellung der öffentlichen Ordnung
rest| period Ruhezeit; **daily ~ periods** Tagesruhezeiten
restrain hindern; **~ oneself** sich zurückhalten
restraint 1 *(Bedingung)* Auflage: 2 Zurückhaltung; **~ system** 🚗 Rückhaltesystem; **~ technique** Eingriffstechnik
restrict begrenzen, be-, einschränken
restriction 1 Begrenzung, Be-, Einschränkung; 2 *(Bedingung)* Auflage; **legal ~** rechtliche Auflage; **residential ~** Aufenthaltsbeschränkung; **~ notice** Sperrvermerk, **~ sign** ⚠ Einschränkungszeichen
restrictive einschränkend
restroom *US* Toilette
rest stop *(Autobahn)* Tank- und Rastanlage
result[1] Ergebnis, Ausgang; **~s of an accident** Unfallfolge; **as a ~ of the accident** infolge des Unfalls; **long-term ~** Spätfolge
result[2] resultieren, sich ergeben
résumé *US* 1 *(Text usw)* Zusammenfassung; 2 *US* Lebenslauf
re|surgence of violence Wiederaufleben der Gewalt; **~suscitate** ⚕ wiederbeleben
resuscitation Wiederbelebung; **mouth-to-mouth ~** Mund-zu-Mund-Beatmung
resuscitator Beatmungsgerät
retail trade Einzelhandel
retain aufbewahren, (be-, ein-, zurück)behalten; **~er** *(Anwalt)* (Honorar)Vorschuss
re|taliate Vergeltung üben; **~taliation** Vergeltung; **~tarded** (geistig) zurückgeblieben; **(electric) ~tarder** Wirbelstrombremse
retch sich erbrechen

rethink überdenken

retire in den Ruhestand/in Pension gehen, pensioniert werden; **~d** außer Dienst, im Ruhestand, pensioniert

retiree *US* Pensionär

retirement Pensionierung, Ruhestand; **~ on medical grounds** Pensionierung aus gesundheitlichen Gründen; **early ~** Vorruhestand; **~ age** Pensionierungs-, Rentenalter, Altersgrenze; **~ pay** Pension, Rente

retract *(Äußerung)* zurücknehmen

retrain umschulen; **~ing** Umschulung; **~ing (scheme)** Nachschulung

retread[1] runderneuerter Reifen

retread[2] runderneuern

retreat 1 Rückzug; 2 Zufluchtsort

retribution Vergeltung

retrieval 1 *(Sache)* Bergung, Rettung; 2 Abruf; 3 Sicherstellung

retrieve 1 *(Sachen)* bergen, retten; 2 *(Sachen)* abholen, sicherstellen, wiedererlangen; 3 abrufen

retry neu verhandeln

return[1] 1 Rück-, Wiederkehr; 2 Rückgabe; **in ~** als Gegenleistung; **nil ~** Fehlanzeige; **~ee** *US* Heimkehrer; **~ fare** Preis für Rückfahrkarte; **~ flight** Rückflug; **~ journey** Rückreise; **~ ticket** Rückfahrkarte; **~ trip** Rückreise

return[2] 1 wieder|kehren, -kommen, zurück|kehren, -kommen; 2 zurück|geben, -senden; 3 *(illegal eingereiste Person)* zurückschieben

reunification Wiedervereinigung

reuniting of families 1 *(bei Aussiedlern usw)* Ehegattennachzug; 2 *(Nachkommen von Kindern nach Deutschland)* Familiennachzug

rev (up) *(Motor)* aufheulen lassen

rev counter Drehzahlmesser

reveal enthüllen, offen|baren, -legen, preisgeben; **be ~d** ans Licht kommen; **~ing** aufschlussreich

revelation Enthüllung

revenge Rache; **take ~** Rache nehmen

revenue|(s) *(Staat)* Einkünfte; **~s** Einnahme(n); **~ seal** Steuerbanderole; **~ stamp** Gebühren-, Steuermarke

reverse[1] 1 *(Formular usw)* Rückseite; 2 Rückwärtsgang; **in ~** im Rückwärtsgang; **put into ~** Rückwärtsgang einlegen; **~ gear** Rückwärtsgang; **put in the ~ gear** Rückwärtsgang einlegen

reverse[2] 1 zurück|setzen, -stoßen, rückwärts fahren; 2 *(Strafe, Urteil)* aufheben; 3 umkehren, rückgängig machen; **~ into something** rückwärts in etwas fahren

reverse[3] umgekehrt

reversing lamp(s)/light(s) Rückfahrscheinwerfer

review Rückblick; **judicial ~** richterliche Prüfung; **~ of remand** Haftprüfung

re|vise überarbeiten; **~vive** *(Tradition usw)* wiederbeleben

revocation 1 Aberkennung; 2 Widerruf; **~ of immunity** Aufhebung der Immunität; **~ of the driver's licence** Entziehung der Fahrerlaubnis

revoke 1 aberkennen; 2 widerrufen; 3 *(ungültig machen)* annullieren; 4 *(Führerschein)* entziehen

revolting widerlich

revolution *(Motor)* Umdrehung; **~s per minute (rpm)** Drehzahl; **~ counter** Drehzahlmesser

revolver (Trommel)Revolver

reward[1] Belohnung; **offer a ~** Belohnung aussetzen

reward[2] belohnen

Rhine|, River ~ Rhein; **~ River licence** Rheinschifferpatent; **~land-Palatinate** Rheinland-Pfalz

rib Rippe; **broken/fractured ~(s)** Rippenbruch; **bruised ~s** Rippenprellung

ribbon Haarband

ricochet[1] Querschläger

ricochet[2] *(Geschoss)* abprallen

rid, get ~ (of) loswerden

ride[1] 1 (Spazier)Fahrt; 2 *US* (Mit)Fahrgelegenheit; 3 Radtour; **get a ~** per Anhalter fahren; **give someone a ~** jemanden (im Kfz) mitnehmen

ride[2] *(Zweirad)* fahren; **~ abreast** nebeneinander fahren

rider 1 *(Motorrad)* Fahrer, Zweiradfahrer; 2 Reiter
ridesharing *US* Fahrgemeinschaft
ridiculous lächerlich
riding| breeches Reithose; ~ **cap** Reitkappe; ~ **surface** Fahrfläche
riff-raff *(coll)* Gesindel
rifle[1] Gewehr, Langwaffe; **automatic ~** Schnellfeuergewehr; ~ **butt** Gewehrkolben, Schulterstütze
rifled mit gezogenem Lauf
rifle|man Sportschütze; ~ **practice** Schießausbildung; ~ **range** Schießstand; ~ **shot** Gewehrschuss
rifle[2] durchwühlen
right[1] (An)Recht, Anspruch; **all ~s reserved** alle Rechte vorbehalten; ~ **of abode** Aufenthaltsrecht; ~ **of access** Zugangsberechtigung; ~ **of access to information** Recht auf Akteneinsicht; **have ~ of access** rechtmäßigen Zugang haben; ~ **of appeal** Berufungsrecht; ~ **of asylum** Asylrecht; ~ **of attendance** Anwesenheitsrecht; ~ **to counsel** Recht auf einen Anwalt; ~ **of entry** Recht zum Betreten von Wohnungen; ~ **to refuse to give evidence** Zeugnisverweigerungsrecht; ~ **to inspect the files** Recht auf Akteneinsicht; ~ **to be heard** Recht auf Anhörung; ~ **to be informed** Informationsrecht; ~ **to consult a lawyer** Recht auf einen Anwalt; ~ **of the occupier/owner to undisturbed possession** Hausrecht; ~ **of pursuit** Verfolgungsrecht; ~ **of re-entry** Recht zur Wiedereinreise; ~ **of self-determination** Selbstbestimmungsrecht; ~ **to keep/remain silent** Aussage-, Zeugnisverweigerungsrecht; ~ **to remain silent on the grounds of privilege** Zeugnisverweigerungsrecht aus persönlichen/beruflichen Gründen; ~ **to see a solicitor** Recht auf einen Anwalt; ~ **to vote** Wahlrecht; ~ **of way** ▽ Vorfahrt, Vorrang; **have the ~ of way** vorfahrt-, vorrangberechtigt sein; **fail to yield the ~ of way** Vorfahrt nicht beachten
right|, confer a ~ on someone jemandem ein Recht übertragen; **get one's ~s** Recht bekommen; **you have the ~ to ....** Sie haben das Recht zu ....; **inform/instruct someone on his ~s; read someone his (Miranda) ~s** *US* jemanden über seine Rechte belehren; **reserve the ~ to ....** sich vorbehalten; **revoke ~s** Rechte aberkennen; **safeguard ~s** Rechte schützen; **waive a ~** auf ein Recht verzichten
right|, civil ~s Bürger-, Grundrechte; **constitutional ~** durch die Verfassung garantiertes Recht; **constitutional ~s** Grundrechte; **human ~s** Menschenrechte; **human ~s abuse** Menschenrechtsverletzung(en); **vested ~s** Besitzstand; **secure vested ~s** Besitzstand wahren
right[2] 1 rechts; 2 richtig; **to the ~** nach rechts; **keep ~** sich rechts halten; **overtake/pass on the ~** rechts überholen; **set ~** berichtigen; **~-handed person** Rechtshänder; **~-wing** rechtsradikal
rigor mortis Leichenstarre
rim 1 Felge; 2 Rand; **~less** *(Brillengläser)* randlos
ring[1] Bande; **~s under the eyes** Schatten unter den Augen; ~ **binder** *(Akten usw)* Ordner; ~ **finger** Ringfinger; **~leader** An-, Banden-, Rädelsführer; ~ **road** Ring-, Umgehungsstraße
ring[2] läuten; ~ **(up)** anrufen, telefonieren; ~ **back** zurückrufen
riot[1] Ausschreitung, Tumult, Unruhe, Randale; **~er** Aufrührer, Randalierer, Unruhestifter; ~ **gear** Einsatzausrüstung; **in full ~ gear** in kompletter Einsatzausrüstung; **~ing** Randale; **~ous** *(Verhalten)* aufrührerisch; ~ **police** Bereitschaftspolizei; ~ **shield** Schutzschild; ~ **squad** 1 *(bei Ausschreitungen)* Eingreifgruppe; 2 (Hundertschaft der) Bereitschaftspolizei; ~ **unit** Hundertschaft (der Bereitschaftspolizei); ~ **stick** Schlagstock
riot[2] randalieren, sich zusammenrotten
rip|[2] **off** 1 herunterreißen; 2 *(coll)* übers Ohr hauen, neppen, ausnehmen; ~ **open** *(Brief, Kleidung)* aufreißen

ripe reif
rip[1]**-off** Nepp
rise[1] *(Zunahme)* Anstieg; **give ~ to** Anlass geben zu, führen zu
rise[2] 1 *(zunehmen)* (an)steigen; 2 *(Preise usw)* steigen; 3 *(Straße usw)* ansteigen
risk[1] Gefahr; **at ~** gefährdet; **at the ~ of one's life** unter Einsatz seines Lebens; **at one's own ~** auf eigene Gefahr; **~ of congestion** Staugefahr; **~ of escape** Fluchtgefahr; **~ of fire** Brand-, Feuergefahr; **~ of injury** Verletzungsgefahr; **~ of skidding** Schleudergefahr; **calculated ~** kalkuliertes Risiko; **incalculable ~** unabwägbares Risiko; **~ analysis** Risikoanalyse; **~ factor** Risikofaktor
risk[2] gefährden
river Fluss, Strom; **~ bank** Flussufer; **~ crossing** Flussüberquerung; **~ island** Flussinsel; **~ mouth** (Fluss)Mündung; **~ police** Wasserschutzpolizei; **~ police station** Wasserschutzpolizeistation; **~side** Flussufer
road|, across the ~ auf der anderen Straßenseite; **by ~** per Auto, auf dem Landweg; **~ with a (loose) gravel surface** Schotterstraße; **be on the ~** auf Achse sein; **~s and highways department** Straßenverkehrsamt; **the ~ is open for vehicles with winter equipment only** die Straße ist nur mit Winterausrüstung befahrbar
road|, clear the ~ Straße freimachen; **come off the ~** von der Fahrbahn abkommen; **cross the ~** Straße überqueren, über die Straße gehen; **run off the ~** von der Fahrbahn abkommen; **use a ~** Straße benutzen
road|, agricultural ~ Wirtschaftsweg; **arterial ~** Hauptdurchgangs-, Hauptverkehrs-, Umgehungsstraße; **bad ~** schlechte Straße; **bumpy ~** schlechte Straße, unebene Fahrbahn; **busy ~** belebte/stark befahrene Straße; **clear ~** freie/übersichtliche Straße; **closed ~** gesperrte Straße; **connecting ~** Verbindungsstraße; **elevated ~** Hochstraße; **federal ~** Bundesstraße; **first-grade ~** Hauptstraße; **four-lane ~** vierspurige Straße; **hard-surface ~** befestigte Straße; **icy ~** vereiste Straße; **lakeside ~** Uferstraße; **link ~** Verbindungsstraße; **European long-distance ~** Europastraße; **main ~** 1 Haupt-, Ausfallstraße; 2 Verkehrsachse; **major ~** Haupt-, Vorfahrt-, Hauptverkehrsstraße; **minor ~** Nebenstraße; **multi-lane ~** mehrspurige Straße; **narrow ~** verengte Fahrbahn; **orbital ~** Ringstraße; **paved ~** gepflasterte/asphaltierte/befestigte Straße; **primary ~** übergeordnete Straße; **private ~** Privat|straße, -weg; **public ~** öffentliche Straße; **riverside ~** Uferstraße; **secondary ~** Nebenstraße, untergeordnete Straße; **slippery ~** Straßenglätte; **temporary ~** Behelfsstraße; **through ~** Durchgangsstraße, Straßenzug; **trunk ~** Hauptverkehrsstraße; **two-lane ~** zweispurige Straße; **two-way ~** Straße mit Gegenverkehr; **uneven ~** unebene Fahrbahn, schlechte Straße; **unimproved/unpaved ~** unbefestigte Straße; **heavily used ~** stark befahrene Straße; **widened ~** Ausbaustrecke
road|ability Straßenlage; **~able** *US* fahrtüchtig
road| accident Verkehrsunfall; **fatal ~ accident** Verkehrsunfall mit Todesfolge; **~ accident victim** Verkehrs|(unfall)opfer, -toter; **~ atlas** Autoatlas; **~bed** 1 *US (gesamte Straße)* Fahrbahn; 2 Unterbau; **~ behaviour** Fahrverhalten; **~ block** Absperrung, Straßensperre; **break through a ~ block** Straßensperre durchbrechen; **set up a ~ block** Straßensperre errichten; **speed into a ~ block** in eine Straßensperre rasen; **~ bridge** Straßenbrücke; **~ category** Straßenklasse; **~ clearance** Lichtraumprofil; **~ closure** Straßensperrung; **~ condition** Straßen|beschaffenheit, -zustand; **treacherous ~ condition** gefährlicher Straßenzustand; **~ conditions** Straßenverhältnisse; **~ conditions report** Straßenzustandsbericht; **~ construction** Straßenbau(arbeiten); **~ con-**

struction machine Straßenbaumaschine; **moving ~ construction site** Wanderbaustelle; ~ **deaths** *(Statistik)* Verkehrstote; ~ **haulage** LKW-Transport, Straßengüterverkehr; ~ **haulage act** Güterkraftverkehrsgesetz; ~ **haulage licence** Güterverkehrsgenehmigung; ~ **hazard** Gefahrenstelle; **secure a ~ hazard** Gefahrenstelle absichern; ~ **hog** *(coll)* Verkehrsrowdy; **~holding (capacity)** Straßenlage; **~house** *US (Autobahn)* Tank- und Rastanlage; ~ **improvement** Straßenausbau; ~ **junction → junction**; ~ **licensing regulations** Straßenverkehrszulassungsordnung (StVZO); ~ **light(ing)** Straßenbeleuchtung; ~ **link** Anbindung, Verbindungsstraße

road maintenance Straßendienst; ~ **department/office** Straßenmeisterei; ~ **worker** Straßenwärter

road| map Straßenkarte; ~ **marker** Leitpfosten; ~ **marking** Fahrbahnmarkierung; ~ **marking paint** Fahrbahnmarkierungsfarbe; ~ **mending (work)** Straßenausbesserungsarbeiten; ~ **metal** Schotter; ~ **narrows** *(Schild)* Ende der Ausbaustrecke; ~ **network** Straßennetz; ~ **noise** Straßenlärm; ~ **rage** aggressives Verhalten im Straßenverkehr; **repair ~ crew/gang** Reparatur-, Straßenbautrupp; ~ **repairs** Straßenbauarbeiten; ~ **roller** Straßenwalze; ~ **safety** Verkehrssicherheit; ~ **safety instruction/training** Verkehrserziehung; ~ **salt** Auftausalz; ~ **sense** Gespür für Verkehrssituationen

roadside an der Straße, Straßen-; ~ **assistance** Pannen|dienst, -hilfe; ~ **assistance vehicle** Pannenhilfsfahrzeug; ~ **ditch** Straßengraben; ~ **telephone** Notruf|säule, -telefon; ~ **turnout** Haltebucht

road| sign 1 Verkehrs|schild, -zeichen; 2 Wegweiser; ~ **signing** Straßenbeschilderung; ~ **stud** Asphaltnagel; ~ **surface** Straßen|decke, -oberfläche; **slippery ~ surface** Straßenglätte; **coloured ~ surfacing** Farbstraßenbelag; ~ **sweeper** 1 Straßenkehrer; 2 Straßenkehrmaschine; ~ **system** Straßennetz; ~ **tanker** Tank|fahrzeug, -wagen; ~ **tax** Kfz-Steuer; ~ **toll** Maut, Straßenbenutzungsgebühr; ~ **toll for large goods vehicles** Schwerverkehrsabgabe

road traffic Straßenverkehr; ~ **accident (RTA)** Verkehrsunfall; ~ **accident involving game** Verkehrsunfall mit Wild; **fatal ~ accident** Verkehrsunfall mit Todesfolge; ~ **act** Straßenverkehrsgesetz; ~ **department/division** Verkehrsdirektion; ~ **law** Verkehrsrecht; ~ **matters** Verkehrsangelegenheiten; ~ **offence** Verkehrsverstoß

road| transport licence Güterverkehrsgenehmigung; ~ **use** Straßenbenutzung; **excessive ~ use** übermäßige Straßenbenutzung; ~ **user** Verkehrsteilnehmer; ~ **vehicle** Straßenfahrzeug

Road Vehicles (Construction and Use) Regulations *GB* Straßenverkehrszulassungsordnung

roadway *(gesamte Straße)* Fahrbahn; **single-lane ~** *US* Richtungsfahrbahn; **three-lane ~** Fahrbahn mit drei Fahrstreifen; ~ **marking** Fahrbahnmarkierung; ~ **widening** Fahrbahnverbreiterung

roadworks Straßen(bau)arbeiten, Baustelle; ~ **section** (Straßen)Baustelle(nbereich); **unsecured ~ (section)** nicht gesicherte Baustelle

road|worthiness Fahrtüchtig-, Verkehrstauglichkeit; **~worthy** fahrtüchtig, verkehrs|sicher, -tauglich; **not ~worthy** nicht verkehrssicher

rob (aus-, be)rauben; **~ber** Räuber

robbery Raub(überfall); ~ **with murder** Raubmord; ~ **with violence** räuberischer Diebstahl; **aggravated ~** schwerer Raub; **armed ~** bewaffneter Raub/Raubüberfall/Überfall; **attempted ~** Raubversuch; ~ **resulting in death** Raub mit Todesfolge

robe 1 Hausmantel; 2 Talar; **~s of office** Amtskleidung

rock Fels, Stein

rod Stab

rogue Halunke, Schurke; **~s' gallery** Lichtbildsammlung, Verbrecheralbum
role *(fig)* Rolle; **pivotal ~** entscheidende Rolle; **~ model** Vorbild; **~ play** Rollenspiel
roll[1] *(Papier usw)* Rolle; **~ call** *US* Dienstbesprechung mit Befehlsausgabe, Frühbesprechung
roll|[2] **back(wards)** zurückrollen; **~ down** *(Autofenster)* herunter kurbeln; **~ over** sich überschlagen; **~ up** 1 *(Ärmel)* hochkrempeln; 2 *(Autofenster)* hochkurbeln
roller bandage Rollbinde
Roman Catholic römisch-katholisch
roof|, flat ~ Flachdach; **sliding ~** Schiebedach; **thatched ~** Strohdach; **~ antenna/aerial** *US* Dachantenne; **~ bar** *(Lichtleiste)* Blaulicht; **~ bars** Dachleisten; **blue ~ light** *(auf Polizeifahrzeug)* Blaulicht; **~ load** Dachlast; **~ rack** (Dach)Gepäckträger, Dachreling; **~ spoiler** Dachspoiler; **~ terrace** Dachterrasse
rookie *(coll)* (Polizei)Anfänger, junger Polizeibeamter, Neuling
room Raum, Platz; **~ for improvement** Verbesserungsmöglichkeiten; **~ for manoeuvre** Handlungsspielraum; **adjacent ~; adjoining ~; next ~** Neben|raum, -zimmer; **back ~** Hinterzimmer
rooming house *US (Hotel)* Pension, Wohnheim, Herberge
room| key Zimmerschlüssel; **~ waiter** Zimmerkellner
root Wurzel; **~ cause** Grundursache
rope[1] Seil, Strick, Tau, Leine; **tie-down ~** Zurrseil; **~ ladder** Strickleiter
rope[2] **off** ab|riegeln, -sperren
roster Einsatzkalender
rot[1] Verwesung
rot[2] verwesen
rotary *US* Kreisverkehr
rotate 1 sich abwechseln; 2 sich drehen
rotation of forces turnusmäßiger Wechsel von Kräften; **phased/staggered ~** gestaffelter Wechsel von Kräften
rotten verfault, faul
rough schlecht; **~ly** annähernd; **~neck** *US* Schläger

round[1] 1 Kontrollgang; 2 *(Munition usw)* Ladung; 3 Schuss; **~ for everyone (in the pub)** Lokalrunde; **chamber a ~** fertigladen und sichern; **fire single ~s** Einzelfeuer schießen
round[2] **up** *(festnehmen)* hochnehmen
round[3] kreisförmig
roundabout Kreisverkehr
route 1 Route, Fahrstrecke, (Reise)Weg; 2 *(Verkehrsstrecke)* Linie; 3 Transportweg; 4 Trasse; **en ~** unterwegs; **~ of march** Marschstrecke; **deviate from the planned ~** festgelegte Route verlassen; **take another ~** *(Strecke)* abweichen; **alternative ~** Ausweich|route, -strecke; **getaway ~** Fluchtweg; **primary ~** Hauptverkehrsweg
routine| check Routineüberprüfung; **~ examination** Routineuntersuchung; **on ~ patrol** auf Streife; **~ operational procedures** Allgemeine Ablauforganisation (AAO); **~ traffic check** Stand-, Verkehrskontrolle
row 1 Reihe; 2 Streit, verbale Auseinandersetzung; **~boat** *US* Ruderboot; **~ house** *US* Reihenhaus; **~ing boat** Ruderboot
royal königlich
Royal| Automobile Club (RAC) *Automobilclub in GB*; **~ Canadian Mounted Police** *kanadische Bundespolizei*; **~ty and Diplomatic Protection Department** *GB Sicherungsgruppe für Angehörige des Königshauses und andere VIPs*
rozzer *(coll)* Polizeibeamter
rubber 1 Gummi; 2 *(coll)* Kondom; **~ bludgeon** Gummiknüppel; **~ boat** Schlauchboot; **~ boots** Gummistiefel; **~ bullet** Gummigeschoss; **~ fingerstall** Gummifingerling; **~ gun** Waffe für Gummigeschosse; **~ sole** Gummisohle; **~ stamp** Stempel; **~ truncheon** Gummiknüppel
rubbish 1 Abfall, Müll; 2 Blöd-, Unsinn, Quatsch; **~ bag** Müllsack; **~ bin** Abfall|behältnis, -eimer; **~ dump/tip** Müll|deponie, -kippe; **~ heap** Müllhaufen; **~ skip** Müllcontainer

rubble (Bau)Schutt, Trümmer
ruddy rötlich
rude rüde, unhöflich; **~ness** unhöfliches Benehmen
Ruhr, The ~ Ruhrgebiet
rule[1] 1 (Maß)Regel, Vorschrift, Bestimmung, Norm; 2 Herrschaft; **as a ~** in der Regel; **~s of conduct/practice** Verhaltens|regeln, -richtlinien; **~s of engagement** Einsatzrichtlinien, Polizeidienstvorschrift; **~ of law** 1 Rechtsgrundsatz; 2 Rechtsstaat|lichkeit, -sprinzip; **~ of the law** Herrschaft des Rechts; **~ of procedure** Verfahrensregel; **~s of procedure** 1 Geschäftsordnung; 2 Prozess-, Verfahrensordnung; **~s and regulations** Vorschriften; **~ concerning the right of way** Vorfahrtregel; **~s of the road** Straßenverkehrsordnung (StVO); **~ of thumb** Faustregel; **break the ~** Vorschrift übertreten; **basic ~** Grundregel; **keep-to-the-right ~** Rechtsfahrgebot; **legal ~** Rechtsnorm
rule[2] *(Gericht)* urteilen, anordnen, entscheiden; **~ out** ausschließen
ruling[1] Urteil, Anordnung, (richterliche) Entscheidung, Gerichtsentscheidung, Richterspruch, Verfügung
ruling[2] geltend
rumble strip Rüttelschwelle
rummage (durch)wühlen
rumour Gerücht
run[1] Lauf; **on the ~** flüchtig, auf der Flucht; **~ of bad luck** Pechsträhne; **break into a ~** anfangen zu laufen; **make a ~ for it** die Flucht ergreifen; **empty ~** Leerfahrt
run[2] 1 laufen; 2 schmuggeln; 3 verwalten; 4 *(vor der Polizei)* fliehen; 5 *(Straße)* verlaufen; 6 *(Verkehrsmittel)* verkehren; **~ about** herumlaufen; **~ away** 1 davon-, weglaufen; 2 *(vor der Polizei)* fliehen; **~ away (from home)** (vom Elternhaus) ausreißen, durchbrennen; **~ down** überrollen, umfahren; **~-down** heruntergekommen, verwahrlost; **~ hot** heißlaufen; **~ in** *(neues Auto)* einfahren; **~ into** *(Person mit Kfz)* anfahren; **~ out** *(Vorrat)* ausgehen; **~ over** *(Person)* überfahren; **~ through** abfragen
runaway Ausreißer, Flüchtling
runner Schmuggler
running aground Festfahren
runway Piste, Lande-, Roll-, Startbahn
rural ländlich, Land-
rush Andrang; **~ hour(s)** Hauptverkehrszeit, Verkehrsspitze; **~-hour traffic** Spitzen-, Stoßverkehr
rust[1] Rost; **incipient ~** Anrostung; **~ bucket** *(coll)* Rostlaube *(coll)*; **~ inhibitor** Rostschutzmittel
rust[2] rosten; **~ through** durchrosten
rusty rostig, eingerostet, verrostet
rut Spurrille
ruthless rücksichtslos
rutted; rutty *(Straßendecke mit Spurrillen)* ausgefahren

S

sabotage sabotieren
sachet (Folien)Briefchen, kleines Päckchen mit Drogen
sacrifice[1] *(Verzicht)* Opfer
sacrifice[2] opfern
saddle bag *(Fahrrad, Motorrad)* Satteltasche
safe[1] Geldschrank, Tresor
safe[2] sicher, ungefährlich; **~ and well** wohlbehalten; **feel ~** sich sicher fühlen
safeguard 1 schützen; 2 asservieren; **~ing of evidence** Beweissicherung
safekeeping| of items Verwahrung von Sachen; **~ of weapons** Verwahrung von Waffen; **put in ~** *(vor Einbruch, Diebstahl usw sichern)* sicherstellen
safety *(physisch)* Sicherheit; **operational ~** Betriebssicherheit; **personal ~** persönliche Sicherheit; **public ~** öffentliche Sicherheit und Ordnung
safety| barrier Schutzplanke; **~ belt** Sicherheitsgurt; **fasten one's ~ belt** sich anschnallen; **wear the ~ belt** angeschnallt sein; **~ camera** Radarkamera; **~ catch** Sicherung; **~ cell** Fahr-

gastzelle; ~ **check** Sicherheitsüberprüfung; ~ **clothing** Warnkleidung; ~ **feature** Sicherheits|einrichtung, -merkmal, -vorrichtung; ~ **glass** Sicherheitsglas; ~ **helmet** *(Motorrad usw)* Schutzhelm; ~ **jacket** Warnkleidung, ~ **lever** Sicherungshebel; ~ **lock** Sicherheitsschloss; ~ **measure** Sicherheitsmaßnahme; ~ **pin** Sicherheitsnadel; ~ **precaution** Sicherheitsvorkehrung; **for ~ reasons** sicherheitshalber; ~ **regulations** Sicherheits-, Unfallverhütungsvorschriften; ~ **risk** Sicherheitsrisiko; ~ **standard** Sicherheitsstandard; **luminous ~ strips** Sicherheitsleuchtstreifen; ~ **zone** 1 Sicherheitszone; 2 *US* Verkehrsinsel

sail auslaufen; **~ing** Auslaufen; **~ing boat** Segelboot; **~or** Matrose, Seemann

saint Heiliger(r)

salary Gehalt, Bezüge; ~ **after tax** Nettogehalt; **basic** ~ Grundgehalt; **fixed** ~ festes Gehalt; **gross** ~ Bruttogehalt; **net/take-home** ~ Nettogehalt; ~ **bracket** Besoldungs-, Gehaltsgruppe; ~ **cut** Gehaltskürzung; ~ **increase** Gehaltserhöhung; ~ **scale** Besoldungstabelle; ~ **statement** Gehaltsabrechnung

sale (Aus)Verkauf; **~(s)** Schlussverkauf; **for** ~ zu verkaufen; ~ **of alcoholic beverages (for consumption on the premises)** Ausschank; **organized ~ of stolen goods** Bandenhehlerei; **court-ordered** ~ Zwangsversteigerung

sales| assistant Verkäufer(in); **~girl/lady** Verkäuferin; **~man** 1 Verkäufer; 2 *(Bevollmächtigter, Beauftragter usw)* Vertreter; **~person** Verkäufer; ~ **staff** Verkaufspersonal; ~ **tax** *US* Umsatzsteuer

saliva Speichel; ~ **sample** Speichelprobe

sallow blassgelb

saloon car Limousine

Saltire schottische Nationalflagge *(weißes Andreaskreuz auf dunkelblauem Grund)*

salute Ehrenbezeugung

salvage[1] *(Sachen)* Bergung, Rettung; ~ **costs** Bergungskosten; ~ **operation** Bergungs-, Rettungsaktion; ~ **operations** Bergungsarbeiten

salvage[2] *(Sachen)* bergen, retten

Salvation Army Heilsarmee

Samaritans, The ~ *GB* Telefonseelsorge

sample 1 Muster, Probe; 2 Probestück; **random** ~ *(entnommener Stoff)* Stichprobe

sanctuary Asyl

sandal Sandale; **high-heeled** ~ Sandalette; **open-toed** ~ offene Sandale

sand|bag Sandsack; **~bank** Sandbank; ~ **dune** Düne

sane geistig gesund

sanitary hygienisch, Gesundheits-

satellite| dish Satellitenschüssel, Parabolantenne; ~ **navigation** Satellitennavigation; ~ **surveillance** Satellitenüberwachung; ~ **town** Satelliten-, Trabantenstadt; ~ **TV** Satellitenfernsehen

satis|faction Befriedigung; **~fy** befriedigen, zufriedenstellen

savage brutal; **~ry** Brutalität, Grausamkeit

save[1] 1 *(Person)* retten; 2 sichern, speichern

save[2] ausgenommen, außer

savings Ersparnisse; ~ **bank** Sparkasse; ~ **book** Sparbuch

saw[1] Säge; **~dust** Sägemehl

saw[2] sägen; ~ **off** absägen

Saxon sächsisch; **~y** Sachsen; **~y-Anhalt** Sachsen-Anhalt

say[1]**, have some** ~ ein gewisses Mitspracherecht haben

say[2] **again** *(Äußerung)* wiederholen

S-bend S-Kurve

scaffolding Gerüst

scald[1] Verbrühung

scald[2] verbrühen; **~ing** *(Vorgang)* Verbrühung

scale Maßstab; **on a grand** ~ in großem Stil; **to** ~ maßstabsgetreu; ~ **of charges** Gebühren|ordnung, -tabelle

scales Waage

scaling ladder Feuerwehrleiter

scapegoat Sündenbock

scar Narbe; ~ **from a burn** Brandnarbe

scarce *(Vorräte usw)* knapp

scare[1] Schreck(en)
scare[2] erschrecken, in Angst und Schrecken versetzen, mit Schrecken erfüllen; **~ someone off** jemanden verscheuchen; **~d** erschrocken; **be ~d** Angst haben
scarf Halstuch, Schal
scarred narbig, vernarbt, voller Narben
scatter verstreuen; **~ed** vereinzelt
scene 1 *(Unfall, Verbrechen)* Ort, Ereignis-, Tatort; 2 Milieu; **at/on the ~** vor Ort; **behind the ~s** hinter den Kulissen; **on ~** am Tatort; **~ of the accident** Unfallort; **arrive at the ~ of the accident** am Unfallort eintreffen; **secure the ~ of the accident** Unfallort absichern; **~ of the crime** Tatort; **return to the ~ of the crime** zum Tatort zurückkehren; **~s of crime officer** Spurensicherungsbeamter; **~ of the disaster** Unglücksort; **~ of the fire** Brandstelle; **~ of the incident** Ort des Zwischenfalls; **stay at the ~** vor Ort bleiben; **extremist ~** Extremistenmilieu
scent *(Geruch)* Spur, *(Hund)* Witterung
schedule 1 Fahrplan; 2 Terminplan; 3 Zeitplan; **~ (of events)** *(Veranstaltung)* Ablaufplan; **according to ~** planmäßig; **on ~** 1 nach Plan; 2 pünktlich; **~d** fahrplanmäßig; **be ~d** geplant sein
scheme 1 Plan; 2 Verschwörung
Schengen| implementation agreement Schengener Durchführungsübereinkommen; **~ information system** Informationssystem nach dem Schengener Abkommen
schnapps Schnaps
scholarship Stipendium
school| of motoring Fahrschule; **expel from ~** von der Schule verweisen; **elementary ~** Grundschule; **high ~** *US* Gymnasium, höhere/weiterführende Schule; **high ~ diploma** *US* Abitur; **primary ~** Grundschule; **private ~** *US* Privatschule; **public ~** *GB* Privatschule; **secondary ~** höhere/weiterführende Schule; **secondary modern ~** Hauptschule; **vocational ~** Berufs-, berufsbildende Schule
school| attendance Schulbesuch; **~boy** Schüler; **~ bus** Schulbus; **~ bus sign(s)** Schulbuskennzeichnung; **~ certificate** Schulzeugnis; **~ crime** Straftaten an/in Schulen; **~ crossing patrol** Schülerlotsen; **~days** Schulzeit; **~ exchange** Schüleraustausch; **~girl** Schülerin; **~ grounds** Schulbereich; **~ holidays** Schulferien; **~ outing** Schulausflug; **~ property** Schulgelände; **~ report** Schulzeugnis
science (Natur)Wissenschaft; **forensic ~** Kriminaltechnik; **behavioural ~ section** *(Abteilung)* Verhaltensforschung
scientist, forensic ~ Gerichtsmediziner
scissors Schere
scooter (Motor)Roller
scope 1 *(Aufgaben)* Anwendungs(Bereich), Wirkungs|bereich, -kreis; 2 *(fig)* Rahmen, Umfang
scorching *(Wetter)* glühend heiß
score, pay off a personal ~ *(fig)* persönliche Rechnung begleichen
Scot(sman) Schotte
Scotch tape[tm] *US* Klebeband
scoundrel Halunke, Schurke
scour *(Gelände usw)* durch|suchen, -kämmen
scramble[1] Verkehrsgewühl
scramble[2] *(Funkspruch)* zerhacken; **~r** Verschlüsselungsgerät, Zerhacker
scrap[1] Schrott
scrap[2] verschrotten
scraper (Eis)Kratzer, Schaber
scap| heap Schrotthaufen; **ready for the ~ heap** schrottreif; **~ merchant** Schrotthändler; **~ metal** Schrott; **~ metal merchant** Schrotthändler; **~ value** Schrottwert
scrapyard Schrottplatz, Autofriedhof
scratch[1] *(Wunde, am Kfz)* Kratzer, Schramme; **start from ~** von vorne anfangen; **~ mark** Kratzspur; **~ (wound)** Kratzwunde
scratch[2] (ver-/zer)kratzen, schrammen
scrawl[1] Gekritzel
scrawl[2] kritzeln
scream[1] *(Schmerz usw)* (Auf)Schrei; **~ of pain** Schmerzensschrei

scream[2] (auf)schreien
screaming[1] Geschrei
screaming[2] heulend
screech *(Reifen)* quietschen; ~ **off** mit quietschenden Reifen losfahren
screen[1] 1 Bildschirm, Monitor; 2 Leinwand; 3 Windschutzscheibe
screen[2] 1 durchleuchten; 2 *(Person)* überprüfen
screening Personenüberprüfung; ~ **device** Alkomat
screw Schraube; ~ **cap** Schraubverschluss; ~**driver** Schraubenldreher, -zieher
scribble[1] Gekritzel
scribble[2] kritzeln
script Schreibschrift
scrub(s) Buschwerk
scruffy *(Erscheinung)* ungepflegt, unordentlich, heruntergekommen, vergammelt
scrutinize genau untersuchen
scuba diver Taucher *(mit Gerät)*
scuffle Handlgemenge, -greiflichkeit
sea|, by ~ auf dem Seeweg; ~**going** hochseetüchtig
seal[1] 1 Dichtung; 2 (Versiegelungs-) Plombe, Siegel, Verschluss, Versiegelung; **affix/put on a** ~ Plombe/Siegel anbringen; **break a** ~ Siegel aufbrechen; **remove a** ~ Plombe/Siegel entfernen; **official** ~ Dienstsiegel
seal[2] ver|siegeln, -plomben; ~ **off** ab|riegeln, -sperren
sea level Meereshöhe
seam (Schweiß)Naht
sea|plane Wasserflugzeug; ~**port** Seehafen
search[1] 1 Suche, Fahndung; 2 (Personen)Durchsuchung, Haussuchung; ~ **at the crime scene** Tatortbereichsfahndung; ~ **of a house** Haussuchung; ~ **of items** Durchsuchung von Sachen; ~ **by a person of the same sex** Abtasten durch eine Person des gleichen Geschlechts; ~ **of premises** Durchsuchung von Räumlichkeiten; ~ **for registered residents** 💻 EWOIS-Meldeabfrage; **conduct a** ~ Durchsuchung durchführen
search|, house-to-house ~ Durchsuchung von Haus zu Haus; **illegal** ~ nicht genehmigte Durchsuchung; **intensive** ~ **(for high-profile criminals)** Vorrangfahndung; **intimate** ~ körperliche Durchsuchung; **large-scale** ~ Großfahndung; **nationwide** ~ Bundesfahndung; **selective** ~ Schwerpunktfahndung; **statewide** ~ Landesfahndung; **vehicular** ~ Durchsuchung eines Fahrzeugs
search gloves Durchsuchungshandschuhe
searching Durchsuchung; ~ **of a suspect's dwelling and/or belongings** Durchsuchung beim Verdächtigen; ~ **of persons** Durchsuchung von Personen; ~ **of premises with the occupier's consent** Durchsuchung von Wohnungen/Anwesen mit Zustimmung des Besitzers/Bewohners
search|light Suchscheinwerfer; ~ **order** Durchsuchungsbeschluss; ~ **party** Durchsuchungstrupp, Sucheinheit; ~ **procedure** Durchsuchungsverfahren; ~ **report** Durchsuchungsprotokoll; **underwater** ~ **and recovery team** Tauchergruppe; ~ **and rescue unit** Such- und Rettungseinheit; ~ **team** Durchsuchungstrupp; ~ **unit** Sucheinheit; **underwater** ~ **unit** Unterwassersuchtrupp
search warrant Haussuchungs-, Durchsuchungsbeschluss; **execute a** ~ Durchsuchungsbeschluss durchführen; **issue a** ~ Durchsuchungsbeschluss ausstellen; **obtain a** ~ Durchsuchungsbeschluss erwirken
search witness Durchsuchungszeuge
search[2] (durch)suchen; ~ **(all over)** absuchen
sea| rescue service Seenotrettungsdienst; ~**shore** Küste; ~**sick** seekrank
seaside[1] Küste
seaside[2] an der See gelegen
season Jahreszeit; **close(d)** ~ Schonzeit; **early** ~ Vorsaison; **high** ~ Haupt-, Hochsaison; **late** ~ Nachsaison; **low** ~ Nebensaison, Vor- bzw Nachsaison; **open** ~ Jagdzeit

season|al saisonabhängig, **~ ticket** Dauer-, Zeitkarte; **monthly ~ ticket** Monatskarte; **weekly ~ ticket** Wochenkarte

seat Sitz(platz); **back/rear ~** Rücksitz; **extra ~** Notsitz; **front ~** Vordersitz; **(split) folding rear ~s** (getrennt) umklappbare Rücksitze; **reclining ~** Liegesitz; **~ adjustment** Sitzverstellung

seat belt Sicherheitsgurt; **fasten one's ~** sich anschnallen; **wear the ~** angeschnallt sein; **rally-style ~** Hosenträgergurt; **rear ~** Sicherheitsgurt für Rücksitz; **~ offence** Nichtanlegen des Sicherheitsgurtes; **~ pretensioner** Gurtstraffer

seat| heating 🚗 Sitzheizung; **~ing capacity** Anzahl der Sitzplätze; **~ pocket** Gesäßtasche; **~ reservation** 🚆 Platzkarte

sea|worthiness Seetüchtigkeit; **~worthy** seetüchtig

secluded *(Anwesen)* versteckt

second| (to) abordnen; **~ary** Neben-; **~-hand** aus zweiter Hand, gebraucht; **~ment** Abordnung

secrecy Geheimhaltung, Schweigepflicht; **~ of correspondence** Briefgeheimnis; **~ of telecommunication transmissions** Fernmeldegeheimnis; **official ~** Amtsverschwiegenheit

secret[1] Geheimnis; **betray/disclose a ~** Geheimnis verraten; **let someone in on a ~** jemanden in etwas einweihen; **commercial ~** Geschäftsgeheimnis; **official ~** Dienst-, Amtsgeheimnis; **public ~** Staatsgeheimnis

secret[2] geheim, heimlich; **keep ~** verheimlichen

secretary Schriftführer; **~ (of state)** Minister; **~'s office** Sekretariat, Vorzimmer

section 1 *(Text)* Absatz, Abschnitt, Paragraph; 2 Abteilung; 3 (Teil)Strecke, Teilstück; **~ of road** Streckenabschnitt; **administrative ~** *(Stelle)* Verwaltung; **downgrade/downhill ~** Gefällstrecke; **~ leader** *(Bereitschaftspolizei usw)* Abteilungsführer

sector *(Einsatz usw)* Bereich, (Gelände)Abschnitt; **~ of observation** Beobachtungsbereich; **assigned ~** zugewiesener Abschnitt; **public ~** öffentlicher Sektor

secure[1] sicherstellen, (ab)sichern, schützen; **~ properly** ordnungsgemäß sichern

secure[2] sicher, gesichert

securing 1 *(Absichern)* Sicherung; 2 Sicherstellung; **~ of evidence** Spurensicherung; **~ the evidence** Beweissicherung; **~ the load** Ladungssicherung; **~ the scene of the crime** Tatortabsicherung; **~ a vehicle** Fahrzeugsicherstellung

security 1 *(psychisch)* Sicherheit; 2 Schutz; 3 Bürgschaft, Kaution, Sicherheitsleistung; **stand ~ for someone** für jemanden bürgen; **internal ~** innere Sicherheit

securit|y, social ~ benefit Sozialhilfe; **social ~ contribution** Sozialversicherungsbeitrag; **social ~ contributions** Sozialabgaben; **social ~ number** Sozialversicherungsnummer; **social ~ office** Sozialamt; **social ~ tribunal** Sozialgericht

security| alarm Sicherheitsalarm; **~ arch** Detektorrahmen; **~ check** Sicherheits|kontrolle, -überprüfung; **~ checkpoint** Kontrollstelle; **~ device** Alarmanlage; **activate the ~ device** Alarmanlage einschalten; **~ forces** Sicherheits-, Sicherungskräfte; **~ guard/man** Wach|mann, -posten; **~ measure** Sicherheits-, Schutzmaßnahme; **~ officer** Sicherheitsbeauftragter, Werkschutzangehöriger; **private ~ organization** privater Sicherheitsdienst, Wach- und Schließgesellschaft; **~ pass** Sicherheitsausweis; **~ personnel/staff** Sicherheitspersonal, Wachmannschaft, Werkschutz; **~ precaution** Sicherheitsmaßnahme; **~ procedures** Sicherungsverfahren; **~ requirements** Sicherheitserfordernisse; **~ risk** Sicherheitsrisiko; **~ screening** Sicherheitsüberprüfung; **~ service** Sicherheitsbehörde; **~ situation** Sicherheitslage; **~ staff** Sicherheitsdienst; **~ storage** Sicherheitslagerung; ~ **thread** *(Banknote)* Sicherheitsfaden; ~ **van/vehicle** Geldtransporter; ~ **vestibule** Sicherheitsschleuse; ~ **zone** Sicherheitszone

sedan *US* PKW, Limousine

sedated unter dem Einfluss von Beruhigungsmitteln

sedative ⚕ Beruhigungsmittel

sedition ⚖ Volksverhetzung, Staatsgefährdung

seditious *(Buch usw)* aufrührerisch

seduce verführen

seduction Verführung; ~ **of a minor/an under-age girl** Verführung einer Minderjährigen

see *(Arzt usw)* aufsuchen; ~ **to** sich kümmern um

seem den Anschein haben, scheinen

seep durchsickern

see-through durchsichtig

seize 1 beschlagnahmen, sicherstellen, einziehen; 2 *(packen)* ergreifen; 3 festnehmen

seizure 1 Beschlagnahme, Sicherstellung, Einziehung; 2 Festnahme; ~ **of evidence** Beschlagnahme von Beweismaterial

select (aus)wählen

selection (Aus)Wahl; ~ **board/committee** Auswahlkomitee, Bewerbungskommission; ~ **procedure/process** Auswahlverfahren; ~ **test** Auswahl-, Einstellungsprüfung

selector *US* Schalt|hebel, -knüppel; ~ **lever** *(Automatik)* Wahlhebel

self|-adhesive selbstklebend; **~-administration** Selbstverwaltung; **~-confident** selbstsicher; **~-control** Selbstbeherrschung; **lose one's ~-control** Beherrschung verlieren

self-defence Notwehr, Selbstverteidigung; **in** ~ zum eigenen Schutz; **act in** ~ in Notwehr handeln; **anticipatory** ~ Gewaltanwendung bei Bedrohung oder feindlicher Absicht zur Selbstverteidigung; **excessive** ~ Notwehrüberschreitung; **imaginary** ~ ⚖ Putativnotwehr; **overstep the bounds of reasonable** ~ Notwehr überschreiten

self|-denunciation Selbstanzeige; **~-employed** *(Beruf)* selbstständig; **~-employment** Selbstständigkeit; **~-help** Selbsthilfe; **~-incrimination** Selbst|anzeige, -bezichtigung; **~-loader** Selbstladegewehr; **~-protection** Selbstschutz; **~-righteous** selbstgerecht; **~-service restaurant** Selbstbedienungsrestaurant; **~-sufficient** autark

sell verkaufen; **~er** Verkäufer

selling Verkauf; **organized ~ of stolen goods** Bandenhehlerei

sellotape™ Klebeband

semen *(Mann)* Samen

semi- Halb-; **~circle** Halbkreis; **~darkness** Halbdunkel; **~trailer** (Sattel)Auflieger; **~trailer unit** *US* Sattelschlepper

send *(Brief usw)* ab-, über-, versenden, übermitteln; ~ **away/off** wegschicken; ~ **for** 1 holen lassen; 2 *(Polizei)* rufen

sender *(Brief usw)* Absender

sending-off Platzverweis

senior[1] Vorgesetzter

senior[2] (rang)höher

sensation Gefühl

sense[1] Sinn; ~ **of direction** Orientierungssinn; ~ **of justice** Rechtsempfinden; ~ **of security** Gefühl der Sicherheit; **common** ~ gesunder Menschenverstand; **contrary to all common** ~ gegen alle Vernunft; **in the legal** ~ in rechtlicher Hinsicht

sense[2] spüren

sensible vernünftig

sensitive empfindlich, empfindsam, sensibel; **highly** ~ hochsensibel

sensors Anforderungskontakt, Kontaktschleife

sentence[1] 1 *(Sprache)* Satz; 2 ⚖ (Urteils-)Verkündung, Verurteilung; 3 Strafe, Strafmaß; **impose/pass a** ~ Strafe auferlegen/verhängen; **overturn a** ~ Urteil aufheben; **serve a** ~ Strafe absitzen/verbüßen; **concurrent** ~ Gesamtstrafe; **custodial** ~ Freiheitsstrafe; **maximum** ~ Höchststrafe; **minimum** ~ Mindeststrafe; **remaining** ~ Reststrafe; **suspended** ~ Verurteilung mit Bewährung, zur Bewährung ausgesetzte Freiheitsstrafe; **swingeing** ~ harte Strafe

sentence[2] verurteilen

sentencing powers Strafgewalt

sentry (Wach)Posten; ~ **box** Wachhäuschen

separate[1] (sich) trennen

separate[2] gesondert; ~**d** getrennt (lebend)

separation Trennung

sequence 1 Reihe(nfolge), Abfolge; 2 Zahlenkombination; ~ **of events** 1 Reihenfolge, Chronologie der Ereignisse; 2 Tathergang; ~ **of facts** Reihenfolge; **numerical** ~ Zahlenkombination

serial Serien-

series Serie

serious schlimm, schwerwiegend, *(Lage)* ernst(haft), *(Unfall usw)* schwer; ~**ness** Schwere

servant, civil ~ Beamter

serve 1 bedienen, *(Getränke)* ausschenken; 2 *(Freiheitsstrafe)* absitzen

service[1] 1 Bedienung; 2 Dienst(leistung); 3 *(Verkehrsmittel)* Verbindung; 4 🚗 Inspektion; ~**s** 1 *(Autobahn)* Tank- und Rastanlage; 2 Streitkräfte; **fit for** ~ dienstfähig; **out of** ~ außer Betrieb

service|, administrative ~**s** *(Stelle)* Verwaltung; **after-sales** ~ Kundendienst; **alternative** ~ Ersatz-, Zivildienst; **central technical** ~ **s** zentrale (polizei-) technische Dienste; **civil** ~ 1 Beamtenschaft; 2 Staatsdienst; **civil** ~ **act** Beamtengesetz; **civil** ~ **law** Beamtenrecht; **diplomatic** ~ diplomatischer Dienst; **investigative** ~**s** Kriminalpolizei; **investigative** ~**s bureau** Kriminalabteilung; **medical** ~ (polizei)ärztlicher Dienst; **military** ~ (Grund-) Wehrdienst; **military postal** ~ Feldpost; **national** ~ Wehrpflicht; **operational** ~**s** Einsatzunterstützung; **operative** ~ einfacher/mittlerer Dienst; **protective** ~**s** Personenschutzdienst; **protective** ~**s department** Personenschutzabteilung; **protective** ~**s detail** Personenschutzkommando; **psychological** ~ psychologischer Dienst; **regular/scheduled** ~ Linien|dienst, -verkehr; **public** ~ Staatsdienst; **public** ~ **obligation** Beförderungspflicht; **secret** ~ Geheimdienst; **social** ~**(s)** Fürsorge, Wohlfahrt; **technical** ~**(s)** technischer Dienst; **unfit for** ~ dienstunfähig

service| address Zustellungsadresse; ~ **area** *(Autobahn)* Tank- und Rastanlage; ~ **book** Schiffsdienstbuch; ~ **charge** *(Speisekarte/Rechnung)* Bedienungsgeld; ~ **dress** Dienstanzug; ~ **driving licence** Dienstführerschein; ~ **gun** Dienstwaffe; ~ **hours** *(Öffnungszeit)* Dienstzeit; ~**man** Militärangehöriger; ~ **manual** Wartungshandbuch; ~ **personnel** Militärangehörige; ~ **support** Einsatzunterstützung; ~ **vehicle** Dienstfahrzeug; ~ **weapon** Dienstwaffe

service[2] *(pflegen)* warten, Inspektion durchführen; **fully** ~**d** 🚗 scheckheftgepflegt

servicing 🚗 Wartung

servo brake Servobremse

session Sitzung; **special** ~ außerordentliche Sitzung

set[1] 1 *(Radio usw)* Gerät, Funkgerät; 2 *(Werkzeug usw)* Satz; ~ **of instruments** 💉 Fixerbesteck; ~ **of syringes** Drogenbesteck; ~ **of tyres** Bereifung, Satz Reifen; ~ **of traffic lights** Ampel; **hands-free** ~ Freisprechanlage

set|[2] **aside** für unwirksam erklären; ~ **down** aussteigen lassen; ~ **off** 1 *(aufrechnen)* verrechnen; 2 ab-, losfahren, abreisen; ~ **up** 1 aufbauen, errichten; 2 *(gründen)* bilden, einrichten

setback Rückschlag

setting up *(Vorgang)* Einrichtung

settle 1 *(Konflikt)* regeln, *(Streit)* beilegen, bereinigen; 2 sich legen; 3 *(Rechnung)* begleichen

settlement 1 *(Streit)* Beilegung; 2 Einigung, Regelung; 3 *(Rechnung)* Abrechnung, Begleichung; **amicable** ~ gütliche Einigung; **amicable** ~ **of disputes** friedliche Beilegung von Streitigkeiten; **judicial** ~ richterliche Entscheidung; **negotiated** ~ Verhandlungslösung; **out-of-court** ~ außergerichtliche Einigung

settling of accounts *(Rache nehmen)* Abrechnung
set-up *(Struktur)* Aufbau
sever trennen
severe *(Unfall usw)* schwer
sew nähen
sewage Abwasser; ~ **farm/works** Kläranlage
sewer(s) Kanalisation
sex Geschlecht; **oral** ~ Oralverkehr; ~ **crime/offence** Sexualdelikt; ~ **drive/urge** Sexualtrieb; ~ **murder** Lust-, Sexualmord; ~ **offender** Sexualtäter; ~ **worker** Prostituierte
shabby schäbig
shack Baracke
shackle fesseln; **~s** Fessel(n)
shade Schatten; **in the** ~ im Schatten
shadow[1] Silhouette, Schatten; **~s under the eyes** Schatten unter den Augen; ~ **area** Funkschatten
shadow[2] observieren
shady 1 zwielichtig; 2 *(Person)* zweifelhaft
shaft 1 Welle; 2 Schacht
shake erschüttern; ~ **off** *(Verfolger)* abschütteln; **~n** *(Person)* durcheinander
shaky zittrig
shallow *(Gewässer)* flach, seicht
sham unecht, Schein-
shame Schande; **~less** schamlos
shame purchase Scheinkauf
shape Form, Gestalt; **in** ~ sportlich; **in the** ~ **of** in Form von; ~ **of hair** Haarform
share[1] Anteil; ~ **of the blame** Mitschuld; **major** ~ **of the blame** beträchtliches Verschulden; ~ **in the crime** Tatbeitrag
share[2] **(out)** aufteilen
sharp 1 scharf; 2 spitz; 3 *(Geruch usw)* beißend; 4 *(Kurve)* eng; **~er** Falschspieler; **~shooter** Scharfschütze
shatter erschüttern
shave (sich) rasieren; **~d** rasiert
shears *(für Metall usw)* Schere; **hydraulic** ~ Rettungsschere
sheath *(Messer usw)* Scheide; ~ **knife** Fahrtenmesser
shed Schuppen; ~ **break** Einbruch in Geräteschuppen
sheet|, accompanying ~ Begleitschein; ~ **lightning** Wetterleuchten
shelf Regal; **rear** ~ Heckablage
shell 1 Hülse, *US* Patrone; 2 Rohbau; 3 Tankkörper; ~ **of a burnt-out car** Wrack eines ausgebrannten Kfz; ~ **game** Hütchenspiel; **minimum ~ thickness** *(Behälter)* Mindestwanddicke
shelter[1] 1 *(nach Katastrophe usw)* Unterkunft; 2 *(sicherer Ort)* Schutz, Unterschlupf; **find** ~ Unterschlupf finden, unterschlüpfen
shelter[2] **someone** jemandem Unterschlupf gewähren
shepherd, (German) ~ Schäferhund
sheriff *US* 1 Leiter der (Kreis/Gerichts)Polizei; 2 → Anhang; 3 *(Schottland)* Amtsrichter; ~ **court** Amtsgericht
shield 1 (Schutz)Schild; 2 Dienstmarke; **disabled person's** ~ *(Auto)* Behindertenschild; **plastic** ~ Kunststoffschild; **protective** ~ Schutzschild; **see-through** ~ durchsichtiger Schutzschild
shift[1] *(Arbeit)* Schicht; **work ~s** im Schichtdienst arbeiten; **automatic** ~ Automatik(schaltung); **late** ~ Spätschicht; **manual** ~ Handschaltung; ~ **leader** Schichtführer; ~ **times** Schichtzeiten; ~ **work** (Wechsel-) Schichtdienst
shift[2] 1 umschalten, verlagern; 2 *(LKW-Ladung)* rutschen; 3 *(Wind)* sich drehen
shin (bone) Schienbein
shine glänzen, leuchten
ship|[1]**, tie a ~ up to the quayside** Schiff an einer Kaimauer festmachen; ~ **certificate** Schiffsattest; ~ **check** Schiffskontrolle; ~ **lift** Schiffshebewerk; **~ment** 1 Beförderung, Transport; 2 Ladung, Sendung; 3 Versand; **concealed ~ment** versteckte Ladung; **~owner** Schiffseigner, Reeder; **~'s papers** Schiffspapiere
shipper 1 Spediteur, Spedition, Verlader; 2 *(Warenladung)* Absender
shipping Schiff|fahrt, -sverkehr; **commercial** ~ Berufsschifffahrt; ~ **accident** Havarie, Schiffsunfall; ~ **channel** Fahr|rinne, -wasser; ~ **company**

Reederei; ~ **documents** Beförderungspapiere; ~ **forecast** Seewetterbericht
ship traffic Schiffsverkehr
ship[2] 1 befördern, transportieren; 2 *(Warenladung)* absenden, (ver)senden
shirt Hemd; **casual** ~ Sporthemd; **long-/short-sleeved** ~ lang/kurzärmeliges Hemd; ~ **sleeve** Hemdsärmel
shock|, electric ~ Strom|schlag, -stoß; **suffering from** ~ unter Schock stehen; ~ **absorber** 🚘 Stoßdämpfer; ~ **wave** Druckwelle
shoe Halbschuh; **be in someone's ~s** an jemandes Stelle sein; **high-/stiletto-heeled** ~ Stöckelschuh; **laced/lace-up** ~ Schnürschuh; **~lace** Schnürsenkel; ~ **print** Schuhabdruck
shoot[1] Jagdrevier
shoot[2] 🔫 feuern, (er)schießen; ~ **at** beschießen; ~ **at someone** auf jemanden schießen; ~ **up** 💉 sich einen Schuss geben; **ready to** ~ *(Person)* schussbereit; ~ **dead** erschießen
shooting Schießerei; ~ **from cover** Schießen hinter Deckung; ~ **while jumping** Schießen im Sprung; ~ **to kill (to prevent worse consequences)** finaler Rettungsschuss; ~ **from a kneeling position** kniendes Schießen; ~ **from a prone position** liegendes Schießen; ~ **from a standing position** stehendes Schießen; ~ **while retreating** zurückweichendes Schießen
shooting|, drive-by ~ Schießerei aus fahrendem Auto; **evasive** ~ ausweichendes Schießen; **fatal** ~ Schießerei mit tödlichem Ausgang; **lawful** ~ gerechtfertigter Waffengebrauch; **one-handed** ~ einhändiges Schießen; **two-handed** ~ beidhändiges Schießen; **unlawful** ~ ungerechtfertigter Waffengebrauch
shooting| gallery 1 *(Kirmes usw)* Schießbude; 2 💉 *(coll)* Fixerstube; ~ **incident** Schießerei, Zwischenfall mit Waffe; ~ **performance** Schießleistung; ~ **range** *(außen)* Schieß|anlage, -platz, -stand; ~ **scene** Ort der Schießerei
shootout 🔫, ⚔ Feuergefecht, Schießerei, Schusswechsel

shop Geschäft, (Laden)Lokal; **run a** ~ Geschäft führen; **talk** ~ fachsimpeln, vom Beruf/Dienst sprechen; ~ **assistant** Verkäufer(in); **~keeper** Ladeninhaber; **~lift** *(Laden)* stehlen, Ladendiebstahl begehen; **~lifter** Ladendieb; **~lifting (offence)** Ladendiebstahl
shopping| arcade (Einkaufs)Passage; ~ **bag** Einkaufstasche; ~ **basket** Einkaufskorb; ~ **cart** *US (Supermarkt)* Einkaufswagen; ~ **centre** Einkaufszentrum; ~ **mall** überdachtes Einkaufszentrum; ~ **precinct** Einkaufs|zentrum, -viertel; ~ **street** Geschäfts-, Ladenstraße; ~ **trolley** *(Supermarkt)* Einkaufswagen
shop window Schaufenster
shore leave 🚢 Landgang
short|, keep it ~ sich kurz fassen; **~age** Mangel, Knappheit; **~circuit** ⚡ kurzschließen; **~coming** *(Fehler)* Mangel; **~cut** *(Weg)* Abkürzung; **take a ~cut** abkürzen; **~en** kürzen; **~fall** Defizit, Fehl|betrag, -menge; **~list** *(Bewerbung)* engere Auswahl; **be ~listed** in die engere Wahl kommen
shorts *US* Unterhose
short|-sighted kurzsichtig; **be ~-staffed** zu wenig Personal haben; **~-term** kurzfristig
shot 1 🔫 Schuss; 2 Foto; 3 *US* (Schutz-)Impfung; 4 💉 Schuss; ~ **in the arm** Schutzimpfung; **fire single ~s** Einzelfeuer schießen; **aimed** ~ gezielter Schuss; **bad/good** ~ schlechter/guter Schütze; **effective** ~ Wirkungsschuss; **fatal/golden** ~ 💉 goldener Schuss; **nude** ~ Nacktaufnahme; ~ **cartridge** Schrotpatrone
shotgun (Jagd)Gewehr, (Jagd)Flinte, Schrot|flinte, -gewehr; **sawn-off** ~ (Schrot)Gewehr mit abgesägtem Lauf; ~ **pellet** Schrotkugel; ~ **shell** Schrotpatrone
shoulder *(Straße)* Bankett, Seitenstreifen, Straßenrand; **have too much on one's ~s** überfordert sein; **shrug one's ~s** mit den Schultern zucken; **drooping ~s** hängende Schultern; **hard** ~ (befestigter) Seitenstreifen; **round ~s** Hänge-

schultern; **soft ~** (unbefestigter) Seitenstreifen; **~ bag** Umhängetasche; **~ holster** Schulterhalfter; **~ strap** Trageriemen, Umhängegurt; **~ width** Schulterbreite

shout[1] Ruf

shout[2] (an)schreien, brüllen, (laut) rufen; **~ at** anbrüllen, anfahren; **~ing** Geschrei

shove *(Gedränge)* schieben, schubsen, stoßen; **~ into** hineindrängen

show[1] Vorführung; **~ of strength** demonstrativer Einsatz

show[2] 1 (vor)zeigen, vorführen, vorweisen; 2 beweisen; 3 *(Instrument)* anzeigen; **~ around** herumführen; **~ off** *(sich hervortun)* angeben; **~ up** erscheinen

shower 1 (Regen)Schauer; 2 Dusche; **~ of hail** Hagelschauer; **~ of rain** Regenschauer; **~ of sleet** Graupelschauer

showman, (travelling) ~ Schausteller

shrewd gewitzt

shrub Strauch; **~(s)** Gesträuch; **~bery** Gesträuch

shunt rangieren

shut| down *(Kneipe usw)* dichtmachen; **~ out** aussperren; **~ up** einsperren

shutter Roll-, Fensterladen

Shuttle, Le ~ Autoverladezug unter dem Ärmelkanal

shuttle| bus Pendelbus; **~ service** Pendelverkehr; **~ train** Pendelzug

sick *(Gefühl)* übel; **be ~** sich übergeben; **be off ~** krankgemeldet sein; **~ day** Krankheitstag; **~ness** 1 Krankheit; 2 Übelkeit; **~ note** Arbeitsunfähigkeitsbescheinigung, Krankmeldung

side| of the nose Nasenflügel; **~ of the road/street** Straßenseite; **~ by ~** nebeneinander, Schulter an Schulter; **take ~s** Partei ergreifen; **weave from one ~ to the other** Schlangenlinien fahren; **rear ~** Rückseite; **to be on the safe ~** sicherheitshalber; **wrong ~ of the** falsche Fahrbahn

side| airbag Seitenairbag; **~ bump strip** Schutzleiste; **~burns** Backenbart, Koteletten; **~car** Bei-, Seitenwagen; **~ effect** Neben|folge, -wirkung; **~ entrance** Neben-, Seiteneingang; **~ exit** Neben-, Seitenausgang; **~ glare** Blendung von der Seite; **~ holster** Gürtelholster; **~ impact** Seitenaufprall; **~ impact bars/protection** Seitenaufprallschutz; **~ issue** Nebensache; **~ lamp/light** Begrenzungsleuchte, Park|leuchte, -licht; **~light(s)** Seitenlicht; **~ mirror** Außenspiegel; **additional ~ mirror** zusätzlicher Außenspiegel; **~ panel/planks** *(LKW)* Bord-, Seitenwand; **~ plank fastenings** Bordwandverschluss; **~ pocket** Seitentasche; **~ position** Seitenlage; **stable ~ position** stabile Seitenlage; **~ road/street** Quer-, Neben-, Seitenstraße; **~slip** *(Fahrzeug)* seitlich wegrutschen

sideswipe[1] Seitenhieb

sideswipe[2] *(Kfz)* streifen

side|track *US* Nebengleis; **~ view** Seitenansicht; **~ view mirror** Außenspiegel; **~walk** *US* Gehweg; **~ wall** *(LKW)* Seitenwand; **~ways** seitwärts; **~ wind** Seitenwind; **~ window** Seitenfenster

siding 1 Nebengleis; 2 *US* Außenwandverkleidung

siege, be under ~ umstellt sein

sift out herausfiltern

sight[1] 1 Sehenswürdigkeit; 2 Sehvermögen; **out of ~** außer Sicht; **out of ~ and earshot** außer Sicht- und Hörweite; **at first ~** auf den ersten Blick; **know by ~** vom Sehen her kennen; **telescopic ~** Zielfernrohr

sight[2] *(wahrnehmen)* sichten

sightseeing Besichtigung; **~ bus** Rundfahrtbus; **~ tour** (Stadt)Rund|fahrt, -gang

sightseer Tourist

sign[1] 1 (Verkehrs)Zeichen, (Hinweis) Schild; 2 Wegweiser; 3 Anzeichen; **~ on the door** Türschild; **~ of life** Lebenszeichen; **~ of recognition** Erkennungszeichen; **show no ~s of violence** keine Spuren von Gewalteinwirkung vorweisen; **~ of the zodiac** Tierkreiszeichen; **give a ~** Zeichen geben; **put up a ~** Schild aufstellen; **directional ~** Richtungsschild; **easy-breaking ~**

mit Sollbruchstelle ausgestattetes Verkehrszeichen; **no-parking ~** Parkverbotsschild
sign[2] unter|schreiben, -zeichnen, abzeichnen; **~ off** *(Schichtende usw)* sich abmelden; **~ on** anheuern
signal[1] 1 Zeichen; 2 *US* 🚗 Fahrtrichtungsanzeiger, Blinker; 3 Signalton; **~s** Signalanlage; **fail to obey the ~ of a police officer** Anweisung eines Polizisten nicht beachten; **engaged/busy** *US* ~ ☎ Besetztzeichen; **linked ~s** ▽ grüne Welle; **visual ~** optisches Signal; **~ cycle** Signalfolge; **~ flag** ⛴ Signalflagge; **~ lamp** Signal|lampe, -leuchte; **~ tracer** ☎ Fangschaltung
signal[2] 🚗 blinken
signatory Unterzeichner
signature Unterschrift, Namenszug; **blank ~** Blankounterschrift; **electronic ~** elektronische Unterschrift; **false ~** falsche Unterschrift; **forged ~** gefälschte Unterschrift; **personal ~** eigenhändige Unterschrift
signet ring Siegelring
significance Wichtigkeit, Bedeutung, Tragweite
significant bedeutend, beträchtlich
signing off *(Schichtende usw)* Abmeldung
sign language Zeichensprache
signpost[1] Wegweiser, Aus-, Beschilderung; **~ing** Straßenbeschilderung
signpost[2] aus-, beschildern
silence 1 *(Stille)* Ruhe; 2 Aussageverweigerung; **~r** 1 🔫 Schalldämpfer; 2 🚗 Auspufftopf
silent 1 lautlos; 2 schweigsam, stumm; **remain ~** schweigen
sill Ladekante
silver| coin Silbermünze; **~ paper** Silberpapier
similar ähnlich; **~ity** Ähnlichkeit; **apparent ~ity** offensichtliche Ähnlichkeit
simple einfach
simplify vereinfachen
simulate nachahmen, vortäuschen
simulating a criminal offence Vortäuschen einer Straftat
simultaneous gleichzeitig
sin Sünde
sincere aufrichtig, ehrlich
sincerity Aufrichtigkeit
singe versengen
single 1 *(Fahrkarte)* einfach; 2 ledig, unverheiratet; **~-handed** ohne Beteiligung anderer Personen; **~-lane** ▽ einspurig
sip nippen
siphoning off of profits Gewinnabschöpfung
siren Martinshorn
sister| city *US* Partnerstadt; **~-in-law** Schwägerin
sit| around herumsitzen; **~ up** sich aufrichten; **~ and wait** abwarten; **~-down blockade** Sitzblockade; **~-down protest/strike** Sitzstreik
site 1 Grundstück; 2 Stelle; 3 *(Unfall, Verbrechen)* Ort, Tatort; 4 *(Campingplatz usw)* Stellplatz: **~ of the crime** Tatort; **historic ~** historische Stätte; **~ entrance** Grundstückseinfahrt; **~ exit** Grundstücksausfahrt; **~ hut** Baubude; **~ road** Behelfsstraße
sit-in Sitz|blockade, -streik
sitting room Wohnzimmer
situated gelegen; **be ~** *(Sache)* sich befinden
situation Lage(bild); **observe a ~** Lage beobachten; **redress a ~** Abhilfe schaffen; **remedy the ~** Lage bereinigen; **stabilize the ~** Lage stabilisieren; **dangerous/hazardous ~** gefährliche Situation; **difficult ~** schwierige Lage; **domestic/internal ~** Inlandslage; **helpless ~** hilflose Lage; **high-threat ~** Bedrohungslage; **legal ~** Rechtslage; **explain the legal ~ to someone** jemanden auf die Rechtslage aufmerksam machen; **near-miss ~** Beinaheunfall; **similar ~** ähnliche Situation; **special ~** Sonderlage; **unclear ~** unübersichtliche Lage; **unresolved ~** ungelöste Situation; **~ centre** Lage|zentrale, -zentrum; **~ map** Lagekarte; **~ report** Lage|bericht, -meldung
six-shooter sechsschüssiger Revolver

size Größe
sketch[1] Skizze, Handzeichnung; ~ **of the collision** Verkehrsunfallskizze
sketch[2] skizzieren
skid[1] Schleudern; **get out of/correct the** ~ Schleudern abfangen; **steer into the** ~ gegensteuern; ~ **chain** Schneekette; ~**ding** Schleudern; ~ **marks** Brems-, Schleuderspuren
skid[2] schleudern, rutschen, schlittern
ski| equipment Skiausrüstung; ~**er** Skiläufer; ~ **goggles** Skibrille; ~**ing holiday** Skiurlaub
skilful gewandt
ski lift Skilift
skill Fähig-, Fertigkeit
skin Haut; **save one's** ~ seine Haut retten; ~ **colour** Hautfarbe; ~**ny** mager; ~**-tight** hauteng
skip Abfallcontainer
skirt Rock
ski| run/slope Skipiste; ~ **stick** Skistock
skittle alley Kegelbahn
skull Schädel, Totenkopf; ~ **fracture** Schädelbruch
skyjack *(Flugzeug)* entführen; ~**er** (Flugzeug)Entführer; ~**ing** (Flugzeug-) Entführung
sky|light *(, Wohnwagen)* Dach|fenster, -luke, Oberlicht; ~**scraper** Hochhaus, Wolkenkratzer
slack schlaff; ~**s** Hose
slam *(Tür)* zuschlagen
slander[1] Verleumdung, ehrenrührige Behauptung, üble Nachrede
slander[2] verleumden; ~**ous** verleumderisch
slap Klaps; ~ **in the face** Ohrfeige; ~ **on the wrist** *(fig)* leichte Strafe
slate, clean ~ *(fig)* saubere Weste; **have a clean** ~ *(coll)* nicht vorbestraft
slaughter Tötung
Slav Slawe
slave, white ~ **trade** Frauen- und Mädchenhandel
Slavonic slawisch
slay *US* (er)morden, erschlagen; ~**er** Mörder; ~**ing** Mord; **double** ~**ing** Doppelmord; **multiple** ~**ing** mehrfacher Mord
sled *US* Schlitten
sledge Schlitten
sleep| it off *(Rausch)* ausschlafen; ~**er** 1 Schlafwagen; 2 Schwelle; 3 *(Terrorismus)* Schläfer
sleeping| bag Schlafsack; ~ **car** Schlafwagen; ~ **compartment** *(LKW)* Schlafkabine; ~ **pill** Schlaftablette
sleep|lessness Schlaflosigkeit; ~**walker** Schlafwandler
sleet Graupel, Schneeregen
sleeve Ärmel; **roll up one's** ~**(s)** Ärmel hochrollen; ~**less** ärmellos
sleigh *(Pferde)* Schlitten
sleight of hand Taschenspielertrick
slender schlank
sleuth(hound) *US (coll)* Kriminalbeamter
slick *(Straße)* glatt
slide[1] Schlitten; **work the** ~ durchladen
slide[2] schlittern
sliding curtain *(LKW)* Schiebeplane
slight 1 leicht, gering(fügig); 2 schmächtig
slim schlank
sling Schlinge; ~**(shot)** *(Waffe)* Schleuder
slip[1] (Damen)Unterrock; ~ **of paper** Zettel; ~ **of the tongue** Ausrutscher *(fig)*
slip[2] (aus)rutschen; ~ **into** *(Kleidung)* hineinschlüpfen
slipper Hausschuh, Pantoffel; ~**y** *(Straße)* (spiegel)glatt, glitschig, rutschig
slipstream 1 *(beim Überholen von LKWs)* Luftsog; 2 Windschatten
slit[1] *(Kleid usw)* Seitenschlitz; ~ **eyes** Schlitzaugen
slit[2] *(Reifen)* zerstechen
slope 1 Böschung; 2 Gefälle, Steigung
sloping *(Schrift usw)* schräg
slot machine (Münz-, Spiel-, Verkaufs-) Automat
slow| down Geschwindigkeit reduzieren/verringern, verlangsamen, langsamer fahren, bremsen; ~**ing-down** Verringerung der Geschwindigkeit; ~**-moving** sich langsam fortbewegend;

~poke *(coll)* langsamer Autofahrer, Sonntagsfahrer
slug *(coll)* Geschoss, Kugel
slurring *(Sprache)* lallend
slush (Schnee)Matsch; **~ and snow tyre** M&S-Reifen
smack[1] Klaps, Ohrfeige
smack[2] ohrfeigen, schlagen
small 1 gering; 2 kleinwüchsig; **make ~er** verkleinern; **~pox** Pocken
smart raffiniert, schlau
smash zertrümmern, zerschlagen; **~ in** *(Fenster, Tür)* einschlagen; **~ up** zerschlagen; **multiple ~-up** Massenunfall
smell[1] 1 Geruch; 2 *(Alkohol)* Fahne; 3 Geruchsbelästigung; **~ of alcohol** Alkoholgeruch; **~ of burning** Brandgeruch; **~ of gas** Gasgeruch; **foul/nauseating ~** übler Geruch; **mouldy/musty ~** Modergeruch
smell[2] **something** Geruch bemerken
smog| alert Smogalarm; **~ warning level 2** Smogalarm Stufe 2
smoke Rauch, Qualm; **blackened by ~** rauchgeschwärzt; **thick ~** Qualm; **~ alarm/detector** Rauchmelder; **~ bomb** Rauchbombe; **~ helmet** Atemschutzgerät; **~ poisoning** Rauchvergiftung
smokers' corner Raucher|ecke, -zone
smoking| ban Rauchverbot; **~ compartment** Raucherabteil
smooth 1 *(Oberfläche)* glatt; 2 reibungslos; **~-bore** mit glattem Lauf
smoulder *(Feuer, Konflikt)* schwelen
smuggle 1 schmuggeln, verschieben; 2 *(Personen)* schleusen; **~ in** ein|schleusen, -schmuggeln; **~r** 1 Schmuggler; 2 Schleuser
smuggling Schmuggel; **~ illegal immigrants** Schleuserkriminalität; **~ trip** Schleusungsfahrt
snack Imbiss; **~ bar** Schnellimbiss, Imbissstube,
snail's pace Schneckentempo
snake Schlange
snap[1] *US* Druckknopf; **~shot** Schnappschuss
snap[2] *(plötzlich)* reißen
snarl-up *(coll)* Verkehrs|stau, -infarkt
snatch[1] *(Person)* Entführung; **~ team** Festnahmetrupp
snatch[2] entreißen
sneak in einschleichen
sneakers Sportschuhe
sneeze niesen
sniff 1 schnüffeln; 2 durch die Nase einziehen; **~er dog** (Rauschgift)Spürhund; **~ing** Schnüffeln
sniffle schniefen
sniper Heckenschütze; **~ team** *US* Sondereinsatzkommando
snoop| about *(coll)* herumschnüffeln; **~er** *(coll)* Polizeibeamter
snooze Nickerchen, Schläfchen
snort schniefen, sniffen
snow *(auch)* Schnee; **driving ~** Schneetreiben; **fresh ~** Neuschnee; **packed ~** Schneeglätte; **~ball effect** Schneeballeffekt; **~ball system** Schneeballsystem; **~ blower** Schneefräse; **~ boots** Schneestiefel; **~bound** eingeschneit; **~ chain** Schneekette; **~-covered** verschneit; **~drift** Schnee|verwehung, -wehe; **~fall** Schneefall; **~ flurry** Schneegestöber; **~line** Schneegrenze; **~ plough** Schneepflug; **~ shovel** Schneeschaufel; **~ shower** Schneeschauer; **~storm** Schneesturm; **~ suit** Schneeanzug; **~ tyre** Winterreifen
snub nose Stupsnase
snuff *(Schnupftabak)* Prise; **take ~** Tabak schnupfen
soak durchnässen; **~ing wet** klatschnass
sob schluchzen
sober[1] **(up)** nüchtern werden, ausnüchtern
sober[2] nüchtern
sobering| cell Gewahrsamszelle; **~ up** Ausnüchterung
sobriety check *US* Alkoholkontrolle, Alkotest
so-called sogenannt, angeblich
soccer Fußball; **~ fan** Fußball|anhänger, -fan; **~ stadium** Fußballstadion
sociable gesellig
society 1 Gesellschaft; 2 Verein
sock, knee-length ~ Kniestrumpf
socket Steckdose; **(electric) ~ for the**

trailer Elektroanschluss für Anhänger; **~ spanner/wrench** *US* Steckschlüssel
soda *US* alkoholfreies Getränk, Limonade; **~ can** Limonadendose
so far bisher
soft *(Randstreifen)* unbefestigt
soil *(Erde)* Boden; **~ed** verschmutzt; **~ pollution** Bodenverunreinigung
sojourn *(offiziell)* Aufenthalt
soldier (Heeres)Soldat; **professional/regular ~** Berufssoldat
sole Sohle; **treaded ~** Profilsohle; **~ print** Schuhsohlenspur
solicit *(Prostitution)* ansprechen; **~or** (Rechts)Anwalt; **~or's charges/fees** Anwaltskosten
solid 1 *(Alibi)* gut; 2 ⚗ *(Stoff)* fest
solidarity Zusammenhalt
solids, flammable ~ entzündbare feste Stoffe
solitary einsam; **~ person** Einzelgänger
soluble ⚗ löslich
solution *(auch ⚗)* Lösung; **acceptable ~** annehmbare Lösung; **alternative ~** Lösungsalternative; **interim ~** Übergangslösung; **makeshift ~** Verlegenheitslösung; **peaceful ~** friedliche Lösung
solve *(Verbrechen)* aufklären
solvent[1] ⚗ Lösungsmittel; **~ abuse** Lösungsmittelmissbrauch
solvent[2] *(Geld)* flüssig
son-in-law Schwiegersohn
soot Ruß; **~ particle** Rußpartikel
sophisticated 1 hochentwickelt, höchst modern; 2 *(Qualität)* anspruchsvoll
Sorb Sorbe; **~ian** sorbisch
sorry *(Fehler usw)* Entschuldigung; **I'm ~ to say** leider
sort[1] **code** Bankleitzahl (BLZ)
sort[2] **things out** Angelegenheit klären
SOS message 1 *(Anruf)* Notruf; 2 *(Rundfunk)* Reiseruf, Suchmeldung
sought-after begehrt
sound[1] Geräusch, Laut, Schall, Ton
sound[2] ertönen; **~s good (to me)** das klingt gut
soundless lautlos
soup[1] **kitchen** Suppenküche
soup[2] **up** 🚗 *(coll)* frisieren
source 1 Quelle, Ursprung; 2 Drogendealer; **at ~** an der Quelle; **~ of the fire** Brandherd; **~ of income** Einkommensquelle; **~ of information/intelligence** Nachrichten-, Informationsquelle; **sensitive ~** geheimzuhaltende/vertrauliche Quelle
south Süden; **~bound** in Richtung Süden, nach Süden fahrend
Southern European[1] Süd|europäer, -länder
Southern European[2] südeuropäisch
sovereignty (Staats)Hoheit
spa Bad, Bade-, Kurort
space 1 Platz, Raum; 2 *(Parkplatz)* Lücke
spacious geräumig, weiträumig
spade Spaten
spaghetti junction Autobahnkreuz mit zusätzlichen Einmündungen
span *(Zeitraum)* überbrücken
spanner Schraubenschlüssel
spare verschonen
spark Funke; **~(ing) plug** Zündkerze
sparse 1 spärlich; 2 *(Besiedlung)* dünn
spate| of burglaries Einbruchserie; **~ of thefts** Diebstahlserie; **~ of violence** sprunghafter Anstieg der Gewalt
speak *(Fremdsprache)* beherrschen; **~ to** *(Person)* ansprechen; **~ up** lauter sprechen; **~ more clearly** deutlicher sprechen
speaker Sprecher, Referent
speaking ☎ am Apparat; **who's ~, please?** wer ist am Apparat?
special *GB* Hilfspolizist; **~s** *GB* Hilfspolizei;
Special Branch *(Organisation) GB* Verfassungsschutz
specification(s), technical ~ technische Daten
specify 1 einzeln aufführen, genau angeben; 2 *(Termin)* festlegen
specimen Probe, *(Unterschrift)* Muster; **diagnostic ~** diagnostische Probe
spectacle|s Brille; **person wearing ~s** Brillenträger; **~ case** Brillenetui
spectator Zuschauer, Schaulustiger

spectrum, operational ~ Einsatzspektrum
speculate Vermutung anstellen
speculation Vermutung
speech Sprache, Sprechweise; **colloquial** ~ Umgangsprache; **final** ~ ⚖ Plädoyer; **slurred** ~ undeutliche Sprechweise; ~ **defect/impediment** Sprachfehler; ~**less** sprachlos
speed Geschwindigkeit, Tempo; **at (high)** ~ mit hoher Geschwindigkeit, mit hohem Tempo; ~ **of speaking** Sprechtempo; **adjust one's** ~ Geschwindigkeit angleichen/anpassen; **appraise a** ~ Geschwindigkeit schätzen; **build up** ~ beschleunigen; **check/ clock a** ~ Geschwindigkeit messen; **cruise at** ~ mit hoher Geschwindigkeit fahren; **record a** ~ Geschwindigkeit messen; **reduce** ~ Geschwindigkeit reduzieren/verringern/verlangsamen, langsamer fahren
speed|, average ~ Durchschnittsgeschwindigkeit; **constant** ~ gleichbleibende Geschwindigkeit; **crawling** ~ Kriechgeschwindigkeit, Schneckentempo; **excessive** ~ nicht angepasste/ überhöhte Geschwindigkeit; **excessive ~ minus tolerance** vorwerfbare Geschwindigkeit; **high** ~ hohe Geschwindigkeit; **low** ~ geringe/niedrige Geschwindigkeit; **minimum** ~ Mindestgeschwindigkeit; **permissible** ~ zulässige Höchstgeschwindigkeit; **reckless** ~ rücksichtslose Geschwindigkeit; **recommended maximum** ~ Richtgeschwindigkeit; **recorded** ~ abgelesene Geschwindigkeit; **slow** ~ geringe Geschwindigkeit; **top** ~ Höchstgeschwindigkeit *(die ein Fahrzeug erreichen kann)*
speed|boat schnelles Motorboot; ~ **bump** Fahrbahnschwelle; ~ **camera** Geschwindigkeitsüberwachungs-, Radarkamera; ~ **check** Geschwindigkeitskontrolle; **conduct a ~ check** Geschwindigkeitskontrolle durchführen; ~ **control** 🚗 Tempomat; ~**-crazy** geschwindigkeitsbesessen
speeder Raser, schneller Autofahrer
speed| funnel Geschwindigkeitstrichter; ~ **hump** Fahrbahnschwelle
speeding Geschwindigkeitsüberschreitung, zu schnelles Fahren; ~ **offence** Geschwindigkeitsüberschreitung; ~ **ticket** Bußgeldbescheid wegen zu schnellen Fahrens
speed limit (landesweit geltende) Geschwindigkeitsbegrenzung; **break the** ~ Geschwindigkeit(sbegrenzung) überschreiten; **enforce the** ~ Höchstgeschwindigkeit überwachen; **exceed the** ~ Geschwindigkeit(sbegrenzung)/ Höchstgeschwindigkeit überschreiten; **obey the** ~ Geschwindigkeitsbegrenzung beachten/einhalten; **be way over the** ~ viel zu schnell fahren; **national/ statutory** ~ landesweit geltende Geschwindigkeitsbegrenzung; **posted** ~ durch Schilder angezeigte Geschwindigkeitsbegrenzung
speed merchant *(coll)* Raser, schneller Autofahrer
speedometer Tachometer; **calibrated** ~ justierter Tachometer; **sealed** ~ plombierter Tachometer
speed| recording Geschwindigkeitsmessung; ~ **recording device** Geschwindigkeits|messer, -messgerät; ~ **trap** Geschwindigkeitskontrolle; ~**way** *US (in Ortschaft)* Kraftfahrstraße; **limited ~ zone** Geschwindigkeitsbegrenzungszone
speed² (zu) schnell fahren, rasen; ~ **up** *(Vorgang)* beschleunigen
spell¹ Weile, Zeitraum; **do a ~ in prison** eine Zeitlang im Gefängnis sitzen; **cold** ~ Kälteeinbruch; **dizzy** ~ Schwindelanfall
spell² buchstabieren
spelling Schreibweise; ~ **mistake** Rechtschreibfehler
spend *(Geld)* ausgeben; ~**ing** Ausgabe; ~**ing freeze** Haushaltssperre
sperm Sperma; ~ **traces** Spermaspuren
sphere| of activity Tätigkeitsbereich; ~ **of influence** Machtbereich; ~ **of responsibility** Verantwortungsbereich;

private ~ persönlicher Lebensbereich, Privatbereich

spill[1] 1 *(Ladung usw)* Auslaufen; 2 *(Öl usw)* Lache

spill[2] 1 auslaufen; 2 *(Flüssigkeit)* verschütten; **~ over** überschwappen

spillage 1 Auslaufen; 2 Verschütten; **~ of hazardous substances** Auslaufen von gefährlichen Substanzen

spin *(Räder)* durchdrehen

spine Rückgrat, Wirbelsäule

spire Kirchturm

spirit *(Gesetz usw)* Geist; **~s** hochprozentige alkoholische Getränke, Schnaps, Spirituosen

spit spucken

splash[1] **of blood** Blutspritzer

splash[2] *(vorbeifahrendes Kfz usw)* spritzen

spliff Cannabiszigarette

splint[1] ⚕ Schiene; **tie a ~** schienen

splint[2] schienen

splinter[1] Splitter; **~ group** Splittergruppe

splinter[2] *(Glas)* zersplittern

split aufteilen; **~ up** sich trennen

splutter *(Motor)* stottern

spoil 1 verderben; 2 verunstalten; 3 *(Plan)* vereiteln

spoke Speiche

spokes|man Sprecher, Wortführer; **~person** Sprecher(in), Wortführer(in); **~-woman** Sprecherin, Wortführerin

spoon Löffel; **sooty ~** rußbehafteter Löffel

sport Sportart; **pursue a ~** eine Sportart ausüben

sporting| accident Sportunfall; **~ event** Sportveranstaltung; **~ weapon** Sportwaffe

sports Sport; **~ badge** Sportabzeichen; **~ bag** Sporttasche; **~ boat** Sportboot; **~ car** 🚗 Sportwagen; **~ clothes** Sportkleidung; **~ field/ground** Sportplatz; **~ jacket** Sportjacke; **~ plane** Sportflugzeug; **~ seat** 🚗 Integral-, Schalensitz; **~ utility vehicle (SUV)** geländetaugliches Straßenfahrzeug; **~ wheel** Alufelge; **~wear** Sportkleidung

sporty sportlich

spot[1] Platz, Stelle, *(Unfall, Verbrechen)* Ort; **~ of blood** Blutfleck; **on the ~** 1 an Ort und Stelle, vor Ort; 2 ⚕ ambulant; **die on the ~** am Unfallort sterben; **have a ~ of trouble** *(coll)* Ärger haben; **black ~** Gefahrenstelle; **blind ~** ▽ toter Winkel; **dead ~** Funkschatten; **be in a tight ~** in der Klemme sein; **weak ~** Schwachstelle; **~ check** 1 Standkontrolle; 2 Stichprobe; **~ check for drunk drivers** Alkoholkontrolle

spot[2] entdecken, bemerken

spotted gefleckt

spot traffic check Verkehrskontrolle

spouse ⚖ Ehe|frau, -gatte, -partner; **common-law ~** Lebenspartner; **surviving ~** überlebender Ehegatte; **~'s name** Name des Ehegatten

sprain[1] ⚕ Verstauchung

sprain[2] ⚕ verstauchen

spray|[1] **(thrown up by traffic)** von vorausfahrenden Fahrzeugen verursachte Gischt; **nasal ~** Nasenspray; **~ can** Spraydose; **anti-personnel ~ device** Reizstoffsprühgerät

spray[2] (be)sprühen

spread[1] Verbreitung

spread[2] 1 sich ausbreiten, verbreiten, übergreifen; 2 *(Beine usw)* spreizen; 3 *(Ölspur usw)* abstreuen

spreadeagle someone against something jemanden mit ausgestreckten Armen und Beinen gegen etwas stellen

spreading Verbreitung

spring 1 🚗 Feder; 2 Quelle; **~s** Federung; **~ lock** Schnappschloss; **~ tide** Springflut

spy[1] Spion; **~ in the cab** *(coll)* Tachograph; **~ camera** Radarkamera; **~hole** (Tür)Spion, Guckloch; **~ ring** Spionagering

spy[2] ausspähen, **~ on someone** jemandem nachspionieren

squad (Dienst)Gruppe, Einheit, (Einsatz)Kommando; **anti-terrorist ~** Antiterroreinheit; **anti-vandalism ~** Polizeieinheit, die Vandalismus, mutwillige Sachbeschädigungen usw bekämpft; **armed** ~ bewaffnete Einheit; **flying** ~ Notrufkommando; **operational** ~ Einsatzkommando; **special** ~ Spezialeinsatzkommando; ~ **car** Einsatzfahrzeug, (Funk)Streifenwagen; ~ **commander/leader** *(Polizei)* Zug-, Kommandoführer

squall Bö

square[1] 1 *(viereckig)* Platz; 2 Häuserviereck; **main** ~ Hauptplatz

square[2] viereckig

squat[1] *(Haus)* Besetzung

squat[2] besetzen; **~ting** *(Haus)* Besetzung

squeaker *(coll)* Informant

squeaky *(Stimme)* piepsig

squeal 1 *(Reifen)* quietschen; 2 *(coll) (gestehen)* auspacken, singen *(coll)*, verpfeifen; **~er** *(coll)* Informant

squeeze[1] (Hände)Druck

squeeze[2] drücken

squint schielen

stab[1] *(Messer usw)* Stich

stab[2] stechen; ~ **(to death)** erstechen; **~bing weapon** Stichwaffe

stability Festigkeit; **domestic/internal** ~ innere Festigkeit

stabilization, electronic ~ **programme (ESP)** elektronisches Stabilisierungsprogramm (ESP)

stabilizers *(Kinderfahrrad)* Stützräder

stable Stall

stab wound Stichwunde

stack *(Haufen)* Stoß, Stapel; **~ed** gestapelt

stadium Stadion; **eject from the** ~ aus dem Stadion verweisen

staff[1] Personal, (Führungs)Stab; **administrative** ~ Verwaltungspersonal; **civilian** ~ Zivilpersonal; **clerical** ~ Büropersonal, Schreibkräfte; **departmental** ~ Abteilungsstab; **permanent** ~ Stammpersonal, ständiger Stab; **senior** ~ Führungspersonal

staff| car Dienstfahrzeug; ~ **car park** Mitarbeiter-, Werksparkplatz; ~ **council** Personal|rat, -vertretung; ~ **development** Personalentwicklung; ~ **division** Stabsabteilung; ~ **entrance** Personaleingang; ~ **gratuity** Trinkgeld; ~ **headquarters** Führungsstab; ~ **identity card** Firmen-, Werksausweis; **~ing level** Besetzung, Personalstärke; ~ **manager** Personalchef; ~ **party** Betriebs|feier, -fest; ~ **regulation(s)** Dienstvorschrift; ~ **services** *(Stelle)* Verwaltung

staff[2] *(mit Personal)* besetzen

stage 1 Bühne; 2 Stadium; **at this** ~ in diesem Stadium, zu diesem Zeitpunkt; **~s of appeal** Instanzen|weg, -zug; ~ **name** Künstlername

stagger taumeln, torkeln, schwanken

staging area Sammelraum

stain[1] Fleck

stain[2] beflecken

stair|s Treppe(nhaus); **back ~s** Hintertreppe; **~case; ~way; ~well** Treppe(nhaus)

stake[1] 1 Anteil; 2 *(Wette)* Einsatz; **be at** ~ auf dem Spiel stehen; **raise the ~s** Einsatz erhöhen

stakeout Observation, Überwachung; **work a** ~ observieren

stake[2] **out** überwachen

stalemate Patt(situation), Stillstand

stalk sich heranpirschen; ~ **someone** jemandem nachstellen

stall[1] (Verkaufs)Stand

stall[2] 1 *(Motor)* absterben, stehen bleiben; 2 abwürgen

stammer stammeln, stottern

stamp[1] 1 Briefmarke, Wertzeichen; 2 (Passkontroll)Stempel; **received** ~ Eingangsstempel

stamp[2] abstempeln

stand[1] 1 (Verkaufs)Stand; 2 Kippständer

stand|[2] **around** herumstehen; ~ **by** sich zur Verfügung halten; ~ **up** sich aufrichten; ~ **and watch** tatenlos zusehen

standard 1 Norm; 2 Grundausstattung; ~ **of living** Lebensstandard; **double ~s** Doppelmoral; ~ **equipment** Standardausrüstung; **~ize** vereinheitlichen; ~ **letter** Standardbrief; ~ **procedure** Standardverfahren

standby 1 (Verfügungs)Bereitschaft; 2 Reserve; **on** ~ auf Abruf, in Bereitschaft; ~ **division** Bereitschaftspolizeiabteilung; ~ **duty** Bereitschaftsdienst; ~ **forces** Verfügungskräfte; ~ **squad/unit** (Einsatz)Hundertschaft (der Bereitschaftspolizei); ~ **unit** Reserveeinheit

standing Ruf, Ansehen; ~ **room** *(Bus, Stadion)* Stehplätze

standstill *(Verkehr)* Stillstand; **bring to a** ~ lahmlegen; **come to a** ~ zum Erliegen/Stillstand kommen

Stanley™ knife Teppichbodenmesser

stare gaffen, glotzen; ~**r** Gaffer

Stars and Stripes amerikanische Nationalflagge

start[1] 1 Anfang; 2 Anfahren; **cold** ~ Kaltstart; ~ **of a journey/trip** Fahrt|antritt, -beginn

start[2] 1 *(Feuer usw)* ausbrechen; 2 *(losfahren)* anfahren; 3 *(zum Dienst)* antreten; 4 anlassen, anspringen; 5 anzetteln, auslösen; ~ **off** *(losfahren)* anfahren; ~**er** Anlasser

starting Anfahren; **anti-theft** ~ **system** Wegfahrsperre; ~ **point** Ausgangspunkt

stash[1] geheimes Lager

stash[2] **(away)** verstecken

state[1] 1 Staat, Land; 2 Bundesland; 3 Stand, Zustand

state[2] angeben

state[3] staatlich, Landes-

state| of affairs *(Situation)* Lage; **bad** ~ **of affairs** Missstand; ~ **of the art** 1 Stand der Technik; 2 hochmodern, höchst modern; ~ **of construction** Ausbauzustand; ~ **of emergency** Ausnahmezustand, Notstand; **declare a** ~ **of emergency** Notstand ausrufen; ~ **of public emergency** öffentlicher Notstand; ~ **of health** Gesundheitszustand; ~ **of intoxication** Rausch(zustand); ~ **of investigations** Stand der Ermittlungen; Ermittlungsübersicht; ~ **of knowledge** Wissensstand; ~ **of mind** geistiger Zustand; ~ **of readiness** Bereitschaftsgrad; ~ **of the road** Straßenbeschaffenheit; ~ **under the rule of law** Rechtsstaat; ~ **of semi-consciousness** Dämmerzustand

state|, actual ~ Istzustand; **affected** ~ betroffener Staat; **federal** ~ Bundesland; **foreign** ~**s** Ausland; **participating** ~ Teilnehmerstaat; **signatory** ~ Unterzeichnerstaat

state| agency Staatsbehörde; ~ **attorney** *US* Staatsanwalt; ~ **attorney's office** Staatsanwaltschaft; ~ **authority** Staatsgewalt; ~ **border** Landesgrenze; ~ **coat of arms** *(Bundesland)* Landeswappen; ~ **colours** *(Bundesland)* Landesfarben

State Department *US* Außenministerium

state|'s evidence Kronzeuge; ~ **frontier** Landes-, Staatsgrenze; ~ **law** Landesrecht; ~ **legislation** Landes-, Staatsgesetzgebung; ~**less person** Staatenloser; ~ **level** Landesebene; ~ **line** Landesgrenze

statement 1 Angabe, Äußerung, Erklärung, Feststellung, Stellungnahme; 2 *(bei Polizei)* Aussage; ~ **about the quantity of alcohol consumed** Nachweis über die Aufnahme von Alkohol; **written** ~ **of an interrogation/interview** Vernehmungsprotokoll; ~**(s) concerning the case as such** Angaben zur Sache; **issue a** ~ Stellungnahme abgeben; **make a** ~ Aussage machen; **willing to make a** ~ aussagebereit; **make a** ~ **regarding the accusation** sich zu dem Vorwurf äußern; **retract/withdraw a** ~ Aussage zurückziehen

statement|, corroborating ~ erhärtende Aussage; **defamatory** ~ beleidigende Äußerung, üble Nachrede; **false** ~ Falschaussage; **unsworn false** ~ falsche uneidliche Aussage; **incriminating** ~ belastende Aussage; **joint** ~ gemeinsame Erklärung; **official** ~ dienstliche Äußerung; **oral** ~ mündliche Aussage; **racist** ~ rassistische Äußerung; **voluntary** ~ freiwillige Aussage

state office of criminal investigation Landeskriminalamt (LKA)

state|-owned *(im Staatsbesitz)* staatlich; ~ **parliament** Landtag; ~ **police (force)** *US* Staats-, Landespolizei; ~ **police training centre** Landespolizeischule; ~ **premier** Ministerpräsident; ~ **road** *US* Landesstraße; ~ **secret** Staatsgeheimnis; ~ **statute** Landes-, Staats-

gesetz; ~ **trooper** *US* Verkehrspolizist; ~ **visit** Staatsbesuch; ~**wide** landesweit, in einem ganzen Bundesstaat
station[1] 1 Bahnhof; 2 *(Ort)* Dienststelle; **central/main** ~ Hauptbahnhof
station[2] postieren, stationieren
stationary 1 *(unbeweglich)* fest; 2 *(Verkehr)* ruhend, stehend
station| cell Gewahrsamszelle; ~ **duty** Innendienst; **be on** ~ **duty** Innendienst haben; ~ **house** *US* Hauptwache, Polizeirevier; ~ **restaurant** Bahnhofsrestaurant; ~ **wagon** *US* *(PKW)* Kombi
stature *(Person)* Statur
status Stellung, Stellenwert
status of forces/mission agreement Stationierungsabkommen
status, civil ~ Familienstand; **diplomatic** ~ diplomatischer Status; **marital** ~ Familien-, Personenstand; **residential** ~ *(bei Ausländern)* Aufenthaltsstatus
statute Gesetz; ~**s** Satzung; ~ **of limitations** Verjährung; **federal** ~ Bundesgesetz; ~**-barred** verjährt; **become** ~**-barred** verjähren; ~ **book** Gesetzbuch, Gesetzessammlung
statutory gesetzlich (vorgeschrieben), Gesetz(es)-, Pflicht-
stay[1] *(offiziell)* Aufenthalt; ~ **of execution** Vollstreckungsaufschub; **overnight** ~ Übernachtung; **unknown** ~ *(unbekannt)* Aufenthalt; ~ **abroad** Auslandsaufenthalt
stay[2] 1 verbleiben; 2 *(Person)* sich aufhalten; ~ **behind** zurückbleiben; ~ **overnight** übernachten
steal stehlen, entwenden, klauen
stealing Diebstahl, Stehlen; ~ **from a motor vehicle** Diebstahl aus Kfz; **go out** ~ auf Diebestour gehen
steam (Wasser)Dampf
steel|box Stahlkassette; ~ **cap** Stahlkappe
steep steil
steeple Kirchturm
steer *(Fahrzeug)* lenken, steuern
steering Lenkung, Steuerung, Lenkanlage; **power(-assisted)** ~ Servolenkung; ~ **column** Lenksäule; ~ **column lock** Lenkradsperre; ~ **free play** Lenkungsspiel; ~ **lock** Lenkeinschlag; ~ **(and ignition) lock** Lenkradsperre; ~ **system** Lenkanlage
steering wheel Lenkrad, Steuer; **turn the** ~ Lenkung einschlagen; **adjustable** ~ verstellbares Lenkrad; ~ **lock** Lenkradsperre; **the** ~ **lock is on** die Lenkradsperre ist eingerastet
stench übler Geruch
step[1] 1 Schritt; 2 *(Bremse, Gas)*Tritt; 3 Treppenstufe; ~**s taken for one's own safety** Eigensicherung; **take** ~**s** Schritte ergreifen; **necessary** ~ erforderliche Maßnahme; **provisional** ~ vorläufige Maßnahme; **retrograde** ~ Rückschritt; **first tactical** ~ erster Angriff; ~**father** Stiefvater; ~**mother** Stiefmutter; ~**-parents** Stiefeltern
step[2] **back** *(Bahnsteigkante, Unfallstelle usw)* zurücktreten; ~ **down** 1 *(Amt usw)* zurücktreten; 2 *(LKW usw)* aussteigen; ~ **on** *(Bremse, Gaspedal)* treten; ~ **out** aussteigen
sterile keimfrei
stern Heck
steroid, anabolic ~ Anabolikum
steward *(Veranstaltung)* Ordner
St. George's flag englische Nationalflagge *(rotes Kreuz auf weißem Grund)*
stick[1] 1 Stock; 2 Knüppel; **white** ~ Blindenstock
stick[2] kleben; ~ **it out** durchhalten
sticker 1 Aufkleber; 2 Vignette
stickler for details Kleinigkeitskrämer
stick| shift *US* Knüppelschaltung; ~**-up** bewaffneter Raubüberfall
stiff 1 steif; 2 *(Strafe)* hart, schwer
stiletto heel Pfennigabsatz
stimulant anregendes Mittel, aufputschende Droge, Aufputschmittel, Muntermacher
stimulate aufputschen
sting[1] Insektenstich
sting[2] stechen
stinger Nagelgurt
stinginess Geiz
stingy geizig
stipulate ausdrücklich vereinbaren, vorschreiben, zur Auflage machen

stipulation Bedingung, Auflage, Klausel; **~s** Vertragsbestimmungen
stir Aufsehen; **cause a ~** Aufsehen erregen
stitch[1] Stich
stitch[2] nähen
stock[1] 1 *(Gewehr)* Schaft; 2 Bestand; **~(s)** Vorrat; **in ~** vorrätig
stock[2] lagern
stocking Strumpf; **knee-length ~** Kniestrumpf; **~ mask** Strumpfmaske
stockpile[1] **of weapons** Waffenarsenal
stockpile[2] Vorrat anlegen, lagern
stocky gedrungen, stämmig, untersetzt
stomach Bauch, Magen; **~ache** Bauchschmerzen
stone| **cast/throw ~s** Steine werfen; **precious ~** Edelstein; **a ~'s throw (away)** einen Steinwurf entfernt; **~d** *(coll)* stark betrunken
stoolie *(coll)* Informant
stool pigeon *(coll)* 1 Informant; 2 Lockvogel
stop[1] 1 Halt; 2 Haltestelle; **~ and go** Verkehrsstockung, zähfließender Verkehr; **~ check** Anhaltekontrolle
stopgap[1] **(solution)** Not|lösung, -behelf
stopgap[2] notdürftig
stop| **line** Haltelinie; **~over** 1 Zwischenlandung; 2 kurze Fahrtunterbrechung
stopping| **(a vehicle)** Anhalten; **~ distance** Anhalte-, Bremsweg; **overall ~ distance** Anhalteweg
stop| **sign** Stoppschild; **fail to obey a ~ sign** Stoppschild überfahren/nicht beachten; **~ signal** Anhalte-, Stoppsignal; **~-watch** Stoppuhr
stop[2] (an)halten, stehen bleiben; 2 *(durch Polizei usw)* anhalten; 3 aufhören, beenden, einstellen; 4 *(Missstand)* abstellen, unterbinden; **~ at ....** Station machen in ....; **~ and check someone** jemanden anhalten und überprüfen; **~ and frisk/search someone** jemanden anhalten und durchsuchen; **~ dead** zum Stillstand kommen; **~ someone doing something** jemanden von etwas abhalten
storage Aufbewahrung, Lagerung; **~ of weapons** Verwahrung von Waffen; **~ area/site** *(Vorräte usw)* Lager; **~ charge** *(abgeschlepptes Kfz)* Standgebühr; **~ compartment** Ablagefach
store[1] Geschäft, Laden(lokal), Kaufhaus; **~ detective; ~ security agent** Kaufhausdetektiv
store[1] aufbewahren, lagern
storey Etage, Stock(werk); **upper ~** Obergeschoss
storm[1] Sturm, Unwetter; **~ damage** Sturmschaden; **~ lantern** windsichere Handlampe, Sturmlaterne; **~ tide** Sturmflut
storm[2] stürmen; **~y** stürmisch
story *(Erzählung)* Geschichte; **flimsy/tall ~** windige Geschichte
stout dick, gedrungen, kräftig, untersetzt
stow *(Ladung usw)* verstauen; **~age compartment** Staufach; **~away** blinder Passagier
straight 1 geradeaus; 2 aufrichtig, direkt, ehrlich; **~ ahead/on** (immer) geradeaus; **dead ~** schnurgerade
straighten up sich aufrichten
strain Stress
straits, be in dire ~ in finanziellen Schwierigkeiten sein
strand| **of hair** Haarsträhne; **be ~ed** liegen bleiben, Panne haben
strange fremd, seltsam, sonderbar; **~r** (Orts)Fremder
strangle erdrosseln, (er)würgen, *(Luftröhre usw)* abdrücken; **~hold** Würgegriff
strangling Erdrosseln, Erwürgen; **~ mark** Würgemal
strap 1 Gurt, Riemen; 2 Schulterriemen; 3 Halte|riemen, -schlaufe; **tie-down ~** Spann-, Zurrgurt
straw Stroh; **~ man** Strohmann
stray[1] streunendes Tier; **~ dog** herrenloser/streunender Hund
stray[2] streunen
streak Strähne; **~ of bad luck** Pechsträhne
streamline rationalisieren, straffen
street (Stadt)Straße; **across the ~** auf der

anderen Straßenseite; **~ within city limits** Straße innerorts; **~ for residents only** Anliegerstraße; **cross the ~** über die Straße gehen, Straße überqueren; **walk the ~s** *(Prostitution)* anschaffen, auf den Strich gehen; **dead-end ~** Stichstraße, Sackgasse; **high/main** *US* **~** *(Stadt)* Hauptstraße; **multi-lane ~** mehrspurige Straße; **narrow ~** Gasse; **residential ~** Anliegerstraße, Straße in einem Wohnviertel

street|car *US* Straßenbahn; **~ carnival** Straßenfest; **~ cleaner** (Straßen)Kehrmaschine; **~ cleaning** Straßenreinigung; **~ cop** *(coll)* Streifenpolizist; **~ corner** Straßenecke; **~ crime** 1 Straßendelikt; 2 Straßenkriminalität; **~ crime detectives** ziviler Einsatztrupp; **~ dealer** 💉 Straßenhändler; **~ duty** Streifendienst; **~ fight** Schlägerei auf offener Straße; **~ gang** Straßenbande; **~ hawker** Straßenhändler; **~ heroin** *(Endverbraucher)* auf offener Straße gehandeltes Heroin; **proceed across a ~ intersection** Kreuzung überqueren; **~ lamp/light** Straßen|lampe, -laterne, -leuchte; **~ light(ing)** Straßenbeleuchtung; **~ map/plan** Stadtplan; **~ market** Straßenmarkt; **~ name** Straßenname; **~ noise** Straßenlärm; **~ nuisance** öffentliches Ärgernis; **~ party** Straßenfest; **~ patrol** Streifendienst; **~ prostitute** Straßenprostituierte; **~ prostitution** Straßenstrich; **~ refuge** Verkehrsinsel; **~ seller** Straßenhändler; **~ sprinkler** Sprengwagen; **~ sweeper** Straßenkehrmaschine; **~ trade/trading** Straßenhandel; **~ trader** Straßenhändler; **~ value** Handelswert; **~ vendor** Straßenhändler; **~walker** (Straßen)Prostituierte; **~walkers' patch** Straßenstrich

strength Stärke; **actual ~** Iststärke; **authorized/established ~** Sollstärke; **present-for-duty ~** Tagesstärke; **superior ~** Übermacht

strengthen verstärken

strenuous anstrengend

stress[1], cope with ~ mit Stress fertig werden; **~ful** anstrengend; **~ management** Stressbewältigung

stress[2] betonen, hervorheben, unterstreichen

stretch[1] Strecke; **~ of road** Streckenabschnitt, Wegstrecke

stretch[2] 1 strecken; 2 *(Alkohol usw)* verdünnen

stretcher Tragbahre; **make a ~ case out of someone** jemanden krankenhausreif schlagen

stretch limousine überlanger PKW

strict konsequent, strikt, streng

strife, civil ~ Auseinandersetzung zwischen einzelnen Bevölkerungsgruppen

strike[1] 1 *(Einsatz)* Schlag; 2 Treffer; 3 Streik; **be/go on ~** streiken; **official ~** gewerkschaftlich organisierter Streik; **sit-down ~** Sitzstreik; **unofficial ~** wilder Streik; **~ force (team)** Einsatzkommando

strike[2] 1 (zu)schlagen; 2 *(Wurfgeschoss)* treffen; 3 *(Person mit Kfz)* anfahren; 4 streiken; 5 auffallen; **~ back** zurückschlagen; **~ down** niederschlagen; **~ out** *(Text)* durchstreichen; **~ someone as something** auffallen; **~ someone as suspicious** jemandem verdächtig vorkommen

striking weapon Hiebwaffe

string Schnur, Faden; **~ of beads** unechte Perlenkette; **~ of murders** Mordserie; **pull the ~s** die Fäden ziehen

stringent strikt

strip[1] 1 *(Stoff usw)* Streifen; 2 *(Sport)* Trikot; **grassed median ~** *US* begrünter Mittelstreifen

strip[2] 1 sich ausziehen; 2 auseinander nehmen, 🚗 ausschlachten

stripe 1 *(sichtbar)* Streifen; 2 Ärmelstreifen; **~d** *(Muster)* gestreift; **~ painter** Fahrbahnmarkierungsmaschine

strip search Durchsuchung, bei der sich die Person ausziehen muss

strive sich bemühen

stroke 1 Hieb; 2 ⚕ Schlaganfall; **~ of lightning** Blitzschlag

stroll bummeln, schlendern; **~er** kleiner Kinderwagen

strong kräftig, stark; **~box** Stahlkassette; **~room** Stahlkammer, Tresorraum
structure Aufbau; **permanent ~** Dauereinrichtung; **~ of leadership** Führungsstruktur
struggle Handgemenge
struts *(Motorrad usw)* Gabel
stubble Bartstoppeln, Stoppelbart; **~ field** Stoppelfeld
stubborn hartnäckig, starr|köpfig, -sinnig, stur; **~ness** Hartnäckigkeit, Sturheit
stuck *(Fahrzeug)* festgefahren; **get ~** 1 stecken bleiben; 2 *(Verkehr)* aufgehalten werden
stud Markierungsnagel
student 1 Student, Schüler(in); 2 Polizeianwärter; **female ~** Studentin, Schülerin; **~ driver** Fahrschüler; **~ hostel** Studentenwohnheim; **~ ID (card)** Studenten-, Schülerausweis
study[1] group Arbeits-, Lern-, Lehrgruppe
study[2] sorgfältig untersuchen; **~ing the files** *(in Kriminalakte usw)* Einsicht nahme
stuff[1] *(coll)*1 Sachen, Zeug; 2 ✗ Stoff
stuff[2] ausstopfen
stumble stolpern
stun|[1] grenade Blendgranate; **~ gun** Betäubungsgewehr
stun[2] betäuben
stupor Benommenheit; **drunken ~** *(Alkohol)* (Voll)Rausch
sturdy stämmig
stylish modisch
sub|divide unterteilen; **~division** 1 Dezernat, Kommissariat; 2 *GB* Dienst-, Polizeiunterbezirk; 3 *(Verwaltungsbezirk)* Polizei|inspektion, -revier; 4 Unterabteilung
subject[1] 1 Thema; 2 *(Graffiti usw)* Motiv; 3 Unterrichtsfach; 4 Anlass; **foreign ~** Ausländer; **main ~** *(Unterricht, Ausbildung usw)* Hauptfach; **optional ~** *(Unterricht, Ausbildung usw)* Wahlfach; **special ~** Sonderauftrag
subject|[2] to ⚖ abhängig von, vorbehaltlich; **be ~ to** *(Vorschrift)* unterliegen; **be ~ed to** unterworfen sein, unterzogen werden
sub|-machine gun Maschinenpistole; **~mission** ⚖ Vorbringen, Antrag, Vorlage; **~mit** 1 vorbringen; 2 *(Dokument)* einreichen, vorlegen
subordinate[1] Untergebener
subordinate[2] nach-, untergeordnet, unterstellt, rangniedriger
subornation of a witness Zeugenbeeinflussung
sub|paragraph *(Text)* Absatz, Abschnitt; **~poena** *US (Gericht)* Ladung unter Strafandrohung; **~scriber** ☎ Anschlussinhaber; **~scription** *(Verein usw)* Mitgliedsbeitrag; **~sequent** anschließend, folgend, nachträglich; **~sidiary (company)** Tochtergesellschaft; **~sistence allowance** Unterhaltszuschuss
substance 1 Stoff; 2 wesentlicher Inhalt; **~s liable to spontaneous combustion** selbstentzündliche Stoffe; **absorbent/absorptive ~** ⚗ Bindemittel; **addictive ~** Suchtstoff; **controlled ~** ✗ Betäubungsmittel; **controlled ~s act** Betäubungsmittelgesetz (BtMG); **dangerous ~s** gefährliche Stoffe; **elevated-temperature ~s** erwärmte Stoffe; **explosive ~** Explosivstoff; **harmful ~** Schadstoff; **environmentally hazardous ~s** umweltgefährdende Stoffe; **infectious ~s** ansteckungsgefährliche Stoffe; **noxious ~** Schadstoff; **polluting ~s** umweltgefährdende Stoffe; **radioactive ~s** radioaktive Stoffe; **self-reactive ~s** selbstzersetzliche Stoffe; **not otherwise specified ~s** nicht namentlich genannte Stoffe; **toxic ~s** giftige Stoffe; **water-polluting ~s** wassergefährdende Stoffe
substance| abuse/misuse Drogenmissbrauch; **~ category** Stoffklasse; **~ identification number** *(Gefahrgut)* Identifizierungsnummer
sub|stantial 1 *(Spur)* Erfolg versprechend; 2 beträchtlich, erheblich; **~stantiate** *(Verdacht usw)* erhärten; **~station** 1 Außenstelle; 2 Nebenwache; **~stitute** 1 Ersatz(kraft); 2 Ersatzstoff; **~tenant** Untermieter

subtract subtrahieren, abziehen; **~ion** Abzug
suburb Vor|ort, -stadt; **~an** Vorort-
sub|van Kleinbus; **~version** Zersetzung; **~vert** untergraben, zersetzen; **~way** 1 (Fußgänger)Unterführung; 2 *US* U-Bahn; **~way station** *US* U-Bahnstation
succeed Erfolg haben
success Erfolg; **~ful** erfolgreich; **~ive** (aufeinander) folgend
successor (Rechts)Nachfolger; **~ organization** Nachfolgeorganisation
sue *(Zivilrecht)* (ver)klagen, Klage einreichen, juristisch vorgehen, prozessieren; **~ for** einklagen
suede Wildleder
suffer (er)leiden; **~ance** Duldung
sufficient ausreichend, genügend
suffocate ⚕ ersticken
suffocation Erstickung
suggest empfehlen, vorschlagen
suggestion Empfehlung, Vorschlag; **go along with a ~** einem Vorschlag zustimmen
suicide 1 Selbst|mord, -tötung; 2 Selbstmörder; **commit ~** Selbstmord begehen; **potential ~** möglicher Selbstmord; **~ attempt** Selbstmordversuch; **~ bomber** Selbstmordattentäter; **~ note** *(Selbsttötung)* Abschiedsbrief; **~ squad** Selbstmordkommando
suit[1] 1 Anzug; 2 *(Damenbekleidung)* Kostüm; 3 Klage, Prozess; **file a ~** Klage einreichen; **civil ~** Zivilprozess; **pinstripe ~** Nadelstreifenanzug
suit[2] **someone** jemandem passen
suitable geeignet, passend, tauglich
suitcase Koffer; **false-bottom ~** Koffer mit doppeltem Boden; **small ~** Handkoffer
suite *US* Büro
sultry schwül
sum Betrag; **~ of money** Geldbetrag; **missing ~** Fehlbetrag; **~ insured** Schadensgrenze, Versicherungssumme
summarize *(Text usw)* zusammenfassen
summary Zusammenfassung, Inhaltsangabe, Übersicht
summer| clothing Sommerkleidung; **~ dress** Sommerkleid; **~ holidays** Sommerferien; **~time** Sommerzeit
summit Gipfel
summon 1 *(Hilfe)* holen; 2 *(Polizei)* rufen; 3 (vor Gericht) laden; 4 (zur Polizei) vorladen
summons| 1 *(Gericht)* Ladung; 2 *(Polizei)* Vorladung; 3 Ordnungswidrigkeitenanzeige; **~ for questioning** *(Polizei)* Vorladung zur Vernehmung; **serve a ~** Ladung zustellen
sump 🚗 Ölwanne
sun| blind Sonnenrollo; **~burn** Sonnenbrand
Sunday| driver Sonntagsfahrer; **~ duty** Sonntagsdienst
sun|glasses Sonnenbrille; **~rise** Sonnenaufgang; **~roof** 🚗 Schiebedach; **~set** Sonnenuntergang; **~shade** Sonnenschirm; **~tan** Sonnenbräune; **~ visor** 🚗 Sonnenblende
super|ficial oberflächlich; **~grass** *(coll)* Informant
superior[1] (Dienst)Vorgesetzter; **disciplinary ~** Disziplinar-, Dienstordnungsvorgesetzter
superior[2] überlegen; **feel ~** sich überlegen fühlen
superiority Überlegenheit
super|sede an die Stelle treten von; **~store** großer Supermarkt; **~vise** kontrollieren, beaufsichtigen, überwachen, (Dienst-, Fach)Aufsicht führen; **~vision** Kontrolle, Überwachung, (Dienst-, Fach)Aufsicht; **~visor** Aufsichtsbeamter
supplement[1] *(Fahrkarte usw)* Zuschlag
supplement[2] ergänzen
supplier Anbieter, Lieferant
supplies Nachschub
supply[1] 1 Lieferung, Versorgung; 2 Vorrat; **in short ~** *(Vorräte usw)* knapp; **~ and demand** Angebot und Nachfrage
supply[2] ausrüsten, (be)liefern, versorgen
support[1] Unterhalt, Unterstützung; **express ~** Unterstützung bekunden; **logistical ~** logistische Unterstützung; **technical ~** technische Unterstützung;

(operational) ~ division Polizeisonderdienste

supporter *(Sport usw)* Anhänger, Fan (-atiker), Fußball|anhänger, -fan; **away ~** Schlachtenbummler; **~s' club** Fanklub; **~s' seats/end** Fankurve

support|, minimum ~ load *(Anhänger)* Mindeststützlast; **~ measures** Betreuungs-, Unterstützungsmaßnahmen; **~ procedures** Unterstützungsverfahren; **~ services bureau** Polizeisonderdienste; **~ tasks** Unterstützungsaufgaben; **~ unit** Unterstützungseinheit

support[2] 1 *(Argument)* (unter)stützen, sich einsetzen für; 2 *(Familie)* ernähren; **~ing other police authorities** Unterstützung anderer Polizeibehörden

supposed mutmaßlich

Supreme Court *US* Bundesgerichtshof

suppress verheimlichen, *(Nachricht usw)* unterdrücken

suppression *(Nachricht usw)* Unterdrückung; **~ of complaints** Zurückhalten von Beschwerden; **~ of documents** Zurückhalten von Urkunden; **~ of evidence** Zurückhalten von Beweismaterial

surety Bürgschaft, Kaution; **furnish ~** Garanten stellen

surface (Straßen)Oberfläche, Belag; **improved ~** befestigte Fläche; **~ mail** *(im Gegensatz zu Luftpost)* Normalpost

surfacing Straßendecke

surfer Windsurfer

surge forward nach vorne drängen

surgeon Chirurg; **official ~** Amtsarzt; **veterinary ~** Tierarzt

surgery 1 ⚕ Operation; 2 Arztpraxis

surname (Familien-, Nach)Name; **double-barrelled ~** Doppelname

surprise[1] Überraschung; **nasty ~** böse Überraschung

surprise[2] überraschen

surrender[1] Aushändigung, Übergabe

surrender[2] 1 aushändigen, übergeben; 2 *(aufgeben)* sich ergeben/stellen; 3 *(Dokument)* hinterlegen

surrogate 💉 Ersatz(stoff)

surround 1 umgeben; 2 umzingeln, umstellen; **~ings** *(Stadt)* Umgebung

surveil *US* beobachten

surveillance Beobachtung, Observation, Überwachung; **keep/put someone under ~** jemanden observieren lassen; **put under ~** beobachten; **covert ~** verdeckte Observation; **electronic ~** elektronische Überwachung; **overt ~** offene Observation; **technical ~** technische Überwachung

surveillance| camera Observationskamera; **~ device** Abhör|gerät, -vorrichtung; **~ personnel** Observationskräfte; **~ report** Observationsbericht; **mobile ~ team** mobiles Einsatzkommando; **~ vehicle** Observationsfahrzeug

survey[1] 1 Besichtigung; 2 Meinungsumfrage; 3 Studie; **~ of investigations** Ermittlungsübersicht, Stand der Ermittlungen; **~ map** Lageplan

survey[2] beaufsichtigen

sur|vive überleben; **~vivor** Überlebender

susceptible, be ~ to anfällig sein für

suspect[1] 1 (Tat)Verdächtiger, verdächtige Person, mutmaßlicher Täter; **apprehend/arrest/capture a ~** Verdächtigen festnehmen; **interview/question a ~** Verdächtigen vernehmen; **tail a ~** Verdächtigen beschatten; **prime ~** Hauptverdächtiger

suspect[2] Verdacht haben, verdächtigen, vermuten, argwöhnen; **~ someone of (having done) something** jemanden verdächtigen etwas getan zu haben

suspect[3] verdächtig

suspected tatverdächtig; **be ~ of** unter Verdacht stehen, verdächtig sein; **someone is ~ of ....** es liegt etwas gegen jemanden vor

suspend 1 *(disziplinarisch)* beurlauben; 2 *(zeitweilig)* außer Kraft setzen; 3 *(Führerschein)* vorläufig/zeitweilig entziehen; 4 ⚖ aufschieben, aussetzen; **~ from duty** *(disziplinarisch)* beurlauben; **~ed** *(Strafe)* zur Bewährung ausgesetzt

suspenders 1 Strumpfhalter; 2 *US* Hosenträger

suspension 1 Beurlaubung; 2 zeitweilige Einstellung; 3 vorübergehender Führerscheinentzug; 4 *(Verfahren)* Aussetzung, Aufschub; 5 *(Strafe wird nicht angetreten)* Bewährung; 6 Aufhängung, Federung; **~ of deportation** Aussetzung der Abschiebung, Duldung; **~ of the driving licence** vorläufige Entziehung der Fahrerlaubnis; **~ of sentence** Strafaussetzung; **~ bridge** Hängebrücke; **~ railway** Schwebebahn

suspensive *(Bedingung)* aufschiebend

suspicion (Tat)Verdacht, Verdächtigung, Argwohn; **above ~** *(Person)* unverdächtig; **under ~** unter Verdacht; **arouse ~** Verdacht erregen/erwecken; **arrest someone on ~ of ....**; jemanden aufgrund eines Verdachtes von .... festnehmen; **confirm a ~** Verdacht bestätigen; **corroborate a ~** Verdacht erhärten; **faint ~** geringer Verdacht; **false ~** falsche Verdächtigung; **initial ~** Anfangsverdacht; **reasonable ~** hinreichender Verdacht; **strong ~** dringender Tatverdacht

suspicious[1], something ~ etwas Verdächtiges

suspicious[2] (tat)verdächtig, argwöhnisch, misstrauisch; **~ person** verdächtige Person

sustain 1 *(Einspruch)* stattgeben; 2 aufrechterhalten; 3 erleiden

suture *(Wunde)* Naht

swab Abstrich

Swabia Schwaben

swag *(coll)* Beute

swallow (hinunter-, ver)schlucken

swamp Sumpf; **~y** sumpfig

swap[1] Tausch; **~body** *(LKW)* Wechsel|aufbau, -behälter, -brücke

swap[2] tauschen

swastika Hakenkreuz

sway *(Betrunkener)* schwanken

swear 1 (be)schwören; 2 fluchen; **~ in** vereidigen; **~ to something** beschwören; **~ing-in** Vereidigung; **~ing-in (ceremony)** Gelöbnis; **~ word** Schimpfwort

sweat| mark Schwitzfleck; **~er** Pullover; **~ing** Schweißausbruch

sweep[1] Razzia

sweep[2] *(Gelände usw)* ab-, durchsuchen

sweeper Straßenkehrer

swelling Beule, Schwellung

swerve[1] Schlenker

swerve[2] 1 ruckartige Bewegung am Lenkrad machen *(z.B. um einem Hindernis auszuweichen)*, plötzlich ausweichen, Schlenker machen; 2 hin und her schwenken; 3 schleudern

swift schnell

swimming-pool, indoor ~ Hallenbad

swindle[1] Schwindel

swindle[2] schwindeln; **~r** Schwindler

swine *(coll, abwertend)* Polizeibeamter; **~ fever** Schweinepest

swing|[1] bridge Drehbrücke; **~ door** Schwingtür

swing[2] *(beim Abbiegen)* ausholen; **~ wide** weit ausholen

swipe *(coll)* klauen

switch[1] 1 Schalter; 2 *US* Weiche

switch[2] 1 schalten; 2 umschalten, umstellen; **~ off** 1 ab-, ausschalten; 2 *(Licht usw)* ausmachen; 3 *(Motor usw)* abstellen; **~ on** anstellen, an-, einschalten

switchblade (knife) Schnappmesser, Messer mit Springklinge

switchboard operator ☎ Vermittlung

swollen geschwollen

sworn geschworen, vereidigt; **be ~ in** vereidigt werden

sympathizer Sympathisant

sympathy Beileid, Mit|gefühl, -leid; **express one's ~** sein Beileid/Mitgefühl ausdrücken

synthetics Kunststoff

syringe *(Gerät)* Spritze; **disposable ~** Einwegspritze; **hypodermic ~** Spritze

system|, exploit/milk *(coll)* **a ~** System ausnutzen; **electrical ~** Elektrik; **judicial/legal ~** Rechts|ordnung, -system, -wesen; **penal ~** Straf|system, -vollzug

T

table Tabelle
tablet Pille, Tablette
taboo tabu
tachograph Tachograph, Kontrollgerät; **manipulate the ~** Tachograph manipulieren; **calibrated ~** geeichter Tachograph; **~ disk** Tacho(graphen)-scheibe; **~ disk for the previous days** Tacho(graphen)scheibe für die vorhergehenden Tage; **insert the ~ disk** Tacho(graphen)scheibe einlegen; **remove the ~ disk** Tacho(graphen)-scheibe entnehmen; **~ needle** Schriebe; **bent/manipulated ~ needle** *(Tachograph)* verbogene Schriebe; **~ tray** Tacho(graphen)schublade
tacit stillschweigend
tackle bekämpfen, in Angriff nehmen, anpacken
tactics|, delaying ~ Hinhaltetaktik; **mission-type ~** Auftragstaktik
tag Anhänger, Etikett, Schildchen; **~ (number)** *US* amtliches Kennzeichen; **electronic ~** 1 elektronische Sicherung *(gegen Ladendiebstahl);* 2 elektronische Fessel
tail[1] 🚗 Heck; **put a ~ on someone** jemanden observieren lassen; **~back** 1 Rück-, Verkehrsstau; 2 Ladeklappe
tailgate[1] 1 Ladeklappe; 2 *US* 🚗 Heckklappe;
tailgate[2] *US* (zu) dicht auffahren, drängeln
tail|-heavy hecklastig; **~ lamp/light** 🚗 Schluss-, Rücklicht; **~pipe** Auspuffrohr
tail[2] *(Person)* beschatten, observieren; **~ back** *(Verkehr)* sich stauen
take|[1] away/out *US (Restaurant)* Außerhausverkauf; **~-off** ✈ Start
take[2] 1 (hin)bringen; 2 dauern, *(Zeit)* benötigen, brauchen; 3 (ein)nehmen, *(auch* 💊, 💉*)* konsumieren; 4 *(Festgenommenen)* abführen, verbringen, *(JVA, Krankenhaus)* einliefern; 5 *(Foto)* machen; 6 *(Schritte)* unternehmen; 7 *(Verkehrsmittel)* benutzen, nehmen; **~ along** mitnehmen; **~ away** 1 wegbringen, *(Festgenommenen)* abführen; 2 wegnehmen; **~ back** *(Äußerung)* zurücknehmen; **~ down** 1 aufschreiben; 2 herunternehmen; **~ for** halten für; **~ in** hereinlegen, täuschen; **~ off** 1 ✈ abheben; 2 *(Kleider)* ausziehen; **~ on** 1 auf sich nehmen; 2 *(Personal)* einstellen; **~ out** herausnehmen; **~ over** übernehmen; **~ part** *(Veranstaltung)* teilnehmen, mitmachen, sich beteiligen; **~ up** *(sich befassen mit)* aufgreifen; **~ someone up on that** jemanden beim Wort nehmen
takeover Übernahme; **~over note** Übernahmeschein
taking Entnahme; **~s** Einnahme(n); **~ of a blood sample** Blutentnahme; **~ without the owner's consent (TWOC)** missbräuchliche Benutzung, unbefugte Ingebrauchnahme, unbefugter Gebrauch eines Fahrzeuges; **~ of drugs** Medikamenteneinnahme; **~ of evidence** ⚖ Beweisaufnahme
tale Geschichte, Erzählung
talk[1] 1 Gespräch; 2 Gerede; 3 Aussprache; **give a ~** Referat halten; **conciliatory ~** Konfliktbereinigungsgespräch; **incoherent ~** unzusammenhängendes Gerede; **informal ~** informelles Gespräch
talk[2] sich unterhalten, sprechen; **~ about** sprechen von; **~ big** den Mund voll nehmen; **~ at cross-purposes** aneinander vorbeireden; **~ someone out of something** jemandem etwas ausreden, jemanden von etwas abbringen; **~ to someone** auf jemanden einreden
talk|ative redselig; **be ~ed about** ins Gerede kommen
tall 1 hoch; 2 *(Person)* groß
tamper| with something sich an etwas zu schaffen machen; **~ing with official documents** Verändern von amtlichen Ausweisen; **~ing with evidence** Verdunklung; **~-proof** 1 aufbruch-, einbruchsicher; 2 beweissicher
tan Sonnenbräune
tandem trailer Tandemanhänger
tangible *(Ergebnis)* greifbar
tank 1 (auch 🚗) Tank; 2 Panzer; **de-**

mountable/portable ~ Aufsetztank; **full** ~ *(Menge)* Tankfüllung; **firmly installed** ~ festverbundener Tank; **waste-water** ~ *(Wohnwagen usw)* Abwassertank; ~ **cap** Tank|deckel, -verschluss; ~ **container** Tankcontainer

tanker 1 Tank|fahrzeug, -wagen; 2 Tankschiff; ~ **spill** *(Meer)* Ölpest

tank| stop Tankstopp; ~ **swapbodies** Tankwechselaufbauten; ~ **transporter** Panzertransportfahrzeug

tanned sonnengebräunt

tap[1] Wasserhahn

tap[2] ☎ abhören, anzapfen

tape 1 (Klebe)Band; 2 Ton|band, -kassette; **adhesive** ~ Klebeband; **electrical/insulating** ~ Isolierband; **plastic/ yellow** *US* ~ Absperrband; **red** ~ *(coll)* Bürokratie; **sticky/sticking** ~ Klebeband; ~ **measure** Bandmaß

tape[2] auf Tonband aufnehmen

tapping ☎ Abhören

tar[1] Teer

tar[2] teeren

target 1 *(konkret)* Ziel; 2 Schieß-, Zielscheibe; **miss a** ~ Ziel verfehlen; ~ **audience/group** Zielgruppe; ~ **country** Ziel|land, -staat; ~ **person** Zielperson; ~ **practice** Scheibenschießen, Schießübung

tariff 1 Preis; 2 ⊖ Zoll

tarmac[1] Asphalt, Schwarzdecke

tarmac[2] asphaltieren

tarpaulin *(LKW)* Plane; **tie the** ~ **tightly** Plane festzurren

tar surface Teerdecke

tart *(coll)* Prostituierte

tartan Schotten|karo, -muster

taser Elektroschocker

task *(speziell)* Auftrag, Aufgabe; **accomplish/carry out a** ~ Aufgabe erledigen; **carry out a** ~ Auftrag ausführen/erfüllen; **administrative ~s** Verwaltungsaufgaben; **main** ~ Hauptaufgabe; **operational** ~ Einsatzauftrag; **special** ~ Sonderauftrag; **special ~s** besondere Aufgaben; ~ **force** Einsatz|gruppe, -verband, Sonder|einheit, -kommission, Einheit mit besonderem Auftrag; **special** ~ **force** Sondereinheit; ~ **group** Einsatzgruppe, Sonderkommission; ~ **unit** Einheit mit besonderem Auftrag

tattoo[1] Tätowierung

tattoo[2] tätowieren

tax Steuer; **~es** Abgaben; **after** ~ nach Abzug der Steuer; **eco/green** ~ Ökosteuer; **exempt from** ~ steuerfrei; **liable for** ~ steuerpflichtig; **local** ~ Gemeindesteuer; **value-added** ~ **(VAT)** Mehrwert-, Umsatzsteuer

tax|able steuerpflichtig; ~ **adviser** Steuerberater; ~ **disk** 1 *(Hund)* Steuermarke; 2 *(Kfz)* Steuerplakette; **display a valid** ~ **disk** gültige Steuerplakette angebracht haben; ~ **evasion** Steuerhinterziehung; ~ **fraud** Steuerbetrug; **~-free** steuerfrei

taxi| (cab) Taxi; ~ **driver** Taxifahrer

tax investigator Steuerfahnder

taxi rank Taxenstand

tax| offence Steuervergehen; **office** *(Gebäude)* Finanzamt; **~payer** Steuerzahler

teach unterrichten, anleiten; **accompanying ~er** Begleitlehrer; **~ing aid(s)** Lehrmittel

team 1 Gruppe; 2 Kommando; 3 (Streifenwagen)Besatzung; **away** ~ *(Fußball usw)* Auswärts-, Gastmannschaft; **investigating** ~ Fahndungsgruppe; **visiting** ~ *(Fußball usw)* Gastmannschaft; ~ **commander** Gruppen-, Kommandoführer; ~ **leader** Gruppen-, Kommandoführer, Dienstgruppenleiter

tear[1a] *(Stoff, Papier usw)* Riss

tear[1b] Träne

tear gas Tränengas; ~ **grenade** Tränengasgranate; ~ **spray** Tränengasspray

tear[2] reißen; ~ **along** rasen; ~ **out** herausreißen; ~ **up** 1 zerreißen; 2 *(Straße)* aufreißen

technician Techniker; **crime-scene** ~ Spurensicherungsbeamter

technique Methode, Technik; **~s** Praktiken

technology *(Maschinen usw)* Technik

teeth ⚕ Gebiss; **armed to the** ~ bis an

die Zähne bewaffnet; **false ~** Prothese, künstliches Gebiss
teetotaller Antialkoholiker
telephone|[1]**, coin-box/coin-operated ~** Münztelefon; **cordless ~** schnurloses Telefon; **public ~** öffentliches Telefon; **~ answering machine** Anrufbeantworter; **~ call** Anruf; **~ card** Telefonkarte; **~ exchange** Telefonvermittlung; **~ extension** Nebenanschluss; **~ line** Telefonleitung; **tap a ~ line** Telefonleitung anzapfen; **~ network** Telefonnetz; **fixed ~ network** Festnetz; **mobile ~ network** Mobilfunknetz; **~ number** Telefon-, Rufnummer; **identify a ~ subscriber** Telefonanschlussinhaber feststellen; **~ surveillance/tap(ping)** Telefonüberwachung
telephone[2] anrufen
teleprinter; teletype Fernschreiber
television| (set) Fernsehgerät; **closed-circuit ~ (CCTV)** Fernsehüberwachungsanlage, Videoüberwachung; **mobile closed-circuit ~** mobile Videoüberwachung; **closed-circuit ~ camera** Fernsehüberwachungskamera; **~ surveillance** Videoüberwachung
telex 1 Fernschreiber; 2 Fernschreiben; **~ charges** Fernschreibgebühren
tell someone off jemanden ausschimpfen
teller *(Bank)* Kassierer; **automated ~ (machine) (ATM)** Geldautomat
tell-tale light Kontrolllampe, -leuchte
temp agency Zeitarbeitsfirma
temperature| below zero; ~ below freezing point Minustemperatur
temple Schläfe
temporary einst-, zeitweilig, vorläufig, vorübergehend
tempt in Versuchung führen, versuchen; **~ation** Versuchung
tenancy agreement Mietvertrag
tenant Mieter, Pächter, *(Wohnung usw)* Bewohner
tend to neigen zu
tender *(Auftrag)* öffentliche Ausschreibung; **legal ~** gesetzliches Zahlungsmittel
tendon ⚕ Sehne
tenement Mietshaus
tennis| court Tennisplatz; **~ shoes** Tennisschuhe
tense verkrampft
tension Spannung; **high ~** ⚡ Hochspannung
tentative unverbindlich, vorläufig
tenure Lebensstellung
term 1 *(Laufzeit)* Dauer, Frist; 2 *(Wort usw)* Ausdruck, Bezeichnung; **~s and conditions** allgemeine Vertragsbedingungen; **~s of contract** Vertragsbestimmungen; **~ of enlistment** ⚔ Verpflichtungszeit; **~ of imprisonment** Freiheitstrafe, Haftzeit; **~s of reference** 1 Auftragsbeschreibung; 2 Rahmenbedingungen; **serve one's ~** Freiheitstrafe absitzen; **criminological ~** kriminologische Bezeichnung
terminal 1 ⚡ Pol; 2 💻 Bildschirm, Monitor; 3 *US* Endstation; **negative ~** Minuspol; **positive ~** Pluspol
terminate einstellen, beenden
termination 1 Einstellung, Beendigung, Ende; 2 Kündigung; **~ of proceedings** Einstellung des Verfahrens
terminology Fachsprache; **legal ~** Gesetzes-, Juristen-, Rechtssprache
terminus 1 Endstation; 2 Kopfbahnhof
terrace Häuserreihe; **~s** *(Stadion)* Ränge
terrain Gelände; **~ orientation** Geländeeinweisung
terrible schrecklich
Territorial Support Group *GB* Kriminalpolizei
territory Gebiet; **federal ~** Bundesgebiet; **national ~** Staatsgebiet; **sovereign ~** Hoheitsgebiet
test[1] 1 Erprobung; 2 *(allgemein, technisch)* Prüfung; **~ of courage** Mutprobe; **fail a ~** Prüfung nicht bestehen; **pass a ~** Prüfung bestehen; **take a ~** Prüfung machen; **chemical ~** chemischer Test; **preliminary ~** ✗ Vortest; **psychological ~** psychologischer Test; **random ~** Stichprobe; **~ case** Musterprozess; **~ certificate** Prüfbescheinigung; **~ device** Testgerät; **~ drive** Probefahrt

testify Aussage machen
testimony 1 Zeugen|angabe, -aussage; 2 *(vor Gericht)* Aussage; 3 *(Aussage)* Beweis; **sworn ~** (Zeugen)Aussage unter Eid
test| strips ▽ Markierungsteststrecke; **~ track** Teststrecke
test[2] erproben
tetanus ⚕ Wundstarrkrampf
text processing 🖳 Textverarbeitung
thanks Dank; **deserve ~** Dank verdienen; **express one's ~** Dank ausdrücken/sagen für
thaw[1] Tauwetter
thaw[2] tauen
The Axe; The Bill; The Heat; The Helmet; The Man *(coll)* Polizei
theatre of operations Operationsgebiet
theft Diebstahl; **~ from a building** Diebstahl aus Gebäude; **~ of small change** Wechselgelddiebstahl; **~ from a church** Kirchendiebstahl; **~ of freight** Frachtdiebstahl; **~ with false keys** Diebstahl mit falschen Schlüsseln; **~ from a motor vehicle** Diebstahl aus Kfz; **~ of a (motor) vehicle** Kfz-Diebstahl; **~ of numberplates** Kennzeichendiebstahl; **~ of outer parts of a motor vehicle** Diebstahl an Kfz; **~ of prescription forms** Rezeptdiebstahl; **~ from a slot/vending machine** Diebstahl aus Automaten
theft|, aggravated ~ schwerer Diebstahl; **armed ~** Diebstahl mit Waffen; **minor/ ordinary/petty ~** Diebstahl geringwertiger Sachen; **~ organized by gangs** gemeinschaftlich begangener Diebstahl
theoretical theoretisch
theory|, in ~ theoretisch; **operational ~** Einsatzlehre
therefore aus diesem Grund, deshalb, zu diesem Zweck
thick *(Lippen)* wulstig; **~ness** Dicke; **~set** untersetzt; **~-skinned** dickfellig
thief Dieb; **catch a ~** Dieb fassen; **casual ~** Gelegenheitsdieb
thieving, petty ~ of standing crops Felddiebstahl
thigh (Ober)Schenkel
thin mager
thing Gegenstand; **~s** Sachen; **one ~ doesn't exclude the other** das eine schließt das andere nicht aus; **sort ~s out** Dinge klären; **small ~** Kleinigkeit
think meinen, überlegen; **~ about** bedenken; **~ through** durchdenken; **~ fit** nach pflichtgemäßem Ermessen für richtig halten; **~ing distance** *(Anhalteweg)* Reaktionszeit
thirst Durst; **be ~y** Durst haben
thorough gründlich; **~fare** (Haupt-) Durchgangsstraße
thought out durchdacht
threat (An-, Be-)Drohung; **~ to use firearms** Androhung des Waffeneinsatzes; **~ to use force** Androhung von Gewalt; **~ with a gun** Bedrohung mit einer Waffe; **~ to kill someone** Morddrohung; **~ against someone's life** Morddrohung; **~ of punishment** Strafandrohung; **~ to national security** Bedrohung der nationalen Sicherheit
threat|, counter a ~ Bedrohung begegnen, Gefahr entgegentreten; **pose a ~** Bedrohung darstellen; **direct ~** unmittelbare Bedrohung; **empty ~** leere Drohung; **stave off an immediate ~** unmittelbare Bedrohung abwenden; **proportionate to the ~** *(Reaktion)* im Verhältnis zur Bedrohung; **worst-case ~** schlimmste vorstellbare Gefahr; **~ assessment** Gefährdungsanalyse
threaten (an-, be)drohen
threat potential Bedrohungspotenzial
three|-lane dreispurig; **~-wheeler** Dreirad(fahrzeug)
threshold Schwelle
thriftiness Sparsamkeit
thrifty sparsam
thrill Nervenkitzel; **~ of speed** Rausch der Geschwindigkeit
throat Hals, Kehle
throttle, at full ~ mit Vollgas
throughway *US* 1 *(in Ortschaft)* Kraftfahrstraße; 2 Vorfahrtstraße
throw werfen; **~ away** wegwerfen; **~ out** heraus-, hinauswerfen, hinausbefördern; **~ up** erbrechen, sich übergeben

throwaway Einweg-, Wegwerf-
thug Schläger
thumb Daumen; ~ **print** Daumenabdruck
thunder Donner; ~**storm** Gewitter
Thuringia Thüringen
thwart *(Plan)* vereiteln, durchkreuzen
tick *(Fragebogen)* ankreuzen; ~ **off** abhaken
ticket 1 (Eintritts)Karte; 2 Fahr|ausweis, -karte, -schein, Flugschein; 3 Parkschein; 4 Strafmandat, gebührenpflichtige Verwarnung, Protokoll, Strafzettel *(coll)*, Knöllchen *(coll)*; **issue a** ~ Strafzettel ausstellen; **complimentary/free** ~ Freikarte; **fixed-penalty** ~ Bußgeldbescheid; **invalid** ~ ungültige Fahrkarte; **one-way/single** ~ einfache Fahrkarte; **round-trip** ~ *US* Rückfahrkarte
ticket| cancelling machine Entwerter; ~ **fraud** Fahrkartenbetrug; ~ **inspector** Fahrkartenkontrolleur; ~ **machine** 1 Fahrkartenautomat; 2 Parkscheinautomat; ~ **office** Fahrkartenschalter
tide|(s) Ebbe und Flut, Gezeiten; ~ **of crime** Verbrechensflut; **high** ~ Flut, Hochwasser; **low** ~ Ebbe, Niedrigwasser
tie[1] Krawatte; ~ **clip/pin** Krawattennadel
tie[2] **(up)** fesseln, festbinden; ~ **together** zusammenbinden; ~ **up** anlegen, festmachen
tight 1 *(Termin)* knapp; 2 *(undurchlässig)* dicht
tighten spannen; ~ **(up)** straffen; ~ **up** *(Gesetz)* verschärfen
tight|-fitting *(Kleidung)* eng anliegend; ~**s** Strumpfhose
till[1] (Laden)Kasse
till[2] *(ohne Frist)* bis
tilt kippen, neigen
time[1] Zeitpunkt; **on** ~ pünktlich; ~ **off** dienstfrei; **compensatory** ~ **off** Mehrarbeitsausgleich; **the** ~ **is up** die Zeit ist um; ~ **of the accident** Unfallzeit; ~ **of arrival** Ankunftszeit; ~ **of crime** Tatzeit; ~ **of day** Tageszeit; ~ **of death** Sterbezeit; ~ **of departure** Abfahrtszeit; **be pushed for** ~ es eilig haben, unter Zeitdruck stehen; **relieve in due** ~ rechtzeitig ablösen; **serve** ~ Freiheitsstrafe absitzen; **local** ~ Ortszeit; **peak** ~ Hauptverkehrszeit; **start-up** ~ *(Maßnahme usw)* Anlaufzeit
time|-consuming zeitraubend; ~ **difference** Zeitunterschied; ~ **limit** Frist; ~ **needed** Zeitaufwand; ~ **records/sheet** Arbeitszeitnachweis; ~ **saved** Zeitgewinn; ~ **span** Zeitspanne; ~**table** 1 Fahrplan; 2 Programm; ~ **zone** Zeitzone
time[2] 1 Zeit nehmen, stoppen; 2 befristen
timing belt Zahnriemen
tin (Konserven)Dose
tinfoil 1 Alufolie, Stanniol; 2 Folienbriefchen; **folded** ~ gefaltete Alufolie; ~ **sachet** Alubriefchen
tinted *(Scheibe)* getönt
tiny sehr klein, winzig
tip[1] 1 Müll|deponie, -kippe; 2 Trinkgeld; 3 Tipp; ~ **of the nose** Nasenspitze; ~-**off** Tipp, Hinweis
tip[2] 1 *(illegal)* abladen; 2 *(LKW-Ladung)* kippen; 3 umstürzen; ~ **someone off** jemandem einen Hinweis geben; ~ **over** umstürzen, umkippen
tipper *(LKW)* Kipper; ~ **body** Kippbrücke; ~ **truck** LKW mit Kippvorrichtung
tipping, no ~ *(Schild)* Müll abladen verboten
tipsy beschwipst; **be** ~ Schwips haben
tire *US* Reifen
tired müde, übermüdet; ~**ness** Müdigkeit, Übermüdung
tissue 1 Gewebe; 2 Papiertaschentuch
title Rechtsanspruch; **official** ~ Amtsbezeichnung; ~ **document** Kfz-Brief
tits *(coll)* Brüste
T-junction rechtwinklige Einmündung
toast, propose a ~ **to** die Gläser erheben auf
tobacco Tabak
toddler Kleinkind
toe Zehe; ~**nail** Zehennagel
toffee-nosed hochnäsig
toilets, public ~ öffentliche Toiletten

token 1 Wertmarke, Münze; 2 Zeichen; **as a ~of our gratitude** als Zeichen unseres Dankes
tolerable erträglich
tolerance|, **low ~ level** niedrige Einschreitschwelle; **~ limit** Toleranzgrenze
tolerate dulden, tolerieren
toleration Duldung
toll Maut, (Straßenbenutzungs)Gebühr; Autobahn(benutzungs)gebühr, Brückenzoll; **~ booth/gate** Maut-, Zahlstelle; **~ bridge** gebührenpflichtige Brücke, Mautbrücke; **~-free** ☎ gebührenfrei; **~ motorway** gebührenpflichtige Autobahn; **~ road** gebührenpflichtige Straße, Mautstraße; **~ system** Mautsystem; **~ terminal** Mautstellenterminal; **~ tunnel** Mauttunnel; **~way** *US* gebührenpflichtige Autobahn
tomb Grab; **~stone** Grabstein
ton Tonne
tone Ton; **dialling/ringing ~** ☎ Freizeichen; **engaged/busy** *US* **~** Besetztzeichen
tongue| **of flame** Stichflamme; **~ load** 🚗 Stützlast
tool 1 Werkzeug; 2 Instrument; **onboard/on-vehicle ~s** Bordwerkzeug; **~ bag** Werkzeugtasche; **~box** Werkzeugkasten; **~ shed** Geräteschuppen
toot hupen
tooth Zahn; **knock out a ~** Zahn ausschlagen; **false ~** künstlicher Zahn; **filled ~** plombierter Zahn; **yellowish ~** gelblicher Zahn; **~ache** Zahnschmerzen; **~less** zahnlos
top[1] 1 *(Berg)* Spitze; 2 *(Kleidung)* Oberteil; **collapsible/folding ~** 🚗 Klappverdeck; **~ gear** höchster Gang
top[2] **up** 1 nachschenken; 2 nachfüllen, *(Flasche usw)* auffüllen; 3 volltanken
topic 1 Thema; 2 Tagesordnungspunkt; **address a ~** Thema ansprechen; **stick to the ~** beim Thema bleiben
topless oben ohne
top| **performance** Höchstleistung; **~ secret** streng geheim; **~ speed** Spitzengeschwindigkeit
torch[1] 1 Fackel; 2 Taschenlampe; 3 *US* Brandstifter
torch[2] anzünden, in Brand setzen
torment *(psychisch)* quälen
torn zerrissen
torrential wolkenbruchartig
torso *(Körper)* Rumpf
tort ⚖ *(Zivilrecht)* unerlaubte Handlung, Unrecht, Delikt; **strict-liability ~** Gefährdungsdelikt
torture[1] Folter
torture[2] foltern, *(physisch)* quälen
tot *(Rum)* Gläschen
total ganz
tote bag Reisetasche
touch[1] Berührung; **~ of cold** Anflug einer Erkältung; **get in ~ with** Kontakt aufnehmen mit; **keep in ~ with each other** miteinander Verbindung halten
touch[2] berühren; **~y** empfindlich, empfindsam
tough zäh
toupee Toupet
tour Rund|fahrt, -reise; **~ of duty** 1 *(Arbeit)* Schicht; 2 Verwendungsdauer
tourist| **class** Touristenklasse; **~ coach** Touristenbus; **~ guide** Fremdenführer; **~ information (centre/office)** Fremdenverkehrs|amt, -büro; **local ~ office** Verkehrsverein; **~ season** Touristensaison; **~ trap** Nepplokal, Touristenfalle; **~ visa** Touristenvisum
tourniquet ⚕ Druckverband; **put a ~ on** *(Ader)* abbinden
tour operator Reiseveranstalter
tow[1] Abschleppen; **take in ~** abschleppen
towage bill Rechnung über Abschleppkosten
towards in Richtung
tow bar Abschleppstange
tower Kontroll(turm); **~ of flats** Wohnhochhaus; **~ block** Hochhaus
towing Abschleppen; **~ bar** Abschleppstange; **~ crane** Abschleppkran; **~ hook** Abschlepphaken; **~ rope** Abschleppseil; **~ service** Abschleppdienst; **~ unit** Zugmaschine; **~ vehicle** Abschleppfahrzeug
tow hitch Abschlepphaken
town Stadt, Ortschaft; **in ~** innerorts;

small ~ Kleinstadt; **roam the ~ in a noisy way** grölend durch die Stadt ziehen; **~ centre** Innenstadt; **~ gate** Stadttor; **~ hall** Rathaus; **~ house** Stadthaus; **~ plan** Stadtplan; **~ traffic** Stadtverkehr; **~ wall** Stadtmauer

tow| rope Abschleppseil; **~ truck** Abschleppfahrzeug

tow² (away/off) (ab)schleppen

toxic giftig

toy Spielzeug; **~ weapon** Spielzeugwaffe

trace¹ Fährte, *(sichtbar)* Spur; **~s of the accident** Unfallspuren; **~s of blood** Blutspuren; **lost without ~** spurlos verschwunden; **vanish without ~** spurlos verschwinden

trace² 1 auffinden, aufspüren, ausfindig machen; 2 folgen; **~ back** zurückverfolgen

tracer Leuchtspurmunition; **~ bullet** Leuchtspurgeschoss

tracing Spurensuche; **~ (stolen) property** Sachfahndung

track¹ 1 🚂 Strecke, Gleis; 2 Fährte; **be on someone's ~** jemandem auf der Spur sein; **stop something in its ~s** den Anfängen wehren, etwas gar nicht erst entstehen lassen

track|² (and trace) nachspüren; **~ down** aufspüren

track|er dog Spürhund; **~ing** Fährtensuche; **~ing dog** Spürhund; **~ pants** *US* Trainingshose; **~suit** Trainingsanzug; **~suit top** Trainingsjacke

traction engine *(LKW)* Zugmaschine

tractor 1 Schlepper; 2 (Sattel)Zugmaschine; **~ truck** *(LKW)* Zugmaschine; **~unit** (Sattel)Zugmaschine; **~ and trailer(s)** Zug; **~-trailer** *US* Sattelschlepper

trade¹ 1 Gewerbe, Handel; 2 erlernter Beruf; **~ in human beings** Menschen|handel, -schmuggel; **~ in children** Kinderhandel; **illegal ~ in immigrants** illegaler Handel mit illegalen Einwanderern, Schleusen; **itinerant ~** ambulantes Gewerbe; **do a roaring ~** schwunghaften Handel treiben; **~ fair** (Handels)Messe; **~ plates** rote Kennzeichen

trader Gewerbetreibender, Händler, Kaufmann

trade secret Betriebs-, Geschäftsgeheimnis

tradesman 1 Handwerker; 2 Lieferant

tradesmen's entrance Lieferanten-, Hinter-, Seiteneingang

trade union Gewerkschaft

trade² 1 Handel treiben; 2 ✗ handeln, dealen; **~ illegally** illegal handeln

trading estate Gewerbegebiet

tradition Sitte; **~al** herkömmlich

traffic¹ 1Verkehr; 2 ✗ Schmuggel; **~ moving in the opposite direction** Gegenverkehr; **control/direct the ~** Verkehr regeln; **divert the ~** Verkehr umleiten; **drive against the ~** *(Falschfahrer)* falsch fahren; **obstruct the ~** Verkehr behindern; **stop the ~** Verkehr anhalten

traffic² ✗ handeln, dealen

traffic|, bumper-to-bumper ~ dichter Verkehr mit Stillstand; **cross-border ~** grenzüberschreitender Verkehr; **fast ~** Schnellverkehr; **heavy ~** starkes Verkehrsaufkommen; **incoming ~** Gegenverkehr; **international ~** grenzüberschreitender Verkehr; **intracity ~** innerstädtischer Verkehr; **light ~** schwaches Verkehrsaufkommen; **local ~** Nah-, Ortsverkehr; **long-distance ~** Fernverkehr; **medium ~** mittleres Verkehrsaufkommen; **moving ~** fließender Verkehr; **oncoming ~** Gegenverkehr; **one-way ~** Einbahn-, Richtungsverkehr; **residential ~** Anliegerverkehr; **short-distance ~** Nahverkehr; **single-file ~** einspurige Verkehrsführung; **slow-moving ~** langsamer/zähfließender Verkehr, stockendes Verkehrsaufkommen; **standing ~** stehender Verkehr; **stationary ~** ruhender Verkehr; **through ~** Durchgangsverkehr; **two-way ~** Gegen-, Begegnungsverkehr, Verkehr in beiden Richtungen; **unidirectional ~** Einbahn-, Richtungsverkehr

traffic accident Verkehrsunfall; **be involved in a ~** in einen Verkehrsunfall verwickelt sein; **fatal ~** tödlicher Verkehrsunfall; **minor ~** leichter Verkehrsunfall; **serious/severe ~** schwerer Verkehrsunfall; **~ department** Verkehrsunfallunfalldienst; **~ investigation** Verkehrsunfallermittlung; **~ report** Verkehrsunfallanzeige; **~ scene** Verkehrsunfallort

traffic| artery Hauptverkehrsader; **~ -calmed** verkehrsberuhigt; **~ calming** Verkehrsberuhigung; **~ case** ⚖ Verkehrssache; **~ category** Verkehrsklasse; **~ census** Verkehrszählung

traffic check, conduct a ~ Verkehrskontrolle durchführen; **on-the-spot/random ~** Stand-, Verkehrskontrolle

traffic| circle *US* Kreisverkehr; **~ cone** ▽ Leitkegel; **~ control** 1 Verkehrs|führung, -leitung, -lenkung, -regelung; 2 Verkehrsüberwachung; **~ control measure** Verkehrsregelungsmaßnahme; **~ controls** Verkehrsleiteinrichtungen; **~ cop** *(coll)* Verkehrspolizist; **~ court** Verkehrsgericht; **flat ~ delineator** *(an Baustellen usw auf Fahrbahn geklebt)* gelbe Linie; **~ density** Verkehrsdichte; **~ department** 1 Verkehrsdirektion; 2 *(Abteilung)* Verkehrs|polizei, -abteilung; **~ direction** Verkehrsregelung; **~ diversion** Umleitung; **~ division** 1 Verkehrsdirektion; 2 *(Abteilung)* Verkehrs|dienst, -polizei; **~ duty** *(polizeiliche Tätigkeit)* Verkehrsdienst; **~ enforcement** Überwachung der Verkehrsvorschriften, Verkehrsüberwachung; **~ fatality** Verkehrstoter; **~ guidance measures** Verkehrslenkungsmaßnahmen; **~ guidance system** Verkehrs|beeinflussungsanlage, -leitsystem; **~ recording guidelines** Verkehrsunfallaufnahmerichtlinien; **~ handling** Verkehrsführung; **~ hold-up** Verkehrsstau; **~ information announcement** Verkehrswarnfunkmeldung; **central ~ information service** zentrales Verkehrsinformationssystem (ZEVIS); **~ infraction** Verkehrsordnungswidrigkeit; **minor ~ infraction** geringfügige Verkehrsordnungswidrigkeit; **~ island** Verkehrsinsel; **~ jam** (Verkehrs)Stau

trafficker ✗ Händler, Drogenschmuggler

trafficking ✗ Schmuggel; **~ in human beings** Menschenhandel; **~ in women** Frauen - und Mädchenhandel

traffic| lane Fahr|streifen, -bahn, Verkehrsstreifen; **~ lane signal** Dauerlichtzeichen; **~ law** Verkehrsrecht; **~ level** Verkehrsebene

traffic light|s (Fußgänger)Ampel; **synchronized ~s** ▽ grüne Welle; **temporary ~s** 1 mobile Ampel; 2 zeitweise eingeschaltete Ampel; **~s (not) in operation** Ampel außer/in Betrieb; **~s (at roadworks sections)** Behelfsampel; **~ offence** Rotlichtverstoß; **~ sensors** Anforderungskontakt

traffic| load Verkehrsbelastung; **~ magistrate** Verkehrsrichter; **~ management** Verkehrsangelegenheiten; **~ network** Verkehrsnetz; **~ noise** Verkehrslärm; **~ obstruction** Verkehrs|beeinträchtigung, -behinderung; **~ offence** Verkehrs|delikt, -verstoß; **minor ~ offence** geringfügiger Verkehrsverstoß; **severe ~ offence** schwerer Verkehrsverstoß; **~ offender** Verkehrssünder; **~ (patrol) officer** Verkehrspolizist; **~ planning** Verkehrsplanung; **~ police** *(Abteilung)* Verkehrspolizei; **~ policeman** Verkehrspolizist; **~ regulations** Straßenverkehrsordnung (StVO), Verkehrsvorschriften; **~ restriction** Verkehrsbeschränkung; **special ~ rights** Wegerechte im Straßenverkehr; **~ route** Verkehrsweg; **~ rules for inland waterways** Binnenschifffahrtsstraßenordnung

traffic safety Verkehrssicherheit; **~ branch** Verkehrssicherheitsabteilung; **~ committee** Verkehrssicherheits|ausschuss, -komitee; **~ counsellor** Verkehrssicherheitsberater

traffic| section Verkehrsabteilung; **special ~ services** *(Abteilung)* Verkehrsdienst

traffic sign Verkehrs|zeichen, -schild; **comply with/obey/observe a ~** Verkehrszeichen beachten; **fail to comply with/to obey a ~; ignore a ~** Verkehrszeichen nicht beachten; **set up ~ s** aus-, beschildern

traffic signal Ampel; **fail to obey a ~** bei Rot über die Ampel fahren; **~ control** Verkehrssignalsteuerung

traffic situation Verkehrslage; **exceptional ~** besondere Verkehrslage; **potentially dangerous ~** unklare Verkehrslage; **special ~** besondere Verkehrslage

traffic space Verkehrsraum; **(non-)public ~** (nicht) öffentlicher Verkehrsraum; **semi-public ~** tatsächlich öffentlicher Verkehrsraum

traffic| squad Verkehrskommando; **reflecting ~ stud** Straßenleuchtnagel; **~ team** Besatzung eines Verkehrsstreifenwagens; **~ unit** 1 Verkehrskommissariat; 2 Verkehrsstreife; **~ update** Verkehrswarnfunkmeldung; **~ violation** Verkehrsverstoß; **stop someone for a ~ violation** jemanden wegen eines Verkehrsverstoßes anhalten; **~ violator** *US* Verkehrssünder; **(female) ~ warden** Angestellte(r) zur Überwachung des ruhenden Verkehrs, Politesse

trail 1 (Wander)Weg; 2 Fährte; **~ of blood** Blutspur; **~ of oil (on the road)** Ölspur; **~ of smoke** Rauchfahne; **be on someone's ~** jemandem auf der Spur sein; **be hard/hot one someone's ~** jemandem dicht auf den Fersen sein; **get on someone's ~** jemandem auf die Spur kommen; **hot ~** heiße Spur

trailer 1 *(Fahrzeug)* Anhänger; 2 *US* Wohnwagen; **draw/pull/tow a ~** Anhänger ziehen; **hitch a ~ to a car** Anhänger an ein Auto (an)kuppeln; **articulated ~** *(Sattelschlepper)* Auflieger; **single-axle/two-wheel ~** Einachsanhänger; **underslung ~** *(Anhänger)* Tieflader; **~ coupling/hitch** Anhängerkupplung; **~ document** Anhängerschein; **~ jack** *(Sattelauflieger)* Stützeinrichtung; **~ payload** Nutzlast des Anhängers; **~ socket** Anhängersteckdose; **~ truck** *US* Sattelschlepper

trailing axle *(LKW)* Nachlaufachse

train|[1], connecting ~ Anschlusszug; **fast ~** Schnellzug; **high-speed ~** Hochgeschwindigkeitszug; **local ~** Nahverkehrs-, Personenzug; **special ~** Sonderzug

train[2] ausbilden

train connection Bahnverbindung; **~ crash** Eisenbahnunglück; **~ crew** Zugbegleiterteam

trainee 1 Auszubildender, Lehrling; 2 Polizeianwärter

train escort *(Polizeischutz bei Bahntransport)* Zugbegleitung

trainer Ausbilder; **~s** Sportschuhe

training 1 Ausbildung, Lehre; 2 Schulung, Unterweisung, Aus- und Fortbildung; **~ on the equipment** Ausbildung am Gerät; **advanced ~** Fort-, Weiterbildung; **basic ~** Grundausbildung; **formal ~** planmäßige Unterweisung; **further ~** Fort-, Weiterbildung; **initial ~** Grundausbildung; **in-house/in-service ~** Ausbildung auf der Dienststelle, Praktikum; **occupational ~** Berufsausbildung; **operational ~** Einsatzausbildung; **physical ~** *(Unterrichtsfach bei Polizeiausbildung)* Sport; **special ~** 1 Sonderausbildung; 2 Fort-, Weiterbildung; **vocational ~** Berufsausbildung

training| academy/centre Polizeischule; **~ course** Schulungsmaßnahme; **~ department/division** Ausbildungsabteilung; **~ ground** Übungsgelände; **~ module/phase** Ausbildungsabschnitt; **~ officer** Ausbilder; **~ period** Ausbildungszeit; **~ programme/scheme** Ausbildungsprogramm, Lehrplan; **~ record** Schulungsnachweis; **~ school** Polizeischule

train station Bahnhof

trait Eigenschaft

trajectory Schussrichtung

tram 1 Straßenbahn; 2 *US* Berg-, Seilbahn; **~ line/route** Straßenbahnlinie; **~lines** Straßenbahnschienen

tramp Land-, Stadtstreicher, Wohnsitzloser

tram| stop Straßenbahnhaltestelle; **~way** 1 Straßenbahn; 2 *US* Berg-, Seilbahn; **~way tracks** Straßenbahnschienen

tranquillizer ⚕ Beruhigungsmittel, beruhigende Droge; **~ injection** Beruhigungsspritze

transaction Geschäft; **fraudulent ~** Schwindelgeschäft

transcribe abschreiben

transcript Ab-, Niederschrift, Protokoll; **~ of a recorded conversation** Abschrift eines auf Band aufgezeichneten Gesprächs

transfer[1] 1 Ver-, Umsetzung, Verlegung; 2 Über|tragung, -stellung, -führung; 3 *(Geld)* Überweisung; **disciplinary ~** Strafversetzung

transfer[2] 1 *(an andere Dienststelle)* versetzen, *(innerhalb der gleichen Behörde)* umsetzen, verlegen; 2 über|tragen, -stellen; 3 *(Geld)* überweisen; 4 *(Bus, Bahn usw)* umsteigen; 5 umladen; **~ passenger** Umsteiger

transferable übertragbar

transgression Verstoß gegen gesellschaftliche Norm

transit 1 Durchreise; 2 ⊖ Durchfuhr; **be in ~** auf der Durchreise sein; **rapid ~** *US* S-Bahn; **~ area** Transitbereich; **~ camp** Durchgangslager; **~ country** Durchreiseland; **~ document** ⊖ Versandschein

transition Übergang

transit| lounge ✈ Durchgangshalle; **~ passenger** Transitpassagier; **~ permit** 1 (Durchfahr)Erlaubnis; 2 ⊖ Durchfuhrerlaubnis; **~ trade** Transithandel; **~ traffic** Transitverkehr; **~ visa** Transitvisum

trans|late übersetzen; **~lation** Übersetzung; **~lation error** Übersetzungsfehler; **~lator** Übersetzer

transmission 🚗 (Schalt)Getriebe; **~ of information** Informationsübermittlung; **automatic ~** automatisches Getriebe; **four-speed ~** Vierganggetriebe; **manual ~** Schaltgetriebe; **onward ~** Weitergabe; **~ aerial/antenna** *US* Sendeantenne; **~ area** Sende|bereich, -gebiet

trans|mit übermitteln; **~parent** durchsichtig

transport[1] 1 Beförderung, Überführung; 2 *(Abteilung)* Kfz-Angelegenheiten; **~ of aggregates; ~ of solid bulk materials** Beförderung in loser Schüttung; **~ of hazardous goods** Gefahrgutverkehr; **~ of perishable goods/items** Transport leicht verderblicher Güter; **~ of items** Beförderung in Versandstücken; **~ of high-risk items** *(Geld, Kunstwerke usw)* Transport gefährdeter Güter; **~ of perishables** Transport leicht verderblicher Güter; **~ by rail** Eisenbahnbeförderung; **~ of radioactive substances** Nukleartransport; **~ in tanks** Beförderung in Tanks; **~ of waste** Abfalltransport; **cross-border ~ of waste** grenzüberschreitendes Verbringen von Abfall; **~ of toxic and hazardous waste** Transport von giftigem und gefährlichem Müll

transport|, commercial ~ gewerblicher Verkehr; **high-risk ~** Gefahrguttransport; **intermodal/multimodal ~** kombinierter Ladungsverkehr; **local ~** öffentlicher Nahverkehr; **private ~** Individualverkehr; **public ~** (öffentlicher) Personennahverkehr; **short-haul road ~** Güternahverkehr

transportation *US* Beförderung, Transport, Verkehr; **public ~** *US* öffentliche Verkehrsmittel; **public ~ vehicle** Fahrzeug des öffentlichen (Nah)Verkehrs

transport| café Fernfahrer|gaststätte, -lokal; **~ chain** Transportkette; **~ company** Beförderer, Spediteur, Spedition, Transportunternehmen; **~ documents** Beförderungs-, Begleit- und Frachtpapiere; **~ emergency card** Sicherheits-, Unfallmerkblatt

transporter 1 🚗 Transporter, kleiner LKW; 2 Fahrzeugtransporter

transport| licence Transportbescheinigung; **~ police** Bahnpolizei; **~ regulations** Beförderungsvorschriften; **~ restrictions** Beförderungseinschränkungen; ~ **route** Verkehrsweg; ~ **system** Verkehrsnetz; ~ **unit** Beförderungseinheit

transport[2] transportieren, befördern, überführen, verbringen

trap[1] Falle; **set a** ~ Falle stellen

trap[2] erwischen, fangen; ~**ped** *(in Kfz nach Unfall)* eingeklemmt

trash *US* Abfall, Müll; ~ **can** *US* Abfall|behältnis, -eimer, -tonne, Mülltonne

travel[1] Reisen; **foreign** ~ Auslandsreisen; **free** ~ *(für Polizisten)* kostenlose Benutzung öffentlicher Verkehrsmittel; ~ **agency** Reisebüro; ~ **companion** Reisebegleiter; ~ **document** Reisedokument

travel[2] reisen; ~ **across** durchqueren, ~ **with someone** mit jemandem mitfahren; ~ **light** mit leichtem Gepäck reisen; ~ **next to each other** nebeneinander fahren

traveler's check *US* Reisescheck

travelled, heavily ~ ▽ stark befahren; **lightly** ~ wenig befahren

traveller Reisender; ~**s** fahrendes Volk; ~**s' aid society** Bahnhofsmission; ~**'s cheque** Reisescheck

travelling| on duty Dienstreise; ~ **expenses** Reise|kosten, -spesen; ~ **time** Reisedauer

travel, international ~ **voucher** Schutzbrief

tray *(Büro)* Ablagekorb

treacherous (heim)tückisch

tread *(Reifen)* Profil, Lauffläche; ~ **gauge** Profiltiefenmesser; ~ **pattern** Profilmuster

treason (Hoch-, Landes)Verrat

treat 1 behandeln; 2 versorgen; ~ **unfairly** ungerecht behandeln

treatment 1 *(auch)* Behandlung; 2 Versorgung; **degrading/humiliating** ~ erniedrigende Behandlung; **first-aid** ~ Erste-Hilfe-Maßnahmen; **inpatient** ~ stationäre Behandlung; **medical** ~ ärztliche Behandlung/Versorgung; **outpatient** ~ ambulante Behandlung; **special** ~ Sonderbehandlung

treaty *(Völkerrecht)* (Staats)Vertrag, Abkommen; **violate a** ~ Vertrag verletzen

tree nursery Schonung

tremble zittern

trend Tendenz; ~**y** modisch

trespass[1] unbefugtes Betreten, Verletzung des Eigentums

trespass[2] unbefugt betreten; ~**er** Person, die unbefugt ein Grundstück betritt

trespassing Hausfriedensbruch; **no** ~ *(Schild)* Betreten verboten

trial 1 (Straf)Prozess, Gerichtsverhandlung; 2 Erprobung, Versuch; ~ **by jury** Schwurgerichtsverhandlung; **be on** ~ unter Anklage stehen; **be up for** ~ vor Gericht stehen; **commit for** ~ an ein Gericht überweisen; **conduct a** ~ Gerichtsverhandlung durchführen; **face** ~ vor Gericht stehen; **go on** ~ vor Gericht kommen; **stand** ~ unter Anklage stehen; **public** ~ öffentliche Verhandlung; ~ **lawyer** Strafverteidiger; ~ **run** Probefahrt

triangle Dreieck

triangular dreieckig

tribunal Gericht, **administrative** ~ Verwaltungsgericht; **disciplinary** ~ Disziplinargericht; **industrial** ~ Arbeitsgericht; **military** ~ Militärgericht

tributary Nebenfluss

trick[1] Schnippchen, Schwindel

trick[2] **someone into doing something** jemanden mit einem Trick zu etwas veranlassen

trickery, obtain by ~ durch Täuschung erlangen

trickle Rinnsal

trickster Schwindler

tricky *(schwierig)* haarig, delikat

tricycle *(Motorrad)* Dreirad(fahrzeug)

trifle Bagatelle, Lappalie

trigger[1] Abzug, Hahn; **pull the** ~ abdrücken

trigger[2] auslösen

trike *(Motorrad)* Dreirad(fahrzeug)

trip[1] 1 Ausflug, Reise; 2 Drogenrausch; **homeward** ~ Rückreise; **official** ~ Dienstfahrt; **official** ~ **abroad** Auslandsdienstreise; **outward and return** ~ Hin- und Rückfahrt; **round** ~ *US* Hin- und Rückfahrt; ~ **abroad** Auslandsreise

trip[2] stolpern; ~ **over something** über etwas stolpern

triple dreifach

Triple A *US Automobilclub in USA*

trip| meter Tageskilometerzähler; **reset the ~ meter** Tageskilometerzähler auf Null stellen

trippers *US* Anforderungskontakt

trip recorder Wegstreckenzähler

trivial nebensächlich

trolley 1 *(Supermarkt)* Einkaufswagen; 2 Kofferkuli; 3 *US* Straßenbahn; ~ **bus** Oberleitungsbus; ~ **car** *US* Straßenbahn

trooper *US* Verkehrspolizist

trophy ears abstehende Ohren

trouble Ärger, Schwierigkeiten; **be in ~** in Schwierigkeiten sein; **be looking for ~** Streit suchen; **~-free** reibungslos; **~maker** Anstifter, Störer, Unruhestifter; ~ **spot** Brennpunkt

trouser|s Hose; ~ **cuff** *US* Hosenaufschlag; ~ **pocket** Hosentasche; ~ **suit** Hosenanzug; ~ **turn-up** Hosenaufschlag

truancy *(Schule)* unentschuldigtes Fernbleiben; ~ **officer** *Polizeibeamter, der sich um Schulschwänzer kümmert*; ~ **sweep** Suche nach Schulschwänzern

truant Schulschwänzer; **play ~** Schule schwänzen

truck[1] LKW; ~ **with demountable tank** LKW mit Aufsetztank; ~ **and/with trailer** LKW mit Anhänger; **articulated ~** Sattel|schlepper, -zug; **fork-lift ~** Gabelstapler; **heavy ~** Schwerlastkraftwagen; **long-distance ~** Fernlastzug; **postal ~** Postfahrzeug; ~ **check** LKW-Kontrolle; ~ **driver; ~er** Fern-, LKW-Fahrer

trucking LKW-Transport; **long-haul ~** LKW-Fernverkehr

truck| lane LKW-Spur; **runaway ~ lane** *US* ▽ *(Bremsversagen)* Notausfahrt; **~load** LKW-Ladung; ~ **mixer** Transport(beton)mischer; ~ **stop** Fernfahrer|gaststätte, -lokal; ~ **tractor** *(LKW)* Zugmaschine; **~-trailer convoy** LKW mit Anhänger

truck[2] transportieren

true wahr, wirklich

truncheon Gummiknüppel, Schlagstock; **telescopic ~** Teleskopschlagstock

trunk 1 *(Baum)* Stamm; 2 *(Körper)* Rumpf; 3 *US* Kofferraum; ~ **call** ☎ Ferngespräch; ~ **exchange** ☎ Vermittlung; ~ **road** Fernstraße, Verkehrsachse

trust[1] Vertrauen

trust[2] vertrauen; **~worthy** vertrauenswürdig

truth Wahrheit; **get the ~ out of someone** die Wahrheit aus jemandem herausbekommen; **tell the ~** Wahrheit sagen; **the plain/unvarnished ~** die ungeschminkte Wahrheit; **~ful** wahrheitsgemäß

try[1] Versuch

try[2] versuchen

tub Blumen|kübel, -trog

tube 1 Rohr; 2 Tube; **~less** *(Reifen)* schlauchlos

tuft of hair Haar|büschel, -schopf

tug(boat) 🚢 Schlepper

tumbler Trinkglas

tune 1 *(regulieren)* einstellen; 2 🚗 frisieren

tunic Uniformjacke

tuning (Motor)Einstellung

turbocharger 🚗 Turbolader

turn[1] 1 Abbiegen; 2 Wende(n); **make a ~** abbiegen; **make an improper ~** regelwidrig falsch abbiegen; **take ~s** sich abwechseln; **take the wrong ~** versehentlich falsch abbiegen; **improper ~** falsches Abbiegen; **left/right-hand ~** Links-/Rechtskurve; **sharp/tight ~** enge/scharfe Kurve; **wide ~** großer Bogen; **~around** Wendeplatz; ~ **indicator** Blinker

turning Abbiegen; **improper ~(-off)** falsches Abbiegen; ~ **circle** 🚗 Wendekreis; ~ **place** Wendeplatz; ~ **point** Wendepunkt

turn|-off 1 Abbiegen; 2 Abzweigung; **~-off lane** Abbiege|spur, -streifen; **~-off point** Autobahnausfahrt; **~out** 1 Haltebucht; 2 *US* Autobahnparkplatz,

Rastplatz; **~pike** *US* gebührenpflichtige Autobahn; **~ signal** *US* 🚗 Fahrtrichtungsanzeiger; **~stile** *(an Ein- und Ausgängen)* Drehkreuz

turn[2] 1 wenden, drehen; 2 *(Wind)* sich drehen; 3 abbiegen; 4 *(Lenkung)* einschlagen; *(Seite)* umdrehen; **~ around** wenden, umdrehen; **~ away** sich abwenden; **~ back** umkehren; **~ down** ablehnen; **~ oneself in** sich stellen; **~ inside out** *(fig)* umkrempeln; **~ into** einbiegen; **~ left/right** nach links/rechts abbiegen; **~ off** 1 ab-, ausschalten; 2 zudrehen; 3 *(Gas, Wasser)* abdrehen; 4 *(Licht usw)* ausmachen; 5 *(Motor usw)* abstellen; 6 ▽ abzweigen; **~ on** an-, einschalten, anstellen; **~ out** *(Ergebnis)* ausfallen; **~ round** umkehren

tussle Gerangel

twin Zwilling; **~ axle** 🚗 Tandemachse

twine Bindfaden

twin|town Partnerstadt; **~ tyres** Zwillingsreifen

twistlock Containertransportsicherung

twitch *(Mund, Augenlider)* zucken

two|-cycle *US* 🚗 Zweitakt-; **~-door** zweitürig; **~fold** doppelt, zweifach; **~-lane** zweispurig; **~-sided** zweiseitig; **~-storey** 🏠 zweigeschossig; **~-stroke** 🚗 Zweitakt-; **~-tone** 🚗 zweifarbig; **~-wheeler** Zweirad

type| and appearance 🚗 Marke und Aussehen; **~ of goods** Güterart; **~ of offence** Deliktsart; **~ of operation** Einsatzart; **~ of traffic** Verkehrsart; **~ of vehicle** Fahrzeug|art, -typ; **~ of weapon** Waffenart; **bold/fat ~** Fettdruck

type| approval Bauart-, Typengenehmigung, Musterabnahme; **national ~ approval** allgemeine Betriebserlaubnis (ABE); **~ approval certificate** Bauartbescheinigung; **~ designation** Typenbezeichnung; **~ label** Typenschild; **~ regulations** Bauartvorschriften; **~writer** Schreibmaschine; **~written** maschinengeschrieben

typing error Schreibfehler

tyre Reifen, Mantel; **~s** Bereifung; **change ~s** Reifen wechseln; **inflate a ~** Reifen aufpumpen; **bald ~** abgefahrener Reifen; **defective ~** schadhafter Reifen; **deflated ~** platter Reifen; **dual ~s** Zwillingsreifen; **flat ~** Plattfuß, platter Reifen, Reifen|defekt, -panne; **normal ~s** Sommerreifen; **outer ~** Mantel; **radial ~** Gürtelreifen; **rear ~** Hinterreifen; **spare ~** Ersatzreifen; **wide ~(s)** Breitreifen; **worn ~** abgefahrener Reifen

tyre| chain Schneekette; **~ change** Reifenwechsel; **~ damage** Reifenschaden; **~ impression; ~ mark** Reifenabdruck; **~ marks** Reifenspuren; **~ pressure** Reifendruck; **check the ~ pressure** Reifendruck prüfen; **increase the ~ pressure** Reifendruck erhöhen; **reduce the ~ pressure** Reifendruck verringern; **~ print** Reifenabdruck; **~ size** Reifengröße; **~ tread** (Reifen)Profil; **~ wear** Abrieb

U

ultimate letzte, -r, -s, End-

umbrella (Regen)Schirm

un|abated unvermindert; **~accounted for** 1 nicht geklärt, ungeklärt; 2 verschollen; **~ambiguous** eindeutig; **~animity** Einstimmigkeit; **~animous** einstimmig; **~armed** unbewaffnet; **~attended** unbeaufsichtigt, unbewacht; **~authorized** unbefugt, unberechtigt, unerlaubt; **~avoidable** unausweichlich, unumgänglich, unvermeidlich, zwangsläufig; **be ~aware (of)** keine Kenntnis haben; **~bearable** unerträglich; **~believable** unglaublich; **~biased** unbefangen, unvoreingenommen

uncertain *(Erwartung usw)* unsicher, ungewiss; **~ty** Unsicherheit

un|civil unhöflich; **~claimed** herrenlos; **~clear** unklar, unübersichtlich; **~comfortable** 1 unbequem; 2 *(Gefühl)* unbehaglich; **~common** ungewöhnlich; **~conditional** bedingungs-, vorbehaltlos; **~confirmed** unbestätigt

unconscious bewusstlos, ohnmächtig; **beat/knock someone ~** jemanden bewusstlos schlagen; **~ness** Bewusstlosigkeit

un|constitutional verfassungswidrig; **~controlled** unbeherrscht; **~couple** abkuppeln

uncover aufdecken, enttarnen; **~ing** Enttarnung

un|damaged *(Plombe usw)* unversehrt; **~dated** undatiert; **~declared** unverzollt

under|body Unterboden; **~clothes** Unterwäsche; **~cover** *(Agent)* geheim, verdeckt; **~cut** *(Frisur)* Pilzkopf; **~estimate** unterschätzen; **~frame** Fahrgestell; **~go** sich unterziehen; **~grade crossing** *US* Unterführung

underground[1] U-Bahn; **go ~** *(fig)* untertauchen; **~ car park** Tiefgarage; **~ railway** U-Bahn; **~ station** U-Bahnstation

underground[2] unterirdisch

under|growth Unterholz; **~line** unterstreichen; **~lying** zugrundeliegend, Grund-; **~manned** unterbesetzt; **~mine** untergraben, zersetzen; **~neath** unten, unterhalb, unten durch; **~paid** unterbezahlt; **~pants** Unterhose; **~pass** *US* (Fußgänger)Unterführung; **~ride protection** Unterfahrschutz; **~shorts** *US* Unterhose; **the ~signed** Unterzeichneter; **~staffed** unterbesetzt

understand Verständnis haben für; **give someone to ~** jemandem zu verstehen geben; **~able** *(Handlung usw)* verständlich, nachvollziehbar; **~ing** (Ein)Verständnis, Übereinkommen

understeer untersteuern

undertake 1 *(Schritte)* unternehmen; 2 sich verpflichten; **~r** Beerdigungsinstitut

undertaking, public(-sector) ~ öffentlicher Betrieb

under|water Unterwasser-; **~wear** Unterwäsche; **~world** Unterwelt

un|describable unbeschreiblich; **~desirable** unerwünscht; **~disputed** unbestritten; **~disturbed** ungestört; **~do** rückgängig machen; **~doubtedly** ohne Zweifel, zweifellos; **~dress** sich entkleiden; **~easy** *(Gefühl)* unbehaglich

unemployed arbeitslos; **~ person** Arbeitsloser

unemployment Arbeitslosigkeit; **~ benefit** Arbeitslosenunterstützung

un|enforceable nicht durchsetzbar; **~equivocal** unmissverständlich; **~even** uneben; **~expected** unangemeldet, unerwartet, unvermutet; **~favourable** ungünstig; **~finished** unerledigt

unfit dienstunfähig; **~ to drive** *(Person)* fahruntüchtig

unfitness to drive Fahruntüchtigkeit; **absolute/relative ~** absolute/relative Fahruntüchtigkeit

un|foreseeable unberechenbar, unvorhersehbar; **~fortunately** unglücklicherweise; **~guarded** unbewacht; **~hitch** abkuppeln; **~hurt** unverletzt; **~identified person** Unbekannte(r)

uniform[1] 1 Amtskleidung, Dienstanzug; 2 *US (coll)* Polizeibeamter in Uniform, Schutzpolizist; **wear a ~** Uniform tragen; **class A ~** erste Garnitur; **~ beat** Streifenbezirk eines uniformierten Polizisten; **~ division** Schutzpolizei; **~ed** in Uniform; **~ jacket** Uniformjacke; **~ services bureau** Schutzpolizei

uniform[2] einheitlich

unilateral einseitig

un|imaginable unbeschreiblich; **~impeded** ungehindert; **~inhabitable** unbewohnbar; **~inhabited** unbewohnt; **~insured** nicht versichert; **~intended** unabsichtlich; **~intentional** unabsichtlich, unbeabsichtigt, unbewusst; **~interrupted** ununterbrochen; **~involved** unbeteiligt

union Gewerkschaft

Union Jack britische Nationalflagge

unique einmalig, einzig(artig)

unit 1 (Polizei)Einheit, Gruppe; 2 Dezernat, Kommissariat; 3 *US* Streifenwagen; **~ in charge** (sach)bearbeitende Dienststelle; **ancillary ~s** Unterstützungskräfte; **anti-terrorist ~** Antiterroreinheit; **armed ~** bewaffnete Einheit; **responding back-up ~** zusätzlich eingreifende Streife; **fire-fighting ~** Löschzug; **on-board ~** *(LKW-Maut)* Bordgerät; **operational ~** Einsatztrupp, operative Einheit; **special ~** Sonder-, Spezialeinheit; **special ~s** Polizeisonderdienste; **standby ~** Bereitschaftszug; **underwater ~** Tauchergruppe; **~ commander** Dienststellenleiter

United Kingdom| (of Great Britain and Northern Ireland) Vereinigtes Königreich (von Großbritannien und Nordirland); **~ Immigration Service** *GB* Asyl- und Einwanderungsbehörde

unity of command einheitliche Führung

university Hochschule; **~ graduate** Hochschulabsolvent

unjust ungerecht; **~ified** unberechtigt, ungerechtfertigt

unkempt *(Erscheinung)* ungepflegt, unordentlich

unknown unbekannt; **~ person** Unbekannte(r)

un|laden unbeladen; **~lawful** illegal, rechtswidrig, unrechtmäßig, widerrechtlich

unleaded[1] bleifreies Benzin

unleaded[2] *(Benzin)* bleifrei

un|less .... es sei denn ....; **~likely** unwahrscheinlich; **~listed** *(Telefonnummer)* nicht verzeichnet; **~lit** unbeleuchtet; **~load** ab-, aus-, entladen; **~lock** aufschließen; **~manned** unbesetzt; **~marked** nicht gekennzeichnet; **~married** ledig, unverheiratet; **~mistakable** unverkennbar; **~necessary** überflüssig, unnötig; **~noticed** unbemerkt; **~obtrusive** unauffällig; **~occupied** unbewohnt; **~official** inoffiziell; **~pack** auspacken; **~paid** unbezahlt; **~paved** *(Straße)* unbefestigt; **~pleasant** unangenehm, unerfreulich; **~precedented** beispiellos; **~predictable** unberechenbar, unvorhersehbar; **~prejudiced** unvoreingenommen; **~professional** amateurhaft; **~proven** nicht nachgewiesen, unbewiesen; **~punished** straffrei, ungestraft; **~questionable** unbestreitbar; **~realistic** wirklichkeitsfremd; **~reasonable** 1 *(Mittel)* unverhältnismäßig; 2 unvernünftig, unzumutbar; **~recognized** unerkannt; **~reliable** unzuverlässig; **~reported** nicht angezeigt

unrest Unruhe; **civil ~** Bürgerunruhe(n)

un|restricted uneingeschränkt; **~ruly** widerspenstig; **~safe** 1 *(Gegend, Stadtviertel usw)* unsicher; 2 nicht verkehrssicher; **~scheduled** außerplanmäßig; **~scrupulous** gewissen-, skrupellos; **~shaven** unrasiert; **~solved** *(Fall)* ungeklärt, ungelöst; **~stable** instabil; **~steady** *(Bewegung)* unsicher; **~substantiated** nicht nachgewiesen; **~successful** erfolglos; **~suitable** ungeeignet; **~suspected** unverdächtig; **~suspecting** ahnungslos, arglos; **~sworn** uneidlich; **~tenable** unhaltbar; **~thinkable** undenkbar

until *(ohne Frist)* bis

un|traceable *(Gegenstand)* unauffindbar; **~truth** Unwahrheit

unusual ungewöhnlich; **notice something ~** etwas Ungewöhnliches bemerken

unwanted unerwünscht

update aktualisieren

upgrade[1] *US* Steigung

upgrade[2] bergauf

up|heaval Umbruch; **~hill** bergauf; **~hold** *(Einspruch)* stattgeben; **~holstery** Polsterung, Sitzbezüge; **~keep of roads/highways** Straßeninstandhaltung; **~right** aufrecht; **~root** entwurzeln

upset[1] Erschütterung

upset[2] 1 erschüttern; 2 kentern

upset[3] aufgebracht

upside down auf dem Kopf, verkehrt herum

upstream fluss-, stromaufwärts; **go |** zu Berg fahren

urban städtisch

urge[1]**, sexual ~** Geschlechtstrieb

urge[2] bedrängen

urgent dringend, eilig, vordringlich

urinalysis Urinprobe

urinate urinieren

urine sample/test Urinprobe

usable benutzbar
usage 1 Gebrauch, Sitte; 2 Sprachgebrauch; 3 ⚒ Konsum
use[1] Anwendung, (Be)Nutzung, Gebrauch, Verwendung, Inanspruchnahme, Nutzen; **for official ~ only** nur für den Dienstgebrauch; **make ~ of** (aus) nutzen, in Anspruch nehmen; **fraudulent ~ of bank/cheque/credit cards** Missbrauch von Bankkarten/Kreditkarten; ~ **of firearms** Waffen|einsatz, -gebrauch
use of force Anwendung von Gewalt, Gewalt-, Zwangsanwendung; **appropriate ~** Verhältnismäßigkeit der Mittel bei Gewaltanwendung; **arbitrary/indiscriminate ~** willkürliche Gewaltanwendung; **excessive/undue ~ of force** übermäßige Gewaltanwendung; **improper/undue ~** unangemessene Gewalt-, Zwangsanwendung; **minimum ~** geringstmögliches Maß/Mindestmaß an Gewalt, minimale Gewaltanwendung
use of armed force Einsatz von Waffengewalt; **not involving the ~** unter Ausschluss von Waffengewalt
use|, make ~ of a gun Waffe einsetzen; **~ of police means** Gebrauch polizeilicher Mittel; **~ of sanctions** Anwendung von Sanktionen; **unauthorized** ~ unbefugter Gebrauch
use[2] an-, verwenden, (be)nutzen, einsetzen
use|ful brauchbar, nützlich, zweckdienlich, hilfreich; **~fulness** Zweckmäßigkeit; **~less** 1 unbrauchbar; 2 zwecklos; **render ~less** unbrauchbar machen
user Anwender, Benutzer; **first-time ~** Erstkonsument
usher Gerichtsdiener *(veraltet)*
using false or forged numberplates Kennzeichenmissbrauch
US| Marshal Service Polizei mit bestimmten Aufgaben, besonders Sicherung von Gerichtsverhandlungen und Fahndung nach flüchtigen Verurteilten; **~ road** *US* Bundesstraße
usual gewöhnlich
usury Wucher
utility Versorgungsunternehmen; **municipal ~ company** Stadtwerke; **public** ~ öffentliches Versorgungsunternehmen
utilization Nutzung, Verwertung
utilize (be)nutzen, ver|wenden, -werten
utmost größt-; **at the ~** höchstens
utterance Äußerung
uttering counterfeit money Inverkehrbringen von Falschgeld
U-turn Wenden; **do a ~** wenden

V

vacancy freie Stelle
vacant *(Stelle, Wohnung usw)* frei, leer, unbesetzt, unbewohnt
vacate räumen, freimachen
vacation Ferien, Urlaub; **~ home** Ferienhaus; **~ trip** Urlaubsreise
vaccinate impfen
vaccination (Schutz)Impfung; ~ **card/certificate** Impfpass
vacuum-sealed/-packed vakuumverpackt
vagina ⚕ Scheide
vagrancy Land-, Stadtstreicherei
vagrant[1] Land-, Stadtstreicher, Obdach-, Wohnsitzloser, Penner, umherziehende Person
vagrant[2] nicht sesshaft
vague ungenau, unklar
vain, in ~ vergeblich
valid (rechts)gültig, rechtswirksam; **be** ~ gelten, gültig sein; **legally ~** rechts|wirksam, -gültig, -kräftig
validity Gültigkeit(sdauer), Rechts|gültigkeit, -kraft
valuable wertvoll
valuables Wertsachen; **leave ~ in motor vehicles for everyone to see** Wertsachen sichtbar im Kfz lassen
valuation *(Wert)* Schätzung
value Wert; **~ when new** Neuwert; **current** ~ Zeitwert; **estimated ~** geschätzter Wert; **original ~** Anschaffungswert; **probative ~** Beweiskraft; **real ~** Sachwert; **sentimental ~** Erinnerungswert; **~d at** im Wert von

valve Ventil; ~ **cap** *(Reifen)* Ventilkappe
van 1 (geschlossener) LKW, Klein|-LKW, -transporter, Liefer-, Kastenwagen; 2 Kleinbus
vandal Rowdy; **~ism** Vandalismus; **~ize** vorsätzlich beschädigen/zerstören
vanette Kleinlieferwagen
vanish verschwinden
vanity mirror 🚘 Makeup-Spiegel
vapour Dampf
varied verschieden
variety Sorte, Vielzahl
varnish Lack
vary schwanken, variieren
vast *(Fläche)* weit, riesig
vault Stahlkammer, Tresorraum
vector ⚕ infizierte Person
veer vom Kurs abkommen
vehicle Auto, Fahrzeug; **~s** *(Abteilung)* Kfz-Angelegenheiten; ~ **of Allied Forces stationed in Germany** Militärfahrzeug der Stationierungsstreitkräfte; ~ **without insurance** unversichertes Fahrzeug; ~ **in question** betroffenes Fahrzeug; ~ **involved in an accident** unfallbeteiligtes Fahrzeug; ~ **adapted for disabled passengers** Behindertentransportfahrzeug; ~ **used for snow clearance** Schneeräumfahrzeug
vehicle|, confiscate a ~ Fahrzeug beschlagnahmen; **crash into/hit the ~ in front** auffahren; **drive (too) close to the ~ in front** (zu) dicht auffahren; **move a ~ over** Fahrzeug zur Seite fahren; **operate a** ~ Fahrzeug benutzen/führen; **remove a** ~ Fahrzeug entfernen; **stop a** ~ Fahrzeug anhalten
vehicle|, agricultural ~ land- oder forstwirtschaftliches Fahrzeug; **all-terrain** ~ Geländefahrzeug; **armoured** ~ gepanzertes Fahrzeug; **articulated** ~ Sattelschlepper; **battery-operated** ~ Batteriefahrzeug; **broken-down** ~ liegen gebliebenes Fahrzeug; **commercial** ~ Nutzfahrzeug; **cross-country** ~ Geländefahrzeug; **double-parked** ~ in der zweiten Reihe geparktes Fahrzeug; **fast** ~ schnelles Fahrzeug; **high-performance** ~ schnelles Fahrzeug; **hire(d)** ~ Leihwagen; **horse-drawn** ~ Pferdefuhrwerk; **hot** ~ heißes Fahrzeug; **hybrid** ~ Hybridauto; **jacked-up** ~ aufgebocktes Fahrzeug; **fully laden/loaded** ~ voll beladenes Fahrzeug; **leading** ~ führendes Fahrzeug; **military** ~ Militärfahrzeug; **multi-purpose** ~ Mehrzweckfahrzeug; **off-road** ~ Geländefahrzeug; **open** ~ offenes Fahrzeug; **parked** ~ parkendes Fahrzeug; **private ~; privately owned** ~ Privatwagen; **recreational ~ (RV)** *US (Wohnmobil, Wohnwagen usw)* Freizeitfahrzeug; **rental/rented** ~ Leihwagen; **slow-moving** ~ langsam fahrendes Fahrzeug; **special-purpose** ~ gepanzerter Sonderwagen; **stolen** ~ gestohlenes Fahrzeug; **stranded** ~ liegen gebliebenes Fahrzeug; **suspicious** ~ verdächtiges Fahrzeug; **track-laying** ~ Raupen-, Kettenfahrzeug; **unlicensed** ~ nicht zugelassenes Fahrzeug; **wheelchair-adapted** ~ Behindertentransportfahrzeug
vehicle| barrier Fahrzeugschranke; ~ **check** Fahrzeugkontrolle; ~ **check for wanted persons** Fahndungskontrolle; ~ **checkpoint** Fahrzeugkontrollstelle; ~ **crime** Diebstahl von, an und aus Kfz; ~ **data** Angaben zum Fahrzeug, Fahrzeugdaten; ~ **defect form** Mängel|bericht, -karte, -schein, Fahrzeugmängelbericht, Kontroll|aufforderung, -information; ~ **disc** *(Kfz)* Steuerplakette; ~ **distance** Fahrzeugabstand; ~ **documents** Fahrzeugpapiere; ~ **excise duty** Kfz-Steuer; ~ **identification number (VIN)** Fahrzeugidentifizierungs-, Fahrgestellnummer; ~ **insurance** Kfz-Versicherung; **third-party ~ insurance** Kfz-Haftpflichtversicherung; ~ **insurance papers** Fahrzeugversicherungspapiere; ~ **larceny** *US* Kfz-Diebstahl; ~ **licence** Kfz-Schein; ~ **licensing office** Kfz-Zulassungsstelle; ~ **owner** Fahr+zeug|besitzer, -halter; **ascertain the ~ owner** Fahrzeughalter ermitteln; **registered ~ owner** Fahrzeughalter; ~ **patrol** Patrouillenfahrt; **central ~ register**

zentrales Fahrzeugregister; ~ **registration (document)** Kfz-Schein, Kfz-Brief *(das britische vehicle registration document ist Kfz-Brief und Kfz-Schein in einem)*; ~ **registration licence** Kfz-Schein; ~ **registration office (VRO)** Kfz-Zulassungsstelle; ~ **security** Fahrzeugsicherung *(gegen Diebstahl)*; ~ **smuggling** Verschiebung von Kfz; ~ **taking** Kfz-Diebstahl; ~ **test** Fahrzeug-, Hauptuntersuchung (HU), TÜV|-Abnahme, -Prüfung; ~ **test certificate** Fahrzeugprüfbericht; ~ **theft** Kfz-Diebstahl; ~ **tracking system** Fahrzeugortungssystem; ~ **trafficking** Kfz-Verschiebung
vehicular Fahrzeug-
veil Schleier
vein ⚕ Vene; **varicose** ~ Krampfader
Velcrotm **fastener** Klettverschluss
velvet Samt
venal käuflich
vendetta Blutrache
vending machine (Verkaufs-, Münz-) Automat
vendor ⚖ Verkäufer, Anbieter
ventilation Lüftung
vent window 🚗 Ausstellfenster
venue ⚖ Ort der Verhandlung, Gerichtsstand
verbal mündlich
verbatim wörtlich
verdict Urteil(sverkündung); ~ **of guilty** Schuldspruch; ~ **of not guilty** Freispruch; **come to/reach a** ~ zu einem Urteil gelangen; **return a** ~ Urteil fällen/verkünden
verge *(Straße)* Bankett, unbefestigter Seitenstreifen
verifiable nachprüfbar
verification Überprüfung
verify (nach-, über)prüfen
vermin Ungeziefer
version Darstellung; **official** ~ Sprachregelung
versus *(Sport, Gericht)* gegen
vessel 1 Behälter; 2 Schiff; ~ **running down/upstream** ⛴ Tal-/Bergfahrer
vest[1] 1 Weste; 2 *(Mann)* Unterhemd; **bulletproof/bullet-resistant/protective** ~ kugelsichere (Schutz)Weste; **fluorescent** ~ Warnweste; **impact-proof** ~ Schlagschutzweste; **stab-proof** ~ stichsichere Schutzweste
vest[2] *(mit Rechten usw)* ausstatten
vet *(Person)* überprüfen
veterinarian Tierarzt
veteran[1] Polizeibeamter mit mehreren/vielen Dienstjahren; ~ **car** *(vor etwa 1917)* Oldtimer
veteran[2] langgedient
vetting Personenüberprüfung
via *(Fahrstrecke)* über
vice[1] Laster
vice[2] stellvertretend, Vize-
vicinity Nähe, (nähere) Umgebung, *(Ort)* Nachbarschaft; **in the ~ of** in der Nähe (von)
vicious *(hinterhältig)* grausam, bösartig, boshaft, brutal; ~**ness** Brutalität
victim Opfer, Geprellter; ~ **of an accident** Unfallgeschädigter: ~ **of a fire** Brandopfer; ~ **of persecution** politisch Verfolgter; ~ **care;** ~ **support** Opferbetreuung
victimize schikanieren
video| camera Videokamera; ~ **cassette recorder (VCR)** Videorekorder; ~ **distance recorder** Videoabstandsmessanlage; ~ **ID parade** Wahlgegenüberstellung per Video; ~ **recording** Videoaufnahme; ~ **recording of testimony from child witnesses** Videoaufnahmen von Zeugenaussagen von Kindern; ~ **recording vehicle** Videofahrzeug
videotape[1] Videoband; **record on** ~ auf Video aufnehmen
videotape[2] auf Video aufnehmen
Vienna Wien
view[1] 1 (Aus)Sicht; 2 Auffassung; **in ~ of** angesichts; **exposed to public** ~ offen/öffentlich sichtbar
view[2] besichtigen
view|graph transparency *(Projektor)* Folie; ~**ing the scene** Tatortbesichtigung; ~**point** 1 Aussichtspunkt; 2 Standpunkt
vigilance Wachsamkeit; **increased** ~ er-

höhte Bereitschaft; **normal ~** *(Bereitschaftsstufe)* Routinedienst
vigilant wachsam
vigilante selbsternannter Gesetzeshüter
village Dorf, (kleine) Ortschaft: **~ community** Dorfgemeinschaft; **~ hall** Dorfgemeinschaftshaus, Gemeindesaal
vineyard 1 Weinberg; 2 Weingut
vintage *(Zeit)* Weinlese; **~ car** Oldtimer *(etwa 1917 bis 1930)*; **~ car numberplate** Oldtimerkennzeichen
violate verletzen, verstoßen (gegen)
violation Verletzung, Zuwiderhandlung, Übertretung, Verstoß; **~ of postal confidentiality** Verletzung des Postgeheimnisses; **~ of duty; ~ of official duties** Amts|pflichtsverletzung, -vergehen, Dienst|pflichtverletzung, -vergehen; **serious ~ of duty** schwerwiegendes Amts-, Dienstvergehen; **~ of human rights** Menschenrechtsverletzung(en); **~ of the right of way** Vorfahrtverstoß; **flagrant ~** eklatante Verletzung; **gross ~** grobe Verletzung; **serious ~** schwerwiegende Verletzung
violator *US* Verkehrssünder; **pull a ~ over** Verkehrssünder anhalten
violence *(negativ)* Gewalt(tätigkeit), Tätlichkeit; **~ at school** Gewalt an/in Schulen; **~ (committed) against women and children** Gewalt gegen Frauen und Kinder; **curb ~** Gewalt eindämmen; **incite someone to resort to ~** jemanden zur Gewaltanwendung aufrufen; **resort to ~** zur Gewalt greifen; **prone to resort to ~** gewaltbereit; **arbitrary ~** willkürliche Gewalt; **urban ~** Gewalt in den Städten
violent 1 gewaltsam, gewalttätig; 2 heftig; **become ~** handgreiflich werden; **tend to be ~** zur Gewaltanwendung neigen
virgin Jungfrau
visa Visum, Sichtvermerk; **have a ~ renewed** Visum verlängern lassen; **issue a ~** Visum erteilen; **forged ~** gefälschtes Visum; **multiple-entry ~** Visum zur mehrmaligen Einreise; **~ petition** Visumantrag; **~ requirement** Visumpflicht
visibility Sicht(verhältnisse), Sichtweite; **adequate ~** ausreichende Sichtverhältnisse; **good ~** klare Sicht
visible sichtbar
vision Sehfähigkeit; **impaired ~** Sehbehinderung; **obstructed ~** Sichtbehinderung
visit[1] Besuch; **~ to the scene of the crime** Lokaltermin; **flying ~** Stippvisite
visit[2] besuchen; **~ing card** Visitenkarte
visitor Besucher; **~'s ID/pass** Besucherausweis
visor 1 *(Helm)* Visier; 2 Sonnenblende
vista point *US* Aussichtspunkt
vital entscheidend, lebensnotwendig
vocation *(innerer Auftrag)* Berufung; **~al** Berufs-
voice Stimme; **hoarse ~** rauhe Stimme; **loud ~** kräftige/laute Stimme; **quiet ~** leise Stimme; **soft ~** zarte Stimme
void ungültig; **~able** anfechtbar
volatile *(Stoff)* flüchtig, instabil
voltage Spannung; **high ~** Hochspannung; **low ~** Niederspannung
volume 1 *(Buch)* Band; 2 Lautstärke; 3 Füllmenge; **~ of traffic** Verkehrsaufkommen; **turn the ~ down/up** *(Radio usw)* leiser/lauter stellen; **loose-leaf ~** Loseblattsammlung; **low ~** Zimmerlautstärke; **~ crime** häufig begangenes Verbrechen
voluntary freiwillig
volunteer[1] Freiwilliger; **~ constabulary** Hilfspolizei
volunteer[2] 1 sich freiwillig melden; 2 freiwillig aussagen
vomit sich erbrechen/übergeben
vote[1] Abstimmung
vote[2] 1 abstimmen; 2 *(Politik usw)* wählen
voucher Gutschein
voyage Schiffs-, Seereise
vulnerable gefährdet

W

wad of banknotes Bündel Banknoten/Geldscheine
wade waten
wafer-thin hauchdünn
wafts of mist Nebelschwaden
wage, hourly ~ Stundenlohn
waggon (Güter)Waggon
wail[1] of sirens Sirenengeheul
wail[2] *(Sirene)* heulen; **~ing** heulend
waist Taille; **~-deep** *(Wasser)* hüfthoch
wait[1], lie in ~ auf der Lauer liegen
wait[2] 1 (ab)warten; 2 parken; **~ for** warten auf; **~ on** bedienen
waiter Kellner
waiting Halten, Parken; **~ limit** Höchstparkdauer; **~ line** Wartelinie; **~ list** Warteliste; **~ period** Wartefrist; **~ room** 1 Wartelsaal, -halle; 2 Wartezimmer; **~ time** Wartezeit; **~(s)** *(Lkw, Bus)* Standzeiten in Fahrbereitschaft
waitress Kellnerin
waive 1 verzichten; 2 *(Strafe)* absehen von
waiver Verzicht(serklärung); **~ of legal remedy** Rechtsmittelverzicht
wake[1] Kielwasser, Sog- und Wellenschlag; **in the ~ of** *(Ereignis)* im Gefolge von
wake[2] wecken
walk[1] Spaziergang; **go for a ~** spazierengehen
walk[2] 1 spazierengehen; 2 (zu Fuß) gehen; **~ along** entlang gehen; **~ away** weggehen; **~ into** hineinspazieren; **~ off with something** etwas mitgehen lassen; **~ on** weitergehen; **~ out** hinausgehen; **~ past** vorbeigehen; **unable to ~ properly** gehbehindert
walker Spaziergänger
walkie-talkie Hand-, Sprechfunkgerät
walking| speed Schrittgeschwindigkeit; **drive at ~ speed** Schritt fahren; **~ tour** Wanderung
walkway 1 *(Flughafen usw)* Laufband; 2 Fußweg
wall Hauswand; **daub the ~ of a house** Hauswand beschmieren; **back/rear ~** Rückwand; **retaining ~** Böschungs-, Stützmauer; **~ calendar** Wandkalender
wallet Brieftasche, Geldlbeutel, -börse
Walloon Wallone
wander about herumirren
want *(Knappheit)* Mangel
wanted gesucht; **~ for** gesucht wegen; **~ book** Fahndungsbuch; **~ list** Fahndungsliste; **be on the ~ list** steckbrieflich gesucht werden; **~ person** gesuchte Person; **~ persons list/register** Fahndungslbuch, -verzeichnis; **~ poster** Fahndungsplakat, Steckbrief
wanton mutwillig
war| on drugs Drogenbekämpfung; **civil ~** Bürgerkrieg
ward[1] 1 *(Krankenhaus)* Station; 2 Mündel; **high-/maximum-/top-security ~** Hochsicherheitstrakt
ward[1] off *(Angriff)* abwehren
warden 1 (Heim)Leiter; 2 *(Jugendherberge)* Herbergsvater; 3 *(JVA)* Direktor; 4 Wärter; **rural ~** Feldhüter
warder 1 Justizvollzugsbeamter; 2 Wärter
wardress Wärterin
wardrobe Kleiderschrank, *(Schrank)* Garderobe
warehouse Lagerhaus
warm up 1 warmlaufen lassen; 2 wärmen
warmth Wärme
warn (ver)warnen, ermahnen; **~ in advance** vorwarnen
warning 1 (Ver-, Vor)Warnung, Ermahnung; 2 Denkzettel; 3 Warnmeldung; **~ and exemplary fine** gebührenpflichtige Verwarnung; **shoot without ~** ohne Warnung schießen; **timely ~** rechtzeitige Warnung; **verbal ~** gebührenfreie Verwarnung; **written ~** schriftliche Verwarnung
warning| beacon *(an Baustellen usw)* Warnlleuchte, -licht, Warnblinklicht; **~ device** Warnanlage; **acoustic ~ device** akustisches Warngerät; **~ flashers/lights** Warnblinkanlage; **~ label** *(Etikett)* Warnschild; **~ lamp/light** *(an Baustellen usw)* Warnlleuchte, -licht; **~ light** Signallicht; **~ notice** Warnhin-

weis; ~ **shot** Warnschuss; **fire a ~ shot** Warnschuss abgeben; ~ **shout** Warnruf; ~ **sign** Warn|schild, -zeichen; ~ **signal** Alarm-, Warnsignal; ~ **ticket** gebührenpflichtige Verwarnung, Strafzettel *(coll)*; ~ **tone** Signalton; ~ **triangle** Warndreieck; **display/set up the ~ triangle** Warndreieck aufstellen

warrant[1] 1 Haftbefehl; 2 *(Gericht)* Erlass; 3 *(Durchsuchung, Verhaftung)* Vollmacht; 4 *(zum Gericht)* Ladung; ~ **to appear (in court)** 1 Ladung; 2 Vorführungsbefehl; ~ **of arrest** Haftbefehl; ~ **to determine someone's whereabouts** Ausschreibung zur Aufenthaltsermittlung; ~ **of execution** Vollstreckungs|befehl, -bescheid, -beschluss; ~ **to search premises** Durchsuchungsbeschluss; **arrest someone without a ~** jemanden ohne Haftbefehl festnehmen

warrant|, outstanding (arrest) ~ ausstehender Haftbefehl; **unexecuted** ~ unerledigter Haftbefehl; **valid** ~ gültiger Haftbefehl; ~ **card** (Polizei-) Dienstausweis; ~ **number** Dienst-, Personalnummer

warrant[2] garantieren

warrantor Vollmachtgeber

warranty Garantie; **exclude a ~** Garantie ausschließen

wart Warze

wary, be ~ of sich hüten

wash Kielwasser; ~**basin** Waschbecken

washing Wäsche

wash-wipe (system) Scheibenwaschanlage

waste[1] 1 Abfall, Müll; 2 Verschwendung; ~ **of time** Zeitverschwendung; **dump/tip ~ illegally** Müll illegal entsorgen; **domestic** ~ Hausmüll; **hazardous** ~ Sondermüll; **industrial** ~ Gewerbe-, Industriemüll; **residential** ~ Hausmüll; **toxic** ~ Giftmüll

waste| bin Abfall|behältnis, -eimer, -tonne; **hazardous ~ dump** Sondermülldeponie; ~ **disposal** (Abfall-, Müll)Entsorgung; **polluting ~ disposal** umweltgefährdende Abfallentsorgung; ~ **incinerator** Müllverbrennungsanlage; ~ **oil** Altöl; ~ **paper** Altpapier; ~ **paper basket** Papierkorb; ~ **skip** Müllcontainer; **nuclear ~ train** CASTOR-Zug; **nuclear ~ transport** Atommülltransport; ~ **water** Abwasser; ~ **water treatment plant** Kläranlage; ~ **waybill** Abfallbegleitschein

waste[2] verschwenden

watch[1] 1 Armbanduhr; 2 Wachposten; ~**dog** Wachhund; ~**man** Nachtwächter, Wachmann

watch[2] 1 aufpassen, aufmerksam sein, beobachten, observieren; 2 bewachen; ~ **out for** achten auf

water|[1]**(s)** Gewässer; **coastal ~s** Küstengewässer; **fresh** ~ Süßwasser; **inland ~s** Binnengewässer; **mineral** ~ Mineralwasser; **potable** ~ *US* Trinkwasser; **running** ~ fließendes Gewässer; **stagnant** ~ stehendes Gewässer; **territorial ~s** Hoheitsgewässer

water| cannon Wasserwerfer; ~ **cannon protection team** *(Gruppe)* Wasserwerferschutz; ~ **cooling** Wasserkühlung; ~**-craft** Wasserfahrzeug; ~**fall** Wasserfall; ~**front** Ufer; ~**ing cart/vehicle** Sprengwagen; ~ **level** Wasserstand; ~ **line** Wasserlinie; ~ **main** Wasserleitung *(unter der Straße)*; ~**mark** Wasserzeichen; ~**proof** *(von außen)* wasserdicht; ~ **pipe** Wasserleitung *(im Haus)*; ~ **pistol** Wasserpistole; ~ **point** Zapfstelle; ~ **pollution** Wasserverschmutzung; ~ **protection area** Wasserschutzgebiet; ~ **pump** Wasserpumpe; ~**side** Ufer; ~**-soluble** wasserlöslich; ~ **sports enthusiast** Wassersportler; ~ **supply** Wasserversorgung; ~ **tank** *(Wohn|wagen, -mobil)* Frischwassertank; ~**tight** *(Verschluss usw)* wasserdicht

waterway Schifffahrts-, Wasserstraße; **federal** ~ Bundeswasserstraße; **inland** ~ Binnenwasserstraße; ~**s authority/board** Wasser- und Schifffahrtsamt; **inland ~s regulations** Binnenschifffahrtsstraßenordnung; **inland ~ vessel** Binnenschiff

water[2] **down** *(alkohol. Getränk)* panschen

wave[1] Welle; **~length** Wellenlänge

wave[2] winken; **~ in** *(Kfz)* einwinken; **~ on** *(bei vollem Parkplatz usw)* weiterwinken; **~ through** *(Kontrolle)* durchwinken

wax Wachs; **~ impression** Wachsabdruck

way 1 *(Richtung)* Weg; 2 Art und Weise; **by the ~** nur am Rande bemerkt; **no ~** ich denke nicht daran; **on the ~** unterwegs; **out of the ~** abgelegen; **~s and means** Mittel und Wege; **~ out** 1 *(Tür usw)* Ausgang; 2 Ausfahrt; **~ there** Hinweg; **~ through** Durchfahrt; **~ to school** Schulweg

way|, ask the ~ nach dem Weg fragen; **bar/block the ~** Weg versperren; **be ~ over the limit** 1 deutlich über der Alkoholgrenze liegen; 2 deutlich über der Geschwindigkeitsbegrenzung liegen; **clear the ~** den Weg freimachen; **fail to give ~** Vorfahrt nicht beachten, **find one's ~** sich zurechtfinden; **find one's ~ back** zurückfinden; **force one's ~ into ....** sich mit Gewalt Zutritt verschaffen zu ....; **give ~** Vorfahrt achten/gewähren; **go out of the ~** ausweichen; **know one's ~ about** ortskundig sein; **look the other ~** wegschauen; **lose one's ~** sich verfahren/verirren/verlaufen; **make ~** Platz machen; **mend one's ~s** sich bessern; **show someone the ~** jemandem den Weg zeigen; **stand in the ~** 1 hinderlich sein; 2 im Weg stehen; **talk one's ~ out (of something)** sich herausreden; **back ~** Schleichweg

way|bill Frachtbrief; **international ~bill** internationaler Frachtbrief; **~ home** Nachhauseweg; **~lay** auflauern

weak matt, schwach; **~en** schwächen; **~ness** Schwäche

wealth Reichtum, Wohlstand; **~y** reich, wohlhabend

weapon (Tat)Waffe; **~s of mass destruction** Massenvernichtungswaffen; **special ~s and tactics team (SWAT)** *US* Sondereinsatzkommando; **automatic ~** automatische Waffe; **back-up ~** Zweitwaffe; **biological ~** biologische Waffe; **chemical ~** chemische Waffe; **concealed ~** verdeckt getragene Waffe; **dangerous ~** gefährliche Waffe; **defensive ~** Verteidigungswaffe; **edged ~** Blank-, Stichwaffe; **gas-operated ~** Gasdrucklader; **illegal/prohibited ~** verbotene Waffe; **long-barrelled ~** Langwaffe; **offensive ~** Angriffswaffe; **semi-automatic ~** halbautomatische Waffe; **single-chambered ~** Einzellader; **small-bore/calibre ~** Kleinkaliberwaffe; **military ~s control act** Kriegswaffenkontrollgesetz; **~s depot** Waffenlager; **~(s) detection device** Waffenspürgerät; **~s handling** Waffenkunde

wear|[1] **(and tear)** Abnutzung, Verschleiß; **casual ~** Freizeitkleidung

wear[2] 1 *(Kleidung)* tragen; 2 abnutzen; **~ (down)** *(Reifen)* abfahren

weather| conditions Wetter|bedingungen, -verhältnisse; **under normal ~ conditions** unter normalen Wetterbedingungen; **~ forecast** Wettervorhersage; **~-proof** wetterfest; **~ report** Wetterbericht; **~ situation** Wetterlage

weave Zickzack fahren; **~ in(to)** *(Verkehr)* sich einfädeln; **(suddenly) ~ out** ▽ (plötzlich) ausscheren

weaver bird *(coll)* Kolonnenspringer

web equipment Koppelausrüstung

wedding Hochzeit; **~ ring** Ehe-, Trauring

wedge Keil; **get ~d in** eingekeilt werden

weekdays (only) *(Schild)* werktags

weekend| house Wochenendhaus; **~ prison** Wochenendarrest; **~ standby duty** Wochenendbereitschaft

weigh 1 wiegen; 2 abwägen, erwägen

weighbridge *(LKW usw)* (Brücken-)Waage; **~ ticket** Wiege|karte, -schein

weighing| by the axle achsweises Wiegen; **~ of interests** Interessenabwägung

weight Gewicht; **~ of cargo** Gewicht der Ladung; **lose ~** *(Gewicht)* abnehmen; **actual ~** tatsächliches Gewicht; **dead ~** Leergewicht; **gross ~** Brutto-, Gesamtgewicht; **laden** ~ tatsächliches Gesamtgewicht; **maximum** ~ Gesamt-, Höchstgewicht; **permissible maximum** ~ zulässiges Gesamtgewicht/Höchstgewicht; **tare** ~ Leergewicht, Gewicht des leeren Fahrzeuges; **total** ~ Gesamtgewicht; **allowed total** ~ zulässiges Gesamtgewicht; **unladen** ~ Leergewicht, Gewicht des leeren Fahrzeuges; ~ **check** Gewichtskontrolle, Kontrollwägung; ~ **limit** Gewichtsbeschränkung, Höchstgewicht; **exceed the ~ limit** (Höchst)Gewicht überschreiten

weir Wehr

welcome, you're ~ bitte *(als Reaktion auf danke)*

weld[1] Schweißnaht

weld[2] schweißen; **~ing device** Schweißgerät

welfare 1 Fürsorge; 2 *US* Sozialhilfe; **(social) ~ department** Sozialamt; ~ **matters** Sozialangelegenheiten; ~ **officer** Sozialhelfer; ~ **tribunal** Sozialgericht

well Brunnen

well|being Wohlergehen; **~-groomed** *(Person)* gepflegt

wellington boots; wellingtons Gummistiefel

well|-kept *(Objekt)* gepflegt; **~lit** gut ausgeleuchtet

Welsh walisisch; **~man** Waliser; **~woman** Waliserin

west[1] Westen

west[2] West-; **~bound** in Richtung Westen, nach Westen fahrend

wheel 1 Rad; 2 🚗 Steuer; **behind the ~** am Steuer; **fall asleep at the ~** für eine Sekunde am Steuer einschlafen *(Sekundenschlaf)*; **fifth** ~ *(für Auflieger)* 🚗 Drehgestell; **front** ~ Vorderrad; **rear** ~ Hinterrad; **spare** ~ Ersatz-, Reserverad; **compact spare** ~ Notrad

wheel| bolt Radmutter; **anti-theft locking ~ bolts** Radmuttern mit Diebstahlssicherung; ~ **bumper** Radabweiser; **~chair** Krankenfahr-, Rollstuhl; ~ **change** Radwechsel; ~ **clamp** Parkkralle; ~ **house** Radkasten; ~ **hub** Radnabe; ~ **nut** Radmutter; **lockable ~ nuts** abschließbare Radmuttern; ~ **rim** Felge; ~ **wedge** Unterlegkeil

whereabouts Aufenthaltsort, Verbleib

whip Peitsche; **~lash injury** ⚕ Schleudertrauma

whisker, by a ~ um Haaresbreite

whistle[1] (Signal)Pfeife

whistle[2] pfeifen

white *(Rasse)* Weißer

whole ganz, gesamt

whore Prostituierte

wide 1 breit; 2 weiträumig; **~-awake** hellwach; **~-eyed** mit großen Augen

widen verbreitern

widespread weit verbreitet

widow Witwe; **~er** Witwer

width Breite; **excessive** ~ Überbreite; **permissible** ~ zulässige Breite

wife (Ehe)Frau; **battered** ~ misshandelte (Ehe)Frau; **common-law** ~ Lebensgefährtin; **~-battering** Misshandlung der Ehefrau

wig Perücke

wildcat strike wilder Streik

wildlife| park/reserve/sanctuary Natur|park, -reservat, -schutzgebiet; ~ **preserve** Gehege

wilful absichtlich, mutwillig, vorsätzlich

will, (last) ~ Testament

willing *(gewillt)* bereit

winch (Seil)Winde

wind kurbeln; ~ **down/up** *(Autofenster)* herunter/hochkurbeln; **~ing** ▽ gewunden, kurvenreich

wind|breaker Anorak; ~ **cone** Windsack; ~ **deflector** *(LKW)* Windleitkörper; ~ **generator** Wind|generator, -rad; ~ **jacket** Anorak, Windjacke; **~mill** Windmühle

window 1 Fensterscheibe; 2 *(Bank usw)* Schalter; **break a** ~ Scheibe einschlagen; **roll/wind down the** ~ 🚗 Fenster herunterkurbeln; **roll/wind up the** ~ Fenster hochkurbeln; **smash a** ~ Scheibe einschlagen; **back** ~ Heckscheibe; **barred** ~ vergittertes Fenster; **electric ~s** elektrische Fensterheber; **French** ~

🏠 Schiebetür; **horizontally pivoted ~** 🏠 Kippfenster; **rear ~** Heckscheibe; **heated rear ~** heizbare Heckscheibe; **rear ~sunblind** Sonnenblende für Heckscheibe; **tinted ~** getönte Scheibe
window| box Blumenkasten; **electric ~ control** elektrische Fensterheber; **manual ~ control** manuelle Fensterheber; **rear ~ defroster/demister** heizbare Heckscheibe; **~ frame** Fensterrahmen; **~ handle** Fensterkurbel; **~ ledge** Fenster|sims, -bank; **back ~ ledge** Heckablage; **~ pane** Fensterscheibe; **~ sill** Fensterbank; **~ winder** Fensterheber
windpipe ⚕ Luftröhre
windscreen Windschutzscheibe; **~ sticker** Windschutzscheibenaufkleber; **~ washer fluid** Scheibenwaschmittel; **heated ~ washer jets/nozzles** heizbare Scheibenwaschanlagendüsen; **~ wash-wipe (system)** Scheibenwaschanlage; **~ wiper** Scheibenwischer
windshield *US* Windschutzscheibe; **~ wiper** Scheibenwischer
wind| speed Windgeschwindigkeit; **~ turbine** Wind|generator, -rad
wine|, sparkling ~ Sekt; **~ bar** Weinstube; **~ cellar** Weinkeller; **~ list** Weinkarte; **~ tasting** Weinprobe; **~ry** Wein|gut, -kellerei
wing Kotflügel; **maximum-/top-/high-security ~** Hochsicherheitstrakt; **additional ~ mirror** zusätzlicher Außenspiegel
winks, forty ~ *(coll)* Nickerchen
winter tyre M&S-Reifen
wiper Scheibenwischer; **~ blade** Scheibenwischerblatt
wire Draht; **barbed ~** Stacheldraht; **~ basket** Drahtkorb; **~ cutters** Drahtschneider; **~ fence** Drahtzaun; **~less** Funk; **~less set** Funkgerät; **~ mesh** Maschendraht; **~ puller** Hintermann; **~tap** ☎ abhören; **~tapping** Abhören; **~ wheel** 🚗 Speichenrad
wiring diagram ⚡ Schaltplan
wish¹ Wunsch
wish² wünschen
withdraw 1 sich entfernen/zurückziehen, abziehen; 2 ⚕ absetzen, ⚒ entziehen; 3 entnehmen; 4 *(Geld)* abheben
withdrawal 1 Abzug, Rückzug; 2 ⚕ Absetzung, ⚒ Entzug; 3 Entnahme; 4 *(Geld)* Abhebung; **~ of forces** Abzug von Kräften; **~ clinic** Entziehungsanstalt; **~ cure** Entwöhnungsbehandlung; **~ programme** Entziehungskur; **~ symptom** Entzugserscheinung; **suffer from ~ symptoms** unter Entzugserscheinungen leiden
withhold einbehalten, verschweigen, vorenthalten; **~ing tax** Quellensteuer
within innerhalb
witness¹ Zeuge, Zeugin; **~ to the crime/incident** Tatzeuge; **~ for the defence** Entlastungszeuge; **~ on oath** vereidigter Zeuge; **~ for the prosecution** Belastungszeuge; **bear ~** bezeugen; **bear false ~** falsches Zeugnis ablegen; **influence a ~** einen Zeugen beeinflussen; **interview/question a ~** einen Zeugen vernehmen; **name a ~** einen Zeugen benennen; **chief ~** Hauptzeuge; **professional ~** Sachverständiger; **sworn ~** vereidigter Zeuge
witness| allowance Zeugenentschädigung; **~ box/stand** *US* Zeugenstand; **~ citation** Zeugenladung
woman|, grab a ~'s breasts Busen grabschen; **~ (police) officer** Polizeibeamtin; **~'s refuge** Frauenhaus
wonder Wunder
wooded bewaldet
word¹ *(Wort usw)* Ausdruck; **~ of honour** Ehrenwort; **not a ~ of it is true** daran/davon ist kein Wort wahr; **cross out a ~** Wort durchstreichen; **exchange ~s** Wortwechsel haben; **lost for ~s** sprachlos; **obscene ~** unflätiger Ausdruck; **~ing** Wortlaut; **~ processing** 💻 Textverarbeitung
word² formulieren
work¹ Arbeit; **~s** Fabrik, Werk; **out of ~** arbeitslos; **commence ~** Arbeit aufnehmen; **detail for ~** zum Dienst einteilen; **organize ~** Arbeit einteilen; **resume ~** Arbeit wieder aufnehmen; **administrative ~** Verwaltungstätigkeit; **extra ~**

Mehrarbeit; **illicit** ~ Schwarzarbeit; **(non-)operational** ~ (nicht-)operative Tätigkeit; **painstaking** ~ Kleinarbeit; **temporary** ~ Zeitarbeit; **~day** Werktag

worker|, cross-border ~ Grenzgänger; **seasonal** ~ Saisonarbeiter; **skilled** ~ Facharbeiter; **social** ~ Sozialarbeiter; **subcontracted** ~ Leiharbeiter

work| ethic Berufsauffassung; **~s exit** Baustellenausfahrt; **~ experience scheme** Praktikum

working|, incapable of ~ arbeitsunfähig; **~ clothes** Arbeitskleidung; **~ conditions** Arbeitsbedingungen; **~ day** Arbeits-, Werktag; **~ hours** Arbeitszeit; **flexible ~ hours** flexible/gleitende Arbeitszeit, Gleitzeit; **~ party** Arbeitsgruppe; **~ permit** Arbeits|erlaubnis, -genehmigung

work|s holidays Betriebsferien; **~load** Arbeitsbelastung; **~man** Handwerker; **~ permit** Arbeits|erlaubnis, -genehmigung; **~place** *(Ort)* Arbeitsplatz; **~ placement** Praktikum; **~ schedule** Arbeitsplan; **~ segment** Arbeitsabschnitt; **~shop** Werkstatt; **temporary ~ and residence statute** Arbeitsaufenthaltsverordnung; **~s truck** Baustellenfahrzeug

work[2] funktionieren; **~ out** ausrechnen

world| cultural heritage Weltkulturerbe; **~wide** weltweit

worn 1*(Kleidung)* abgetragen; 2 *(Reifen)* abgefahren; **~ (out)** verschlissen; **~ out** todmüde

worried, be ~ sich Sorgen machen

worry[1] Sorge

worry[2] about something sich um etwas sorgen

worse|, become ~ sich verschlechtern; **make** ~ verschlimmern

worst, if the ~ comes to the ~ schlimmstenfalls

worth seeing sehenswert

wound[1] Wunde, Verletzung

wound[2] verwunden; **~ed person** Verwundeter

wrap[1] Briefchen

wrap[2] einpacken; ~ einwickeln; **~ up** einwickeln, verpacken

wrapping, outer ~ Außenverpackung

wreath *(z.B. Beerdigung)* Kranz

wreck kaputtes Fahrzeug, Wrack; **~age** Trümmer, Wrackteile; **~er (service)** *US* Abschleppdienst

wrench[1] Schraubenschlüssel

wrench[2] off *(Türschloss)* abdrehen

wrestle ringen

wretched *(Gefühl)* elend, erbärmlich; **~ness** Elend

wriggle| out (of something) sich herauswinden; **~ through** sich durchschlängeln

wrinkle *(Gesicht)* Falte

wrist Handgelenk; **slash one's ~s** sich die Pulsadern aufschneiden; **~watch** Armbanduhr

writ *(Gericht)* Erlass, einstweilige/richterliche Verfügung; **issue a** ~ Verfügung erlassen; **~ of execution** Vollstreckungs|befehl, -bescheid, -beschluss, -anordnung; **~ of summons** Zustellungsurkunde

write verfassen; **~ down** aufschreiben, notieren; **~ off** (als Verlust) abschreiben

write-off Total|schaden, -verlust

writer Verfasser

writing|, in ~ schriftlich; **take down in** ~ niederschreiben; **cursive** ~ Schreibschrift; **~ error** Schreibfehler; **~ pad** Schreibblock

written schriftlich

wrong[1] Unrecht

wrong[2] *(inkorrekt)* falsch; **~ly** fälschlicherweise, zu Unrecht

X

xenophobia Ausländer-, Fremdenfeindlichkeit

xenophobic ausländer-, fremdenfeindlich

X-ray[1] Röntgen(aufnahme); **~ screening** Röntgendurchleuchtung

X-ray[2] röntgen

Y

yacht Jacht

yard 1 *(0,91 m)* Yard; 2 *US* Garten; **back** ~ Hinterhof; **~stick** Maßstab
yawn gähnen
year 1 Jahr, Jahrgang; 2 Baujahr; **~ of birth** Geburtsjahr; **~ of manufacture** Baujahr; **~ of registration** Erstzulassung; **~s of service** Dienst|alter, -zeit; **pensionable ~s of service** ruhegehaltsfähige Dientszeit; **according to someone's ~s of service** nach Dienstalter; **get .... ~s** .... Jahre Haft bekommen; **financial** ~ Haushaltsjahr; **previous** ~ Vorjahr
yell schreien; **~ing** Geschrei
yet, not ~ noch nicht
yield *US* Vorfahrt achten/gewähren
yob Halbstarker, Rowdy, Rüpel
yoke Deichsel
young|, very ~ blutjung; **~ person; ~ster** Jugendlicher
youth 1 Jugend; 2 Jugendlicher; **~ court** Jugendgericht; **~ division** *(Abteilung)* Jugend|kriminalität, -abteilung; **~ gang** Jugendbande; **~ hostel** Jugendherberge; **~ offending team** *(Abteilung)* Jugendkriminalität; **~ prison** Jugendstrafanstalt (JSA); **~ welfare department** Jugendamt

Z

zebra crossing Fußgängerüberweg, Zebrastreifen
zero| growth Nullwachstum; **~ tolerance** Nulltoleranz
zigzag Schlangenlinien/Zickzack fahren
zip| (fastener) Reißverschluss; **~ code** *US* Postleitzahl
zipper *US* Reißverschluss
zone| of operations Einsatz|gebiet, -raum; **barred** ~ Sperrfläche; **no-overtaking/no-passing** *US* ~ Überholverbotsstrecke; **no-parking** ~ Parkverbotszone; **quiet** ~ Ruhezone *(ohne Handy)*; **three-mile** ~ Dreimeilenzone

Deutsch – Englisch

A

Abbau *(Stellen usw)* reduction, cutback

abbauen reduce, cut back

Abbiegen turn(ing), turning-off, turn-off *US*; **falsches** ~ improper turn(ing)

abbiegen turn, make a turn; **falsch** ~ 1 *(regelwidrig)* make an improper turn; 2 *(versehentlich)* take the wrong turn; **nach links/rechts** ~ turn left/right

Abbiege|spur; ~streifen turn-off lane; **~unfall** *accident involving a vehicle turning off;* **~verbot** ban on turning

Abbilden, sicherheitsgefährdendes ~ *illegal photographing of security/ military objects*

ab|binden *(Ader)* put a tourniquet on; **~blenden** dim/dip one's (head)lights

Abblendlicht dimmed/dipped (head-) lights, dimmed/dipped beam, low beam; ~ **einschalten** switch on the dimmed/dipped (head)lights

ab|brechen break off; **~brennen** burn down; **jemanden von etwas ~bringen** talk someone out of something, dissuade someone from doing something

Abbruch 1 breaking off; 2 demolition

ab|drängen 1 *(anderen Autofahrer von Straße)* force off; 2 *(Demonstranten usw)* push back; **~drehen** 1 *(Gas, Wasser)* turn off; 2 *(Türschloss)* wrench off

Abdruck → auch **Finger-/Fußabdruck** impression, mark

ab|drücken 1 pull the trigger; 2 *(Luftröhre usw)* choke, strangle; **~dunkeln** dim; **~erkennen** revoke (someone's rights)

Aberkennung revocation

abfahren 1 leave, depart, set off; 2 *(Reifen)* wear (down)

Abfahrt departure; **~szeit** time of departure

Abfall 1 waste, refuse, rubbish, trash *US*, garbage *US*; 2 *(herumliegende Verpackungen usw)* litter; **~begleitschein** refuse/waste/garbage waybill; **~behältnis** litter/rubbish/waste bin, trash can *US*; **~entsorgung** waste/garbage/ refuse disposal; **umweltgefährdende ~entsorgung** polluting waste/garbage/ refuse disposal; **~container** skip, dumpster *US*; **~eimer** rubbish/waste bin, trash can *US*; **~tonne** waste bin, trash can *US*

abfällig derogatory

Abfalltransport transport of waste

Abfangen *(Brief, Schmuggelware)* interception

ab|fangen intercept; **~fertigen** 1 *(Passagiere)* handle; 2 clear

Abfertigung 1 handling; 2 clearance

ab|feuern fire (off), discharge; **sich mit etwas ~finden** put up with something, resign oneself to something; **~fliegen** depart, leave

Abflug departure; **~halle** departure(s) hall

Ab|folge sequence; **~frage** check

ab|fragen run through, check; **~führen** 1 *(Festgenommenen)* take (away); 2 *(Geld)* pay, remit

Ab|führmittel laxative; **~gaben** duties, taxes, excises

Abgase exhaust fumes/gases/emissions; **giftige** ~ poisonous/toxic fumes; **umweltschädigende** ~ noxious fumes/ gases/emissions

Abgasuntersuchung (AU) exhaust gas/emission test; **~splakette** exhaust emission sticker

ab|gebrüht *(Verbrecher)* hardened; **~gefahren** *(Reifen)* bald, worn; **~gelegen** remote, out of the way

Abgeordneter member of parliament

ab|gesehen von except for; **~gesprochen** prearranged; **~getragen** *(Kleidung)* worn; **~gleichen** *(Daten usw)* check, collate, compare; **~haken** tick off; **jemanden von etwas ~halten** 1 stop someone doing something, prevent someone (from) doing something; 2 *(abschrecken)* deter someone from doing something; **~hängen von** depend on

abhängig 1 dependent; 2 ✗ addicted; ~ **machend** addictive; ~ **von** 1 ⚖ subject to; 2 dependent on
Ab|hängiger 1 dependent; 2 addict; ~**hängigkeit** 1 dependence, dependency; 2 addiction
abheben 1 *(Geld)* withdraw; 2 ✈ take off
Abhebung withdrawal
abheften file
Abhilfe remedy; ~ **schaffen** redress a situation
abholen 1 *(Person)* meet; 2 *(Sachen)* collect, retrieve
Abhören 1 *(Meldung, Funkspruch usw)* interception; 2 ☎ (wire)tapping
abhören 1 intercept; 2 (wire)tap
Abhör|gerät; ~vorrichtung surveillance device, bug(ging device) *(coll)*
Abitur A level examination/qualifications *GB*, high school diploma *US*
abkassieren *(coll)* milk *(coll)*
Abkommen convention, agreement, treaty; ~ **verletzen** breach an agreement
ab|kuppeln unhitch, uncouple; ~**kürzen** 1 *(Weg)* take a shortcut; 2 *(Wort)* abbreviate
Abkürzung 1 shortcut; 2 abbreviation; ~ **nehmen** take a shortcut
Ablage|fach 1 *(Büro)* pigeonhole; 2 pocket, storage compartment; ~**korb** *(Büro)* tray
ablassen 1 desist (from); 2 *(Flüssigkeit)* drain, discharge, empty
Ablauf *(Frist, Pass usw)* expiry, expiration *US*; ~**datum** expiry/expiration date
ablaufen 1 *(Frist, Pass usw)* expire; 2 *(Verkehr nach Stau)* ease
Ablauforganisation|, Allgemeine ~ (AAO) routine operational procedures; **Besondere ~ (BAO)** special operational procedures
Ablauf|plan *(Veranstaltung)* schedule (of events); ~**zeit** expiry/expiration *US* time
ab|legen 1 *(Akten)* file (away); 2 ⚓ leave berth, cast off; ~**lehnen** refuse, turn down, reject
Ablehnung refusal
ablenken distract, divert
Ablieferung delivery
ablösen *(Dienst)* relieve; **rechtzeitig ~** relieve in due time; **sich ~** *(Lauffläche eines Reifens)* come off
Ablösung relief
abmachen arrange, agree
Abmachung arrangement, agreement
Abmarsch departure
abmelden *(Kfz)* deregister, cancel a registration; **sich ~** 1 *(Schichtende usw)* sign off; 2 *(Einwohnermeldeamt)* deregister
Abmeldung 1 deregistration; 2 signing off
abmontieren remove, dismantle
Abnahme 1 decline, decrease; 2 *(TÜV usw)* inspection, acceptance; ~**schein** acceptance certificate
abnehmen 1 decline, decrease; 2 inspect, accept; 3 *(kaufen)* buy, purchase; 4 *(Gewicht)* lose weight
Abnehmer buyer, customer
abnutzen wear
Abnutzung wear (and tear)
abordnen second (to), assign (to), redeploy
Abordnung 1 secondment, redeployment; 2 *(Delegation)* delegation
ab|prallen 1 *(Geschoss)* ricochet; 2 *(kfz usw)* bounce back; ~**raten** advise against; ~**rechnen** 1 *(Rechnung)* settle/pay the bill; 2 *(Kellner bei Geschäftsschluss)* cash up; 3 *(Rache nehmen)* settle accounts
Abrechnung 1 settlement; 2 cashing up; 3 settling of accounts
Abreise departure; ~**datum** date of departure
ab|reisen 1 depart/leave/set off; 2 *(Hotel)* check out; ~**reißen** 🏠 demolish
Ab|reißseil *(Anhänger)* emergency brake cable; ~**rieb** tyre wear
abriegeln cordon/seal/rope off
Abruf 💻 retrieval; **auf** ~ on call/standby
abrufen 💻 retrieve
ABS anti-lock braking system (ABS)
Absage 1 *(Stornierung)* cancellation; 2 *(Ablehnung)* refusal; ~ **erteilen** refuse

ab|sagen cancel; **~sägen** saw off

Absatz 1 *(Text)* section, (sub)paragraph; 2 *(Schuh)* heel; **flacher/hoher ~** low/high heel

ab|schaffen abolish; **~schalten** switch/turn off; **~schätzen** estimate

Abscheu horror

abscheulich horrible

Abschiebe|haft custody/detention prior to deportation; **~haftanstalt** deportation facility; **~häftling** *detained person awaiting deportation*; **~hindernis** *valid reason(s) for not deporting someone*

abschieben deport

Abschiebe|verfahren deportation proceedings/process; **~verfügung** deportation order

Abschiebung 1 deportation; 2 repatriation; **~ aussetzen** suspend deportation; **~sdelikt** deportable offence

Abschied farewell; **~sbrief** *(Selbsttötung)* suicide note; **~sfeier** farewell party

Ab|schleppdienst recovery/towing service, wrecker (service) *US*; **~schleppen** tow(ing)

abschleppen tow (away/off), take in tow

Abschlepp|fahrzeug recovery/towing vehicle, breakdown/tow truck; **~haken** towing hook, tow hitch; **~kosten** charge for towing away; **~kran** towing crane; **~seil** tow(ing) rope; **~stange** tow(ing) bar; **~wagen** → **~fahrzeug**

ab|schließbar lockable; **~schließen** 1 *(beenden)* finish, complete; 2 *(Hochschule usw)* graduate; 3 *(zuschließen)* lock (up); 4 *(Fall)* close

Abschluss 1 completion; 2 graduation; **nach ~ der Ermittlungen** after investigations have been completed

abschneiden cut off

Abschnitt 1 *(Text)* section, (sub)paragraph; 2 *(Gebiet)* sector; **zugewiesener ~** assigned sector

abschrecken deter, frighten off; **~d** deterrent

Abschreckung deterrence; **~smittel** deterrent

abschreiben 1 copy, transcribe; 2 *(als Verlust)* write off

Abschrift transcript; **~ eines auf Band aufgezeichneten Gesprächs** transcript of a recorded conversation

ab|schüssig downhill, downgrade; **~schütteln** *(Verfolger)* shake/throw off; **~sehbar** foreseeable; **~sehen von** *(Strafe)* waive; **~senden** 1 *(Brief usw)* send, mail, post; 2 *(Warenladung)* dispatch, ship, consign

Absender 1 sender; 2 shipper, consignor

absetzen 1 withdraw; 2 *(von Steuer)* deduct; 3 *(von Position)* dismiss, discharge; 4 *(Fahrgast)* drop off; **sich ~** abscond

Absetzung 1 withdrawal; 2 dismissal

absichern secure

Absicht 1 intention; 2 intent; **betrügerische ~** fraudulent intent

ab|sichtlich intentional, wilful, deliberate; **~sitzen** 1 *(Freiheitsstrafe)* serve, do; 2 *(Pferd, Motorrad)* dismount

Ab|solvent graduate; **~sperrband** crime (scene) tape, police/plastic tape, yellow tape *US*

absperren 1 cordon/seal/rope off; 2 *(Straße)* block, barricade; 3 *(Tür usw)* lock

Absperr|gerät cordoning-off device; **~kette** chain; **~maßnahme** cordoning-off measure; **~pfosten** bollard

Absperrung 1 cordon, barrier; 2 road block, barricade

Absprache arrangement; **in ~ mit** in coordination with; **ohne ~** without prior consultation; **geheime ~** collusion

absprechen arrange

Abstammung descent, origin

Abstand 1 *(Ort)* distance; 2 *(Zeit)* interval; **~ halten** keep one's distance; **~ nehmen von** abstain/refrain from; **ausreichender ~** adequate gap/distance; **mit ausreichendem ~** at a sufficient distance

Abstände, in regelmäßigen ~n at regular intervals

Abstands|messer safe distance sensor;

~**messung** distance recording: ~**regelung** distance control
absteigen *(Fahrrad usw)* get off; ~**d** descending
abstellen 1 *(Motor usw)* switch/turn off; 2 *(Kfz usw)* park, leave; 3 *(Missstand)* stop, abate
Abstellplatz parking space/lot/stall *US*
ab|stempeln stamp; ~**sterben** *(Motor)* stall; ~**stimmen** 1 vote; 2 *(Maßnahme)* coordinate
Abstimmung vote
ab|streiten deny; ~**streuen** *(Ölspur usw)* spread
Abstrich ⚕ swab; ~**e machen** cut down on something
Abstufung innerhalb eines Dienstgrades grade
Absturz ✈ crash; ~**stelle** crash site
absuchen 1 search (all over); 2 *(Gelände usw)* comb, sweep
Abtasten *(Person)* frisking, body search, patting-down *US*; ~ **durch eine Person des gleichen Geschlechts** search by a person of the same sex
abtasten frisk, pat down *US*
Abteil 🚂 compartment
Abteilung department, branch, section, division, bureau *US*; ~**sführer** *(Bereitschaftspolizei usw)* head of section, section leader; ~**sleiter** head of department; ~**sstab** departmental staff
Abtransport *(Gefangene usw)* removal
ab|transportieren remove; ~**treten** assign
Abverfügung forwarding note
abwägen weigh, consider
Abwägung consideration; **nach ~ aller Fakten und Umstände** after (due) consideration of all the facts and circumstances
abwarten (sit and) wait
Abwasser sewage, waste water; ~**tank** *(Wohnwagen usw)* waste-water tank
abwechseln change; **sich** ~ take turns, rotate
Abwechslung change; **zur** ~ for a change
Abwehr defence
abwehren 1 defend; 2 ward off
Abwehrmaßnahme defensive measure
abweichen 1 *(Norm)* deviate; 2 *(Thema)* digress; 3 *(Strecke)* take another route
Abweichung 1 deviation; 2 digression
abweisen *(Klage)* dismiss
Abweisung 1 dismissal; 2 rejection
abwenden *(Schaden usw)* avert; **sich** ~ turn away
abwerten *(Währung)* devalue
Abwertung devaluation
abwesend absent, missing
Abwesenheit absence; **in ~ von** in the absence of
ab|würgen *(Motor)* stall; ~**zahlen** pay off (in instalments); ~**zapfen** ⚡ abstract
Abzeichen 1 *(zum Anstecken)* badge, pin; 2 *(Stoff)* patch
ab|zeichnen 1 sign; 2 *(mit Anfangsbuchstaben)* initial; ~**ziehen** 1 *(subtrahieren)* deduct, subtract; 2 *(sich entfernen)* withdraw
Abzug 1 subtraction; 2 🔫 trigger; 3 withdrawal; 4 *(Foto)* print; ~ **von Kräften** withdrawal of forces
abzweigen turn off
Abzweigung turn-off, junction
Achse *(Fahrzeug)* axle; **auf ~ sein** be on the road/move
Achslast axle load; **zulässige** ~ (maximum) permissible axle load; ~**überschreitung** exceeding the (maximum) permissible axle load
achten auf watch out for
Achtung 1 *(Vorsicht)* caution, attention; 2 respect; ~ **der Menschenrechte** observance of human rights; **gegenseitige** ~ mutual respect
ADAC (Allgemeiner Deutscher Automobilclub) *German automobile club*
ADAC-Pannendienst ADAC breakdown service; ~**fahrer** ADAC patrolman
Ader *(Blutgefäß)* blood vessel
Adler eagle
Adressbuch directory
Adresse → **auch Anschrift** address; ~**nverzeichnis** directory, address book
ADR-Nachweis ADR document
AETR-Bescheinigung AETR certificate

Aggressivität aggressiveness
agieren act
ahnen anticipate, have a feeling/presentiment/hunch
ähnlich similar; ~ **sein** resemble
Ähnlichkeit similarity, resemblance; ~ **haben** bear a resemblance; **offensichtliche** ~ apparent similarity
ahnungslos unsuspecting
Aids|, sich mit ~ anstecken/infizieren contract AIDS; **~-Handschuhe** surgical gloves
aidsinfiziert HIV-infected, HIV-positive
Airbag deaktivieren deactivate the airbag
Akku battery
Akte 1 *(Ordner)* file; 2 *(Inhalt)* file, record, dossier; ~ **anlegen** open a file on someone/something
Akten| anfordern ask for files; ~ **führen** keep files; **zu den** ~ to be filed; **zu den ~ nehmen** file
Akten|auszug abstract of record, excerpt from the record(s); **~durchsicht** checking the files; **~durchsicht zur Vorbereitung** *(durch Polizisten vor Vernehmung)* case preparation; **~einsicht** access to the records, inspection of (the) files/records; **~führung** filing; **~haltung** filing, record keeping; **~koffer** briefcase, attaché case
aktenkundig on record; ~ **machen** record, put on file
Akten|lage, nach ~lage according to the files; **~mappe** folder; **~notiz** mem(orandum); **~ordner** file; **~tasche** briefcase; **~vermerk** note (in the files); **~vormerkung** confirmation note; **~zeichen** reference (number), file number; **~zeichen XY** *(Fernsehserie)* Crime Watch *GB*, America's Most Wanted *US*
Aktion *(Werbung, Wahlkampf)* campaign
aktiv energetic
Aktivität, terroristische ~ terrorist activity
aktualisieren update
aktuell current, up to date
Akzent accent; **leichter/starker** ~ slight/strong accent
Akzeptanz acceptance
akzeptieren accept
Alarm alarm, alert
Alarmanlage alarm (device/system), security device, burglar alarm; ~ **auslösen** *(durch Eindringling)* set/trigger off the alarm; ~ **ausschalten** deactivate the alarm; ~ **einschalten** activate/set the alarm, activate the security device; ~ **scharf schalten** reset the alarm
Alarmbereitschaft (full) alert
Alarm|fahndung *carefully prepared sudden search*; **~hundertschaft** alarm unit
alarmieren alert, alarm, give/sound the alarm
Alarmknopf alert button; ~ **betätigen** sound the alert
Alarm|kräfte alert/standby forces; **zusätzliche ~kräfte** back-up alert forces; **~meldung** alarm signal; **~signal** alert, warning signal; **~stufe** phase
Albtraum nightmare, horror trip
alias also known as (aka), otherwise known as
Aliasname alias
Alibi| besitzen have an alibi; ~ **bestätigen** confirm an alibi; ~ **in Frage stellen** question an alibi; ~ **nachweisen** prove an alibi; **wasserdichtes** ~ watertight alibi; **~zeuge** alibi witness
Alkohol| im Dienst drinking on duty; ~ **riechen können** be able to smell alcohol; ~ **zu sich nehmen** consume/drink alcohol, drink
alkoholabhängig addicted to alcohol
Alkohol|abhängigkeit alcoholism, addiction to alcohol; **~aufnahme** intake/consumption of alcohol; **zulässige ~aufnahme** legal intoxication; **~delikt** alcohol-related crime; **~einwirkung** influence of alcohol
alkoholfrei non-alcoholic
Alkoholgehalt alcohol content/level, proof; **mit niedrigem** ~ low-alcohol
Alkohol|genuss alcohol consumption;

~geruch smell of alcohol; **~grenze** *(bei der man noch fahren darf)* drink-drive limit; **deutlich über der ~grenze liegen** be way over the limit
Alkoholika alcoholic beverages
Alkoholiker alcoholic, (habitual) drunkard
alkoholisiert under the influence (of alcohol), intoxicated
Alkohol|kontrolle spot check for drunk drivers, sobriety check *US*; **~missbrauch** alcohol abuse/misuse; **~nachweis** proof of alcohol content; **~route** *(coll) route taken by drunk drivers to avoid the police*; **~test** → **Alkotest**; **~verbot** prohibition to consume alcohol, drinking ban
Alkomat breathalyzer (device), screening device, intoximeter machine, intoxilizer *US*
Alkotest breath/breathalyzer/drink-drive test, alcohol/intoxication/drunk test, B test, sobriety test *US*; **beim ~ über der Grenze liegen** fail a breath test; **jemanden einem ~ unterziehen** breathalyze someone; **~gerät** → **Alkomat**
Allein|erziehender single parent; **~täter** independently operating criminal; **~unfall** *accident with no other party involved*
Allgemein|bildung; ~wissen general knowledge; **~heit** general public
Allrad|antrieb all-wheel/four-wheel drive; **~fahrzeug** all-wheel/four-wheel drive vehicle
alt *(Person)* elderly
Alter age; **im ~ von** at the age of; **scheinbares ~** apparent age; **ungefähres ~** approximate age
Alters|bestimmung determination of age; **~grenze** 1 age limit; 2 *(Ruhestand)* retirement age; **~teilzeit** *reduction of working hours for officers aged 55 or more;* **~teilzeit in Blockform** *working for a reduced salary compensated by early retirement for officers aged 55 or more*
Altglascontainer bottle bank
altmodisch old-fashioned
Alt|öl waste oil; **~papier** waste paper
Alu|briefchen ✗ tinfoil sachet; **~felge** alloy/sports wheel; **~folie** tinfoil, aluminium foil; **gefaltete ~folie** ✗ folded tinfoil
Amateurfunker radio amateur/ham *(coll)*
amateurhaft unprofessional
ambulant ⚕ on the spot, outpatient
Ambulanz outpatient department
Amok| laufen run amok; **~schütze** armed madman
Ampel (set of) traffic lights, lights, traffic signal; **~ außer/in Betrieb** traffic lights (not) in operation; **bei Rot über die ~ fahren** jump the (red) lights, fail to obey a traffic signal; **zeitweise eingeschaltete ~** temporary traffic lights; **mobile ~** temporary traffic lights
Ampulle ampoule
Amt department, office, bureau *US*; **von ~s wegen** according to the law, by/in law
amtlich official
Amts- administrative, official
Amts|anmaßung unauthorized/false assumption of authority; **~anwalt** law officer; **~arzt** medical officer (of health), official physician/surgeon; **~befugnis** official competence
amtsbekannt known to the authorities
Amts|bezeichnung official title/designation; **~delikt** malfeasance, criminal offence by a public official; **~geheimnis** official secret; **~gericht** local court, *(England, Wales)* magistrates' court, district court, *(Schottland)* sheriff court, *(USA)* local/city/municipal court; **~handlung** official act
Amtshilfe administrative aid/cooperation; **~ersuchen** request for (mutual) assistance, letters rogatory
Amts|kleidung robes of office, uniform; **~missbrauch** abuse of authority/official functions; **~pflichtsverletzung** breach of (official) duty, violation of official duties, dereliction of duty
Amtsrichter 1 *(England, Wales, Laie,*

ehrenamtlich) (lay) magistrate; 2 *(England, Wales, Jurist, besoldet)* stipendiary (magistrate), district judge; 3 *(Schottland)* sheriff; 4 *(USA)* magistrate, municipal/city judge

Amts|sprache official language; **~träger** office holder; **~vergehen** misfeasance; **~verschwiegenheit** official secrecy

Anabolikum anabolic steroid

Anbau 1 ⌂ extension, annex; 2 *(Pflanzen)* cultivation

an|bauen grow, cultivate; **~bieten** offer

An|bieter supplier, vendor; **~bindung** (road) link; **~blinken** headlight flashing

an|bringen 1 *(anschrauben usw)* fit; 2 affix; **~brüllen** shout at

ändern 1 change, alter; 2 *(Gesetz usw)* amend

Änderung 1 change; 2 amendment

andeuten 1 *(Hinweis)* hint, indicate; 2 *(Unterstellung)* insinuate

An|deutung 1 hint, indication; 2 insinuation; **~drang** rush

androhen threaten

Androhung threat; **~ von Gewalt** threat to use force; **~ des Waffeneinsatzes** threat to use firearms

aneignen, sich ~ *(Gegenstände)* appropriate

Aneignung appropriation

anerkennen 1 *(offiziell, Dokument)* recognize; 2 *(gesellschaftlich usw)* accept

Anerkennung 1 recognition; 2 acceptance; **~ der Haftung** admission of liability; **~sbescheinigung (für ein Typenprüfzeugnis für ....)** *certificate of acceptance of type approval for ....*

Anfahren *(Losfahren)* start(ing); **~ am Berg** hill start

anfahren 1 start (off), pull away; 2 *(Person mit Kfz)* run into, strike, hit; 3 *(anbrüllen)* shout at

Anfahrt journey there; **~szeit** *(Zeit von Verständigung bis zum Eintreffen am Einsatzort)* response time

an|fallen 1 *(Rückstände usw)* accrue; 2 *(Hund)* attack; **~fällig sein für** be prone/susceptible to

Anfang, von ~ an from the outset

Anfänge, den ~ wehren stop something in its tracks

anfangen| zu laufen break into a run; **von vorne ~** start from scratch/the beginning

Anfänger *(Polizei usw)* rookie *(coll)*; **~fahrerlaubnis** learner driver's licence

Anfangs|buchstabe initial; **~verdacht** initial suspicion, grounds for suspicion

an|fechtbar voidable; **~fechten** 1 challenge; 2 ⚖ appeal

Anfechtung 1 challenge; 2 appeal

anfertigen make

Anflug ✈ approach; **~ einer Erkältung** touch of cold

anfordern 1 *(bitten)* request; 2 *(bestellen)* order; 3 *(Unterstützung)* call for

Anforderung request; **nach ~ von** at the request of; **den ~en entsprechend** in accordance with the requirements; **die ~en erfüllen** meet the requirements; **~skontakt** (traffic light) sensors, trippers *US*

Anfrage *(Auskunft)* enquiry, inquiry

an|fragen enquire, inquire; **~führen** 1 lead; 2 *(zitieren)* cite

Anführer (ring)leader

Angabe declaration, statement

Angaben data, particulars; **~ zu** data on; **~ zum Fahrzeug** vehicle data; **~ zur Person** particulars, personal data/details; **~ zur Person machen** give one's personal details; **~ zur Sache** statement(s) concerning the case as such; **~ zur Versicherung** insurance data; **~ machen** give particulars; **falsche ~** misrepresentation; **nähere ~** particulars, details

angeben 1 state, declare; 2 ⊖ declare; 3 *(sich hervortun)* show off; **genau ~** specify

angeblich alleged, so-called, ostensible, purported

Angebot offer; **~ und Nachfrage** supply and demand

angehen *(Problem usw)* address; **das geht Sie nichts an** that's none of your business; **das geht uns nichts an** that's not our problem

angehören be a member of

Angehörige relations, relatives; ~ **verständigen** inform relatives; **nächste** ~ next of kin

Angehöriger relative; ~ **einer Minderheit** member of a minority group, ethnic *US*; ~ **militärischer Kräfte** member of military forces

angeklagt| sein face a charge; ~ **werden** be charged (with)

Angeklagter the accused/defendant

Angelegenheit matter, affair; ~ **klären** sort things out; ~ **regeln** settle a matter; **innere ~en** internal affairs; **zivilrechtliche** ~ civil matter

Angelschein fishing licence/permit

angemessen appropriate; **für** ~ **halten** deem appropriate

an|geschnallt sein wear the seat/safety belt; **~gesichts** in view of

Angestellter (salaried) employee; ~ **im öffentlichen Dienst** officer, official; ~ **zur Überwachung des ruhenden Verkehrs** traffic warden; **leitender** ~ executive

angewiesen auf dependent on

angezeigt reported; **nicht** ~ unreported

Angler angler, fisherman

angreifen attack, assault

Angreifer attacker, assailant

angrenzen abut; **~d** adjacent, adjoining

Angriff attack, assault; ~ **mit einem Messer** knife attack; ~ **abwehren** *(Person)* ward off an attack; **erster** ~ first tactical steps, front-end investigations; **räuberischer** ~ **auf Kraftfahrer** highway robbery; **rechtswidriger** ~ unlawful attack; **tätlicher** ~ ⚖ assault (and battery); **unprovozierter** ~ unprovoked attack; **~shandlung** act of aggression

angriffslustig aggressive

Angriffswaffe offensive weapon

Angst fear; ~ **haben** be afraid/scared; ~ **vor Verbrechen** fear of crime; **in** ~ **und Schrecken versetzen** scare

Anhalte|kelle *hand-held stop sign*; **~kontrolle** stop check; **~meldung** police check report

Anhalten stopping (a vehicle)

anhalten 1 *(stehen bleiben)* stop, pull in/up; 2 *(durch Polizei usw)* stop, pull in/over, flag down; **nicht** ~ drive straight through; **plötzlich** ~ 🚗 come to an abrupt halt; **jemanden** ~ **und durchsuchen** stop and frisk/search someone; **jemanden** ~ **und überprüfen** stop and check someone; **jemanden zu etwas** ~ enjoin someone to do something

Anhalteposten officer stopping vehicles

Anhalter hitchhiker; **mitgenommener** ~ pickup; **per** ~ **fahren** hitchhike, thumb a lift, get a lift/ride

Anhalte|signal stop signal; **~stab** *hand-held stop sign*; **~weg** (overall) stopping distance

Anhaltspunkt clue, lead, indication

Anhang *(Buch usw)* appendix

Anhängelast towed load; **~überschreitung** exceeding the maximum towed load

anhängen hitch/fasten to; **jemandem etwas** ~ pin something on someone

Anhänger 1 *(Fahrzeug)* (goods) trailer; 2 *(Sport usw)* fan, supporter, follower; 3 *(Schmuck)* pendant; 4 *(Etikett)* label, tag; ~ **an ein Auto (an)kuppeln** hitch a trailer to a car; ~ **ziehen** tow/draw/pull a trailer; **~kupplung** trailer coupling/hitch; **~schein** trailer document; **~steckdose** trailer socket

anhauchen, jemanden ~ breathe at someone

anheuern sign on

Anhöhe hill, elevation

anhören 1 listen (to); 2 ⚖ hear

Anhörung ⚖ hearing; **förmliche** ~ formal hearing

Animierdame night club hostess

animieren incite, encourage

Anker anchor; **vor** ~ **gehen** (drop) anchor; **vor** ~ **liegen** be anchored, lie at anchor

ankern 1 *(vor Anker gehen)* (drop) anchor; 2 *(vor Anker liegen)* be anchored, lie at anchor

anketten, sich ~ chain oneself up (to)

Anklage charge, indictment; ~ **erheben**

indict, prosecute; ~ **fallen lassen** drop a charge; **unter ~ stehen** be on/stand trial

Anklage|behörde → **Staatsanwaltschaft**; **~erhebung** arraignment, indictment

anklagen indict, prosecute; **jemanden ~** bring a charge against someone; **jemanden wegen etwas ~** charge someone with something

Anklagepunkt ⚖ count

Ankläger ⚖ (public) prosecutor, prosecuting counsel

Anklageschrift ⚖ (bill of) indictment

an|kreuzen *(Fragebogen)* tick; **~kündigen** announce

Ankunft arrival; **~shalle** arrival(s) hall; **~szeit** time of arrival

ankuppeln couple up to, hitch to

Anlage 1 *(Brief)* enclosure; 2 *(e-mail)* attachment; 3 *(Fabrik usw)* facility, installation, plant; 4 *(Park)* park, grounds; 5 *(Dokument)* annex

Anlass subject, cause, opportunity, reason, occasion; **~ geben zu** give rise to; **aus aktuellem ~** because of current/recent events; **besonderer ~** special event

anlassen 🚗 start; **wieder ~** restart

An|lasser 🚗 starter; **~laufzeit** *(Maßnahme usw)* start-up time/period

anlegen 1 🚢 tie up, berth, dock, moor; 2 *(Sicherheitsgurt)* → **anschnallen**; 3 *(Geld)* invest; **sich mit jemandem ~** pick a quarrel with someone

Anlegesteg jetty

anleiten 1 teach, instruct; 2 *(Straftat)* induce

Anleitung guidance; **~ zu einer Straftat** inducement/incitement to commit a crime/an offence

Anliegen request; **ein ~ haben** have a request

anliegend, eng ~ *(Kleidung)* tight-/close-fitting

Anlieger resident; **~straße** residential street, street for residents only; **~verkehr** residential traffic

Anmeldegebühr registration fee

anmelden 1 *(Kfz usw)* register; 2 ⊖ declare; **sich ~** 1 *(Einwohnermeldeamt, Tagung)* register; 2 *(Hotel)* check in

anmeldepflichtig 1 notifiable; 2 ⊖ dutiable

An|meldeschluss closing date (for registrations); **~meldung** registration

annähernd approximately, roughly

Annäherung approach; **verdeckte ~** covert approach; **~sversuch(e) machen** make advances

Annahme 1 *(Akzeptanz)* acceptance, receipt; 2 *(Vermutung)* assumption, presumption; **irrtümliche ~** misconception; **~erklärung** acceptance declaration

an|nehmbar acceptable; **~nehmen** 1 *(akzeptieren)* accept, receive; 2 *(vermuten)* assume, presume

Annehmlichkeiten *(Dienstwagen usw)* perks

annullieren *(ungültig machen)* nullify, revoke

anonym anonymous

Anorak anorak, wind jacket, windbreaker

anordnen 1 *(Befehl)* order, direct, instruct; 2 ⚖ rule, order, decree; 3 *(Einrichtung)* arrange

Anordnung 1 order, direction, instruction; 2 ruling, order; 3 arrangement; **richterliche ~** court/judge's order; **einer ~ Folge leisten** comply with an order

anpassen adapt (to), adjust to; **sich an etwas ~** adjust to something

Anpassung adjustment; **~sfähigkeit** adaptability

anraten advise

Anrecht right, entitlement; **~ haben auf** be entitled to

Anreiz incentive

anrempeln jostle

An|riss *(Kfz usw)* crack; **~rostung** incipient rust

anrücken *(Polizei)* move in, respond

Anruf (telephone) call; **auf einen ~ reagieren** *(Eingreifen der Polizei)* respond to a call; **anonymer ~** anonymous call; **falscher ~** hoax (call);

fehlgeleiteter ~ misguided call; **obszöner ~** indecent phone call; **~beantworter** (telephone) answering machine, answerphone
anrufen ring (up), call, (tele)phone
Anrufer caller
ansässig resident
Ansatz approach; **~ verfolgen** take an approach; **ganzheitlicher ~ (der Verbrechensbekämpfung)** holistic approach
anschaffen 1 acquire; 2 *(Prostitution)* walk the streets, be on the game
Anschaffung acquisition; **~skosten** acquisition/original costs; **~spreis** purchase price; **~swert** original value
anschalten switch/turn on
Anschein, den ~ haben seem
anscheinend apparent
An|scheinsgefahr apparent danger; **~schlag** 1 attack, plot; 2 🔫 firing position
anschließen connect; **sich ~** join; **~d** subsequent, following
Anschluss 1 *(Verkehrsmittel)* connection; 2 extension; **~ erreichen** get a connection, make it; **~ verpassen** miss a connection
Anschluss|flug connecting flight; **~inhaber** ☎ subscriber; **~stelle** 1 junction, access point; 2 → **Autobahnanschlussstelle**; **~zug** connecting train
anschnallen, sich ~ fasten one's safety/seat belt, belt/buckle up
Anschuldigung incrimination
Anschrift address; **ladungsfähige ~** *address where someone can be reached*; **letzte bekannte ~** last known address (LKA)
Ansehen reputation, standing
an|sprechbar ⚕ responsive; **~sprechen** 1 *(Person)* address, approach, accost, speak to; 2 *(Prostitution)* solicit
Ansprech|partner; ~person contact (person); **sozialer ~partner** confidant(e)
anspringen 🚗 start; **jemanden ~** *(Schlägerei)* jump at someone
Anspruch claim, right, entitlement; **~ auf Schadensersatz haben** be entitled to damages; **~ erheben auf** lay claim to, file a claim; **~ haben auf** be entitled to; **in ~ nehmen** make use of
anspruchsvoll 1 *(Erwartung)* demanding; 2 *(Qualität)* sophisticated
Anstalt institution; **sozialtherapeutische ~** juvenile detention centre/home
an|steckend ⚕ contagious, infectious; **~steigen** 1 *(zunehmen)* increase, rise; 2 *(Straße usw)* rise, climb; **~stelle von** instead of, in lieu of
anstellen *(einschalten)* switch/turn on; **sich ~** join a queue, queue, line up *US*; **stellen Sie sich nicht so an** don't make such a fuss
Anstellung employment; **eine/keine feste ~ haben** be in/without regular employment
Anstieg 1 *(Zunahme)* increase, rise; 2 *(Straße usw)* ascent, climb; **sprunghafter ~ der Gewalt** spate of violence
anstiften incite, instigate
Anstifter instigator, troublemaker
Anstiftung incitement; **~ zur Gewalt** incitement to violence; **~ zu religiösem Hass** incitement to religious hatred; **~ zum Rassenhass** incitement to racial hatred; **~ zu einer Straftat** incitement/inducement to commit a crime/an offence
Anstoß nehmen take offence
anstoßen|, jemanden ~ brush against someone; **auf etwas ~** drink to something; **auf jemanden ~** drink someone's health
an|stößig offensive, offending; **~strengend** stressful, demanding, strenuous
An|strengung effort; **~teil** share, stake
Antenne aerial, antenna *US*
Anti|alkoholiker teetotaller; **~blockiersystem** → **ABS**; **~depressivum** antidepressant
antihomosexuell homophobic
Antiquitäten antiques; **~händler** antique dealer
Anti|rutschmatte anti-skid mat; **~schlupfregelung** anti-slip control (ASP); **~terroreinheit** anti-terrorist branch/unit/squad; **~terrorgesetz** anti-terror bill

Antrag application, request, proposal, submission; **auf ~** (up)on request

Antrags|berechtigter eligible person; **~formular** application form; **~frist** deadline for applications

Antragsteller applicant, claimant

antreten 1 *(aufstellen)* form up; 2 *(zum Dienst)* start

Antrieb 🚗 drive; **innerer ~** compulsion; **~sachse** driving axle; **~swelle** driveshaft

Antwort 1 reply; 2 *(Reaktion)* response

antworten 1 reply; 2 respond

anvertrauen entrust

Anwalt → **Rechtsanwalt**; **~shonorar** lawyer's fee, retainer; **~skosten** legal expenses, solicitor's charges/fees

Anwärter 1 probationer; 2 → **Polizeianwärter**

anweisen instruct, order, direct

Anweisung instruction, order, direction; **~ befolgen** follow an instruction; **~ eines Polizisten nicht beachten** fail to obey the signal/the directions of a police officer

anwenden apply, resort to, use

Anwender user

Anwendung application, use; **~ von Gewalt** use of force; **~ von Sanktionen** use of sanctions; **~sbereich** scope

anwerben recruit

Anwesen premises

anwesend present; **persönlich ~ sein** be physically present

Anwesende those present; **~ ausgenommen** present company excepted

Anwesender person present; **unbeteiligter ~ am Tatort** innocent bystander

Anwesenheit presence, attendance; **in ~ von** in the presence of; **~ vor Gericht** attendance at court, court attendance; **~srecht** right of attendance

An|wohner resident; **~zahl der Sitzplätze** seating capacity

anzahlen pay down, pay a deposit

Anzahlung down payment, deposit

anzapfen ☎ tap

Anzeichen hint, indication, sign

Anzeige 1 ⚖ charge, complaint, report, information; 2 *(Zeitung usw)* advertisement; 3 *(Instrument)* display; **~ aufnehmen** record/take down a charge, fill in a charge sheet; **~ bearbeiten** process a charge/complaint; **ohne ~ davonkommen** get off; **~ erstatten** → **anzeigen**; **~ gegen Unbekannt erstatten** file a charge against an unknown person; **~ zurücknehmen/zurückziehen** withdraw a charge

Anzeige|feld display; **~instrument** gauge, dial

anzeigen 1 *(Bürger bei Polizei)* lay an information, report (to the police), file/lodge/make a complaint; 2 *(Polizei bei Staatsanwalt)* prefer/press charges; 3 *(Instrument)* show

Anzeigender; Anzeigenerstatter *person laying an information*

Anzeigenformular charge sheet

Anzeigepflicht duty to give notice, obligation to notify

anzeigepflichtig notifiable

Anzeiger → **Anzeigender**

anzetteln incite, instigate, start

anziehen 1 *(Kleidung)* put on; 2 *(Interesse)* attract; **sich ~** get dressed

Anzug suit

an|zünden 1 set fire to, torch, set alight; 2 *(Zigarette)* light; **~zweifeln** doubt

Apartment flat, apartment

Apotheke pharmacy, chemist's (shop), drugstore *US*

Apparat 1 *(Gerät)* gadget; 2 ☎ extension; **am ~** ☎ speaking; **wer ist am ~?** who's speaking, please?

Aquaplaning hydroplaning

Arbeit work; **~ aufnehmen** commence work; **~ wieder aufnehmen** resume work; **~ einteilen** organize work; **gute ~ leisten** do a good job

Arbeit|geber employer; **~geber, der Männer und Frauen gleichberechtigt einstellt** equal opportunity employer; **~nehmer** employee

Arbeits|abschnitt work segment; **~amt** job centre, labour exchange; **~anzug** 1 overalls; 2 *(Drillich)* fatigues; **~aufenthaltsverordnung** temporary work and residence statute; **~bedingungen** working conditions

Arbeitsbelastung workload, caseload; **überdurchschnittliche ~** above-average caseload

Arbeits|bereich field of work; **~erlaubnis** work(ing)/employment permit

arbeitsfähig able to work

Arbeits|genehmigung work permit; **~gerät** piece of equipment, implement; **~gericht** industrial tribunal; **~gruppe** 1 working party; 2 *(Lehr-, Lerngruppe)* study group; **~kleidung** working clothes

arbeitslos unemployed, jobless, out of work, on the dole; **~ werden** lose one's job, be made redundant

Arbeits|losenunterstützung unemployment benefit, dole; **~loser** unemployed person; **~losigkeit** unemployment; **selbstfahrende ~maschine** self-propelled machine; **~papiere** employment papers; **~plan** work schedule; **~platz** 1 job, position; 2 *(Ort)* workplace, place of work; **~platzbeschreibung** job description; **~stelle** job, position; **~tag** working day

arbeitsunfähig incapable of working, incapacitated

Arbeitsunfähigkeit disability; **~sbescheinigung** sick note

Arbeits|unfall industrial/occupational accident, accident at work; **~uniform** *(Drillich)* fatigues; **~verhältnis** employment; **~vertrag** contract of employment, employment contract

Arbeitszeit working hours; **flexible/gleitende ~** flexible working hours, flexitime; **~nachweis** logbook, time sheet/records

Archiv archive(s), records

Ärger 1 trouble, hassle; 2 *(Wut)* anger; **~ haben** have a spot of trouble *(coll)*

ärgern annoy, anger

Ärgernis nuisance; **~ abstellen** abate a nuisance; **öffentliches ~** common/public/street nuisance

Arglist malice

arg|listig in bad faith, malevolent, malicious; **~los** unsuspecting

Argument reason

Argwohn suspicion

arg|wöhnen suspect; **~wöhnisch** suspicious

Arm|e auseinander spreizen open one's arms; **jemanden auf den ~ nehmen** pull someone's leg; **jemanden mit ausgestreckten ~en und Beinen gegen etwas stellen** spreadeagle someone against something

Armaturenbrett 1 dashboard; 2 instrument board/panel

Arm|band *(Schmuck)* bracelet; **~banduhr** (wrist)watch; **~binde** brassard; **~brust** crossbow

Ärmel sleeve; **~ hochrollen** roll up one's sleeve(s); **~kanal** (English) Channel

ärmellos sleeveless

Ärmelstreifen stripe

Arm|reif bangle; **~stütze** armrest

Armut poverty

Arrest confinement; **~zelle** detention cell

Art und Weise manner, way

Arzt physician; **praktischer ~** general practitioner (GP); **~einsatz** employment of a doctor

ärztlich medical

Arztpraxis surgery, practice

Asche ash(es); **~nbecher** ashtray

Asphalt tarmac

asphaltieren tarmac, pave *US*

Asphaltnagel road stud

Asservat (piece of) evidence

Asservaten|kammer; ~raum evidence/property room; **~verbleib** *storage of evidence*; **~verwaltung** *administration of (pieces of) evidence*; **~verzeichnis** *list of (pieces of) evidence*

asservieren safeguard, preserve

Asyl asylum, sanctuary, refuge; **~ gewähren** grant asylum; **politisches ~** political asylum

Asylant → **Asylbewerber**; **~enwohnheim** hostel for asylum seekers

Asylantrag application/request for asylum; **~ ablehnen** reject an application for asylum; **~ stellen** ask for asylum

Asyl|berechtigter person entitled to asylum; **~bewerber** asylum seeker; **abgelehnter ~bewerber** failed asylum seeker

Asyl- und Einwanderungsbehörde asylum and immigration authority, United Kingdom Immigration Service *GB*

Asyl|recht right of asylum; **~sucher** → **~bewerber**

Asylverfahren asylum procedure

Atem breath; **außer ~** out of breath

Atemalkohol|analyse breath test; **~kontrolle** → **~test**; **~konzentration (AAK)** breath alcohol concentration; **~test** breath alcohol test, breathalyzer test

Atem|gerät ⚕ respirator; **~probe** breath sample/specimen; **~schutzgerät** breathing apparatus, smoke helmet; **~testgerät** breathalyzer (device), intoxilizer *US*; **~weg** ⚕ air passage

atmen breathe; **schwer ~** breathe heavily

atomar nuclear

Atom|kraft → **Kernkraft**; **~mülltransport** nuclear waste transport

Attentat assassination (attempt); **geglücktes ~** assassination; **misslungenes ~** failed assassination attempt

Attentäter assassin

Attest certificate; **ärztliches ~** medical/doctor's certificate

ätzen 1 *(Kennzeichnung)* etch; 2 ☡ corrode; **~d** ☡ corrosive

Aufbau 1 establishment; 2 *(Struktur)* structure, set-up; 3 *(Fahrzeug)* body

aufbauen establish, build/set up; **~ auf** build upon

Aufbau|kurs post-foundation course/phase; **~organisation** structural organization; **besondere ~organisation** (incident-related) special organization

auf|begehren gegen rebel against; **~bewahren** keep, store, retain

Aufbewahrung keeping, storage; **~sort** place of safekeeping; **sicherer ~sort** safe place

auf|blenden switch/turn one's headlights to full beam; **~blinken; ~blitzen** flash; **~brechen** *(Tür, Kfz usw)* prise open, force; **~bringen** *(Geld)* raise; **~bruchsicher** tamper-/burglar-proof; **~decken** uncover, detect

Aufdeckung detection

auf|dringlich importunate; **~einander folgend** successive

Aufenthalt 1 *(offiziell)* stay, sojourn; 2 *(unbekannt)* unknown stay/residence; **~ ermitteln** locate; **illegaler ~** illegal residence

Aufenthalts|bereich restricted area of stay; **~beschränkung** residence/residential restriction; **~dauer** length of stay; **zulässige ~dauer überziehen** overstay; **~erlaubnis** residence permit; **~ermittlung** determination of residence; **~genehmigung** residence permit; **(un)befristete ~genehmigung** (un)limited residence permit; **~ort** abode, (place of) residence, whereabouts; **gewöhnlicher ~ort** usual place of abode; **~recht** right of abode; **~sichtvermerk** residence control stamp; **~status** *(bei Ausländern)* residential status; **~verbot** residence ban, prohibition of residence; **~verordnung** residence regulations

auferlegen *(Strafe)* impose, mete out

auffahren crash into/hit (the vehicle in front), run into the back (of the vehicle in front); **(zu) dicht ~** follow (too) closely, drive (too) close to the vehicle in front, tailgate *US*

Auffahrschutz impact protection/bars

Auffahrt 1 *(Ein-, Zufahrt)* drive(way); 2 → **Autobahneinfahrt**; **~rampe** access ramp, on-ramp

Auffahrunfall rear-end collision; **~ verursachen** bump into another car

auf|fallen strike (someone as something), be noticeable; **~fällig** conspicuous

Auffang|lager reception camp, induction centre; **~stelle für Asylbewerber** reception centre for asylum seekers; **~tatbestand** offence liable for prosecution

Auffassung view, opinion

auf|finden trace; **~fordern** demand, request, call upon

Aufforderung 1 demand, 2 incitement; **nach ~** on demand, on/upon request; **~ zu einer Straftat** incitement/inducement to commit a crime/an offence; **~ zur Ausreise** demand to leave the country; **~ den Dienst zu quittieren** requirement to resign

aufführen, einzeln ~ specify, itemize

Aufführung *(Theater usw)* performance

auffüllen *(Flasche usw)* top up

Aufgabe task, assignment, mission, duty, function; **~ erledigen** carry out/accomplish a task; **~ wahrnehmen** exercise a function

Aufgaben| und Befugnisse functions and powers; **besondere ~** special tasks; **hoheitliche ~** government functions; **~bereich** area of responsibility, remit; **~beschreibung** description of tasks

auf|geben give up; **~gebracht** upset; **~gehalten werden** *(Verkehr)* get stuck, be held up; **~geregt** excited; **~geschüttet** *(Straße)* elevated; **~greifen** 1 *(festnehmen)* pick up; 2 *(sich befassen mit)* take up; **~grund** due/owing to

aufhalten hold up; **sich ~** *(Person)* stay, be

Aufhängung 🚗 suspension

aufheben 1 *(Strafe, Urteil)* reverse, quash; 2 *(Genehmigung usw)* cancel, lift; 3 *(Gesetz)* repeal; 4 *(vom Boden)* pick up

Aufhebung cancellation; **~ von Beschränkungen** lifting of restrictions; **~ der Immunität** revocation/lifting of immunity; **~ eines Verbotes** lifting of a ban

auf|heulen lassen *(Motor)* rev (up); **~hören** stop; **~klären** 1 *(Verbrechen)* clear up, detect, solve; 2 reconnoitre

Aufklärung clearing up, detection; **~squote** detection/clear-up/clearing rate

Aufkleber sticker

auf|kommen für pay for, defray; **~laden** *(Fahrzeug)* load

Auflage *(Bedingung)* restraint, condition, restriction, stipulation; **rechtliche ~** legal restriction; **zur ~ machen** stipulate

auflauern waylay

Auflaufbremse 🚗 overrun brake

auf|laufen 1 *(Vorgänge)* pile up; 2 *(Verkehr)* build up; **~leuchten** light up

Aufliegelast nose weight; **zulässige ~ überschreiten** exceed the maximum permissible nose weight

Auflieger *(Sattelschlepper)* semi-trailer, articulated trailer

auf|listen list; **~lösen** 1 *(Vereinigung)* disband; 2 *(Menschenmenge)* disperse; 3 *(Vertrag)* rescind; 4 dissolve; 5 *(Versammlung)* break up

Auflösung 1 disbandment; 2 dispersal; 3 rescission

aufmerksam attentive; **jemanden auf etwas ~ machen** bring something to someone's attention; **~ sein** pay attention, take care

Aufmerksamkeit attention; **~ erregen** attract attention

Aufnahme 1 *(Empfang)* reception; 2 *(Beweissicherung)* record; **(geschlossene) ~einrichtung für Asylbewerber** detention centre, reception centre for asylum seekers; **~prüfung** entrance examination; **~staat** host country/nation

auf|nehmen 1 *(Verkehrsunfall)* record and investigate; 2 *(beherbergen)* put up; **~passen** 1 pay attention, watch, be careful, take care, be on one's guard; 2 *(auf jemanden/etwas)* look after

Aufprall impact; **~dämpfer** impact attenuator

auf|prallen impact; **~pumpen** *(Reifen)* inflate, pump up; **~putschen** stimulate

Aufputschmittel stimulant

aufräumen clear up

aufrecht upright; **~erhalten** maintain, keep up, sustain

Aufrechterhaltung maintenance; **~ von Recht und Gesetz** maintenance of law and order

aufregen, sich ~ get excited

aufreißen 1 *(Straße)* tear up; 2 *(Brief, Kleidung)* rip open

aufrichten, sich ~ stand/sit/straighten up

aufrichtig sincere, straight, honest

Auf|richtigkeit sincerity, honesty; **~ruf** appeal, call

aufrufen appeal
Aufrührer rioter
auf|rührerisch 1 *(Verhalten)* riotous; 2 *(Buch usw)* seditious; **~sässig** rebellious
aufschieben 1 put off, delay, postpone; 2 ⚖ suspend; **~d** *(Bedingung)* suspensive
Aufschlag *(Zuschlag)* additional/extra charge
aufschließen unlock
Aufschluss geben give information
auf|schlussreich revealing; **~schnappen** pick up
Aufschrei 1 scream; 2 *(Protest)* (public) outcry
auf|schreiben take/write down; **~schreien** cry out, scream
Auf|schrift inscription, marking; **~schub** 1 delay, postponement; 2 ⚖ suspension
Aufsehen stir; **~ erregen** cause a stir
Aufseher guard
aufsetzen *(Brille, Hut)* put on
Aufsetztank demountable/portable tank
Aufsicht supervision, control; **~sbeamter** supervisor; **~behörde über die Polizei** police authority *GB*; **~spflicht** supervisory duty
auf|spüren trace, track down, detect, find; **~stacheln** incite, instigate
aufsteigen 1 *(Fahrrad usw)* get on; 2 *(Beförderung)* rise (through the ranks); 3 *(Sportklub usw)* be promoted; **~d** ascending
aufstellen 1 *(Verkehrszeichen, Zelt usw)* put up; 2 *(Liste usw)* draw up
Aufstellungsart *(für parkende Fahrzeuge)* parking configuration
Aufstieg *(Beförderung)* promotion; **~smöglichkeiten** promotion prospects
auf|stöbern hunt down; **~stoßen** 1 push open, kick in; 2 ⚕ hiccup; **~suchen** 1 *(Arzt usw)* see, consult; 2 go to; **~tanken** fill up, refuel
Auftauchen appearance, emergence
auftauchen appear, emerge, arise; **wieder ~** reappear
Auftausalz de-icing/road salt
aufteilen divide, split, share (out), allocate
Aufteilung distribution, allocation
Auftrag 1 *(allgemein)* mission; 2 *(speziell)* order, task, assignment; **im ~ von** on behalf of, under the authority of; **~ ausführen/erfüllen** carry out a task; **im ~ (i.A.)** for the .... ; **polizeilicher ~** mission of the police
Auftrag|geber principal; **~sbeschreibung** terms of reference; **~staktik** mission-type tactics, mission-oriented command
Auftreten 1 *(Vorkommen)* occurrence; 2 *(Verhalten)* bearing; 3 *(als Zeuge usw)* appearance
auftreten 1 occur; 2 appear; 3 *(Problem usw)* arise
Aufwandsentschädigung expense allowance
aufwendig 1 *(Kosten usw)* expensive; 2 *(Umfang)* extensive
Aufwendungen (financial) outlays
aufzeichnen record
Aufzeichnung record(ing); **beweissichere ~** lawful record; **~sgerät** recording device
aufzeigen point out/to
Aufzug lift, elevator *US*
aufzwingen force upon
Augapfel eyeball
Auge| zudrücken turn a blind eye; **blaues ~** ⚕ black eye; **bloßes ~** naked eye; **entzündetes ~** inflamed eye; **mit großen ~n** wide-eyed; **unter vier ~n** in private; **vorstehende ~n** bulging eyes
Augenblick instant, moment
Augenbraue eyebrow; **buschige ~n** bushy eyebrows
Augen|lid eyelid; **~licht** eyesight
augenscheinlich apparent
Augen|wimper eyelash; **~wischerei** eyewash; **~zeuge** eyewitness; **~zeugenbericht** eyewitness account/testimony; **~zwinkern** blink
Ausbau 1 *(Erweiterung)* expansion; 2 *(Gegenstand, z.B. Radio)* removal
aus|bauen 1 expand; 2 remove
Ausbau|strecke ⛛ widened road; **~zustand** ⛛ state of construction
ausbessern repair, mend

Ausbesserung repair
aus|beulen 🚗 remove the dent(s); **~beuten** exploit
Ausbeutung exploitation
ausbilden train
Ausbilder trainer, instructor, (field) training officer
Ausbildung training, instruction; **~ am Gerät** equipment familiarization, training on the equipment; **~ auf der Dienststelle** in-house/in-service training; **~ erfolgreich abschließen** graduate
Ausbildungs|abschnitt training module/ phase; **~abteilung** training department/ division; **~programm** training scheme/ programme; **~zeit** probation(ary)/ training period
ausbrechen 1 *(Feuer usw)* break out, start; 2 *(Gefangene)* escape
Ausbrecher jailbreaker, prison escapee
ausbreiten, sich ~ spread
ausbremsen, jemanden ~ *force someone to slow down*
Ausbruch 1 *(Beginn)* outbreak; 2 *(Flucht)* escape
Ausdruck 1 *(Wort usw)* word, expression, term; 2 🖥printout; **unflätiger ~** obscene word
ausdrucken 🖥 print (out)
ausdrücken express; **sich in .... (Sprache) ~** express oneself in .... (language); **sich sehr deutlich/unverblümt ~** be blunt
auseinander| nehmen strip, take apart; **sich ~ setzen mit** deal with
Auseinandersetzung 1 *(verbal)* argument, row, quarrel, dispute; 2 *(handgreiflich)* fight, brawl; **~ zwischen einzelnen Bevölkerungsgruppen** civil strife; **bewaffnete ~** armed clash/conflict
Ausfahrt 1 exit, way out; 2 → **Autobahnausfahrt**
Ausfall 1 *(technisch)* breakdown, failure; 2 *(Veranstaltung)* cancellation
ausfallen 1 be cancelled; 2 *(Ergebnis)* turn out
Ausfall|erscheinung ⚕ deficiency symptom; **~straße** main road
ausfertigen *(Dokument)* draw up
Ausfertigung copy
ausfindig machen trace, locate
Ausflug (day) trip, outing
Ausfuhr export; **~anmeldung** ⊖ export declaration
ausführen 1 export; 2 carry out, execute, implement; 3 *(Hund)* walk
Ausfuhr|genehmigung export licence; **~kennzeichen** export numberplate
Ausführung execution, implementation; **~ dienstlicher Aufgaben** execution of official tasks; **~ eines Auftrages** execution of an order
ausfüllen *(Formular)* complete, fill in/ out *US*
Ausgabe 1 *(Buch, Zeitung)* issue; 2 *(Geld)* expenditure, spending; 3 *(Verteilung)* distribution; **~stelle** distribution point
Ausgang 1 *(Tür usw)* exit, way out; 2 *(Ergebnis)* outcome, result; 3 outgoing mail/messages
Ausgangs|fach pigeonhole for outgoing mail; **~korb** *(Büro)* out-tray; **~punkt** starting point; **zum ~punkt zurückkehren** return to the point of departure; **~sperre** curfew
ausgeben 1 *(verteilen)* issue, hand out, distribute; 2 *(Geld)* spend; **sich ~ als** pose as, impersonate, pretend to be
aus|gebeult *(Kleidung)* baggy; **~gebildet** qualified; **~gebrannt** burnt out; **~gefahren** *(Straßendecke mit Spurrillen)* rutted, rutty
ausgehen 1 go out; 2 *(Vorrat)* run out; **~ von** assume
Ausgeh|uniform class A uniform; **~verbot** curfew
ausgeleuchtet *(Straße)* lit; **gut ~** well-lit; **schlecht ~** poorly lit
ausgenommen exempt, excluding, save
ausgerüstet equipped; **schlecht ~** ill-equipped
aus|geschnitten *(Kleid)* low-cut; **~gestellt von** *(Dokument usw)* issued by; **~gestorben** 1 *(leer)* deserted; 2 *(nicht mehr vorhanden)* extinct
Aus|gewiesener deportee, expellee; **~gewogenheit** balance
aus|glühen *(Fahrzeug nach Brand usw)*

burn out; **~handeln** bargain, negotiate; **~händigen** hand over, deliver, surrender

Aushändigung handing-over, delivery, surrender

aushöhlen hollow out

ausholen *(beim Abbiegen)* swing; **weit ~** swing wide

Auskunft 1 information; 2 *(Firma, Verwaltung)* information (desk); 3 ☎ directory inquiries/information *US*; **~ erteilen** give/supply information; **~ verweigern** refuse to give/disclose information; **~sersuchen** request for information; **~spflicht** obligation to give/disclose information

aus|kuppeln 🚘 declutch; **~laden** unload

Auslagen expenses

Ausland foreign countries/states; **im/ins ~** abroad; **im ~ lebend** expatriate; **im ~ Lebender** expatriate

Ausländer foreigner, foreign national/subject, alien; **durchreisender ~** alien in transit; **~amt; ~behörde** aliens department, Overseas Visitors Records Office *GB*

ausländerfeindlich xenophobic

Ausländer|feindlichkeit xenophobia; **~gesetz** aliens/immigration act; **~integration** integration of foreigners; **~recht** aliens law; **~zentralregister (AZR)** central register of foreigners

ausländisch foreign

Auslands|aufenthalt stay abroad, foreign residence; **~dienstreise** official trip abroad; **~gespräch** ☎ international call; **~reise** trip abroad; **~reisen** foreign travel

auslassen leave out

Auslaufen 1 ⛴ sailing; 2 *(Ladung usw)* spill(age); **~ von gefährlichen Substanzen** spillage of hazardous substances; **~ von Öl** oil spill(age)

auslaufen 1 sail, leave port; 2 spill, leak

Auslaufstrecke *(Bremsversagen)* escape lane, runaway (truck) lane *US*

auslegen *(deuten)* interpret

Auslegung 1 interpretation, construction

ausleihen lend; **sich etwas ~** borrow something

aus|leuchten light; **~liefern** *(Person in anderes Land)* extradite

Auslieferung extradition; **~sabkommen** extradition treaty; **~sersuchen** request for extradition, extradition request; **~sfahrer** delivery driver; **~shaft** detention prior to extradition, confinement pending extradition

aus|lösen start, trigger; **~machen** 1 *(Licht usw)* switch/turn off, put out; 2 *(darstellen)* constitute

Ausmaß extent; **~e** dimensions

Ausnahme 1 exception; 2 *(Nichtbeteiligung)* exemption; **~fall** exceptional/special case; **~genehmigung** exemption permit; **~zustand** (state of) emergency

aus|nehmen 1 *(nicht beteiligen)* exempt, exclude; 2 *(neppen)* rip off, milk, fleece; **~nüchtern** sober up

Ausnüchterung sobering up

aus|nutzen make use of, exploit; **~packen** 1 unpack; 2 *(gestehen)* squeal *(coll)*; **~parken** *(aus Parklücke)* drive off

Auspuff exhaust; **~gase** exhaust emissions/fumes/gases; **~knall** exhaust explosion; **~rohr** exhaust pipe, tailpipe; **~topf** silencer, muffler

aus|rauben rob; **~rechnen** reckon, work out

Ausrede excuse; **faule ~** flimsy/poor/lame excuse

ausreden|, jemandem etwas ~ talk someone out of something, dissuade someone from doing something; **jemanden ~ lassen** allow someone to finish (talking)

ausreichend sufficient

Ausreise leaving the country, exit, departure; **sofortige ~ anordnen** order (someone) to leave the country immediately

Ausreise|antrag application/request to leave the country; **~erlaubnis** permission to leave the country; **~frist** deadline for leaving the country; **~genehmigung** exit permit; **~kontrolle** exit control/check

ausreisen leave the country

Ausreise|pflicht duty to leave the country; **~stempel** departure/exit stamp; **~verbot** prohibition to leave the country; **~visum** exit visa; **~zentrum für abgelehnte Asylbewerber** detention facility for persons required to leave the country

ausreißen *(vom Elternhaus)* run away (from home), abscond

Ausreißer runaway

ausrichten 1 *(informieren)* notify; 2 *(Veranstaltung)* organize

ausrüsten equip, supply; **jemanden mit etwas ~** equip/issue someone with something

Ausrüstung equipment, gear, outfit; **modernste ~** sophisticated/state-of-the-art equipment; **~svorschriften** equipment regulations

ausrutschen slip

Ausrutscher *(fig)* slip of the tongue

Aussage 1 *(bei Polizei)* statement; 2 *(vor Gericht)* testimony, evidence; **~ eines Augenzeugen** eyewitness account/testimony; **~ unter Eid** sworn testimony; **~ erpressen** blackmail someone into giving evidence; **~ machen** 1 make a statement; 2 give evidence, testify; **~ verweigern** refuse to give evidence; **~ zurückziehen** withdraw/retract a statement

Aussage|, belastende ~ incriminating statement/evidence; **erhärtende ~** corroborating statement; **freiwillige ~** voluntary statement; **mündliche ~** oral statement; **falsche uneidliche ~** unsworn false statement

aussagebereit 1 willing to make a statement; 2 ⚖ willing to give evidence

Aussagegenehmigung permission to give evidence

aussagen → **Aussage machen**

Aussage|pflicht duty to give evidence; **~verweigerung** silence, refusal to give evidence; **~verweigerungsrecht** right to keep/remain silent

ausschalten switch/turn off

Ausschank sale of alcoholic beverages (for consumption on the premises)

aus|schenken *(Getränke)* serve; **~scheren** ▽ suddenly move/pull/weave out; **~schildern** 1 signpost; 2 set up traffic signs

Ausschilderung signposting

ausschimpfen, jemanden ~ tell someone off

aus|schlachten 🚘 strip, cannibalize; **~schlafen** *(Rausch)* sleep it off

ausschlaggebend decisive

ausschließen 1 rule out, exclude; 2 *(ausweisen)* expel; **das eine schließt das andere nicht aus** one thing doesn't exclude the other; **sich ~** lock oneself out

ausschließlich exclusive

Ausschluss 1 exclusion; 2 ⚖ preclusion; **unter ~ von Waffengewalt** not involving the use of armed force

Ausschnitt 1 *(Zeitung usw)* cutting; 2 *(Kleidung)* neckline

Ausschreibung *(Stelle)* advertisement of a position; **~ zur Aufenthaltsermittlung** warrant to determine someone's whereabouts; **~ zur Festnahme** arrest warrant; **öffentliche ~** *(Auftrag)* tender

Aus|schreitung riot, civil commotion; **~sehen** appearance, look

Außen|bezirke outskirts; **~bordmotor** outboard motor; **~dienst** field service; **~lautsprecher** outdoor loudspeaker/amplifier; **~ministerium** ministry/department of external/foreign affairs, Foreign Office *GB*, State Department *US*; **~seiter** outsider

Außenspiegel wing/outside/side/door mirror, side view mirror; **elektrisch verstellbarer ~** electrically adjustable outside mirror; **zusätzlicher ~** additional wing/outside/side mirror

Außen|stehender outsider; **~stelle** branch, substation, field office; **~verpackung** outer package/packaging/wrapping; **~wandverkleidung** 🏠 cladding, siding *US*; **~zaun** perimeter fence

außer except for, save; **~gerichtlich** out of court; **~gewöhnlich** extraordinary; **~halb** outside

Außerhausverkauf *(Restaurant)* take-away, takeout *US*

äußern, sich ~ express oneself
außer|orts outside built-up areas; **~planmäßig** unscheduled
Äußerung statement, utterance; **beleidigende ~** defamatory statement; **dienstliche ~** official statement/comment; **rassistische ~** racist statement
aussetzen 1 *(Kind, Tier)* abandon; 2 *(Motor)* cut out; 3 ⚖ suspend, adjourn; 4 *(Sonne, Kälte)* expose
Aussetzung adjournment, suspension; **~ der Abschiebung** suspension of deportation
Aussicht view; **~en** prospects; **~spunkt** viewpoint, overlook, vista point *US*
aus|spähen reconnoitre, spy; **~sperren** lock/shut out
Aussprache 1 *(Sprechweise)* pronunciation; 2 *(Gespräch)* talk
aussprechen pronounce
ausstatten 1 equip; 2 *(mit Rechten usw)* vest; **~ mit** provide with
Ausstattung equipment; **~ der Räumlichkeiten** furnishing of the premises; **persönliche ~** personal equipment/kit; **vorgeschriebene ~** prescribed/regulation equipment; **~ssoll** minimum equipment
aussteigen 1 🚘 get/step out; 2 *(LKW usw)* step down, alight; 3 *(Gesellschaft)* drop out; 4 💉 stop taking drugs; **~ lassen** set down, drop off
Aussteiger drop-out
ausstellen 1 *(Dokument usw)* issue; 2 *(zeigen)* exhibit, display
Ausstellfenster 🚘 vent window
Ausstellung 1 *(Dokument usw)* issue, issuance; 2 exhibition; **~sdatum** date of issue; **~sgelände** exhibition centre; **~sort** place of issue; **~sstück** exhibit
aus|stopfen stuff; **~strömen** *(Gas)* leak, escape
Austausch 1 exchange; 2 *(Teile)* replacement
austauschen 1 exchange; 2 replace
Austausch|schüler; ~student exchange student
Austrittswunde exit wound
ausüben 1 practise; 2 *(Recht)* exercise
Aus|- und Fortbildung training; **~verkauf** (clearance) sale
Auswahl selection; **engere ~** *(Bewerbung)* shortlist
auswählen select, choose, pick
Auswahl|komitee selection board/committee; **~prüfung** selection test; **~verfahren** selection procedure/process
auswandern emigrate
Aus|wanderung emigration; **~wärtsmannschaft** *(Fußball usw)* away team
auswechseln replace
ausweichen go out of the way; **plötzlich ~** 🚗 swerve; **~d** evasive
Ausweich|manöver evasive action; **~route; ~strecke** alternative route
Ausweis pass, passport, identity/ID/identification card; **amtlicher ~** official pass
ausweisen *(aus einem Land)* expel, deport; **sich ~** prove one's identity, identify oneself
Ausweis|kontrolle ID check; **~missbrauch** misuse of identification documents; **~papiere** (identity) papers, identity documents, (means of) identification; **~papiere überprüfen** check identity papers; **~pflicht** obligation to carry identification papers
Ausweisung expulsion, deportation; **(un)befristete ~** (un)limited expulsion; **~sverfügung** deportation order
auswerten evaluate, collate
Auswertung evaluation, collation
auswirken, sich ~ auf affect
Auswirkung effect, impact, implication
aus|wuchten *(Rad)* balance, align; **~zahlen** pay out; **~zeichnen** honour
Auszeichnung award
ausziehen 1 *(Kleider)* take off; 2 *(Wohnung)* move out; **sich ~** strip, take one's clothes off
Auszubildender trainee, apprentice; **~ in der Probezeit** probationer
Auszug *(Text)* excerpt; **~ aus dem Strafregister** criminal record sheet
auszupfen *(z.B. Augenbrauen)* pluck
autark self-sufficient

Auto (motor) car/vehicle, auto(mobile); **per ~** by road/car; **verbeultes ~** battered car; **~atlas** road atlas

Autobahn motorway, freeway *US*, interstate *US*, expressway *US*, parkway *US*; **gebührenpflichtige ~** toll motorway, turnpike *US*, tollway *US*

Autobahn|, von der ~ abfahren; ~ verlassen leave the motorway, exit; **auf die ~ auffahren; in die ~ einfahren** enter/join the motorway

Autobahn|abfahrt → **~ausfahrt**; **~anschlussstelle** junction, entrance, exit; **~auffahrt** → **~einfahrt**; **~ausfahrt** exit (point), turn-off point, junction; **~benutzungsgebühr** (motorway) toll; **~dreieck** junction, intersection; **~einfahrt** entrance, access point, junction; **~ein- und -ausfahrt** junction; **~gebühr** (motorway) toll; **~kreuz** intersection, cloverleaf interchange, junction; **~kreuz mit zusätzlichen Einmündungen** spaghetti junction; **~meisterei** motorway maintenance department; **~parkplatz** rest/picnic area, lay-by, turnout *US*; **~polizei** motorway patrol/police; **~polizeirevier (APRev)** motorway police station; **~ring** orbital (motorway); **~streife** motorway crew; **~zubringer** feeder/link road

Auto|bombe car bomb; **~dach** car roof; **~einbruch** car break-in; **~fähre** car ferry; **~fahren** driving, motoring

Autofahrer 1 *(jeder einzelne)* motorist, driver; 2 *(Sammelbegriff)* motoring public; **langsamer ~** slowpoke *(coll)*; **liegengebliebener ~** stranded motorist; **schneller ~** speeder, speed merchant *(coll)*

Auto|friedhof junkyard, scrapyard; **~händler** car dealer; **~hersteller** automaker, car manufacturer; **~korso** motorcade

Automat vending/slot machine

Automatik(schaltung) automatic shift/gears

Automobilclub automobile association/club, motoring organization; **~ von Deutschland (AvD)** *German automobile club*; **~ von Europa (ACE)** *European automobile club*

Autonomer anarchist, left-wing radical

Autopsie post-mortem (examination)

Auto|reisezug motorail (train); **~schlüssel** car key; **~schlüsselbund** bundle of car keys; **~stopp** hitchhiking; **~transporter** car transporter/carrier; **~verladezug unter dem Ärmelkanal** Le Shuttle; **~waschanlage** car wash; **~zubehör** car accessories

Axt axe

B

Bach brook, creek *US*

Backe cheek; **~nbart** sideburns; **~nknochen** cheekbone

Backpulver baking powder

Bad; ~eort spa

Bade|anzug bathing costume/suit; **~hose** bathing trunks; **~mantel** bathrobe, beachrobe; **~ort** resort; **~strand** bathing beach

Baden-Württemberg Baden-Wurttemberg

Bagatell- petty

Bagatelle trifle

bagatellisieren minimize, play down

Bagatell|sache lesser/minor/petty/small/non-arrestable/summary offence; **~unfall** light/minor accident, fender bender *(coll)*

Bagger excavator

Bahn → **auch Eisenbahn** railway, railroad *US*; **~damm** railway embankment; **~fahrkarte** railway ticket; **~gleis** *(Strecke)* railway track; **~hof** (railway/train) station, railroad station *US*

Bahnhofs|halle concourse; **~mission** travellers' aid society; **~restaurant** station restaurant

Bahn|polizei railway/transport police, British Transport Police *GB*; **~reise** railway trip; **~steig** platform

Bahnübergang 1 railway/level crossing, grade/railroad crossing *US*; 2 →

Anhang 1; **beschrankter ~** gated level crossing, gate crossing *US*, gated grade crossing *US*; **unbeschrankter ~** ungated level crossing, railroad crossing *US*, ungated grade crossing *US*
Bahnverbindung train connection
Balkon balcony; **~geländer** balcony railing
Ballon balloon
Ballungsgebiet conurbation, urban agglomeration
Band 1 tape; 2 *(Buch)* volume
Bandage ⚕ bandage
bandagieren ⚕ bandage
Bande gang, ring; **kriminelle ~** (criminal) gang
Banden|diebstahl gang theft/robbery; **~führer** gang leader, ringleader; **~hehlerei** organized sale/selling of stolen goods; **~krieg** gang feud/war(fare); **~kriminalität** gang crime
Bandmaß tape measure
Bank 1 *(Sitzmöbel)* bench; 2 *(Geldinstitut)* bank
Bankett 1 *(Straße)* verge, shoulder; 2 *(Fest)* banquet, function
Bank|karte bank/cheque card; **~konto** bank account; **~konto sperren** freeze a bank account; **~leitzahl (BLZ)** bank code number, (bank) sort code; **~note** (bank)note, (money) bill *US*; **falsche ~note** counterfeit note, dud *(coll)*; **~raub** bank robbery, hold-up; **~räuber** bank robber; **~schließfach** safe deposit box; **~ überfall** bank hold-up/raid, raid on a bank; **~verbindung** account number and (bank) sort code
Bar nightclub
Baracke hut, shack
bar bezahlen pay cash
Bardame hostess
Barett beret
Bargeld cash
bargeldlos cashless
Barkauf cash purchase
Barkeeper barman
Barrikade barricade
Bart beard; **sich einen ~ wachsen lassen** grow a beard; **gestutzter ~** trimmed beard; **ohne ~** beardless; **~ansatz** incipient beard
Bärtchen (small) beard
bartlos beardless
Bartstoppeln stubble
Barverkauf cash sale; **~zahlung** cash payment
Baseball|kappe baseball cap; **~schläger** baseball bat
basieren auf be based on
Basis 1 *(Unterbau)* base; 2 *(im Gegensatz zur Führung)* rank and file (officers); **an der ~** at grassroots (level), among the rank and file
Baskenmütze beret
Batterie battery; **~ abtrennen** disconnect the battery; **~ laden** charge the battery; **leere ~** flat/discharged battery
Batterie|fahrzeug battery-operated vehicle; **~kabel** battery lead; **~trennschalter** master switch
Bau construction; **im ~** under construction
Bauart|bescheinigung type approval certificate; **~genehmigung** type approval; **~prüfung** prototype test; **~vorschriften** type regulations
Baubude building/builder's shed, site hut
Bauch stomach, belly; **~schmerzen** stomach ache, bellyache
baufällig ramshackle, dilapidated
Bau|jahr 🚘 year (of manufacture); **~maßnahme** building/construction work
Baumwolle cotton
Baustelle 1 *(Gebäude usw)* building/construction site; 2 *(Straße)* roadworks (section); **nicht gesicherte ~** unsecured roadworks (section)
Baustellen|ausfahrt works exit; **~bereich** roadworks section; **~fahrzeug** construction site vehicle, works truck; **~verkehr** ▽ heavy plant crossing
Bau|vorschriften building regulations; **~wagen** mobile builder's hut; **~zaun** hoarding
Bayern Bavaria
beabsichtigen intend
beachten 1 *(Gesetz)* observe, obey,

comply with; 2 bear in mind, pay attention to; **nicht** ~ fail to observe, ignore, disobey

Beamten|gesetz civil service act; **~recht** civil service law; **~schaft** civil service

Beamter civil servant, official; **~ des Kampfmittelräumdienstes** explosives officer; **~ des kommunalen Vollzugsdienstes** local administration officer

Beamter|, aufnehmender ~ recording (police) officer; **diensthabender ~** officer in charge; **erfahrener ~** experienced officer; **festnehmender ~** arresting officer; **leitender ~** 1 *(Polizei)* commanding/senior officer, officer in charge; 2 *(Verwaltung)* senior official; **ranghöherer ~** senior officer; **unterzeichnender ~** undersigned officer; **vorgesetzter ~** ranking officer

be|anspruchen claim; **~anstanden** complain of/about

Beanstandung complaint

be|antragen apply (for); **~antworten** reply; **~arbeiten** handle, process

Bearbeitung handling, processing; **~ von Dokumenten** document processing; **~sgebühr** handling/administrative charge

beatmen, jemanden von Mund zu Mund ~ give someone the kiss of life

Beatmung|, künstliche ~ artificial respiration; **~sgerät** respirator, resuscitator

be|aufsichtigen supervise, survey; **~auftragen** instruct, assign, detail, charge, commission, order, authorize, delegate, brief

Beauftragter delegate, representative

Becherhalter 🚘 cup tray/holder

Becken ⚕ pelvis; **~gurt** lap belt

Bedarf requirements, needs; **persönlicher ~** personal needs; **~sampel** pedestrian-controlled/-operated lights; **~shaltestelle** request stop

be|dauern regret; **~deckt** *(Wetter)* overcast

Bedenken 1 reflection; 2 *(Zweifel)* doubt, reservation

bedenken consider, think about; **~denklich** dubious, questionable

bedeuten mean; **~d** significant, important

Bedeutung 1 *(Wichtigkeit)* significance, importance; 2 *(Wort)* meaning

bedienen 1 *(Person)* serve, wait on; 2 *(Maschine usw)* operate, handle

Bedienung 1 service; 2 *(Maschine usw)* operating, handling

Bedienungs|anleitung operating instructions; **~elemente** operating elements, controls; **~geld** *(Speisekarte/Rechnung)* service charge; **~handbuch** operator's/owner's manual

Bedingung condition, stipulation

be|dingungslos unconditional; **~drängen** urge; **~drohen** threaten, menace

Bedrohung threat, menace; **im Verhältnis zur ~** *(Reaktion)* proportionate to the threat; **~ der nationalen Sicherheit** threat to national security; **~ mit einer Waffe** threat with a gun; **~ begegnen** counter a threat; **~ darstellen** pose a threat; **unmittelbare ~** direct threat; **unmittelbare ~ abwenden** stave off an immediate threat

Bedrohungs|lage high-threat situation; **~potenzial** threat potential

Bedürfnisse needs; **menschliche ~** *(Notdurft)* physical needs

be|eiden *(Aussage)* confirm upon oath; **~einflussen** influence, affect

Beeinflussung influence

beeinträchtigen impair

Beeinträchtigung impairment, nuisance

beenden finish, terminate, cease

Beendigung termination

be|engt confined, cramped; **~erdigen** bury

Beerdigung funeral, burial; **~sinstitut** undertaker, firm of undertakers

befähigen enable, qualify

Befähigung qualification; **~snachweis** (proof of) qualification, certificate of competency/qualification, qualifying certificate/licence

befahrbar passable

befahren|, stark ~ ▽ busy, heavily travelled; **wenig ~** lightly travelled

befangen biased, prejudiced

Befangenheit bias, prejudice

befassen, sich ~ mit handle, deal with

Befehl instruction, order, command; **auf ~** on order

befehlen instruct, order, command

Befehls|ausgabe; ~gebung issuing of commands; **~ebene** echelon; **~gewalt** command authority; **~haber** commanding officer; **~stelle** command post; **~struktur** command structure; **~verweigerung** refusal to obey orders

befestigen affix, attach

Befestigung fixing, fastening, attachment

befinden, sich ~ *(Sache)* be (situated/located)

be|flecken stain; **~folgen** 1 *(Anordnung)* obey, comply with; 2 *(Gesetz)* → **beachten 2**

Beförderer transport company, haulage company/contractor

befördern 1 *(zu höherem Rang)* promote; 2 *(transportieren)* carry, ship, transport, forward

Beförderung 1 promotion; 2 shipment, transport, carriage, haulage, forwarding, transportation *US*; **~ leicht verderblicher Güter** transport of perishable goods/items, transport of perishables; **~ in loser Schüttung** transport| of solid bulk materials, ~ of aggregates; **~ in Tanks** transport in tanks; **~ in Versandstücken** transport of items

Beförderungs|art mode of transport; **~einheit** transport unit; **~einschränkungen** transport restrictions; **~entgelt** fare; **erhöhtes ~entgelt** penalty for fare dodging; **~erlaubnis** carriage licence; **~gut** freight; **~mittel** means of transport; **~papiere** transport/shipping documents; **~pflicht** public service obligation; **~sperre** block on promotions; **~unternehmen** → **Beförderer**; **~vorschriften** transport regulations

befragen 1 question, interview, interrogate; 2 *(Zeugen)* examine

Befragung 1 questioning, interviewing; 2 examination

befreien 1 *(in Freiheit setzen)* free, liberate; 2 *(aus Gefangenschaft, Notlage usw)* rescue; 3 *(von einer Verpflichtung usw)* exempt

Befreiung 1 liberation; 2 rescue; 3 exemption, dispensation

be|freundet sein mit be friends with; **~friedigen** satisfy

Befriedigung satisfaction

befristen limit

Befugnis authority, power; **gesetzliche ~** statutory power; **hoheitliche ~se** governmental/sovereign functions, governmental powers

befugt sein be authorized

Befüller filler

befürchten fear

Befürchtung fear, apprehension

begegnen meet, encounter

Begegnung meeting, encounter; **~sverkehr** two-way traffic

be|gehen *(Straftat usw)* commit; **~gehrt** desirable, sought-after

Begehung commission

begierig eager, keen

Beginn und Ende *(Versicherung)* date of commencement and expiry

beglaubigen certify, authenticate

Beglaubigung certification, authentication

begleichen *(Rechnung)* settle, pay

Begleichung settlement, payment

begleiten escort, accompany

Begleit|fahrzeug escort vehicle; **~formular** accompanying form; **~kommando** escort; **~lehrer** accompanying teacher, chaperon *US*; **~papiere** accompanying documents/papers; **~- und Frachtpapiere** transport documents; **~person** escort, companion, accompanying person; **~schein** accompanying sheet; **~schutz** convoy escort/protection/security, escort (duty)

begrenzen restrict, limit

Begrenzung restriction, limit, limitation; **~sleuchte** 🚗 side lamp, sidelight, position lamp/light

begründen give reasons for, justify

Begründung reason

be|gutachten analyse, give an expert

opinion/report; **~haart** hairy; **~halten** keep, retain

Behälter container, vessel

behandeln treat; **grob ~** manhandle; **ungerecht ~** treat unfairly

Behandlung treatment; **falsche ~ von (asservierten) Gegenständen** mishandling of property; **ambulante ~** outpatient treatment; **ärztliche ~** medical treatment; **erkennungsdienstliche ~** photographing and fingerprinting; **erniedrigende ~** degrading/humiliating treatment; **stationäre ~** inpatient treatment

behaupten claim, maintain, allege, assert

Behauptung claim, allegation, assertion; **einer ~ widersprechen** deny an allegation

be|heben remedy; **~heizbar** heated

Behelfs- makeshift

Behelfs|ampel traffic lights (at roadworks sections); **~ausfahrt** emergency vehicle exit; **~mittel** remedy; **~straße** site/temporary road

be|herbergen accommodate, put up; **~herrschen** 1 control; 2 *(Fremdsprache)* speak, master; **~herrscht** *(Verhalten)* controlled

Beherrschung control; **~ verlieren** lose one's self-control

behindern obstruct, hinder, impair, impede, hamper

behindert ⚕ disabled, handicapped; **geistig ~** mentally disabled/handicapped

Behinderten|parkplatz handicapped parking; **~schild** *(Auto)* disabled person's badge/shield; **~transportfahrzeug** wheelchair-adapted vehicle, vehicle adapted for disabled passengers

Behinderter disabled/handicapped person, invalid

Behinderung 1 *(Hindernis)* obstruction; 2 ⚕ disability, disablement, handicap; **~ der Polizei** obstructing the police

Behörde 1 authority, agency, board; 2 *(Polizei)* force; **ausstellende ~** issuing authority/agency; **örtliche/städtische ~** local authority; **zuständige ~** authority in charge, appropriate authority, authority concerned

Behörden|bestätigung official confirmation; **~kennzeichen** government numberplate

beibehalten maintain, retain, keep

Beifahrer passenger; **~sitz** passenger seat

beifügen 1 *(Brief)* enclose; 2 *(e-mail)* attach

Beihilfe 1 ⚖ aiding (and abetting); 2 *(im Krankheitsfall)* medical benefit; **~ durch Unterlassen** ⚖ *aiding and abetting by omission*; **~ leisten** ⚖ aid (and abet)

Beil axe

beilegen *(Streit)* settle

Beilegung settlement; **friedliche ~ von Streitigkeiten** amicable settlement of disputes

Beileid sympathy; **sein ~ ausdrücken** express one's sympathy

Beinaheunfall near-miss (situation)

Beiname additional name

Beine auseinander machen spread one's legs

Beinlinge leggings

Beinprothese artificial leg

Beischlaf (sexual) intercourse

Beisitzer, juristischer ~ *(Gericht)* clerk of the court

Beispiel example, instance; **ein gutes ~ geben; mit gutem ~ vorangehen** set a good example

beispiellos unprecedented

beißen bite; **~d** *(Geruch usw)* sharp, pungent

Beitrag contribution

beitragen contribute

Beiwagen sidecar

be|jahen answer in the affirmative; **~kämpfen** combat, fight, tackle

bekannt known; **zuletzt ~** *(Anschrift usw)* last known; **auch ~ unter dem Namen** also known as (aka)

Bekannter acquaintance

Bekannt|gabe; ~machung announcement, publication

bekannt|geben; ~machen announce, publish

bekennen confess, admit; **sich ~ zu** *(Geständnis)* own up to; **sich schuldig ~** ⚖ plead guilty
beklagen, sich ~ complain
bekleidet clothed, dressed
Bekleidungsstelle quartermaster
be|kommen receive, get; **~kräftigen** (re)affirm; **~laden** 1 *(Verb)* load; 2 *(Adjektiv)* loaded, laden
Be- und Entladen| gestattet *(Schild)* loading and unloading permitted; **~ verboten** *(Schild)* no loading or unloading
Beladeort 1 place of shipment; 2 ⚓ port of lading
Belag *(Straße)* surface, paving, pavement *US*
belastbar, körperlich ~ (physically) fit, able-bodied
belasten *(Straftat)* incriminate; **sich selbst ~** incriminate oneself; **~d** incriminating
belästigen 1 molest, pester; 2 *(ständig)* harass; **sexuell ~** molest/harass sexually; **~d** *(Benehmen)* disorderly
Belästigung 1 molestation; 2 harassment; 3 *(Lärm, Geruch)* nuisance; **~ der Allgemeinheit** lewd public conduct; **sexuelle ~** 1 *(mit Körperkontakt)* indecent assault; 2 *(ohne Körperkontakt)* sexual harassment; **sexuelle ~ von Kindern** indecent acts with children
Belastung *(Beschuldigung)* incrimination; **~smaterial** incriminating evidence; **~szeuge** witness for the prosecution, prosecution witness
belebt ☏ busy
Beleg receipt, document; **~ verlangen** insist on/ask for/demand a receipt
be|legen *(mit Gebühr)* charge; **~lehren** 1 instruct, inform; 2 ⚖ caution
Belehrung instruction; **rechtliche ~** information about legal rights
beleidigen insult, offend; **sich wechselseitig ~** exchange/trade insults
beleidigt sein take offence
Beleidigung insult, verbal abuse; **tätliche ~** *(sexuell)* indecent assault
beleuchten illuminate, light up
Beleuchtung 1 illumination, lighting; 2 🚗 lights; **~sanlage; ~sgeräte** lights
Belieben, nach ~ at leisure
be|liebt popular; **~liefern** supply
bellen bark
belobigen commend
Belobigung commendation
belohnen reward
Belohnung reward; **~ aussetzen** offer a reward
bemannt manned
BE-Meldung instant report
bemerken 1 *(sagen)* remark, mention; 2 *(entdecken)* detect, spot, notice, note
Bemerkung remark; **abwertende ~** disparaging remark; **spontane ~** off-the-cuff remark
bemühen, sich ~ endeavour, strive
Bemühung effort(s), endeavour
be|nachbart adjoining, neighbouring; **~nachrichtigen** notify, inform
Benachrichtigung 1 *(Vorgang)* notification; 2 *(Papier)* notice, information; **~ der Polizei** informing the police; **~szettel** memo
benachteiligen discriminate against, place at a disadvantage
Benachteiligung discrimination
Benehmen behaviour, conduct; **ungebührliches ~** disorderly conduct, antisocial behaviour; **unhöfliches ~** rudeness
benehmen, sich ~ behave, conduct oneself
be|neiden envy; **~nennen** 1 name; 2 *(Nachfolger)* designate; 3 *(Kandidat)* nominate; **~nommen** dazed
Benommenheit stupor
be|nötigen 1 require; 2 *(Zeit)* take; **~nutzbar** usable; **~nutzen** 1 use, utilize; 2 *(Verkehrsmittel)* take
Benutzer user
Benutzung use; **missbräuchliche ~** 1 misuse; 2 misappropriation, taking without the owner's consent; **kostenlose ~ öffentlicher Verkehrsmittel** *(für Polizisten)* free travel; **~sgebühr** fee

Benzin fuel, petrol, gas(oline) *US*; **bleifreies ~** unleaded (fuel); **~leitung** fuel lead; **~preis** price of petrol/gas; **~verbrauch** fuel consumption

beobachten 1 observe, watch; 2 monitor, put under surveillance, surveil *US*; **etwas/jemanden (genau) ~** keep a (watchful) eye on something/someone

Beobachter observer, monitor

Beobachtung observation, monitoring, surveillance; **unter ~ stehen** be under observation

Beobachtungs|- und Feststellungsbericht police check report; **~bereich** area/range/sector of observation; **~posten** observation point/post; **~posten einrichten** establish an observation post; **~turm** observation tower;

beraten advise, counsel

Beratung 1 *(Arzt usw)* consultation; 2 counselling, advice

berauben 1 rob; 2 *(an öffentlich zugänglichen Orten)* mug

berauschen intoxicate; **~d** intoxicating

berechnen 1 calculate, evaluate; 2 *(Rechnung ausstellen)* charge; **zuviel ~** overcharge; **~d** calculating

Berechnung calculation, evaluation; **etwas aus ~ tun** do something from motives of self-interest

berechtigen entitle

berechtigt 1 *(Genehmigung)* authorized; 2 *(Anspruch)* eligible; **~ sein** be allowed/entitled/authorized

Berechtigter authorized person

Berechtigung 1 entitlement, eligibility; 2 *(Rechtfertigung)* justification; 3 *(Genehmigung)* authorization; **~sschein** permit, certificate (of authority)

Bereich 1 *(Einsatz usw)* sector; 2 *(Wirkung)* range; 3 *(Aufgaben)* scope; **im ~ von** within the area; **abgesperrter ~** cordoned-off area; **gekennzeichneter ~** marked area; **im roten ~** in the red; **mehrere ~e umfassend** *(Polizeiausbildung usw)* multidisciplinary; **allgemein zugänglicher ~** area of general access

bereichern, sich ~ enrich oneself

Bereifung (set of) tyres

bereinigen clear up, settle

bereit 1 ready; 2 *(gewillt)* willing, prepared

Bereitschaft readiness, standby, alert; **in ~** on standby; **erhöhte ~** increased vigilance

Bereitschafts|dienst standby duty; **~grad** degree/state of readiness

Bereitschafts|polizei (anti-)riot/standby police, riot squad, standby forces; **~polizeiabteilung** standby division; **~staatsanwalt** duty prosecutor; **~stufe** → **Alarmstufe**; **~zug** alarm/standby unit

bereitstellen provide

Bereitstellung provision; **~sraum** marshalling area

Berg, zu ~ fahren ⛴ go upstream

bergab downgrade, downhill, downwards; **~ fahren** drive downhill

bergauf upgrade, uphill; **~ fahren** climb, drive uphill

Bergbahn mountain railway, cableway, tram(way) *US*

bergen *(Sachen)* recover, salvage, retrieve

Berg|fahrer ⛴ vessel running upstream; **~fahrt** upstream passage/navigation

bergig mountainous

Berg|rettung → **~wacht**; **~steigen** mountaineering; **~steiger** mountaineer; **~straße** mountain road

Bergung 1 *(Personen)* rescue; 2 *(Sachen)* recovery, salvage, retrieval; **~saktion** 1 rescue operation; 2 salvage operation; **~sarbeiten** 1 rescue operations; 2 salvage operations; **~skosten** salvage costs

Bergwacht mountain rescue service/team

Bericht report; **~ abfassen/erstellen/schreiben** draw up/file/make/write a report; **~ zu den Akten legen** file a report; **~ vorlegen** submit/present a report

berichten report

Berichterstattung *(Medien)* coverage, reporting

berichtigen correct, set right, rectify

Be|richtigung correction; **~richtsbuch** (constable's) pocket notebook

be|rüchtigt notorious; **~rücksichtigen**

take account of, take into consideration, consider

Berücksichtigung consideration; **unter gebührender ~ von** with due regard to

Beruf profession, occupation, job; **von ~** by profession; **ausgeübter ~** practised occupation; **derzeitiger ~** present job; **erlernter ~** trade; **freier ~** profession; **vom ~ sprechen** talk shop

berufen appoint; **sich ~ auf** refer to, cite

Berufs- occupational, vocational

Berufs|auffassung work ethic; **~ausbildung** vocational/occupational training; **~ausübungserlaubnis** permit to practise a profession/trade; **~bezeichnung** job title; **~freiheit** freedom of occupation; **~krankheit** occupational/industrial disease; **~risiko** occupational hazard; **~schifffahrt** commercial shipping; **~schule** vocational school; **~soldat** regular/professional soldier; **~tätigkeit** employment; **~verbot** prohibition to exercise a profession

Berufung 1 *(innerer Auftrag)* vocation; 2 appeal; **~ einlegen** appeal; **~ verwerfen/zurückweisen** dismiss/quash an appeal; **~ zulassen** allow an appeal

Berufungs|gericht court of appeal, appellate court; **~recht** right of appeal; **~verfahren** appellate proceedings

beruhigen calm down; **sich ~** calm down

Beruhigungs|mittel sedative, tranquillizer; **unter dem Einfluss von ~mitteln** sedated; **~spritze** sedative/tranquillizer injection

berühren touch

Berührung contact, touch

besagen, indirekt ~ imply

Besatzung 1 team; 2 *(, Streifenwagen usw)* crew; 3 occupation; **~ eines Verkehrsstreifenwagens** traffic team; **~smitglied** crew member

Besäufnis booze *(coll)*, drinking bout

beschädigen damage; **vorsätzlich ~** vandalize

beschädigt 1 damaged; 2 *(eingebeult)* battered

Beschädigung damage; **~ von Polizeieigentum** damage to police property

Beschaffungskriminalität crimes committed to fund a drug habit

beschäftigen employ; **sich mit etwas ~** engage in something

Beschäftigter employee

Beschäftigung employment, occupation; **illegale ~** illicit employment

beschatten *(Person)* tail

Bescheid notice, official information

bescheinigen certify, attest, confirm in writing

Bescheinigung certificate; **~ über lenkfreie Zeiten** *certificate about rest periods (issued by the employer)*

be|schießen fire/shoot at; **~schildern** 1 signpost; 2 set up traffic signs

Beschilderung signposting

beschimpfen abuse verbally

Beschimpfung (verbal) abuse; **rassistische ~** racist abuse

beschlagen *(Scheibe)* misted

Beschlagnahme seizure, confiscation; **~ von Beweismaterial** seizure of evidence; **~beschluss** confiscation order

beschlagnahmen seize, confiscate

Beschlagnahmeprotokoll confiscation record

beschleunigen 1 accelerate, build up speed; 2 *(Vorgang)* speed up

Beschleunigung acceleration; **~sstreifen** acceleration lane

Beschluss decision

Beschneidung circumcision; **~ von Frauen** female circumcision

be|schnitten circumcised; **~schränken** restrict, confine

Beschränkung restriction; **räumliche ~** *(für Asylbewerber usw)* prohibition to leave a certain area

beschreiben describe

Beschreibung description; **~ abgeben** give/furnish a description; **der ~ entsprechen** answer/match the description; **~ herausgeben** publish a description; **ausführliche ~** detailed description

beschuldigen accuse

beschuldigt accused; **~ wegen** accused of

Beschuldigten|belehrung cautioning;

~**vernehmung** *questioning the person charged with something*

Beschuldigter person charged with an offence

Beschuldigung 1 *(offiziell)* charge; 2 *(inoffiziell)* accusation; 3 *(Behauptung)* allegation; 4 incrimination

Beschwerde complaint, grievance; ~ **einlegen** complain, file/lodge/make a complaint; **begründete** ~ substantiated complaint

Beschwerde|frist deadline for complaints; ~**führer** complainant; ~**grund** cause for complaint; ~**stelle** complaints department, Police Complaints Authority *GB*; ~**verfahren** grievance procedure

beschweren|, sich ~ complain, file/lodge/ make a complaint; **sich** ~ **über** complain about/of

be|schwichtigen calm; ~**schwipst** tipsy, befuddled; ~**schwören** swear (to something); ~**seitigen** remove, eliminate

Besen broom

besetzen 1 *(mit Personal)* man, staff; 2 *(Land usw)* occupy; 3 *(Haus)* squat

besetzt 1 ☎ engaged, busy *US*; 2 *(bemannt)* manned; **ständig** ~ permanently manned

Besetztzeichen ☎ engaged signal/tone, busy signal/tone *US*

Besetzung 1 *(mit Personal)* staffing level, manning; 2 *(Land usw)* occupation; 3 *(Haus)* squat(ting)

besichtigen view

Besichtigung 1 survey; 2 sightseeing (tour)

besiedelt populated; **dicht** ~ densely populated; **dünn** ~ sparsely populated

Besitz possession; ~ **mit der Absicht des Verkaufs** ✗ possession with intent to supply

besitzen possess

Besitzer occupier

Besitzstand vested rights; ~ **wahren** secure vested rights

Besitztum property; **befriedetes/umfriedetes** ~ enclosed property

Besoldung pay; ~**sgruppe** salary bracket; ~**stabelle** salary/pay scale

Besonderheit characteristic, particularity, peculiarity, unique feature; **körperliche** ~ special physical feature

besonnen level-headed

Besorgnis concern

besorgt concerned

Besprechung discussion, meeting, conference

besprühen spray

bessern, sich ~ mend one's ways

Besserung improvement; ~**smaßnahme** re-educational measure

Bestand stock, inventory; ~**sprüfung** inventory control; ~**teil** component

beständig constant

bestätigen 1 confirm, acknowledge; 2 *(Verdacht usw)* corroborate

Bestätigung 1 confirmation; 2 corroboration; 3 certificate

be|stechen bribe; ~**stechlich** open to bribery, bribable, corrupt

Bestechung bribery, graft, corruption; ~**sgeld** bribe

bestehen *(Prüfung)* pass; ~ **auf** insist on; ~ **aus** comprise, consist of

bestellen order

Bestellung order

be|stimmen *(Umstände)* determine, fix; ~**stimmt sein für** *(Warenladung)* be consigned for

Bestimmung 1 rule, regulation; 2 ⚖ provision; **gesetzliche** ~**en** statutory provision; ~**sland** (country of) destination; ~**sort** (place of) destination

bestrafen 1 punish; 2 *(Freiheitsstrafe)* convict

Bestrafung 1 punishment; 2 conviction

bestreiten *(zahlen)* pay, meet, defray

Besuch visit, call

besuchen visit; **häufig** ~ frequent

Besucher visitor; ~**ausweis** visitor's ID/ pass; ~**erzahl** *(Veranstaltung)* attendance

betäuben stun

Betäubungsgewehr stun gun

Betäubungsmittel ✗ narcotics, controlled substance; **unter dem Einfluss von ~n stehend** drugged; ~**einnahme**

drug taking; **~gesetz (BtMG)** controlled substances act, drugs/narcotics act

beteiligen, sich ~ participate, take part

beteiligt, an etwas ~ sein be involved in something, be a party to/participate in something

Beteiligte|, andere ~ other persons involved; **die ~n** the parties/those involved

Beteiligter 1 *(Veranstaltung)* participant; 2 *(Unfall)* person involved (in the accident)

Beteiligung 1 involvement; 2 participation; **~ Betriebsangehöriger** *(bei Straftat)* inside job; **ohne ~ anderer Personen** single-handed

beteuern 1 (re)affirm, assert; 2 *(Unschuld)* protest

Beteuerung assurance

Beton concrete

betonen emphasize, highlight, stress

Betonung emphasis

Betracht, in ~ ziehen take into consideration

betrachten als regard as

beträchtlich considerable, substantial, significant

Betrag amount, sum; **größerer ~** large amount (of money)

Betragen → **Benehmen**

Betreff *(Brief)* re

betreffen 1 *(sich beziehen auf)* refer to; 2 affect; **~d** respective, concerning, relevant

betreiben *(Anlage, Busdienst usw)* operate

Betreiber operator

Betreten entry; **~ verboten** *(Schild)* no trespassing, keep off/out; **unbefugtes ~** trespass

betreten enter; **unbefugt ~** trespass

Betreuer person in charge

Betreuung care; **ärztliche ~** medical care; **~seinrichtungen** care facilities; **~smaßnahmen** (family) support measures

Betrieb 1 *(Firma)* business, firm; 2 *(Funktion)* operation; **außer ~** out of service/order, inoperative; **öffentlicher ~** public(-sector) undertaking; **~sanleitung** operating instructions

betriebsbereit in working condition, operational

Betriebserlaubnis operator's/operating licence; **allgemeine ~ (ABE)** national type approval

Betriebs|feier; ~fest staff party; **~ferien** works holidays; **~geheimnis** trade secret; **~gewicht** operating weight; **~handbuch** operator's/owner's manual; **~kosten** operating expenses/costs; **~sicherheit** operational safety; **~störung** breakdown; **~system** operating system; **~tauglichkeit** operating fitness; **~unfall** industrial/occupational accident, accident at work

be|trifft *(Brief)* re; **sich ~trinken** get drunk; **~troffen** affected

Betroffene|, die ~n those affected; **~nvernehmung** *interviewing/questioning those affected*

Betroffener person affected

Betrug fraud, cheating, (criminal) deception

betrügen defraud, cheat

Betrüger crook, fraudster

betrügerisch fraudulent

betrunken drunk, drunken *US*, intoxicated, under the influence (of alcohol); **~ machend** intoxicating; **stark ~** punch-drunk, stoned *(coll)*; **jemanden ~ machen** fill someone up

Betrunkener drunk (person)

betteln beg

Bettler beggar

Beule 1 dent; 2 swelling

Beute loot, swag *(coll)*

beurkunden certify, record (in a notarial deed)

Beurkundung certification

beurlauben 1 grant leave; 2 *(disziplinarisch)* suspend (from duty)

Beurlaubung 1 leave; 2 suspension

beurteilen appraise, assess, evaluate; **falsch ~** misjudge

Beurteilung assessment, evaluation, appraisal (report); **~ der Lage** assessment of the situation; **befriedigende ~** fair appraisal marks; **falsche ~** misjudg(e)ment; **gute** ~ above-average appraisal marks; **~richtlinie** appraisal guideline

Beute stolen/hot goods, loot; ~ **aufteilen** share out the loot

Bevölkerung population; **sich unter die ~ mischen** *(Terroristen, Schläfer usw)* blend into the population

bevollmächtigen empower, authorize

Bevoll|mächtigter 1 authorized agent/ representative; 2 *(Anwalt)* attorney; **~mächtigung** authorization

be|vorstehend imminent, impending, forthcoming; **~vorzugen** prefer, favour; **~wachen** guard, watch

Bewachung guard

be|waffnen arm; **~waffnet** armed

Be|waffneter gunman; **~waffnung** 1 *(Vorgang)* arming; 2 armament

be|wahren keep, preserve; **~währt** proven

Bewährung ⚖ 1 *(Strafe wird nicht angetreten)* probation, suspension; 2 *(vorzeitige Entlassung nach Verbüßung eines Teils der Strafe)* parole; **auf** ~ on probation; **ohne** ~ without probation/parole; **zur ~ ausgesetzt** *(Strafe)* suspended

Bewährungs|auflage probation requirement; **~frist** probation period; **~helfer** probation/parole officer; **~hilfe** probation service

be|waldet wooded; **~wältigen** cope with

bewegen move; **sich** ~ move

Beweggrund motive; **niederer** ~ base motive

beweglich mobile

Bewegung movement, move; **Keine ~!** don't move!, freeze!; **ruckartige** ~ jerk; **ruckartige ~ am Lenkrad machen** *(z.B. um einem Hindernis auszuweichen)* swerve

Bewegungs|freiheit freedom of movement; **~melder** movement/motion sensor

Beweis 1 ⚖ proof, evidence; 2 *(Aussage)* testimony; ~ **vom Hörensagen** hearsay evidence; **als ~ beschlagnahmen** confiscate as evidence; ~ **erbringen** furnish/produce evidence; **etwas gegen jemanden als ~ verwenden** use something in evidence against someone; **als ~ vorbringen** tender something as evidence; ~ **widerlegen** disprove/rebut evidence

Beweis, mangels ~es for lack of evidence; **keine Spur eines ~es** not a shred of evidence; **schlüssiger/stichhaltiger** ~ conclusive evidence; **zugelassener** ~ admissible evidence

Beweis|anzeichen piece of evidence; **~aufnahme** ⚖ hearing/taking of (the) evidence

be|weisen prove, show, furnish/produce evidence; **~weiserheblich** evidentiary

Beweis|erhebung (hearing of the) evidence; **~kette** chain of evidence; **~kraft** probative value, probatory force; **~last** ⚖ burden of proof; **~last umkehren** shift the burden of proof

Beweismaterial evidence; ~ **sammeln** collect/gather evidence; ~ **sicherstellen** secure evidence; ~ **unterschieben** plant evidence; ~ **unterschlagen** tamper with evidence

Beweismaterial|, erhärtendes ~ corroborating evidence; **neues** ~ fresh evidence; **schriftliches** ~ written evidence; **umfangreiches** ~ ample evidence; **unzulässiges** ~ inadmissible evidence; **widersprüchliches** ~ conflicting/contradictory evidence

Beweismittel (piece of) evidence; ~ **beiseite schaffen** tamper with evidence

beweissicher tamper-proof

Beweissicherung preservation/safeguarding of evidence, securing the evidence; **zur ~ beschlagnahmen** seize as evidence; **~s- und Festnahmetrupp** arrest and preservation of evidence squad

Beweisstück corpus delicti, exhibit, piece of evidence; **zugelassenes** ~ admissible evidence

bewerben, sich ~ apply (for)

Bewerber applicant

Bewerbung application; **~sformular** application form; **~skommission** selection board/committee

bewerten evaluate, rate, assess
Bewertung evaluation, rating, assessment; **~sstruktur** ranking (table)
bewilligen *(Zuschuss)* grant
Be|willigung grant; **~wohner** 1 inhabitant, resident; 2 *(Wohnung usw)* occupant, tenant; 3 *(Bevölkerung)* population
bewohnt inhabited
bewusst conscious; **sich ~ sein** be aware/conscious of
bewusstlos unconscious; **jemanden ~ schlagen** beat/knock someone unconscious; **~ werden** faint, lose consciousness
Bewusstlosigkeit unconsciousness
Bewusstsein consciousness; **bei ~** conscious; **~ verlieren** lose consciousness; **~ wieder erlangen** come to, recover/regain consciousness
bezahlen|, bar ~ pay cash; **sich (wirklich) bezahlt machen** *(fig)* pay (dividends)
Bezahlung payment; **~ von Mehrarbeit/Überstunden** overtime pay; **sich ohne ~ davonmachen** make off without payment
bezeichnen *(markieren)* mark; **~ als** call, refer to as
Bezeichnung term, designation; **kriminologische ~** criminological term
be|zeugen bear witness, give evidence; **~zichtigen** accuse
Bezichtigung accusation
beziehen, sich ~ auf 1 relate to; 2 *(Brief usw)* refer to
Beziehung relationship
Beziehungen relations; **~ zwischen den Rassen** race relations; **außereheliche ~** extramarital relations; **diplomatische ~ abbrechen** break off diplomatic relations
beziffern put at, put a figure to, estimate
Bezirk district, region, county
Bezirks|(dienst)beamter home/community beat officer, community liaison officer, neighbourhood (support) officer; **~gericht** ⚖ district court *US*; **~regierung** district administration, regional government administration
Bezug *(Brief)* reference; **in ~ auf** with regard to, concerning; **~ nehmen auf** refer to
Bezüge income, pay, salary; **sonstige ~** other income
Bezugnahme, unter ~ auf re, with reference to
bezweifeln doubt, query
Bibliothek library
Bier|, alkoholfreies ~ alcohol-free beer; **~deckel** beer mat; **~garten** beer garden; **~kneipe** (beer) joint; **~krug** beer mug; **~ trinkend** beer-swilling
bilden 1 *(bestehen aus)* constitute; 2 *(gründen)* form, set up
Bildschirm 1 screen, monitor; 2 💻 terminal, monitor
Bildung 1 formation; 2 *(Schule usw)* education; **~ einer bewaffneten Gruppe** forming an armed gang; **~ einer kriminellen Vereinigung** forming a criminal organization; **~ einer terroristischen Vereinigung** forming a terrorist organization
Bildungsabschluss school-leaving certificate; **mittlerer ~** lower certificate of secondary education
Bildungsinstitut der Polizei police training college
Bildvariation photo variation (updating)
billigen approve
Binde|glied link; **~mittel** ⚗ absorbent/absorptive| agent, ~ substance
Bindfaden twine
Binnen- domestic
Binnen|gewässer inland waters; **~schiff** inland waterway vessel; **~schifffahrt** inland navigation; **~schifffahrtsstraßenordnung** traffic rules for inland waterways, inland waterways regulations; **~wasserstraße** inland waterway
Biometrie biometrics
biometrisch biometric
bis 1 *(ohne Frist)* till, until; 2 *(mit Frist)* by; **~her** up to date, so far
Biss(wunde) bite
Bitte request, plea
bitte 1 *(als Reaktion auf danke)* you're welcome, don't mention it; 2 *(wenn*

man etwas überreicht) here you are; **wie** ~? (I beg your) pardon?
bitten ask, request; ~ **um** ask for
Blanko|scheck *(fig)* carte blanche; **~unterschrift** blank signature
Blankwaffe edged weapon
Blase 1 ⚕ bladder; 2 *(auf der Haut)* blister; 3 *(Luftblase)* bubble
blass pale; **~gelb** sallow
blau *(betrunken)* drunk
Blaulicht 1 *(auf Polizeifahrzeug)* (rotating) dome/blue light, flashing blue light, blue roof light, overheads *US*; 2 *(Lichtleiste)* roof bar
Blei lead
bleich pale
bleichen *(Haare)* bleach
bleifrei *(Benzin)* unleaded
blenden dazzle
Blend|granate stun grenade; **~schutz** anti-dazzle/anti-glare device; **~schutzzaun** anti-dazzle barrier
Blendung| von vorn front glare; ~ **von der Seite** side glare
Blick look; **auf den ersten** ~ at first sight; **flüchtiger/kurzer** ~ glance, glimpse; **mit ~ auf das Gelände** overlooking the terrain; **im ~punkt der Öffentlichkeit** in the public eye; **~winkel** angle
Blinden|hund guide/seeing-eye/blind dog; **~stock** white stick
blinken 🚗 signal, switch on the indicator
Blinker (direction/turn) indicator, signal; **~leuchte** indicator lamp/light
Blink|leuchte; ~licht flash(ing) light; **gelbes ~licht** *(Ampel)* flashing amber light; **rotes ~licht** flashing red light
Blitz (flash of) lightning; **~leuchte** flashing light; **~licht** flash; **~schlag** stroke of lightning
Blockschrift block/printed letters
Blödsinn rubbish, nonsense, bullshit *(coll)*
blond fair(-haired), blond
Blondine blonde
Blouson bomber jacket
blühen 1 *(Pflanzen)* be in blossom; 2 *(Markt, Schmuggel)* flourish; **~d** booming, flourishing
Blumen|kasten window box; **~kübel; ~trog** planter, tub
Blut blood; ~ **vergießen** spill blood
Blutalkoholgehalt blood alcohol content; **zu hoher** ~ excess alcohol in the blood
Blutalkoholkonzentration blood alcohol concentration; **~-sbestimmung** determination of the blood alcohol concentration/level
Blutbad bloodbath, carnage
Blüte *(falsche Banknote)* counterfeit (bank)note, dud *(coll)*
bluten bleed
Blut|entnahme taking of a blood sample; **~erguss** ⚕ haematoma; **~ersatz** blood substitute; **~fleck** blood stain, spot of blood; **~gefäß** blood vessel; **~gruppe** blood group
blutig bloody
blutjung very young
Blutlache pool of blood
Blutprobe 1 *(Vorgang)* blood alcohol test; 2 blood sample; ~ **entnehmen lassen** provide a blood sample; ~ **nehmen** take a blood sample; **~nprotokoll** *(Formular)* blood test form
Blut|rache vendetta; **~spritzer** splash of blood; **~spur** trail of blood; **~spuren** traces of blood
Blutung bleeding; ~ **stillen** stop/staunch the bleeding
blutunterlaufen bloodshot
Blut|untersuchung blood test; **~vergiftung** ⚕ blood poisoning; **~verlust** loss of blood
Bö gust (of wind), squall
Boden 1 *(Fußboden)* floor; 2 *(Erde)* soil; 3 *(Koffer usw)* bottom; **doppelter/falscher** ~ double/false bottom; **~frost** ground frost; **~nebel** ground fog
Bodensee Lake Constance
Bodenverunreinigung soil pollution
Bogen 1 🏠 arch; 2 curve; 3 *(Waffe)* bow; **großer** ~ wide turn; **einen großen ~ um etwas machen** give something a wide berth; **~brücke** arched bridge
böig gusty
Boje buoy
Bolzen bolt; **~schneider** bolt cutters

Bombe|, ferngezündete/fernzündbare ~ remote-control bomb; **~nanschlag** bomb attack, bombing; **~ndrohung** bomb scare/threat; **~fund** bomb discovery

Boot|führerschein boat operator's licence; **~ssteg** landing stage, landing *US*

Bord|, etwas über ~ werfen throw something overboard; **über ~ gehen** go overboard; **von ~ gehen** disembark

Bord|buch logbook; **~computer** onboard computer

Bordell brothel

Bord|gerät *(LKW-Maut)* on-board unit; **~karte** embarkation/boarding card

Bordstein kerb, curb *US*; **~kante** edge of the kerb

Bordwand *(LKW)* side panel/planks; **~verschluss** side plank fastenings

Bordwerkzeug on-vehicle/on-board tools

bösartig vicious, malicious

Böschung embankment, slope; **~smauer** ▽ retaining wall

boshaft malevolent, vicious

böswillig malicious

Böswilligkeit malice

Botschaft *(eines Staates)* embassy; **~er** ambassador

Bowlingbahn bowling alley

boxen punch

Brand → auch **Feuer** fire; **in ~ geraten** catch fire; **~ legen** start a fire; **in ~ setzen** torch, set fire to

Brand|anschlag arson attack, fire bombing; **~bekämpfung** fire-fighting; **~beschleuniger** fire-raising material; **~bombe** fire bomb; **~ermittlung** fire investigation; **~fleck** burn (mark); **~gefahr** danger/risk of fire, fire hazard; **~geruch** smell of burning; **~herd** source of the fire; **~mauer** firewall; **~narbe** scar from a burn; **~opfer** fire victim, victim of a fire; **~satz** incendiary device; **~schaden** fire damage, damage caused by fire; **~schutz** fire protection; **~schutzbestimmungen** fire (protection) regulations; **~stelle** scene of the fire; **~stifter** arsonist, torch *US*, fire-setter *US*, fire-raiser *US*

Brandstiftung arson, fire raising; **~ mit Todesfolge** arson resulting in death; **fahrlässige ~** causing fire by negligence; **schwere ~** aggravated arson

Brandursache cause of fire; **~wache** fire guard; **~wunde** burn

Brauch custom

brauchbar useful

brauchen 1 require; 2 *(Zeit)* take

Brecheisen jemmy

brechen 1 break; 2 ⚕ break, fracture

Brech|mittel ⚕ emetic; **~stange** crowbar; **~reiz** ⚕ nausea

breit wide

Breite width; **zulässige ~** permissible width

Breitreifen wide tyre(s)

breitschultrig broad-shouldered

Bremsanlage braking system; **~assistent** brake assist; **~backe** brake shoe; **~belag** brake pad/lining; **abgefahrene ~beläge** worn brakes; **~belagverschleiß** brake pad wear; **~druck** brake pressure

Bremse brake (pedal); **auf die ~ treten** apply the brakes

bremsen brake, slow down; **plötzlich ~** brake abruptly; **stark ~** brake hard, jam/step on the brake(s)

Bremsendienstwerkstätte, anerkannte ~ authorized brake repair shop

Bremsflüssigkeit brake fluid; **~sbehälter** brake fluid reservoir

Brems|hebel brake lever; **~leitung** hydraulic pipes and hoses; **~leuchte** brake lamp/light; **~pedal** brake pedal; **~schlauch** hydraulic hose; **~spuren** brake/skid marks; **~trommel** brake drum; **~weg** braking/stopping distance

brennbar (in)flammable, combustible; **leicht ~** (in)flammable; **nicht ~** nonflammable

brennen burn, be on fire

Brenn|punkt 1 flashpoint, trouble spot; 2 *(Mittelpunkt)* focus, focal point; **~stoff** fuel

Brett board; **mit ~ern vernagelt** boarded up

Brief letter; **anonymer ~** anonymous

letter; **~bombe** letter bomb; **~chen** ✗ sachet, bindle, wrap
Brief|geheimnis secrecy of correspondence; **~kasten** letter/post box, mailbox; **~kastenfirma** letter box/mailbox company; **~marke** stamp; **~markenheftchen** book of stamps; **~öffner** letter opener; **~tasche** wallet; **~umschlag** envelope, cover; **etwas in einem neutralen ~umschlag verschicken** send something under plain cover
Brille glasses, spectacles; **~ tragend** bespectacled; **entspiegelte ~** nonreflecting glasses
Brillen|bügel earpiece; **~etui** spectacle case; **~gestell** frame; **~glas** lens; **~träger** person wearing glasses/spectacles
brisant hot, explosive
Brosche brooch
Broschüre brochure, booklet, leaflet
brüchig fragile
Bruchstück fragment
Brücke|, gebührenpflichtige ~ toll bridge; **~npfeiler** 1 (bridge) pier; 2 *(Hängebrücke)* pylon; **~nwaage** weighbridge; **~nzoll** (bridge) toll; **~nzufahrt** approach to the bridge
brüllen shout
Brunnen 1 well; 2 *(Springbrunnen)* fountain
Brust 1 *(Busen)* breast; 2 ⚕ *(Brustkorb)* chest; **~beutel** money bag (worn around the neck)
Brüste breasts, bosom, tits *(coll)*, boobs *(coll)*
Brust|tasche breast pocket; **~warze** nipple
brutal savage, vicious
Brutalität savagery, viciousness
brutto gross
Brutto|gehalt gross salary; **~gewicht** gross weight
BSE BSE (bovine spongiform encepalopathy), mad cow disease
Buch, pornographisches ~ pornographic/blue/adult *US* book
buchen book
Buch|führung bookkeeping; **~handlung; ~laden** bookshop; **~stabe** letter
buchstabieren spell
Bucht bay
Büffetwagen 🚃 buffet car
Bügel|falte crease; **~schloss** lock
Buggy *(Kinderwagen)* buggy
Bugschürze *(LKW)* under-bumper dam
Buhne breakwater
Bühne stage
Bulle → **Polizist**
bummeln stroll
Bund Deutscher Kriminalbeamter (BDK) *federation of German CID officers*
Bündel bundle, pack; **~ Banknoten/Geldscheine** wad of banknotes
Bundes- federal, national
Bundes|adler federal eagle; **~amt für Verfassungsschutz** Federal Office for the Protection of the Constitution; **~amt für Güterverkehr** Federal Road Transport Agency; **~anwalt** federal prosecutor; **~behörde** federal agency/authority; **~ebene** national level; **~fahndung** nationwide search; **~flagge** federal flag, flag of the Federal Republic of Germany; **~gebiet** federal territory; **~gerichtshof** federal court, Supreme Court *US*; **~gesetz** federal law/statute; **~grenzschutz (BGS)** Federal Border Guard/Police; **~kanzler** Federal Chancellor; **~kanzleramt** Office of the Federal Chancellor; **~kriminalamt (BKA)** Federal Bureau/Office of Criminal Investigation; **~land** (federal) state, Land of the Federal Republic of Germany; **~nachrichtendienst (BND)** Federal Intelligence Service; **~polizei** federal police, Federal Bureau of Investigation (FBI) *US;* **~präsident** Federal President; **~präsidialamt** Federal President's Office; **~rat** Federal Council; **~recht** federal law; **~republik Deutschland** Federal Republic of Germany; **~staat** → **Bundesland**; **in einem ganzen ~staat** statewide; **~straße** federal road, A road, US road *US*; **~tag** federal diet; **~verfassungsgericht** (German) Federal Constitutional Court; **~verwal-**

tungsgericht (German) Federal Administrative Court; **~wasserstraße** federal waterway; **~wehr** (German) federal armed forces

bunkern 1 bunker; 2 *(fig)* store, hoard

Bürge guarantor

bürgen guarantee, put up bail; **für jemanden ~** stand security for someone

Bürger citizen; **~beauftragter** ombudsman; **~beratung** citizens' advice bureau; **~haus** community centre; **~initiative** citizens' action group; **~krieg** civil war; **~kriegsflüchtling** displaced person

Bürgerliches Gesetzbuch (BGB) civil code

Bürger|meister mayor; **~rechte** civil rights; **~steig** → **Gehweg**; **~unruhe(n)** civil unrest

Bürgschaft security, surety

Büro office, suite *US*; **~gebäude** office block; **~hochhaus** high-rise office block; **~klammer** paper clip

Bürokrat paper shuffler *(coll)*; **~ie** bureaucracy, red tape *(coll)*

Büro|personal clerical staff; **~stunden** office hours

Bursche chap, lad

Bürstenschnitt *(Haar)* crew cut

Bus 1 Bus; 2 *(Reisebus)* coach; **~ mit Fußballanhängern** football special; **~ Linie 15** number 15 bus; **mit dem ~ fahren** go by bus, take/catch the bus; **~bahnhof** bus/coach| station, ~ terminal

buschig bushy

Buschwerk scrub(s)

Busen → **Brust**; **~ grabschen** grope a woman's breasts

Bus|fahrer bus/coach driver; **~fahrpreis** bus fare; **~haltestelle** bus stop; **~linie** bus route/service

Bußgeld civil fine, (fixed) penalty; **~ nach sich ziehen** incur a fine; **~ verhängen** impose a fine, fine; **Person, die ~ nicht bezahlt hat** fine dodger; **vorgeschriebenes ~** mandatory fine

Bußgeld|bescheid fixed-penalty notice/ticket; **~bescheid wegen zu schnellen Fahrens** speeding ticket; **~katalog** list of penalties; **~stelle** fixed-penalty office/authority; **~verfahren** fine proceedings

Busspur bus lane

Büstenhalter bra(ssiere)

Busunternehmer bus/coach operator

C

Campingplatz camping ground/site; **~ für Wohnwagen** caravan park/site

Cannabis|brocken lump of cannabis; **~harz** cannabis resin; **~kraut** cannabis weed; **~öl** cannabis oil; **~pflanze** cannabis plant; **~zigarette** spliff

CASTOR|-Behälter CASTOR container; **~-Zug** nuclear waste train

CEMT-Bescheinigung CEMT certificate

Chancen|, die ~ auf Freispruch sind null the chances of acquittal are nil; **berufliche ~** job/career prospects; **~gleichheit** equality of opportunity

Chaos mayhem

Chef head, director, chief ; **~etage** boardroom

Chemiker chemist

Chiffre code

Chirurg surgeon

Chlor chlorine

Christ Christian; **~baum** Christmas tree

christlich Christian

Chrom chromium

Chronologie der Ereignisse sequence of events

CMR-Bescheinigung CMR certificate

Code key; **~karte** *(Hotelzimmer)* (electronic) keycard

Computer| im Streifenwagen mobile data terminal; **im ~ abfragen** run through/check with the computer; **~kriminalität** computer crime; **~zubehör** computer accessories

Container|, begaster ~ fumigated container; **oben offener ~** open-top container; **~-LKW** container lorry/truck; **~schiff** container ship/vessel; **~trans-**

portsicherung (container) twistlock; **~unterkunft** Portacabin[tm] accommodation
Crackhöhle crack den/house
CS-Reizgas CS spray

D

Dach|antenne roof antenna/aerial *US*; **~fenster** *(, Wohnwagen)* skylight; **~gaube** dormer; **~gepäckträger** roof rack; **~geschoss** attic, loft; **~last** roof load; **~lawine** *mass of snow sliding from a roof*; **~leisten** roof bars; **~luke** *(, Wohnwagen)* skylight; **~reling** roof rail; **~rinne** gutter; **~spoiler** roof spoiler; **~terrasse** roof/attic terrace; **~wohnung** attic flat
dafür sein be in favour (of something)
dahinter| kommen find out; **~ stecken** *(Grund, Urheber)* be behind something
Damen|bart (unwanted) facial hair; **~bekleidung** ladies' clothes/wear; **~fahrrad** ladies' bicycle/bike; **~toilette** ladies' (toilet); **~uhr** ladies' watch; **~unterrock** slip; **~unterwäsche** ladies' underwear
Dämmerung 1 *(Morgen)* dawn; 2 *(Abend)* dusk
Dämmerzustand state of semi-consciousness
Dampf 1 vapour; 2 *(Wasserdampf)* steam
Dämpfe fumes; **giftige ~** poisonous/toxic fumes
Dank thanks; **~ ausdrücken; ~ sagen für** express one's thanks; **~ verdienen** deserve thanks; **als Zeichen unseres ~es** as a token of our gratitude
dankbar grateful
Dankbarkeit gratitude
daransetzen, alles ~ use one's best efforts
darlegen describe
darstellen 1 describe; 2 *(ausmachen)* constitute; **falsch ~** misrepresent; **kurz ~** outline
Darstellung account, version; **betrügerische ~** fraudulent misrepresentation; **falsche/unrichtige ~** misrepresentation; **sachliche ~** factual account
darüber hinaus moreover, in addition to, furthermore
Datei file
Daten data; **~ austauschen** *(nach Unfall usw)* exchange particulars; **personenbezogene ~** data referring to a person; **technische ~** technical specification(s)
Daten|, mobile ~abfrage hand-held data capture; **~bank** database
Datenschutz data protection; **~beauftragter** data protection officer; **~behörde** data protection office; **~gesetz** data protection act
Daten|speicher data storage; **~system** data system; **~träger** data carrier; **~übermittlung** data transmission; **elektronische ~ verarbeitung** → **EDV**
datieren date
Datum date; **~sstempel** date stamp
Dauer 1 duration; 2 *(Laufzeit)* term; **~auftrag** *(Bank)* standing order; **~befehl** standing order; **~bremse** *(LKW)* continuous brake; **~einrichtung** permanent institution/structure
dauerhaft durable
Dauer|karte season ticket; **~lichtzeichen** (traffic) lane signal
dauern take, last; **~d** permanent
Dauer|parker *(Parkhaus)* permit holder; **~welle** perm
Daumen thumb; **den ~ drücken** keep one's fingers crossed; **~abdruck** thumb print
davon|fahren drive away/off; **jemandem ~fahren** leave someone behind; **~kommen** get away; **~kommen lassen** let off; **~laufen** 1 *(weglaufen)* run away; 2 *(schneller sein)* outpace; **sich ~machen** make off
dealen traffic, push, trade
Dealer → **Drogendealer**
Deck deck; **an ~** on deck; **unter ~** below deck
Decke 1 blanket; 2 ceiling; 3 *(Straße)* → **Belag**; **mit jemandem unter einer ~ stecken** *(coll)* be hand in glove with someone
decken *(Unterschlagung usw)* cover

Deckenbeleuchtung 🏠 ceiling lights
Deckname assumed name, pseudonym
Deckung *(Schusswechsel)* cover; **in ~ gehen; ~ nehmen** take cover; **vorläufige ~szusage** *(Versicherung)* cover note
Defekt fault; **technischer ~** malfunction
defekt faulty, defective
Defizit shortfall
degradieren demote
Degradierung demotion, reduction in rank
Dehnungsfuge expansion joint
Deich dike, dyke
Deichsel yoke
Deklarationsanalyse zum Entsorgungsnachweis declaration analysis for disposal documents
Deko(rations)waffe replica firearm
delegieren delegate
Delegierung delegation
delikat tricky, difficult
Delikt crime, offence, tort; **geringfügiges ~** misdemeanour; **~sart** type of offence
Delle 🚗 dent
Dementi denial
dementieren deny
demolieren demolish
Demonstrant demonstrator
Demonstration demonstration; **friedliche ~** peaceful demonstration; **gewalttätige/unfriedliche ~** violent demonstration
Demonstrations|verbot ban on demonstrations; **~zug** column/procession of demonstrators
demonstrieren demonstrate
Demontage dismantling
demütigen humiliate
Demütigung humiliation
denkbar conceivable
denken|; ich denke nicht daran no way, not on your life; **~ Sie daran!** don't forget, remember
Denkmal monument; **~schutz** protection of monuments; **unter ~schutz stehen** be classified as a listed building
Denkzettel reminder, warning, lesson; **jemandem einen ~ verpassen** teach someone a lesson
Denunziant informer, informant
denunzieren, jemanden (bei der Polizei) ~ inform against someone
derzeitig current, present
deshalb therefore
Detailkenntnisse detailed knowledge
detailliert elaborate
Detailschilderung detailed account/description
Detektivbüro detective agency
Detektorrahmen metal detector frame, security arch
deutlich distinct, clear
Deutsche| Polizeigewerkschaft (DPolG) German police officers' union; **~ Post** German postal services
Deutung interpretation
Devisen foreign currency
Dezernat unit, branch, (sub)division, bureau, department
dicht 1 dense; 2 *(Verkehr)* heavy; 3 *(undurchlässig)* (leak-)proof, tight; **~machen** *(Kneipe usw)* shut/close down
Dichtung gasket, seal
dick *(Person)* fat, stout; **extrem ~** *(Person)* obese, oversized
Dicke thickness
dickfellig thick-skinned
Dieb thief; **~ fassen** catch a thief
Diebes|gut stolen/hot goods, loot; **auf ~tour gehen** go out stealing
Diebstahl theft, stealing, larceny *US*; **~ durch Personal** employee theft; **~ aus Automaten** theft from a vending/slot machine; **~ aus Gebäude** theft from a building; **~ an Kfz** theft of outer parts of a motor vehicle; **~ aus Kfz** theft/stealing from a motor vehicle; **~ von Kfz** car theft; **~ von, an und aus Kfz** autocrime, vehicle crime; **~ geringwertiger Sachen** minor/petty/ordinary theft, petty larceny *US*, pilferage, pilfering; **~ mit falschen Schlüsseln** theft with false keys; **~ mit Waffen** armed theft
Diebstahl|, gemeinschaftlich begangener ~ theft organized by gangs; **räuberischer ~** robbery with violence; **schwerer ~** aggravated theft, grand/severe larceny *US*; **~serie** spate of thefts

diebstahlsicher pilfer-/burglar-proof

Diebstahlsicherung anti-theft feature/ device

Dienst duty, service; **außer** ~ retired; **im** ~ on duty; **nicht im** ~ off duty

Dienst|, in Ausübung des ~es in the line of duty; **~ zu ungünstigen Zeiten** duty at unfavourable/unsociable hours

Dienst|, zum ~ einteilen detail for work; **~haben** 1 be on duty; 2 *(Arzt)* be on call; **sich zum ~ melden** report for duty; **vom ~ sprechen** talk shop; **~ tun in ....** be based at/in ....

Dienst|, diplomatischer ~ diplomatic service; **einfacher** ~ operative service; **gehobener** ~ command service; **höherer** ~ senior command service; **mittlerer** ~ operative service; **(polizei-) ärztlicher** ~ (police) medical service, police doctor; **zentrale (polizei-) technische ~e** central technical services; **psychologischer** ~ psychological service; **sozialer** ~ *(freiwillig oder als Strafe)* community service; **technischer** ~ technical service(s)

Dienst|alter years of service; **nach ~alter** according to someone's years of service; **~alterszulage** longevity pay, incremental pay; **~antritt** reporting for duty; **~anweisung** (official) order; **~anzug** uniform, service dress; **~aufsicht** supervision; **~aufsicht führen** supervise; **~ausübung** conduct/execution of duty; **~ausweis** (police) identity card, warrant card; **~bereich** area of responsibility; **~besprechung** meeting, briefing; **~besprechung mit Befehlsausgabe** briefing, roll call *US*; **~bezirk** subdivision, area, beat; **~buch** logbook; **~eid** oath of office; **~ende** end of work/shift; **nach ~ende** after (office) hours

dienstfähig fit for service

Dienst|fahrt official trip; **~fahrzeug** government/police/service vehicle, staff car

dienstfrei off duty, time off

Dienst|führerschein service/police driving licence; **nur für den ~gebrauch** for official use only, for police eyes only; **~geheimnis** official secret

Dienstgrad rank; **aufgrund des ~es** by virtue of rank; **~abzeichen** → **Rangabzeichen**

Dienstgrade ranks; **hohe/höchste** ~ senior ranks, upper echelons; **höhere** ~ *(in GB ab inspector, in US ab sergeant)* ranks; **untere** ~ rank and file (officers)

diensthabend on duty

Dienst|habender duty officer, officer on duty; **~herr** 1 employer, principal; 2 (state) government

Diensthund police dog, canine *US*; **~eführer** dog handler, canine/K-9 officer *US*; **~estaffel** dog branch/ section, canine/K-9 unit *US*

Dienst|jubiläum anniversary; **~leistung** service

dienstlich official

Dienst|marke badge, shield; **~mütze** duty cap; **~nummer** warrant number

Dienstordnungs|maßnahme disciplinary measure; **~verfahren** disciplinary procedure/proceedings/prosecution; **~vorgesetzter** disciplinary superior

Dienst|ort duty station; **~pflicht** duty; **~pflichtverletzung** dereliction/neglect/violation of duty; **~posten** position; **~raum** duty room; **öffentliches ~recht** public service law; **~reise** travelling on duty; **~siegel** official seal; **~siegelabdruck** imprint of the official seal

Dienststelle 1 *(Ort)* (police) station, office; 2 *(Behörde)* authority, agency, organization; **~ anfunken** *(vom Streifenwagen)* call in; **aufnehmende** ~ 1 → **bearbeitende** ~; 2 receiving organization; **bearbeitende** ~ unit/police station in charge; **entsendende** ~ parent unit; **militärische** ~ military agency; **sachbearbeitende** ~ → **bearbeitende** ~; **zivile** ~ civil authority; **zuständige** ~ authority in charge, appropriate authority, competent agency

Dienststellenleiter unit commander; **stellvertretender** ~ deputy unit commander

Dienststunden duty hours
dienstunfähig unfit (for service)
Dienst|unfall accident on duty; **~unterricht** in-service classes; **~vergehen** 1 breach of (official) duty, misconduct in office, violation of duty, disciplinary offence, misfeasance; 2 *(Abteilung)* directorate of professional standards *GB*, internal affairs *US*, office of professional responsibility *US*; **~verhältnis** employment; **~vertrag** contract of employment/service, employment contract; **~vorgesetzter** superior; **~vorschrift** (staff) regulation(s); **~waffe** service gun/weapon, duty weapon
Dienstweg chain of command, official channels; **auf dem ~** through (official) channels, up/down the chain of command; **~ einhalten** go through (official) channels
Dienstwohnung (für Polizei) police house/flat
Dienstzeit 1 career, years of service; 2 *(Öffnungszeit)* opening/service hours; **außerhalb der normalen ~** after hours; **ruhegehaltsfähige ~** pensionable years of service
Dienstzimmer duty room, office
Diesel diesel (fuel/oil), gas oil; **~fahrzeug** diesel; **~motor** diesel engine
Dietrich → **Nachschlüssel**
Dilemma predicament
Ding|, ein ~ drehen *(coll)* pull a job *(coll)*; **~e klären** sort things out, clear up matters
dingfest, jemanden ~ machen *(coll)* nail someone *(coll)*
Diplomaten|gepäck diplomatic baggage; **~status** diplomatic privilege
direkt 1 straight; 2 *(Äußerung)* blunt
Direkteinspritzung *(Pumpe-Düse)* direct fuel injection
Direktion headquarters, directorate
Direktor 1 *(Schule)* principal, headmaster; 2 *(JVA)* warden; **~in** *(Schule)* headmistress
Diskretion confidentiality
Diskriminierung, positive ~ affirmative action
diskutieren argue; **heftig ~** argue heatedly
Disziplinar|behörde disciplinary authority; **~fall** disciplinary case/matter; **~gericht** disciplinary tribunal; **~kommission** disciplinary commission/board; **~maßnahme** disciplinary action/measure; **~untersuchung** disciplinary enquiry/inquiry; **~vorgesetzter** disciplinary superior
DLRG (Deutsche Lebensrettungsgesellschaft) *German life savers' association*
DNA DNA (desoxyribonucleic acid)
Dock dock
Dolch dagger
Dollarnote dollar bill, greenback *US (coll)*
dolmetschen interpret
Dolmetscher interpreter; **vereidigter ~** sworn-in interpreter
Dom cathedral
Donau Danube
Donner thunder
Doppel|airbags dual/twin airbags; **~deckerbus** double-decker (bus); **~decker (flugzeug)** biplane; **~gänger** double; **~garage** double garage; **~haushälfte** semi-detached house; **~kinn** double chin; **~leben** double life; **~moral** double standards; **~mord** double murder/slaying; **~name** double-barrelled (sur)name
doppelt double, twofold
Doppeltür double door
Dorf village; **~gemeinschaft** village community; **~gemeinschaftshaus** village hall, community centre
Dose tin, can
Dosis dose; **tödliche ~** 💉 fatal/lethal dose
Draht wire; **~korb** wire basket; **~schneider** wire cutters; **~zaun** wire fence
drängeln 1 push, jostle; 2 *(dicht auffahren)* tailgate
drängen, nach vorne ~ surge forward
Dreck dirt, mud, filth; **einander mit ~ bewerfen** throw mud at each other
Drehbrücke swing bridge

drehen turn; **sich** ~ 1 rotate; 2 *(Wind)* turn, change, shift
Dreh|gestell 🚘 *(für Auflieger)* fifth wheel; **~kreuz** *(an Ein- und Ausgängen)* turnstile; **~leiter** *(Feuerwehr)* hook and ladder truck
Dreh- und Angelpunkt crucial point, hub
Drehzahl revolutions per minute (rpm); **~messer** 🚘 rev(olution) counter
Dreieck triangle
drei|eckig triangular; **~fach** triple
Drei|meilenzone ⚓ three-mile zone; **~punktgurt** lap and diagonal belt, three-point belt; **~rad(fahrzeug)** 1 three-wheeler; 2 *(Motorrad)* (motor) tricycle, trike
dreispurig three-lane
dreist brazen
Drei|tagebart incipient beard; **~wegekatalysator** three-way catalytic converter
Drillich fatigues
dringend urgent; ~ **notwendig** imperative
Dritter third party
Drittländervisum third country visa
Drittstaat third country; **sicherer** ~ safe third country; **~engenehmigung** third country permit
Droge 1 drug; 2 ✗ dangerous/narcotic drug, narcotics, dope *(coll)*; *(in GB drugs A, B, C; in USA drugs V, IV, III, II, I - jeweils von weich bis hart)*; **unter ~n** drugged
Droge|, aufputschende ~ stimulant; **beruhigende** ~ tranquillizer; **halluzinogene** ~ hallucinogen; **illegale** ~ illegal drug; **pflanzliche** ~ vegetable-based drug; **synthetische** ~ synthetic drug
Drogen|, durch ~ **betäuben** drug; ~ **die Toilette hinunterspülen** flush drugs down a lavatory; ~ **durch Hunde suchen lassen** sniff out drugs
Drogen- narco-
drogenabhängig (drug-)addicted, hooked, dependent; ~ **sein** be addicted to drugs, be on drugs; ~ **werden** get hooked; **nicht mehr** ~ clean
Drogen|abhängiger (drug/narcotics) addict, junkie *(coll)*; **~abhängigkeit** (drug) dependency, addiction; **~abteilung** drug/narco/narcotics squad, narcotics division/detail; **~bekämpfung** war on drugs, fight against drugs, drug war; **~beratungsstelle** drug advice centre; **~besitz** possession of drugs/narcotics; **~besteck** outfit, set of syringes; **~boss** drug king/lord; **~dealer** drug dealer/peddler/pusher/seller/trafficker, source; **~delikt** drug offence; **~dezernat** → **~abteilung**; **unter ~einfluss stehen** be under the influence of drugs; **~erfahrung** experience with drugs; **~ersatzmittel** drug substitute/surrogate; **~fahnder** drug agent/investigator, narcotics agent/investigator; **~fahndung** drug investigation
drogenfrei clean
Drogen|gebrauch drug usage; **~gesetz** → **Betäubungsmittelgesetz**; **~handel** drug pushing/trade/traffic/trafficking; **~händler** → **~dealer**; **~höhle** drug den; **~kauf** drug buying; **~kommissariat** → **~abteilung**; **~konsum** drug usage; **~konsument** drug/narcotics user; **~kontrolle** drug check; **~kurier** drug trafficker, (drug) courier; **~labor** drug lab(oratory); **~lieferant** drug supplier, mother *(coll)*; **~mafia** drug mafia; **~markt** drug market; **~milieu** drug scene; **~missbrauch** drug/substance abuse/misuse; **~nadel** needle; **~rausch** trip; **~razzia** drug raid; **~schmuggel** drug smuggling/trafficking; **~schmuggler** (drug) trafficker; **~strich** drug-related prostitution; **~sucht** drug addiction; **~(vor)test** drug screen(ing)/test; **~tod** death from an overdose of drugs; **~toter** drug/overdose victim; **~verkauf** drug sale; **~wirkung** effect of drugs; **~szene** drug scene; **~zubehör** (drug) paraphernalia
Drogerie chemist's, drugstore *US*
Drohbrief threatening letter
drohen threaten
Drohgebärde threatening gesture/move
Drohung threat; **leere** ~ empty threat

Druck 1 pressure, squeeze; 2 print(ing); **~ von Gleichaltrigen** peer pressure; **jemanden unter ~ setzen** put pressure/the bite *(coll)* on someone, pressurize someone; **~behälter** pressure tank; **~buchstabe** block/printed letter
drucken print
drücken 1 squeeze; 2 *(Knopf)* press
Drucker 💻 printer
Druckfehler printing error
druckfrisch *(Banknote)* crisp
Druck|gasleitung high-pressure gas pipe; **~gaspackung** aerosol dispenser; **~knopf** press stud/popper, snap *US*
Druckluft compressed air; **~anzeiger** air pressure gauge; **~behälter** compressed air tank; **~bremse** air brake; **~leitung** compressed air tube
Druck|messer air pressure gauge; **~mittel** means to exert pressure; **~sache** printed matter; **~schrift** printed letters; **in ~schrift schreiben** print; **~verband** ⚕ pressure bandage, tourniquet; **~welle** shock wave
dulden tolerate
Duldung 1 toleration, sufferance; 2 *(Aussetzung der Abschiebung)* suspension of deportation; **stillschweigende ~** connivance
Düne (sand) dune
Düngemittel fertilizer
dunkel *(geheimnisvoll)* mysterious, obscure; **~haarig** dark-haired; **~häutig** dark-skinned
Dunkel|heit (hours of) darkness; **~ziffer** number of unrecorded/unreported cases
dünn *(Besiedlung)* sparse
Dunst haze
dunstig hazy, misty
durch|bohren pierce; **~brechen** 1 *(Straßensperre usw)* break through; 2 *(Schutzplanke usw)* crash through; **~brennen** 1 *(Sicherung)* blow; 2 *(ausreißen)* run away (from home), abscond; **~dacht** carefully planned, thought out; **~denken** think through; **~drehen** 1 *(Räder)* spin; 2 *(Nerven verlieren)* crack up; **~dringend** *(Schrei)* piercing; **~einander** *(Person)* shaken; **~fahren** 1 *(Kurve)* negotiate; 2 *(nicht anhalten)* go/drive straight through
Durchfahrerlaubnis (transit) permit
Durchfahrt passage, way through; **~shöhe** clearance, headroom, clear height
Durchfuhr ⊖ transit
durch|führbar feasible, practicable, possible; **~führen** execute, implement, carry out
Durchfuhrerlaubnis ⊖ transit permit
Durchführung implementation, realization, execution; **~ eines Auftrages** fulfilment of a mission; **~sbestimmung** implementing provision; **~splan** implementation scheme; **~verordnung** implementing ordinance
Durchgang passage, alley; **~shalle** ✈ transit lounge; **~slager** transit camp; **~sstraße** through road, thoroughfare; **~sverkehr** through traffic
durch|geben *(über Funk)* put out; **~gehend** direct, non-stop
Durchgreifen, hartes ~ crackdown, clampdown
durch|greifen take action; **energisch/hart/konsequent ~greifen** crack/clamp down (on something), take rigorous action, take a hard line; **~halten** persevere, stick it out; **~kämmen** *(Gelände usw)* comb, scour; **~kreuzen** frustrate, thwart; **~laden** 🔫 cock, work the slide; **~lassen** let through
Durchlasskontrolle entrance/admission/access check
durch|laufen pass through; **~leuchten** screen; **~machen** experience, go through
Durchmesser diameter
durch|nässen soak; **~queren** cross, travel across
Durchreise transit; **auf der ~ sein** be in transit, be passing through; **~land** transit country
durch|rosten rust through; **~rütteln** jolt
Durchsage ann

Durchschnitt average; **im ~** on average; **im ~ fahren/verbrauchen** average
durchschnittlich (on) average
Durchschnittsgeschwindigkeit average speed
durchsehen go through, examine
durchsetzbar enforceable; **nicht ~** unenforceable
durchsetzen enforce; **sich ~ gegenüber** prevail against/upon
Durchsetzung enforcement
durch|sichtig transparent, see-through; **~sickern** seep, leach; **~stechen** pierce; **~stellen** ☎ put through; **~streichen** *(Text)* strike/cross out, delete; **~suchen** 1 search, go through; 2 *(Gelände usw)* scour, sweep; 3 *(Person)* frisk
Durchsuchung search(ing); **~ eines Fahrzeugs** vehicular search; **~ von Haus zu Haus** house-to-house search; **~ von Personen** searching of persons; **~ von Räumlichkeiten** search of premises; **~ von Sachen** search of items; **~ beim Verdächtigen** searching of a suspect's dwelling and/or belongings; **~ von Anwesen/Wohnungen mit Zustimmung des Besitzers/Bewohners** searching of premises with the occupier's consent; **~ durchführen** conduct a search; **~, bei der sich die Person ausziehen muss** strip search; **nicht genehmigte ~** illegal search; **körperliche ~** intimate/body search
Durchsuchungsbeschluss search warrant/order, warrant to search premises; **~ ausstellen** issue a search warrant; **~ durchführen** execute a search warrant; **~ erwirken** obtain a search warrant
Durchsuchungs|handschuhe search gloves; **~protokoll** search report; **~recht** power of search; **~trupp** search party/team; **~verfahren** search procedure; **~zeuge** search witness
Durchwahl(nummer) ☎ extension
durch|wählen ☎ dial direct; **~winken** *(Kontrolle)* wave through; **~wühlen** rifle, rummage
dürfen be allowed to; **nicht ~** must not
Dürre drought
Durst thirst; **~ haben** be thirsty
Dusche shower
Düse jet; **~nflugzeug** jet (airplane); **~njäger** jet fighter
düster *(Aussichten)* dim
Dutzend dozen

E

Ebbe *(Meer)* low tide; **~ und Flut** tide(s)
Ebene 1 plain; 2 *(fig)* level; **auf höchster ~** at the highest level; **gleiche ~** same level; **lokale ~** community level; **nationale ~** national level; **regionale ~** regional level
ebenerdig on the ground floor
ebenso likewise
echt genuine, authentic
Echtheit genuineness, authenticity; **~sprüfgerät** document tester
Ecke corner; **um die ~** around the corner; **an der ~ abbiegen** turn on the corner; **um eine ~ fahren** turn around/negotiate a corner
Eck|haus 1 corner house; 2 *(Ende einer Häuserreihe)* end house; **~pfeiler** cornerstone
Edelstein precious stone, gem, jewel
EDV electronic data processing
Effekt|, additiver ~ cumulative effect; **~enliste** list of personal belongings/items
Ehe marriage; **jemandem die ~ versprechen** promise to marry someone; **~bruch** adultery; **~frau** 1 wife; 2 ⚖ spouse; **misshandelte ~frau** battered wife
Ehegatte 1 husband; 2 ⚖ spouse; **überlebender ~** surviving spouse; **~nnachzug** *(bei Aussiedlern usw)* reuniting of families
Ehe|hindernis marriage impediment; **~leute** → **~paar**; **~mann** → **~gatte**; **~paar** (married) couple; **~partner** spouse; **~ring** wedding ring; **~streit** family/domestic dispute; **~vermittlungsinstitut** marriage bureau; **~vertrag** marriage contract

Ehre honour; **persönliche ~** personal honour; **~namt** honorary function/post

ehrenamtlich honorary

Ehren|bezeigung salute; **~bürger** honorary citizen; **~gast** guest of honour; **~mitglied** honorary member; **~wort** word of honour

Ehrgeiz ambition

ehrgeizig ambitious

ehrlich sincere, straight, honest

Eich|amt office of weights and measures, bureau of standards *US*; **~strich** *(Glas)* line measure

Eid oath; **unter ~** (up)on/under oath; **unter ~ aussagen** give evidence under oath, be under oath; **~ leisten/schwören** swear an oath; **an ~es Statt** in lieu of an oath; **den ~ ersetzende Bekräftigung** affirmation in lieu of oath

Eifersucht jealousy

eifersüchtig jealous

eifrig busy

Eigen|art peculiarity, characteristic, particularity; **~gewicht** kerb weight; **~konsum** own consumption; **~schaden; ~schädigung** self-inflicted damage; **~schaft** attribute, trait; **~sicherung** measures/steps taken for one's own safety

Eigentum property; **fremdes ~** other people's property; **persönliches ~** personal belongings/property; **sichergestelltes ~** recovered property

Eigentümer owner; **gemeinsame ~** joint owners; **rechtmäßiger ~** rightful owner

Eigentums|delikt property crime/offence; **~nachweis** document of ownership; **~wohnung** owner-occupied flat, condominium *US*

Eignung qualification, eligibility, aptitude; **~sprüfung** aptitude test

eilig urgent; **es ~ haben** be pushed for time

Eimer bucket

Einachsanhänger single-axle/two-wheel trailer

ein|armig one-armed; **~äschern** cremate

Einäscherung cremation

ein|atmen breathe in, inhale; **~äugig** one-eyed

Einbahnverkehr one-way/unidirectional traffic

ein|bauen build in, instal(l); **~behalten** keep, retain, withhold; **~berufen** *(Versammlung)* convene; **~beziehen** include; **~biegen** turn into

Einblick insight

einbrechen break in, break and enter, burgle, burglarize

Einbrecher burglar, housebreaker

Einbruch burglary, break-in, (breaking and) entering, housebreaking; **~ in Geräteschuppen** shed break; **~ in Geschäfte** commercial burglary; **~sdezernat** burglary squad, property crime unit; **~sdiebstahl** burglary; **~serie** spate of burglaries

einbruchsicher burglar-/tamper-proof

Einbruchs|ort burglary scene; **~werkzeug** housebreaking tool

einbürgern naturalize

Einbürgerung naturalization

Einbuße loss

ein|büßen 1 lose; 2 *(Recht)* forfeit; **~dämmen** contain

Eindämmung containment

ein|deutig clear, plain, explicit, unambiguous; **~dösen** doze off

Eindringen 1 entering, intrusion, invasion; 2 *(sexuell)* penetration; **gewaltsames ~** forced/forcible/forceful entry

eindringen 1 get into, enter, intrude, invade; 2 *(sexuell)* penetrate

Ein|dringling intruder, invader; **~druck** impression

ein|fach 1 simple; 2 *(Fahrkarte)* one-way, single; **sich ~fädeln** *(Verkehr)* filter/merge/weave in(to)

einfahren *(neues Auto)* run in

Einfahrt 1 entry(way), entrance; 2 *(vor Garage usw)* (private) drive(way); 3 → **Autobahneinfahrt**

Einfall 1 *(Gedanke)* idea; 2 *(Eindringen)* invasion, incursion; **einen ~ haben** have an idea

einfallen, jemandem ~ come to someone's mind

einfallsreich ingenious, full of ideas

Ein|fallsreichtum ingenuity; **frei-**

stehendes ~familienhaus detached house; **~fluss** influence, impact
einflussreich influential
Einfrieren von Vermögenswerten freezing of assets
einfügen fit (in), insert
Einfühlungsvermögen empathy
Einfuhr import; **~ zum persönlichen Gebrauch** import for personal use; **unerlaubte ~** illegal import; **~abgaben** ⊖ customs duties; **~anmeldung** ⊖ import declaration; **~bescheinigung** import certificate; **~bestimmungen** import regulations
einführen 1 import; 2 introduce, adopt; **wieder ~** re-import
Einfuhr|genehmigung import licence/permit; **~hafen** port of entry
Einführung introduction; **~slehrgang** introductory course
Einfuhr|verbot ban on imports; **~zoll** import duty
Ein|gabe 1 petition; 2 🖳 input; **~gang** 1 entrance, entry(way), gate, doorway; 2 *(Höhle usw)* mouth; 3 receipt, incoming mail/messages
Eingangs|fach pigeonhole for incoming mail; **~korb** *(Büro)* in-tray; **~stempel** receipt/received/date stamp; **~stufe** doorstep
ein|geben 🖳 enter; **~gedrückt** dented; **~gefallen** *(Gesicht)* hollow, gaunt; **allgemein ~geführt** established; **~gekeilt werden** get wedged in; **~geklemmt** *(in Kfz nach Unfall)* trapped; **~geknickt** *(LKW)* jack-knifed; **~gerostet** rusty; **~geschaltet** ⚡ live; **~geschneit** snowbound; **~gesetzt sein in** be employed at/in; **~geweiht sein** be in the know; **~gezäunt** fenced-in, enclosed; **~gravieren** engrave
Eingreifen intervention, action
eingreifen intervene, interfere, intercede
Eingreif|gruppe *(bei Ausschreitungen)* riot squad; **~reserve** reaction force; **schnelle ~truppe** *(Polizei)* flying squad
Eingriff interference, engagement
Eingriffs|ermächtigung power(s) to take action; **~recht** (law on) police powers; **~rechte** police powers; **~technik** restraint technique
Einhalten compliance, observance, adherence; **~ der Vorschriften** compliance with the rules (and regulations)
einhalten abide by, adhere to, comply with, observe; **konsequent/strikt ~** observe scrupulously/strictly
einheimisch native, local, domestic, indigenous
Einheimischer local, native
Einheit unit, squad; **~ aus bewaffneten Polizisten** firearms unit *GB*; **~ mit besonderem Auftrag** task force/unit; **bewaffnete ~** armed unit/squad; **operative ~** operational unit
einigen, sich ~ agree, come to an agreement
Einigung settlement; **außergerichtliche ~** out-of-court settlement; **gütliche ~** amicable settlement
Einkaufs|korb shopping basket; **~passage** (shopping) arcade; **~tasche** shopping bag; **~wagen** *(Supermarkt)* (shopping) trolley, (shopping) cart *US*; **~viertel** shopping precinct; **~zentrum** shopping centre/precinct; **überdachtes ~zentrum** (shopping) mall
ein|klagbar ⚖ actionable; **~klagen** sue for
Einklang, im ~ mit in accordance/conformity with, consistent with
Einkommen income, earnings; **monatliches ~** monthly income/earnings; **~squelle** source of income; **~steuer** income tax
einkreisen encircle
Einkünfte 1 income, earnings; 2 *(Staat)* revenue(s)
ein|kuppeln press the clutch; **sich mit jemandem ~lassen** get involved with someone; **~laufen** ⚓ come into/enter port; **~legen** *(Beschwerde)* lodge; **~lenken** give in; **~liefern** 1 deliver; 2 *(JVA, Krankenhaus)* take, commit
Einlieferung committal; **~sschein** certificate of posting
Einliegerwohnung granny flat
einlösen *(Scheck)* cash

Einmal|decke disposable blanket; **~handschuhe** disposable (surgical) gloves
ein|malig unique; **sich ~mischen** 1 interfere, intervene; 2 *(abwertend)* meddle
Einmischung interference, intervention
einmünden 1 *(Fluss, Straße)* join, merge; 2 *(Fluss)* flow into
Einmündung junction; **rechtwinklige ~** T-junction
Einnahme(n) takings, revenues
ein|nehmen take; **~nicken** nod off; **sich ~ordnen** 1 get in(to) lane; 2 *(schneiden)* cut in; **~packen** wrap
einparken *(in Parklücke)* park; **schräg ~** angle-park
einprägen, sich ~ memorize
einreden, auf jemanden ~ talk to someone, reason with someone
einreichen 1 *(Beschwerde, Klage)* lodge, file; 2 *(Dokument)* submit
Einreise entry, immigration; **illegale/unerlaubte ~** illegal entry/immigration; **~beamter** immigration officer/official; **~behörde** immigration authority; **~erlaubnis** entry permit; **~hafen** port of entry; **~kontrolle** immigration control
einreisen enter, cross the border; **wieder ~** re-enter; **~d** incoming
Einreisender entrant; **illegal ~** illegal entrant
Einreise|ort point of entry; **~papier** entry document; **~stempel** entry/immigration stamp; **~tag** day of entry; **~verbot** refusal of entry; **~visum** entry visa
einrichten establish, set up
Einrichtung 1 *(Vorgang)* establishment, setting up; 2 *(Institution)* facility, institution; **öffentliche ~en** public facilities; **sanitäre ~en** sanitary installations/facilities; **~sgegenstand** fixtures (piece of) furniture
einsam lonely, solitary
Einsatz 1 *(Risiko)* risk; 2 *(Wette)* stake; 3 *(Polizei)* operation, deployment, assignment, dispatch, mission; 4 *(Mittel)* employment; **~ aus besonderem Anlass** special event operation; **unter ~ seines Lebens** at the risk of one's life; **~ von V-Leuten** covert/undercover operation; **~ von Waffengewalt** use of armed force
Einsatz| erhöhen raise the stakes; **~ leiten** head an operation, run an incident
Einsatz|, demonstrativer ~ show of strength; **verdeckter ~** covert/undercover operation
Einsatz- operational
Einsatz|analyse operational analysis; **~angelegenheiten** 1 operational matters; 2 operations planning; **~art** type of operation; **~auftrag** operational task; **~ausbildung** mission/operational training; **~ausrüstung** 1 riot gear; 2 emergency equipment; **in kompletter ~ausrüstung** in full riot gear; **~beamter** tactical officer; **~bearbeiter** dispatcher; **~befehl** order; **~besprechung** briefing; **~bereich** operational area
einsatz|bezogen mission-oriented; **~fähig** operational
Einsatz|fähigkeit operational readiness; **~fahrzeug** response/emergency vehicle, police/squad car; **~gebiet** mission area, zone of operations; **~grundsätze** principles of operation; **~gruppe** task force/group; **~hundertschaft** standby unit/squad; **~kalender** roster; **~kommando** (operational) squad, strike force (team); **mobiles ~kommando (MEK)** mobile intervention squad, mobile surveillance team; **~konzeption** operational concept; **~land** host country/nation; **~lehre** operational theory; **~leiter** commanding officer, operations chief, head of operations; **~leitstelle** control room, operations (control) room, command post/centre/office, dispatch/operational centre, control, dispatch; **~leitstelle informieren** pass on to/inform control; **~leitung** 1 command, control, direction; 2 *(Personen)* officer(s) in charge; **~magazin** ☛ magazine; **~maßnahme** operational procedure; **~mittel** means and personnel; **zum ~ort entsenden** *(Eingreifen der Polizei)* respond to a call; **~plan** duty roster, operations plan;

~raum area/zone of operations, area of responsibility, mission area; **~recht** operational law; **~richtlinien** rules of engagement; **~sachbearbeiter** *(in der Einsatzleitstelle)* dispatcher; **~spektrum** operational spectrum; **~stiefel** duty boots; **~tagebuch** mission journal; **~trupp** operational unit; **ziviler ~trupp** street crime detectives; **~unterstützung** 1 operational services; 2 service support; **~verband** task force; **schneller ~verband** rapid reaction force; **~verfahren** operating technique; **~verpflegung** combat rations; **~zug** *(⚔, Polizei)* platoon

einschalten activate, switch/turn on

einschätzen *(Lage)* assess, evaluate, estimate; **falsch ~** misjudge

Einschätzung assessment, evaluation

einschenken pour out; **zu wenig ~** give short measure

einscheren ▽ cut in, filter in(to); **links/rechts ~** cut into the left/right lane

einschiffen, sich ~ embark

Einschiffung embarkation

ein|schläfern *(Tier)* destroy, put down; **~schlagen** 1 *(Fenster, Tür)* smash in; 2 *(Lenkung)* turn (the steering wheel)

einschleichen sneak in

Einschleusen people smuggling; **~ eines verdeckten Ermittlers** infiltrating an undercover agent

ein|schleusen smuggle in; **~schließen** 1 *(einkesseln)* encircle; 2 incorporate, include; 3 lock in; **~schließlich** including; **~schmuggeln** smuggle in; **~schränken** curb, restrict; **~schränkend** restrictive

Einschränkung restriction, constraint, limitation; **~ von (Schuss)Waffenbesitz** gun control; **~szeichen** ▽ restriction sign

Einschreibebrief registered letter; **~ mit Rückschein** recorded delivery letter

Einschreiben registered post; **~ durch Zustelldienst** recorded delivery service

einschreiben 1 enlist; 2 *(Brief)* register

Einschreiten action, interference, intervention, response; **angemessenes ~** appropriate action; **frühzeitiges ~** early intervention

einschreiten act, intervene, respond, intercede, interfere

Einschreitschwelle, niedrige ~ low tolerance level

einschüchtern intimidate

Einschüchterung intimidation

Einschuss bullet hole, point of entry; **~loch** bullet hole

einseitig unilateral

einsetzen *(Polizei)* deploy; 2 detail, employ, use; **sich ~ für** advocate, support

Einsicht| nehmen inspect; **~nahme** *(in Kriminalakte usw)* studying the files

ein|sinken *(Fahrzeug auf weichem Grund)* get bogged down (on soft ground); **~sitzen** ⚖ serve a prison sentence; **~sperren** 1 lock/shut up; 2 imprison, (put into) jail; **~spritzen** 🚗 inject

Ein|spritzpumpe (fuel) injector; **~spritzung** (fuel) injection

Einspruch objection; **~ einlegen/erheben** lodge an objection, object (to something); **~sfrist** appeal period

einspurig ▽ single-lane

Einsteigdieb *(Fassadenkletterer)* cat burglar; **~stahl** cat burglary

einsteigen 1 board, get in/on; 2 *(Dieb)* climb in; **~ lassen** pick up

einstellen 1 *(beenden)* stop, cease, terminate; 2 *(Personal)* recruit, engage, take on, hire; 3 *(regulieren)* tune, adjust

Einstellung 1 termination; 2 recruitment, hiring (process); 3 tuning, adjustment; 4 *(Haltung, Meinung)* attitude; **~ der Bevölkerung** attitude of the population; **~ des Verfahrens** termination of proceedings; **~ gegenüber ....** attitude towards ....; **zeitweilige ~** suspension

Einstellungs|beamter personnel (recruitment) officer; **~gespräch** (recruitment) interview; **~prüfung** selection test; **~stopp** freeze on recruitment; **~verfahren** hiring/recruitment process; **~voraussetzung** entry/recruitment requirement

Einstich ⚕ puncture; **~male** 💉 needle marks

Einstiegsdroge precursor drug
einstimmig unanimous
Einstimmigkeit unanimity
einstürzen collapse
einstweilig provisional, temporary
einteilen divide up; ~ **(für)** assign (to)
Einteilung *(Arbeit)* assignment
eintönig monotonous
Eintrag 1 *(Buch usw)* entry; 2 *(Führerschein)* endorsement
ein|tragen 1 register, enter, log; 2 *(Führerschein)* endorse; **~träglich** profitable, remunerative
Eintragung registration, entry; **~snummer** registration number
Eintreffen arrival; **das ~ der Polizei abwarten** wait for the police to arrive
ein|treffen arrive; **~treiben** *(Geld, Schulden)* collect; **~treten** 1 enter, come in; 2 *(Polizei usw)* join; 3 *(geschehen)* happen, occur; 4 *(Tür usw)* kick in
Eintritt entry, admission; **freier ~** free admission; **sich ~ verschaffen** gain entry; **~skarte** (admission) ticket; **~spreis** admission (charge/fee), entrance fee; **~swunde** entry wound
Einvernehmen → **Einverständnis**
einverstanden sein approve, agree to, consent to
Einverständnis approval, agreement, understanding, consent; **im ~ mit** in agreement/consultation with
Einwand objection; **~ vorbringen** object, raise an objection
Einwanderer immigrant
einwandern immigrate
Einwanderung immigration; **~sbehörde** immigration authority
Einweg- disposable, non-returnable, throwaway
Einweg|flasche disposable bottle; **~spiegel** one-way viewing mirror; **~spritze** ⚕ 💉 disposable syringe
einweihen inaugurate, open (officially); **jemanden in etwas ~** let someone in on a secret
Einweihung inauguration, (official) opening
einweisen 1 instruct; 2 *(Anstalt usw)* commit; **jemanden in etwas ~** 1 *(Information)* fill someone in on something; 2 *(Auftrag)* brief someone
Einweisung instruction, briefing; **~ in die Lage** briefing; **~slehrgang** orientation course
ein|werfen 1 *(Münze)* insert; 2 *(Brief usw)* post, mail; **~wickeln** wrap (up); **~willigen** comply, consent to, agree
Einwilligung consent, agreement
ein|winken *(Kfz)* guide/direct/wave in; **~wirken auf** affect, influence
Einwirkungs|- und Feuerbereich der Präzisionsschützen effective range of the marksmen teams; **~schutz** force protection
Einwohner inhabitant, resident; **~meldeamt** registration office
einzeichnen plot
Einzel|dienst operational duty; **~dienstbeamter** field officer; **im ~fall** on a case-by-case basis; **~feuer schießen** fire single rounds/shots; **~gänger** solitary person, loner; **~haft** solitary confinement; **~handel** retail trade; **~heit** detail; **~lader** single-chambered weapon; **~person** individual
einzig(artig) unique
einziehen 1 *(Wohnung)* move in; 2 *(sicherstellen)* seize, confiscate
Einziehung confiscation, seizure; **~sgegenstand** confiscated item
Eisenbahn → auch **Bahn** railway, railroad *US*; **mit der ~** by rail
Eisenbahn|anlage railway installation; **~beförderung** transport by rail; **~brücke** railway bridge; **~dieb** railway thief; **~gesellschaft** railway company; **~knotenpunkt** railway hub; **~linie** railway line; **~strecke** railway line; **~unglück** railway accident/disaster, rail/train crash; **~wagen** railway carriage
Eisen|kette iron chain; **~stange** iron bar
Eis|kratzer scraper; **~glätte** black ice; **~regen** rain on frozen ground
Elektrik 🚗 electrical system, electrics; **~er** electrician
Elektro|anschluss für Anhänger (elec-

tric) socket for the trailer; **~auto** electric car; **~motor** (electric) motor; **~schocker** taser; **~zaun** electric fence

Elend 1 *(Gefühl)* wretchedness; 2 *(Situation)* misery, distress

elend 1 *(Gefühl)* wretched, miserable; 2 *(Armut)* poverty-stricken

Ell(en)bogen elbow

Eltern|haus, zerrüttetes ~haus broken home; **~teil** parent

Empfang 1 *(Erhalt)* receipt; 2 *(Gäste)* reception; 3 *(Funkverkehr)* reception; 4 *(Hotel)* reception desk, front office/desk; **~ bestätigen** acknowledge/confirm receipt

empfangen receive

Empfänger 1 recipient, receiver; 2 *(Ware)* consignee

Empfangs|bescheinigung (acknowledgement of) receipt; **~berechtigter** beneficiary; **~dame** *(Hotel)* receptionist

empfehlen recommend, advise, suggest

Empfehlung recommendation, advice, suggestion; **mit besten ~en** courtesy of

empfinden feel

empfindlich; empfindsam sensitive, touchy

empören, sich ~ über be indignant/outraged about

Empörung indignation

End- ultimate

Ende termination; **~ der Ausbaustrecke** *(Schild)* road narrows; **dickes ~** *(fig)* the thin end of the wedge

end|gültig definitive, final; **~lich** eventually

Endstation terminus, terminal *US*

Energie power; **~ sparen** save energy; **~versorgung** energy/power supply

eng 1 *(schmal)* narrow; 2 *(Kurve)* sharp

Engagement commitment, involvement

Enge, jemanden in die ~ treiben corner someone

enger werden narrow

Engpass bottleneck

entblößen *(Körper)* expose

Entblößung exposure

entdecken discover, detect, spot, notice

Entdeckung discovery

Entfernen, unerlaubtes ~ vom Unfallort (offence of) failure to stop after an accident, hit-and-run (accident/offence), fleeing the scene of a traffic accident

entfernen remove; **sich ~** leave

Entfernung 1 distance; 2 *(Vorgang; Gegenstand, z.B. Radio)* removal; **aus kurzer ~** at close range

ent|flammbar (in)flammable; **~fliehen** flee, escape; **~führen** 1 *(Person)* abduct, kidnap; 2 *(Flugzeug)* hijack, skyjack; 3 *(Kfz)* carjack, hijack

Entführer 1 abductor, kidnapper; 2 hijacker, skyjacker; 3 carjacker, hijacker

Entführung 1 abduction, kidnapping, snatch; 2 hijacking, skyjacking; 3 carjacking, hijacking; **~ mit Zustimmung des/der Entführten** kidnapping with the kidnapped person's consent; **~sdrohung** kidnapping threat

entgegen|gesetzt opposite, counter-; **~kommen** travel in the opposite direction; **~kommend** 1 ▽ oncoming; 2 helpful; **~nehmen** 1 *(Beschwerde usw)* handle; 2 *(Ware durch Käufer)* receive

ent|giften detoxify, decontaminate; **~gleisen** be/become derailed, come off the rails

Entgleisung derailment; **verbale ~** faux-pas

enthalten contain; **sich ~** abstain/refrain from

enthüllen reveal, disclose, divulge

Enthüllung revelation, disclosure

entkleiden, sich ~ undress

ent|kommen escape; **~laden** unload

Entladeort place of discharge

entlang along; **~fahren** go/drive along; **~gehen** go along

entlarven *(Täter)* expose

Entlarvung exposure

entlassen 1 *(JVA usw)* release, discharge, set free; 2 *(Arbeit)* dismiss, fire

Entlassener, vorzeitig ~ auf Bewährung probationer

Entlassung 1 release; 2 dismissal, firing

entlasten exonerate, discharge

Entlastung exoneration, discharge; **~sstraße** relief road; **~szeuge** witness for the defence, defence witness
entmutigen discourage
Entnahme taking, withdrawal
ent|nehmen take, withdraw; **~reißen** snatch
Entrüstung indignation, outrage
entschädigen compensate, indemnify
Entschädigung compensation, indemnification, redress; **~ fordern** claim compensation; **~ zusprechen** award compensation; **~sanspruch** claim for compensation; **~ssumme** (quantum of) damages
entschärfen 1 *(Bombe)* defuse; 2 *(Situation)* de-escalate
Entschärfung de-escalation
entscheiden 1 decide; 2 ⚖ rule; **~d** crucial, decisive, essential, vital
Entscheidung 1 decision; 2 ruling, adjudication, finding; **~ treffen** → **entscheiden**; **einer ~ Nachdruck verleihen** give effect to a decision; **sich eine ~ vorbehalten** reserve a decision; **richterliche ~** ruling, judicial decision/settlement, judg(e)ment, (court) order; **verbindliche ~** binding decision
Entscheidungs|prozess decision-making process; **~träger** decision-maker , decision-making body
Entschließung resolution
entschlossen determined, resolute
Entschlossenheit determination, resolution
ent|schlüsseln decode, decipher; **sich ~schuldigen** apologize
Entschuldigung 1 apology; 2 *(Ausflucht)* excuse; 3 *(Bitte)* excuse me; 4 *(Fehler usw)* sorry; **~sgrund** excuse
Entsetzen horror
ent|setzlich horrendous, appalling; **~seuchen** decontaminate; **~sorgen** dispose of
Entsorgung (waste/refuse) disposal; **~snachweis** disposal document
entspannt ⌐ decocked
entsprechen correspond, be equivalent to; **~d** corresponding
Entsprechung equivalent
entstehen 1 *(Recht, Anspruch)* accrue; 2 arise, come into being; **etwas gar nicht erst ~ lassen** stop something in its tracks
Entstehung accrual
ent|strahlen *(nuklear)* decontaminate; **~tarnen** uncover
Enttarnung uncovering
enttäuschen disappoint
Enttäuschung disappointment
entwaffnen disarm
Ent|waffnung disarmament; **~wässerung** drainage
ent|weichen 1 flee; 2 *(Gas, Substanz)* escape; **~wenden** steal; **~werfen** draft, draw up; **~werten** *(Fahrkarte)* cancel
Entwerter ticket cancelling machine
entwickeln develop; **sich (weiter) ~** develop
Entwicklung development; **~sland** developing country
entwischen make off, get away
Entwöhnungsbehandlung withdrawal cure
entwürdigend humiliating
Entwurf draft
entwurzeln uproot
entziehen 1 ✗ withdraw; 2 *(Führerschein)* revoke; **sich ~** evade; **vorläufig ~** *(Führerschein)* suspend; **zeitweilig ~** suspend
Entziehung| der Fahrerlaubnis disqualification, revocation of the driver's licence; **vorläufige ~ der Fahrerlaubnis** suspension of the driving licence; **~ elektrischer Energie** abstracting of electricity; **~ Minderjähriger** child stealing; **~sanstalt** withdrawal clinic; **~skur** withdrawal programme
entziffern decipher
Entzug ✗ withdrawal; **sofortiger ~ der Fahrerlaubnis** curbside suspension (of the driving licence); **~serscheinung** ✗ withdrawal symptom; **unter ~serscheinungen leiden** suffer from withdrawal symptoms
entzündlich (in)flammable
Entzündung inflammation

Epidemie epidemic
Epilepsieanfall epileptic fit
Erachten, meines ~s in my opinion
er|bärmlich wretched; **~betteln** get/obtain by begging; **~beuten** capture; **sich ~brechen** vomit, throw up, retch
Erbsenzähler bean counter (and paper shuffler)
Erd|depot underground hiding place; **~geschoss** 🏠 ground floor/level, first floor *US*
Erdrosseln strangling
er|drosseln strangle; **~drückend** overwhelming
Erd|rutsch landslide; **~wall** earth bank
ereignen, sich ~ occur, happen
Ereignis event, occurrence, incident; **~ort** scene
erfahren 1 *(Verb)* experience; 2 *(Adjektiv)* experienced
Erfahrung experience
erfassen register, cover
Erfassung registration; **ausländerrechtliche ~ bei der Ausländerbehörde** registration of aliens
erfinden 1 invent; 2 *(Geschichte)* make up, invent, fabricate
Erfindung 1 invention; 2 fabrication
erfindungsreich ingenious
Erfolg success; **~ haben** succeed; **~ versprechend** *(Spur)* promising, substantial; **keinen ~ haben** fail
erfolg|los unsuccessful; **~reich** successful
Erfolgsaussichten prospects of success
erforderlich requisite, necessary, required; **~ sein** be required; **soweit ~** as necessary; **unbedingt ~** imperative, absolutely necessary
erfordern require
Erfordernis requirement; **den gesetzlichen ~sen entsprechen** meet the legal requirements
er|freuen please; **~frieren** freeze to death
Erfrierung frostbite
erfüllen fulfil
Erfüllung fulfilment, execution; **in ~** fulfilment: **~ eines Auftrages** fulfilment of a mission; **~ des Mandats** execution/fulfilment of the mandate
er|gänzen complement, supplement; **sich ~geben** 1 *(aufgeben)* surrender, give oneself up; 2 *(resultieren)* result
Ergebnis result, outcome
ergreifen 1 *(packen)* grab, seize; 2 → **festnehmen**; **wieder ~** recapture
Er|greifung capture; **~halt** receipt
er|halten get, receive
erhältlich available, obtainable
Er|hältlichkeit availability; **~haltung** preservation, conservation
erhängen, sich ~ hang oneself
er|härten *(Verdacht usw)* substantiate, corroborate; **~heblich** substantial; **~hitzen** heat; **~höhen** increase, raise; **sich ~holen** recover
Erholung recreation, recovery
erinnern|, jemanden an etwas ~ remind someone of something; **sich ~** remember; **sich nicht ~ können** have no recollection
Erinnerung reminder, recollection; **dunkle ~** dim recollection; **~sverlust** amnesia; **~svermögen** memory; **~swert** sentimental value
er|kennbar noticeable; **~kennen** 1 identify, make out, recognize; 2 *(einsehen)* realize
Erkenntnis realization; **~anfrage** request for (specific) information (about a person)
Erkennungsdienst identification service; **~beamter** forensic officer
erkennungsdienstlich, jemanden ~ behandeln fingerprint and photograph someone
Erkennungs|marke identification disk; **~nummer** identifying number; **~tafel** *(Polizei-/Fahndungsfoto)* identification plate; **~zeichen** sign of recognition; **weithin sichtbares ~zeichen** landmark
erklären 1 *(Erklärung abgeben)* declare; 2 explain
Erklärung 1 declaration, statement; 2 explanation, definition; **eidesstattliche ~** solemn declaration, affirmation; **gemeinsame ~** joint statement; **verantwortliche ~ für Nachweise** personal declaration for documents

Erkrankung illness; **schwere** ~ severe illness
erkundigen, sich ~ enquire, inquire, ask for
Erlass 1 ordinance; 2 *(Minister)* decree, executive order; 3 *(Gericht)* writ, warrant
er|lassen 1 *(Haftbefehl)* issue; 2 *(Gesetz)* enact; **~lauben** permit, allow
Erlaubnis permission, permit, clearance, authorization; ~ **verweigern** refuse permission; **elterliche** ~ parental consent; **~urkunde** *(Güternahverkehr)* permit
erläutern explain
Erläuterung explanation
erleben experience
Erlebnis experience
erledigen accomplish, carry out, take care of
erleichtern facilitate; **jemanden um etwas** ~ *(coll)* relieve someone of something *(coll)*
erleichtert relieved
Erleichterung relief
erleiden sustain, suffer
Erliegen, zum ~ **kommen** come to a standstill
erliegen *(einer Verletzung)* die
Erlös proceeds
Erlöschen expiry, expiration *US*
er|löschen 1 *(Genehmigung usw)* expire; 2 *(Feuer)* burn out; **~mächtigen** authorize, empower, enable
Ermächtigung authorization, authority to act
ermahnen warn
Ermahnung warning
Ermessen discretion, judgement; **nach** ~ discretionary, within someone's discretion; **das steht nicht in meinem** ~ I have no discretion, this is not within my discretion; **pflichtgemäßes** ~ due assessment of the circumstances; **nach pflichtgemäßem ~ für richtig halten** think fit; **richterliches** ~ judicial discretion
Ermessens|entscheidung discretionary decision; **~spielraum** discretionary powers; **seinen ~spielraum nutzen** exercise one's discretion
ermitteln investigate, carry out an enquiry/inquiry, enquire, inquire; **~d** investigative
ermittelt werden be under investigation
Ermittler investigator, investigative officer; **privater** ~ private detective; **verdeckter** ~ undercover agent/investigator/man/officer, confidential informer/informant
Ermittlung enquiry, inquiry, investigation, fact-finding; ~ **von Haus zu Haus** house-to-house enquiry/inquiry; **~en abschließen** complete investigations; **~en behindern** hinder enquiries/inquiries; **~(en) (durch)führen** conduct an investigation, carry out investigations, make enquiries/inquiries, perform investigations *US*; ~ **einleiten** start an investigation; **gemeinsame** ~ joint investigation; **kriminalpolizeiliche** ~ CID investigation; **verdeckte** ~ covert investigation/action
Ermittlungs- investigative, fact-finding
Ermittlungs|akte file; **~arbeit** detective work; **~auftrag** order to investigate; **~beamter** investigator, investigating officer, plain-clothes (police) officer; **~richter** examining magistrate; **~übersicht** state/survey of investigations
Ermittlungsverfahren investigative proceedings; ~ **einleiten** initiate investigative proceedings; **polizeiliches** ~ investigation, enquiry, inquiry
er|möglichen enable, facilitate; **~morden** murder, kill, slay *US*
Ermordung murder, assassination, killing
er|mutigen encourage; **~nähren** 1 feed; 2 *(Familie)* support; **sich ~nähren von** live on; **~nennen** appoint, nominate
Ernennung appointment; **~surkunde** document of appointment
erneuern renew
Erneuerung renewal
erniedrigen humiliate; **~d** humiliating
Erniedrigung humiliation
ernst *(Lage)* serious
Ernstfall emergency (situation)

ernsthaft serious
Ernte 1 *(Menge)* crop; 2 *(Vorgang)* harvest; **~maschine** harvester; **~zeit** harvest time
eröffnen open, declare open(ed)
Eröffnung opening
erpressen blackmail, extort, hold to ransom
Erpresser blackmailer; **~brief** ransom note
Erpressung blackmail, extortion; **räuberische ~** extortion by means of force or threat of force, blackmail with violence
erproben test
Erprobung trial, test
erregbar, leicht ~ emotional
Erregung öffentlichen Ärgernisses indecent exposure
erreichbar 1 *(Person)* reachable; 2 *(Ziel)* attainable; **telefonisch ~ sein** have a phone number, be on the phone
Erreichen *(Plan, Ziel)* achievement, accomplishment
er|reichen achieve; **~richten** establish, set up
Ersatz 1 substitute; 2 surrogate; 3 *(Austausch)* replacement; **~dienst** alternative service; **~(freiheits)strafe** *prison sentence for failure to pay a fine*; **~kraft** substitute; **~magazin** spare magazine; **~rad** spare wheel; **~reifen** spare tyre; **~stoff** 1 substitute; 2 surrogate; **~teil** (spare) part
Erscheinen vor Gericht (court) appearance, court attendance
erscheinen show up
Erscheinungsbild des Polizeibeamten 1 image of the police; 2 *(Äußeres)* (physical) appearance of a police officer
er|schießen shoot (dead), gun down; **~schlagen** *(totschlagen)* slay
Erschleichen illegal acquisition
er|schöpfen exhaust; **~schöpft** 1 *(müde)* exhausted; 2 *(Vorräte)* depleted
Erschöpfung exhaustion
er|schrecken scare, frighten; **~schrocken** scared, frightened; **~schüttern** shatter, upset, shake
Erschütterung upset
er|schweren aggravate, compound; **~schwindeln** obtain fraudulently; **~setzen** *(Schaden)* compensate, replace
Ersparnisse savings
erst- initial
erstatten *(Geld, Kosten)* reimburse, refund
Erstaunen astonishment
erstechen stab (to death)
Erste-Hilfe|-Kasten/Set first-aid box/kit; **~-maßnahmen** first-aid treatment
Erst|erteilung einer Fahrerlaubnis first issue of a driving licence; **~helfer** *person rendering first aid*
ersticken choke, suffocate, be asphyxiated
Erstickung suffocation
Erst|konsument first-time user; **~tat** first offence; **~täter** first(-time) offender; **medizinische ~versorgung** medical first response; **~verstoß** first offence; **~zulassung** year of registration
Ersuchen request; **auf ~ von** at the request of
er|suchen request, ask; **~tappen** catch; **~teilen** *(Erlaubnis)* grant; **~tönen** sound; **~träglich** tolerable, bearable
Ertrinken drowning
ertrinken drown
erwachsen adult
Erwachsene|, nur für ~ adults only; **~r** adult, grown-up
erwägen weigh
Erwägung consideration
er|wähnen mention; **~warten** expect, look forward to
Erwartung expectation
erweitern broaden, expand, extend
Er|weiterung 1 expansion; 2 extension; **~werb** acquisition, purchase
er|werben acquire, obtain, purchase, buy; **~widern** reply
Erwiderung reply
er|wiesen proven, established; **~wischen** catch, trap; **illegal ~worben** ill-gotten
Erwürgen strangling
erwürgen strangle
Erzählung tale

erzeugen generate
Erziehungs|berechtigte(r) parent; **~urlaub** 1 parental leave; 2 *(Mutter)* maternal leave; 3 *(Vater)* paternal leave
erzwing|bar enforceable; **~en** (en)force
Erzwingung enforcement; **~shaft** coercive detention; **~shaftbefehl** coercive detention order
Etage 🏠 floor, storey; **~nbett** bunk bed
Etikett label, tag
Etui case
EU European Union; **~-Amtshilfegesetz** EU Mutual Assistance Act; **~-Außengrenze** external EU border; **~-Bürger** EU national, citizen of the EU countries; **~-Mitglied(sstaat)** EU member (country); **~-Recht** European Union law
Europäer European
europäisch European
Europäische| Menschenrechtskonvention European Convention on Human Rights; **~ Union** → **EU**
Europa|pokal European Cup; **~straße** European long-distance road
EU-Typengenehmigung EU type approval
Evakuierungsweg evacuation route
eventuell 1 *(Adjektiv)* possible; 2 *(Adverb)* perhaps
EWOIS-Meldeabfrage 💻 search for registered residents
Experte *(Unfallaufnahme)* accident investigator
explodieren go off, blow up
Explosion detonation; **~sgefahr** danger of explosion
Explosiv|munition explosive bullets; **~stoff** explosive substance
exterritorial extraterritorial

F

Fabrik factory, plant, works
Fabrikat 🚗 make; **ausländisches ~** foreign make
Fach *(zur Ablage)* compartment
Fach- professional
Fach|arbeiter skilled worker; **~aufsicht** supervision; **~aufsicht führen** supervise
Fachhochschule polytechnic, college; **~ für öffentliche Verwaltung** academy/college of public administration; **~ Polizei** academy/college of public administration - police branch
Fach|kenntnisse expertise, expert knowledge; **~lehrer** instructor; **~mann** professional
fachmännisch professional
fachsimpeln talk shop
Fach|sprache special language, terminology, lingo *(coll)*; **~werkhaus** half-timbered house; **~wissen** expertise
Fackel torch, flare
Faden string; **die Fäden ziehen** pull the strings; **~kreuz** 🔫 cross hairs
fähig capable, competent
Fähigkeit skill, competence, competency *US*, capability
fahnden hunt, investigate
Fahnder investigator
Fahndung search, hunt, investigation; **~ auslösen nach** put out an alert for
Fahndungs|bestand wanted persons file pool; **~buch** wanted book, wanted persons list/register; **~datei** wanted file, criminal names' index; **zentrale ~datei** central data system; **~ersuchen** request for information about wanted persons/items; **~foto** mug shot; **~gruppe** investigating team; **~kontrolle** vehicle check for wanted persons; **~leiter** chief investigator; **~liste** wanted list; **~maßnahme** investigative measure; **~plakat** wanted poster; **~verzeichnis** wanted persons list/register
Fahne 1 flag; 2 *(Alkohol)* smell; **~nmast; ~nstange** flagpole
Fahr|anfänger learner driver; **~ausweis** ticket
Fahrbahn 1 roadway, carriageway, pavement *US*, road bed *US*; 2 *(Fahrstreifen)* (traffic) lane; **~ mit drei Fahrstreifen** three-lane roadway; **von der ~ abkommen** come/run off the road; **plötzlich auf die ~ laufen** make a dash into the road

Fahrbahn|, durchgehende ~ through carriageway; **einspurige** ~ single-lane carriageway; **falsche** ~ wrong side of the road; **unebene** ~ bumpy/uneven road; **verengte** ~ narrow road

Fahrbahnmarkierung road/roadway/ carriageway/pavement marking; **~sfarbe** road marking paint; **~smaschine** pavement marking machine, stripe painter

Fahrbahn|schwelle speed bump/hump, sleeping policeman *GB (coll)*; **~verbreiterung** carriageway/roadway widening; **~verengung; ~verschmälerung** narrowing of the carriageway/ roadway

fahrbar *(beweglich)* movable, mobile

Fahrbereitschaft motor pool

Fähre ferry, boat

Fahren 1 driving; 2 → auch **Fahrweise**; ~ **unter Alkoholeinwirkung** → **Trunkenheitsfahrt**; ~ **ohne Fahrerlaubnis** 1 driving without a licence; 2 *(nach Führerscheinentzug)* driving (a motor vehicle) while/when disqualified; ~ **trotz Fahrverbots** → ~ **ohne Fahrerlaubnis 2**; ~ **ohne Versicherungsschutz** driving without insurance

Fahren|, aggressives ~ aggressive driving; **zu schnelles** ~ speeding; **unvorsichtiges** ~ careless driving

fahren 1 go; 2 *(Km/h)* do, clock (up); 3 *(Zweirad)* ride; **defensiv** ~ drive defensively; **gegen etwas** ~ crash into something; **falsch** ~ *(Falschfahrer)* drive against the traffic; **langsam** ~ drive slowly/slow *US*; **links/rechts** ~ keep to the left/right; **rücksichtslos** ~ drive dangerously; **schnell** ~ speed, race; **zu schnell** ~ speed; **viel zu schnell** ~ be way over the limit; **unfallfrei** ~ have a clean driving record; **ungleichmäßig/unkontrolliert** ~ drive erratically

Fahrer 1 driver, operator; 2 *(Motorrad)* rider; **betrunkener** ~ drunk driver; **rücksichtsloser** ~ dangerous driver; **zweiter** ~ *(Bus, LKW)* co-driver

Fahrer|ermittlung driver identification; **~flucht** (offence of) failure to stop after an accident, hit-and-run offence; **~flucht begehen** commit a hit-and-run offence; **~flüchtiger** hit-and-run driver; **~haus** driver's cab(in); **~hausverriegelung** cab tilt lock

Fahrerlaubnis → auch **Führerschein** driving licence, driver's license *US*; ~ **auf Probe** probationary driving licence; ~ **entziehen** withdraw the driving licence; ~ **neu erteilen** newly grant the driving licence; ~ **versagen** refuse to issue the driving licence

Fahrerlaubnis|behörde driving permit authority; **~klasse** driving permit category; **zentrales ~register** central register of driving permits

Fahrer|pflichten driver's duties; **~sitz** driver's seat

Fahr|fehler driving error; **~fläche** riding surface; **~gasse** *(Parkplatz)* aisle

Fahrgast 1 passenger; 2 *(Taxi)* fare; **~tür** *(Bus)* passenger door; **~zelle** passenger compartment, safety cell

Fahr|geld fare; **~gelegenheit** ride; **~gemeinschaft** car/motor pool, ride-sharing (agreement) *US*; **~geräusch** 1 noise of passing cars, 2 engine; **~gestell** chassis, underframe; **~gestellnummer** vehicle identification number, chassis number

Fahrkarte ticket; **einfache** ~ one-way/ single ticket; **ungültige** ~ invalid ticket

Fahrkarten|automat ticket machine; **~betrug** ticket fraud; **~kontrolleur** ticket inspector; **~schalter** booking/ ticket office

fahrlässig careless, negligent; ~ **handeln** act negligently; **bewusst** ~ reckless; **grob** ~ grossly negligent

Fahrlässigkeit negligence, neglect, lack of care; **bewusste** ~ recklessness; **grobe** ~ criminal/culpable/gross negligence; **strafbare** ~ punishable negligence

Fahrlässigkeitsdelikt negligence offence; **~sgrad** degree of negligence

Fahr|lehrer driving instructor; **~leistung** mileage; **~licht** → **Abblendlicht**;

~personalgesetz *statutory regulations concerning bus and truck drivers*; **~plan** timetable, schedule

fahrplanmäßig scheduled

Fahr|preis fare; **~preisanzeiger** *(Taxi)* (fare) meter; **~prüfung** driving test

Fahrrad → auch **Rad** bicycle, bike; **~ mit zwölf Gängen** twelve-speed bicycle; **~ mit Hilfsmotor** motorized cycle, electric bicycle; **~ fahren** → **Rad fahren**; **~ schieben** wheel a bicycle

Fahrrad|diebstahl bicycle theft; **~helm** bicycle helmet; **~klingel** bicycle bell; **~nummer** bicycle number; **~staffel** bicycle squad; **~ständer** bicycle rack; **~stellplatz** bicycle storage facility; **~streife** bicycle patrol; **~träger** bicycle rack

Fahr|rinne (shipping) channel; **~schein** ticket; **~schule** school of motoring; **~schüler** learner/student driver; **~sicherheitstraining** advanced driving skills training; **~strecke** route

Fahrstreifen (driving) lane; **durchgehender ~** through lane; **gesperrter ~** closed lane; **linker ~** fast/left/outside/overtaking/passing lane; **mittlerer ~** centre/middle lane; **rechter ~** slow lane; **verengter ~** narrow lane

Fahrstreifen|begrenzung lane sideline; **~markierung** lane marking

Fahrstreifenwechsel lane change; **~ ohne Blinkzeichen** unsignalled lane change; **plötzlicher ~** abrupt lane change

Fahrstunde driving lesson

Fahrt drive, ride, journey; **~antritt; ~beginn** start of a journey/trip

Fährte trace, track, trail; **falsche ~** red herring *(coll)*

Fahrten|blatt journey sheet; **~buch** logbook; **elektronisches ~buch** electronic logbook; **~messer** sheath knife; **~nachweisheft** logbook; **~schreiber** → **Tachograph**

Fährtensuche tracking

Fahrtrichtung direction of traffic; **entgegen der ~** in the opposite direction; **~sanzeiger** (direction) indicator, blinker *US*, (turn) signal *US*

fahrtüchtig 1 roadworthy, roadable *US*; 2 *(Person)* fit/able to drive

Fahrtüchtigkeit 1 roadworthiness; 2 fitness to drive

Fahrtunterbrechung break, interruption; **kurze ~** stopover

Fahrunfall *accident caused by the driver of a vehicle with no other participant being involved*

fahruntüchtig *(Person)* unfit to drive, not able to drive, incapacitated

Fahruntüchtigkeit unfitness to drive; **absolute ~** absolute unfitness to drive; **relative ~** relative unfitness to drive

Fährverbindung ferry service

Fahrverbot driving ban, disqualification; **vorgesehenes ~** statutory disqualification

Fahr|verhalten road behaviour; **aggressives ~verhalten** aggressive driving; **~wasser** fairway, shipping channel

Fahr|weise driving; **gefährdende ~weise** dangerous driving; **~zeit** driving/journey time

Fahrzeug → auch **Kfz**; 1 vehicle; 2 *(Wasser)* craft; **~ des öffentlichen (Nah)Verkehrs** public transportation vehicle

Fahrzeug| anhalten stop a vehicle; **~ benutzen/führen** operate a vehicle; **~ beschlagnahmen** confiscate a vehicle; **~ entfernen** remove a vehicle; **~ zur Seite fahren** move a vehicle over

Fahrzeug|, aufgebocktes ~ jacked-up vehicle; **voll beladenes ~** fully laden/loaded vehicle; **betroffenes ~** vehicle in question; **nicht mehr fahrbereites ~** *vehicle which can no longer be moved*; **langsam fahrendes ~** slow-moving vehicle; **führendes ~** leading vehicle; **liegen gebliebenes ~** stranded/broken-down vehicle; **gepanzertes ~** armoured vehicle; **in der zweiten Reihe geparktes ~** double-parked vehicle; **gestohlenes ~** stolen vehicle; **heißes ~** hot vehicle; **kaputtes ~** wreck; **land- oder forstwirtschaftliches ~** agricultural vehicle; **offenes**

~ open vehicle; **parkendes** ~ parked vehicle; **schnelles** ~ fast/high-performance vehicle; **unfallbeteiligtes** ~ vehicle involved in an accident; **unversichertes** ~ vehicle without insurance; **verdächtiges** ~ suspicious vehicle; **nicht zugelassenes** ~ unlicensed vehicle

Fahrzeug- vehicular

Fahrzeug|abstand vehicle distance; **~achse** axle; **~art** type of vehicle; **~besitzer** vehicle owner; **~daten** vehicle data; **~führer** driver, operator; **~halter** (registered) vehicle owner, keeper; **~halter ermitteln** ascertain the vehicle owner; **~identifizierungsnummer** vehicle identification number (VIN); **~kolonne** column of vehicles, convoy; **~kontrolle** vehicle check; **~kontrollstelle** vehicle checkpoint; **~mängelbericht** vehicle defect form; **~ortungssystem** global positioning system (GPS), vehicle tracking system, automatic location system; **~papiere** vehicle documents; **~prüfbericht** vehicle test certificate; **zentrales ~register** central vehicle register; **~schlange** queue of cars; **~schranke** vehicle barrier; **~sicherstellung** securing a vehicle; **~sicherung** *(gegen Diebstahl)* vehicle security; **~transporter** transporter; **~typ** type of vehicle; **~untersuchung** vehicle test; **~versicherungspapiere** vehicle insurance papers

Faktor, zusätzlicher ~ contributory factor

Fall 1 *(Fallen)* fall; 2 ⚖ case; **auf keinen** ~ on no account; ~ **von Trunkenheit am Steuer** drink-and-drive case; ~ **abschließen** close a case; ~ **neu aufrollen** reopen a file; ~ **bearbeiten** work on a case; ~ **vor Gericht verhandeln** hear a case

Fall|, aufgeklärter ~ solved case; **dringender** ~ urgent case; **schwieriger** ~ hard case; **ungeklärter** ~ open case; **~beispiel** case in point

Falle trap; ~ **stellen** set a trap

fällig due, payable

Fälligkeitstag date of payment, due date

Fallrohr 🏠 drainpipe

Fallschirm parachute; **~springer** parachutist

Fallstudie case study

falsch 1 *(inkorrekt)* wrong, incorrect; 2 *(gefälscht, unecht)* false

Falschaussage false statement; ~ **gegen jemanden machen** give false evidence against someone; **jemanden zur ~ verleiten** persuade someone to give false evidence

fälschen 1 fake *(coll, allgemein)*; 2 *(Dokument echt, Eintrag gefälscht)* forge; 3 *(Dokument selbst gefälscht)* counterfeit; 4 *(Angaben in Dokument fälschen)* falsify

Fälscher forger, counterfeiter

Falsch|fahrer driver/vehicle travelling in the wrong direction (on a four-lane road or motorway); **~geld** counterfeit money

fälschlicherweise wrongly

Falsch|münzerei counterfeiting; **~parken** improper parking; **~spieler** sharper

Fälschung forgery, fake

Faltblatt leaflet

Falte *(Gesicht)* wrinkle

falten fold

Familie mit nur einem Elternteil single-parent family

Familien- domestic

Familien|angehörige 1 family members; 2 *(Kinder usw)* dependents; **~betreuungszentrum** family support centre; **~feier** family party; **~nachzug** *(Nachkommen von Kindern nach Deutschland)* reuniting of families; **~name** family/last name, surname; **~name der Eltern** parents' last name; **~recht** family law; **~stand** marital/civil status

Fan(atiker) fan, supporter, freak

fangen catch, trap

Fang|frage loaded question; **~prämie** *(Ladendieb)* bounty; **~schaltung** ☎ call tracing, signal tracer; **~schuss** coup de grace

Fan|klub fan/supporters' club; **~kurve** supporters' seats/end; **~trikot** replica shirt

Farbbalken *white line across the carriageway to measure speed and/or distance*
Farbe 1 *(allgemein)* colour; 2 *(zum Auftragen)* paint
Farbelement, optisch variables ~ *(Banknote)* colour-shifting ink feature
farbenblind colour-blind
Farbiger coloured person, black, Afro-/African/Black American *US*
Farb|schmiererei graffiti; **~sprüher** graffiti sprayer; **~straßenbelag** coloured road surfacing
Färbung colour
Faser fibre; **~schreiber** felt pen
Fass barrel, drum
faul 1 lazy; 2 *(verfault)* rotten, decayed
Faust fist; **~ ballen** clench one's fist; **mit der ~ schlagen** punch; **~feuerwaffe** handgun; **~handschuh** mitten; **~recht** law of the jungle; **~regel** rule of thumb; **~schlag** punch
Fauxpas gaffe, blunder; **einen ~ begehen** put one's foot in it *(coll)*
Fax fax, facsimile; **~gerät** fax (machine); **~nummer** fax number
Feder 1 *(Vogel)* feather; 2 🚗 spring
Federung springs, suspension
Fehl|alarm(ierung) false alarm; **~anzeige** 1 nil return; 2 *(Formular)* not applicable; **~betrag** missing amount/sum, shortfall, deficit; **~einschätzung** misjudg(e)ment
Fehlen absence
fehlen lack; **wo fehlt's denn?** what's the problem? *(coll)*
Fehler 1 error; 2 defect
fehlerhaft 1 faulty, defective; 2 *(Text usw)* flawed, incorrect
Fehlmenge shortfall, deficit, deficiency
fehlschlagen fail
Fehl|schuss 🔫 miss; **~urteil** ⚖ miscarriage of justice, misjudg(e)ment; **~verhalten** misdemeanour, misbehaviour, misconduct; **~verhalten in der Öffentlichkeit** public misconduct
fehlzünden 🚗 backfire, misfire
Fehlzündung backfiring, misfiring
Feier celebration; **laute ~** noisy party; **~abend** *(Freizeit)* evening leisure time
feiern celebrate
Feiertag|, gesetzlicher ~ (bank/public/statutory) holiday; **kirchlicher ~** church holiday
feige cowardly
Feigling coward
Feile file
feindlich; feindselig hostile
Feindseligkeit hostility, animosity
Feld|diebstahl petty thieving of standing crops; **~hüter** rural warden; **~jäger** 1 (German) military police; 2 (German) military police officer
Feldpost military postal service; **~nummer** military postal code
Feld|scheune field barn; **~unterkünfte** field accommodation; **~weg** (country) lane, cart-track, earth road, dirt road *US*
Felge (wheel) rim
Fels rock
Fenster| herunterkurbeln 🚗 roll/wind down the window; **~ hochkurbeln** roll/wind up the window; **vergittertes ~** barred window
Fenster|bank window ledge/sill; **~heber** window winder; **elektrische ~heber** electric windows/window control; **manuelle ~heber** manual window control; **~kurbel** window handle; **~laden** shutter; **~rahmen** window frame; **~scheibe** window (pane); **~sims** window ledge
Ferien holiday(s), vacation; **~haus** holiday/vacation home; **~park** holiday park; **~reise** holiday trip
Fernbedienung remote control; **~ für Zentralverriegelung** electronic key fob
Fernbleiben, unentschuldigtes ~ *(Schule)* truancy; **unerlaubtes ~ vom Dienst** absence without (official) leave (AWOL)
fernbleiben, unentschuldigt ~ *(Schule)* play truant
Fernentriegelung für Tankdeckel und Gepäckraum remote interior fuel flap and boot opener

Fernfahrer trucker; **~gaststätte/lokal** truck stop, transport café

Fern|gespräch ☎ long-distance/trunk call; **~glas** binoculars, field glasses; **~lastzug** long-distance truck; **~licht** 🚗 bright lights, brights, full/high/main beam; **falsch eingestelltes ~licht** wrongly adjusted full beam; **~meldeabteilung** communications (department); **~meldegeheimnis** secrecy of telecommunication transmissions; **~schreiben** telex; **~schreiber** teleprinter, telex, teletype; **~schreibgebühren** telex charges; **~sehgerät** television (set)

Fernsehüberwachungs|anlage closed-circuit television (CCTV); **~kamera** closed-circuit television camera

Fern|steuerung remote control; **~straße** trunk road; **~verkehr** long-distance traffic

fernzünden detonate by remote control

Ferse heel; **jemandem dicht auf den ~n sein** be hard/hot one someone's heels

fertig 1 *(zu Ende)* finished; 2 *(bereit)* ready; **~geladen und gesichert** 🔫 loaded and locked

Fertig|haus prefabricated house, prefab *(coll)*; **~keit** skill

fertigladen und sichern 🔫 chamber a round, load and lock

Fessel|(n) fetters, manacles, shackles; **elektronische ~** electronic tag

fesseln tie (up), bind, chain, shackle

Fest festival, carnival; **örtliches ~** *(Kirmes, Weinfest)* local festival

fest 1 *(unbeweglich)* stationary; 2 ⚗ *(Stoff)* solid

festbinden tie (up)

Festfahren 🚢 running aground

festgefahren 1 *(Fahrzeug)* stuck; 2 *(Situation)* deadlocked

Festhalle (festival) hall

festhalten *(greifen)* grip; **~ an** adhere to

Festhalterecht citizen's arrest

Festigkeit stability; **innere ~** domestic/internal stability

Festland mainland; **~europa** *(aus Sicht der Briten und Iren)* The Continent, (Mainland) Europe

festlegen *(Termin)* fix, specify; **sich (nicht) ~** (not) commit oneself

Festlegung *(Grenze)* demarcation

festmachen 🚢 tie up

Festnahme arrest, apprehension, detention, capture, seizure, bust *US*, pinch *US*; **jemand ist zur ~ ausgeschrieben** there is a valid arrest warrant for someone; **~ auf Grund eines Haftbefehls** arrest under a warrant, execution of an arrest warrant; **~ wegen Nichtbezahlens eines Bußgeldes/Strafbefehls** arrest for default; **sich der ~ widersetzen** resist arrest

Festnahme|, rechtlich abgesicherte ~ lawful arrest; **vorläufige ~** (police) detention; **wahllose ~** random detention; **willkürliche ~** arbitrary detention

Festnahme|befugnis; ~recht powers of arrest; **~ersuchen** request for an arrest; **jemanden im ~griff abführen** frog-march someone; **~grund** reason for being detained; **~nachweis** custody record; **~rate** rate of arrests; **~recht für jedermann** citizen's arrest; **~trupp** snatch team

festnehmen arrest, apprehend, make an arrest, place under arrest, take into custody, seize, nail *(coll)*, nick *(coll)*, pick up *(coll)*, collar *US (coll)*; **Sie sind festgenommen** you are under arrest; **vorläufig ~** detain

Fest|netz fixed telephone network; **~platte** hard disk; **~platz** fairground; **~saal** (festival) hall

festsetzen fix

Fest|spiel(e) festival; **~stellbremse** 🚗 parking brake, handbrake

feststellen *(Identität, Tatbestand)* establish, determine; **nachträglich ~** identify subsequently; **unverzüglich ~** identify immediately

Fest|stellung 1 *(Tatsache)* establishment 2 *(Aussage)* statement; **~zug** parade, carnival

Fettdruck fat/bold type

fettig greasy

Fettnäpfchen, ins ~ treten put one's foot in it

feucht moist
Feuchtigkeit moisture
Feuer → auch **Brand** 1 *(Brand, Schusswechsel)* fire; 2 *(für Zigarette)* light; ~ **anzünden** start a fire; ~ **bekämpfen** fight a fire; ~ **einstellen** cease fire; ~ **eröffnen** open fire; ~ **fangen** catch fire; ~ **legen** set fire to; ~ **löschen** extinguish a fire, put out a fire; **offenes** ~ open fire
Feueralarm fire alarm
feuer|beständig; ~fest fire-proof
Feuergefahr danger/risk of fire, fire hazard
feuergefährlich (highly) flammable
Feuergefecht gun battle, shootout
feuerhemmend fire-resistant
Feuer|kraft firepower; **~leiter** fire escape; **~löscher** fire extinguisher; **mit Pulver gefüllter ~löscher** dry fire extinguisher; **~löschdecke** fire-retarding blanket; **~löschgerät(e)** fire-fighting equipment; **~melder** fire alarm; **~meldung** fire report
feuern ☛ fire, shoot
Feuer|schein firelight, glow; **~schutz** ☛ ⚔ covering fire; **~schutz geben** cover, provide cover; **~teufel** pyromaniac; **~treppe** fire escape; **~tür** fire door; **~versicherung** fire insurance; **~wache** fire station; **~waffe** → **Waffe**
Feuerwehr fire brigade/department *US*; **~fahrzeug** fire engine/truck *US*; **~gerätehaus** fire station, firehouse *US*; **~leiter** scaling ladder; **~mann** fire fighter, fireman
Feuer|werk (display of) fireworks; **~werkskörper** firecracker; **~zeug** lighter
Figur *(Person)* build, figure
Filiale branch
Film movie; **pornographischer** ~ pornographic/blue movie, adult movie *US*
Filz 1 *(Stoff)* felt; 2 *(Klüngel)* jobs for the boys, graft; **~stift** felt pen
Finanz|abteilung finance (department); **~amt** 1 *(Gebäude)* tax office; 2 *(Behörde)* Inland Revenue (IR) *GB*, Internal Revenue Service (IRS) *US*; **~ermittlungen** financial investigations; **~gericht** fiscal court
finanziell pecuniary
finanzieren *(Kredit)* finance
Finanzministerium ministry of finance
Finder finder; **~lohn** finder's reward
Findigkeit ingenuity
Finger| auf einem Blatt abrollen roll a finger on a sheet of paper; **kleiner** ~ little finger
Fingerabdruck fingerprint; **genetischer** ~ genetic fingerprint; **computergestütztes ~ erkennungssystem** automated fingerprint identification system (AFIS)
Fingerabdrücke| nehmen fingerprint (someone), take fingerprints; ~ **sicherstellen** preserve/secure fingerprints
Finger-Finger-Probe finger-to-finger test
Fingernagel (finger)nail; **~schmutz** fingernail dirt
Fingernägel| kauen bite one's fingernails; **abgebissene** ~ bitten fingernails; **lackierte** ~ varnished fingernails
Finger|spitze fingertip; **~spur** fingerprint
fingieren fake
Firma company, business
Firmen|ausweis company pass, staff identity card; **~sitz** corporate office, company headquarters; **~wagen** company car
Fisch|, kleine ~e small fry; **~wilderei** fish poaching
Fixer|besteck ✗ (fixer) set of instruments; **~stube** shooting gallery *(coll)*; **~utensilien** fixer utensils, paraphernalia
flach *(Gewässer)* shallow
Flachdach ⌂ flat roof
Fläche area; **befestigte** ~ improved surface
flächendeckend area-wide
Flachmann *(coll)* hip flask
Flagge flag; ~ **zeigen** show the flag
Flame Fleming
flämisch Flemish
Flamme flame; **offene** ~ naked light
Flammpunkt flashpoint

Fleck stain; **blauer ~** ⚕ bruise
fleckig ⚕ blotchy
fleißig busy, industrious, hard-working
Flicken patch
Fliege 1 fly; 2 *(Kleidung)* bow tie
Flieger flier, flyer
Fliehen escaping; **~ ist zwecklos** escaping is useless
fliehen 1 flee; 2 *(vor der Polizei)* run (away); 3 *(aus Gewahrsam)* escape, abscond
fließen 1 flow; 2 *(Verkehr)* move; **~d** *(Beherrschung einer Fremdsprache)* fluent
Fließheck 🚗 fastback, liftback
Flinte shotgun
flockig fluffy
fluchen curse, swear, cuss *(coll)*
Flucht escape, flight; **auf der ~** on the move/run, at large; **die ~ ergreifen** escape, make a run for it
Flucht- getaway
flüchten 1 → **fliehen**; 2 decamp
Flucht|fahrzeug getaway car, escape vehicle; **~gefahr** risk of escape; **~hilfe** *aid in an escape;* **~hilfe leisten** assist a prisoner to escape
flüchtig 1 ⚗ *(Stoff)* volatile; 2 *(auf der Flucht)* on the run, fugitive; 3 *(oberflächlich)* cursory
Flüchtiger fugitive, escapee, absconder
Flüchtling 1 fugitive, runaway, escapee; 2 *(Vertriebener)* refugee; **~slager** refugee camp; **~sstrom** flow of refugees
Flucht|mittel means of escape; **~möglichkeit** possibility to escape; **~plan** escape plan; **~richtung** direction of escape; **~versuch** escape attempt; **~weg** escape/getaway route; **~weg abriegeln/versperren** block the escape route
Flug flight; **~begleiter** flight attendant; **~blatt** leaflet, flier; **~gastkontrolle** (air) passenger check; **~gesellschaft** airline; **~hafen** airport; **~hafenpolizei** airport detail/police/security; **~linie** airline; **~platz** airfield; **~preis** (air) fare; **~reise** air journey; **~schein** (flight) ticket; **~steig** gate
Flugzeug aeroplane, airplane, plane, aircraft; **~ entführen** hijack/skyjack a plane; **aus ~ aussteigen** deplane *US*
Flugzeug|absturz air crash/disaster, plane crash; **~entführer** hijacker, skyjacker; **~entführung** hijacking, skyjacking
Flur 🏠 hallway; **~name** field name
fluss|abwärts downstream; **~aufwärts** upstream
flüssig 1 ⚗ *(Stoff)* fluid; 2 *(Geld)* solvent
Flüssigkeit liquid
Fluss|insel river island; **~mündung** 1 (river) mouth; 2 *(ins Meer)* estuary; **~überquerung** river crossing; **~ufer** river bank, riverside
Flut 1 flood; 2 *(Meer)* high tide; **~lichtanlage** floodlight(s)
föderalistisch federal
Folge consequence; **~ermittlungen** follow-up enquiries/investigation (of a crime); **~ leisten** comply with
folgen follow, trace; **~d** subsequent, successive
folgerichtig consistent, logical
Folgerung deduction
Folgeschaden consequential damage
Folie 1 foil; 2 *(Projektor)* overlay, viewgraph transparency; **~nbriefchen** ✗ tinfoil, sachet
Folter torture
foltern torture
fordern demand, claim, call for
Forderung claim, demand
Form shape, outline; **in ~ von** in the shape/form of; **~blatt** form
formell formal
Formfehler formal defect
förmlich formal
Formsache formality; **reine ~** a mere formality
Formular form
formulieren phrase, formulate, word
Forschung research
Forst|amt forestry department; **~behörde** forestry authority
Förster forest warden/ranger *US*
Forst|weg forest road; **~wirtschaft** forestry

Fort|bildung advanced/further/special training; **~dauer** continuance
fort|fahren 1 *(wegfahren)* depart, leave, drive away/off; 2 *(weitermachen)* continue; **~laufend** ongoing; **~setzen** continue
Foto photograph, shot; **~apparat** camera; **~montage** photo montage
Fracht cargo, freight; **~brief** consignment note, waybill; **internationaler ~brief** international waybill; **~diebstahl** theft of freight; **~führer** carrier, haulage company/contractor; **~gut** → **Fracht**; **~kosten** (cost of) freight, freightage; **~papiere** cargo documents
Frage|, in ~ stellen query, question; **nicht in ~ kommen** be out of the question
Fragebogen questionnaire; **ärztlicher/medizinischer ~** medical questionnaire
frag|lich in question; **~würdig** questionable
Franken Frankonia
Fransen *(Haare)* fringes, bangs *US*
Frau *(Ehefrau)* wife; **misshandelte ~** battered wife
Frauen|- und Mädchenhandel white slave trade, trafficking in women; **~-haus** women's refuge
frei 1 *(Straße)* clear; 2 *(Stelle, Wohnung usw)* vacant
freiberuflich freelance; **~ tätig sein** freelance
Freien, im ~ outdoor, open-air; **im ~ leben** *(Wohnsitzlose)* live rough
Freier *(Prostitution)* punter
Freigabe *(für Presse)* release
freigeben release
Freihafen free port
Freiheit freedom, liberty; **persönliche ~** personal freedom; **~sberaubung** wrongful detention/imprisonment; **~sentzug** imprisonment, detention, deprivation of a person's liberty
Freiheitsstrafe (term of) imprisonment, prison/custodial/jail sentence; **~ absitzen** serve one's term, serve time; **lebenslange ~** life imprisonment/sentence; **zu einer ~ verurteilen** impose a jail sentence; **zur Bewährung ausgesetzte ~** suspended sentence
Freikarte free/complimentary ticket
freilassen release, set free
Frei|lassung release; **~lauf** freewheel ; **~raum** freedom, leeway; **~sprechanlage** ☎ hands-free kit/set
freimachen clear, vacate
Freimaurer Freemason
freisprechen ⚖ acquit
Freispruch ⚖ acquittal, verdict of not guilty
freistellen exempt
Freistellung release
freiwillig voluntary; **~ aussagen** volunteer; **sich ~ melden** volunteer
Frei|williger volunteer; **~zeichen** ☎ dialling/ringing tone
Freizeit leisure time; **~fahrzeug** *(Wohnmobil, Wohnwagen usw)* recreational vehicle (RV) *US*; **~gelände** recreation area; **~kleidung** casual clothes/wear; **~schifffahrt** pleasure boating
freizügig *(Moral)* permissive
Freizügigkeit freedom of movement
fremd 1 strange; 2 *(ausländisch)* foreign, alien; **~enfeindlich** xenophobic
Fremden|feindlichkeit xenophobia; **~führer** tourist guide; **~pass** Nansen passport, passport for stateless persons; **~verkehrsbüro** tourist information centre/office
Fremd|körper ⚕ ⚇ foreign body; **~schaden** third-party damage; **~sprache** foreign language
Freude pleasure, joy
freuen, sich ~ be pleased
Frieden peace; **~ wahren** maintain the peace; **~ wiederherstellen** restore peace; **häuslicher ~** domestic peace; **öffentlicher ~** public peace; **~srichter** justice of the peace *GB*
Friedhof cemetery; **~schändung** desecration of a cemetery
friedlich peaceful
frieren freeze, be cold
Friesland Frisia
Frisch|luft fresh air; **~luftfanatiker** outdoor enthusiast; **~wassertank** *(Wohnwagen, Wohnmobil)* water tank
frisieren 1 do someone's hair; 2 🚗 tune, soup up *(coll)*; 3 *(Bilanz)* forge

Frist time limit, term, deadline; **~versäumnis** failure to meet the deadline
Frisur hair-style, hair-do
frontal head-on
Frontalzusammenstoß head-on collision
Front|antrieb front-wheel drive; **~reflektor** *(Fahrrad)* front reflector; **~schutzbügel** bull bar(s)
Froschmann frogman
Frost frost; **~aufbruch** frost heave; **~schaden** frost damage; **~schutzmittel** anti-freeze
Früh|besprechung (morning) briefing, roll call *US*; **~schicht** morning shift
fühlen feel; **sich schwach ~** feel weak
Führen einer nicht genehmigten Schusswaffe carrying an unregistered weapon
führen lead; **~ zu** give rise to
Führer leader, commander; **~ vor Ort** commander in the field/on the spot
Führerschein driving licence, driver's license *US*, (driver's) permit; **~ der britischen Stationierungskräfte in Deutschland** British Forces driving licence; **~ beschlagnahmen** *(ohne Einverständnis des Betroffenen)* confiscate the driving licence; **jemandem den ~ entziehen** disqualify someone (from holding a driving licence); **~ sicherstellen** *(mit Einverständnis des Betroffenen)* secure the driving licence
Führerschein|, eingezogener ~ suspended licence; **internationaler ~** international driving licence/permit
Führerschein|daten driving licence data; **~entzug** disqualification; **~klasse** driving licence/permit category; **~stelle** driver licensing agency; **zentrale ~ - und Zulassungsstelle** Driver and Vehicle Licensing Agency (DVLA) *GB*; **~überprüfung** driving licence check
Fuhrpark fleet, (motor) pool
Führung command (and control), direction; **einheitliche ~** unity of command; **kooperative ~** cooperative command
Führungs|ebene echelon/level of command, layer of management; **~ecke** *(Tachograph)* guide lug; **~fahrzeug** lead car; **~grundsätze** command and control principles, leadership principles; **~lehre** police management (theory); **~management** senior management; **~personal** senior staff; **~stab** executive division, staff (headquarters); **~struktur** structure of leadership
Führungs- und Lagezentrale tactical command
Führungs|unterstützung command and control support; **~zentrale** control (room); **polizeiliches ~zeugnis** police clearance certificate, police certificate of good conduct
Füll|bedingungen filling regulations; **~halter** fountain pen; **~menge** volume
Füllung *(auch Zahn)* filling
Fundament foundation
Fund|behörde/büro lost property department/office; **~gegenstand; ~sache** find, lost/found property; **nicht abgeholte ~sache** unclaimed found property; **~ort** *place where something is found*; **~tag** *day on which something is found*; **~unterschlagung** appropriation of a find
fungieren act
Funk wireless, radio; **über ~** by radio; **per ~ rufen** radio; **etwas über ~ durchgeben** put something out on the radio; **~auftrag** announcement/order/information by radio, radio message
Funke spark
funken radio
Funk|entstörung noise suppression; **~fernbedienung** radio remote control; **~gerät** (wireless) set, (two-way) radio; **~kanal** radio channel; **~leitstelle** radio control; **~ruf; ~spruch** call, radio message; **~schatten** blind/shadow area, dead spot
Funkstreife radio patrol; **~ndienst** radio motor patrol; **~nwagen** radio (patrol) car, squad car; **neutraler ~nwagen** *(nicht als Polizeifahrzeug erkenntlich)* unmarked radio car

funktionieren work, be in order

funktionsfähig in working order, operational

Funk|verbindung radio contact; **~verbindung halten** maintain radio contact; **~verkehr** radio communication

Furcht fear; **seine ~ verlieren** lose one's fear; **~ einflößend** frightening, fearsome

Fürsorge 1 care, welfare; 2 *(Sozialamt)* social service(s); **~pflicht des Dienstherrn** employer's duty of care

Fusion amalgamation, merger

Fuß|, zu ~ on foot; **zu ~ gehen** walk; **auf freien ~ setzen** release, discharge; **~abdruck** footprint

Fußball soccer; **~anhänger/fan** supporter, football/soccer fan; **~stadion** soccer stadium

Fuß|boden floor; **~bremse** foot brake

Fußgänger pedestrian; **~ampel** (pedestrian) traffic lights; **~brücke** footbridge; **~überführung** pedestrian overpass; **~überweg** pedestrian/zebra crossing, crosswalk *US*; **~überweg mit Ampel** pelican crossing; **~unterführung** (pedestrian) subway/underpass *US*; **~zone** pedestrian precinct

Fuß|hebel pedal, foot-operated lever; **~kettchen** anklet; **~matte** floor mat; **~raste; ~stütze** *(Motorrad)* footrest

Fußstreife 1 foot patrol, beat; 2 *(Person)* beat/foot officer; **~ gehen** walk the beat; **~nbezirk** home beat; **~ndienst** beat policing

Fuß|tritt kick; **~weg** footpath, pathway, walkway

Futter 1 *(Vieh usw)* feed; 2 *(Kleidung)* lining

G

Gabel 1 fork; 2 *(Motorrad usw)* struts, forks

gabeln, sich ~ ▽ bifurcate

Gabelstapler fork-lift (truck)

Gabelung bifurcation

gaffen gape, stare

Gaffer gaper, starer, ghoul

gähnen yawn

Gallone gallon *(GB 4,546 l, USA 3,785 l)*

gammeln 1 *(außen)* loiter; 2 *(innen)* lounge around

Gammler layabout

Gang 1 *(Gehweise)* gait; 2 🚗 gear; 3 *(Bus, Flugzeug usw)* aisle; **~ einlegen** engage a gear; **~ herausnehmen** put the gear into neutral; **~ wechseln** change gear; **erster ~** first gear; **höchster ~** top gear; **hoher ~** high gear; **kleiner ~** low gear

Gangschaltung *(Fahrrad)* derailleur, gears

ganz entire, total, whole, complete

Garage garage; **~ntor; ~ntür** garage door; **~nwagen** regularly garaged car

Garanten stellen furnish surety

Garantie guarantee, warranty; **~ ausschließen** exclude a warranty

garantieren guarantee, warrant

Garantieverletzung breach of warranty

Garderobe 1 *(Schrank)* wardrobe; 2 *(Kleidung)* clothing, dress; 3 *(Theater usw)* cloakroom

Garnison ⚔ garrison

Garnitur, erste ~ class A uniform

Garten yard *US*; **~haus** garden house; **~mauer** garden wall; **~zaun** garden fence

Gas 1 gas; 2 🚗 accelerator; **~ geben** accelerate, step on the gas *US*

Gas|container gas cylinder; **~drucklader** gas-operated weapon

Gase gases; **ätzende ~** corrosive gases; **entzündbare ~** flammable gases; **erstickende ~** asphyxiating gases; **giftige ~** toxic gases; **oxidierende ~** oxidizing gases; **tiefgekühlt verflüssigte ~** refrigerated liquefied gases; **tiefgekühlte ~** refrigerated gases; **verdichtete ~** compressed gases

Gas|flasche gas cylinder; **~flaschenbündel** frame of cylinders; **~geruch** smell of gas; **~griff; ~hebel** *(Motorrad usw)* accelerator; **~leitung** gas pipe; **~maske** gas mask; **~pedal** accelerator (pedal), gas (pedal) *US*; **~pistole** gas pistol

Gasse lane, narrow street; **schmale ~** alley(way)
Gast guest; **~arbeiter** guest worker
gastfreundlich hospitable
Gast|freundschaft hospitality; **~geber** host; **~geberin** hostess; **~land** host country/nation; **~mannschaft** *(Fußball usw)* away/visiting team
Gaststätte pub(lic house); **~ mit Schankerlaubnis** licensed premises; **~nkontrolle** check on licensed premises; **~nschlägerei** pub brawl
Gastwirt landlord, publican
Gaumen gum
Gauner crook
Gebärde gesture
Gebäude building; **~ und Gelände/Grundstück** premises; **~verwaltung** property management; **~zufahrt** drive(way), access (road)
gebeugt bent
Gebiet 1 area, territory, district; 2 *(Fach)* field; **~ mit hoher Kriminalität** high-crime area; **~ beherrschen** control an area; **bebautes ~** built-up area; **bezeichnetes ~** specified area; **unbewohntes ~** uninhabited area
gebirgig mountainous
Gebiss ⚕ teeth; **künstliches ~** denture(s), false teeth; **unvollständiges ~** partial/incomplete denture
Gebläse 🚘 demister, blower, fan
geboren|, wann sind Sie ~? what is your date of birth?; **~e** neé
Gebrauch use, usage; **~ polizeilicher Mittel** use of police means; **unbefugter ~** unauthorized use; **unbefugter ~ eines Kfz** joyriding, taking without the owner's consent; **persönliche ~sgegenstände** personal items
gebraucht second-hand
Gebrauchtwagen second-hand/used car
gebrechlich frail, infirm
Gebrechlichkeit frailty, infirmity
ge|brochen *(Sprache)* broken; **~bückt** bent
Gebühr 1 fee, charge, 2 ⛛ toll; **~enbescheinigung** receipt for charges paid; **~eneinzugsverfahren** direct debiting
gebührenfrei 1 free of charge; 2 (toll-)free
Gebühren|marke revenue stamp; **~ordnung** scale of charges
gebührenpflichtig liable/subject to a charge
Gebührentabelle scale of charges
gebürtig native, born
Geburts|datum date of birth (DOB); **~jahr** year of birth; **~name** maiden name, name at birth; **~name des Ehemanns** (husband's) name at birth; **~ort** place of birth
Gedächtnis memory; **~ auffrischen** refresh one's memory; **~verlust** loss of memory
ge|dankenlos mindless; **~deihen** prosper
Gedenk|stätte memorial; **~tafel** plaque
Gedränge melee
gedrungen stout, stocky
Geduld patience
ge|duldig patient; **~eignet** suitable, appropriate
Gefahr risk, hazard; **~ in Verzug** imminent danger; **~ für Zeugen** endangerment of witnesses; **~ darstellen** pose a danger; **~ entgegentreten** counter a threat; **auf eigene ~** at one's own risk, at owner's risk; **gegenwärtige ~** present danger; **konkrete ~** imminent danger; **schlimmste vorstellbare ~** worst-case threat
ge|fährden endanger, risk, imperil, jeopardize; **~fährdet** vulnerable, at risk
Gefährdung exposure to danger, endangerment; **~sanalyse** threat assessment; **~sdelikt** strict-liability tort; **~sgrad** degree of endangerment
Gefahren|abwehr measures to avoid a dangerous situation; **~bereich** danger area/zone; **~diamant** *(LKW)* diamond hazard symbol; **~klasse** danger category; **~stelle** black spot, road hazard; **~stelle absichern** secure a road hazard/a danger spot/an accident spot; **~zone** danger area/zone; **aus der ~zone sein** be outside the danger zone; **~zulage** danger money
Gefahrgut hazardous cargo (HC), dangerous cargo, high-risk load; **~fahrer**

driver of a vehicle carrying hazardous goods; **~kennzeichnung** marking of hazardous cargo; **~klasse** category of risk; **~kontrolle** check of lorries carrying hazardous cargo; **~symbol** hazard symbol; **~tafel** hazard warning plate, hazard information/warning panel; **~transport** high-risk transport, carriage of hazardous goods; **~verkehr** transport of hazardous goods; **~verordnung Straße/Eisenbahn** hazardous goods ordinance for road and railway transport

gefährlich hazardous

Gefährte companion

Gefahrzettel hazard label

Ge|fälle descent, slope, downhill grade *US*, (downhill) gradient; **~fallen** favour

gefallen please

Ge|fälligkeit favour; **~fällstrecke** downhill/downgrade section

gefälscht 1 *(nur Unterschrift, Dokument ist echt)* forged; 2 *(Unterschrift und Dokument sind gefälscht)* counterfeit, fake

gefangen| halten keep/hold captive; **~ nehmen** capture

Gefangenen|meuterei prison(ers') mutiny; **~transport(kommando)** prisoner escort; **~transportwagen** prison van

Ge|fangener prisoner; **~fangenschaft** captivity

Gefängnis prison, jail, gaol; **im ~** behind bars; **aus dem ~ entlassen werden** be released from prison; **eine Zeitlang im ~ sitzen** do a spell in prison; **ins ~ einliefern** imprison

Gefängnis|ausbruch jailbreak, prison escape; **~insasse** inmate; **~personal** prison staff; **~strafe** → **Freiheitsstrafe**; **~zelle** jail cell

ge|färbt dyed; **~fasst** calm, composed; **~fleckt** spotted; **~flickt** patched up

Gefolge, im ~ von *(Ereignis)* in the aftermath/wake of

gefroren frozen

Gefühl feeling, sensation; **~ der Sicherheit** sense of security

gefüttert *(Kleidung)* lined

gegen *(Sport, Gericht)* versus

Gegen- counter-

Gegen|beschuldigung recrimination, counter-accusation; **~beweis** counterevidence

Gegend area, neighbourhood; **~ mit hoher Kriminalitätsrate** crime-ridden area; **gut beleuchtete ~** well-lit area; **ländliche ~** rural area

Gegen|fahrbahn opposite/oncoming lane; **als ~leistung** in return; **~maßnahme** counter-measure; **~mittel** 1 remedy; 2 ⚕ antidote; **~richtung** opposite direction; **~satz** contrast; **im ~satz zu** in contrast with, contrary to, as opposed to

gegen|sätzlich opposing; **~seitig** mutual, reciprocal; **~seitig sichern** provide mutual cover

Gegen|seitigkeitsprinzip reciprocity principle; **~sprechverkehr** two-way communication

Gegenstand 1 item, object, thing; **gefährlicher ~** dangerous object; **gekaufter ~** purchase; **messerartiger ~** bladed instrument; **scharfer/spitzer ~** sharp implement; **stumpfer ~** blunt instrument; **verbotener ~** prohibited item

Gegenstände des persönlichen Gebrauchs personal effects

gegensteuern steer into the skid

Gegen|stück counterpart, equivalent; **~teil** contrary, opposite; **das ~teil bewirken** *(fig)* backfire, be counter-productive

gegenüber opposite; **~stehen** be confronted with; **~stellen** confront

Gegenüberstellung confrontation

Gegenverkehr 1 incoming/oncoming/two-way traffic, traffic moving in the opposite direction; 2 *(Autobahnbaustelle)* contraflow (system)

gegenwärtig current

Gegen|wehr resistance; **~wind** head wind

Gegner opponent, adversary; **~ trennen** *(Schlägerei usw)* separate antagonists/opponents

gegründet werden come into being, be formed/founded

Gehalt salary; **festes ~** fixed salary
Gehalts|abrechnung salary statement, payslip; **~erhöhung** 1 pay rise, salary increase; 2 *(automatische Steigerung z.B. nach Dienstalter)* increment; **~gruppe** salary bracket; **~kürzung** salary/pay cut; **~skala** pay scale
gehbehindert able to walk only with difficulty, unable to walk properly
Gehege wildlife preserve
geheim 1 secret; 2 *(Versteck, Tätigkeit)* clandestine; 3 *(Agent)* undercover; **streng ~** top secret
Geheim|bund secret organization; **~dienst** secret service; **~fach** hidden/secret compartment; **~haltung** secrecy; **~haltungspflicht** obligation to maintain secrecy
Geheimnis secret; **~verraten** betray/disclose a secret
Geheimnummer 1 secret number; 2 ☎ ex-directory/secret/unlisted number; **persönliche ~** personal identification number (PIN)
Geheim|polizei secret police; **~ratsecken** hair receding/balding at the temples; **~sache** classified information; **~zahl** → **~nummer**
gehen go, walk; **entlang ~** walk along
Gehilfe 1 assistant; 2 ⚖ accessory before the fact
Gehirnerschütterung concussion
gehorchen obey; **nicht ~** disobey
gehören zu belong to
Gehorsam obedience
gehorsam obedient
Gehorsams|pflicht duty to obey orders; **~sverweigerung** refusal to obey orders, insubordination
Gehörschaden impaired hearing
Geh|steig; ~weg 1 pavement, footway, sidewalk *US*; 2 footpath; **~weg mit Hundekot verschmutzen** foul the footpath; **~weise** gait
Geisel hostage; **jemanden als ~ festhalten** hold/keep someone hostage; **~ freilassen** release a hostage; **~ nehmen** take a hostage; **~nahme** hostage taking; **~nehmer** hostage taker
Geist *(Gesetz usw)* spirit
Geisterfahrer → **Falschfahrer**
geistes|gestört mentally disturbed/deranged/disordered; **~krank** insane, mentally handicapped
Geistes|kranker insane person, lunatic; **~krankheit** insanity; **~störung** mental disorder
geistig mental; **~ gesund** sane
Geiz stinginess, penny-pinching
geizig stingy, mean
gekennzeichnet marked; **nicht ~** unmarked
geklärt, nicht ~ unaccounted for
gekleidet dressed
Ge|kritzel scribble, scrawl; **~lächter** laugh, laughter
gelähmt ⚕ paralyzed
Gelände ground, terrain, area; **~ absperren** cordon off an area; **~ absuchen** search/comb an area; **brachliegendes ~** fallow area; **eingezäuntes ~** compound, fenced-in area; **umfriedetes ~** enclosed area
Gelände|abschnitt sector; **~einweisung** terrain orientation; **~fahrzeug** cross-country/off-road/all-terrain vehicle
Geländer handrail, railing
Gelände|wagen → **~fahrzeug**
ge|langen zu reach; **~lassen** calm, cool
gelb *(Ampel)* amber
Gelblicht flashing yellow light
Geld|, in ~ oder Sachleistungen in cash or in kind; **~ waschen** launder money; **heißes ~** hot money
Geld- pecuniary
Geld|automat automated teller machine (ATM), cash dispenser, cashpoint, money machine *(coll)*, hole in the wall (machine) *(coll)*; **~betrag** amount/sum of money; **~betrag entwenden** steal an amount of money; **~beutel; ~börse** purse, wallet, *(für Banknoten)* billfold *US*; **~bombe** night-safe box; **hohe ~buße** heavy fine
Gelder funds, means
Geld|fälscher counterfeiter; **~fälschung** counterfeiting; **~geber** *(z.B. für kriminelle Organisation)* paymaster; **~insti-**

tut bank, banking/financial institution; **~karte** cash card; **~kassette** cash box; **~mittel** funds, means; **~schein** (bank) note, (money) bill *US*; **~schrank** safe

Geldstrafe (court) fine; **~ verhängen; zu ~ verurteilen** fine, impose a fine; **~ nach sich ziehen** incur a fine; **hohe ~** heavy fine; **Person, die ~ nicht bezahlt hat** fine dodger

Geldtransport money transport; **geschützter ~** *(Polizei)* protected money transport; **gesicherter ~** *(Sicherheitspersonal)* secured money transport; **~er** security van/vehicle, cash-in-transit security vehicle

Geld|wäsche money laundering; **~wäscher** money launderer; **~wechsel** (foreign) money/currency (ex)change

gelegen located, situated

Gelegenheit occasion, opportunity, chance; **~ ergreifen** seize the opportunity

Gelegenheits- casual

Gelegenheitsdieb casual thief

gelegentlich occasional

Geleit, freies ~ safe/free passage

Gelenk joint; **~bus** articulated bus

Geliebte mistress; **~r** lover

Gelöbnis swearing-in (ceremony)

gelten 1 *(Gesetz)* apply; 2 *(gültig sein)* be valid; **~ für** apply to; **~d** ruling; **~d machen** contend, plead

Geltungs|bereich purview, jurisdiction; **~dauer** period of validity

gemäß according/pursuant to, in accordance/conformity with

Gemeinde (local) community, city *US*; **~behörde** local authority; **~bezirk** district, borough, municipality; **~polizei** local police force; **~rat** 1 *(Gesamtheit)* (local) council; 2 *(einzelnes Mitglied)* councillor, council member; **~saal** village hall; **~steuer** local tax; **~straße** D road *GB*, country/farm road *US*; **~verwaltung** local authority, borough council

gemein|gefährlich dangerous to the public; **~sam** joint, combined, common; **~schaftlich** joint, common

Gemeinschafts- joint

Gemisch mixture

gemustert patterned

genau precise; **peinlich ~** meticulous

Genauigkeit exactness, precision

genehmigen approve, permit, authorize

Genehmigung 1 permission, approval, clearance; 2 *(Dokument)* permit; **~ für den grenzüberschreitenden Verkehr** cross-border permit; **ausdrückliche ~** special permission; **behördliche ~** licence; **mündliche ~** verbal permission

Genehmigungs|inhaber permit holder; **~pflicht** licensing requirement

genehmigungspflichtig subject to licensing requirements

Genehmigungsurkunde *(Güterverkehr)* operator's licence; **~ Linienverkehr** *(Bus)* licensing document for scheduled services; **~ Gelegenheitsverkehr** licensing document for occasional/case-by-case services

General|bundesanwalt chief federal prosecutor; **~schlüssel** master key, passkey

generalüberholen recondition

generell overall, general

ge|nießbar edible, eatable; **~nießen** *(auch)* enjoy

Genitalien genitals, private parts

Gentechnologie genetic engineering

genügend sufficient, enough

geöffnet open; **durchgehend ~** open all day/24 hours a day

Gepäck luggage, baggage; **mit leichtem ~ reisen** travel light; **sperriges ~** cumbersome luggage

Gepäck|ablage luggage rack; **~anhänger** baggage tag; **~aufbewahrung** left luggage office; **~durchsuchung** baggage search; **~identifizierung** baggage identification; **~kontrolle** baggage check; **~raumabdeckung** luggage cover; **~schein** baggage ticket; **~stück** item of luggage/baggage; **~träger** 1 (roof/luggage) rack; 2 *(Fahrrad, Motorrad)* carrier; 3 *(Person)* porter

ge|panzert *(Kfz)* armoured; **~pflegt**

1 *(Objekt)* well-kept; 2 *(Person)* well-groomed
Gepflogenheit, örtliche ~ local custom
geplant sein be scheduled
geradeaus straight (ahead/on); ~ **fahren/gehen** go straight on; ~ **weiterfahren** carry/drive/keep straight on; **immer** ~ straight ahead/on
Gerangel tussle
Gerät 1 device, implement, gadget, appliance; 2 *(Radio usw)* set; 3 *(Sammelbegriff)* equipment; **auszusonderndes** ~ non-serviceable equipment
Gerätelöffnung *(Tachograph)* opening of the tachograph; **~schuppen** tool/garden shed
geräumig spacious
Geräusch sound
gerecht fair; **~fertigt** justifiable, justified
Gerechtigkeit justice
Gerede talk; **unzusammenhängendes** ~ incoherent talk; **ins ~ kommen** be talked about
gereizt *(Person)* irritable
Gericht (law) court, tribunal; **vor** ~ before the court; **vor ~ aussagen** give evidence, testify in court; **vom ~ bestellt** court-appointed; **jemanden vor ~ bringen** 1 *(Strafrecht)* bring someone to justice; 2 *(Zivilrecht)* take someone to court; **vor ~ erscheinen** appear in court; **vor ~ gehen** go to court/law; **vor ~ kommen** go on trial; **vor ~ laden** summon; **vor ~ stehen** be up for trial, face trial; **an ein ~ überweisen** commit for trial
Gericht|, höheres ~ 1 superior court; 2 *(England, Wales)* Crown Court; **ordentliches** ~ ordinary court, court of ordinary jurisdiction
gerichtlich judicial
Gerichts- judicial
Gerichtsakte (court) record
Gerichtsbarkeit jurisdiction; **ordentliche** ~ ordinary jurisdiction; **der ~ von .... unterworfen sein** be subject to the jurisdiction of ....
Gerichts|bezirk jurisdictional district, jurisdiction, circuit; **~diener** *(veraltet)* (court) usher, bailiff *US*; **~dolmetscher** court interpreter; **~entscheidung** (court) ruling/decision; **~gebäude** courthouse; **~gebühren** court fees; **~shilfe** *support of a court by another government agency*; **~kosten** court/legal costs; **~medizin** forensic medicine; **~mediziner** forensic scientist
gerichtsmedizinisch forensic
Gerichts|saal courtroom; **~stand** venue; **~termin** date of trial/hearing; **~urteil** → **Urteil**; **~verfahren** legal proceedings
Gerichtsverhandlung trial, hearing, (judicial) proceedings; **der ~ beiwohnen** attend court; ~ **durchführen** conduct a hearing/case/trial; **falls es zu einer ~ kommt** if there is a court case
gerichtsverwertbar admissible in court
Gerichtsvollzieher bailiff
gering 1 slight, small, minor; 2 *(Verkehr)* light; **~fügig** petty, negligible, minor, slight; **~wertig** low-value
Geruch smell; ~ **bemerken** smell something; **übler** ~ foul/nauseating smell, stench; **~sbelästigung** smell
Ge|rücht rumour, hearsay; **~rüst** 🏠 scaffolding
gesamt entire, whole, complete
Gesamt|bestand total inventory; **~gewicht** gross/total/maximum weight; **tatsächliches ~gewicht** laden weight; **zulässiges ~gewicht** permissible maximum weight, allowed total weight; **~leitung** overall command; **~schaden** total damage; **~strafe** concurrent sentence; **~wegstrecke** total distance
gesandt an forwarded to
Gesäß buttocks; **~tasche** seat/back pocket
Geschädigter ⚖ injured/aggrieved party
Geschäft 1 business, transaction; 2 *(Laden)* shop, store; ~ **führen** run a shop; **gutes** ~ bargain
geschäftlich 1 commercial; 2 *(im Gegensatz zu privat)* on business
geschäftsfähig legally capable
Geschäfts|frau businesswoman; **~führer** manager; **~führerin** manageress; **~führung** management; **unlauteres**

~gebaren sharp practices; **~geheimnis** commercial/trade secret; **~jahr** business year; **~mann** businessman; **~ordnung** rules of procedure; **~räume** (business) premises; **~reise** business trip; **~schluss** closing time; **~stelle** agency, branch; **~straße** shopping street

geschäftsunfähig legally incapable

Geschäfts|verteilungsplan organizational chart; **~zeit(en)** business/opening hours; **~zimmer** office

Geschehen occurrence, event

ge|schehen occur, happen; **~scheitelt** parted

Geschenk present, gift

Geschichte 1 *(Erzählung)* story, tale; 2 history; **windige ~** flimsy/tall story

geschieden divorced

Geschlecht sex

Geschlechts|krankheit venereal disease (VD); **~reife** sexual maturity; **~teile** genitals, private parts; **~trieb** sexual drive/urge

Geschlechtsverkehr (sexual) intercourse; **~ mit Minderjährigen** statutory rape *US*; **~ durchführen** have sexual intercourse; **~ unterbrechen** interrupt sexual intercourse; **außerehelicher ~** extramarital intercourse

Geschoss 🔫 bullet, projectile, slug *(coll)*; 2 🏠 floor; **~splitter** bullet fragments

Geschrei shouting, yelling, screaming

Geschwindigkeit speed; **~ angleichen/anpassen** adjust one's speed; **mit gleichmäßiger ~ fahren** cruise; **mit hoher ~ fahren** cruise at speed; **~ messen** clock/check/record a speed; **~ reduzieren; ~ verringern** slow down, reduce speed, decelerate; **~ schätzen** appraise a speed; **~ überschreiten** break/exceed the speed limit

Geschwindigkeit|, abgelesene ~ recorded speed; **nicht angepasste ~; überhöhte ~** excess/excessive speed; **geringe ~** slow/low speed; **gleichbleibende ~** constant speed; **hohe ~** high speed; **mit hoher ~** at (high) speed; **niedrige ~** low speed; **rücksichtslose ~** reckless speed; **vorwerfbare ~** *excessive speed minus tolerance*

Geschwindigkeitsbegrenzer 🚗 governor

Geschwindigkeitsbegrenzung speed limit; **~ beachten/einhalten** obey the speed limit; **deutlich über der ~ liegen** be way over the limit; **~ überschreiten** break/exceed the speed limit; **durch Schilder angezeigte ~** posted speed limit; **landesweit geltende ~** (national/statutory) speed limit, maximum speed

geschwindigkeitsbesessen speed-crazy

Geschwindigkeits|kontrolle speed check/trap; **~kontrolle durchführen** conduct a speed check; **~messer/messgerät** speed recording device; **~messung** speed recording; **~trichter** speed funnel; **~überschreitung** speeding (offence), exceeding the speed limit; **~überwachungskamera** radar/speed camera, Gatso(meter); **~szone** limited speed zone

Geschwister brothers and sisters

ge|schwollen ⚕ swollen; **~schworen** ⚖ sworn

Geschworene juror, jurywoman; **die ~n** *(Gesamtheit)* jury; **~ngericht** judge and jury; **~r** juror, juryman

gesellig sociable

Gesellschaft 1 society; 2 company; **geschlossene ~** private party

Gesetz law, act, statute; **nach dem ~** according to (the) law

Gesetz| auslegen construe a law; **~ beachten; ~ einhalten** observe a law; **~e einhalten** comply with the law; **durch ~ festlegen** fix by law; **~ novellieren** amend a law; **~ außer Kraft setzen** repeal a law; **über dem ~ stehen** be above the law; **~ übertreten** break/infringe/violate a law; **~ umgehen** circumvent a law; **~ verschärfen** tighten up legislation; **gegen ein ~ verstoßen** break/infringe/violate a law

Gesetz|, außerhalb des ~es outside the law; **im Rahmen des ~es** within the law; **ungeschriebenes ~** unwritten law

Gesetz|blatt law gazette; **~buch** code, statute book; **~entwurf** bill
Gesetz(es)- statutory
Gesetzes|brecher lawbreaker; **selbsternannter ~hüter** vigilante; **~kraft** legal force; **~lücke** loophole (in the law); **~sammlung** statute book; **~sprache** legal terminology, legalese *(coll)*
gesetzestreu law-abiding
Gesetzesverstoß offence (in law)
gesetzgebend legislative
Gesetz|geber legislator; **~gebung** legislation; **nachgeordnete ~gebung** subordinate legislation
gesetzlich statutory; **~ vorgeschrieben** statutory, mandatory
Gesicht| zur Wand face to the wall; **etwas kurz zu ~ bekommen** get a glimpse of something; **ein ~ machen/ziehen** pull a face
Gesichts|farbe complexion; **~feld** field of vision; **~haar** facial hair; **~punkt** point of view; **~zug** (facial) feature
Gesindel rabble, riff-raff *(coll)*
gesondert separate
Gespenst ghost
Gespräch 1 talk; 2 ☎ call; **informelles ~** informal talk; **~sdauer** call duration; **~seinheit** charge unit; **~spartner** *person one is talking to*
gesprungen *(z.B. Scheinwerferglas)* cracked
Gespür für Verkehrssituationen road sense
Gestalt shape, figure; **dicke ~** corpulent figure; **schmale ~** slim figure
geständig sein confess
Geständnis confession, admission; **~ ablegen** confess, make a confession; **~ erreichen** obtain/reach a confession
ge|stapelt stacked; **~statten** permit, allow
Geste gesture
gestehen confess, admit
Gesträuch shrubbery, shrub(s)
gestreift *(Muster)* striped
gesucht wanted; **~ wegen** wanted for; **polizeilich ~** wanted by the police
Gesundheit 1 health; 2 *(nach Niesen)* bless you!
Gesundheits- sanitary
Gesundheits|amt; ~behörde health authority; **~gefährdung** health threat; **~zeugnis** health certificate; **~zustand** state of health
getönt *(Scheibe)* tinted
Getränk beverage; **alkoholfreies ~** soft drink, soda *US*; **alkoholisches ~** drink, intoxicant
Getränke|, hochprozentige alkoholische ~ spirits; **~automat** drinks machine/dispenser; **~dose** can; **~karte** *(Restaurant)* list of beverages
getrennt (lebend) separated
Getriebe 🚘 gearbox, transmission; **automatisches ~** automatic gearbox/transmission
geübt proficient
Gewähr guarantee
gewähren *(Erlaubnis)* grant
Gewahrsam ⚖ custody, detention; **in ~ nehmen → festnehmen**
Gewahrsams|anlage custody centre; **~buch** custody record; **~dienst** police custody
gewahrsamsfähig fit to be detained, capable of being taken into custody
Gewahrsams|meldung custody record; **~zelle** station/holding/detention cell, (police station) custody suite, drying-out/sobering cell, lockup (facility)
Gewalt 1 force; 2 *(negativ)* violence; **~ gegen Frauen und Kinder** violence (committed) against women and children; **~ an/in Schulen** violence at school; **~ in den Städten** urban violence
Gewalt|, jemandem ~ androhen threaten someone with (the use of) force, threaten to use force against a person; **~ anwenden** use force; **~ eindämmen** curb violence; **übermäßig ~ einsetzen** use excessive/undue force; **zur ~ greifen** resort to violence; **mit ~ öffnen** prise open; **~ vorbeugen** prevent aggression
Gewalt|, aktive ~ active force; **elterliche ~** parental authority; **höhere ~** force majeure, act of God; **geringstmögliches**

Maß an ~ minimum use of force; **passive** ~ unarmed/passive force; **übermäßige** ~ excessive/unreasonable force; **unnötige** ~ unnecessary degree of force; **willkürliche** ~ arbitrary violence; **~akt** act of violence

Gewaltanwendung (use of) force; **~ bei Bedrohung oder feindlicher Absicht zur Selbstverteidigung** anticipatory self-defence; **jemanden zur ~ aufrufen** incite someone to resort to violence; **zur ~ neigen** tend to be violent; **minimale** ~ minimum use of force; **übermäßige** ~ excessive use of force; **unangemessene** ~ improper/undue use of force; **willkürliche** ~ arbitrary/indiscriminate use of force

gewaltbereit prone to resort to violence

Gewalt|bereitschaft readiness to resort to violence; **~darstellung** portrayal(s) of violence; **~kriminalität** violent crime

gewalt|los non-violent; **~sam** 1 *(mit Gewalt)* forcible, by force; 2 *(gewalttätig)* violent; **~sam eindringen** force an entry; **~tätig** violent

Gewalt|tätigkeit violence; **~verbrechen** violent crime; **~verbrechen mit Waffen** gun-related violent crime; **~verbrecher** violent criminal

gewandt skilful

Gewässer water(s); **fließendes** ~ running water; **stehendes** ~ stagnant water; **~verunreinigung** pollution of rivers/lakes

Gewebe ⚕ tissue

Gewehr 1 rifle; 2 *(Jagdgewehr)* shotgun; **~ mit abgesägtem Lauf** sawn-off shotgun; **~kolben** rifle butt; **~schuss** rifle shot

Gewerbe trade; **ambulantes** ~ itinerant trade; **~aufsicht** factory inspection; **~gebiet** industrial/trading estate; **~müll** industrial waste; **~treibender** trader

gewerbsmäßig commercial, professional

Gewerkschaft (trade) union, (labor) union *US*; **~ der Polizei (GdP)** German police officers' union

Gewicht weight; **~ der Ladung** weight of cargo; **~ des leeren Fahrzeuges** unladen/tare weight; **~ überschreiten** exceed the weight limit; **tatsächliches** ~ actual weight

Gewichts|beschränkung weight limit; **~kontrolle** weight check

gewillt prepared

Gewinn 1 *(Ertrag)* profit; 2 *(Zugewinn)* gain; 3 *(Vorteil)* benefit, (pecuniary) advantage; **~abschöpfung** siphoning off of profits

gewinnbringend profitable, lucrative

Gewissen conscience; **gutes** ~ clear conscience; **schlechtes** ~ guilty conscience

gewissenlos unscrupulous

Ge|wissensbiss pang of conscience; **~wissheit** certainty; **~witter** thunderstorm

gewitzt shrewd

Gewohnheit 1 practice, custom; 2 *(Person)* habit

Gewohnheits- habitual, persistent

Gewohnheitseinbrecher prolific burglar

gewohnheitsmäßig habitual

Gewohnheits|recht common/customary/unwritten law; **~täter** hard-core/hardened/seasoned/habitual offender; **~trinker** habitual drinker

ge|wöhnlich normal, ordinary, usual; **~wölbt** arched; **~wunden** ▽ winding

Gezeiten tides

gezwungen sein be obliged/forced

Giebel ⌂ gable

Gier greed

gierig greedy

Gift poison; **~gas** poison gas

giftig toxic, poisonous

Gift|müll toxic waste; **~spritze** lethal injection

Gipfel peak, summit

Gips plaster; **~verband** plaster cast

Girokonto current/checking *US* account

Gischt *(von vorausfahrenden Fahrzeugen verursacht)* spray (thrown up by traffic)

glänzen shine

Glas|, ein ~ zu viel trinken have one too many; **~auge** artificial/glass eye
Gläschen 1 *(Schnaps usw)* dram; 2 *(Rum)* tot
Glashebedach tilting glass sunroof
Gläser, die ~ erheben auf propose a drink/toast to, raise one's glass to
Glasschneider glass cutter
Glatteis black ice; **~gefahr** danger of black ice
glattrasiert clean-shaven
Glatze bald head
glatzköpfig bald
Glaube belief, faith; **falscher ~** mistaken belief; **in gutem ~n** in good faith; **~nsfreiheit** freedom of belief; **~nsgemeinschaft** (religious) denomination
glaub|haft; ~würdig credible
Gläubiger creditor
Glaubwürdigkeit credibility
gleich equal
Gleichberechtigung equality
gleichen be equal
Gleich|gewicht balance, equilibrium; **~gültigkeit** indifference; **~heit** equality; **~heit vor dem Gesetz** equality before the law
gleich|mäßig regular, constant; **~wertig** equivalent; **~zeitig** 1 simultaneous; 2 concurrent
Gleis 1 track; 2 *(Bahnhof)* platform
Gleitzeit flexible working hours, flexitime
Glied limb; **~maße** limbs
glitschig slippery
Globalisierungsgegner anti-globalization group(s)
Glotzaugen goggle eyes
glotzen gape, stare
Glück 1 *(Zufall)* luck; 2 *(Gefühl)* happiness; **~ haben** be lucky
glücklich 1 lucky; 2 happy
Glücks|spiel gambling; **unerlaubtes ~spiel** illicit gambling; **~spieler** gambler
Glüh|birne bulb; **~kerze** incandescent plug, heater
glühend glowing; **~ heiß** 1 *(Metall)* red-hot; 2 *(Wetter)* scorching
Glut embers
Gnade mercy, clemency
Gokart-Bahn cart racecourse
Golf *(Meer)* gulf; **~platz** golf course/links
Gotteslästerung blasphemy
Grab grave, tomb
Graben ditch
graben dig
Grabstein tombstone
Grad degree; **~ Celsius** (degree) centigrade, degree Celsius
Grafschaft county *GB*
Granate grenade
Gras grass *(coll)*, pot *(coll)*
grässlich horrible
Grasstreifen grass verge
Gräueltat atrocity
Grauen horror
grauenhaft horrible
Graupel sleet; **~schauer** shower of sleet
grausam 1 cruel; 2 *(hinterhältig)* vicious
Grausamkeit cruelty, savagery; **seelische ~** mental cruelty
grausig grisly
Grauzone grey area
Gravur engraving
greifbar *(Ergebnis)* tangible; **~ nahe** within easy reach
greifen grab; **~ zu** *(Maßnahme)* resort to
grell glaring
Gremium body, committee
Grenz|abfertigung border processing; **~alarmfahndung** border alarm search; **~beamter** border guard; **~durchbruch** border penetration
Grenze 1 *(politisch)* border, frontier; 2 *(Bezirk)* boundary; 3 *(Grenzwert)* limit; **an der ~ von** bordering on; **weit über der (zulässigen) ~** way above the limit; **~ überqueren/überschreiten** cross the border; **durchlässige ~** not completely watertight border; **grüne ~** green frontier; **offene ~** open border
Grenz|fahndung *search in a border area*; **~fall** borderline case; **~formalitäten** border formalities; **~gänger** border commuter, cross-border worker; **~gebiet** border district; **~kontrolle**

border check; **~polizei** border police; **~posten** border guard; **~schutzbeamter** border guard; **~stein** boundary stone; **~übergang** border crossing point
grenzüberschreitend cross-border
Grenzübertritt border crossing; **unerlaubter ~** illegal border crossing
Grenz|verlauf boundary line; **~wert** limit; **~zwischenfall** border incident
Griff butt, grip; **~schale** grip
grillen grill
Grill|hütte barbecue hut; **~party** barbecue; **~platz** barbecue area
grob gross
grölen bawl
Groll resentment
groß 1 *(großartig)* great; 2 *(Person)* tall
Groß|baustelle big/major building site; **~brand** disastrous fire; **~buchstabe** capital letter; **~container** large container; **~demonstration** large-scale demonstration
Größe size
größer *(Problem usw)* major
Groß|fahndung large-scale search; **~kaliberwaffe** large-calibre/bore firearm; **~packmittel** intermediate bulk container (IBC); **~raumlimousine** minivan, people carrier
Großraum- und Schwertransport wide/oversize load; **~begleitkommando** wide-load/oversize escort
Großstadt (large) city
größt- utmost
Großveranstaltung major event
großzügig generous
Grübchen dimple
Grube pit
Grünanlage (public) park/gardens
Grund 1 cause, reason; 2 ground(s); **~ zur Annahme haben, dass ....** have reasons to assume that ....; **~ zur Klage** cause for complaint; **aus diesem ~** therefore; **ohne hinreichenden ~** without good cause; **wahrscheinlicher ~** probable cause
Grund- underlying, basic
Grund|ausbildung basic/initial training; **~ausstattung** standard; **~bedürfnisse** basic human needs; **~besitz** real estate, property, land, ground(s); **~buch** land register
Gründe, rechtliche ~ legal grounds
Grund|freiheiten basic freedoms; **~gehalt** basic salary; **~gesetz** *(Bundesrepublik Deutschland)* (German) Basic Law; **~kurs** basic course, foundation phase; **~lage** foundation; **auf der gleichen ~lage** on a common basis
grundlegend fundamental, basic
gründlich thorough
Grund|ordnung constitutional order; **freiheitliche demokratische ~ordnung** free and democratic constitutional order; **~rechte** constitutional/civil/ rights; **~regel** basic rule
Grundsatz principle; **nach dem ~ der Verhältnismäßigkeit der Mittel handeln** use only the degree of force necessary in the circumstances; **~erklärung** mission statement
Grundschule elementary/primary school
Grundstück site, property; **~sausfahrt** site exit; **~seinfahrt** site entrance
Grundtatbestand basic facts
Gründung foundation
Grund|ursache root cause; **~wasser** groundwater
Grundwehrdienst military service; **~leistender** drafted conscript
Grünpfeil green arrow
Gruppe squad, team, unit; **~ auflösen** dissolve/dismantle a group; **~ von Wohnblocks** (housing) estate; **bewaffnete ~** armed faction; **gewaltbereite ~** gang of thugs; **homogene ~** homogeneous group; **rassistische ~** hate group
Gruppen|druck group/peer pressure; **~fahrkarte** group/party ticket; **~führer** team commander/leader; **~kraftwagen (Grukw)** personnel carrier
Guckloch spyhole
gültig valid, effective
Gültigkeit(sdauer) validity
Gummi rubber; **~fingerling** rubber fingerstall; **~geschoss** rubber bullet;

~knüppel (rubber) truncheon, rubber bludgeon; **~sohle** rubber sole; **~stiefel** wellingtons, wellington/rubber boots

Gunst, zu ~en in favour of

günstig *(Wetterverhältnisse, Situation)* favourable

Gurt fastening, strap, belt

Gürtel belt; **~holster** side holster; **~reifen** radial tyre; **~schnalle** belt buckle; **~tasche** bumbag *(coll)*, fanny pack *US*

Gurt|straffer seat belt pretensioner, belt tensioner; **~verriegelung** buckle

Gut, herrenloses ~ unclaimed items

gut *(Alibi)* solid

Gutachten expert report/opinion, expertise; **~ bestellen** commission an expert report; **~ erstellen** provide an expert report; **ärztliches ~** medical report

Gutachter expert

Güter goods; **~abwägung** choice between conflicting rights; **~art** type of goods; **~bahnhof** goods station; **~fernverkehr** long-distance road haulage; **~kraftverkehrsgesetz** road haulage act; **~nahverkehr** short-haul road transport; **~verkehrsgenehmigung** road haulage/transport licence; **~waggen** freight car; **geschlossener ~waggen** box car; **~zug** goods/freight train

Gutes, nichts ~ im Schilde führen be up to no good

gutgläubig credulous, in good faith

Guthaben assets

gutheißen approve

Gutschein voucher

Gymnasium grammar school, high school *US*

H

Haar|, ohne ~e hairless; **~ mit Scheitel** parting, parted hair; **aschgraues ~** ash-grey hair; **blondes ~** fair hair; **dichtes ~** thick/dense hair; **dünnes ~** sparse hair; **echtes ~** real hair; **falsches ~** false hair; **gefärbtes ~** dyed hair; **gewelltes ~** wavy/curly hair; **glattes ~** straight hair; **kastanienbraunes ~** auburn hair; **krauses ~** fuzzy/frizzy/crinkly hair; **lockiges ~** curly hair; **meliertes ~** greying hair; **schulterlanges ~** shoulder-length hair; **schütteres ~** thinning hair; **strähniges ~** straggly/streaked hair; **struppiges ~** tousled hair; **verfilztes ~** matted hair; **zerzaustes ~** dishevelled/tousled hair

Haar|analyse hair analysis; **~band** hairband, ribbon; **~büschel** tuft of hair; **um ~esbreite** by a hair's breadth, by a whisker; **~farbe** colour of hair; **~form** shape of hair

haarig 1 hairy; 2 *(schwierig)* tricky

Haar|klammer hair clip; **~knoten** bun; **~länge** length of hair; **~nadel** hairpin; **~nadelkurve** hairpin bend; **~probe** hair sample; **~riss** hairline crack; **~schopf** mop/bunch/tuft of hair; **~spange** hair-slide/clasp; **~spray** hair spray; **~strähne** lock/strand of hair; **~teil** hairpiece; **~wuchs** growth of hair

Habgier greed

habgierig greedy

Hacke *(Werkzeug)* pick

Hafen port, harbour; **~becken** dock; **~behörde** port authority; **~gegend; ~viertel** docklands

Haft custody, imprisonment, confinement, detention; **in ~** in custody; **in ~ behalten/nehmen** detain; **.... Jahre ~ bekommen** get .... years; **aus der ~ entlassen** discharge, release (from custody)

Haft|anstalt → **Justizvollzugsanstalt**; **~antrag** application for custody

haftbar liable

Haftbefehl (arrest) warrant, warrant of arrest, detention order; **~ für Person, die Geldstrafe nicht bezahlt hat** commitel warrant; **~ ausstellen; ~ erlassen** issue an arrest warrant; **jemanden ohne ~ festnehmen** arrest someone without a warrant; **~ vollstrecken** execute an arrest warrant; **ausstehender ~** outstanding (arrest) warrant; **gültiger ~** valid warrant; **unerledigter ~** unexecuted warrant

haften be liable

Haft|entlassung release from custody; **~entschädigung** compensation for wrongful imprisonment; **~grund** reason for someone's arrest; **~kleidung** jail/prison clothing

Häftling prisoner

Haftpflicht liability; **~versicherer** liability insurer; **~versicherung** (indemnity/liability/third-party) insurance, public liability insurance

Haft|prüfung review of remand; **~prüfungsverfahren** remand proceedings; **~richter** magistrate; **~strafe** prison sentence/term, imprisonment

Haftung liability; **~ nachweisen** establish liability; **~sbeschränkung** limitation of liability; **~sfrage** question of liability

Haft|urlaub parole; **~zeit** term of imprisonment; **~zelle** detention cell/ facility, jail/prison cell

Hagel hail; **~korn** hailstone

hageln hail

Hagel|schaden hailstorm damage; **~schauer** hailstorm, shower of hail

hager lean, gaunt

Hahn trigger, cock

Haken hook; **~kreuz** swastika; **~nase** hooked nose

Halb- semi-

Halb|brille lunettes; **~bruder** half-brother; **~dunkel** semi-darkness; **~insel** peninsula; **~kreis** semi-circle

halblang medium-length

Halbmond half-moon, crescent; **Goldener ~** Golden Crescent; **Roter ~** Red Crescent

Halb|schuh shoe; **~schwester** half-sister; **~starker**, hooligan, yob; **~wahrheit** half-truth

Halfter holster

Hallenbad indoor swimming-pool

Halogen|birne halogen bulb; **~leuchte** halogen lamp; **~scheinwerfer** halogen lights

Hals 1 neck; 2 *(Kehle)* throat; **~band** 1 *(Schmuck)* necklace; 2 *(Hund)* collar; **~kette** necklace; **~schlagader** carotid (artery); **~tuch** scarf

Halt stop, halt

Halt! freeze!

haltbar *(Lebensmittel)* non-perishable

Halte|bucht lay-by, (roadside) turnout, pull-in; **~griff** (grab) handle; **~linie** stop line

Halten waiting

halten 1 stop; 2 call at; **~ für** regard as, take for, deem; **sich ~ an** *(Vorschrift usw)* comply with

Haltepunkt 1 pickup; 2 halt

Halter → **Kfz-Halter**; **~ermittlung; ~feststellung** identification of the (registered) owner

Halte|riemen; ~schlaufe strap; **~stelle** 1 stop; 2 halt

Haltung attitude

Haltverbot(szone) no-waiting area

Halunke rogue, scoundrel

Hammer *(auch)*hammer

Hand|, aus zweiter ~ second-hand; **~abdruck** palm print; **~akte** reference file

Handbremse handbrake, parking brake, emergency brake *US*; **~ anziehen** apply/pull the handbrake; **~ lösen** release the handbrake

Handbremshebel handbrake lever

Hände, zu ~n *(Schriftverkehr)* attention (attn.); **in die falschen ~ geraten** get into the wrong hands; **~druck** handshake, squeeze

Handel trade; **illegaler ~ mit illegalen Einwanderern** illegal trade in immigrants; **~ treiben** trade; **schwunghaften ~ treiben** do a roaring trade

Handeln|, gemeinsames ~ common/ concerted/joint action; **sofortiges ~** immediate action; **vorausschauendes ~** acting with foresight

handeln 1 act, take action; 2 deal, traffic, push, trade; **illegal ~** act/trade illegally

Handels|marine merchant navy; **~messe** trade fair; **~recht** commercial law; **~wert** street value

Handfesseln handcuffs, manacles

Handfeuer|löscher hand-held fire extinguisher; **~waffe** handgun; **~waffen** small arms

Handfläche palm; **sich mit den ~n gegen die Wand stützen** press one's palms against the wall; **~nabdruck** palm print

Hand|funkgerät walkie-talkie; **~gelenk** wrist; **~gemenge** struggle, scuffle; **~gepäck** hand baggage/luggage

handgreiflich werden become violent, come to blows

Hand|greiflichkeit scuffle; **~habe** tangible/hard-and-fast evidence

handhaben handle

Hand|kante edge of one's hand; **~koffer** small suitcase

Handlampe lantern; **windsichere ~** storm lantern

Händler 1 dealer, trader; 2 ✗ trafficker, dealer

Handlung act, action; **exhibitionistische ~** indecent exposure; **feindselige ~** hostile act; **strafbare ~** criminal offence/activity, punishable act; **unerlaubte ~** ⚖ *(Zivilrecht)* tort; **unzüchtige ~** indecent act; **völkerrechtswidrige ~** action in violation of international law

Handlungs|freiheit freedom of action; **~spielraum** room for manoeuvre; **~vollmacht** power of attorney

Hand|rücken back of one's hand; **~schaltgetriebe** 🚗 manual gearbox; **~schaltung** manual (gear) shift

Handschellen (hand)cuffs; **~ abnehmen** remove handcuffs; **~ anlegen** handcuff, put/click on handcuffs; **mit ~ gefesselt** handcuffed

Handschrift handwriting

handschriftlich handwritten

Handschuh glove; **~fach** 🚗 glove compartment/box

Handsonde hand-held metal detector

Handtasche handbag, purse *US*; **~nraub** purse/handbag snatching; **~nräuber** purse/handbag snatcher

Handwerker workman, craftsman, tradesman

Handy cellular phone, mobile (phone), cellphone

Hand|zeichen hand signal; **~zeichnung** sketch; **~zettel** leaflet

Hanf hemp

Hänge|backen flabby cheeks/jowls; **~brücke** suspension bridge; **~lid** drooping eyelid; **~matte** hammock; **~schultern** round shoulders

Hannover Hanover

hart *(Strafe)* stiff, harsh

Härte hardship; **~ausgleich** hardship allowance; **~fall** hardship case; **~test** endurance test

Hartgeld coins

hart|gesotten *(Verbrecher)* hardened; **~näckig** persistent, stubborn

Hartnäckigkeit persistence, stubbornness

Harz resin

haschen smoke hashish

Haschisch cannabis; **~öl** hashish/red oil; **~platte** cannabis brick; **~plätzchen** hashish biscuit/cookie *US*

Hass hatred, hate; **tief verwurzelter ~** ingrained hate; **~kriminalität** hate crime; **rassistische ~post** racist hate mail; **~verbrechen** hate crime

Hauch breath

hauchdünn wafer-thin

hauchen breathe

Haufen heap, pile

Häufigkeit incidence, frequency; **~szahl** incidence rate

Haupt- 1 chief, main, principal, major; 2 *(Verdächtiger usw)* prime

hauptamtlich full-time

Haupt|aufgabe main task; **~aufgaben der Polizeiarbeit** core/mainstream policing; **~bahnhof** central/main (railway) station; **~beruf** main occupation/job; **~durchgangsstraße** thoroughfare, arterial road, parkway *US*; **~eingang** main entrance; **~fach** *(Unterricht, Ausbildung usw)* main subject; **~last tragen** bear the brunt; **~leitung** *(⚡, Gas, Wasser)* mains; **~platz** main square; **~quartier** headquarters; **~reisezeit** peak travel period; **~sache** the main thing

hauptsächlich primary, chief

Haupt|saison peak/high season; **~schalter** ⚡ master switch; **~schlüssel** master key, passkey; **~schule** secondary modern school; **~schwierigkeit** main difficulty/problem; **~sitz** headquarters; **~stadt** capital (city); **~straße** 1 *(Stadt)* high/main *US* street; 2 *(Land)* main/major/first-grade road; **~täter** main offender; **~unfallursache** chief cause of the accident; **~untersuchung (HU)** vehicle test, MOT test *GB*; **~ursache** chief cause; **~verantwortung** prime responsibility; **~verdächtiger** prime suspect; **~verfahren** main proceedings

Hauptverkehrs|ader traffic artery; **~straße** A road *GB*, arterial/major/trunk road; **~weg** primary route; **~zeit** peak time, rush hour(s)

Haupt|verwaltung head office, headquarters; **~wache** (central) police station, station house *US*; **~wohnsitz** main place of residence; **~zeuge** key/chief witness

Haus house, home; **~ renovieren** refurbish a house; **~ versiegeln** seal a house; **freistehendes ~** detached house

Haus- domestic

Haus|apotheke medicine cabinet/chest; **~arzt** family doctor; **~besitzer** home owner; **~boot** houseboat

Häuser|block block; **~reihe** terrace; **~viereck** square

Haus|friedensbruch unlawful entry, trespassing; **~gemeinschaft** *people living in a house*

Haushalt 1 budget; 2 household; **dezentralisierter ~** decentralized budget; **ordentlicher ~** regular budget

Haushalts|abteilung budget department; **~jahr** financial year; **~kürzung** budget cut; **~lage** budget situation; **~messer** kitchen knife; **~plan** budget; **~sperre** spending freeze

hausintern in-house

Haus|kleid house dress; **~mantel** house coat, robe; **~meister** caretaker, janitor; **~mitteilung** (internal) memo; **~müll** domestic/residential waste; **~nummer** house number; **~rat** household effects; **~ratversicherung** home contents insurance; **~recht** right of the owner/occupier to undisturbed possession; **~schlüssel** front-door key; **~schuh** slipper; **~streit** domestic brawl/dispute/disturbance; **~suchung** search (of a house), house search; **~suchungsbeschluss** search warrant; **~tür** front door; **~verbot** banning order; **~wand** wall; **~wand beschmieren** daub the wall of a house

Haus-zu-Haus- house-to-house

Haut skin; **~ und Haar riskieren** risk life and limb; **seine ~ retten** save one's skin; **~abschürfung** graze

hauteng skin-tight

Haut|farbe skin colour, colour of the skin; **~fleck** blotch; **~kontakt** physical contact

Havarie (shipping) accident

Hebebühne (hydraulic) lift

Hebel *(auch am Notruftelefon)* lever; **~ zur Entriegelung der Motorhaube** bonnet (catch) release

heben lift, raise

Heck 1 rear, back, tail; 2 stern; **~ablage** rear shelf, back window ledge; **~antrieb** rear-wheel drive

Hecke hedge; **~nschütze** sniper

Heck|gepäckträger rear luggage grid, rear (deck) carrier *US*; **~gepäckträger für Fahrrad** rear bike rack; **~klappe** hatch, tailgate

hecklastig tail-heavy

Heck|leiter *(Wohnmobil usw)* rear(side) ladder; **~motor** rear engine; **~scheibe** rear/back window; **heizbare ~scheibe** rear window demister/defroster, heated rear window

Heer army; **~essoldat** soldier

heftig fierce, violent

Heftpflaster adhesive dressing, sticking plaster

hehlen handle/receive stolen goods

Hehler handler of stolen goods, receiver (of stolen goods), fence *(coll)*; **~ei** handling/receiving (of) stolen goods, dishonest handling

Heilige(r) saint

Heil|mittel medicine, remedy; **~sarmee** Salvation Army

Heim home

Heimat home (country), homeland; **~adresse** home address; **~hafen** home port, port of registry; **~land** home country; **~stadt** home town
Heim|kehrer returnee *US*; **~leiter** warden
heimlich clandestine, covert, secret
Heimmannschaft *(Sport)* home team
heimtückisch 1 treacherous; 2 *(Person)* malicious
Heirat marriage; **~sinstitut** marriage bureau; **~sschwindel** marriage under false pretences
heiser hoarse
heiß *(auch Geld, Ware)* hot; **~laufen** run hot, overheat
Heißluftballon hot-air balloon
heiter *(Wetter)* fair
Heizöl heating oil
Heizung heater
helfen aid, assist, help; **womit kann ich ~?** what can I do for you?, can I help you?
Helfer ⚖ accessory; **~syndrom** helper's syndrom
hell 1 bright; 2 *(Tageszeit)* light; 3 *(Hautfarbe)* fair; **~häutig** fair-skinned; **~wach** wide-awake
Helm helmet
Hemd shirt; **kurz/langärmeliges ~** short/long-sleeved shirt; **~särmel** shirt sleeve
hemmen hinder, impair, impede, inhibit
Hemmschwelle inhibition level
Hemmung inhibition
herabsetzen 1 *(Preis)* reduce; 2 *(schlecht machen)* disparage
heran|, sich ~pirschen stalk; **~treten** approach
Heranwachsender adolescent
heranwinken *(Taxi)* hail
herauf|schalten 🚗 shift into higher gear; **~setzen** increase, raise
heraus|bekommen find out; **~fahren** pull out; **~filtern** filter/sift out; **~finden** establish, find out, get to know; **~fordern** challenge
Herausforderung challenge; **sich einer ~ stellen** meet a challenge
Herausgabe restitution; **~anspruch** claim for restitution
heraus|geben 1 *(übergeben)* hand over; 2 *(veröffentlichen)* publish; 3 *(Gesetz, Münze usw)* issue; **~greifen** pick out; **sich aus etwas ~halten** keep out of something; **~holen** get out, extricate; **~kommen** come out; **~lösen** extract; **~nehmen** take out; **sich ~reden** talk one's way out (of something); **~reißen** tear/pull out; **~rücken** come out (with something); **~schneiden** cut out; **sich ~stellen** emerge; **~suchen** pick out; **~werfen** throw/chuck *(coll)* out; **sich ~winden** wriggle out (of something); **~ziehen** extract
Herberge hostel, rooming house
Herbergsvater *(Jugendherberge)* warden
Herbst autumn, fall *US*
Herde herd, flock
hereinlegen take in, frame *(coll)*; **jemanden ~** fool someone
Hergang course of events
her|geben hand over; **~kömmlich** conventional, traditional
Herkunft origin, background; **~sland** country of origin, home country; **~sort** place of origin
Heroin, auf offener Straße gehandeltes ~ *(Endverbraucher)* street heroin
Herren|bekleidung men's clothing; **~fahrrad** man's bike
herrenlos unclaimed
Herren|toilette gents', men's toilet; **~uhr** (gentle)man's watch; **~unterwäsche** men's underwear
Herrschaft rule; **~ des Rechts** rule of the law
herstellen make, manufacture, produce
Hersteller maker, manufacturer, producer; **~bescheinigung** manufacturer's certificate; **~garantie** manufacturer's warranty
Herstellung production, manufacture
herum|drucksen hum and haw; **~fahren** drive around; **~fragen** ask around, make enquiries; **~führen** show around; **~gehen lassen** pass around; **~irren** wander about; **~kommandieren** boss/push around; **~kommen** *(reisen)* get about; **~laufen** go/run about; **frei**

~laufen be at large; **~liegen** lie around; **~lungern** hang about/around, loiter, loaf about; **~reden** beat about the bush *(coll)*; **~reißen** pull around; **auf etwas ~reiten** harp on about something

Herumschleichen, Verdacht erregendes ~ ⚖ loitering with intent

herum|schnüffeln poke about/around, pry about, snoop about *(coll)*; **~schubsen** push about; **~sitzen** sit around; **~spielen** fool around; **sich ~sprechen** become known; **~stehen** stand around; **sich ~treiben** hang about/around

Herumtreiber prowler

herunter|gekommen run-down, scruffy; **~kurbeln** *(Autofenster)* roll/let/wind down; **~nehmen** take down; **~reißen** rip off; **~schalten** 🚗 change down, shift into lower gear, drop a gear

hervor|heben stress; **~ragend** outstanding; **~tretend** bulging, protruding

Herz heart; **~infarkt** heart failure; **~stillstand** cardiac arrest; **~versagen** heart failure

Hessen Hesse

hessisch Hessian

heulen 1 *(Sirene)* wail; 2 *(Hund)* howl; **~d** wailing, screaming

Heuschnupfen ⚕ hay fever

heute, bis ~ to date

Hieb blow, stroke

hieb- und stichfest *(Alibi usw)* cast-iron

Hiebwaffe striking weapon

Hierarchie chain of command

hiesig local

Hilfe aid, assistance, help; **erste ~ leisten** give/render first aid; **um ~ rufen** call/shout/ask for help; **erste ~** first aid; **humanitäre ~** humanitarian aid/assistance/relief; **~ersuchen** request for help

Hilfeleistung help, aid, assistance; **zur ~ verpflichtet sein** be obliged to give first aid; **unterlassene ~** failure to come to the rescue, failure to render assistance

hilf|los helpless; **~reich** useful, helpful

Hilfs- ancillary

Hilfsbeamter der Staatsanwaltschaft law enforcement officer/official

hilfsbereit helpful

Hilfs|dienst breakdown service; **~fahrwerk** *(LKW)* auxiliary gear; **~konvoi** humanitarian convoy; **~maßnahme** assistance, relief measure; **~mittel** aid; **~motor** auxiliary engine; **~organ** subsidiary organ

Hilfsorganisation relief agency; **zivile ~** civil relief agency

Hilfs|polizei auxiliary police, volunteer constabulary, specials *GB*; **~polizist** special (constable) *GB*, community support officer *GB*

Hilfs|rahmen *(LKW)* auxiliary frame; **~williger** helper

hinaus|befördern throw out; **~drängen** push out; **~gehen** go/walk out, leave; **~werfen** throw/kick out

hinderlich sein stand in the way

hindern hinder, prevent, restrain; **jemanden an etwas ~** prevent someone (from) doing something

Hindernis 1 barrier, obstacle, obstruction; 2 ⚖ impediment; **~ überwinden** negotiate an obstacle; **unüberwindliches ~** insurmountable obstacle

hindeuten indicate, point to

hinein|drängen push/shove into; **~geraten** get into; **~interpretieren** read into; **~kommen** come in(to); **~lassen** let/allow in(to); **~platzen** burst into; **~pusten** blow into; **in einem Zug ~pusten** blow steadily; **~schlittern** get into; **~schlüpfen** *(Kleidung)* slip into; **~spazieren** walk into; **sich in etwas ~steigern** allow oneself to be overwhelmed by something; **~strömen** pour into; **sich ~versetzen** put oneself into someone's position; **sich ~wagen** dare go into; **jemanden in etwas ~ziehen** involve someone in something

Hin|fahrt journey (there), outward journey; **~gabe** dedication; **~haltetaktik** delaying tactics

hinken limp

hinlegen, sich ~ lie down

hinrichten execute

Hinrichtung execution

Hinsicht, in rechtlicher ~ in the legal sense

Hinter|ausgang back door; **~bliebener** surviving dependant
hintereinander one after the other
Hintereingang tradesmen's/goods entrance, back door
Hintergrund background; **vor dem ~** against the background; **kriminologischer ~** criminological background
hinterhältig devious
Hinterhof back yard
hinter|lassen leave; **~legen** *(Dokument)* surrender; **~listig** deceitful, insidious
Hinter|mann wire puller, brains *(fig)*, person behind the scenes; **~rad** rear wheel; **~reifen** rear tyre; **~treppe** back stairs; **~tür** back door
hinterziehen *(Steuer usw)* evade
Hinterzimmer back room
hin und her schwenken swerve
Hin- und Rückfahrt journey there and back, outward and return trip, round trip *US*
Hin- und Rückflug flight there and back, outward and inward flight, roundtrip flight *US*
hinüber across
hinunter|fahren descend; **~kippen** *(Getränk)* knock back; **~schlucken** swallow
Hinweg way there
hinwegsehen ignore
Hinweis clue, hint, indication, lead, reference, tip-off; **kein ~ auf Gefahrgut und dessen Bezeichnung** no reference to hazardous cargo and its designation; **~ bekommen** get a lead; **jemandem einen ~ geben** tip someone off; **polizeilicher ~** police notice
hinweisen point out/to; **~ auf** indicate, refer to
Hinweis|geber informant; **~schild** sign; **~tafel** information board
hinzu|fügen add; **~ziehen** consult
Hirsch deer
Hitzschlag heat stroke
hoch 1 tall; 2 *(Stimme)* high-pitched; **~deutsch** High German
Hochdruck high pressure; **~reiniger** high-pressure cleaner
hochentwickelt sophisticated
Hochgefühl high
Hochgeschwindigkeits|- 1 high-speed; 2 high-velocity; **~zug** high-speed train
Hochhaus skyscraper, high-rise building, tower block
hoch|krempeln *(Ärmel)* roll up; **~kurbeln** *(Autofenster)* roll/wind up
Hochleistungs- high-performance
hoch|modern state of the art; **~näsig** toffee-nosed; **~nehmen** 1 *(Hände)* put up; 2 *(festnehmen)* round up; **~prozentig** high-proof; **~rangig** high-ranking
Hochsaison peak/high season
hochschalten change up
Hoch|schulabschluss degree; **~schulabsolvent** (university) graduate; **~schule** university, college, academy
hoch|seetüchtig seagoing; **~sensibel** highly sensitive
Hochsicherheits|gefängnis maximum-/top-/high-security prison; **~trakt** maximum-/top-/high-security| ward, ~ wing
Hochspannung high voltage/tension; **~sleitung** high-voltage/high-tension (power) line; **~smast** high-tension pylon
Höchst- maximum
Hochstapler impostor, confidence trickster, conman
höchstens at the (ut)most
Höchstgeschwindigkeit 1 *(die ein Fahrzeug erreichen kann)* top speed; 2 → **Geschwindigkeitsbegrenzung**; **~ überschreiten** exceed the speed limit; **~ überwachen** enforce the speed limit; **zulässige ~** permissible speed
Höchstgewicht maximum weight, weight limit; **~ überschreiten** exceed the weight limit; **zulässiges ~** permissible maximum weight
Höchst|leistung top/maximum performance; **~parkdauer** waiting limit
Hochstraße elevated road/highway
Höchststrafe maximum fine/penalty/sentence

höchstzulässig maximum permissible
Hoch|verrat ⚖ (high) treason; **~wasser** 1 flood; 2 *(Meer)* high tide
hochwertig high-value
Hochzeit wedding
höflich courteous, polite
Höhe height, level; **auf halber ~** halfway up/down the hill
Hoheit sovereignty
Hoheits|akt act of sovereignty; **~gebiet** sovereign territory; **~gewalt** jurisdiction; **~gewässer** territorial waters
Höhenverstellung height adjustment
Höhepunkt peak, climax
höher *(Dienstgrad, Stellung)* senior
hohl hollow
Hohl|raum cavity; **~spiegel** concave mirror
hohlwangig hollow-cheeked
holen 1 fetch, get; 2 *(Hilfe)* summon; **~ lassen** send for
holländisch Dutch
Holzzaun wooden fence, picket fence
homosexuell gay, queer *(coll)*
Homosexueller gay, queer *(coll)*
Honorar 1 *(Anwalt, Arzt usw)* fee; 2 *(Vergütung für Vortrag usw)* honorarium; **~konsul** honorary consul; **~vorschuss** *(Anwalt)* retainer
hörbar audible
Hörensagen hearsay
Hörer ☎ receiver; **~ abnehmen** lift the receiver, answer the telephone; **~ auflegen** put down/replace the receiver
Hör|gerät hearing/deaf aid; **~muschel** ☎ earpiece
Hornhaut *(Auge)* cornea
Horrortrip 1 nightmare; 2 ✗ bad trip
Hörweite earshot; **außer ~** out of earshot; **in ~** within earshot
Höschen panties
Hose 1 trousers, slacks, pants *US*; 2 *(Drillich)* fatigue trousers
Hosen|anzug trouser/pants suit; **~aufschlag** trouser turn-up, trouser cuff *US*; **~klammer** *(Radfahrer)* cycle clip; **~schlitz** fly; **~rock** culottes; **~tasche** trouser pocket; **~träger** braces, suspenders *US*; **~trägergurt** rally-style seat belt
Hotel|dieb hotel thief; **~ garni** bed and breakfast hotel; **~gast** resident, hotel guest
Hotelzimmer| aufgeben check out of a hotel; **~ nehmen** check into a hotel
Hub|dach 🚗 lifting roof; **~raum** cylinder/cubic capacity
Hubschrauber helicopter, chopper *(coll)*; **~landeplatz** 1 heliport; 2 *(Schiff, Gebäude)* helipad; **~staffel** air support (unit), helicopter squad/unit
Huckepackverkehr 🚂 piggyback service
Hufeisen horseshoe
Hüfte hip
hüfthoch *(Wasser)* waist-deep
HUK-Verband Motor Insurers' Bureau *GB*
Hülse 🔫 shell, empty/spent cartridge
Hund| ohne Halsband collarless dog; **~ ausführen** walk the dog; **~ auf jemanden hetzen** set a dog on someone; **mit einem ~ umgehen** handle a dog; **angeleinter ~** dog on a lead; **bissiger ~** dog that bites; **herrenloser/streunender ~** stray dog
Hunde|biss dog bite; **~gebell** dog barking; **~halsband** dog collar; **~rasse** breed of dog
Hundertschaft (der Bereitschaftspolizei) riot/standby| squad; ~ unit
Hunde|steuer dog tax; **~zwinger** (dog) kennel
Hunger| haben be hungry; **~snot** famine; **~streik** hunger strike
Hupe 🚗 horn, hooter
hupen honk, honk/sound one's horn, hoot, toot; **kurz ~** tap the horn; **laut ~** blast the horn; **ständig ~** lay on the horn
hüpfen jump, leap
husten cough
Hütchen → **Leitkegel**; **~spiel** shell game
hüten, sich ~ be wary of
Hütte hut, cabin
Hybrid|auto hybrid vehicle; **~antrieb** hybrid drive/propulsion
hygienisch sanitary

I

identifizierbar identifiable
identifizieren identify
Identifizierung identification; **~ durch Augenzeugen** eyewitness identification; **~ durch Lichtbildvorlage** identification by means of photographs; **falsche ~** misidentification; **~snummer** *(Gefahrgut)* substance identification number
Identität| nachweisen prove one's identity; **falsche ~** false identity; **jemandes ~ feststellen** establish/ascertain someone's identity
Identitäts|dokument ID document, document of identification/identity; **~feststellung** identification; **~irrtum** mistaken identity; **~nachweis** proof of identification/identity, evidence of identity
illegal illicit, unlawful
Illegalität illegality
Illustrierte magazine
Imbiss snack, pub grub *(coll)*; **~stand** fast food stall; **~stube** snack bar
Imitation replica, fake
Immobilie(n) property, real estate, realty *US*
impfen vaccinate, inoculate
Impfpass vaccination certificate, vaccination card; **internationaler ~ für Hunde und Katzen** international certificate of vaccination for dogs and cats
Impfung vaccination, inoculation, shot *US*
Imponiergehabe posturing
Importware imports, imported goods
improvisieren improvise, play it by ear
In|anspruchnahme recourse (to), use; **~dividualverkehr** private transport
Indiz clue; **unterstützende ~ien** supporting evidence
Indizien- ⚖ *(Prozess)* circumstantial
Indizienbeweis circumstantial evidence
Industrie|abgase industrial emissions; **~gebiet** industrial area/estate; **~müll** industrial waste
ineinander übergehen merge
Informant (confidential) informer/informant (CI), squeaker *(coll)*, squealer *(coll)*, stool pigeon *(coll)*, stoolie *(coll)*, (super)grass *(coll)*; **einen ~en führen** run an informer
Information 1 information, intelligence; 2 *(Einzelinformation)* piece of information; **~, dass in einem Mitgliedsland ein internationaler Haftbefehl/Steckbrief vorliegt** international notice; **sachdienliche ~** pertinent/relevant information; **unbestätigte ~** unconfirmed information
Informationen| abgleichen collate information; **~ austauschen** exchange information; **sich ~ beschaffen** gather information; **sich ~ verdeckt beschaffen** gather information covertly; **~ liefern** furnish information; **~ sammeln** gather information; **personenbezogene ~** person-related information; **überzeugende ~** compelling intelligence
Informations|- und Kommunikationsangelegenheiten *(Abteilung)* (information and) communication, computers; **~büro** public relations office; **~erhebung** gathering of information; **~flut** flood of information; **~material** information material; **~quelle** source of intelligence/information; **~recht** right to be informed; **~schrift** brochure **~ und Pressestab** information and press office
Informationssystem information/intelligence system; **~ nach dem Schengener Abkommen** Schengen information system; **gemeinsames ~** shared information system
Informations|tafel information board; **~übermittlung** transmission of information
informieren notify, brief
Ingebrauchnahme, unbefugte ~ taking without the owner's consent (TWOC)
Ingewahrsamnahme detention
Inhaber proprietor, owner, holder, bearer; **~in** proprietress, owner
Inhaftierung detention
Inhalt contents; **wesentlicher ~** substance; **~sangabe** 1 summary; 2 *(In-*

formation über den Inhalt eines Behälters) description of contents; **falsche ~sangabe** incorrect description of contents, misdescription

Initiative ergreifen take action, take the initiative

Injektions|nadel (injection) needle; **~spuren** needle marks; **~stelle** injection (spot)

inkonsequent inconsistent

Inländer native citizen

Inlands|gespräch ☎ inland call; **~lage** domestic/internal situation

Innen|beleuchtung 🚗 courtesy light; **~dienst** station duty, desk job; **~dienst haben** be on station duty; **~hof** inner courtyard; **~minister** minister of home affairs/of the interior, Home Secretary *GB*; **~ministerium** ministry of home affairs, ministry of the interior, Home Office *GB*; **~senator** *(Berlin, Bremen, Hamburg)* minister of the interior; **~spiegel** 🚗 inside (rear view) mirror; **~stadt** city/town centre, downtown *US*; **~stadtmaut** *(z.B. London)* congestion charge; **~tasche** inside pocket

inner|halb within; **~orts** in a built-up area, in town; **~staatlich** intra-state

inoffiziell unofficial, off the record

Insasse 🚗 passenger, occupant; **~nunfallversicherung** passenger insurance

Insektenstich sting

Inserat → **Anzeige 2**

inserieren *(Zeitung usw)* advertise

Inspektion 1 *(Polizeidienststelle)* division, district, precinct *US*; 2 🚗 service; **~ durchführen** service; **~sbereich** police area; **~sebene** divisional level; **~sleiter** division commander; **~sleitung** divisional command

instabil 1 unstable; 2 ⚗ volatile

Instandhaltung maintenance

Instanz ⚖ instance; **erste ~** first instance; **höchste politische ~** ultimate political authority; **letzte ~** last instance/resort; **~enweg; ~enzug** stages of appeal

Institut|, gerichtsmedizinisches ~ forensic/crime *US* laboratory; **polizeitechnisches ~** police lab(oratory)

Instrument tool

Integral|helm integral/full-coverage/full-face helmet; **~sitz** 🚗 bucket/sports seat

Intelligenz|quotient intelligence quotient (IQ); **~test** intelligence test

Intensiv|kurs crash course; **~station** ⚕ intensive care (unit)

Interesse|, persönliches ~ personal interest; **von gemeinsamem ~** of mutual concern; **unterschiedliche ~n ausgleichen** reconcile divergent interests; **~nabwägung** weighing of interests; **~nkonflikt** conflict of interests; **~nverband** pressure group

Internationale Polizeiassoziation (IPA) International Police Association (IPA)

Internet|, im ~ abrufbar available online; **~ermittlung** internet surveillance; **~straftat** cyber crime

interpretieren, falsch ~ misinterpret, misconstrue

intim intimate

Intimsphäre privacy, private life

In|validitätsrente disability pension; **~ventar** inventory; **~verkehrbringen von Falschgeld** putting counterfeit money into circulation, uttering counterfeit money; **~vestition** investment

irreführend misleading

irren, sich ~ err, be mistaken

Irr|läufer misdirected letter/document/item; **~tum** error, mistake

Isolierband insulating/electrical tape

Ist|stärke actual strength; **~stunden** actual hours worked; **~zustand** actual condition/state

J

Jacht yacht; **~hafen** yacht harbour, marina

Jacke 1 jacket; 2 *(Drillich)* fatigue jacket; **reflektierende ~** fluorescent jacket

Jagd 1 hunt(ing); 2 *(Verfolgung)* chase; **~aufseher** game warden; **~ausübungsberechtigter** *person author-ized to hunt*; **~(ausübungs)recht** game law; **~behörde** hunting authority; **~bezirk**

hunting district; **~flinte** shotgun; **~gewehr** hunting rifle; **~hütte** hunting lodge; **~messer** hunting knife; **~munition** hunting ammunition; **~pächter** game tenant; **~recht** *(Berechtigung)* hunting right; **~revier** shoot; **~schein** game/hunting licence; **~tasche** game bag; **~waffe** hunting weapon; **~wilderei** poaching; **~zeit** open/hunting season

jagen 1 hunt; 2 *(verfolgen)* chase

Jäger hunter

Jahr year; **~es-** annual

Jahres|tag anniversary; **~urlaub** annual leave; **~zeit** season

Jahr|gang year; **~hundert** century

jährlich annual

Jahr|markt (fun) fair; **~zehnt** decade

Jähzorn outburst of anger

Jalousie (Venetian/retractable) blind

Jeans|, ausgewaschene ~ faded blue jeans; **~anzug** denim suit; **~jacke** jeans jacket

jeweilig respective

Jubiläum jubilee; **~stag** anniversary

Jude Jew

jüdisch Jewish

Jugend youth; **~abteilung** youth division; **~amt** youth welfare department; **~arrest** detention of juvenile delinquents; **~arrestanstalt** juvenile detention centre/home; **~bande** youth gang

jugendgefährdend not suitable for juveniles

Jugend|gericht juvenile/youth court; **~herberge** youth hostel; **~kriminalität** 1 juvenile crime/delinquency; 2 *(Abteilung)* youth division, youth offending team

jugendlich juvenile

Jugendlicher youngster, youth, juvenile, young person, kid *(coll)*

Jugend|schutzgesetz Children and Young Persons Act *GB*; **~schutzstreife** *patrol to protect juveniles*; **~strafanstalt** youth prison, juvenile detention centre/home, juvenile facility *US*; **~strafverfahren** juvenile court proceedings

Junge lad

Jung|frau virgin; **~geselle** bachelor

Jurist lawyer; **~ensprache** legal terminology, legalese *(coll)*

juristisch legal, juridical; **~ vorgehen** 1 *(Strafrecht)* prosecute; 2 *(Zivilrecht)* sue

Justiz jurisdiction, justice

Justiz- judicial, juridical

Justiz|beamter judicial officer; **~behörde** judicial/legal authority; **~irrtum** miscarriage of justice; **~ministerium** ministry/department of justice, justice department *US*

Justizvollzugs|anstalt (JVA) prison, jail, penitentiary *US*, correctional/penal institution *US*; **~beamter** prison officer/guard, warder, corrections officer *US*

K

Kabel cable, cord, flex

Kabine, kleine ~ cubicle

Kabrio(let) convertible

kahl bald

Kai quay(side); **~mauer** quayside

Kalender calendar; **~jahr** calendar year

Kaliber bore, calibre

kaltblütig in cold blood, cold-blooded

Kälte cold; **bittere** ~ freezing cold; **~einbruch** cold spell

kaltschnäuzig callous

Kaltstart cold start

Kamerad mate, buddy *(coll)*

Kamerawagen *police car equipped with a video camera*

Kamin 1 *(Schornstein)* chimney; 2 *(offen)* fireplace

Kamm comb

Kammer chamber

Kampagne campaign

Kampf combat, battle

kämpfen fight; **~ für** campaign/fight for

Kampfhund fighting dog

Kampfmittel explosives, ordnance; **~räumdienst** bomb/munitions disposal unit

Kampfsportarten martial arts

Kanal 1 *(Gewässer)* canal; 2 *(Funk, Fernsehen)* channel; **~isation** sewer(s); **~tunnel** Channel Tunnel
Kantine canteen
Kanu canoe
Kanzlei 1 office; 2 ⚖ chambers
Kapazität capacity
Kapelle 1 ⛪ chapel; 2 *(Musik)* band
Kapitalverbrechen ⚖ capital crime, felony *US*
Kapitän captain
Kappe cap
Kapsel ⚕ ✈ capsule
kaputt broken, out of order; **~ gehen** break down; **~ schlagen** smash to bits
Kapuze hood
Karabiner carbine
kariert checked
Karikatur cartoon
Karneval carnival
Karo diamond
Karosserie 🚗 bodywork, body; **~fachbetrieb** body shop; **~schaden** bodywork damage
Karriere career; **~leiter ersteigen** climb the career ladder
Karte 1 card; 2 *(Eintrittskarte)* ticket; **mit ~ bezahlen** pay by credit card
Kartei card file/index; **~karte** filing card
Karten|führerschein photocard licence; **~telefon** card phone
Karton cardboard box
Karwoche Holy Week
Kaserne barracks
Kasernierung cantonment
Kasse 1 *(Supermarkt usw)* till, checkout; 2 *(Büro usw)* cashier's office; 3 *(Kino, Theater usw)* box office; **knapp bei ~ sein** have a cashflow problem *(coll)*; **~nbon; ~nzettel** receipt
Kassette cassette; **~nrekorder** cassette recorder
kassieren collect
Kassierer 1 *(Supermarkt usw)* cashier; 2 *(Bank)* teller
Kasten|schnitt flat-top; **~wagen** van
Katalysator 🚗 catalytic converter, cat *(coll)*
Katastrophe disaster
Katastrophen|alarm emergency alert; **~einsatz** emergency mission; **~gebiet** disaster area; **~helfer** relief worker; **~hilfe** disaster relief; **~schutz** emergency services
Katzenauge reflector, cat's eye
Kauderwelsch double Dutch
Kauf purchase; **~ im Internet** E-purchasing; **in ~ nehmen** accept; **etwas billigend in ~ nehmen** connive at something
kaufen buy, purchase
Käufer buyer, purchaser
Kauf|geld buy money; **~haus** (department) store; **~hausdetektiv** store detective, store security agent
käuflich bribable, venal
Kauf|mann trader, merchant; **~preis** (purchase) price; **~vertrag** bill of sale
Kaution bail, bond, deposit, security, surety; **gegen ~** on bail/bond; **jemanden gegen ~ freibekommen** bail someone out; **jemanden gegen ~ freilassen** release someone on bail
Kavaliersdelikt lesser/minor/non-arrestable/petty/small offence
Kegel ∇ cone; **~bahn** skittle alley
Kehle throat
Kehlkopf larynx
Kehrmaschine street cleaner
Keil wedge; **~riemen** 🚗 fan belt
Keim, etwas im ~ ersticken nip something in the bud
keimfrei sterile
Keller basement, cellar; **~eingang** basement/cellar entrance
Kellner waiter; **~in** waitress
kennen know, be acquainted with; **persönlich ~** know personally
Kenntnis knowledge; **~ geben** notify; **~ nehmen** note; **keine ~ haben** be unaware (of)
Kennwort password
Kennzeichen 1 mark; 2 feature; **amtliches ~** licence plate (number), numberplate, registration mark/number/plate, licence number, tag (number) *US*; **besonderes ~** 1 distinctive/distinguishing/identifying/special/specific mark; 2 fea-

ture; **persönliches ~** *(Kfz)* personalized registration number; **polizeiliches ~** → **amtliches ~**; **rote ~** trade plates; **vorderes ~** front registration mark

Kennzeichen|beleuchtung licence plate lamp/light, numberplate lamp/light, rear registration plate lamp/light; **~diebstahl** theft of numberplates; **~lesesystem** numberplate identification system; **~missbrauch** using false or forged numberplates; **~schild** numberplate, licence plate

kennzeichnen mark

Kennzeichnung marking; **~spflicht** labelling requirement

kentern capsize, overturn, upset

Kernaufgabe core task; **~n der Polizeiarbeit** mainstream policing

Kernkraft|gegner anti-nuclear activist; **~werk** nuclear power plant/station

Kernpunkt key point

Kerze candle; **~nleuchter** candlestick

Kette chain; **~nbrief** chain letter; **~nfahrzeug** track-laying vehicle; **~nraucher** chain smoker; **~nschaltung** *(Fahrrad)* derailleur; **~nschutz** chain guard

Kfz motor vehicle/car; **~ aufbrechen** break into a car; **~ stehlen** steal a car; **brennendes ~** motor vehicle on fire; **aus einem ~ stehlen** steal from a car

Kfz|-Angelegenheiten *(Abteilung)* vehicles, transport; **~-Brief** vehicle registration document, title document, certificate of title/ownership (of the car) *US*; **~-Dieb** car thief; **~-Diebstahl** car theft, (motor) vehicle theft/taking, theft of a (motor) vehicle, auto theft *US*, vehicle larceny *US*; **~-Elektrodienst** auto electrician; **~-Haftpflichtversicherung** third-party (motor) vehicle insurance; **~-Halter** registered car owner, registered owner of the car/vehicle, keeper; **~-Händler** dealer, motor trader; **~-Kennzeichen** → **amtliches Kennzeichen**; **~-Mechaniker** (car) mechanic; **~-Sachverständiger** expert; **~-Schein** vehicle registration (document), vehicle (registration) licence; **~-Steuer** motor (vehicle) tax, road tax, vehicle excise duty; **~-Verschiebung** vehicle trafficking; **~-Versicherung** auto/vehicle insurance, motor car insurance; **vorgeschriebene ~-Versicherung** compulsory auto insurance; **~-Verwahrort für abgeschleppte Fahrzeuge** auto/car pound; **~-Werkstatt** garage, car shop *US*; **~-Zulassungsstelle** vehicle registration office (VRO), vehicle licensing office, motor vehicle license bureau *US*

Kiefer jaw; **zurückweichender ~** receding jaw

Kiel keel; **~wasser** wake, wash

Kies gravel; **~elstein** pebble; **~grube** gravel pit

Kilometer|geld mileage allowance; **~stand** mileage; **~stand bei Antritt/Ende der Fahrt** mileage at the beginning/end of the trip; **~stein** milestone; **~zähler** odometer

Kimme notch; **~ und Korn** notch and bead (sight)

Kind child, kid *(coll)*; **vermisstes ~** missing child

Kinder|ausweis children's document/passport; **~bett** cot, crib *US*; **~ehe** child marriage; **~ermäßigung** reduction for children; **~garten** play school; **~geld** child benefit; **~handel** trade in children; **~kleidung** children's clothes/wear; **~ schänder** pedophile, child abuser/molester; **~sicherung** child-proof door lock(s); **~sitz** 1 children's (car) seat, child seat; 2 *(Fahrrad)* child carrier (seat); **integrierter ~sitz** integrated child seat; **~tagesstätte** day nursery

Kinderwagen pram, baby buggy/carriage *US*; **faltbarer ~** pushchair; **kleiner ~** stroller

Kindes|aussetzung abandoning a child; **~entführung** kidnapping; **~misshandlung** child abuse; **~raub** child snatching; **~tötung** infanticide

kindisch childish

Kinn chin; **~ mit Grübchen** dimpled chin; **eckiges ~** square chin; **fliehendes ~** receding chin; **gespaltenes ~** split

chin; **hervorstehendes ~** protruding chin; **kantiges ~** square chin; **spitzes ~** pointed chin
Kinn|bart chin beard/tuft, goatee; **~haken** knock on the chin
Kino cinema, movie theater *US*
Kippbrücke tipper body
Kippe *(Zigarette)* butt
kippen 1 tilt; 2 *(LKW-Ladung)* dump, tip
Kipper *(LKW)* tipper, dump(er) truck
Kipp|fenster horizontally pivoted window; **~ständer** stand
Kirchen|diebstahl theft from a church; **~steuer** church tax
Kirchturm steeple, spire; **~uhr** church clock
Kirmes (fun) fair
Kissen 1 *(Bett)* pillow; 2 cushion
Kiste case, crate
Kittel coat
Klage (law)suit, action; **~ einreichen** sue, file a suit; **~gegenstand; ~grund** cause of action
klagen *(Zivilrecht)* sue
Kläger plaintiff
Klammer bracket
Klappe (hinged) lid
Klapp|fahrrad folding bicycle; **~messer** butterfly/clasp/jack/flick knife; **~verdeck** folding/collapsible top
Klaps smack, slap
klar evident, plain
Kläranlage waste water treatment plant, sewage farm/works
klären clarify
Klärung clarification; **bis zur weiteren ~ der Sache** pending further inquiries
Klasse grade, class, category
klassifizieren classify
Klatsch gossip
klatschnass soaking/dripping wet
klauen steal, pilfer *(coll)*, pinch *(coll)*, swipe *(coll)*, filch *(coll)*
Klausel provision, clause, stipulation
Klebeband (adhesive/sticky/sticking) tape, sellotape™, Scotch tape™ *US*
kleben glue,stick
Klebstoff glue
Kleid dress
kleiden, sich ~ dress
Kleider|geld clothing allowance; **~kammer** quartermaster; **~ordnung** dress code; **~schrank** wardrobe; **~wechsel** change of clothes
Kleidung clothes, clothing, dress; **~ tragen** wear clothes; **gepflegte ~** neat dress; **schlampige ~** sloppy clothes; **schmutzige ~** dirty clothes; **unangemessene ~** improper dress; **unordentliche ~** slovenly clothes; **sehr vornehme ~** posh clothes, highly elegant clothes; **weite ~** bulky clothes; **zerlumpte ~** ragged clothes; **~sstück** garment
klein *(unbedeutend)* petty; **sehr ~** tiny
Klein|anzeige classified advertisement; **~arbeit** painstaking work; **~buchstabe** small letter; **~bus** minibus, (sub)van; **~container** small container
kleiner minor
Klein|gedrucktes small/fine *US* print; **~geld** (small) change
Kleinigkeit small thing, detail; **~skrämer** stickler for details
Klein|kaliberwaffe small-calibre/bore weapon; **~kind** infant, toddler; **~kindabteil** parent-and-child compartment; **~kraftrad** small motorcycle, motor bicycle; **~kriminalität** everyday/low-level/petty crime
kleinlich petty
Klein|lieferwagen vanette; **~-LKW** van, pickup; **~möbel** small furniture; **~stadt** small town
Kleinstwagen minicar
Klein|taxi minicab; **~transporter** van; **~wagen** compact/small car
kleinwüchsig small
Klemmbrett clipboard
Klemme, in der ~ sein be in a jam/a tight spot
klettern climb
Klettverschluss Velcro™ fastener
Klient client
Klima|anlage air conditioner/conditioning; **elektronische ~automatik** electronic climate control
klimatisiert air-conditioned

Klinge blade
Klingel *(Tür)* bell; **~knopf** bell button
klingeln ring the bell
klingen, das klingt gut sounds good (to me)
Klinik, psychiatrische ~ mental hospital
Klippe cliff
klopfen knock
Kloster 1 *(Mönche)* monastery; 2 *(Nonnen)* convent, nunnery
Klüngel jobs for the boys *(coll)*
knacken 1 *(Schloss, Safe, Code)* crack; 2 *(mit Schlüssel usw)* pick
Knall bang; **~zeuge** *person who heard a crash/shot*
knapp 1 *(Termin)* tight; 2 *(Vorräte usw)* in short supply, scarce
Knappheit shortage
Knauf 1 knob; 2 *(Messer)* pommel
Knautschzone crumple zone
Knebel gag
knebeln gag
Kneipe pub(lic house), bar; **randalierender/herumpöbelnder ~nbesucher** unruly bar patron; **~nbummel** pub crawl; **~nschlägerei** pub brawl
Knie|gelenk knee joint; **~kehle** back of the knee
knien kneel
Knie|scheibe knee cap; **~strumpf** 1 *(Mann)* knee-length sock; 2 *(Frau)* knee-length stocking
Knöchel 1 *(Fuß)* ankle; 2 *(Finger)* knuckle
Knochen bone; **~bruch** fracture
Knöllchen *(coll)* (parking) ticket
Knoten *(auch)* knot
Knüppel stick; **~damm** corduroy road; **~schaltung** floor-mounted gear shift, stick shift *US*
koffeinfrei decaffeinated
Koffer (suit)case; **~ mit doppeltem Boden** false-bottom suitcase; **~kuli** baggage/luggage trolley/cart *US*; **~radio** portable radio
Kofferraum luggage compartment, boot, trunk *US*; **~deckel; ~klappe** boot lid; **~netz** luggage restraint/mesh partition; **~schloss** boot lock
Kognak brandy
Kohlen|monoxid carbon monoxide; **~säure** carbonic acid
Koje berth, bunk
Kolben 1 piston; 2 butt; **~fresser** piston seizure; **~hieb** hit with a rifle butt
Kollege 1 colleague, fellow officer; 2 *(einer von zwei Beamten, die gemeinsam Streife fahren)* partner
Kollier necklace
Kollision crash; **~sort** crash site
Köln Cologne
Kolonne *(Polizei usw)* convoy; **~nspringer** queue jumper, weaver bird *(coll)*; **~nverkehr** driving in convoy
Kombi *(PKW)* estate (car), station wagon *US*
Kombination 1 combination; 2 *(Denken)* reasoning, deduction; **~sschloss** combination lock; **~swirkungen** combined effect
Kombizange pliers
komisch odd, funny
kommandiert, befristet ~ on temporary duty
Kommando 1 command; 2 squad, team; **~führer** squad/team leader, squad/team commander
Kommissariat subdivision, department, unit, bureau *US*
Kommunalbehörde local authority
Kompanie company
Kompetenz|bereich jurisdiction; **~verteilung** allocation of duties
Komplize accomplice
kompliziert complicated
Kompromiss compromise
kompromittieren compromise
Kondom condom, rubber *(coll)*
Konferenz convention
Konfession (religious) denomination
Konflikt lösen resolve a conflict
Konflikt|begrenzung conflict containment; **~beilegung** conflict resolution/settlement; **~beratung** conflict counselling; **~bereinigungsgespräch** conciliatory talk; **~parteien** parties to a conflict; **~vermeidung** conflict prevention

Kongress convention
königlich royal
Konkurrenz competition
Konkurs bankruptcy, insolvency
Können skill; **fahrerisches ~** driving skill
konsequent consistent, strict
Konservendose tin, can *US*
konspirativ clandestine
konsultieren consult (with)
Konsum 1 consumption; 2 💉 usage; **~ent** consumer; **~form** mode of consumption; **~gewohnheiten** consumer habits
konsumieren *(auch 💉)* take
Kontakt point; **~ aufnehmen mit** get in touch with
Kontakt|(bereichs)beamter → auch **Bezirksdienstbeamter** community beat officer; **~linse** contact lens; **~schleife** sensors; **~sperre** ⚖ ban on visits and letters
Kontingent quota
Konto account; **überzogenes ~** overdrawn account; **~auszug** account statement; **~nummer** account number
Kontroll|aufforderung vehicle defect form; **~ausschuss** supervisory body; **~buch** control book; **persönliches ~buch** personal logbook; **~delikte** *offences detected as a result of police checks (for example drink-driving)*
Kontrolle inspection, check, supervision; **außer ~** out of control; **unter ~** under control; **etwas unter ~ bringen** get a grip on something; **~ durchführen** conduct a check; **~ verlieren** lose control; **gezielte ~** targeted check; **intensive ~** in-depth check; **lückenlose ~** thorough check
Kontrolleur *(in öffentl. Verkehrsmitteln usw)* inspector
Kontroll|gang 1 round; 2 *(Polizei)* patrol; **~gerät** *(Tachograph)* tachograph
kontrollieren 1 inspect, check; 2 monitor; 3 *(überwachen)* supervise
Kontroll|information vehicle defect form; **~lampe; ~leuchte** telltale/warning light; **~maßnahme** control/monitoring measure; **~punkt** checkpoint; **~schein** *(LKW-Kontrolle)* check certificate; **~schwerpunkt** 1 *place of frequent vehicle checks (for example accident black spots)*; 2 *(Zweck) special check (for example drink-driving)*; **~stelle** (security) checkpoint; **~turm** (control) tower; **~untersuchung** ⚕ health check; **~wägung** weight check
Konvoibegleitung convoy escort
Konzentrationsfähigkeit powers of concentration
konzentrieren, sich ~ auf focus on
Konzept notion
Konzession licence
Kopf|, auf dem ~ upside down; **sich den ~ zerbrechen** rack one's brains; **führender ~** mastermind; **rasierter ~** shaved head
Kopf|airbag curtain airbag; **~bahnhof** terminus; **~bedeckung** headgear; **~hörer** earphones, headphones; **~schutz** protective headgear; **~schmerzen** headache; **~steinpflaster** cobblestone pavement; **~stoß** (head-)butt
Kopfstütze 🚗 head restraint, headrest, neckhold *US*; **~ hinten** rear head restraint; **verstellbare ~** adjustable headrest
Kopf|tuch head-scarf; **~verletzung** ⚕ head injury
Kopie 1 duplicate; 2 *(Imitation)* replica; **beglaubigte ~** certified (true) copy
Koppel 1 belt, leather belt (for carrying equipment); 2 *(Weide)* pasture; **~ausrüstung** web equipment; **~schloss** belt buckle
Koppelung link-up
Koran Koran, Quran
Kord cord(uroy)
Korkenzieher corkscrew; **~locken** corkscrew curls
Korn corn schnapps/liquor *US*
Körper 1 body; **~bau** build
körperbehindert (physically) disabled
Körper|geruch body odour/smell; **~größe** height; **~haar** body hair; **~schaft** corporation; **~teil** part of the body; **~temperatur** body temperature
Körperverletzung 1 ⚖ (common) as-

sault, battery, assault and battery, bodily harm/injury; 2 *(Unfall)* bodily/personal injury; ~ **im Amt** bodily injury caused by an officer of the law; ~ **mit Todesfolge** assault resulting in death; ~ **zufügen** occasion actual bodily harm

Körperverletzung|, fahrlässige ~ bodily harm/injury caused by negligence; **gefährliche** ~ serious/dangerous bodily harm/injury, aggravated assault; **schwere** ~ grievous bodily injury/harm, mayhem *US*; **vorsätzliche** ~ intentional bodily harm, intentional injury

Körperverletzungsdelikt offence against the person, assault

korrigieren correct, rectify

korrupt bent

Kosten cost(s), expense(s), expenditures; ~ **für die Benutzung öffentlicher Verkehrsmittel** cost of travelling by public transport; **die ~ tragen** bear the cost; ~ **übernehmen** defray costs; ~ **veranschlagen** assess costs; ~ **des Verfahrens** ⚖ costs

Kosten|, auf jemandes ~ at someone's expense; **laufende** ~ running costs; **beträchtliche zusätzliche** ~ considerable extra cost

Kosten|beitrag contribution towards expenses; **~erstattung** refund, reimbursement

Kosten-Leistungsrechnung cost-benefit analysis

kosten|los free (of charge); **~pflichtig** subject to a charge, at owner's expense

Kosten|regelung cost settlement; **~voranschlag** estimate; **~vorschuss** advance on costs

Kostüm *(Damenbekleidung)* suit, dress and jacket

Koteletten sideburns

Kotflügel mudguard, wing, fender *US*

krabbeln crawl

Krad motorcycle; **~staffel** motorcycle unit

Kraft force; **in** ~ in force; **außer ~ setzen** 1 repeal; 2 *(zeitweilig)* suspend; **in ~ setzen** put into effect/force; **in ~ treten** come into effect/force/operation

Kraftausdrücke bad language

Kräfte forces

Kraftfahrer 1 motorist; 2 *(Beruf)* driver, chauffeur

Kraftfahrstraße 1 (fast) motor road; 2 *(innerhalb einer Ortschaft)* expressway, parkway *US*, speedway *US*, throughway *US*

Kraftfahrt-Bundesamt Federal Vehicle Registration Office

Kraftfahrzeug → **Kfz**

kräftig strong, stout

kraftlos faint

Kraftrad → **Motorrad**

Kraftstoff fuel, petrol, gas(oline) *US*; **flüssige ~e** liquid fuels; **~anzeige** fuel/petrol/gas gauge; **~filter** fuel filter; **~pumpe** fuel pump; **~verbrauch** fuel consumption, miles per gallon (mpg)

Kraftwagen → **Kfz**

Kraftwerk ⚡ power plant/station

Kragen collar

Krähenfuß crow's foot

Kralle *(Falschparker)* clamp; ~ **anbringen** clamp

Krampf ⚕ cramp, convulsion; **~ader** ⚕ varicose vein

Kran crane

krank| sein be off sick, be on the sick list; **jemanden ~schreiben** put someone on the sick list

Kranken|dreirad three-wheeled chair; **~fahrstuhl** invalid carriage, wheelchair; **motorisierter ~fahrstuhl** invalid carriage; **geschlossenes ~haus** secure hospital

krankenhausreif, jemanden ~ schlagen make a stretcher case out of someone

Kranken|kasse health insurance scheme; **~pfleger** male nurse; **~schwester** nurse; **~versicherung** health/medical insurance; **~versicherungsgesellschaft** health insurance company

Krankenwagen ambulance; ~ **anfordern** send for/call an ambulance; **~besatzung** ambulance crew

Kranker, psychisch ~ insane person
krank|feiern malinger; **~gemeldet sein** be off sick, be on the sick list; **~haft** pathological, chronic
Krankheit illness, disease, sickness; **meldepflichtige ~** notifiable disease; **tödliche ~** fatal illness; **~stag** sick day
Krankmeldung sick note
Kranwagen mobile crane
Kranz *(z.B. Beerdigung)* wreath
kratzen scratch
Kratzer 1 *(Wunde, am Kfz)* scratch; 2 *(Schaber)* scraper
Kratz|spur scratch mark; **~wunde** scratch (wound)
Krawatte tie; **~nnadel** tie pin/clip
Kredit loan; **auf ~** on credit; **~hai** loan shark
Kreditkarte credit card, plastic money; **~ sperren (lassen)** stop a credit card; **~nabrechnungsgerät** credit card swiper
Kreis *(Landkreis)* county
Kreisel → **Kreisverkehr**
kreisförmig round, circular
Kreis|lauf ⚕ circulation; **~stadt** county town; **~straße** C road *GB*, county road *US*; **~tag** county council; **~verkehr** roundabout, rotary *US*, traffic circle *US*; **enger ~verkehr** mini-roundabout; **~verwaltung** county administration
kreuzen, sich ~ *(Straßen)* cross, intersect
Kreuzfahrt cruise
Kreuzung crossroads, intersection, junction, crossing; **~ überqueren** proceed across a street intersection
Kreuz|verhör cross-examination; **ins ~verhör nehmen** cross-examine; **~zug** crusade
kriechen crawl
Kriech|geschwindigkeit crawling speed; **~spur** crawler lane
Kriegswaffenkontrollgesetz military weapons control act
Kriminal- plain-clothes
Kriminal|abteilung criminal investigation department (CID), investigative services bureau, detective department; **~akte** criminal record, rap sheet; **~aktenhaltung** Criminal Record Office *GB*; **~beamter** CID officer, investigator, detective, plain-clothes officer/detective, dick *(coll)*, G-man *(FBI) (coll) US*, government man *(FBI) (coll) US;* sleuth(hound) *(coll) US*, gumshoe *(coll) US*; **~dauerdienst** CID watch; **~dienststelle** detective department; **~direktion** CID headquarters/division; **~fall** criminal case; **~gruppenleiter** CID group leader; **~inspektion** CID division, CID watch
Kriminalistik criminalistics
Kriminalität crime, delinquency; **~ in den Innenstädten** inner-city crime; **~ fördern** encourage crime; **grenzüberschreitende ~** cross-border crime; **organisierte ~** organized crime
Kriminalitäts|angelegenheiten CID/crime matters; **~auswertung** evaluation of crime-related data; **~bekämpfung** fight against crime; **repressive ~bekämpfung** repressive fight against crime; **~brennpunkt** crime hotspot; **~kontrolle** combating crime; **~lagebild** crime situation; **~rate** crime rate/statistics/figure(s); **~vorbeugung** crime prevention
Kriminal|kommissariat CID unit; **~museum** crime museum
Kriminalpolizei criminal investigation department (CID), criminal investigation branch/division, (field) detective division, investigative services, detective branch/department, crime squad, plain-clothes branch, Territorial Support Group *GB,* beautiful people *(US, Sammelbegriff, ironisch)*, America's most beautiful *(US, Sammelbegriff, ironisch)*; **in die ~ eintreten** join/enter the CID
Kriminal|prävention crime prevention; **~statistik** crime figure(s)/statistics; **~technik** forensic science
kriminaltechnisch forensic
Kriminalwache CID watch
kriminogen criminogen

kriminologisch criminologic

Krise crisis

Krisen|bewältigung; ~management crisis management; **~plan** contingency plan; **~stab** emergency staff, crisis team

Kritik criticism; **~ äußern** voice criticism; **sachliche ~** objective criticism

kritzeln scrawl, scribble

Krone *(auch Zahn)* crown

Kronzeuge state's evidence, King's/Queen's evidence *GB*

Krücke ⚕ crutch

krumm bent, crooked

Krümmer 🚗 manifold

Krüppel cripple

Küche kitchen; **~ messer** kitchen knife

Kugel 🔫 bullet, slug *(coll)*; **~- und Elektrikanschluss** *(Anhänger)* ball and socket unit; **sich eine ~ in den Kopf schießen** put a bullet through one's head; **~schreiber** ballpoint pen, biro

kugelsicher *(Weste)* bulletproof, protective

Kühlaufbau *(LKW)* refrigeration/cooling body

Kühler radiator; **~figur** radiator mascot; **~grill** (radiator) grille; **~haube** bonnet, hood *US*; **~verschlussdeckel** radiator cap

Kühl|flüssigkeit; ~mittel coolant; **~mitteltemperaturanzeige** coolant temperature gauge/display; **~system** cooling system; **~wagen** refrigerator truck

Kulisse, hinter den ~n behind the scenes

kümmern, sich ~ um take care of, attend/see to

Kumpan; Kumpel mate; **mit den Kumpeln einen trinken gehen** have a pint with the lads

Kunde client, customer

Kunden|betreuer 🚃 conductor; **~dienst** after-sales service; **anerkannte ~dienstwerkstätte** authorized garage

Kundgebung demonstration, rally

kündigen give notice

Kündigung termination; **fristlose ~** instant dismissal; **~sfrist** period of notice

Kundin client, customer

Kunst art; **~diebstahl** art theft; **~faser** artificial/synthetic/man-made fibre; **~fehler** ⚕ (case of) medical malpractice; **~gegenstand** object/piece of art; **~leder** artificial leather

Künstler artist; **~name** pseudonym, stage name

künstlich artificial

Kunst|stoff plastic(s), synthetics; **fester ~stoff** solid plastic (material); **~stoffschild** plastic shield; **~werk** piece of art

Kupfer copper; **~münze** penny

Kuppe hill crest, brow of a hill; **vor einer ~** on hill *US*

Kuppel ⌂ dome

Kupplung 1 🚗 clutch; 2 *(Anhänger)* coupling; **~ schleifen lassen** slip the clutch; **~shebel** clutch lever; **~spedal** clutch (pedal); **~sschaden** damaged clutch

kurbeln wind

Kurbel|stütze *(Wohnwagen)* steady leg

Kurier courier; **~dienst** courier service

Kurort spa, (health) resort

Kurs| abhalten give a course; **vom ~ abkommen** veer; **~wagen** 🚃 through carriage

Kurve bend, corner, curve *US*; **~ durchfahren/nehmen** negotiate a bend/corner/curve, turn around a corner; **enge/scharfe ~** sharp/tight turn/bend/corner; **in der ~** on curve; **unübersichtliche ~** blind corner

kurvenreich ▽ winding

kurz brief; **sich ~ fassen** be brief, keep it short; **vor ~em** recently, the other day

kürzen 1 shorten, curtail; 2 *(Text)* abbreviate

kurz|fristig at short notice, short-term

Kurz|mitteilung brief message; **~parker** short-stay parker

kurzschließen ⚡ short-circuit

Kurz|schluss short-circuit; **~schlusshandlung** impulsive action

kurzsichtig near/short-sighted

Kürzung cut, reduction

Kurz|urlaub short holiday; **~wahltaste** ☎ memory button; **~zeitkennzeichen** seasonal numberplate

Küste coast, seashore, seaside; **~ngewässer** coastal waters; **~nwache** coast guard
Kutsche coach
kyrillisch Cyrillic

L

Labor lab(oratory); **kriminaltechnisches ~** forensic/crime laboratory
Lache 1 pool, puddle; 2 *(Öl usw)* spill
lächerlich ridiculous
Lack 1 paint, varnish; 2 🚗 paintwork
lackieren paint
Lackierung 🚗 paintwork
Lackschaden paintwork damage
Lade|bordwand loading tailgate; **~fläche** loading platform; **~gerät** ⚡ (battery) charger; **~gewicht** carrying capacity, payload; **~hemmung** 🔫 jam; **~kante** loading edge, sill; **~klappe** hatch, tailboard, tailgate; **~liste** manifest; **~maß** loading gauge
Laden shop, store; **~dieb** shoplifter; **~diebstahl** shoplifting (offence); **~diebstahl begehen** shoplift; **~inhaber** shopkeeper; **~kasse** till; **~lokal** shop, store; **~schluss** closing time; **~straße** shopping street
laden 1 *(beladen)* load; 2 *(zum Gericht)* summon; 3 *(Batterie)* charge; 4 🔫 load
Lade|papiere cargo documents; **~pritsche** loading platform; **~rampe** loading platform; **~raum** loading/cargo space; **~raumabdeckung** cover; **~schein** manifest; **~stelle** place/point of loading; **~vermögen** carrying capacity; **~verzeichnis** cargo list, manifest
Ladung 1 🔫 *(Munition usw)* round; 2 cargo, load, shipment, consignment; 3 *(Gericht)* summons/warrant (to appear in court), court summons; **~ unter Strafandrohung** *(Gericht)* subpoena *US*; **~ befestigen/sichern** fix/secure the load; **~ zustellen** serve a summons
Ladung|, geschlossene ~ enclosed cargo; **übergroße ~** oversize load; **versteckte ~** concealed shipment; **wertvolle ~** precious load
Ladungs|austritt leakage; **~sicherung** securing the load; **kombinierter ~verkehr** multimodal/intermodal transport
Lage 1 *(Ort)* location; 2 *(Situation)* circumstances, state of affairs, situation, the facts of the case; **~ beobachten** observe a situation; **~ bereinigen** remedy the situation; **~ stabilisieren** stabilize the situation
Lage|, in der ~ sein be in the position; **jemanden in die ~ versetzen** put someone in the position; **hilflose ~** helpless situation; **schwierige ~** difficult situation, plight; **unübersichtliche ~** unclear situation
Lage|bericht situation report; **~besprechung** briefing, discussion of the situation; **~beurteilung** estimate of the situation; **~bild** (picture of the) situation; **~entwicklung** development of the situation; **~karte** situation map; **~meldung** situation report; **~plan** survey map
Lager 1 *(Vorräte usw)* storage area/site; 2 camp; 3 *(Technik)* bearing(s); **geheimes ~** stash; **~feuer** camp-fire; **~haus** warehouse
lagern stock(pile), store
Lagerung storage
Lage|zentrale; ~zentrum control room/centre, command/situation centre
lahmen be/walk lame
lahmlegen *(Verkehr)* paralyze, bring to a standstill
Lähmung paralyzation
Laie amateur, layman; **~nrichter** magistrate
lallend *(Sprache)* slurring
Lampe light; **~ngitter** headlight protector
Land state; **auf dem ~ wohnen** live in the country
Land- rural
Landebahn runway
landen land
Landeplatz landing strip, airstrip
Landes- state
Landes|amt für den Verfassungsschutz *state office for the protection of the*

constitution; **~ebene** state level; **~fahndung** statewide search; **~farben** 1 *(Staat)* national colours; 2 *(Bundesland)* state colours; **~gesetz** state statute; **~gesetzgebung** state legislation; **~grenze** state border/frontier/line, national border; **~kennzahl** ☎ country code; **~kriminalamt (LKA)** state office of criminal investigation; **~polizei** state police force; **~polizeischule** (state) police training centre; **~recht** state law; **~sprache** national language, language of the country; **~straße** B road *GB*, state road *US*; **~verrat** treason; **~wappen** 1 *(Staat)* national coat of arms; 2 *(Bundesland)* state coat of arms

landesweit nationwide, statewide

Land|friedensbruch ⚖ breach of the (public) peace; **~gang** ⚓ shore leave; **~gericht** 1 *(Strafrecht, England, Wales)* Crown Court; 2 *(Zivilrecht)* High Court; **~haus** country house; **~karte** map; **~kreis** county *(auch US)*

ländlich rural

Land|rat county chief executive; **~regen** steady rain; **~schaft** countryside; **~schaftsschutzgebiet** conservation/protected area, nature reserve, area of outstanding natural beauty; **~sitz** country residence; **~smann** fellow countryman; **~straße** country road, highway; **~streicher** tramp, vagrant, hobo *US*; **~streicherei** vagrancy; **~tag** state parliament

Landung landing; **~sbrücke** jetty, landing *US*

Landweg, auf dem ~ overland, by road

Landwirtschaft agriculture, farming

landwirtschaftlich agricultural

lang| andauernd; ~ anhaltend prolonged; **~beinig** long-legged

Länge length

Langeweile boredom

lang|fristig long-term; **~gedient** veteran

Langholz|anhänger logging trailer; **~-LKW** logging truck

Langlebigkeit longevity

länglich oblong

längs along

langsam|er fahren slow down, reduce speed; **sich ~ fortbewegend** slow-moving

längsseits alongside

Langwaffe rifle, long-barrelled weapon

langweilen, sich ~ be bored

lang|weilig boring; **~wierig** protracted

Langzeitauswirkung long-term effect

Lappalie trifle

Lappen rag

Lärm| machen make a noise; **ruhestörender ~** noise disturbance; **~belästigung** noise pollution; **~pegel** noise level; **~schutz** protection against noise; **~schutzwall** noise-abating embankment; **~schutzwand** noise barrier, noise protection wall

Lasergerät *(zum Überwachen der Geschwindigkeit)* laser set

Last 1 load; 2 ⚖ burden, onus

Laster 1 vice; 2 *(coll)* → **LKW**

lästig annoying

Last(kraft)wagen → **LKW**

Lastzug → **LKW mit Anhänger**

Lateinamerikaner 1 Latin American; 2 *(US-Bürger)* Hispanic

lateinamerikanisch 1 Latin American; 2 Hispanic

Laterne street light/lamp; **~nparker** *driver who regularly parks in the street*; **~npfahl** lamp post

Lattenzaun paling fence

Laub leaves, foliage; **~enkolonie** group of allotment gardens

Lauer, auf der ~ liegen lie in wait

Lauf 1 run; 2 *(Fluss usw)* course; 3 🔫 barrel; **mit gezogenem ~** rifled; **mit glattem ~** smooth-bore; **mit langem ~** long-barrelled; **berufliche ~bahn** (professional) career; **~band** *(Flughafen usw)* walkway

laufen run; **~d** current

Lauf|fläche tread; **~licht** *(an Baustellen usw)* flashing danger light

lauschen eavesdrop (on someone)

Laut sound

laut in accordance with; **~er stellen** *(Radio usw)* turn the volume up

läuten 1 ring; 2 *(Wecker)* go off

lautlos silent, soundless

Lautsprecher loudspeaker; **~durchsage** loudspeaker announcement; **~wagen** loudspeaker car/van
Lautstärke volume
Lawine avalanche
Leasing|fahrzeug leased car; **~geber** lessor; **~nehmer** lessee
Leben|, ums ~ kommen die, be killed; **um sein ~ rennen** run for one's life; **jemandem das ~ retten** save someone's life; **jemandem nach dem ~ trachten** be out/try to kill someone
lebendig alive
Lebens|bedingungen living conditions; **persönlicher ~bereich** private sphere
Lebensgefahr danger to life and limb; **in akuter ~** in a critical condition
lebensgefährlich life-endangering, life-threatening
Lebens|gefährte common-law husband; **~gefährtin** common-law wife; **~grundlage** livelihood; **~haltungskosten** cost of living
lebenslänglich (for) life
Lebenslauf curriculum vitae (CV), résumé *US*
Lebensmittel food; **~überwachung** food inspection
lebensnotwendig vital
Lebens|partner common-law spouse**, gleichgeschlechtlicher ~partner** homoerotic partner; **~standard** standard of living; **~stellung** appointment for life, tenure; **~stil** lifestyle; **~unterhalt** living; **~versicherung** life insurance; **aufwendiger ~wandel** high living; **~zeichen** sign of life; **auf ~zeit ernannt** appointed for life
Leberfleck mole, liver spot
lebhaft lively
Leck leak(age)
lecken *(leck sein)* leak
Leder leather
ledig unmarried, single; **~lich** merely
leer 1 empty, deserted; 2 *(Batterie)* dead, flat; 3 *(Wohnung)* vacant
Leer|fahrt empty run; **~gewicht** dead/unladen/tare weight
Leerlauf neutral; **im ~** out of gear; **im ~ laufen** *(Motor)* idle; **im ~ rollen** coast, freewheel
legal legitimate
Legalitätsprinzip principle of mandatory prosecution
legen lay (down), put down; **sich ~** settle
legitim legitimate
Lehrauftrag lectureship
Lehre 1 *(Ausbildung)* apprenticeship, training; 2 *(Erfahrung)* lesson
Lehrer educator, instructor
Lehr|gang course, **~gerichtssaal** mock courtroom; **~gruppe** study group
Lehrling apprentice, trainee
Lehr|mittel teaching aid(s); **~plan** curriculum, training scheme; **~wache** mock police station
Leib body; **bei lebendigem ~ verbrennen** burn alive
Leibesvisitation → Durchsuchung
Leib|wache; ~wächter bodyguard
Leiche corpse, (dead) body
Leichen|beschauer coroner; **~beschreibung** description of a dead body; **~bildaufarbeitung** *reconstruction of photos of dead persons*
leichenblass deadly pale
Leichen|flecke post-mortem lividity; **~fund** discovery of a corpse; **~halle** funeral parlour/home; **~sache** case of a dead body; **~sack** bodybag; **~schändung** desecration of a corpse; **~schauhaus** morgue, mortuary; **~starre** rigor mortis; **~teile** body parts; **~wagen** hearse; **~zug** funeral procession
leicht 1 *(Aufgabe usw)* easy; 2 *(Gewicht)* light; 3 *(geringfügig)* slight; **~fertig** careless
Leicht|fertigkeit negligence; **~gläubigkeit** credulity; **~kraftrad** small motorcycle; **~metallfelge** alloy wheel; **~sinn** carelessness; **~verletzter** slightly injured person
leiden suffer
Leidenschaft passion
leidenschaftlich passionate
leider I'm afraid, I'm sorry to say
Leiharbeit subcontracted labour; **~er** subcontracted/agency worker

leihen loan

Leihwagen rental/rented/hire(d)| car, ~ vehicle; **~gebühr** rental fee; **~unternehmen** car rental company

Leim glue

leimen glue

Leine 1 rope; 2 *(Hund)* lead, leash *US*

Leinwand screen; **hinter einer ~ aussagen** give evidence behind a screen

leise quiet; **~r stellen** *(Radio usw)* turn the volume down

Leiste groin

leisten perform, achieve; **sich ~ können** be able to afford

Leistung 1 achievement, attainment, merit, performance; 2 power output; **gute ~ bringen** perform well; **hervorragende ~** outstanding performance

Leistungs|bereitschaft readiness to work; **~beurteilung** performance rating; **~erschleichung** *obtaining benefits by fraudulent means*

leistungsfähig 1 *(Person)* efficient, capable; 2 *(Gerät)* high-performance

Leistungs|fähigkeit efficiency; **~zulage** performance bonus

Leitbild ideal, guiding principle, model

leiten administer, command, control, lead

Leiter 1 chief, head, leader, commander; 2 *(Heim)* warden; 3 *(Gerät)* ladder; **kommissarischer ~** acting chief; **~ des Bezirksdienstes** neighbourhood beat manager; **~ Führungsstab** chief of staff; **~ der Kriminalpolizei** chief of detectives; **~ einer Nachbarschaftshilfe** neighbourhood warden; **~ der (Kreis)Polizei** sheriff *US* **~ der Verkehrsabteilung** head of the traffic section

Leitkegel (traffic) cone

Leitlinie 1 guideline; 2 lane line; 3 *(am Fahrbahnrand)* side-of-pavement line; **(operative) ~ des Polizeiführers** operational guideline

Leitpfosten road marker, marker post

Leitung 1 *(Führung)* command, control, direction; 2 line; **die ~ ist besetzt** the line is engaged/busy *US*; **die ~ ist gestört** the line is bad/poor

Lenk|anlage steering (system); **~einschlag** steering lock

lenken 1 *(Verkehr)* control, funnel; 2 *(Fahrzeug)* steer

Lenker handlebar

Lenkrad steering wheel; **verstellbares ~** adjustable steering wheel; **~sperre** steering (and ignition) lock, steering wheel/column lock; **die ~sperre ist eingerastet** the steering wheel lock is on

Lenk|säule steering column; **~stange** handlebar

Lenkung steering; **~ einschlagen** turn the steering wheel; **~sspiel** steering free play

Lenkzeit driving time; **~ einhalten** keep to the driving time; **~ überschreiten** exceed the driving time

Lenkzeit|, gesetzlich vorgeschriebene ~ legal/statutory driving time; **maximale ~** permissible driving time; **tägliche ~** daily driving time; **wöchentliche ~** weekly driving time

Lerngruppe study group

Lese|brille reading glasses; **~leuchte** reading lamp

lesen read, make out

leserlich legible

letzte, -r, -s ultimate

letztere, -r, -s the latter

Leucht|bake light beacon; **~boje** light buoy

leuchten shine; **~d** bright

Leucht|farbe luminous paint; **~geschoss** flare **~spurgeschoss** tracer bullet; **~spurmunition** tracer; **~turm** lighthouse; **~zifferblatt** luminous dial

Leugnen denial

leugnen deny

Licht|, grelles ~ glare; **ans ~ kommen** come to light, be revealed; **grünes ~ für Abbieger** filter light

Licht|anlage lighting system; **~bild** photo; **~bildsammlung** photo album, rogues' gallery; **~hupe** (headlamp/headlight) flasher; **~hupe betätigen** flash (one's headlights); **~leiste** *(auf Polizeifahrzeug)* light bar; **~leitung**

light wire, lighting cable; **~maschine** alternator, generator; **~mast** light(ing) pole; **~raumprofil** road clearance; **~schalter** light switch; **~schein** gleam of light; **~signal** light signal; **~strahl** beam/ray of light; **~test** light test

Lichtung clearing

Licht|verhältnisse light(ing) conditions; **~zeichenanlage** → **Ampel**

Lid eyelid

Liebe|, verschmähte ~ unrequited love; **~saffaire** love affair; **~skummer** lovesickness

Liebhaber lover

Lieferant tradesman, supplier; **~eneingang** tradesmen's entrance

liefern supply, provide

Lieferschein delivery note

Lieferung supply

Lieferwagen (delivery) van, light goods vehicle

liegen lie; **~ bleiben** break down, be stranded; **~ bleiben, weil der Kraftstoff ausgegangen ist** run out of petrol

Liegenbleiben wegen Kraftstoffmangels breakdown because of fuel shortage

Liege|platz berth; **~sitz** reclining seat; **~wagen** couchette (car)

Lift lift, elevator *US*

Likör liqueur

Liliputaner dwarf, midget

Limonade lemonade, soda *US*; **~ndose** soda can *US*

Limousine (saloon) car, sedan *US*

lindern alleviate, mitigate, relieve

Linie 1 *(Verkehrsstrecke)* route; 2 *(Bus usw)* number; **gelbe ~** *(an Baustellen usw auf Fahrbahn geklebt)* flat traffic delineator; **ununterbrochene weiße ~** unbroken white line, continuous line; **ununterbrochene weiße ~ mit unterbrochener ~ auf der eigenen Seite** double white line with a broken white line nearest you; **unterbrochene weiße ~** centre line

Linien|bus (regular) bus; **~dienst; ~verkehr** regular/scheduled service; **~flug** regular/scheduled flight

Linke, zur ~n on the left

links|, nach ~ to the left; **sich ~ einordnen** move/get into the left-hand lane; **sich ~ halten** keep left

Links|abbieger *car turning left*; **~abbiegespur** left-turn lane; **~kurve** left-hand turn; **~lenker** left-hand drive vehicle

linksradikal left-wing

Links|radikaler left-wing radical; **~steuerung** left-hand drive (LHD); **~verkehr** driving on the left

Linse lens

Lippe lip

Lippen|, geschwollene ~ swollen lips; **~bekenntnis ablegen** pay lip-service; **~stift** lipstick

Liste list, register; **die ~ erhebt keinen Anspruch auf Vollständigkeit** this list does not claim to be comprehensive; **lange ~ von Vorstrafen** lengthy criminal record; **rote ~** list of prescription-only drugs; **schwarze ~ Liste** black list; **jemanden auf eine schwarze ~ setzen** blacklist someone; **~npreis** list price

LKW lorry, truck, large/heavy goods vehicle (LGV/HGV), van, juggernaut *(coll)*; **~ mit Anhänger** lorry/truck with trailer, truck and trailer, truck-trailer convoy; **~mit Aufsetztank** truck with demountable tank; **~ mit Hebekorb** bucket truck; **~ mit Kippvorrichtung** tipper truck; **geschlossener ~** van; **kleiner ~** transporter

LKW|-Fahrer lorry/truck driver, trucker; **~-Fernverkehr** long-haul trucking; **~-Kontrolle** lorry/truck check; **~-Ladung** lorryload, truckload; **~-Spur** truck lane; **~-Transport** trucking, road haulage

Lob praise

loben praise, commend

Locke *(Haar)* curl

locken lure

Lockenwickler hair curler

locker loose; **~n** loosen

Lockvogel decoy, stool pigeon *(coll)*

Löffel spoon; **rußbehafteter ~** sooty spoon

Logis accommodation; **~betrug** making off without payment for accommodation

Lohnsteuer income tax

Lokal premises, pub, restaurant, bar; **~ verlassen, ohne die Rechnung zu bezahlen** skip out without paying the bill, jump the bill *US*; **~runde** round for everyone (in the pub); **~termin** visit to the scene of the crime

Lokomotive engine; **elektrische ~** electric engine

löschen 1 delete, erase; 2 *(Feuer)* extinguish; 3 *(in Akte)* expunge

Lösch|fahrzeug fire engine; **~papier** blotting paper

Löschung *(Kfz)* final deregistration

Löschzug fire-fighting unit

lose loose

Loseblattsammlung loose-leaf volume/collection

Lösegeld ransom (money); **~ fordern** demand ransom; **~ zahlen** pay ransom; **gegen ~ festhalten** hold to ransom; **~forderung** ransom demand; **schriftliche ~forderung** ransom note

lösen 1 *(Problem, Fall)* resolve; 2 *(Handbremse, Griff)* release

los|fahren set/drive off, pull away; **~gehen** go off; **~lassen** *(Abzug einer Waffe)* release

löslich soluble

losreißen, sich ~ break free

Lösung *(auch)* solution; **annehmbare ~** acceptable solution; **friedliche ~** peaceful solution

Lösungs|alternative alternative solutions; **~mittel** solvent; **~mittelmissbrauch** solvent abuse

loswerden get rid (of)

Lotse pilot, navigator

lotsen 1 pilot; 2 guide

Lotsen|boot pilot boat; **~dienst** pilotage, pilot service

Lübecker Hut → Leitkegel

Lücke 1 gap; 2 *(Parkplatz)* space

lücken|haft full of gaps, incomplete; **~los** complete, perfect

Luft air; **~ anhalten** hold one's breath; **~ holen** take a breath, breathe in; **~bild** aerial photo; **~bildkarte** aerial map, photomap; **~blase** air bubble

luftdicht airtight

Luft|druck air pressure; **~(druck)gewehr** air gun; **~(druck)pistole** air pistol; **~feuchtigkeit** humidity; **~fracht** air cargo; **~kurort** climatic health resort; **~linie** as the crow flies; **~matratze** air bed/mattress *US*, lilo; **~piraterie** air piracy; **~post** air mail; **~pumpe** (air) pump; **~raum** airspace; **~reinheit** air purity; **~rettung** air rescue service; **~röhre** windpipe, airway; **~schiff** airship; **~sog** *(beim Überholen von LKWs)* slipstream

Lüftung ventilation

Luft|verkehr air traffic; **~verschmutzung; ~verunreinigung** air/atmospheric pollution

Luftwaffe air force; **~nsoldat** airman *US*; **~nstützpunkt** airbase

Luftweg, auf dem ~ by air

Lüge lie

lügen lie

Lügendetektor lie detector, polygraph

Lügner liar

Luke hatch

Lupe magnifying glass

Lustmord sex murder

M

machen 1 *(herstellen)* make; 2 *(tun)* do; 3 *(Foto)* take; **da ist nichts zu ~** there is nothing one can do (about it); **nichts zu ~** nothing doing

Machenschaften practices; **betrügerische ~** fraudulent practices

Macht power; **~bereich** sphere of influence

mächtig powerful, influential

machtlos powerless

Machtmissbrauch abuse of power

mädchenhaft girlish

Mädchen|handel trafficking in women, white slave trade; **~name** maiden name

Magazin magazine, clip

Magen stomach
mager 1 skinny, thin; 2 *(Benzingemisch)* lean
Mähdrescher combine harvester
Mahngebühr dunning charge, reminder fee
Mahnung *(Zahlungserinnerung)* reminder (to pay)
Makeup-Spiegel vanity mirror
Malzbier porter
Mandant client
Mandat brief
Mangel 1 *(Knappheit)* shortage, want, lack, deficiency; 2 *(Fehler)* fault, shortcoming, defect; **~ an Beweisen** insufficient evidence, lack of evidence; **~ an Erfahrung** lack of experience; **~ an Vertrauen** lack of confidence; **erheblicher ~** serious fault; **erkennbarer ~** visible fault
Mängel|bericht; ~karte; ~schein vehicle defect form
männlich male
Mannschaft crew; **~sdienstgrade** rank and file (officers); **~stransportwagen** personnel carrier, police van
Mansarde attic
Manschette cuff; **~nknopf** cufflink
Mantel 1 (over)coat; 2 *(Reifen)* (outer) tyre; **weißer ~** *(Schutzkleidung bei Autobahnpolizei usw)* white coat
Märchen fairytale
Marder marten
Marihuanazigarette joint
Marine navy
Marke 1 *(Sorte)* brand; 2 make; **~nartikel** branded goods
Marke und Aussehen type and appearance
Markierstift highlighter, illuminator
Markierungs|kreide marking chalk; **~linie** marker line; **~nagel** stud; **~spray** marker spray; **~teststrecke** test strips; **~zeichen** marker
Markise awning
Markt market; **auf dem ~ sein** be on the market; **~bude** market stall; **~halle** market hall; **~platz** market place/square; **~stand** market stall
Marsch march
marschieren march
Marsch|kolonne marching column; **~strecke** route of march; **~tag** marching day; **~wettbewerb** marching competition
Martinshorn (police) siren
Maschendraht wire mesh; **~zaun** chain-link fence
Maschine engine
maschinengeschrieben typewritten
Maschinen|gewehr machine gun; **~pistole** sub-machine gun
Maske 1 *(Gesicht)* mask; 2 *(ganzer Kopf)* hood
maskieren mask
maskiert masked, disguised
Maß measure
Massagesalon massage parlour
Masse 1 *(Menge)* bulk; 2 earth; **~kabel** earth lead
Massen|ausbruch mass jailbreak; **~flucht** mass exodus; **~grab** mass grave; **~gut** bulk commodity; **~gutladung** bulk cargo; **~medien** (mass) media; **~mord** mass murder; **~mörder** mass murderer, serial killer; **~schlägerei** brawl; **~unfall** pile-up, multiple smash-up; **~unfall auf der Autobahn** motorway pile-up; **~vernichtungswaffen** weapons of mass destruction
maßgeblich 1 *(verbindlich)* authoritative; 2 *(wesentlich)* major
mäßig modest, moderate
Mäßigung moderation
Maßnahme measure, action, procedure; **~ zur Gefahrenabwehr** preventive measure; **~ nach einem Konflikt** post-conflict action; **~n ergreifen** take action/measures
Maßnahme|, ausländerrechtliche ~ *measure (to be) adopted in accordance with the law on aliens*; **begleitende ~** accompanying/associated measure; **erforderliche ~** necessary measure/step; **erste ~** initial action; **geplante ~** targeted measure; **polizeiliche ~** police measure; **taktische ~** tactical measure; **verdeckte ~** covert measure; **vorbeu-**

gende ~ preventive measure; **vorläufige** ~ provisional measure/step
Maß|regel rule; **~stab** yardstick, scale
maßstabsgetreu to scale
Mast 1 pole; 2 *(Schiff)* mast
Material|, anstößiges ~ offensive material; **auszusonderndes** ~ non-serviceable equipment; **rassistisches** ~ racially offensive material
Matrose sailor
Matsch 1 *(Schnee)* slush; 2 *(Schlamm)* mud
matt 1 weak, feeble; 2 *(Spiegel)* dull, cloudy
Maul- und Klauenseuche foot and mouth disease
Maulkorb muzzle
Maut (road) toll; **~brücke** toll bridge; **~stelle** toll booth; **~stellenterminal** toll terminal; **~straße** toll road; **~system** toll system; **~tunnel** toll tunnel
Mecklenburg-Vorpommern Mecklenburg-Western Pomerania
Medikament (pharmaceutical) drug, remedy, medicine, medication; **~eneinnahme** taking of drugs; **~enmissbrauch** abuse of pharmaceutical drugs
Meereshöhe sea level
Megaphon loudhailer
Mehrarbeit overtime, extra work; **~sausgleich** compensatory time off
mehrfach multiple
Mehrfach|durchschrift; ~satz duplicating pad
Mehr|gepäck excess baggage; **~heit** majority; **~klanghorn** multiple-tone horn
mehr|sprachig multilingual; **~spurig** multi-lane
Mehrwertsteuer value-added tax (VAT)
Mehrzweck|anzug fatigues; **~einsatzstock** → **Schlagstock**; **~fahrzeug** multi-purpose (police) vehicle; **~halle** multi-purpose hall
Meile mile *(=1609m)*
Meilen| pro Stunde miles per hour (mph); **~stand** mileage; **~stand bei Antritt/Ende der Fahrt** mileage at the beginning/end of the trip; **~stein** milestone; **~zähler** 🚗 mil(e)ometer
Meineid ⚖ perjury; ~ **leisten** perjure oneself
meinen mean, think, believe
Meinung opinion, point of view; ~ **bilden** form an opinion; **anderer** ~ **sein** differ; **~sfreiheit** freedom of opinion/speech; **~sumfrage** opinion poll, survey; **~sverschiedenheit** difference of opinion
Meister 1 *(Sport usw)* champion; 2 *(Handwerk)* master craftsman; 3 *(Fabrik usw)* foreman
Melde|anschrift registered address; **~behörde** registration authority; **~formular** registration form
melden report; **sich** ~ report
Meldepflicht compulsory registration
meldepflichtig notifiable
Meldeschein certificate of registration
Meldung 1 *(Nachricht)* message; 2 *(Benachrichtigung)* notification; 3 *(Bericht)* report; ~ **an alle Einheiten** bulletin; ~ **über ein besonderes/wichtiges Ereignis** instant report; ~ **machen über** report about
Menge quantity, amount; **begrenzte** ~ limited quantity, quota; **erlaubte** ~ permitted quantity; **verbotene** ~ prohibited quantity
Mensch, alter ~ elderly person
Menschen|ansammlung assembly, gathering; **~führung** leadership; **~handel** trade/trafficking in human beings; **~menge** crowd; **aufgebrachte ~menge** mob
menschenmöglich humanly possible
Menschen|raub kidnapping; **~rechte** human rights; **~rechtsverletzung(en)** human rights abuse, violation of human rights; **~schmuggel** people smuggling; **gesunder ~verstand** common sense
Mentor field training officer
Merkblatt leaflet, explanatory pamphlet
Merkmal|, (besonderes) ~ 1 distinctive/distinguishing/identifying/special/specific mark; 2 feature; **charakteristische ~e** characteristic features
merkwürdig odd, peculiar

Messbalken → **Farbbalken**
Messe 1 (trade) fair; 2 *(Kirche)* mass; **~gelände** exhibition centre
messen measure
Messer| mit Springklinge switchblade (knife); **jemanden mit einem ~ angreifen** attack someone with a knife; **~ ziehen** draw a knife; **~klinge** knife blade
messerscharf razor-sharp
Messer|spitze knife point; **~stecher** knifer; **~stecherei** knifing; **~stich** knife thrust
Mess|fehler reading error; **~gerät; ~instrument** gauge
Metallic|farbe; ~lack(ierung) metallic paint
Methode approach, technique; **fragliche ~** debatable method
Meuterei mutiny
Miene, keine ~ verziehen look deadpan
Miete 1 rent; 2 *(Kfz)* rental, hire charge
mieten rent, lease, hire
Mieter 1 tenant; 2 *(Kfz)* hirer
Mietshaus tenement
Miet|streitigkeit landlord-tenant dispute; **~vertrag** 1 lease, tenancy agreement; 2 *(Kfz)* rental contract; **~wagen** → **Leihwagen**; **~wohnung** (rented) flat, apartment *US*; **~wucher** rack rent
mild 1 *(Strafe)* lenient; 2 *(Wetter)* mild
Milde leniency
mildern mitigate, alleviate; **~d** mitigating
Milderung mitigation
Milieu scene; **in einem ~ verkehren** move in certain circles
Militär|angehörige service personnel; **~angehöriger** serviceman; **~fahrzeug** military vehicle; **~fahrzeug der Stationierungsstreitkräfte** vehicle of Allied Forces stationed in Germany; **~flugplatz** airbase; **~flugzeug** military aircraft; **~führerschein** military (driving) licence; **~gelände** military land; **~gericht** court martial, military tribunal; **~kennzeichen** military numberplate; **~polizei** military police (MP), Ministry of Defence Police *GB*; **~polizeistation** military police station; **~polizeistreife** military police patrol; **~polizist** armed forces police officer, redcap *GB (coll)*
Milliarde billion, one thousand million
Milzbrand ⚕ anthrax
Minderheit minority; **ethnische ~** ethnic minority
minderjährig under age
Minderjähriger minor, juvenile
minderwertig low-quality, inferior
Mindest|abstand minimum distance; **~alter** minimum age; **~betrag** minimum amount; **~frist** minimum period; **~geschwindigkeit** minimum speed; **~maß an Gewalt** minimum use of force; **~strafe** minimum sentence; **~stützlast** *(Anhänger)* minimum support load; **~wanddicke** *(Behälter)* minimum shell thickness
Mineral|ölsteuer excise duty on hydrocarbon fuels, gas tax *US*; **~wasser** mineral water
Minister secretary (of state)
Ministerium department (of state); **~ für innere Sicherheit** Ministry for Homeland Security *US*
Ministerpräsident prime minister, state premier, *(USA-Bundesstaat)* governor
Minivan people carrier
Minus|pol ⚡ negative terminal; **~temperatur** temperature| below zero, ~ below freezing point
Mischkonsum ✗ *taking various drugs*
missachten disregard
Missachtung non-compliance; **~ des Gerichts** contempt of court
Missbildung deformity
missbilligen disapprove of
Missbrauch 1 misuse, 2 *(✗, sexuell)* abuse; **~ von Kreditkarten/Bankkarten** misuse/fraudulent use of credit/bank/cheque cards, credit/bank/cheque card fraud; **~ von Notrufen** causing false alarms; **sexueller ~** sexual abuse; **sexueller ~ von Kindern** indecent acts with children
missbrauchen 1 misuse; 2 *(✗, sexuell)* abuse

Missgeschick mishap
miss|glücken fail; **~handeln** abuse, maltreat; **~handelt** *(Person)* battered
Misshandlung abuse; **~ der Ehefrau** wife-battering; **körperliche ~** battering
misslingen fail
Miss|stand bad state of affairs, grievance; **~trauen** distrust, mistrust
miss|trauisch suspicious, distrustful, mistrustful; **~verständlich** misleading
Missverständnis misunderstanding, mistake
missverstehen misunderstand, mistake
Mit|angeklagter ⚖ co-defendant; **~arbeit** participation, cooperation
Mitarbeiter associate, employee; **freier ~** freelance; **ziviler ~** civilian; **~parkplatz** staff car park; **~zufriedenheit** job satisfaction
Mit|beschuldigter ⚖ co-defendant; **~bewerber** competitor; **~bürger** fellow citizen
mitfahren, mit jemandem ~ go/travel with someone
Mitfahrer passenger; **~parkplatz** commuter car park; **~zentrale** *agency for arranging lifts*
Mitfahrgelegenheit lift, ride *US*
mitführen carry
Mitgefangener fellow prisoner
Mitgefühl sympathy; **sein ~ ausdrücken** express one's sympathy
mitgehen|, etwas ~ lassen walk off with something, pinch something; **mit jemandem ~** go with someone
Mitglied member; **nur für ~er** members only; **~ einer Nachbarschaftshilfe** neighbourhood warden; **~sausweis** membership card; **~sbeitrag** 1 *(Verein usw)* subscription, membership fee; 2 *(Gewerkschaft)* dues; **~schaft** membership; **~staat** member state
mit|hören 1 listen (to); 2 *(zufällig)* overhear; 3 *(zweiter Telefonhörer)* listen in, eavesdrop; **~kommen** accompany
Mitleid sympathy, pity, compassion
mitmachen join, take part
mitnehmen take along; **jemanden (im Kfz) ~** give someone a lift/ride
Mit|reisender fellow passenger; **~schuld** 1 share of the blame; 2 ⚖ complicity; **ein gewisses ~spracherecht haben** have some say
Mittag noon, lunchtime, midday; **~spause** lunch break
Mittäter accomplice, accessory; **~schaft** ⚖ aiding and abetting
Mitte centre
Mitteilung 1 (piece of) information, notice, memo(randum); 2 *(Lautsprecher usw)* announcement; **eine ~ zustellen** serve a notice; **~sform** mode of information/communication
mitteilungsfreudig forthcoming
Mittel 1 medium; 2 *(pl)* means, assets, resources; **~ und Wege** ways and means; **anregendes ~** stimulant; **berauschendes ~** intoxicant; **alle erforderlichen ~** all necessary means; **durch geeignete ~** by appropriate means; **letztes ~** last resort; **schmerzstillendes ~** painkiller; **im Rahmen der verfügbaren ~** within available resources
mittelalterlich medieval
Mittel|armlehne centre armrest; **~europa** Central Europe; **~finger** middle finger
mittel|fristig medium-term; **~groß** of medium/average height
Mittel|klasse middle class; **~klassewagen** medium-sized car; **~konsole** centre console; **~linie** central line
mittel|los penniless, destitute; **~mäßig** average, mediocre
Mittel|meer Mediterranean (Sea); **~motor** mid-engine; **~punkt** centre, focal point, hub
mittels by means of
Mittel|scheitel centre parting; **~smann** middleman, go-between, intermediary
Mittelstreifen *(Autobahn usw)* central reservation/reserve *US*, median *US*; **begrünter ~** grassed central reserve *US*, grassed median strip *US*
Mittlere Reife lower certificate of secondary education
mitverantwortlich jointly responsible
Mit|verantwortung joint responsibility;

~**verschulden** ⚖ contributory/comparative *US* negligence
mitwirken cooperate, participate
Mit|wirkung cooperation, participation; ~**wisser** ⚖ accessory
Möbel furniture; ~**spedition** moving company; ~**wagen** furniture/removal van
Mobilfunknetz mobile telephone network
Mobiliar furniture
Mobiltelefon → **Handy**
Modell, neuestes ~ latest model
Moderator intermediary
Modergeruch musty/mouldy smell
modern, höchst ~ sophisticated, state of the art
modisch fashionable, stylish, trendy
Modus operandi → **Vorgehensweise**
mögen, nicht ~ dislike
möglich potential, possible; **so bald wie** ~ **(durchführbar)** as soon as practicable
Möglichkeit possibility, opportunity; **andere** ~ alternative
Mohammedaner Muslim
mohammedanisch Muslim, Islamic
Mohn poppy
Mokick moped with a kick-starter
Mole breakwater
Molotowcocktail Molotov cocktail, petrol bomb
Monatskarte monthly season ticket
Mönch monk
Mond|licht; ~**schein** moonlight; ~**sichel** crescent (moon)
Monitor 💻 screen, visual display unit, terminal *US*
montieren mount, assemble, fit
Mord 1 (first-degree/premeditated) murder, (culpable) homicide, slaying *US*; 2 *(politisch motiviert)* assassination; ~ **aus Eifersucht** jealousy killing; **jemanden wegen** ~**es festnehmen** arrest someone for murder
Mord|, aufgeklärte ~**e** murder clear-ups; **mehrfacher** ~ multiple murder/slaying; **ungelöster** ~ unsolved murder
Mord|anschlag 1 (attempted) murder; 2 assassination (attempt); ~**anschlag verüben** make an attempt on someone's life; ~**dezernat** murder department; ~**drohung** threat against someone's life, death threat, threat to kill someone
morden murder, kill, slay
Mörder 1 murderer, killer, slayer; 2 *(politisch motiviert)* assassin; ~**in** murderess
Mord|instrument murder weapon; ~**kommission** murder squad, homicide squad/detail *US*; ~**opfer** murder victim; ~**prozess** murder trial; ~**serie** killing spree, string of murders; ~**verdächtiger** murder suspect; ~**versuch** attempted murder/homicide; ~**waffe** murder weapon
Morgen|grauen dawn; **frühe** ~**stunden** small hours
Mosel Moselle
Moslem Muslim
moslemisch Muslim, Islamic
Motiv 1 reason; 2 *(Graffiti usw)* subject
Motor 1 *(Verbrennungsmotor)* engine; 2 ⚡ motor; ~ **abstellen** turn/switch off the engine; ~ **aufheulen lassen** rev (up) the engine; ~ **warmlaufen lassen** warm up the engine; **frisierter** ~ souped-up engine
Motor|boot motor boat, powerboat; **schnelles** ~**boot** speedboat; ~**bremse** engine/exhaust brake; ~**defekt** engine failure; ~**einstellung** tuning; ~**haube** bonnet, hood *US*; ~**jacht** cabin cruiser; ~**leistung** power output; ~**nummer** engine number; ~**öl** engine oil
Motorrad motorcycle, (motor)bike; ~ **mit Beiwagen** (motorcycle) combination; ~ **mit hohem Lenker** chopper; **leichtes** ~ small motorcycle; **schweres** ~ big/powerful motorcycle
Motorrad|anzug motorcycle outfit; ~**brille** goggles; ~**fahrer** motorcyclist, biker; ~**helm** motorcycle helmet; ~**ständer** motorcycle stand
Motor|raum 🚗 engine compartment; ~**roller** (motor) scooter; ~**sport** motor racing/sport

M&S-Reifen winter tyre, slush and snow tyre

müde tired

Müdigkeit tiredness

Mühe|, sich die ~ machen bother; **sich alle erdenkliche ~ geben** make every effort

Müll rubbish, refuse, waste, trash *US*, garbage *US*; **~ abladen verboten** *(Schild)* no tipping; **~ illegal entsorgen** dump/tip waste illegally

Müll|abfuhr garbage/refuse collection (service), refuse disposal (service); **~container** waste/rubbish skip, dumpster *US*; **~deponie; ~kippe** landfill (site), disposal/amenity site, (rubbish/garbage) dump, dumping ground, (rubbish) tip; **~entsorgung** waste disposal; **~fahrzeug** garbage/refuse truck; **~haufen** rubbish heap; **wilde ~kippe** illegal disposal site; **~sack** rubbish/garbage bag, bin liner; **~tonne** dustbin, garbage/trash can *US*; **~verbrennungsanlage** waste incinerator; **~wagen** → **~fahrzeug**

Multifunktionsanzeige multifunction computer

Multiplikator multiplier

multiplizieren multiply

München Munich

Mund|, den ~ voll nehmen talk big; **schiefer ~** crooked mouth

Mündel ward

mündlich oral, verbal

Mundschutz surgical/face mask

Mundstück *(Alcotestgerät usw)* mouthpiece

Mündung 1 *(Fluss)* (river) mouth; 2 muzzle; **~sfeuer** muzzle flash

Mund|wasser mouthwash; **~winkel** corner of the mouth

Mund-zu-Mund-Beatmung kiss of life, mouth-to-mouth resuscitation

Munition ammunition; **scharfe ~** live ammunition; **verschossene ~** spent ammunition; **~serwerbsschein** licence to buy ammunition; **~sfund** ammunition find

Münster cathedral, minster

Muntermacher stimulant

Münz- coin-operated

Münzautomat slot/vending machine

Münze 1 coin; 2 *(Wertmünze)* token; **falsche ~** counterfeit coin

Münztelefon coin-box/coin-operated/pay (tele)phone

murren grumble

Muskel muscle

muskulös muscular

Muster 1 pattern, sample; 2 *(Unterschrift)* specimen; **~abnahme** type approval; **~prozess** test case

Mut courage, guts; **~ machen** cheer up, encourage

mutmaßlich alleged, presumptive, supposed

Mutprobe test of courage

Mutter *(Schraube)* nut; **~land** mother country; **~mal** birthmark, mole; **~schaftsurlaub** maternity leave; **~sname** mother's name; **~sprache** mother tongue; **in Ihrer ~sprache** in your language

mutwillig wanton, wilful

Mütze 1 cap; 2 *(Drillich)* fatigue cap; **~nstern** cap star

N

Nabel navel

nach 1 *(Zeit)* after; 2 *(Ort)* behind; 3 *(gemäß)* according to; **~ und nach** gradually

nachahmen imitate, simulate

Nachahmungstäter copycat offender

Nachbarschaft 1 *(Ort)* vicinity, neighbourhood; 2 *(Leute)* neighbourhood; **~shilfe zur Kriminalitätsvorbeugung** neighbourhood watch; **~sstreit** dispute with a neighbour

Nach|bereitung; ~besprechung debriefing

Nachbildung replica, imitation; **~ einer Waffe** replica/mock firearm

nach|datieren backdate; **~drängen** push forward

Nachdruck reprint; **unerlaubter ~** pirated edition

nachdrucken reprint
Nacheile pursuit; **grenzüberschreitende ~** cross-border pursuit
Nachfahre descendant
nachfahren 1 follow; 2 *(verfolgen)* pursue
Nach|folgeorganisation successor organization; **~folger** successor
nachforschen enquire, inquire, investigate
Nachforschung investigation, enquiry, inquiry; **weitere ~en** further investigations/enquiries/inquiries
Nachfrist extension, respite
nach|füllen refill, top up; **~geben** give in; **~geordnet** subordinate; **nicht ~gewiesen** unproven, unsubstantiated; **~haken** probe (into something)
Nach|hauseweg way home; **im ~hinein** with hindsight
nach|laden ⌐ reload; **~lassen** *(Bremswirkung)* fade; **~lässig** 1 *(unachtsam)* careless; 2 *(fahrlässig)* negligent
Nach|lässigkeit 1 carelessness; 2 negligence; **~laufachse** *(LKW)* trailing axle; **~läufer** *(Langholz-LKW)* logging trailer; **~lösegebühr** 🚂 excess fare
nachmachen 1 imitate, fake; 2 *(Person)* mimick
Nachname surname
nach|prüfbar verifiable; **~prüfen** check, verify
Nachrede, üble ~ defamatory statement, slander, defamation of character
nachreichen hand in subsequently
Nachricht message; **~ hinterlassen** leave a message
Nachrichten news; **~dienst** intelligence service; **~quelle** source of information/intelligence
Nachsaison late season
nachschenken fill/top up (someone's glass)
Nachschlagen, zum ~ for reference
nachschlagen, etwas ~ look something up
Nach|schlüssel duplicate key; **~schub** supplies; **~schulung** retraining (scheme)
nachsehen 1 *(prüfen)* check; 2 *(übergehen)* ignore
Nachsendeadresse forwarding address
nach|senden forward; **jemandem ~spionieren** spy on someone; **~spüren** track (and trace)
nächste, -r, -s 1 *(Entfernung)* nearest; 2 *(Reihenfolge)* next
nach|stehend following; **jemandem ~stellen** stalk someone
nächstgelegen nearest
nachtblind nightblind
Nacht|blindheit nightblindness; **~dienst** night duty
Nachteil disadvantage, drawback, downside *US*
nachteilig disadvantageous
Nacht|fahrverbot night-time driving ban; **~frost** night frost; **~hemd** night gown; **~leben** night life; **~lokal** night club; **~portier** night porter; **~quartier** place for the night
nachträglich subsequent
Nachtruhe night's rest; **~ einhalten** keep the night's rest; **~ stören** disturb the night's rest
Nachtrunk *having another drink (for example after a drink-related accident prior to the arrival of the police)*
nachts at/by night
Nacht|schalter night desk; **~schicht** night/graveyard *(coll)* shift; **~sichtgerät** night-vision device; **~tresor** night safe
Nacht- und Nebelaktion cloak-and-dagger action/operation
Nacht|wache night duty/watch; **~wächter** (night)watchman
Nachuntersuchung follow-up examination
nachvollziehbar understandable, comprehensible
Nachweis evidence, proof; **~ über die Aufnahme von Alkohol** (driver's) statement about the quantity of alcohol consumed; **~ erbringen** furnish/produce evidence; **vereinfachter ~** simplified document
nach|weisbar demonstrable, provable; **~weisen** prove, establish
Nachzugsalter *maximum age for children of immigrants being allowed to enter the country*

Nacken neck; **~schlag** rabbit punch
nackt naked, nude
Nacktaufnahme nude shot
Nadel ⚕ ✗ needle; **~stich** prick; **~streifenanzug** pinstripe suit
Nagel nail; **~gurt** stinger; **~haut** cuticle; **~lack** nail varnish; **~schuh** hobnail(ed) boot
Nahaufnahme close-up
nahe near(by), close
Nähe vicinity, proximity; **aus nächster ~** 1 at close range; 2 *(z.B. Schusswaffe)* point-blank; **ganz in der ~** very close, a short distance away; **in der ~ (von)** in the vicinity of, next to
naheliegend obvious
nähen 1 sew; 2 ⚕ stitch
Naher Osten Middle East
Naherholungsgebiet local recreation area
nähern, sich ~ advance, approach
Näherungswert approximation
Nahrungsmittel food
Naht 1 seam; 2 *(Wunde)* suture
Nahverkehr local/short-distance traffic; **öffentlicher ~** local transport; **~szug** 🚂 local/commuter train
Name 1 surname; 2 *(Ruf)* reputation; **~ des Ehegatten** spouse's name; **~ der Gesellschaft** name of the company; **im ~n des Gesetzes** in the name of the law; **~ und Adresse eintragen** fill in one's name and address; **jemandes ~n nennen** furnish someone' name; **jemandes ~n nicht nennen** withhold someone's name; **jemanden nur dem ~n nach kennen** know someone only by name; **falscher ~** alias, false identity/name
namenlos nameless
Namens|gedächtnis memory for names; **~liste** list of names; **~schild** name tag/badge; **~zug** signature
Narbe scar; **voller ~n** scarred
narbig scarred
Nase|, gekrümmte ~ curved nose; **gerade ~** straight nose; **die ~ voll haben** have had enough, be fed up; **durch die ~ einziehen** sniff, inhale through the nose; **seine ~ in etwas stecken** pry into something
näseln talk through one's nose
Nasen|bein nasal bone; **~beinbruch** broken nose; **~bluten** nosebleed
Nasen-Finger-Probe finger-to-nose test
Nasen|flügel side of the nose; **~loch** nostril; **~ring** nose ring; **~schmuck** nose ornaments; **~spitze** tip of the nose; **~spray** nasal spray; **~wurzel** bridge of the nose
Nässe, überfrorene ~ black ice
National|farben national colours; **~feiertag** national holiday
Nationalflagge national flag; **amerikanische ~** Stars and Stripes; **britische ~** Union Jack; **englische ~** St George's flag *(rotes Kreuz auf weißem Grund)*; **schottische ~** Saltire *(weißes Andreaskreuz auf dunkelblauem Grund)*
National|getränk national drink; **~hymne** national anthem
Nationalitätenkennzeichen *(auch auf Kennzeichen)* nationality sign
Nato|draht razor wire; **~kennzeichen** NATO licence plate
Natur|ereignis 1 natural phenomenon; 2 *(Versicherung)* act of God; **~katastrophe** natural disaster; **~lehrpfad** nature trail; **~park; ~reservat; ~schutzgebiet** wildlife park/reserve/sanctuary, nature reserve; **~schutz** (nature) conservation; **~schützer** conservationist; **~wissenschaft** science
Navigationssystem navigation system
Nebel|, dichter ~ dense/thick fog; **durch ~ verursacht** fog-bound; **~bank** fog bank; **~horn** ⚓ foghorn
nebelig foggy, fog-shrouded
Nebel|leuchte; ~licht; ~scheinwerfer 🚗 (front) fog lamps/lights; **~schlussleuchte** 🚗 high-intensity/rear fog light(s)/lamp(s); **~schwaden** wafts of mist; **~signal** fog signal; **~wand** bank of fog
neben next to, beside
Neben- secondary, incidental
nebenan adjoining, next-door, adjacent
Neben|anschluss ((telephone) extension, extension number; **~ausgang** side exit
nebeneinander side by side, alongside;

~ **fahren** travel/drive next to each other, ride abreast

Neben|eingang side entrance; **~einkünfte** additional income; **~fluss** tributary; **~folge** side effect; **~gleis** siding, sidetrack *US*; **~kläger** *(Zivilrecht)* joint plaintiff; **~organ** subsidiary organ; **~raum** next/adjacent/adjoining room; **~sache** irrelevant matter, side issue

nebensächlich incidental, irrelevant, trivial

Neben|saison off-season, low season; **~schaden** *(unbeabsichtigt)* collateral damage; **~stelle** branch; **~straße** side road/street, by-road, minor/secondary road, D road *GB*; **~strecke** 1 branch line; 2 *minor road running parallel to the main road*; **~täter** *participator in an offence (who is punishable according to the degree of his own guilt)*; **~wache** substation; **~wirkung** side effect; **~wohnsitz** second home; **~zimmer** next/adjacent/adjoining room

Neger negro

nehmen 1 *(Verkehrsmittel,)* take; 2 *(Anwalt)* consult; **auf sich ~** take on

Neid envy

neigen tilt; **~ zu** tend to, be prone to

Neigung propensity

Nepp rip-off, gyp *US (coll)*

neppen → **ausnehmen**

Nepplokal tourist trap, clip joint *(coll)*

Nerven|, jemandem auf die ~en gehen get on someone's nerves, be a pain in the neck; **~heilanstalt** lunatic asylum, mental hospital; **~kitzel** thrill; **~zusammenbruch** nervous breakdown

nervös jumpy

Netto|einkommen net income; **~gehalt** net/take-home salary, salary after tax

Netz|anschluss mains connection; **~trennwand** cargo net

neu innovative

Neubau new building, newly built house; **~gebiet** area of newly built houses

Neugier(de) curiosity, inquisitiveness

neugierig curious

neulich recently, the other day

Neuling newcomer, rookie *(coll)*

Neu|organisation reorganization; **~preis** price when new; **~schnee** fresh snow

neutral impartial

Neutralität neutrality, impartiality

Neu|wagen new car; **~wert** value when new

neuwertig as new

Neuzulassung new registration

nicht, noch ~ not yet

Nichtanlegen des Sicherheitsgurtes seat belt offence

Nichtbeachten *(Regel usw)* failure, non-observance; **~ der Vorfahrt** failure to give way

Nichte niece

Nicht|einhalten non-compliance; **~einhalten des Rechtsfahrgebots** driving left of centre

Nichterscheinen non-appearance; **~ vor Gericht** failure to appear in court; **vorsätzliches ~ vor Gericht** contempt of court

Nicht|-EU-Bürger non-EU-citizen; **~fachmann** non-expert, layman

Nichtigkeit nullity

nichtöffentlich 1 not open to the public, private; 2 in camera

Nicht|raucher non-smoker; **~zahlung** non-payment; **~zutreffendes streichen** *(Formular)* delete as appropriate

Nickelbrille metal-rimmed glasses

nicken nod

Nickerchen nap, snooze, forty winks *(coll)*

nieder|brennen burn down; **~geschlagen** distressed; **~knüppeln** club

Nieder|lassung branch; **~sachsen** Lower Saxony

niederschießen gun down

Niederschlag *(Regen usw)* precipitation

nieder|schlagen 1 strike/knock down; 2 quash; **~schreiben** record, take down in writing

Nieder|schrift record, report, transcript; **wortgetreue ~schrift** verbatim record; **~spannung** low voltage

Niedrigwasser 1 *(Meer)* low tide; 2 *(Fluss)* low level
Niere kidney; **~ngurt** kidney belt
niesen sneeze
nippen sip
Nische recess, niche
Nissenleuchte portable flashing light
Niveau level; **~regelung** 🚗 level control
Nonne nun
Nordafrikaner North African
nordafrikanisch North African
Norden north; **in Richtung ~; nach ~ fahrend** northbound
Nord-Ostsee-Kanal Kiel Canal
Nord|rhein-Westfalen North Rhine-Westphalia; **~see** North Sea
Norm standard, rule
Normal|benzin regular; **~post** *(im Gegensatz zu Luftpost)* surface mail
Not hardship; **zur ~** at a pinch
Notar notary (public)
Notarzt emergency doctor; **~wagen** ambulance with a doctor on board
Not|aufnahme *(Krankenhaus)* emergency ward; **~ausgang** emergency exit; **~ausschalter** *(LKW)* emergency off switch; **~ausstieg** emergency exit; **~behelf** stopgap, makeshift; **~beleuchtung** emergency lighting/lights; **~bremse** emergency brake; **~bremse betätigen/ziehen** pull the emergency brake; **~bremsung** emergency stop; **~dienst** emergency service; **~dienstfahrzeug** emergency vehicle; **seine ~durft verrichten** relieve oneself
notdürftig stopgap, makeshift
Note *(Bewertung)* grade, mark
Notfall emergency, contingency; **im ~** in case of emergency; **medizinischer ~** medical emergency; **plötzlicher ~** emergency; **~ausrüstung** emergency equipment; **~meldung** emergency call; **~plan** contingency plan
Not|haltebucht emergency lay-by; **~hammer** emergency hammer; **~hilfe** assistance in an emergency
notieren note (down), write down, take notes
Notifizierungsbogen notification sheet
nötigen ⚖ coerce
Nötigung coercion; **~ zur Falschaussage** *blackmailing someone into making a false statement*
Notiz note; **~ machen** note (down)
Not|lage 1 emergency (situation); 2 *(Armut)* hardship, plight; **~landung** emergency landing; **~lösung** stopgap (solution); **~lüge** white lie; **~operation** emergency surgery; **~rad** compact spare wheel; **~reparatur** emergency repair
Notruf 1 *(Anruf)* emergency (call), distress call, SOS message, 999 call *GB*; 2 *(Nummer)* emergency number; **falscher ~** false emergency call; **internationaler ~** mayday signal; **~kommando** flying squad; **~säule; ~telefon** emergency/roadside telephone, emergency call box; **~zentrale** emergency control centre, dispatch *US*
Not|signal distress signal; **~sitz** 1 extra seat; 2 🚂 flap seat
Notstand (state of) emergency; **~ ausrufen** declare a state of emergency; **innerer ~** domestic/internal emergency; **öffentlicher ~** state of public emergency; **~sgebiet** disaster area
Not|stromaggregat emergency/back-up generator; **~stromversorgung** emergency power supply; **~unterkunft** emergency accommodation; **~verband** ⚕ emergency dressing; **~weg** ⛛ *(Bremsversagen)* escape lane, runaway (truck) lane *US*
Notwehr self-defence, justifiable defence; **~ überschreiten** overstep the bounds of reasonable self-defence; **in ~ handeln** act in self-defence; **~überschreitung** excessive self-defence, overstepping the bounds of reasonable self-defence
notwendig necessary; **unbedingt ~** essential, indispensable
novellieren *(Gesetz)* amend
Novellierung amendment
nüchtern sober; **~ werden** sober (up)
Nukleartransport transport of radioactive substances
null und nichtig null and void

Nullltoleranz zero tolerance; **~wachstum** zero growth

Nummernlkonto numbered account; **~schild** → **amtliches Kennzeichen**

Nürnberg Nuremberg

nuscheln mumble

Nutzen use, benefit; **~ ziehen** benefit

nutzen use, make use of, utilize

Nutzfahrzeug commercial vehicle

Nutzlast payload, maximum permissible load; **~ des Anhängers** trailer payload; **~ des Zugfahrzeugs** payload of the towing vehicle

nützlich useful

Nutznießer beneficiary

Nutzung utilization, use; **~sausfall** loss of use

O

obdachlos homeless

Obdachllosenunterkunft hostel for the homeless; **~loser** drifter, vagrant, homeless person

Obduktion autopsy, post-mortem (examination)

O-Beine bandy/bow legs; **~ haben** be bandy/bow-legged

obenl genannt aforenamed, aforesaid; **~ ohne** topless

Oberlarm upper arm; **~bekleidung** outerwear, outer clothing; **~deck** *(⛴, Bus)* upper deck; **~fläche** surface

oberflächlich superficial

Oberlgeschoss upper storey; **~grenze** ceiling, maximum

oberhalb above

Oberlkiefer upper jaw; **~körper** upper part of the body; **~landesgericht** supreme regional court

Oberleitung overhead (electric) cable, catenary; **~sbus** trolley bus

Oberllicht ⌂ skylight; **~lippe** upper lip; **~lippenbart** moustache; **~schenkel** thigh

Oberstaatsanwalt senior public prosecutor; **leitender ~** Director of Public Prosecutions (DPP) *GB*

Oberteil *(Kleidung)* top

Obhut *(Kinder)* custody

Objektschutz protection of objects/buildings, facility security

obligatorisch compulsory, mandatory

Observation surveillance, stakeout; **grenzüberschreitende ~** cross-border observation; **offene ~** overt surveillance; **verdeckte ~** covert surveillance; **~sbericht** observation/surveillance report; **~sfahrzeug** surveillance vehicle; **~skamera** surveillance camera; **~skräfte** surveillance personnel

observieren tail, shadow, watch, work a stakeout; **jemanden ~ lassen** put a tail on someone, keep/put someone under surveillance

offen *(Äußerung usw)* open, frank; **~ und ehrlich** straight as a die

offenlbaren reveal, disclose, manifest; **~kundig** flagrant, manifest, obvious; **~legen** reveal, disclose; **~sichtlich** evident, obvious

Öffentlichkeit public; **die breite ~** the general public; **die ~ beruhigen** reassure the public; **~sarbeit** public relations; **~sfahndung** *search appealing to the public for assistance*

Offizialdelikt indictable offence, offence requiring public prosecution

offiziell formal

Offizier, diensthabender ~ duty officer

Öffnen opening; **~ von Blockaden** lifting of blockades; **~ einer Wohnungstür** opening the door of a dwelling

Öffner opener

Öffnungszeiten opening hours

Ohnmacht faint(ing)

ohnmächtig unconscious; **~ werden** faint, pass out

Ohrl, abstehende ~en mug/trophy/floppy/jug ears; **jemanden übers ~ hauen** rip someone off *(coll)*; **sich am ~ kratzen** scratch one's ears

Ohrenlklappe ear flap; **~schmerzen** earache; **~schützer** earmuffs; **~zeuge** hearsay witness

Ohrfeige smack, slap in the face

ohrfeigen slap (someone) in the face, smack

Ohrklipp earclip
Ohrläppchen (ear) lobe; **durchstochenes ~** pierced ear lobe; **fehlendes ~** missing ear lobe; **hängendes ~** dangling ear lobe
Ohr|ring earring; **~stecker** ear stud
Öko|meter econometer; **~steuer** green/eco tax
ölbindend *(Bindemittel)* oil-absorbing
Öldruck oil pressure; **~messer** oil pressure gauge
Oldtimer 1 *(vor etwa 1917)* veteran car; 2 *(etwa 1917 bis 1930)* vintage car; 3 *(etwa ab 1930)* classic car; **~kennzeichen** vintage-/classic-car numberplate
Öl|fleck oil spot; **~kanister** oil can; **~kreide** marking chalk; **~lache** oil spill; **~messstab** dipstick; **~pest** *(Meer)* tanker spill; **~pumpe** oil pump; **~spur** (patch/trail of) oil (on the road), oil spill; **~stand** oil level; **~tanker** oil tanker; **~temperaturanzeige** oil temperature gauge; **~teppich** oil slick; **~unfall** oil spill; **~verlust** loss of oil; **~wanne** sump; **~wechsel** oil change; **~zeug** oilskins
Omnibus → **Bus**
Onanie masturbation
Operation ⚕ surgery; **~ durchführen** conduct an operation; **~sgebiet** theatre of operations; **~ssaal** operating theatre
Opfer 1 victim; 2 *(Verzicht)* sacrifice; **~ einer Vergewaltigung** rape victim
opfern sacrifice
Opfer|betreuung victim care/support; **~schutz** protection of victims; **~stock** collection/offertory box
Opportunitätsprinzip ⚖ discretion
optimieren optimize
Oralverkehr oral sex/intercourse
Orden 1 *(Auszeichnung)* medal; 2 *(religiös)* order
ordentlich neat
Ordner 1 *(Akten usw)* file, ring binder; 2 *(für Loseblattsammlung)* loose-leaf cover; 3 *(Veranstaltung)* steward, marshal; **~dienst bei Großveranstaltungen** crowd control
Ordnung order; **~samt** health, safety and public order office
ordnungsgemäß proper
Ordnungsstrafe wegen Missachtung des Gerichts penalty for contempt of court
Ordnungswidrigkeit (OWI) lesser/minor/non-arrestable/petty/small offence, infraction, misdemeanour, public order offence; **~enanzeige** summons, notice of intended prosecution; **~enanzeige bei der Bußgeldstelle vorlegen** report someone to the fixed penalty office
Organ *(Gruppe von Personen mit bestimmten Aufgaben)* body; **~bank** ⚕ organ bank; **~entnahme** organ removal
Organigramm organizational chart
Organisation| abschaffen abolish an organization; **~ auflösen** dissolve an organization; **nichtstaatliche ~** non-governmental organization; **staatliche ~** governmental organization
Organ|spende organ donation; **~spender** organ donor; **~verpflanzung** organ transplant
orientieren, sich ~ 1 inform oneself; 2 *(Ort usw)* get one's bearings
Orientierung orientation, guidance; **sexuelle ~** sexual orientation; **~spunkt** landmark; **~ssinn** sense of direction
Original *(Dokument)* first authentic copy, master copy
Orkan gale
Ort 1 location, place; 2 *(Unfall, Verbrechen)* scene, site, spot; **vor ~** at/on the scene, in the field, on the spot; **~ des Aufpralls** point of impact; **~ des Geschehens** *place where it happened*; **~ der Schießerei** shooting scene; **an ~ und Stelle** on the spot, on the premises; **~ der Verhandlung** ⚖ venue; **~ des Zusammenstoßes** point of impact; **~ des Zwischenfalls** scene of the incident
Ort|, vor ~ bleiben stay at the scene; **~ feststellen** locate; **häufig besuchter ~** place frequented by people
örtlich local

Ortsangabe, genaue ~ exact location
ortsansässig local
Ortschaft town, village; **geschlossene ~** built-up area; **kleine ~** village
Ortslfremder stranger; **~gespräch** ☎ local call; **~kenntnis** local knowledge; **~kennzahl** ☎ area code
ortskundig sein know one's way about
Ortspolizei; ~polizeibehörde → **kommunaler Vollzugsdienst**
Ortslschild place-name sign, beginning of built-up area; **~teil** part of town; **~verkehr** local traffic; **~zeit** local time
Osten east; **in Richtung ~; nach ~ fahrend** eastbound; **Naher ~** Middle East
Osteuropäer Eastern European
osteuropäisch Eastern European
Ostsee Baltic Sea
Ozon ozone; **~loch** ozone hole; **~schicht** ozone layer

P

Paar 1 *(Personen)* couple; 2 *(Sachen)* pair
Pacht lease
pachten 1 *(anmieten)* rent; 2 lease
Pächter 1 *(Immobilie)* tenant; 2 *(Leasing)* lessee
Päckchen package, packet, small parcel; **~ Zigaretten** packet of cigarettes; **kleines ~ mit Drogen** sachet, bindle
packen *(ergreifen)* grab, grip, grasp
Packtasche *(Fahrrad, Motorrad)* pannier
Paddelboot canoe
Paket parcel, pack, package; **~bombe** parcel bomb; **~dienst** parcel service
Palästina Palestine
Palästinenser Palestinian
Palette pallet
Panik, in ~ geraten panic
Panne 🚗 breakdown; **~ haben** break down, be stranded; **~ndienst; ~hilfe** breakdown service, roadside assistance; **~ndienstfahrer** breakdown man, ADAC man; **~nhilfsfahrzeug** breakdown vehicle, roadside assistance vehicle
panschen *(alkoholisches Getränk)* water down, adulterate
Pantoffel slipper
Panzer tank; **~glas** bulletproof glass; **~transportfahrzeug** tank transporter; **~ung** armour
Papier, auf dem ~ on paper
Papierel, jemandes ~ überprüfen check out someone's credentials; **~ zeigen** present/show one's documents/papers
Papierlgeld paper money; **~korb** waste paper basket; **~taschentuch** (paper) tissue; **~tüte** paper bag
Pappe cardboard
Parabolantenne (satelllite) dish
Paradebeispiel case in point, prime example
Paragraph article, section
Pärchen couple
Parklassistent (electronic) parking device; **~ausweis** parking permit; **~ausweis sichtbar im Auto anbringen** display a parking permit; **~bank** park bench; **~bucht** lay-by; **~deck; ~ebene** parking level
Parken parking, waiting; **~ nur für Anwohner/Hotelgäste** *(Schild)* resident parking, residents only; **~ auf der Fahrbahn** on-street parking; **~ auf dem Gehweg mit Behinderung von Fußgängern** parking on the pavement causing an obstruction to pedestrians; **~ im Haltverbot** illegal parking; **~ am Hang** parking on a slope; **~ mit Parkschein** pay and display (parking); **~ mit Parkscheibe** disk parking; **~ in der zweiten Reihe** double parking; **~ an gefährlicher Stelle** parking at a dangerous point; **falsches/verbotenes ~** illegal parking
parken park, wait
Parklerlaubnis parking permit; **~fläche** parking space; **~garage** → **~haus**; **~gebühr** parking charge(s); **~gelegenheit** parking facility; **~haus** multistorey car park; **~kralle** wheel clamp; **~leitsystem** car park space indicator; **~leuchte; ~licht** 🚗 side light/lamp, parking light; **~lücke** parking space;

eingeschränkte ~möglichkeiten *(aus besonderem Anlass)* parking restrictions
Parkplatz 1 *(viele Kfz)* car park; 2 *(einzelnes Kfz)* parking space/lot; 3 → **Rastplatz**; **~wächter** parking attendant
Park|raum parking space; **~scheibe** parking disk; **~schein** (parking) ticket; **~scheinautomat** (car park) ticket machine; **~steuer** parking tax; **~streifen** lay-by, parking lane; **~ticket** penalty charge notice; **~uhr** (parking) meter; **~uhrzone** parking meter zone
Park|verbot parking prohibition; **~verbotsschild** no-parking sign; **~verbotszone** no-parking/waiting area, no-parking zone; **~verstoß** parking offence/violation; **~vorschriften** parking rules; **~zeit** parking time
Partei| ergreifen take sides; **beteiligte ~** party involved; **prozessführende ~** litigant; **~buch** party membership book
parteiisch partisan
Parteimitglied party member
Partner associate; **gleichberechtigter ~** partner with equal rights; **~schaft** partnership; **gleichgeschlechtliche ~schaft** homoerotic marriage; **~stadt** twin town, sister city *US*; **~tausch** partner swapping
Pass 1 *(Dokument)* passport; 2 *(Gebirge)* (mountain) pass; **abgelaufener ~** expired passport
Passage (shopping) arcade
Passagier|, blinder ~ stowaway; **~liste** (passenger) manifest, passenger list
Passant passer-by
Passbild passport photograph
passen|, jemandem ~ suit someone
passend suitable
Pass|ersatz emergency passport/document; **~inhaber** passport holder; **~kontrollbeamter** immigration officer/official; **~kontrolle** passport check/control; **~kontrollstempel** stamp; **~pflicht** duty to have a passport; **~straße** (mountain) pass; **~wort** password; **~zwang** duty to carry a passport
Patent commission
Patrone cartridge, shell *US*; **~ntasche** cartridge pouch
Patrouille| durchführen conduct a patrol; **~nboot** patrol boat; **~nfahrt** (vehicle) patrol
Patt(situation) stalemate
pauschal *(Preis)* all-inclusive
Pauschalbetrag lump sum
Pause 1 *(Arbeit)* break; 2 *(Veranstaltung usw)* interval; **~ einlegen** have a break
Pech bad luck; **~strähne** run/streak of bad luck
Pegel *(Gewässer)* level
Peilgerät (radio) direction finder
Peilung bearing
peinlich embarrassing
Peinlichkeit embarrassment
Peitsche whip
Pelz fur
pelz|besetzt fur-trimmed; **~gefüttert** fur-lined
Pelz|imitat imitation fur; **~mantel** fur coat
Pendant counterpart
Pendelbus shuttle bus
pendeln *(Arbeitsplatz usw)* commute
Pendel|verkehr shuttle service; **~zug** shuttle train; **~zug unter dem Ärmelkanal** Le Shuttle
Pendler commuter; **~parkplatz** commuter car park; **~zug** commuter train
Penner 1 vagrant, tramp; 2 *(pl)* bag people *(coll)*
Pension 1 retirement pay, old-age pension; 2 *(Hotel)* boarding/rooming *US* house, bed and breakfast (place), guest-house; **in ~ gehen** retire
Pensionär (old-age) pensioner, senior citizen, retiree *US*
pensioniert retired; **~ werden** retire
Pensionierung retirement; **~ aus gesundheitlichen Gründen** retirement on medical grounds; **~salter** retirement age
Perle pearl; **unechte ~** bead; **~nkette** 1 pearl necklace; 2 string of beads
Person|, pro ~ per capita; **~ angelsächsischer Herkunft** Anglo *US*; **~ lateinamerikanischer Herkunft** Latino *US*

amerikanischer Herkunft Hispanic *US*, Latino *US*; **~, die eine Straße vorschriftswidrig überquert** *(Fußgängerverstoß)* jay-walker; **~, die gegen das Betäubungsmittelgesetz verstößt** drug offender; **~, die Kaution stellt** bailor; **~, die unbefugt ein Grundstück betritt** trespasser; **~, für die Kaution gestellt wurde** bailee; **~, die einen Wagen für eine Spritztour benutzt (hat)** joyrider

Person|, abhängige ~ dependant; **abzuschiebende** ~ deportee; **ältere** ~ elderly person; **amtsbekannte** ~ old offender; **bewaffnete ~en** armed elements; **nachfolgend bezeichnete** ~ person hereinafter referred to; **illegal eingereiste** ~ illegal alien; **gesuchte** ~ wanted person; **infizierte** ~ ⚕ vector; **juristische** ~ (distinct) legal entity; **männliche** ~ male; **natürliche** ~ natural person; **umherziehende** ~ vagrant; **verdächtige** ~ suspect, suspicious person; **verletzte** ~ injured person; **vermisste** ~ missing person; **weibliche** ~ female; **wichtige** ~ very important person (VIP); **für die zuständige** ~ *(Referenz)* to whom it may concern

Personal personnel, staff, human resources; **mit ~ besetzen** man; **zu wenig ~ haben** be short-staffed

Personal|abteilung personnel division, human resources department; **~akte** personal records/file; **~austausch** exchange of personnel; **~auswahldienst** (police) recruiting department; **~ausweis** ID/identity/identification card, ID/identity paper, document of identification/identity; **~bedarf** personnel requirements; **~chef** chief personnel officer, staff manager, director of human resources; **~computer** personal computer; **~eingang** staff entrance; **~entwicklung** staff development; **~ersatz** personnel replacement; **~führung** personnel management, human resources management

Personalien personal details/data, particulars; **~ aufnehmen** take down the particulars; **~ erfragen** ask for the particulars; **~ feststellen** establish particulars; **~austausch** exchange of personal data; **~feststellung; ~überprüfung** ID check

Personal|nummer warrant number; **~rat** staff council; **~stärke** manpower, staffing/manning level; **~vertretung** staff council; **~werbung** recruitment; **~zumessung** allocation of personnel

Personen|beförderung carriage/conveyance of passengers; **~beförderungsschein** licence to carry passengers; **~beschreibung** description of a person, physical description; **~daten** personal data; **~daten erfassen** collect personal data; **~durchsuchung** frisking, search, patting-down; **~fahndung** manhunt; **~fähre** passenger ferry; **~feststellung** identification; **~feststellungsverfahren** identification procedure; **~gedächtnis** memory for faces; **~kontrolle** identity check, identification; **~kraftwagen** → **PKW**; **(öffentlicher) ~nahverkehr** public transport, mass transit *US*; **~schaden** personal injury

Personenschutz protection of persons, personal protection; **~abteilung** protective services department; **~dienst** protective services; **~kommando** protective services detail

Personen|stand marital status; **~überprüfung** 1 ID check; 2 background check, vetting, screening; **~verkehr** passenger transport; **~wagen** → **PKW**; **~zug** passenger/local train

Perücke wig

Pfad path; **schmaler** ~ narrow path

Pfahl pole, post

Pfand 1 pawn, pledge; 2 *(Leergut)* deposit

pfänden attach

Pfand|flasche return(able) bottle; **~haus** pawnshop; **~leiher** pawnbroker; **~schein** pawn ticket

Pfändung attachment

Pfarrer clergyman

Pfeife 1 whistle; 2 *(Raucher)* pipe

pfeifen whistle

Pfeil arrow
Pfeiler ⚕ pillar
Pfennig penny; **~absatz** stiletto heel
Pferde|anhänger horse box/trailer; **~fuhrwerk** horse and cart, horse-drawn vehicle/carriage; **~schwanz** ponytail; **~stärke (PS)** horsepower (HP, hp)
Pflaster ⚕ plaster, adhesive dressing
pflastern pave
Pflasterstein cobblestone, paving stone
Pflege care, nursing; **~eltern** foster parents
pflegen 1 maintain; 2 *(kranke Person)* nurse
Pfleger ⚕ male nurse
Pflicht duty, obligation; **~ zum Erscheinen** duty to appear; **~ alles anzugeben** *(Gebrauchtwagen)* duty to disclose everything; **~ erfüllen** do one's duty, discharge a duty; **~ sein** be compulsory; **elterliche ~n** parental duties; **gesetzliche ~** legal obligation
Pflicht- statutory, mandatory
Pflichtbeitrag mandatory/statutory contribution
pflichtbewusst conscientious
Pflicht|erfüllung fulfilment of obligations, performance of duty; **~verletzung** breach/dereliction of duty; **~versäumnis** neglect of duty, default; **~versicherung** compulsory/statutory/mandatory insurance; **~verteidiger** duty solicitor, assigned/court-appointed counsel, public defender
Pförtner porter; **~haus** porter's cabin; **~loge** porter's lodge
Pfosten pole, post
Pfote paw
Pfund 1 *(Gewicht)* pound (lb = *453g*); 2 *(britische Währung)* pound (sterling) (£)
Pfütze puddle
Phantom|bild; ~zeichnung composite (picture/drawing/sketch), artist's composite, identikit, photofit picture
Pickel ⚕ pimple; **voller ~** pimply
piepsig *(Stimme)* squeaky
Pier jetty
Pille tablet
Pilot *(Verkehrsflugzeug)* captain; **~enkoffer** pilot's case; **~projekt** pilot scheme
Pilzkopf *(Frisur)* undercut
Pint pint *(0,568 Liter)*
Piste ✈ runway, landing strip
Pistolentasche holster
PKW (passenger) car, limousine, sedan *US*; **~ mit Fließheck** fastback, liftback; **gepanzerter ~** armoured car/limousine; **überlanger ~** stretch limousine; **~-Transporter** auto carrier
plädieren ⚖ plead
Plädoyer ⚖ plea, final speech
Plage nuisance
Plakette disk
Plan scheme; **nach ~** on schedule; **genauer ~** specific plan
Plane *(LKW)* tarpaulin; **~ festzurren** tie the tarpaulin tightly
Planierraupe (bull)dozer
planmäßig according to plan/schedule
Planquadrat grid square
Plastik|becher plastic cup; **~bombe** plastic bomb; **~folie** plastic film; **~geld** *(Kreditkarte usw)* plastic money; **~handfessel** plastic handcuffs; **~sprengstoff** plastic explosive; **~tüte** plastic bag
platt *(Reifen)* flat
Platt|deutsch Low German; **~fuß** *(Reifen)* puncture, flat tyre
plattwalzen flatten
Platz 1 *(Raum)* space, room; 2 *(Ort)* place, spot; 3 *(viereckig)* square; 4 *(Sport)* ground, pitch; **~ machen** make way; **fehl am ~e sein** be out of place; **~angst** claustrophobia
platzen *(Reifen usw)* burst, blow out
platzieren place, post
Platz|karte 🚂 seat reservation; **~patrone** blank cartridge; **~regen** cloudburst; **~verweis** sending-off, ejection *US*; **~wunde** ⚕ contusion
pleite broke, bust
Plombe 1 seal; 2 *(Zahn)* filling; **~ anbringen** put on/affix a seal; **~ entfernen** remove a seal
Plünderer looter
plündern loot, ransack

Plünderung looting
Pluspol ⚡ positive terminal
Pocken smallpox; **~narben** pockmarks
Pol ⚡ terminal
Politesse (female) traffic warden, meter maid *(coll) US*
Politik 1 *(allgemein)* politics; 2 *(Maßnahme)* policy; **~er** politician
Polizei police authority/department/force, the force, *(eines Bezirks/einer Grafschaft)* constabulary *GB*; ***alle folgenden Ausdrücke sind coll:*** America's finest *US*, The Axe, The Bill, Old Bill, bogies, the boys in blue, Five-o *US*, the fuzz, the blue goose, heat, The Heat, The Helmet, the law, Johnny Law, The Man
Polizei der Vereinten Nationen International Police Task Force (IPTF)
Polizei|, in die ~ eintreten join the police; **zur ~ gehen** 1 report to/inform the police; 2 → **in die ~ eintreten**; **~ rufen** send for/call the police; **sich an die ~ wenden** contact the police; **bewaffnete ~** armed police; **örtliche ~** local police force
Polizei|abteilung police department/division; **~anfänger** rookie *(coll)*; **~angelegenheiten** police matters; **~anwärter** recruit, trainee, student
Polizeiarbeit policing, police work/duty; **~ leisten** police (an area); **bürgernahe ~** community policing; **erkenntnisorientierte ~** intelligence-led policing; **praktische ~** operational duty/procedure(s); **vorbeugende ~** pre-emptive policing
Polizei|archiv police archives; **~arzt** police doctor/surgeon; **~aufgebot** police detachment/contingent; **~ausbildung** police training; **~ausrüstungsgegenstände** police paraphernalia; **~auto** → **Streifenwagen**; **~autobahnstation (PASt)** motorway police station; **~basis** rank and file (officers)
Polizeibeamter (police) constable/officer/official, policeman; ***alle folgenden Ausdrücke sind coll:*** badge, *(Verkehrspolizist)* bear *US*, bluebell, bobby, cop, copper, flat foot, snooper, lawman *US*, peeler, pig *(abwertend)*, rozzer, swine *(abwertend)*
Polizeibeamter| in Ausbildung probationer; **~ mit abgeschlossener Ausbildung** *(im Gegensatz zu Zivilpersonal oder Hilfspolizisten)* sworn/certified/fully trained (police) officer; **~ des höheren Dienstes** senior police officer; **~mit .... Dienstjahren** police officer with .... years' experience; **~ mit mehreren/vielen Dienstjahren** veteran; **~ mit Spezialkenntnissen für Unfallaufnahme und -ermittlung** accident investigator; **~ in Uniform** uniformed (police) officer, copper, uniform *(coll)*
Polizeibeamter|, aktiver ~ serving police officer; **bewaffneter ~** armed officer, (authorized) firearms officer; **erfahrener ~** veteran officer; **junger ~** rookie *(coll)*; **höherer ~ mit Beziehungen** rabbi *(coll) US*; **pensionierter ~** retired police officer; **auf LKW-Kontrollen spezialisierter ~** motor carrier officer *US*
Polizeibeamtin female/woman (police) officer, policewoman
Polizei|behörde police authority/agency/department; **~beirat** police advisory board; **~bezirk** (police) area/division; **~boot** police boat; **~bus** police bus; **~chef** chief/commissioner (of police); **~chor** police choir; **~dienstausweis** police identity card, police badge, warrant card; **~dienststelle** police station/agency, precinct *US*; **~dienstvorschrift** rules of engagement; **~direktion** police headquarters/directorate
Polizeieinheit (police) unit, detail; **bewaffnete ~** police firearms unit, firearms response team *GB*; **~, di**

Polizei|eskorte police escort; **neutrales ~fahrzeug** unmarked police car; **~führer** commander, commanding officer; **~führung** police leadership/command; **~führungsakademie (PFA)** police management academy, police staff college; **~funk** police radio (system); **~gesetz** police act

Polizei|gewahrsam detention, police custody; **jemanden in ~gewahrsam nehmen** detain someone; **~gewerkschaft** police union, Police Federation *(vom constable bis chief inspector) GB*; **~hubschrauber** police helicopter/chopper; **~hubschrauberstaffel** (police) helicopter squad/unit; **~inspektion** 1 *(Gebäude)* police station; 2 *(Verwaltungsbezirk)* (police) district/subdivision/precinct/region; **~kadett** police cadet; **~kette** police cordon; **~kollege** fellow (police) officer; **~kontrolle** police check; **~kräfte** police forces, law enforcement personnel; **agierende ~maßnahmen** proactive operations; **~orchester** police band/orchestra; **~pfarrer** police chaplain; **~posten** police station; **~präsidium** (police) headquarters; **~razzia** police raid; **~recht** police law, law on police powers; **~revier** police station, station house, subdivision, patch *(coll)*, cop shop *(coll)*, precinct *US*; **~schule** (district/police) training centre, training academy/school, police/recruit academy, police college; **~schüler** recruit; **~schutz** police protection; **~seelsorger** police chaplain; **~sirene** (police car) siren; **~sonderdienste** (operational) support division, support services bureau, special units; **~spitzel** police informer/informant; **~station** police station; **~streife** police patrol; **~stunde** closing time; **~taktik** police procedure/tactics; **~unterbezirk** subdivision *GB*; **~verwaltung** police administration; **~wache** police station, precinct *US*; **~zentrale** police headquarters; **nationale ~zentrale** national headquarters

Polizist → **Polizeibeamter**

Polizistin → **Polizeibeamtin**

Polohemd golf shirt

Polsterung 🚘 upholstery

Portier porter

Porto postage

Positionslampe ⛴ navigation light

Post post, mail; **mit der ~** by post/mail; **mit getrennter ~** under separate cover; **~amt** post office; **~anschrift** postal address

Posten 1 *(Amt)* position; 2 *(Wache usw)* sentry, guard; **~kette** cordon

Post|fach post office box (POB); **~fahrzeug** postal truck

postieren station

postlagernd poste restante, general delivery *US*

Post|leitzahl (PLZ) post/zip *US* code; **~sack** mailbag; **~stelle** postal agency; **hausinternes ~(verteilungs)system** internal mail system; **durch ~versand** by mail order; **~zustellungsurkunde** post office certificate of delivery

potenziell potential

Praktikant intern

Praktiken techniques

Praktikum 1 work experience scheme, work placement; 2 in-house/in-service training

praktizieren practise

prallen gegen hit, crash into

Prämie 1 bonus; 2 *(Versicherung)* premium

Pranger, an den ~ stellen *(fig)* pillory

präpariert *(Gegenstand)* prepared

Präventionsrat prevention council

Praxis practice; **in der ~** in practice; **rechtliche ~** legal practice; **in die ~ umsetzen** put into practice

Präzisionsgewehr precision rifle

Preis 1 price, cost(s), tariff; 2 *(Gewinn)* prize; **~ für Rückfahrkarte** return fare; **vereinbarter ~** agreed price

preisgeben reveal, disclose

Preis|liste price list; **~schild** price tag/label

Prellung ⚕ bruise; **~ bekommen** be bruised

Presse|ausweis press card/pass; **~bericht** press report; **~büro** information office; **~freiheit** freedom of the press; **~mitteilung** press release; **~referent; ~sprecher** information/media officer, press liaison officer

Prioritätlen setzen set/establish priorities, prioritize; **höchste ~** high(est)/top priority

Prise *(Schnupftabak)* snuff

Pritsche(nwagen) platform truck, pickup (truck), flatbed (truck) *US*

Privatlangelegenheit private matter; **~anschrift** home/residential address; **~bereich** private sphere; **~besitz** private property; **~detektiv** private detective/eye/investigator; **~eigentum** private property; **~flugzeug** private (air)plane; **~grundstück** private property; **~klage** private prosecution; **~klagedelikt** offence requiring an application for prosecution; **~person** private person/individual; **~polizei** private police force; **~schule** public school *GB*, private school *US*; **~sphäre** privacy; **~straße** private road/drive; **~telefon** home phone; **~wagen** private vehicle, privately owned vehicle; **~weg** private road

Proband offender on probation

Probe sample, specimen; **auf ~** on probation, probationary

Probe- probationary

Probelalarm 1 practice alarm; 2 fire drill; **~fahrt** test drive, trial run; **~fahrt machen** road-test a car; **~zeit** probation(ary) period, probation; **diagnostische ~** diagnostic specimen

Problem problem, issue; **sich mit einem ~ auseinandersetzen/befassen** deal with/address a problem; **~ von einer Seite betrachten** look at/view a problem from one perspective/side/point of view; **~ allein lösen** solve a problem on one's own; **auf ~e stoßen** encounter problems; **~ verschlimmern** exacerbate a problem

Probleml, hartnäckiges ~ intractable problem; **heikles ~** touchy/delicate issue; **ungelöstes ~** unsolved problem; **~viertel** problem area

Profi professional

Profil 1 *(Reifen)* (tyre) tread; 2 *(Verbrecher)* profile; **~muster** tread pattern; **~sohle** treaded sole; **~tiefenmesser** tread gauge

profitieren benefit, profit

Programm 1 *(Fernsehen)* channel; 2 timetable

Projektleiter project manager

Promille per mil; **~grenze** per mil limit, legal (alcohol) limit; **weit über der (gültigen) ~grenze liegen** be way over the limit

Prostituierte whore, sex worker, streetwalker, hooker *(coll)*, hustler *(coll)*, tart *(coll)*, broad *(coll)*

Protestl einlegen protest, lodge a protest; **unter ~** under protest

Prothese 1 *(Zähne)* denture, false teeth; 2 *(Gliedmaßen)* artificial limb

Protokoll 1 transcript, minutes, record; 2 *(Strafzettel)* ticket; **für das ~** for the record; **ins ~ aufnehmen** put on record; **~ führen** keep/take/record the minutes; **~ unterschreiben** sign the minutes; **~führer** *(Gericht)* clerk (of the court)

provisorisch makeshift

Prozent per cent; **~satz** percentage

Prozess 1 *(allgemein)* case, legal proceedings; 2 *(Strafrecht)* trial; 3 *(Zivilrecht)* action, litigation, suit; **~ gewinnen** win a case; **~gegner** opposing party

prozessieren sue, proceed, litigate, institute proceedings

Prozesslkostenhilfe legal aid; **~ordnung** rules of procedure; **~vollmacht** power of attorney, mandate

Prüfbescheinigung inspection/test certificate

prüfen examine, inspect, verify

Prüflplakette *MOT decal*; **technische ~stelle für den Kfz-Verkehr** motor vehicle testing station

Prüfung 1 *(allgemein)* examination, test; 2 *(technisch)* inspection, test; **~ bestehen** pass an examination/a test; **~ machen** take an examination/a test;

~ **nicht bestehen** fail an examination/ a test
Prüfung|, mündliche ~ oral examination; **richterliche** ~ court/judicial review; **schriftliche** ~ written examination; **~sausschuss** board of examiners; **~sgespräch** → **mündliche Prüfung**
prügeln beat; **sich** ~ fight
Psychiater psychiatrist
Psychologe psychologist
Pudelmütze bobble cap
Pullover jumper, sweater
Pulsader artery; **sich die ~n aufschneiden** slash one's wrists
Pult *(auch Leitstelle)* desk
Pumpgewehr pump-action gun
Punkt 1 point; 2 *(Verkehrszentralregister)* penalty point; **~e anhäufen** accumulate penalty points; **auf den ~ gebracht** in a nutshell; **entscheidender** ~ crucial point; **toter** ~ *(bei Ermittlungen)* deadlock; **~eabzug; ~erabatt** reduction of penalty points
punktiert dotted
pünktlich on schedule/time
Pupille pupil; **erweiterte/geweitete** ~ dilated pupil; **lichtstarre** ~ stiff pupil; **verengte** ~ constricted pupil; **~nreaktion** pupillary response
Puppe doll
Pustel ⚕ pimple
Putativnotwehr ⚖ imaginary self-defence
Putz 🏠 plaster

Q

quälen 1 *(physisch)* torture; 2 *(psychisch)* torment
Qualifikationsspiel qualifying match
Qualm (thick) smoke
Quarantänestation ⚕ isolation ward
Quatsch rubbish
Quelle 1 spring; 2 *(fig)* source; **an der** ~ at source; **geheimzuhaltende/vertrauliche** ~ sensitive source; **~nsteuer** withholding tax
Quer|linie *(auf Fahrbahn)* transverse line; **~schläger** 🔫 ricochet; **~schnitt** cross-section; **~stange** *(Fahrrad)* crossbar
querstellen, sich ~ *(Auflieger des Sattelschleppers, Wohnwagengespann)* jack-knife
Quer|straße side road/street, crossroad; **~strich** horizontal line
Querulant ⚖ vexatious litigant
Quer|verkehr cross traffic; **~verweis** cross-reference
quetschen ⚕ 1 *(leicht)* bruise; 2 *(schwer)* crush
Quetschung 1 bruise; 2 crush
quietschen *(Reifen)* squeal, screech
Quittung receipt; **~sblock** receipt book

R

Rabatt discount
Rache revenge; ~ **nehmen** take revenge
Rad 1 wheel; 2 → auch **Fahrrad**; ~ **fahren** pedal, cycle, ride a bicycle
Rad|abdeckung mudguard; **~abweiser** wheel bumper
Radar|bild 1 *(am Gerät)* radar display; 2 *(Foto)* radar photograph; **~gerät** radar set/device; **~kamera** radar/speed/spy/safety camera; **~kontrolle** radar| control, ~ speed check; **~pistole** radar gun; **~strahl** radar beam; **~wagen** radar (patrol) car, radar-equipped patrol car
Rädelsführer ringleader
Radfahrer 1 cyclist; 2 *(Mountainbike)* biker
Radio| abstellen turn/switch off the radio; **~anlage** 🚗 radio, in-car entertainment
Rad|kappe hub cap; **~kasten** wheel house; **~lager** hub bearing
Radmutter wheel nut/bolt; **~n mit Diebstahlssicherung** anti-theft locking wheel bolts; **abschließbare ~n** lockable wheel nuts; **~kreuz** four-way lug wrench
Rad|nabe (wheel) hub; **~rennen** cycle race; **~tour** (bike) ride; **~wanderweg**

(bi)cycle route; **~wechsel** wheel change; **~weg** (bi)cycle track/path
raffiniert smart
Rahmen 1 frame; 2 *(fig)* scope; **im ~** (with)in the context/framework; **rechtlicher ~** legal framework; **~bedingungen** terms of reference, parameters; **~vorschrift** general regulation(s)
rammen ram
Rand edge, rim; **etwas am ~ bemerken** *(sagen)* mention something in passing; **nur am ~e bemerkt** by the way
Randale riot(ing)
randalieren riot, go on the rampage
Randalierer rioter
Rand|bezirk outskirts; **~gruppe** fringe group
randlos *(Brillengläser)* rimless
Rand|stein kerb, curb *US*; **abgesenkter ~stein** curb cut; **~streifen** → **Seitenstreifen**
Rang rank; **aufgrund des ~es** by virtue of rank; **~abzeichen** *(pl)* rank insignia
Ränge *(Stadion)* terraces
Rangfolge 1 rank structure; 2 *(Bewertung)* ranking (table), order of precedence
ranghöher senior, higher-ranking
Rangierbahnhof marshalling yard
rangieren 1 manoeuvre; 2 🚂 shunt
rang|mäßig according to rank; **~niedriger** subordinate, lower-ranking
Rang|ordnung order of precedence; **~unterscheidung** grade; **~unterschied** difference in rank
Rasen lawn
rasen race, speed, tear along; **in etwas ~** plough/crash into something
Rasenmäher lawn-mower
Raser speeder, speed merchant *(coll)*
Rasierapparat razor
rasieren, sich ~ shave
Rasier|klinge razor blade; **~messer** razor
rasiert shaved
Rasse race, ethnic origin
Rassen- racial, race
Rassen|diskriminierung racial discrimination; **~hass** race/racial hatred; **~hass schüren** stir up racial hatred; **~vorurteil** racial prejudice
Rassismus racism
Rassist racist
rassistisch racist
Rastazöpfchen dreadlocks
Rasterfahndung *pinpointing of suspects by means of computer analysis of data on many people*
Rast|haus; ~stätte → **Tank- und Rastanlage**; **~platz** rest/picnic area, picnic site, lay-by, turnout *US*
Rat *(Gremium)* council; **keinen ~ mehr wissen** be completely at a loss; **zu ~e ziehen** consult (with); **kriminalpräventiver ~** crime prevention council
Rate instalment
raten 1 guess; 2 *(Ratschlag geben)* advise
Ratenzahlung payment in instalments
Rathaus town/city hall
rationalisieren streamline (operations)
ratlos at a loss
Ratschlag (piece of) advice; **~ geben** advise
Rätsel mystery; **vor einem ~ stehen** be baffled
Ratslehrgang command course
Ratte rat; **~ngift** rat poison
Raub robbery, hold-up; **~ mit Todesfolge** robbery resulting in death; **bewaffneter ~** armed robbery; **schwerer ~** aggravated robbery; **~druck** pirated edition
rauben rob
Räuber robber, mugger, raider; **~bande** gang of robbers
Raub|mord murder in conjunction with robbery, robbery with murder; **~überfall** robbery, hold-up, mugging; **bewaffneter ~überfall** armed robbery/hold-up, stick-up; **~versuch** attempted robbery
Rauch smoke; **~bombe** smoke bomb
Raucher|abteil 🚂 smoking compartment; **~ecke; ~zone** smokers' corner
Rauchfahne plume/trail of smoke
rauchgeschwärzt blackened by smoke
Rauch|melder smoke alarm/detector;

~schwaden clouds of smoke; **~verbot** smoking ban, ban on smoking; **~vergiftung** smoke poisoning; **~wolke** cloud of smoke

Rauferei fight

Rauhreif hoar frost

Raum space, area, room

räumen 1 *(durch Polizei usw)* clear; 2 *(Wohnung usw)* vacate

Räumlichkeiten premises

Raumschutz area security

Räumung 1 *(Demonstration)* removal; 2 *(Mieter usw)* eviction; **~sklage** eviction suit, action for eviction

Raupenfahrzeug track-laying vehicle

Rausch *(Alkohol)* drunkenness, inebriation, intoxication, drunken stupor; **~ der Geschwindigkeit** thrill of speed; **seinen ~ ausschlafen** sleep off the effects of drink

Rausch|gift → **Droge**; **~giftspürhund** drug-sniffing/sniffer dog; **~wirkung** effect of alcohol; **~zustand** state of intoxication

Razzia raid, crackdown, sweep, blitz; **~ durchführen** raid, carry out a raid

reagieren respond, react

Reaktion response; **~sfähigkeit** ability to react; **~szeit** 1 *(Zeit von Verständigung bis zum Eintreffen am Einsatzort)* response time; 2 *(Anhalteweg)* thinking distance

Reboard-Kindersitz rear-facing child seat

Rechen|fehler arithmetical error; **~schaft ablegen** account for; **jemandem keine ~schaft schuldig sein** owe someone no explanation; **~schaftsbericht** report (on the current state of affairs)

recherchieren investigate

rechnen reckon; **auf jemanden ~** count on someone

Rechnung bill, invoice; **~über Abschleppkosten** towage bill; **~ mit Einzelnachweis** ☎ itemized billing; **persönliche ~ begleichen** *(fig)* pay off a personal score; **~ bezahlen** foot the bill; **~sprüfungsstelle** internal auditor

Recht 1 *(Gesetz, Theorie)* law; 2 *(Anspruch)* right; 3 *(Abteilung)* legal affairs; **nicht im Einklang mit dem ~** outside the law; **~ auf Akteneinsicht** right of access to information, right to inspect the files; **~ auf Anhörung** right to be heard; **~ auf einen Anwalt** right to consult a lawyer, right to see a solicitor, right to counsel, access to a solicitor; **~ auf Aussageverweigerung** right to keep/remain silent; **~ zum Betreten von Wohnungen** right of entry; **~ und Gesetz** law and order; **~ und Gesetz durchsetzen; für ~ und Gesetz sorgen** enforce the law; **~ zur Wiedereinreise** right of re-entry

Recht| bekommen get one's rights; **~ beugen** pervert the course of justice, bend the law; **dem Kläger ~ geben** find for the plaintiff; **~ sprechen** dispense justice; **jemandem ein ~ übertragen** confer a right on someone; **~ verletzen** violate the law; **auf ein ~ verzichten** waive a right

Recht|, nach deutschem ~ under German law, according to German law; **durch die Verfassung garantiertes ~** constitutional right; **geltendes ~** laws in force; **geschriebenes ~** statutory/statute law; **internationales ~** international law; **nationales ~** domestic/national law; **öffentliches ~** public law; **deutschem ~ entgegenstehend** contrary to German law; **Sie haben das ~ zu ....** you are entitled to ...., you have the right to ....

Rechte| schützen safeguard rights; **~ von Minderheiten** minority rights; **alle ~ vorbehalten** all rights reserved; **jemanden über seine ~ belehren** inform/instruct someone on his rights, read someone his (Miranda) rights *US*

rechtfertigen justify

Rechtfertigung justification; **~sgrund** legal justification

recht|lich judicial, legal; **~mäßig** within the law, legal, lawful, legitimate

Rechtmäßigkeit legality, legitimacy

rechts right; **nach ~** to the right; **sich ~ halten** keep right

Rechts- judicial, legal

Rechts|abbiegespur right-turn lane; **~abteilung** legal department; **~anspruch** title, claim

Rechtsanwalt 1 lawyer, solicitor, counsel, attorney(-at-law) *US*, counselor *US*; 2 *(höhere Instanz)* barrister *GB*; **~ nehmen** appoint/retain a lawyer

Rechtsanwalts|kammer Law Society *GB*, Bar Council *GB*, the Bar *US*; **~kanzlei; ~praxis** law firm, firm of lawyers

Rechts|auffassung legal opinion; **~auskunft** legal advice; **~behelf** legal remedy, appeal (on a point of law); **~behelfsbelehrung** advice on legal remedies; **~beistand** legal adviser; **~berater** legal adviser/counsel; **~beratung** legal advice/counsel; **kostenlose ~beratung** free legal advice; **~beratungsstelle** legal advice centre; **~beugung** perversion of the course of justice

Rechtschreibfehler spelling mistake

Rechtsempfinden sense of justice

rechts|erheblich material; **~fähig** legally responsible, capable

Rechts|fahrgebot keep-to-the-right rule; **~grundlage** legal basis; **~grundsatz** rule/principle of law

rechtsgültig (legally) valid

Rechts|gültigkeit validity; **~händer** right-handed person

Rechtshilfe legal aid/assistance; **~ersuchen** letters rogatory; **internationales ~ersuchen** International Letter of Request (ILOR); **Europäisches ~übereinkommen** European Convention - Mutual Assistance in Criminal Matters

Rechtskraft legal force, validity

rechtskräftig legally valid

Rechts|kurve right-hand turn; **~lage** legal situation; **jemanden auf die ~lage aufmerksam machen** explain the legal situation to someone; **~lenker** right-hand drive vehicle

Rechtsmittel (legal) remedy, appeal; **~ einlegen** lodge an appeal; **~verzicht** waiver of legal remedy

Rechts|nachfolger successor; **~norm** legal norm/rule; **~ordnung** legal system; **~pflege** administration of justice; **~pfleger** paralegal

Rechtsprechung jurisdiction

rechtsradikal right-wing

Rechts|radikaler right-wing radical; **~schutz** legal protection; **~schutzversicherung** legal expenses insurance, litigation insurance; **~sprache** legal terminology, legalese (coll); **~staat** state under the rule of law; **~staatlichkeit; ~staatsprinzip** rule of law; **~steuerung** right-hand drive (RHD); **~streit** litigation, lawsuit, legal dispute; **~system** judicial/legal system

rechtsverbindlich legally binding

Rechts|verordnung statutory instrument; **~weg** legal proceedings/action; **den ~weg beschreiten** go to court/law; **~wesen** legal system

rechts|widrig illegal, illicit, against the law, unlawful; **sich ~widrig verhalten** act outside the law, break the law; **~wirksam** (legally) valid/effective

redlich honest

redselig talkative, communicative

Reeder shipowner; **~ei** shipping company

Referat *(Ministerium)* department; **~ halten** present a paper, give a talk

Referent speaker

Reflexbewegung reflex action

Regal shelf

Regel rule; **in der ~** as a rule

regeln 1 regulate, 2 *(Verkehr)* control, direct; 3 *(Konflikt)* settle

Regelung 1 *(Verkehr)* control, direction; 2 arrangement, settlement; **finanzielle ~** financial arrangement

Regen|guss downpour; **~jacke** rain jacket; **~kleidung** rainwear; **~mantel** raincoat

regennass *(Straße)* rain-slickened

Regen|schauer shower (of rain); **~schirm** umbrella; **~sensor** rain sensor; **~umhang** rain cape

Regierung government, administration *US*; **~s-** government(al)

Regierungs|bezirk (administrative) district; **~ebene** level of government;

~präsidium district administration, regional government administration
Register index
registrieren record
Registrierungspflicht duty to register
regnen *(in Strömen)* pour (down)
Regress recourse, redress; **~anspruch geltend machen** seek redress
regresspflichtig liable for compensation
regulieren *(Schaden)* adjust
Reh deer
reibungslos smooth, trouble-free
reich wealthy, affluent; **~lich** ample
Reich|tum wealth, affluence; **~weite** reach, range
Reif (hoar) frost
reif mature, ripe
Reifen tyre, tire *US*; **~ aufpumpen** inflate a tyre; **mit quietschenden ~ losfahren** screech off; **mit quietschenden ~ zum Stehen kommen** grind/screech to a halt; **~ wechseln** change tyres
Reifen|, abgefahrener ~ bald/worn tyre; **platter ~** flat/deflated tyre; **runderneuerter ~** retread; **schadhafter ~** defective tyre
Reifen|abdruck tyre impression/print/mark; **~defekt** puncture, flat tyre, blow-out
Reifendruck tyre pressure; **~ erhöhen** increase the tyre pressure; **~ prüfen** check the tyre pressure; **~ verringern** reduce the tyre pressure
Reifen|größe tyre size; **~panne** puncture, flat tyre, blow-out; **~profiltiefe** depth of tread; **~schaden** tyre damage; **~spuren** tyre marks; **~wechsel** tyre change
Reifglätte black ice, ice on the roads
Reihe 1 row; 2 sequence; **in der zweiten ~** *(Parken)* two abreast; **der ~ nach berichten** report one fact/thing after the other
Reihen|folge sequence (of facts/events); **zeitliche ~folge** chronological order; **~haus** terraced house, row house *US*
Reinschrift fair copy
Reise trip, journey; **~begleiter** travel companion; **~büro** travel agency; **~bus** coach; **~dauer** travelling time; **~dokument** travel document; **~führer** *(Person, Buch)* guide; **~geschwindigkeit** cruising speed; **~kosten** travelling expenses; **~kostenvergütung** refund/reimbursement of travelling expenses
Reisen travel
reisen travel
Reisender passenger, traveller
Reise|pass passport; **~plan** itinerary; **~ruf** *(Rundfunk)* SOS message; **~scheck** traveller's cheque, traveler's check *US*; **~spesen** 1 travelling expenses; 2 *(Zeugen)* conduct money; **~tasche** carryall, holdall, tote/duffel *US* bag; **~veranstalter** tour operator; **~verkehr** holiday traffic; **~weg** route; **~zugwagen** railway carriage
reißen 1 tear; 2 *(plötzlich)* snap
Reißverschluss zip (fastener), zipper *US*
Reit- equestrian
Reiter rider; **~staffel** mounted branch
Reit|hose riding breeches; **~kappe** riding cap
reizen provoke, irritate
Reiz|gas irritating gas; **~stoffsprühgerät** anti-personnel spray device
Reklametafel billboard
Religions|freiheit freedom of religion; **~zugehörigkeit** (religious) denomination, religious affiliation
Renn|bahn race course/track *US*; **~lenker** dropped handlebar; **~rad** racing bike/bicycle; **~strecke** circuit; **~wagen** racing car
renovieren renovate
rentabel profitable
Rente retirement pay, (old-age) pension; **~nalter** retirement age
Rentner (old-age) pensioner, senior citizen
Reparatur, wegen ~ geschlossen closed for repairs
reparaturbedürftig in need of repair
Reparatur|dienst repair service; **~kosten** repair costs; **~kosten schätzen** estimate the repair costs; **~trupp** repair crew/gang
reparieren fix; **nicht mehr zu ~** beyond repair

Repetierwaffe repeater gun
Repressalie reprisal
Reserve standby; **~einheit** back-up/standby unit; **~kanister** petrol/fuel/jerry/gas can; **~rad** spare wheel
reservieren book
Reservierung booking
reservierungspflichtig subject to reservation
Resonanzdelikt copycat offence/crime
resozialisieren rehabilitate
Rest 1 remainder; 2 *(Stoff)* residue(s); **~alkohol** residual alcohol
Restaurant café *US*; **in einem ~ verkehren** frequent a restaurant
Rest|betrag remaining amount, remainder; **~lichtverstärker** night-vision device; **~strafe** remaining sentence
retten 1 *(Person)* rescue, save; 2 *(Sachen)* retrieve, salvage
Retter rescuer
Rettung 1 rescue; 2 retrieval, salvage
Rettungs|aktion rescue/salvage operation; **~boot** lifeboat; **~decke** rescue blanket; **~dienst** rescue/ambulance service; **~fahrzeug** ambulance; **~floß** life raft; **~helfer** relief worker; **~hubschrauber** air ambulance; **~mannschaft** rescue squad/team; **~ring** lifebelt; **~schere** plate/hydraulic shears, hydraulic metal cutters, jaws of life; **finaler ~schuss** shooting to kill (to prevent worse consequences); **~versuch** rescue attempt; **~wagen** ambulance, rescue vehicle; **~weste** life jacket
Reue remorse
Revier → **Polizeirevier**
Revision ⚖ appeal; **~ einlegen** lodge an appeal; **~sgericht** court of appeal
Revolver revolver; **sechsschüssiger ~** six-shooter
Rezept ⚕ prescription; **gefälschtes ~** forged prescription; **~diebstahl** theft of prescription forms; **~formular** prescription form
rezeptfrei prescription-free, over the counter
Rezeption front desk
rezeptpflichtig prescription-only
R-Gespräch ☎ reversed charge call, collect call *US*
Rhein (River) Rhine
Rheinland-Pfalz Rhineland-Palatinate
Rheinschifferpatent Rhine River licence
richten auf 🔫 aim at
Richter judge; **~ und Geschworene** judge and jury; **~bank** bench
richterlich judicial
Richterspruch ruling
Richtgeschwindigkeit recommended maximum speed
richtig right, correct; **~ stellen** rectify
Richtlinien guidelines; **~ erlassen** promulgate guidelines
Richtung direction; **in ~** towards, in the direction of; **eine ~ einschlagen** take a direction; **in die falsche ~ fahren** travel in the wrong direction; **in falscher ~ auf der Autobahn fahren** *(Falschfahrer)* drive in the wrong direction on the motorway; **in ~ .... fahren/gehen** head for ...., follow the direction for ....; **jemanden in die falsche ~ schicken** misdirect someone
Richtungs|änderung change of direction; **~fahrbahn** single-lane carriageway/roadway *US*; **~schild** directional sign; **~verkehr** one-way/unidirectional traffic
Riegel bolt, latch
Riemen strap
riesig huge, vast
Rinderwahnsinn → **BSE**
Ringalarmfahndung *concentric search around the scene of a crime*
ringen wrestle
Ring|finger ring finger; **~straße** orbital (road), ring road
Rinn|sal trickle; **~stein** gutter
Rippe ⚕ rib; **~nbruch** fractured/broken rib(s); **~nprellung** bruised ribs
Risiko risk, hazard; **kalkuliertes ~** calculated risk; **unabwägbares ~** incalculable risk; **~analyse** risk analysis; **~faktor** risk factor
Riss 1 crack; 2 *(Stoff, Papier usw)* tear; **~wunde** ⚕ laceration

Ritualmord ritual murder
Robe gown
Rock skirt
Rohbau shell
Rohr pipe, tube
Roll|bahn runway; **~binde** ⚕ roller bandage
Rolle 1 *(Papier usw)* roll; 2 *(fig)* role; **entscheidende ~** pivotal role; **~nspiel** role play
Roller scooter
Roll|kragen polo neck; **~kragenpullover** polo neck sweater; **~laden** 🏠 shutter; **~sperre** *(LKW)* hillholder; **~stuhl** wheelchair, invalid chair; **~treppe** escalator
römisch-katholisch Roman Catholic
röntgen ⚕ X-ray
Röntgen|(aufnahme) ⚕ X-ray; **~durchleuchtung** X-ray screening
Rost rust
rosten rust
rostig rusty
Rost|laube *(coll)* rust bucket *(coll)*; **~schutzmittel** rust inhibitor
rötlich ruddy, reddish
Rotlicht|bezirk; ~viertel red-light area/district; **~verstoß** traffic light offence, failure to stop at a red light, jumping the (red) lights
Rotwild deer
Route route; **festgelegte ~ verlassen** deviate from the planned route
Routine|dienst *(Bereitschaftsstufe)* normal vigilance; **~überprüfung** routine check; **~untersuchung** routine examination
Rowdy hooligan, vandal, yob; **alkoholisierter ~** lager lout; **~tum** hooliganism
Ruck jerk, bolt
Rückantwortschein, internationaler ~ international (postal) reply coupon
Rückblick review
rucken jerk, bolt
Rücken back
Rück|fahrkarte return ticket, round-trip ticket *US*; **~fahrscheinwerfer** reversing lamp(s)/light(s), back-up light(s) *US*
Rückfall 1 ⚖ recidivism, relapse, second/subsequent offence; 2 ⚕ relapse; **~gefahr** danger of recidivism
rückfällig recidivist; **~ werden** offend again
Rückfall|rate rate of recidivism; **~täter** → **Wiederholungstäter**
Rück|flug return flight; **~frage** query; **~führung** *(ins Heimatland)* repatriation; **~gabe** return; **~gang** decrease, reduction, decline
rückgängig machen 1 *(umkehren)* reverse; 2 undo; 3 *(Vertrag)* rescind; 4 *(Bestellung)* cancel; 5 *(Termin)* call off
Rück|grat backbone, spine; **~haltesystem** 🚗 restraint system; **~kehr** return; **~licht** rear/tail lamp, back/rear/tail light; **~reise** return/homeward trip, return/homeward journey; **~ruf** *(Kfz,* ☎*)*; **~rufaktion** recall action
Rucksack rucksack, backpack *US*; **~tourist** backpacker *US*
Rück|schlag setback; **~schritt** retrograde step; **~seite** 1 rear side, back; 2 *(Formular usw)* reverse; **~sicht** regard; **ohne ~sicht auf** regardless/irrespective of
Rücksichtnahme consideration; **gegenseitige ~** mutual consideration
rücksichtslos inconsiderate, reckless, ruthless
Rücksichtslosigkeit recklessness
Rücksitz rear/back seat; **(getrennt) umklappbare ~e** (split) folding rear seats
Rück|spiegel (rearview) mirror; **~sprache** consultation; **~sprache halten** consult (with); **im ~stand sein** be in arrears
rückständig *(Zahlung)* in arrears
Rück|stau tailback; **~stoß** 🔫 recoil; **~strahler** (rear) reflector, cat's eye; **~tritt** 1 resignation (from office); 2 *(Fahrrad)* back-pedal (brake); 3 *(Vertrag)* rescission; **adressierter und frankierter ~umschlag** stamped addressed envelope (SAE); **~wand** back/rear wall
rückwärts backward; **~ einparken** back into a parking space; **~ fahren** back, reverse; **~ in etwas fahren** reverse into something

Rückwärtsgang reverse (gear); **im ~** in reverse; **~ einlegen** put into reverse, put in the reverse gear
rückzahlbar repayable
Rück|zahlung reimbursement, repayment, refund; **~zug** withdrawal, retreat
rüde rude
Ruderboot rowing boat, rowboat *US*
Ruf 1 call; 2 *(laut)* shout; 3 *(Ansehen)* image, reputation, standing; **von schlechtem ~** of ill repute; **~anlage** intercom (system); **~bereitschaft** standby duty
rufen 1 call; 2 shout; 3 *(Polizei)* send for, summon, call
Ruf|gerät beeper, pager; **~kontakt haben** be within hearing distance; **~mord** character assassination; **~name** 1 first/Christian name; 2 *(Streifenwagen usw)* call sign; **~nummer** (telephone number; **~taxi** minicab; **~zeichen** (personal) call sign
Rüge reprimand
rügen reprimand
Ruhe 1 *(Dienst usw)* rest; 2 *(Stille)* silence, peace; **innere ~** peace of mind
ruhend *(Verkehr)* stationary
Ruhestand retirement; **im ~** retired; **in den ~ gehen** retire
Ruhe|störer disturber of the peace; **~störung** disturbance/breach of the (public) peace; **nächtliche ~störung** nighttime disturbance; **~tag** closing day; **~zeit** rest period; **~zeitunterschreitung** failure to comply with rest period regulations; **~zone** 1 rest area; 2 🚆 *(ohne Handy)* quiet zone
ruhig calm, quiet; **~ bleiben** keep calm
Ruhrgebiet The Ruhr
Rumpf *(Körper)* trunk, torso, dismembered body
Rundbrief circular (letter)
Runde patrol
runderneuern *(Reifen)* retread
Rund|fahrt (sightseeing) tour; **~fahrtbus** sightseeing bus; **~funk** radio; **~funkdurchsage** radio announcement; **~reise** tour
Rüpel lout, yob
Ruß soot; **~filter** diesel filter; **~partikel** soot particle
rutschen 1 slip, skid; 2 *(LKW-Ladung)* shift
rutschfest anti-slip, anti-skid
rutschig slippery
Rüttelschwelle ▽ rumble strip, jiggle bar

S

Saal hall
sabotieren sabotage
Sach|bearbeiter 1 *(allgemein)* official in charge; 2 investigator; **~bereich** area, field
Sachbeschädigung property damage; **~ an Fahrzeugen** damage to vehicles
Sachbeweis (piece of) evidence, physical evidence
sachdienlich pertinent, relevant
Sache matter, affair; **in der ~ selbst** ⚖ on the merits of the case, on its merits; **~ erledigen** settle a matter; **einer ~ aus dem Weg gehen** give something a wide berth; **zur ~ kommen** come to the point; **einer ~ nachgehen** investigate a matter
Sachen items, things, stuff *(coll)*; **bewegliche ~** movable property
Sach|fahndung tracing (stolen) property; **~kenntnis** expert knowledge, expertise; **~kundenachweis für den Transport gefährlicher Güter** *certificate of competence for transporting hazardous goods*
sach|kundig expert; **~lich** objective, factual, matter-of-fact
Sachschaden (property) damage; **für den ~ aufkommen** pay for the (property) damage
Sachsen Saxony; **~-Anhalt** Saxony-Anhalt
sächsisch Saxon
Sachverhalt facts and circumstances; **~ (nicht) geklärt** facts (not) cleared up
sachverhaltsrelevant relevant (to the issue)
Sachverständigen|beweis expert evidence; **~entschädigung** expert's fees

Sachverständiger expert, expert/professional witness

Sachwert real value

Sack bag; **~gasse** cul-de-sac, dead end (street) *US*, blind alley *US*

Saft *(auch ⚡ coll)* juice

Säge saw; **~mehl** sawdust

sägen saw

saisonabhängig seasonal

Saison|arbeiter seasonal worker; **~kennzeichen** seasonal numberplate

Sakko jacket

Salbe ⚕ ointment

salopp *(Kleidung)* casual

Samen *(Mann)* semen; **~erguss** ejaculation

Sammel|entsorgungsnachweis collective disposal document; **~gegenstände** collectibles; **~klage** ⚖ group/class action; **~ladung** 1 mixed load; 2 *(Spedition)* groupage consignment

sammeln collect; **sich ~** gather, assemble

Sammel|platz 1 *(Personen)* assembly point; 2 *(von Banden usw)* focal point; 3 ⛴ muster station; **~raum** cantonment/staging area

Sammler 1 collector; 2 *(Akku für Funkgerät)* charger; **~stück** collector's item; **~waffe** collector's firearm

Sammlung collection; **~ von Beweismaterial** collection of evidence; **kriminalpolizeiliche ~** Criminal Records Office *GB*

Samt velvet; **jemanden mit ~handschuhen anfassen** handle someone with kid gloves

Sand, im ~e verlaufen come to nothing

Sandale sandal; **offene ~** open-toed sandal

Sandalette high-heeled sandal

Sand|bank sandbank; **~haufen** pile of sand; **~sack** sandbag

Sanitäter ambulance man, paramedic, emergency medical technician *US*

Sarg coffin, casket *US*

Satelliten|fernsehen satellite TV; **~navigation** satellite navigation; **~schüssel** satellite dish; **~stadt** satellite town; **~überwachung** satellite surveillance

Sattel|auflieger semi-trailer; **~kupplung** fifth-wheel coupling; **~last** fifth-wheel load; **~schlepper** articulated vehicle/lorry/truck, trailer truck *US*, semi-trailer unit *US*, tractor-trailer *US*; **~tasche** *(Fahrrad, Motorrad)* saddle bag, pannier; **~zug** → **~schlepper**; **~zugmaschine** tractor (unit)

Satz 1 *(Sprache)* sentence; 2 *(Werkzeug usw)* set, kit; **~ Reifen** set of tyres

Satzung statutes

säubern clean, cleanse

Sauerstoff oxygen; **~flasche** oxygen cylinder; **~gerät** oxygen/breathing apparatus; **~mangel** lack of oxygen; **~maske** oxygen mask

Sauferei booze-up

Säule 🏠 pillar

Säure ⚗ acid

S-Bahn (electric) suburban railway, rapid transit *US*

Schaber scraper

schäbig shabby

Schacht shaft

Schachtel packet

Schädel skull; **~bruch** ⚕ skull fracture

Schaden 1 damage, harm; 2 *(Versicherung)* loss; **~ am Fahrzeug** damage to the car; **~ zum Nachteil von** loss to someone's detriment; **~ an der Straßendecke** damage to the road surface

Schaden| abwickeln adjust a claim; **der ~ wird auf .... beziffert** the damage/loss is put/estimated at ....; **zu ~ kommen** come to grief; **~ regulieren** adjust a claim; **~ verursachen** 1 cause damage; 2 *(Versicherung)* occasion a loss; **jemandem ~ zufügen** *(Körper, Psyche)* harm someone; **bedeutender ~** major damage/loss; **tatsächlich entstandener ~** actual damage/loss; **geringer/leichter ~** slight/minor damage; **geschätzter ~** estimated damage; **schwerer ~** serious damage

Schaden|anzeige notice of a claim; **~begrenzung** damage control/limitation; **~bemessung; ~berechnung** claims assessment; **~eintritt** occurrence of damage/loss

Schadenersatz damages, compensation, indemnification; **~ fordern** claim damages; **auf ~ klagen** sue for damages; **~ leisten** indemnify, pay damages; **~ verlangen** claim damages; **~ zahlen** pay damages

Schadenersatz|anspruch claim for damages; **~ansprüche entscheiden** adjudicate claims; **~forderung** claim for damages; **~klage** action for damages

schadenersatzpflichtig liable for compensation, liable to pay damages, liable in damages

Schadens|fall 1 case of damage; 2 *(Versicherung)* claim; **~folge(n)** consequential damage/loss; **~forderung** claim; **~formular** claim form; **~freiheitsrabatt** no-claim(s) bonus/discount; **~grenze** sum insured; **~haftung** liability for damage/loss; **~regulierer** claims adjuster; **~regulierung** claims adjustment; **~regulierungsstelle der Stationierungsstreitkräfte** *claims adjustment agency for loss and damage caused by Allied units stationed in Germany*; **~umfang** extent of damage/loss; **~versicherung** insurance against damage/ loss

schadhaft damaged, defective

Schädigung| des Ansehens (der Polizei in der Öffentlichkeit) discreditable conduct; **vorsätzliche ~** intentional/ wilful damage

schädlich noxious, harmful

Schadstoff pollutant, harmful/noxious substance

schadstoffarm low-emission

Schadstoff|filter pollution filter; **~grenzwert** emission standard

schadstoffhaltig polluting

Schäferhund (German) shepherd, Alsatian

schaffen create, establish; **sich an etwas zu ~ machen** tamper with something

Schaffner conductor, guard

Schaft *(Gewehr)* stock; **~stiefel** high boots

Schal scarf

Schalensitz bucket/sports seat

Schall sound; **~dämpfer** silencer, muffler

schalten 1 switch; 2 change/shift gear

Schalter 1 switch; 2 *(Bank usw)* counter, window; **~halle** *(Post, Eisenbahn)* booking hall; **~stunden** business hours

Schalt|getriebe (manual) transmission; **~hebel; ~knüppel** gear lever/ shift/stick, selector *US*; **~hebelknauf** gear knob; **~jahr** leap year; **~pedal** *(Motorrad)* gear pedal; **~plan** wiring diagram; **~pult** control desk; **~tafel** control panel

schämen, sich ~ be ashamed

Schamhaar pubic hair

schamlos shameless

Schande shame, disgrace

schänden desecrate

Schändung desecration

Schank|erlaubnis liquor licence, licence to sell liquor for consumption on the premises; **~zeiten** licensing hours

scharf 1 sharp; 2 *(Kritik usw)* harsh

Scharf|schütze (police) marksman, (police) markswoman, sharpshooter

Schatten 1 shade; 2 *(Silhouette)* shadow; **im ~** in the shade; **~ unter den Augen** shadows/rings under the eyes

schätzen estimate, assess; **zu ~ wissen** appreciate

Schätzung 1 estimate, assessment; 2 *(Wert)* valuation; **grobe ~** rough estimate; **vorsichtige ~** conservative estimate

Schaubild diagram

Schauer shower

Schaufenster shop window; **~blitzeinbruch** smash-and-grab raid; **~blitzeinbruch, bei dem die Scheibe mit einem Kfz gerammt wird** ramraid(ing)

Schaulustiger onlooker, spectator

Schaum foam; **~stoff** foam rubber

Schau|spieler actor; **~spielerin** actress; **~steller** (travelling) showman, fairman

Scheck cheque, check *US*; **~ ausstellen** write a cheque; **~ einlösen** cash a cheque; **gefälschter ~** counterfeit/

false cheque; **ungedeckter ~** bad/dud cheque; **~betrug** cheque fraud; **~buch; ~heft** chequebook

scheckheftgepflegt fully serviced

Scheibe 1 *(Glas)* pane; 2 disk; **~ einschlagen** break/smash a window; **beschlagene ~ freimachen** demist a window; **getönte ~** tinted window

Scheiben|bremse disk brake; **~schießen** target practice; **~waschanlage** (windscreen) wash-wipe (system); **heizbare ~waschanlagendüsen** heated windscreen washer jets/nozzles; **~waschmittel** windscreen washer fluid; **~wischer** (windscreen/windshield *US*) wiper; **~wischerblatt** wiper blade

Scheide 1 *(Messer usw)* sheath; 2 vagina

scheiden, sich ~ lassen get a divorce

Scheidung divorce

Schein 1 *(Bestätigung)* certificate; 2 *(Anschein)* appearance

Schein- sham, bogus

Schein|argument spurious argument; **~asylant** bogus asylum seeker

scheinbar apparent

Scheinehe marriage of convenience, sham marriage

scheinen *(den Anschein haben)* appear, seem

Schein|firma bogus firm/company; **~geschäft** bogus deal; **~kauf** sham purchase

Scheinwerfer 1 front lights, headlight(s), headlamp; 2 floodlight(s); **~ einstellen** adjust the headlights; **~waschanlage** headlight washer jets

Scheitel *(Haar)* parting

scheitern fail

Schengener Durchführungsübereinkommen Schengen implementation agreement

Schenkel thigh

schenken give (as a present)

Schenkung gift

Schere 1 scissors; 2 *(für Metall usw)* shears; **~ngitter** folding fence

Scheune barn

Schicht 1 layer; 2 *(Arbeit)* shift, tour of duty; **~dienst** shift work; **im ~dienst arbeiten** work shifts; **~führer** shift leader; **~wechsel** change of shift; **~zeiten** shift times

Schicksal fate, destiny

Schiebe|dach sliding roof, sunroof; **~plane** *(LKW)* sliding curtain

schieben 1 *(auch Fahrrad usw)* push; 2 *(Gedränge)* shove

Schiebetür sliding door; 2 French window/door *US*

Schiebung racket, fiddle *(coll)*

Schiedsmann justice of the peace (JP)

schief askew

schielen squint

Schienbein shin (bone)

Schiene 1 rail; 2 splint

schienen splint, tie a splint

Schienenfahrzeug rail vehicle

Schieß|anlage shooting range; **~aufsicht** firing range supervisor; **~ausbilder** firearms instructor; **~ausbildung** rifle practice; **~bude** *(Kirmes usw)* shooting gallery

Schießen| hinter Deckung shooting from cover; **~ im Sprung** shooting while jumping

Schießen|, ausweichendes ~ evasive shooting; **beidhändiges ~** two-handed shooting; **einhändiges ~** one-handed shooting; **kniendes ~** shooting from a kneeling position; **liegendes ~** shooting from a prone position; **stehendes ~** shooting from a standing position; **zurückweichendes ~** shooting while retreating

schießen shoot, fire; **auf jemanden ~** shoot at someone

Schießerei shootout, shooting (incident), gun battle/fight; **~ mit tödlichem Ausgang** fatal shooting; **~ aus fahrendem Auto** drive-by shooting

Schieß|kladde logbook; **~leistung** shooting performance; **~platz** shooting range; **~scheibe** target; **~stand** (shooting/rifle) range; **~übung** target practice

Schiff vessel; **~ an einer Kaimauer festmachen** tie a ship up to the quayside

schiffbar navigable
Schiffchen ⚔ forage cap
Schifffahrt shipping; **~sstraße** waterway
Schiffs|attest ship certificate; **~dienstbuch** service book; **~eigner** shipowner; **~führer** captain; **~hebewerk** ship lift; **~kontrolle** ship check; **~motor** marine engine; **~papiere** ship's papers; **~tagebuch** logbook; **~reise** voyage; **~unfall** shipping accident; **~verkehr** ship traffic, shipping
schikanieren harass, victimize
Schild 1 shield, plate; 2 *(Verkehrsschild usw)* sign; **~ aufstellen** put up a sign
Schildchen tag
Schilderbrücke ▽ gantry
schildern describe
Schilderwald maze of traffic signs
schimpfen grumble, curse and swear
Schimpfwort swear word; **~e** strong language
Schirm umbrella; **~mütze** peaked cap
Schlacht|enbummler away supporter; **~feld** battlefield
Schläfchen nap, snooze
Schläfe temple
Schläfer *(Terrorismus)* sleeper
schlaff slack
Schlaf|gelegenheit place to sleep; **~kabine** *(LKW)* bunk, sleeping compartment; **~losigkeit** sleeplessness, insomnia; **~mittel** sleep-inducing drug; **~sack** sleeping bag; **~tablette** sleeping pill; **~trunk** nightcap
schlaftrunken drowsy
Schlaf|wagen 🚃 sleeping car, sleeper; **~wandler** sleepwalker
Schlag 1 hit, blow; 2 *(Einsatz)* strike; **~ abwehren** ward off/parry a blow; **~ader** artery; **~anfall** ⚕ stroke; **~bolzen** 🔫 hammer, firing pin/bolt
schlagen 1 hit, strike, beat, knock, bust *US (coll)*; 2 *(ohrfeigen)* smack; 3 *(mit der Faust)* punch; **sich ~** have a fight; **jemanden bewusstlos ~** beat someone unconscious; **jemanden grün und blau ~** beat someone black and blue; **jemanden halb tot ~** leave someone half dead; **kurz und klein ~** smash to bits
Schläger thug, heavy, bruiser, roughneck *US*
Schlägerei brawl, fight, affray, punch-up, bust-up; **~ unter Betrunkenen** drunken brawl; **~ auf offener Straße** street fight; **~ anzetteln** start a fight; **in eine ~ verwickelt sein** be involved in a fight
schlagfest impact-proof
schlagkräftig 1 powerful; 2 *(Argument)* forceful
Schlag|loch pothole; **~ring** knuckleduster; **~schutzweste** impact-proof vest
Schlagstock truncheon, baton, nightstick *US*, riot stick, (billy) club *(coll)*; **~ mit Querholz** side-handled baton; **~ gegen jemanden einsetzen** club someone; **~einsatz** baton charge
Schlagzeile headline
Schlamm mud
schlammig muddy
Schlammschicht layer of mud
Schlange 1 snake; 2 *(Leute)* queue, line *US*; **~ stehen** queue, stand in line
Schlangenlinie wavy line; **~n fahren** zigzag, weave from one side to the other
schlank slim, slender
schlau crafty, smart
Schlauch *(Wasser usw)* hose; **~boot** inflatable, rubber boat
schlauchlos *(Reifen)* tubeless
schlecht 1 bad; 2 ▽ rough, bumpy; 3 *(Sprachkenntnisse, Gesundheit, Qualität usw)* poor
Schleichweg back way
Schleier veil
schleifen 1 drag; 2 grind
Schleim ⚕ mucus
schlendern stroll
Schlenker swerve; **~ machen** swerve
schleppen tow (away/off), drag
Schlepper 1 tractor; 2 ⚓ tug(boat); 3 people smuggler
Schleuder *(Waffe)* sling(shot), catapult; **~gefahr** risk of skidding
Schleudern skid(ding); **~ abfangen** get out of/correct the skid

schleudern skid, swerve
Schleuder|spuren skid marks; **~trauma** whiplash injury
Schleuse ⛴ lock
Schleusen illegal trade in immigrants
schleusen *(Personen)* smuggle
Schleusentor lock gate
Schleuser (people) smuggler; **~kriminalität** smuggling illegal immigrants
Schleusung people smuggling; **~sfahrt** (people) smuggling trip
schließen 1 close; 2 *(schlussfolgern)* deduce
Schließfach *(für Gepäck usw)* (left-)luggage locker
schließlich eventually
Schließung closing, closure
Schließzylinder locking cylinder
schlimm 1 bad, serious; 2 *(Unfall)* nasty; **~stenfalls** if the worst comes to the worst
Schlinge 1 *(Galgen usw)* noose; 2 ⚕ sling
Schlitten 1 sledge, sled *US*; 2 *(Pferde)* sleigh; 3 🔫 slide
schlittern skid, slide
Schlitzaugen slit/slant eyes
Schloss 1 *(Tür usw,* 🔫*)* lock; 2 🏠 palace; **~ aufbrechen** crack a lock; **~ knacken** pick a lock
Schlucht gorge
schluchzen sob
schlucken swallow
Schlupfwinkel hideout
Schluss close; **~bericht** final report
Schlüssel key; **~anhänger** key ring pendant; **~bein** collarbone; **~brett** keyboard; **~bund** bunch of keys; **~dienst** key service; **~loch** keyhole; **~ring** key ring; **~rolle** key role
schlussfolgern deduce
Schlussfolgerung conclusion; **zu einer ~ gelangen** conclude; **~ ziehen** draw a conclusion; **voreilige ~ ziehen** jump to conclusions
Schluss|licht 🚗 tail light/lamp; **~verkauf** sale(s)
schmächtig slight, of slight build
schmal narrow
Schmalspurbahn narrow-gauge railway
Schmauchspur 1 powder residue(s); 2 *(Haut)* powder burn(s)
schmelzen melt
Schmelztiegel melting pot
Schmerz pain; **~ lindern** alleviate pain; **vor ~en schreien** cry with pain; **leichte ~en** minor pain; **starke ~en** severe pain
Schmerzens|geld compensation for pain and suffering; **~schrei** scream of pain
Schmerzgrenze pain threshold
schmerzhaft painful
Schmiere stehen *(coll)* act as a lookout
schmieren 1 lubricate, grease; 2 *(bestechen)* bribe; **jemanden ~** grease someone's palm(s)
Schmierfett grease
schmierig greasy
Schmier|mittel; ~stoff lubricant
Schmuck 1 jewellery; 2 *(Zierde)* decoration; **~stück** piece of jewellery
schmuddelig filthy, grimy
Schmuggel 1 smuggling; 2 💉 traffic (-king); **~ware** ⊖ contraband, smuggled goods
schmuggeln smuggle, run
Schmuggler smuggler, runner; **~fahrzeug** *vehicle used for smuggling purposes*
Schmutz dirt; **~fänger** mudflap; **~schicht** layer of dirt
Schnalle buckle
Schnäppchen bargain
schnappen, jemanden ~ catch/nail/nick someone
Schnapp|messer butterfly/flick knife, switchblade (knife); **~schloss** spring lock; **~schuss** snapshot
Schnaps spirits, (hard/strong) liquor, schnapps
Schnauzbart handlebar moustache
Schneckentempo crawl, crawling speed, snail's pace; **im ~ fahren** crawl
Schnee *(auch* 💉*)* snow; **~anzug** snow suit; **~balleffekt** knock-on/snowball effect; **~ballsystem** snowball system; **~decke** blanket of snow; **~fall** snowfall; **~fräse** snow blower; **~gestöber** snow flurry; **~glätte** packed snow;

~grenze snowline; **~kette** 🚗 snow/skid/tyre chain; **~matsch** slush; **~pflug** snow plough; **~räumfahrzeug** vehicle used for snow clearance; **~regen** sleet; **~schauer** snow shower; **~schaufel** snow shovel; **~schmelze** melting of the snow; **~stiefel** snow boots; **~sturm** snowstorm; **~treiben** driving snow; **~verwehung; ~wehe** snowdrift

Schneidbrenner oxyacetylene torch

schneiden *(auch Kurve, Überholvorgang)* cut

Schneise aisle

schnell swift; **~ fahren** speed; **viel zu ~ fahren** be way over the (speed) limit

Schnell|bahn → **S-Bahn**; **~boot** high-speed boat, powerboat; **~dienst** express service; **~feuergewehr** automatic rifle; **~imbiss** snack bar

Schnell|restaurant fast food restaurant/outlet; **~straße** → **Kraftfahrstraße**; **~kurs** crash course; **~verkehr** fast traffic; **~zug** express/fast train

schniefen snort, sniffle

Schnippchen trick; **jemandem ein ~ schlagen** outsmart someone

Schnitt cut, incision; **~punkt** point of intersection; **~stelle** 💻 interface; **~wunde** cut

Schnüffeln sniffing; **~ durch Hund** canine sniffing; **~ von Klebstoff** glue sniffing; **~ von Lösungsmitteln** → **Lösungsmittelmissbrauch**

schnüffeln sniff

Schnupfen cold

schnupfen *(Tabak)* take snuff

Schnur cord, string

schnurgerade dead straight, straight as a die

Schnurrbart moustache

Schnür|schuh laced/lace-up shoe; **~senkel** shoelace; **~stiefel** laced/lace-up boot

Schock, unter ~ suffering from shock

Schöffe ⚖ *lay judge*

Schongang 🚗 overdrive

Schonung (tree) nursery

Schonzeit close(d) season

Schornstein chimney

Schotte Scot(sman); **~nkaro; ~nmuster** tartan

Schotter road metal; **~straße** road with a (loose) gravel surface

schräg 1 diagonal; 2 *(Schrift usw)* sloping; **~ gegenüber** diagonally opposite

Schrägheck → **Fließheck**

Schramme scratch

schrammen scratch

Schranke barrier; **~nwärter** level crossing attendant

Schraube 1 screw; 2 *(für Mutter)* bolt; **~ndreher; ~zieher** screwdriver; **~nschlüssel** spanner, wrench

Schraubverschluss screw cap

Schrebergarten allotment

Schreck(en) scare, fright; **mit ~ erfüllen** scare

schrecklich terrible, horrible

Schreckschuss alarm shot; **~pistole** blank cartridge pistol, pistol for blanks

Schrecksekunde moment of shock

Schrei 1 *(Hilfe usw)* cry; 2 *(Schmerz usw)* scream

Schreib|arbeiten paperwork; **~auslagen** secretarial expenses; **~block** (writing) pad; **~fehler** typing/writing error; **~kräfte** clerical staff; **~maschine** typewriter; **~schrift** script, cursive writing; **~tisch** desk; **~tischtäter** mastermind; **~weise** spelling

schreien 1 yell; 2 *(Hilfe usw)* cry; 3 *(Schmerz usw)* scream; 4 *(anschreien)* shout

Schriebe tachograph needle; **verbogene ~** bent/manipulated tachograph needle

Schrift handwriting; **~führer** secretary

schriftlich in writing, written

Schrift|probe handwriting specimen; **~satz** ⚖ brief; **~sachverständiger** handwriting expert

Schrift|stück document; **~verkehr** correspondence

Schritt step; **~ fahren** 1 drive at walking speed; 2 *(Schild)* dead slow

Schritte| ergreifen take steps; **~ gegen jemand unternehmen** take action against someone; **gerichtliche ~** legal proceedings; **gerichtliche ~ einleiten** institute legal proceedings

Schrittgeschwindigkeit walking speed

Schrot pellets, buckshot; **~flinte; ~gewehr** shotgun; **~gewehr mit abgesägtem Lauf** sawn-off shotgun; **~kugel** (shotgun) pellet; **~patrone** shot cartridge, shotgun shell

Schrott scrap (metal); **zu ~ fahren** *(Kfz)* wreck a car; **~händler** scrap (metal) merchant; **~haufen** scrap heap; **~platz** scrapyard

schrottreif ready for the scrap heap

Schrottwert scrap value

Schub|lade drawer; **~schiff** push barge/vessel

schubsen jostle, shove

Schubverband push unit

Schuh boot; **~abdruck** shoe print; **~sohlenspur** sole print

Schul|abschluss educational qualifications; **~ausflug** school outing; **~bereich** school grounds; **~besuch** (school) attendance; **~bus** school bus; **~buskennzeichnung** school bus sign(s)

Schuld 1 guilt; 2 *(Geld)* debt; 3 *(Unfall usw)* fault; **~ bekennen** admit one's guilt; **~ eintreiben/einziehen** collect a debt; **~ geben** blame; **~ haben** be guilty

Schuld|anerkenntnis admission of guilt; **~beweis** proof of guilt; **~eingeständnis** *(Gericht)* plea of guilty, guilty plea

Schulden| machen incur debts; **sich in ~ stürzen** get into serious debt

schulden owe

Schuld|fähigkeit responsibility; **verminderte ~fähigkeit** diminished responsibility; **~frage** question of guilt/fault

schuldhaft culpable

schuldig guilty; **nicht ~** not guilty, innocent; **jemanden für (nicht) ~ befinden** find someone (not) guilty; **sich (nicht) ~ bekennen** plead (not) guilty

Schuldiger culprit

schuldlos innocent, not guilty

Schuldner debtor

Schuld|recht law of contract; **~schein** promissory note (P/N), IOU (I owe you); **~spruch** verdict of guilty; **~unfähigkeit** criminal incapacity

Schule| erfolgreich abschließen graduate; **~ schwänzen** play truant; **von der ~ verweisen** expel from school; **berufsbildende ~** vocational school; **höhere/weiterführende ~** secondary/high *US* school

Schüler schoolboy, student; **~austausch** school exchange; **~ausweis** student ID (card)

Schülerin schoolgirl, (female) student

Schülerlotse *(Erwachsener)* crossing guard, lollipop lady/man *(coll)*; **~n** school crossing patrol

Schul|ferien school holidays; **~gelände** school property; **~klasse** class, form; **~schwänzer** truant

Schulter| an Schulter side by side; **mit den ~n zucken** shrug one's shoulders; **hängende ~n** drooping shoulders; **~breite** shoulder width; **~halfter** shoulder holster; **~höhle** armpit; **~klappen** epaulettes, patches, rank boards; **~riemen** strap; **~stütze** rifle butt

Schulung training; **~smaßnahme** training course; **~snachweis** training record

Schul|weg way to school; **~zeit** schooldays; **~zeugnis** school certificate/report

Schuppen 1 shed; 2 *(Haar)* dandruff

Schürfwunde graze

Schurke rogue, scoundrel

Schuss 1 (gun)shot, round; 2 shot, fix, hit; **sich einen ~ geben** shoot up; **gezielter ~** aimed shot/fire; **goldener ~** golden/fatal shot

Schussabgabe discharge; **unbeabsichtigte ~** accidental discharge

schussbereit 1 *(Person)* ready to shoot; 2 cocked

Schuss|linie line of fire; **~richtung** trajectory; **~verletzung** gunshot wound; **~waffe** → auch **Waffe**; **~waffe (unerlaubt) mitführen** carry firearms (illegally); **~wechsel** shootout, exchange of shots; **~weite** range; **außer ~weite** beyond range

Schutt debris, rubble
Schüttgut(ladung) aggregates
Schutz 1 protection, security; 2 *(sicherer Ort)* refuge, shelter; **im ~ der Dunkelheit** under cover of darkness; **~ eigener Kräfte** force protection; **~ privater Rechte** protection of private rights; **~ der Verfassung** protection of the constitution; **~ vor Wirkung** force protection; **zum eigenen ~** in self-defence
Schutz- protective
Schutzausrüstung protective equipment
schutzbedürftig in need of protection
Schutz|behauptung *lie to cover oneself*; **~blech** mudguard; **~brief** international travel voucher; **~brille** goggles; **~dach** *(über Haustür usw)* canopy
Schütze gunman; **guter/schlechter ~** good/bad shot
schützen protect, safeguard, secure
Schutz|geld protection money; **~gelderpressung** extortion/protection racket; **~gitter** protective grid; **~haft** protective custody, detention; **~handschuhe** protective gloves; **~heiliger** patron saint; **~helm** 1 protective headgear/helmet; 2 *(Motorrad usw)* crash/safety helmet; 3 *(Baustelle usw)* hard hat; **~impfung** vaccination, shot (in the arm); **~kleidung** protective clothing; **~leiste** side bump strip
schutzlos defenceless
Schutz|mann → **~polizist**; **~maßnahme** protective/security measure; **~maßnahmen ergreifen** take precautions; **~person** *person to be protected*; **~planke** crash/safety barrier, guardrail *US*; **~polizei** police, uniformed police/branch, operational division/police, general police, general duties branch, uniform division, uniform services bureau; **~polizist** uniformed officer, uniform *US*; **~schild** (riot/protective) shield; **durchsichtiger ~schild** see-through shield; **~vorrichtung** protective device; **~weste** protective jacket, soft-body armour, bulletproof/bullet-resistant/protective vest; **stichsichere ~weste** stab-proof vest
Schwaben Swabia
schwach 1 weak, frail; 2 *(Sehvermögen)* blurred; 3 *(Geräusch)* faint
Schwäche frailty, weakness
schwächen weaken
Schwachstelle weak spot
Schwager brother-in-law
Schwägerin sister-in-law
schwammig flabby
schwanger pregnant
Schwangerschaft pregnancy; **~ abbrechen** terminate a pregnancy
schwanken 1 vary, fluctuate; 2 *(Betrunkener)* stagger, sway
schwänzen *(Schule)* play truant
Schwarzarbeit illicit work, moonlighting
schwarzarbeiten moonlight
Schwarzdecke blacktop, tarmac
schwärzen blacken
Schwarzfahren fare-dodging, dodging the fare
schwarzfahren dodge/avoid paying the fare
Schwarz|fahrer fare dodger; **~geld** black money; **~handel** black marketing; **~markt** black market; **~wald** Black Forest
Schwebebahn suspension railway
schwebend *(Verfahren)* pending
Schweige|minute a minute's silence; **~geld** hush money
schweigen remain silent, say nothing
Schweigepflicht confidentiality, secrecy; **ärztliche ~** medical confidentiality; **den Arzt von seiner ~ entbinden** release the doctor from medical confidentiality
schweigsam quiet, silent
Schweinepest swine fever
Schweißausbruch sweating
schweißen weld
Schweiß|gerät welding device; **~naht** weld, seam
Schweizer Offiziersmesser Swiss Army knife
Schwelbrand smouldering fire
schwelen *(Feuer, Konflikt)* smoulder
Schwelle 1 threshold; 2 *(Fahrbahn)* hump, sleeping policeman *(coll)*, bump *US*; 3 sleeper

Schwellung ⚕ swelling
schwer 1 *(Gewicht)* heavy; 2 *(schwierig)* difficult, hard; 3 *(Motorrad usw)* powerful; 4 *(Strafe)* stiff; 5 *(Unfall usw)* severe, serious; 6 *(Personenschaden)* grievous; **~behindert** severely disabled/handicapped; **~beladen** heavily loaded; **~bewacht** heavily guarded, under heavy guard; **~bewaffnet** heavily armed
Schwere seriousness
Schwergut heavy cargo
schwerhörig hard of hearing
Schwer|kriminalität severe/serious crime; **~lastkraftwagen** heavy lorry/truck
Schwerpunkt focus; **~aktion; ~arbeit** selective action; **~fahndung** selective search; **~verkehr** heavy goods traffic; **~verkehrsabgabe** road toll for large goods vehicles; **~verletzter** seriously injured person
schwerwiegend grievous, serious
Schwieger|eltern parents-in law; **~mutter** mother-in-law; **~sohn** son-in-law; **~tochter** daughter-in-law; **~vater** father-in-law
schwielig callous
schwierig difficult, hard
Schwierigkeit difficulty; **~en** trouble; **~en unbekannter Art** unknown difficulties; **in ~en sein** be in trouble; **in finanziellen ~en sein** be in financial difficulties, be in dire straits
Schwimmweste life vest
Schwindel 1 trick, fraud, racket, swindle; 2 ⚕ dizziness, giddiness; **~anfall** attack of dizziness, dizzy spell; **~geschäft** fraudulent transaction, racket
schwind(e)lig ⚕ dizzy, giddy
schwindeln swindle
Schwindler swindler, (confidence) trickster
Schwingtür swing/swinging *US* door
Schwips haben be tipsy
Schwitzfleck sweat mark
schwören swear
schwül sultry
schwung|haft *(Handel)* flourishing; **~voll** energetic
Schwur oath; **~gericht** *(England, Wales)* Crown Court; **~gerichtsverhandlung** trial by jury
See 1 lake; 2 *(Meer)* sea; **am ~ gelegen** lakeside; **an der ~ gelegen** seaside; **~bad** seaside resort; **~hafen** seaport
seekrank seasick
seelisch emotional
See|mann sailor; **~meile** nautical mile *(=1852m)*
Seenot distress at sea; **~rettungsdienst** sea rescue service; **~rettungskreuzer** lifeboat
See|reise voyage; **~sack** kitbag
seetüchtig seaworthy
See|tüchtigkeit seaworthiness; **~ufer** lakeside; **auf dem ~weg** by sea; **~wetterbericht** shipping forecast
Segel|boot sailing boat; **~flugzeug** glider
sehbehindert visually impaired
Sehbehinderung impaired vision
Sehen, vom ~ her kennen know by sight
sehenswert worth seeing
Sehenswürdigkeit sight
Seh|fähigkeit vision; **~fehler** visual defect; **~feld** field of vision
Sehne ⚕ tendon
Seh|schaden defective eyesight; **~schärfe** visual acuity; **~test** eye test; **~vermögen** (eye)sight
seicht shallow
Seil rope; **~bahn** cable railway, cableway, funicular, tram(way) *US*; **~fähre** cable ferry; **~winde** winch
sein, es sei denn .... unless ....
Seite *(Buch usw)* page
Seiten|abstand lateral clearance; **~airbag** side airbag; **~ansicht** side view, profile; **~aufprall** side impact; **~aufprallschutz** side impact protection/bars; **~ausgang** side exit; **~eingang** side/tradesmen's entrance; **~einsteiger** *(öffentlicher Dienst)* lateral entrant; **~einstieg** lateral entry; **~fenster** side window; **~hieb** sideswipe; **~lage** ⚕ side position; **stabile ~lage** recovery position, stable side/lateral position; **~licht** sidelight(s); **~schlitz** *(Kleid usw)* slit; **~schneider** cutters; **~sprung** af-

fair, fling; **~strahler** reflector; **~straße** side road/street; **abgelegene ~straße** back street

Seitenstreifen (hard/soft) shoulder, emergency/breakdown lane; **befestigter ~** hard shoulder; **unbefestigter ~** soft shoulder, verge

Seiten|tasche side pocket; **~wagen** sidecar; **~wand** *(LKW)* side panel/wall; **~weg** byway; **~wind** cross/side wind

seitwärts sideways

Sekretariat secretary's office

Sekt sparkling wine, champagne

Sektor, öffentlicher ~ public sector

Sekundenschlaf *(für eine Sekunde am Steuer einschlafen)* nod off for a second, fall asleep at the wheel

Selbst|anzeige self-denunciation/incrimination; **~bedienungsrestaurant** self-service restaurant; **~beherrschung** self-control; **~bestimmungsrecht** right of self-determination; **~beteiligung** *(Kfz-Versicherung)* personal excess; **~bezichtigung** self-incrimination; **~darstellung** posturing; **~entzündung** spontaneous combustion

selbst|gerecht self-righteous; **~gemacht** home-made

Selbst|hilfe self-help; **zur ~hilfe greifen; ~justiz üben** take the law into one's own hands

selbstklebend self-adhesive

Selbst|kostenpreis cost price; **~ladegewehr** self-loader

Selbstmord suicide; **~ begehen** commit suicide; **möglicher ~** potential suicide; **~absicht** intention to commit suicide; **~attentat** suicidal attack; **~attentäter** suicide bomber

Selbstmörder suicide

Selbstmord|kommando suicide squad; **~versuch** suicide attempt

Selbstschutz self-protection

selbst|sicher self-confident; **~ständig** 1 independent; 2 *(Beruf)* self-employed

Selbst|ständigkeit 1 independence; 2 self-employment; **~tötung** → **~mord**; **~verschulden** own fault; **~verteidigung** 1 self-defence; 2 *(Unterrichtsfach bei Polizeiausbildung)* physical skills; **~verwaltung** self-administration; **~zweck** end in itself

Selektivkontrolle random check

seltsam strange, odd, peculiar

Senat *(Gericht)* division

Sende|antenne transmission aerial/antenna *US*; **~bereich; ~gebiet** transmission area

senden 1 ship; 2 *(Radio usw)* broadcast

Sendung 1 consignment, shipment; 2 broadcast

Senioren|heim old people's home; **~rabatt** concession

senken lower, decrease, reduce

sensibel sensitive

Serie series

Serien- serial

Serien|mörder serial killer; **~nummer** serial number; **~straftat** serial crime

Serpentine hairpin bend

Servo|bremse power-assisted/servo brake; **~lenkung** power(-assisted) steering

Sessellift chairlift

sesshaft, nicht ~ vagrant

Seuche epidemic

Sexual|delikt sex(ual) offence/crime, indecent assault; **~mord** sex murder; **~täter** sex offender; **~trieb** sex drive/urge

sicher secure, safe; **sich ~ fühlen** feel safe

Sicherheit 1 *(psychisch)* security; 2 *(physisch)* safety; **~ auf Flughäfen** airport security

Sicherheit und Ordnung|, öffentliche ~ public safety/order, law and order; **die öffentliche ~ aufrechterhalten** keep/maintain/preserve the peace; **öffentliche ~ wiederherstellen** restore law and order; **gegen die öffentliche ~ verstoßen** offend against public order

Sicherheit|, innere ~ internal security; **persönliche ~** personal safety

Sicherheits|abstand safe gap/distance; **~alarm** security alarm; **~ausweis** security pass; **bewaffneter ~beamter**

(im Flugzeug) air/sky marshal; **~beauftragter** security officer; **~behörde** security service; **~dienst** security staff; **privater ~dienst** private security organization; **~einrichtung** safety feature; **~erfordernisse** security requirements

Sicherheits|faden *(Banknote)* security thread; **~gewahrsam** (preventive) custody, detention; **~glas** safety glass

Sicherheitsgurt safety/seat belt; **~ für Rücksitz** rear seat belt; **~ anlegen** → **anschnallen**

sicherheitshalber for safety reasons, to be on the safe side

Sicherheits|kontrolle security check; **~kräfte** security forces; **~lage** security situation; **~lagerung** security storage; **~leistung** bail, security; **jemand gegen ~leistung freilassen** release someone on bail; **~leuchtstreifen** luminous safety strips; **~maßnahme** security precaution/measure, safety ~; **~merkblatt** transport emergency card; **~merkmal** safety feature; **~nadel** safety pin; **~partnerschaft** community security partnership; **~personal** security staff/ personnel; **~risiko** safety/security risk; **~schleuse** security vestibule; **~schloss** safety lock; **~standard** safety standard; **~überprüfung** safety/security check, security screening; **~vorkehrung** (safety) precaution; **~vorrichtung** safety feature; **~vorschriften** safety regulations; **~zone** security/safety zone

sichern 1 secure; 2 save; **sich gegenseitig ~** provide mutual cover; **ordnungsgemäß ~** secure properly

sicherstellen 1 *(sich vergewissern)* ensure; 2 *(absichern)* secure; 3 *(wieder erlangen)* recover, retrieve; 4 *(beschlagnahmen)* seize, impound; 5 *(vor Einbruch, Diebstahl usw sichern)* put in safekeeping

Sicherstellung 1 securing; 2 retrieval; 3 seizure

Sicherung 1 safety catch; 2 fuse; 3 *(Absichern)* securing; **durchgebrannte ~** blown fuse; **elektronische ~** *(gegen Ladendiebstahl)* electronic tag

Sicherungs|gruppe beim BKA *VIP protection group*; **~hebel** safety lever; **~kasten** fuse box; **~kräfte** security forces; **~verfahren** security procedures; **~verwahrung** preventive detention

Sicht 1 *(Sichtverhältnisse)* visibility; 2 *(Aussicht)* view; **außer ~** out of sight; **klare ~** good visibility

sichtbar visible; **offen/öffentlich ~** exposed to public view

Sichtbehinderung obstructed vision

sichten 1 *(wahrnehmen)* sight; 2 *(kontrollieren)* inspect, go through

Sicht|kontakt visual contact; **~kontrolle** visual check; **~verhältnisse** visibility; **ausreichende ~verhältnisse** adequate visibility; **~vermerk** visa; **~weite** range of sight/vision, visibility; **außer ~- und Hörweite** out of sight and earshot

sieben *(Bewerber)* eliminate

Siedlung (housing) estate; **eingezäunte und bewachte ~** gated community

Siegel seal; **~ anbringen** put on/affix a seal; **~ aufbrechen** break a seal; **~ entfernen** remove a seal; **~bruch** breaking an official seal; **~ring** signet ring

Signal|, optisches ~ visual signal; **~anlage** signals; **~farbe** blaze(-yellow); **~flagge** signal flag; **~folge** signal cycle; **~lampe; ~leuchte** signal lamp; **~licht** warning light; **~pfeife** whistle; **~pistole** flare pistol; **~ton** signal, warning tone

Silber|münze silver coin; **~papier** silver paper

Silhouette shadow

simulieren 1 pretend; 2 malinger

singen *(coll) (verraten)* squeal *(coll)*

Sinn sense

sinnlos pointless, futile

Sirenengeheul wail of sirens

Sitte usage, custom, tradition; **~n und Gebräuche** customs and habits

Sittlichkeits- → **Sexual-**

Situation situation, circumstances; **ähn-**

liche ~ similar situation; **gefährliche** ~ dangerous/hazardous situation; **ungelöste** ~ unresolved situation

Sitz seat; **mit ~ in ....** *(Firma)* domiciled in/at ....; **~bezüge** upholstery; **~blockade** sit-in, sit-down blockade; **~heizung** seat heating; **~platz** seat; **~streik** sit-in, sit-down protest/strike

Sitzung 1 meeting, session; 2 → **Verhandlung**; **außerordentliche ~** special session

Sitzverstellung seat adjustment

Ski|ausrüstung ski equipment; **~brille** ski goggles; **~läufer** skier; **~lift** ski lift; **~piste** ski run/slope; **~stock** ski stick; **~urlaub** skiing holiday

Skizze sketch

skizzieren sketch

skrupellos unscrupulous

S-Kurve double bend, S-bend

Slawe Slav

slawisch Slavonic

Slip briefs

Slipper loafer

Smogalarm smog alert; **~ Stufe 2** smog warning level 2

sniffen snort

Sodomie buggery

Sofort|bildkamera instant camera; **~hilfe** emergency/immediate aid; **~maßnahme** emergency/immediate/instant action

sogenannt so-called

Sog- und Wellenschlag wake

Sohle sole

Soldat soldier

Soll|bruchstelle pre-determined breaking point; **mit ~bruchstelle ausgestattetes Verkehrszeichen** easy-breaking sign; **~stärke** authorized/established strength; **~stunden** required (working) hours

Sommer|ferien summer holidays; **~kleidung** summer clothing; **~reifen** normal tyres; **~sprossen** freckles; **~zeit** 1 summertime; 2 daylight saving time

Sonderauftrag special task/subject; **~ausbildung** special training; **~ausstattung** extras

sonderbar peculiar, strange, odd

Sonder|behandlung special treatment; **~einheit** (special) task force, special unit; **~einsatz** special operation; **~einsatzkommando (SEK)** special squad, special weapons and tactics team (SWAT) *US*, sniper team *US*; **~fahrerlaubnis** special driving licence (for certain types of vehicles and/or certain routes); **~kommission** 1 task force/group; 2 *(Lageraum)* incident room; **~lackierung** premium paint; **~lage** special situation

Sondermüll hazardous waste; **~deponie** hazardous waste dump

Sonder|munition special ammunition; **~münze** specially minted coin; **~organisation** special agency/organization; **~rechte** special privileges; **~regelung** special agreement/arrangement; **~urlaub** special leave; **~vollmacht** special powers; **~vorschriften** special regulations; **gepanzerter ~wagen** special-purpose vehicle; **~zug** special train; **~zug mit Fußballanhängern** football special

Sonnen|aufgang sunrise; **~blende** (sun) visor; **~blende für Heckscheibe** rear window sunblind; **~brand** sunburn; **~bräune** (sun)tan; **~brille** sunglasses

sonnengebräunt tanned

Sonnen|kollektor solar collector; **~rollo** sun blind; **~schirm** sunshade; **~untergang** sunset

Sonntags|dienst Sunday duty; **~fahrer** Sunday driver, slowpoke *(coll)*

Sonn- und Feiertagsfahrverbot driving ban for large goods vehicles on Sundays and public holidays

Sorbe Sorb

sorbisch Sorbian

Sorge worry, concern; **sich ~n machen** be worried

sorgen| für provide for, ensure; **sich um etwas ~** worry about something

Sorgerecht custody; **elterliches ~** parental custody

Sorgfalt care; **ohne die nötige ~** without due care; **~spflicht** duty of care

Sorte brand, kind, variety
Souterrain basement
Sozial|abgaben social security contributions; **~amt** social security office, (social) welfare department; **~angelegenheiten** welfare matters; **~arbeiter** social/prevention worker; **~gericht** social security tribunal, welfare tribunal; **~helfer** welfare officer; **~hilfe** (social security) benefit, welfare *US*
Sozialversicherung National Insurance *GB*; **~sbeitrag** social security contribution, National Insurance contribution, **~snummer** social security number, National Insurance number
Sozialwohnung council flat/house
Sozius *(Motorrad)* pillion passenger/rider; **~sitz** pillion
Spalte *(Zeitung)* column
spannen tighten
Spanner Peeping Tom *(coll)*
Spann|gurt adjustable belt, tie-down strap; **~kette** tie-down chain
Spannung 1 tension; 2 ⚡ voltage; **unter ~ stehen** ⚡ be live
Spar|buch savings book; **~kasse** savings bank
spärlich sparse
Sparmaßnahme cost-cutting/economy measure
sparsam economical, thrifty
Sparsamkeit thriftiness
Spät|aussiedler *ethnic German repatriated to Germany*; **~dienst** late duty; **~folge** long-term result
Spaten spade
Spätschicht late shift
spazierengehen (go for a) walk
Spazier|fahrt drive, ride; **~gang** walk; **~gänger** walker
Spediteur; Spedition carrier, haulier, hauler *US*, haulage/transport/forwarding company, haulage contractor, forwarder, shipper
Speiche spoke
Speichel saliva; **~probe** saliva sample
Speichenrad 🚗 wire wheel
Speicher 1 attic, loft; 2 💻 memory
speichern 💻 save
Speise|karte menu; **~reste** leftovers; **~röhre** ⚕ gullet; **~saal** dining hall; **~wagen** 🚃 restaurant car, dining car, diner *US*
Spende donation
spenden donate
Sperma sperm; **~spuren** sperm traces
Sperr|bezirk; ~gebiet restricted/no-go/off-limits area
Sperre barrier
sperren 1 *(Straße)* block, close; 2 *(Strom usw)* cut off
Sperr|fläche ▽ barred zone; **~gitter** crush barrier
sperrig bulky
Sperr|konto frozen account; **~müll** bulky refuse; **~müllabfuhr** collection of bulky refuse; **stunde** 1 *(Gaststätten usw)* closing time; 2 ⚔ curfew
Sperrung closure
Sperrvermerk restriction notice
Sperrzone ⚔ exclusion zone
Spesen expenses
Spezial|ausbildung special duty training; **~einheit** special unit; **~einheiten** *(Abteilung)* special operations; **~einsatzkommando** → **SEK**
spiegelglatt slippery
Spiel 1 game; 2 *(Wettkampf)* match; 3 *(Lenkung usw)* play; **auf dem ~ stehen** be at stake; **~automat** gambling/fruit/slot machine, one-armed bandit; **~bank** casino
spielen *(um Geld)* gamble
Spieler 1 player; 2 gambler
Spiel|feld *(Sport)* pitch; **~halle** amusement arcade; **~hölle** gambling den; **~karte** (playing) card; **~kasino** casino; **~platz** play area, playground; **~schuld** gambling debt; **~straße** play street; **~tag** *(Fußball usw)* match day; **~zeug** toy; **~zeugwaffe** toy weapon
Spind locker
Spion 1 spy; 2 *(Tür)* spyhole
Spionage espionage; **~abwehr** counter-intelligence; **~ring** spy ring; **~zentrum** hotbed of espionage
Spirituosen spirits
spitz pointed, sharp

Spitzbart small pointed beard, goatee
Spitze 1 point; 2 *(Berg)* peak, top
Spitzel informer, informant, plant *(coll)*
Spitzen|beamter top-ranking official; **~geschwindigkeit** top speed; **~zeit** peak hours
Spitzname nickname
Splitt chippings
Splitter splinter; **~gruppe** splinter group, faction
splitternackt stark naked
Sport 1 sports; 2 *(Unterrichtsfach bei Polizeiausbildung)* physical skills/training; 3 *(Unterrichtsfach)* physical education (PE); **~abzeichen** sports badge; **~art** sport; **eine ~art ausüben** pursue a sport
Sportboot sports boat; **~führerschein** boat operator's licence; **~führerschein Binnen** boat operator's licence for inland waterways; **~führerschein See** offshore boat operator's licence
Sport|flugzeug sports plane; **~halle** gym(nasium); **~hemd** casual shirt; **~jacke** sports jacket; **~kleidung** sports clothes, sportswear; **~lehrer** physical education (PE) teacher
sportlich in shape, sporty, athletic
Sport|platz sports field/ground; **~prüfung** physical fitness test; **~schifferpatent** boating certificate; **~schuhe** trainers, sneakers; **~schütze** rifleman; **~tasche** sports bag; **~unfall** sporting accident; **~veranstaltung** sporting event; **~waffe** sporting weapon; **~wagen** 🚗 sports car
Spott derision, mockery
Sprachbarriere language barrier
Sprache 1 language; 2 *(Sprechweise)* speech; **beleidigende ~** abusive language; **gesprochene ~** spoken language; **obszöne ~** indecent language
Sprach|fehler speech impediment/defect; **~fertigkeit** linguistic proficiency/competence; **~führer** phrase book; **~gebrauch** usage; **~kenntnisse** linguistic proficiency
sprach|kundig proficient (in a language); **~los** speechless, lost for words
Sprach|regelung official version; **~schwierigkeiten** language problem; **~test** language test
Spraydose aerosol/spray can
Sprech|anlage *(Haustür)* intercom; **~chöre** chant(ing)
sprechen talk; **~ von** talk about, refer to; **deutlicher ~** speak more clearly; **hier spricht die Polizei** this is the police speaking; **lauter ~** speak up
Sprecher(in) 1 speaker; 2 spokesperson, spokes(wo)man
Sprechfunk radio; **~gerät** personal/portable radio, walkie-talkie
Sprech|stunde consulting hours; **~stundenhilfe** *(Arzt)* receptionist; **~taste** intercom button; **~tempo** speed of speaking; **~weise** speech; **undeutliche ~weise** slurred speech
spreizen *(Beine usw)* spread
sprengen 1 blow up; 2 *(kriminelle Vereinigung usw)* bust
Spreng|falle booby trap; **~ladung** explosive charge; **~mittel** explosive; **~satz** explosive device
Sprengstoff explosive; **~anschlag** bomb attack; **~spürgerät** explosives detector; **~spürhund** explosives-sniffing dog
Sprengung blasting, blowing-up
Sprengwagen street sprinkler, watering vehicle/cart
springen jump, leap
Springerstiefel army boots
Spring|flut spring tide; **~messer** flick knife
Spritze 1 *(Gerät)* ⚕ 💉 (hypodermic) syringe; 2 *(Maßnahme)* injection; **~ bekommen** ⚕ have an injection
spritzen ⚕ 💉 inject
Spritztour mit fremdem Kfz joyride, joyriding
Spruchband banner
sprühen spray
Sprühregen drizzle
Sprung 1 jump, leap; 2 *(Riss)* crack
spucken spit
Spur 1 *(Hinweis)* clue, lead; 2 *(sichtbar)* trace, mark; 3 *(Geruch)* scent; 4 *(Fahrstreifen)* lane; **jemandem auf die ~ kommen** get on someone's trail; **jemandem auf der ~ sein** be on some-

one's track/trail; **als ~ sicherstellen** preserve as evidence; **~ verfolgen** follow a lead; **keine ~en von Gewalteinwirkung vorweisen** show no signs of violence

Spur|, falsche ~ false lead; **heiße ~** hot trail; **~assistent** *(LKW)* lane assist

spüren feel, notice, sense

Spurensicherung securing of evidence; **~sbeamter** crime-scene/evidence technician, scenes of crime officer

Spurensuche tracing

Spürhund detector/sniffer/tracker/tracking dog

Spur|rille rut; **~wechsel** lane change

Staat state, country; **betroffener ~** affected state

Staatenloser stateless person

staatlich 1 state, government(al); 2 *(im Staatsbesitz)* state-owned

Staats|angehöriger national, citizen; **~angehörigkeit** nationality, citizenship; **doppelte ~angehörigkeit** dual nationality/citizenship

Staatsanwalt (public) prosecutor, district/state attorney *US*; **~schaft** prosecution (service), prosecutor's office, prosecuting authority, *(England, Wales)* Crown Prosecution Service (CPS), *(Schottland)* Procurator Fiscal, District Attorney (DA) *US*, state attorney's office *US*; **zuständige ~schaft** prosecuting authority in charge

Staats|behörde state agency; **~besuch** state visit

Staatsbürger → Staatsangehöriger; ~schaft → Staatsangehörigkeit

Staats|dienst civil/public service; **~gebiet** national territory; **~gefährdung** sedition; **~geheimnis** state/public secret; **~gesetz** state statute; **~gesetzgebung** state legislation; **~gewalt** state authority; **~grenze** state frontier; **~hoheit** sovereignty; **~kanzlei** prime minister's office; **~kasse** government's coffers; **auf ~kosten** at public expense; **~polizei** state police (force) *US*; **~recht** constitutional law; **polizeilicher ~schutz** *police protection of the constitution*; **~schutzdelikt** state-security offence; **~vertrag** treaty

Stab 1 rod, bar; 2 *(Personal)* staff; **ständiger ~** permanent staff

Stabilisierungsprogramm, elektronisches ~ (ESP) electronic stabilization programme (ESP)

Stabs|abteilung staff division; **~gruppe** headquarters section

Stacheldraht barbed wire; **~rolle** concertina (wire)

Stadion stadium; **aus dem ~ verweisen** eject from the stadium

Stadium stage, level; **in diesem ~** at this stage

Stadt town; **grölend durch die ~ ziehen** roam the town in a noisy way

Stadt|autobahn urban motorway, expressway *US*; **~behörde** city agency; **~bezirk** (urban) district, borough; **~gebiet** urban area; **~grenze** city boundary; **~haus** town house

städtisch municipal, urban

Stadt|mauer town wall; **~park** city/public park; **~plan** street map/plan, town plan; **~polizei** local police force, city/municipal police; **~rand** outskirts; **am ~rand** on the edge of town; **~rat** 1 *(Gesamtheit)* (local/city/municipal) council; 2 *(einzelnes Mitglied)* councillor, council member, councilman; **~rätin** councilwoman; **~rundfahrt; ~rundgang** sightseeing tour; **~staat** city state; **~straße** street; **~streicher** vagrant, tramp; **~streicherei** loitering, vagrancy; **~teil** 1 *(allgemein, kleinräumig)* quarter; 2 neighbourhood; **~tor** town gate; **~verkehr** town/city traffic; **~verwaltung** borough council, local authority, city administration; **~viertel → Stadtteil**; **~werke** municipal utility company; **~zentrum → Innenstadt**

Stahl|kammer strongroom, vault; **~kappe** steel cap; **~kassette** strongbox, steelbox

Stall stable

Stamm *(Baum)* trunk

stammeln stammer

Stammgast *(Kneipe)* regular (customer)

stämmig burly, stocky, sturdy
Stamm|lokal local, favourite pub; **~personal** permanent staff; **~tisch** regulars' table
Stand 1 *(Taxi)* rank; 2 *(Verkaufsstand)* stand, stall; 3 *(Zustand)* state; **~ der Ermittlungen** state survey of investigations; **~ der Technik** state of the art; **in ~ halten** maintain
Standard|ausrüstung standard equipment; **~brief** standard letter; **~verfahren** standard procedure
Stand|gebühr *(abgeschlepptes Kfz)* storage charge; **~geräusch** engine noise (when stationary); **~heizung** parking heater, independent heating (system)
ständig continual, ongoing, permanent
Stand|kontrolle on-the-spot/random/routine traffic check, spot check; **~licht** parking lights
Standort location; **genauer ~** exact location; **vorübergehender ~** temporary location
Stand|punkt viewpoint; **~spur; ~streifen** emergency lane; **~zeiten in Fahrbereitschaft** *(LKW/Bus)* waiting time(s)
Stange Zigaretten carton of cigarettes
Stanniol tinfoil
Stapel stack
stark 1 strong; 2 *(Verkehr)* heavy; 3 *(Getränk)* potent; 4 *(Motor)* powerful
Stärke strength
stärker werden *(Verkehr)* build up
starr|köpfig; ~sinnig stubborn
Start ✈ take-off; **~automatik** automatic choke; **~bahn** runway; **~batterie** start-up battery; **~hilfekabel** jump lead(s), booster/jumper cable
Station *(Krankenhaus)* ward; **~ machen in ....** stop at ....
stationär in-patient
stationieren station
Stationierungs|abkommen status of forces/mission agreement; **~streitkräfte** Allied Forces in Germany
Statistisches Bundesamt Federal Office of Statistics
Stätte place; **historische ~** historic site
stattgeben 1 *(Antrag)* grant; 2 *(Einspruch)* sustain, uphold
Statur *(Person)* build, stature
Status|, diplomatischer ~ diplomatic status; **~geber** coded-tone generator
Stau → **Verkehrsstau**
Staub dust; **~korn** dust particle; **~schicht** layer of dust
Staudamm dam
stauen, sich ~ *(Verkehr)* pile up, tail back
Stau|fach stowage compartment; **~gefahr** risk of congestion; **~see** reservoir; **~warnung** congestion warning
stechen 1 *(Messer)* stab; 2 *(Insekt)* sting; **~d** *(Geruch)* pungent
Steckbrief description of a wanted person, wanted poster
steckbrieflich gesucht werden be on the wanted list
Steckdose (power) point, socket
stecken put; **~ bleiben** get stuck
Stecker plug
Steck|nadel pin; **~nadel im Heuhaufen suchen** look for a needle in a haystack; **~schloss** mortise lock; **~schlüssel** socket spanner/wrench *US*; **~verbindung** plug-in connection
Steg footbridge
stehen| vor *(Anklage usw)* face; **~ bleiben** 1 *(Person)* stop; 2 stop, pull up; 3 *(Motor)* stall
stehend stationary
stehen lassen *(Kfz)* leave
Stehlen stealing, pilfering
stehlen 1 steal, pilfer *(coll)*, pinch *(coll)*, lift *(coll)*; 2 *(Laden)* shoplift
Stehplätze *(Bus, Stadion)* standing room
steif stiff
steigen 1 rise; 2 *(Preise usw)* rise, increase
steigern increase
Steigung ascent, climb, hill, slope, (uphill) gradient, upgrade *US*, uphill grade *US*
steil steep
Steilheck hatchback
Stein rock; **~e werfen** throw/cast stones; **~bruch** quarry; **~hagel** hail of stones; **einen ~wurf entfernt** a stone's throw (away)

Stelle 1 site, place, spot; 2 *(Arbeitsplatz)* job, post; **~ ausschreiben** advertise a post; **an jemandes ~ sein** be in someone's shoes; **auf der ~ tot sein** die instantly, die on the spot; **an die ~ treten von** supersede; **freie ~** vacancy; **kahle ~ in der Mitte des Kopfes** bald patch; **undichte ~** leak

stellen 1 place, put; 2 *(Flüchtigen usw)* apprehend, arrest; **sich ~** turn oneself in, surrender

Stellenvermittlung employment agency/bureau/exchange/office, job centre

stellenweise in places

Stellenwert status

Stellplatz 1 (reserved) parking space; 2 *(Campingplatz usw)* pitch, site

Stellung status, position, post; **aus einer bestimmten ~ ausscheiden** leave a certain position; **~ nehmen zu** comment on; **soziale ~** social position

Stellungnahme statement; **~ abgeben** issue a statement

stellvertretend vice, deputy

Stellvertreter deputy

Stempel (rubber) stamp

Sterbedatum date of death

sterben die

Sterbe|ort place of death, death scene/site; **~urkunde** death certificate; **~zeit** time of death

Steuer 1 (steering) wheel; 2 helm; 3 *(Abgabe)* tax, duty; **am ~** behind the wheel; **nach Abzug der ~** after tax

Steuer|banderole revenue seal; **~befreiung** exemption from tax; **~berater** tax adviser; **~betrug** tax fraud; **~delikt** fiscal offence; **~fahnder** tax investigator

steuerfrei tax-/duty-free, exempt from tax

Steuerhinterziehung tax evasion

steuerlich fiscal

Steuermarke 1 revenue stamp; 2 *(Hund)* tax disc

steuern 1 steer; 2 *(fig)* control

steuerpflichtig taxable, liable for tax

Steuer|plakette *(Kfz)* tax/vehicle disk, excise licence disk; **gültige ~plakette angebracht haben** *(Kfz)* display a valid tax disk

Steuerung steering; **neue ~** new management system/scheme

Steuer|vergehen tax offence; **~zahler** taxpayer

Stich 1 *(Messer usw)* stab; 2 stitch; **jemanden im ~ lassen** let someone down; **~flamme** jet/tongue of flame

stichhaltig conclusive, convincing

Stich|probe 1 *(Vorgang)* random test, spot check; 2 *(entnommener Stoff)* random sample; **~straße** cul-de-sac, dead-end street *US*; **~tag** deadline; **~waffe** stabbing/edged weapon; **~wunde** knife/stab wound

Stiefel boot

Stief|eltern step-parents; **~mutter** stepmother; **~vater** stepfather

Stil, in großem ~ on a grand scale

Stilllieger docked/moored| boat, ~ barge

stillschweigend tacit

Stillstand 1 stalemate, deadlock; 2 *(Verkehr)* standstill; **zum ~ kommen** come to a standstill, stop dead

Stimme voice; **kräftige/laute ~** loud voice; **leise ~** quiet voice; **rauhe ~** hoarse voice; **zarte ~** soft voice

stimmen be correct

Stimmung mood

Stinkefinger bird *US*; **jemandem den ~ zeigen** give someone the finger

Stipendium scholarship

Stippvisite flying visit

Stirn forehead; **niedrige ~** receding forehead; **~band** headband; **~glatze** receding hairline; **~reif** hairband

Stock 1 stick; 2 storey, floor; **erster ~** first/second *US* floor

stockdunkel pitch-black/-dark

Stöckelschuh high-/stiletto-heeled shoe

stockend *(Sprechen)* halting

Stockwerk storey, floor; **oberstes ~** top floor

Stoff 1 *(Textil)* cloth, fabric; 2 substance; 3 stuff, drugs, dope *(coll)*; **~abzeichen** patch

Stoffe, ansteckungsgefährliche ~ infectious substances; **ätzende ~** corrosives; **erwärmte ~** elevated-temperature substances; **entzündbare feste ~** flammable solids; **entzündbare flüssige ~** flammable liquids; **entzündend wirkende ~** oxidizers; **explosive ~** explosives; **gefährliche ~** dangerous substances; **nicht namentlich genannte ~** not otherwise specified substances; **giftige ~** toxic substances; **radioaktive ~** radioactive substances; **selbstentzündliche ~** substances liable to spontaneous combustion; **selbstzersetzliche ~** self-reactive substances; **umweltgefährdende ~** polluting substances, environmentally hazardous substances, contaminants; **wassergefährdende ~** water-polluting substances

Stoffklasse substance category

Stöhnen groan

stöhnen groan

stolpern stumble, trip; **über etwas ~** trip over something

Stopp halt

Stoppel|bart stubble; **~feld** stubble field

stoppen *(Zeit)* time, clock

Stoppschild ▽ stop/halt sign; **~ nicht beachten; ~ überfahren** fail to obey a stop/halt sign

Stopp|signal stop signal; **~uhr** stopwatch

stören disturb

Störer troublemaker

Störung disturbance, disruption; **~ der öffentlichen Sicherheit und Ordnung** breach/disturbance of the (public) peace, public order offence

Stoß 1 bump, jolt; 2 *(Haufen)* stack; **~dämpfer** 🚗 shock absorber

stoßen push, shove; **~ auf** come across; **~ gegen** knock against

Stoßstange bumper, fender *US*; **lackierte ~n** body-coloured bumpers; **~naufkleber** bumper sticker

Stoßverkehr peak/rush-hour traffic

stottern 1 stammer; 2 *(Motor)* splutter

Straf- penal, criminal, punitive

Straf|androhung threat of punishment; **~anstalt** → **Justizvollzugsanstalt**; **~antrag** 1 *(Staatsanwalt)* demand (by the prosecutor) for a penalty; 2 *(Opfer/Geschädigter)* private prosecution; **~anzeige** information, complaint, (criminal) charge; **~anzeige erstatten** prefer criminal charges; **~aussetzung** suspension of sentence

strafbar punishable, criminal, prosecutable, liable to prosecution; **sich ~ machen** commit an offence

Straf|barkeit liability for an offence; **~befehl** order of summary punishment

Strafe 1 punishment, penalty; 2 ⚖ conviction, sentence; **von einer ~ absehen** waive a penalty; **~ absitzen/verbüßen** serve a sentence; **~ auferlegen/verhängen** impose/pass a sentence; **mit einer ~ rechnen** expect a punishment; **harte ~** swingeing sentence; **leichte ~** *(fig)* slap on the wrist; **wohlverdiente ~** well-deserved punishment

strafen punish

Straf|entlassener ex-prisoner; **~erlass** remission of the sentence

straffällig liable to punishment; **~ werden** commit a crime

straffen streamline, tighten (up)

straffrei unpunished

Straf|freiheit impunity, immunity, exemption from punishment; **~gefangener** prisoner, inmate, convict

Strafgericht criminal court; **~sbarkeit** criminal jurisdiction/justice; **~shof** criminal court

Straf|gesetzbuch (StGB) criminal/penal code; **~gewalt** sentencing powers; **~justiz** criminal justice; **~kammer** criminal court; **~mandat** ticket; **~maß** sentence

strafmildernd mitigating

Strafmilderung mitigation

strafmündig of the age of criminal responsibility

Straf|prozess trial, criminal proceedings; **~prozessordnung** code of criminal procedure; **~rahmen** range of punishment(s); **~recht** criminal/penal law

strafrechtlich penal, criminal; **jemanden ~ verfolgen** prosecute someone

Straf|register criminal records; **~sache** criminal case; **~system** penal system
Straftat (criminal/punishable/statutory) offence, crime, criminal act/deed; **~ unter Alkoholeinwirkung** drink-related offence; **~en von Ausländern** crimes committed by aliens; **~ mit politischem Hintergrund** politically motivated crime; **~ mit rassistischem Hintergrund** racially motivated crime; **~ mit religiösem Hintergrund** crime with a religious background; **~en an/in Schulen** school crime
Straftat| anzeigen report an offence; **~ beenden/unterbrechen** disrupt an offence; **~ begehen/verüben** offend, commit an offence/crime; **erneut eine ~ begehen** re-offend
Straftat|, ausländerfeindliche ~ hate crime; **beendete ~** completed offence; **rassistische ~** racially motivated offence; **versuchte ~** attempted crime; **vollendete ~** completed offence
Straftäter offender, criminal, perpetrator; **jugendlicher ~** juvenile delinquent/offender, young offender; **mutmaßlicher ~** alleged offender
Straf|urteil conviction; **~vereitelung** prevention of punishment; **~verfahren** criminal proceedings/procedure
Strafverfolgung 1 *(Polizei)* law enforcement; 2 ⚖ (criminal) prosecution; **~sbeamter** law enforcement officer/official; **~sbehörde** law enforcement agency; **zuständige ~sbehörde** prosecution authority in charge
strafverschärfend ⚖ aggravating
Straf|versetzung disciplinary transfer; **~verteidiger** trial lawyer, defence attorney/counsel/lawyer; **~vollstreckung** execution of sentence(s); **~vollzug** penal system
Strafzettel *(coll)* (warning) ticket, citation *US*; **~ für falsches Parken** parking ticket, penalty charge notice; **~ ausstellen** issue a ticket; **jemandem einen ~ ausstellen** book someone
Strahl 1 beam, ray; 2 *(Flüssigkeit)* jet
Strahlung radiation
Strähne streak
Strand beach; **~bad** bathing beach
Straße street, highway; **an der ~** roadside; **auf offener ~** in broad daylight, in public; **~ mit Gegenverkehr** two-way road; **~ innerorts** street within city limits; **~ mit hohem Verkehrsaufkommen** → **stark befahrene ~**; **~ in einem Wohnviertel** residential street; **die ~ ist nur mit Winterausrüstung befahrbar** the road is open for vehicles with winter equipment only
Straße| benutzen use a road; **~ freimachen** clear the road; **über die ~ gehen; ~ überqueren** cross the road/street
Straße|, asphaltierte ~ paved road; **autobahnähnlich ausgebaute ~** dual carriageway; **stark befahrene ~** busy road, heavily used road; **befestigte ~** hard-surface road, paved road; **belebte ~** busy road; **freie ~** clear road; **gebührenpflichtige ~** toll road; **gepflasterte ~** paved road; **gesperrte ~** closed road; **mehrspurige ~** multi-lane street/road; **öffentliche ~** public highway/road; **in öffentliche ~ einfahren** enter a highway; **schlechte ~** bad/bumpy/uneven road; **übergeordnete ~** primary road; **übersichtliche ~** clear road; **unbefestigte ~** unimproved/unpaved/earth/dirt *US* road; **untergeordnete ~** secondary road; **vereiste ~** icy road; **vierspurige ~** four-lane road; **vierspurige ~ mit zwei Fahrstreifen in jeder Richtung und Mittelstreifen** dual carriageway, divided highway *US*; **zweispurige ~** two-lane road
Straßen- roadside
Straßen|arbeiten roadworks; **~ausbau** road improvement; **~ausbesserungsarbeiten** road mending (work)
Straßenbahn tram(way), streetcar *US*, trolley (car) *US*; **~haltestelle** tram stop; **~linie** tram line/route; **~schienen** tramlines, tramway tracks
Straßenbande street gang
Straßenbau road construction; **~arbeiten** roadworks, road construction/repairs; **~behörde** highway authority;

~**lastträger** highway authority in charge; ~**maschine** road construction machine, road-making machine; ~**stelle** roadworks site; ~**trupp** road repair crew/gang

Straßen|belag → ~**decke**; ~**beleuchtung** street/road/highway light(ing)

Straßenbenutzung road use; **übermäßige** ~ excessive road use; ~**sgebühr** (road) toll

Straßen|beschaffenheit state of the road, road condition; ~**beschilderung** road signing, signposting; ~**brücke** road bridge; ~**café** pavement café; ~**damm** embankment; ~**decke** road surface, pavement, surfacing, paving; ~**delikt** street crime; ~**dieb** mugger; ~**dienst** road maintenance; ~**ecke** street corner; ~**fahrzeug** road vehicle; **geländetaugliches** ~**fahrzeug** sports utility vehicle (SUV); ~**fest** street party/carnival; ~**glätte** slippery road (surface); ~**graben** (roadside) ditch; ~**güterverkehr** road haulage; ~**handel** street trade/trading; ~**händler** 1 street seller/trader/vendor/hawker; 2 💉 street dealer; ~**instandhaltung** upkeep/maintenance of roads/highways; ~**karte** road map; ~**kehrer** (road) sweeper; ~**kehrmaschine** road/street sweeper, street cleaner; ~**klasse** road category; ~**kontrolle** roadside check; ~**kreuzer** limousine; ~**kreuzung** road junction, intersection, crossroads; ~**kriminalität** street crime; ~**lage** 🚗 roadholding (capacity), roadability; ~**lampe; ~laterne; ~leuchte** street light/lamp; ~**lärm** street/road noise; ~**leuchtnagel** cat's eye, reflecting traffic stud; ~**markt** street market; ~**meisterei** road maintenance department/office; ~**name** street name; ~**netz** road/highway network, road/highway system; ~**nummer** road number; ~**oberfläche** (road) surface, pavement; ~**prostituierte** street prostitute, streetwalker; ~**rand** shoulder, edge of the road; ~**raub** mugging; ~**reinigung** street cleaning; ~**schwelle** → **Schwelle**; ~**seite** side of the street/road; **auf der anderen ~seite** across the street/road

Straßensperre road block; ~ **durchbrechen** break through a road block; ~ **errichten** set up a road block; **in eine ~ rasen** speed into a road block

Straßen|sperrung road closure; ~**strich** 1 street prostitution; 2 *(Ort)* streetwalkers' patch; ~**verhältnisse** road conditions

Straßenverkehr road traffic; ~**samt** roads and highways department; ~**sgefährdung** endangering road traffic; ~**sgesetz** road traffic act; ~**sordnung (StVO)** highway code, traffic regulations, rules of the road, driving code *US*; **gegen die ~sordnung verstoßen** infringe the highway code; ~**sunfall** →**Verkehrsunfall**; ~**szulassungsordnung (StVZO)** (road) licensing regulations, Road Vehicles (Construction and Use) Regulations *GB*

Straßen|viertel neighbourhood, quarter; ~**wacht** → **Pannendienst**; ~**walze** road roller; ~**wärter** road maintenance worker; ~**zug** through road; ~**zustand** road condition; **gefährlicher ~zustand** treacherous road condition; ~**zustandsbericht** road conditions report

Strauch bush, shrub

Strecke 1 stretch, section; 2 *(Entfernung)* distance; 3 🚂 track, line

strecken stretch

Streckenabschnitt stretch/section of road

streicheln fondle, caress

Streichholz match; ~**briefchen** book of matches; ~**schachtel** matchbox

Streife patrol, beat; **auf** ~ on (routine) patrol, on the beat; ~ **fahren** patrol, cruise *US*; ~ **gehen** patrol, walk the beat; **zusätzlich eingreifende** ~ responding back-up unit; **gemischte** ~ joint patrol (of a police officer and another official); **motorisierte** ~ motorized patrol

Streifen 1 *(sichtbar)* stripe; 2 *(Stoff usw)* strip

streifen 1 *(Schuss)* graze; 2 *(Kfz)* sideswipe; **jemanden** ~ brush against someone

Streifen|bezirk beat, district, patrol area; **~bezirk eines uniformierten Polizisten** uniform beat; **~dienst** patrol/street duty, street patrol; **~fahrt** patrol

Streife(nfahrt), offene, erkennbare, gezielte ~ high-visibility patrolling

Streifenpolizist patrol/beat officer, constable on the beat, beat guy *(coll)*, street cop *(coll)*

Streifenwagen (highway) patrol car, police/squad/panda/beat car, police van, cruiser *US*, unit *US*, black/blue-and-white *(coll) US*, prowler car *US*; ~ **mit bewaffneten Polizisten** armed response vehicle; **nachgestellter** ~ fake patrol car; **zweiter** ~ back-up crew/unit

Streifenwagen|besatzung patrol crew, (car) team; **bewaffnete ~einheit** police firearms unit, firearms response team

Streik strike, industrial action; **gewerkschaftlich organisierter** ~ official strike; **wilder** ~ unofficial/wildcat strike

streiken strike, be/go on strike

Streit dispute, row, quarrel, argument; ~ **beilegen** settle a dispute; ~ **schlichten** settle a dispute; ~ **suchen** be looking for trouble, pick a quarrel

streiten 1 argue, quarrel; 2 *(vor Gericht)* litigate

Streit|frage; ~punkt issue; **~kräfte** (armed) forces, services

streitsüchtig quarrelsome

streng strict

Stress strain; **mit ~ fertig werden** cope with stress; **~bewältigung** stress management

streuen *(Winter)* grit

Streu|fahrzeug gritter, gritting truck; **~gut** grit

streunen stray

Streusalz → **Auftausalz**

Strich line; ~ **auf Bierdeckel** mark on the beer mat; **auf den ~ gehen** walk the streets; **~code** *(auf Waren)* bar code; **~junge** male prostitute; **~linie** ▽ dashed line

Strick rope; **~jacke; ~weste** cardigan; **~leiter** rope ladder

strikt strict, stringent

strittig sein be a matter of dispute

Stroh straw; **~dach** thatched roof; **~mann** straw man, dummy

Strom 1 *(Fluss)* river; 2 ⚡ current

strom|abwärts downstream; **~aufwärts** upstream

Stromausfall power failure, outage *US*

stromführend ⚡ live

Strom|kabel electric/power cable; **~kreis** circuit; **der ~kreis ist unterbrochen** the circuit is broken; **~schiene** 🚂 live/third rail; **~schlag** electric shock; **durch ~schlag töten** electrocute; **~sperre** power cut; **~stoß** electric shock

Strömung current

Strumpf stocking; **~band** garter; **~halter** garters, suspenders; **~hose** tights, pantyhose *US*; **~maske** stocking mask

Stück 1 piece, bit, part; 2 *(Theater)* play

Stückelung *(Banknoten)* denomination

Student student; **~enausweis** student ID (card); **~enwohnheim** student hostel, hall of residence

Studentin female student

Studie survey

Stufen|führerschein graded driving licence; **~heck** notchback

stumm mute, dumb, silent

stumpf blunt

Stunde *(Unterricht)* lesson; **~nhotel** sleazy hotel; **~nlohn** hourly wage

Stupsnase snub nose

stur stubborn, obstinate

Sturheit stubbornness

Sturm storm, gale

stürmen assault, storm

Sturmflut storm tide

stürmisch stormy

Sturm|laterne storm lantern; **~schaden** storm damage

Sturz fall

stürzen fall, plunge

Sturzhelm crash helmet

Stützeinrichtung *(Sattelauflieger)* trailer jack

stützen bolster, support

Stütz|last tongue load; **~mauer** retaining wall; **~punkt** base; **~rad** *(Wohnwagen usw)* jockey wheel; **~räder** *(Kinderfahrrad)* stabilizers
Suche search, hunt; **~ nach Schulschwänzern** truancy sweep
Such|einheit search party/unit; **~- und Rettungseinheit** search and rescue unit
suchen search, look for, hunt
Such|meldung bulletin, SOS message; **~scheinwerfer** searchlight
Sucht addiction
süchtig addicted; **~ machend** addictive
Sucht|kranker addict; **~stoff** addictive drug/substance
Süden south; **in Richtung ~; nach ~ fahrend** southbound
Süd|europäer; ~länder Southern European
südeuropäisch Southern European
Suggestivfrage leading question
Summe amount
summen hum, buzz
Summer buzzer
Sumpf swamp
sumpfig swampy
Sünde sin; **~nbock** scapegoat
Super|benzin four-star petrol, premium *US*; **großer ~markt** superstore, hypermarket
Suppenküche soup kitchen
Süßwasser fresh water
Sympathisant sympathizer
System ausnutzen exploit/milk *(coll)* a system

T

Tabak tobacco
Tabelle table
Tablette pill, tablet
tablettensüchtig addicted to pills
tabu taboo
Tachograph tachograph, spy in the cab *(coll)*; **~ manipulieren** manipulate the tachograph; **geeichter ~** calibrated tachograph
Tacho(graphen)scheibe tachograph disk; **~ für die vorhergehenden Tage** tachograph disk for the previous days; **~ einlegen** insert the tachograph disk; **~ entnehmen** remove the tachograph disk
Tacho(graphen)schublade tachograph tray
Tachometer speedometer, clock *(coll)*; **justierter ~** calibrated speedometer; **plombierter ~** sealed speedometer; **~stand** mileage
Tafel|, orangefarbene ~ orange(-coloured) panel; **~glas** plate glass
Tag| des Inkrafttretens effective date; **an den ~ kommen** come to light; **ganze ~e** *(z.B. 7 Tage von 22.00 bis 22.00)* clear days; **am helllichten ~** in broad daylight; **vierzehn ~e** fortnight
Tage|buch logbook; **~buchnummer** docket number; **~geld** daily allowance
Tages|einbruch daytime burglary; **~kilometerzähler** trip meter; **~kilometerzähler auf Null stellen** reset the trip meter; **~kontrollblatt** daily control sheet; **~lagebericht** crime bulletin; **~licht** daylight; **~ordnung** agenda; **~ordnungspunkt** item, topic; **~ruhezeiten** daily rest periods; **~satz** *(Geldstrafe)* (income-related) daily rate; **~schicht** day shift; **~stärke** present-for-duty strength; **~wache** police station only open in the daytime; **~zeit** time of day
Tagung conference, convention; **~sort** conference venue
Taille waist
Tal, zu ~ fahren go downstream
Talar gown, robe
Tal|-fahrer vessel running downstream; **~fahrt** 1 *(Bergbahn usw)* descent; 2 downstream navigation/passage; **~sperre** 1 *(Mauer)* dam; 2 *(Stausee)* reservoir
Tandem|achse twin axle; **~anhänger** tandem trailer
Tank 1 (fuel/petrol/gas) tank; 2 *(allgemein)* tank; **festverbundener ~** firmly installed tank; **luftdicht verschlos-**

sener ~ *tank which is closed airtight*; **ortsbeweglicher** ~ → **Aufsetztank**

Tank|anzeige fuel gauge; **~betrug** filling station fraud; **~container** tank container; **~deckel** 1 fuel/filler/tank/gas cap; 2 *(Tankwagen)* (hinged) lid; **abschließbarer ~deckel** lockable fuel cap

tanken fill up (with petrol)

Tank|fahrzeug (road) tanker; **~füllstutzen** filler pipe; **~füllung** *(Menge)* full tank; **~körper** shell; **~schiff** tanker; **~stelle** filling/fuel/petrol station, gas station *US*; **~stopp** tank/fuel stop; **~stutzen** filler pipe

Tank- und Rastanlage *(Autobahn)* service area, services, rest stop, roadhouse *US*

Tankverschluss fuel/petrol/gas/tank cap; **~entriegelung** fuel cap unlocking device

Tank|wagen (road) tanker; **~wart** petrol/gas station attendant, pump attendant; **~wechselaufbauten** tank swapbodies

tarnen disguise

Tarnung disguise

Tasche 1 *(Kleidungsstück)* pocket; 2 *(zum Tragen)* bag; **aufgesetzte** ~ patch pocket; **versteckte** ~ secret pocket

Taschen|dieb pickpocket; **~diebstahl** pickpocketing; **~flasche** hip flask; **~lampe** flashlight, torch; **~messer** pen/pocket knife; **~rechner** (pocket) calculator; **~spielertrick** sleight of hand; **~tuch** handkerchief; **~uhr** pocket watch

Tastatur 1 🖳 keyboard; 2 *(☎, Taschenrechner usw)* keypad; **~sperre** *(Handy)* keypad lock

Taste ☎ button

Tat deed, act; **auf frischer** ~ in the act, red-handed; **jemanden auf frischer ~ ergreifen/ertappen** catch someone red-handed/in the act

Tatbegehung commission of a crime; **aktuelle** ~ crime in progress; **~sweise** → **Vorgehensweise**

Tat|beitrag share in the crime; **~bericht** crime report

Tatbestand facts of a crime; **unbestreitbarer** ~ undeniable fact; ~ **feststellen** find out/ascertain the facts; **~saufnahme** fact finding; **~sirrtum** factual error/mistake; **~smerkmal** constituent/operative fact *US*

Tateinheit, in ~ mit ⚖ in conjunction with

tatenlos zusehen stand and watch, watch without taking any action

Täter offender, criminal, delinquent, perpetrator, culprit; **bewaffneter** ~ gunman; **mutmaßlicher** ~ suspect; **reisender** ~ travelling criminal; **~gruppe; ~kreis** *group of people involved in a crime;* **-Opfer-Ausgleich** restorative justice; **~schaft** perpetration of an offence; **~verbindung** link between offenders

Tat|frage question of fact; **~handlung** act; **~hergang** sequence of events; **aktive ~hilfe** active participation in a crime; **passive ~hilfe** connivance

Tätigkeit activity; **ausgeübte** ~ occupation, job; **dienstliche** ~ official duties; **freiberufliche** ~ freelance occupation; **karitative** ~ charitable activity; **(nicht) operative** ~ (non-)operational work; **~sbereich** sphere/field of activity; **~sbericht** progress report

Tätlichkeit assault, violence

Tat|mittel means of crime; **~motiv** motive

Tatort crime scene, scene/site/location (of the crime); **am** ~ on scene; **zum ~ zurückkehren** return to the scene of the crime; **~absicherung** securing the scene of the crime; **~aufnahme** crime scene processing; **~bereichsfahndung** search at the crime scene; **~- und Ermittlungsbericht** crime scene report; **~besichtigung** viewing the scene; **~fotografie** crime scene photography

tätowieren tattoo

Tätowierung tattoo

Tatrekonstruktion reconstruction of an incident

Tatsache fact; **~nbericht** factual report; **~nbeweis** circumstantial evidence; **~nfeststellung** *establishing the facts*

tatsächlich actual, in fact

Tatumstände pertinent circumstances
Tatverdacht suspicion; **dringender ~** strong suspicion, reasonable and probable cause; **hinreichender ~** reasonable grounds for suspicion, reasonable cause
tatverdächtig suspicious, suspected; **~ sein** be suspected of having committed an offence
Tat|verdächtiger suspect; **~waffe** weapon; **~weise** → **Vorgehensweise**; **~werkzeug** instrument; **~zeit** time of crime; **~zeuge** witness to the incident/crime
Tau 1 *(Seil)* rope; 2 *(Niederschlag)* dew
taub deaf; **~stumm** deaf and dumb, deaf-mute
Taubstummensprache deaf-and-dumb language
Tauchen diving
tauchen dive
Taucher 1 diver; 2 *(mit Gerät)* scuba diver; **~anzug** diving suit; **~brille** diving goggles; **~gruppe** underwater| unit, ~ search and recovery team
tauen thaw
tauglich 1 capable, suitable; 2 *(körperlich)* fit
taumeln stagger
Tausch exchange, swap
tauschen exchange, swap
täuschen deceive, take in; **jemanden ~** fool someone; **~d** deceptive
Tauschhandel barter
Täuschung deceit, (criminal) deception, misrepresentation; **durch ~ erlangen** obtain| by trickery, ~ by means of deception; **arglistige ~** fraud, fraudulent misrepresentation; **~smanöver** ploy; **~versuch** attempt to deceive
Tauschwert exchange value
Tauwetter thaw
Taxameter meter
Taxenstand taxi rank, cab stand *US*
Taxi taxi (cab), cab; **großes ~** limousine *US*; **~fahrer** taxi/cab driver, cabbie *(coll)*
Technik 1 *(Maschinen usw)* technology; 2 *(Methode)* technique; **~er** technician
Technischer Überwachungsverein → **TÜV**
Technisches Hilfswerk (THW) *technical relief agency*
Teer tar; **~decke** tar surface
teeren tar
Teich pond
Teil part, portion; **~chen** *(Spurensicherung usw)* particle
teilgeladen loaded and made safe (no round in chamber), loaded with safety on (no round in chamber)
Teil|geständnis admission; **~kaskoversicherung** part-comprehensive insurance; **~nahme** *(Veranstaltung)* participation, attendance
teilnehmen 1 *(Veranstaltung)* participate, take part, attend; 2 *(Unternehmung)* be a party to something
Teil|nehmer participant; **~nehmerstaat** participating state; **~schaden** partial loss; **~strecke** section; **~stück** section
Teilung partition, division
Teilzahlung instalment, part payment
Teilzeit- part-time
Teilzeit|beschäftigung part-time job; **~kraft** part-timer
Telefax → **Fax**
Telefon phone; **ans ~ gehen** answer the phone; **am ~ verlangt werden** be wanted on the phone; **öffentliches ~** pay phone, public telephone; **schnurloses ~** cordless phone
Telefon|anschluss phone, line; **~anschlussinhaber feststellen** identify a (telephone) subscriber; **~apparat** phone; **~buch** phone book/directory; **~gespräch** (phone) call; **gebührenfreies ~gespräch** toll-free (phone) call
telefonieren call, phone, ring (up)
Telefon|karte (tele)phone card; **~leitung** (telephone) line; **~leitung anzapfen** tap a telephone line; **~netz** telephone network; **~nummer** (tele)phone number; **~seelsorge** The Samaritans *GB*; **~überwachung** telephone surveillance/tap(ping), eavesdropping; **~vermittlung** (telephone) exchange; **~zelle** phone box/booth/kiosk; **~zentrale** phone exchange/switchboard
Teleskopschlagstock telescopic truncheon

Tempo 1 speed; 2 *(Entwicklung usw)* rate; **mit hohem** ~ at high speed
Tempomat 🚗 cruise/speed control
Tendenz trend
Tennis|platz tennis court; **~schuhe** tennis shoes
Teppich carpet; **~bodenmesser** Stanley™ knife
Termin 1 appointment, date; 2 *(Frist)* deadline; 3 *(Gericht)* hearing; **~ einhalten** meet a deadline; **~ festsetzen** appoint/fix a date; **letzter** ~ deadline; **~kalender** diary; **~plan** schedule
Terrasse terrace, deck
Terroranschlag terrorist attack
Terrorismus terrorism; **~bekämpfung** combating terrorism, fight against terrorism
Test|, chemischer ~ chemical test; **psychologischer** ~ psychological examination/test
Testament (last) will
Test|gerät test device; **~strecke** test track
teuer expensive
Teufelskreis vicious circle
Text|marker highlighter, illuminator; **~verarbeitung** 💻 word/text processing
Theater spielen *(auch fig)* act
Theke 1 counter; 2 *(Polizeirevier)* desk; 3 *(Gaststätte)* bar
Thema subject, topic, issue, point; **~ ansprechen** address a topic/an issue; **beim ~ bleiben** stick to the topic, keep to the point
theoretisch theoretical, theoretically speaking, in theory
Thüringen Thuringia
tief *(Stimme)* low
Tiefe depth
Tief|flieger low-flying aircraft; **~gang** 🚢 draught; **~garage** underground car park
tiefgefroren (deep-)frozen
Tief|geschoss 🏠 basement; **~lader** 1 low-loader, low-boy *US*; 2 *(Anhänger)* underslung trailer
tiefliegend *(Augen)* deep-set
Tier animal; **~e auf der Fahrbahn** straying livestock; **exotisches** ~ exotic animal; **gefährliches** ~ dangerous animal; **streunendes** ~ stray (animal)
Tier|arzt vet(erinarian), veterinary surgeon; **~biss** animal bite; **~halter** keeper/owner of the animal; **~klinik** animal hospital; **~körper** cadaver; **~kreiszeichen** sign of the zodiac; **~quälerei** cruelty to animals; **~schützer** animal rights activist; **militanter ~schützer** animal rights extremist; **~transport** animal transport; **~transporter** cattle truck/van
tilgen pay off
Tipp hint, tip(-off)
Tochtergesellschaft subsidiary (company)
Tod death; **~ durch Erfrieren** death from exposure; **~ durch Ersticken** asphyxiation; **~ durch Ertrinken** drowning; **~ im Polizeigewahrsam** death in custody; **~ durch Stromschlag** electrocution; **~ unter mysteriösen Umständen** suspicious death, death in suspicious circumstances; **~ durch Unterkühlung** death from exposure; **~ durch Vernachlässigung** death caused by negligence
Tod|, jemanden mit dem ~ bedrohen threaten to kill someone; **zu ~e erschrocken sein** be frightened to death; **jemandes ~ feststellen** confirm/establish someone's death, pronounce someone dead; **gewaltsamer** ~ violent death; **(un)natürlicher** ~ (un)natural death; **plötzlicher** ~ sudden death
Todes|bescheinigung death certificate; **~ermittlungen** inquest; **~fall** fatality, death; **ungeklärter ~fall** unresolved case of death; mit **~folge** *(Unfall)* fatal; **~nachricht überbringen** inform relatives about a death, break the news of death; **~opfer** fatality; **~strafe** capital punishment, death sentence/penalty; **~ursache** cause of death; **natürliche ~ursache** natural cause (of death)
todkrank terminally ill
tödlich fatal, deadly, lethal
Toilette lavatory, restroom *US*; **behinder-**

tengerechte ~ disabled toilet; **öf-fentliche ~n** public toilets/conveniences
Toleranzgrenze tolerance limit
tolerieren tolerate
Tollwut rabies
tollwütig rabid
Ton sound, tone; **~band** tape; **auf ~band aufnehmen** record, tape
Tonkassette tape
Tonne ton
Tor gate; **~bogen** 🏠 arch(way); **~einfahrt** gateway
torkeln stagger, reel
tot| aufgefunden found dead; **~ beim Eintreffen** *(Unfallort, Krankenhaus)* dead on arrival
Total|schaden; ~verlust total loss, write-off
töten kill
Toten|fleck post-mortem lividity; **~kopf** skull
Toter dead/deceased person; **unbekannter ~** unknown dead person
Totschlag manslaughter, (culpable) homicide, second-degree murder; **~ in Notwehr/Nothilfe** justifiable homicide
totschlagen beat/bludgeon to death
Totschläger cosh, blackjack *US*
Tötung homicide, murder, killing, slaughter; **~ durch Unterlassen** killing by failing to render assistance; **~ auf Verlangen** killing on demand; **fahrlässige ~** negligent homicide/manslaughter, involuntary manslaughter/killing; **unbeabsichtigte ~** unintentional killing
Tötungs|absicht intent to kill; **~delikt** homicide, manslaughter; **versuchtes ~delikt** attempted homicide/manslaughter
Toupet toupee
Tourist sightseer
Touristen|bus tourist coach; **~falle** tourist trap; **~klasse** tourist class; **~saison** tourist season; **~visum** tourist visa
Trabantenstadt satellite town
Tragbahre stretcher
tragen 1 carry; 2 *(Kleidung)* wear
Trägerfahrzeug mit MEGC lorry with multiple element gas containers; **~ für/mit Container** lorry for/with a container
Trage|riemen shoulder strap; **~tasche** carrier bag
Trag|fähigkeit load-carrying capacity; **~flügelboot** hydrofoil; **~weite** significance
Trainings|anzug tracksuit; **~hose** track pants *US*; **~jacke** tracksuit top
Träne tear
Tränengas tear gas; **~granate** tear gas grenade; **~spray** tear gas spray
Tränensäcke bags under the eyes
Transit| von Personen passage of persons; **~bereich** transit area; **~handel** transit trade; **~passagier** transit passenger; **~verkehr** transit traffic; **~visum** transit visa
Transparent *(Spruchband)* banner
Transport carriage, haulage, shipment, transportation *US*; **~ gefährdeter Güter** *(Geld, Kunstwerke usw)* transport of high-risk items; **~ von giftigem und gefährlichem Müll** transport of toxic and hazardous waste
transportabel fit to be transported
Transport|bescheinigung transport licence; **~(beton)mischer** readymix vehicle, truck mixer
Transporter 🚗 transporter, carrier
transportfähig ⚕ movable
transportieren carry, ship, truck
Transport|kette transport chain; **~kontrolle** → **LKW-Kontrolle**; **~mittel** means of transport; **~schaden** damage in transit; **~unternehmen** transport company; **~weg** route
Trasse route
Trauer|feier funeral service; **~zug** funeral procession
Trauring wedding ring
Treffen gathering, meeting; **~ vereinbaren** appoint a meeting
treffen 1 meet; 2 *(Wurfgeschoss)* hit, strike
Treffer hit, strike
Treffpunkt 1 *(Bahnhof, Flughafen usw)* meeting point; 2 *(Gruppe)* hangout; **~ für Verliebte** lovers' lane

treiben, sich ~ lassen drift
trennen sever, separate; **sich ~** separate, split up
Trennscheibe *(Taxi)* partition
Trennung separation
Treppe stairs, staircase; **~nabsatz** landing; **~ngeländer** banisters; **~nhaus** staircase, stairs, stairwell, stairway; **~nstufe** step
Tresor safe; **~raum** strongroom, vault
treten 1 kick; 2 *(Bremse, Gas)* step on, press
Treu, nach ~ und Glauben in good faith
treu faithful, loyal
Treue loyalty, fidelity; **~eid** oath of allegiance; **~pflicht** allegiance
Trick|, jemanden mit einem ~ zu etwas veranlassen trick someone into doing something; **~betrug** confidence trick; **~betrüger** confidence trickster; **~diebstahl** confidence trick
Trieb|handlung *act motivated by physical urges*; **~täter** compulsive offender; **~wagen** 🚆 railcar
Trikot *(Sport)* jersey, strip
trinken, viel ~ drink heavily
Trinker (habitual) drinker, alcoholic, drunkard
trinkfest used to (hard) drinking
Trink|gelage drinking bout; **~geld** tip, (staff) gratuity; **~glas** tumbler; **~wasser** drinking/potable *US* water
Tritt 1 kick; 2 *(Bremse, Gas)* step; **~brettfahrer** joyrider; **~spur** footsteps
Trödel junk; **~markt** jumble sale
Trödler junk-dealer
Trommel 1 drum; 2 🔫 multi-chambered cylinder; **~bremse** 🚗 drum brake; **~revolver** revolver
Tropfen drop
tropfen drip
Trost comfort, consolation
trösten comfort
Trottel fool
Trubel hustle and bustle
Trugschluss wrong conclusion
Trümmer 1 debris, wreckage; 2 *(Bau)* rubble
Trunkenheit drunkenness, intoxication; **~ am Steuer** drunk(en) driving; **~sfahrt** drink-and-drive, drinking and driving, drink-driving, driving with excess alcohol, drunken driving, drunk-driving *US*, driving while unfit through drink, driving under the influence (of alcohol) (DUI) *US*, driving while intoxicated (DWI) *US*; **verhinderte ~sfahrt** prevented drive under the influence
Tube tube
tückisch treacherous
Tumult riot
tun, etwas ~ müssen be obliged to do something
Tür| aufbrechen break down/force a door; **~ eintreten** kick in/break a door; **~ öffnen lassen** *(durch Schlüsseldienst)* (get someone to) open the door
Turbolader 🚗 turbocharger
Tür|fenster door window; **~griff** door handle; **~kette** door chain; **~klingel** doorbell; **~klinke** (door) handle; **~klopfer** (door) knocker; **~knopf** door knob
Turm tower
Turnhalle gym(nasium)
Tür|öffner door opener; **~schild** sign on the door, nameplate; **~schloss** door lock; **~schwelle** doorstep; **~spion** spyhole; **~steher** *(Nachtlokal)* doorman, bouncer; **~-zu-~-Befragung** canvassing; **~-zu-~-Befragung durchführen** canvas (people)
TÜV|; ~-Abnahme; ~-Prüfung vehicle test, Ministry of Transport test (MOT) *GB*; **~-Plakette** MOT decal
Typ, südländischer ~ Mediterranean person
Typen|bezeichnung type designation; **~genehmigung** type approval; **~schild** type label

U

U-Bahn underground (railway), subway *US*; **~station** underground station, subway station *US*

übel 1 *(Geruch)* foul; 2 *(Gefühl)* sick; 3 *(Charakter)* nasty, bad; **~nehmen** resent
Übelkeit ⚕ nausea, sickness
üben practise, exercise
über *(Fahrstrecke)* via; **~all** everywhere, all over the place; **~arbeiten** revise; **~bewerten** overestimate
Überblick overview
überblicken overlook
Überbreite excessive width, wide load
überbringen deliver, convey
Überbringer *(Scheck)* bearer
überbrücken *(Zeitraum)* span
Überbrückungskabel 🚗 jump lead(s)
über|dacht covered; **~denken** reconsider, rethink
Über|dosis (drug) overdose (OD); **an ~dosis sterben** die of an overdose; **~druck** excess pressure
über|durchschnittlich above average; **~eilt** rash
Übereinkommen agreement, understanding, accord; **stillschweigendes ~** tacit agreement
übereinstimmen *(Farbe, Beschreibung)* match; **~ mit** agree with
Übereinstimmung agreement; **in ~ mit** in accordance with
überfahren *(Person)* knock/mow down, run over
Überfall 1 *(Bank usw)* hold-up, raid; 2 *(Person)* attack, assault; **bewaffneter ~** armed robbery
über|fallen 1 hold up, raid; 2 attack, assault; **~fällig** overdue
Über|fallkommando flying squad; **~fluss** abundance
über|flüssig redundant, unnecessary; **~fluten** flood; **~fordert sein** be overburdened, have too much on one's shoulders
überfragt, damit bin ich ~ I don't know, I'm afraid I can't answer this, that's beyond me
über|frieren freeze over; **~führen** 1 ⚖ convict; 2 transport
Überführung 1 *(Brücke)* flyover, overpass; 2 transfer, transport; 3 *(Fußgänger)* footbridge
überfüllt *(Bus usw)* (over)crowded, crammed
Über|gabe handover, handing-over, surrender; **~gang** 1 🚂 level crossing; 2 transition
Übergangs- interim
Übergangs|bestimmung interim provision; **~lösung** interim solution
über|geben hand over, surrender; **sich ~geben** vomit, be sick, throw up; **stark ~gewichtig** obese; **~gießen** douse; **~greifen** spread
Über|griff attack, encroachment; **~größe** outsize
über|handnehmen increase at an alarming rate; **~hängend** overhanging; **~hitzen** *(Motor)* overheat; **~höht** *(Kurve)* banked
Überholen overtaking, passing; **falsches ~** improper overtaking
überholen 1 overtake, pass; 2 *(reparieren)* overhaul, recondition; **rechts ~** overtake/pass on the right, overtake on the inside
Überhol|manöver overtaking manoeuvre; **~spur** fast/left/outside/overtaking/passing lane; **~verbotsstrecke** no-overtaking/no-passing *US* zone; **~vorgang** overtaking, passing
über|hören ignore; **~laden** 1 *(Verb)* overload; 2 *(Adjektiv)* overloaded
Überladung overload
überlang unusually long
Überlänge excessive length
über|lassen, jemandem etwas ~lassen 1 let someone have something; 2 *(Tätigkeit)* leave it to someone to do something; **~laufen** 1 *(Verb) (Wasser usw)* overflow; 2 *(Adjektiv) (von Touristen usw)* overrun, overcrowded; **~leben** survive
Über|lebender survivor; **~lebenschance** chance of survival
überlegen *(Verb)* think, consider; **es sich recht ~** come to think of it
überlegen *(Adjektiv)* superior; **sich ~ fühlen** feel superior
Überlegenheit superiority
überlisten outwit
Übermacht superior strength/numbers

übermalen *(Schild)* paint over

Übermaß excess, excessive amount

übermäßig excessive

Übermaßverbot prohibition of excessive (re)action

über|mitteln convey, transmit, send, pass on; **~müdet** tired, exhausted

Übermüdung tiredness, exhaustion, fatigue

übernachten stay overnight

Übernachtung overnight stay; **~smöglichkeit** overnight accommodation

Übernahme 1 *(Verantwortung, Aufgabe)* assumption; 2 takeover; **~ der Ordnungsgewalt** assumption of police powers; **~schein** takeover note

über|nehmen 1 assume; 2 take over; **~parteilich** non-partisan; **~prüfen** 1 verify, check, examine, investigate; 2 *(Person)* screen, vet; **erneut ~prüfen** re-examine

Überprüfung check, examination, investigation, verification

über|queren cross; **~raschen** surprise

Überraschung surprise; **böse ~** nasty surprise

Überreaktion overreaction

überreden persuade

Überredung persuasion

überreichen hand over

Überrollbügel 🚗 anti-roll/roll(over) bar

über|rollen overrun, run down; **jemanden ~rumpeln** catch someone by surprise; **~schätzen** overestimate; **~schlagen** *(ungefähr berechnen)* calculate/estimate roughly; **sich ~schlagen** overturn, roll over; **sich ~schneiden** overlap

Über|schneidung overlap

überschreiten 1 exceed; 2 *(Grenze)* cross

Überschrift headline, heading

über|schwappen *(Flüssigkeit)* spill over; **~schwemmen** flood

Überschwemmung flooding

über|sehen *(versehentlich)* overlook; **absichtlich ~sehen** ignore, disregard; **~senden** forward, send; **~setzen** translate

Über|setzer translator; **~setzung** translation; **~setzungsfehler** translation error; **~sicht** overview, summary

über|sichtlich clear; **~spitzt** exaggerated; **~steigen** *(Möglichkeit)* exceed; **~stellen** 1 transfer; 2 ⚖ commit; **jemanden ~stellen** hand someone over

Überstellung 1 transfer; 2 ⚖ committal

übersteuern 🚗 oversteer

Überstunden overtime; **~ machen** work overtime

über|stürzt rash; **~tragbar** transferable; **nicht ~tragbar** non-transferable; **~tragen** 1 transfer; 2 *(Radio usw)* broadcast; 3 ⚖ confer; 4 *(Forderung)* assign

Übertragung 1 transfer; 2 *(Nachricht)* communication; 3 *(Radio usw)* broadcast

übertreiben exaggerate

Übertreibung exaggeration

übertreten *(Gesetz)* break, breach, infringe

Übertretung infringement, violation

überwachen 1 supervise, police, stake out, observe; 2 monitor

Überwachung 1 supervision, surveillance, stakeout; 2 monitoring; 3 *(Einhaltung)* enforcement; **~ der Grenzen** border control(s); **~ der Verkehrsvorschriften** traffic enforcement; **~ von Waffenbesitz** gun control; **elektronische ~** electronic surveillance; **raumdeckende ~** area surveillance; **technische ~** technical surveillance; **~smaßnahme** monitoring measure

überwältigen overwhelm; **jemanden ~** overcome/overpower someone

Überweg crossing

überweisen *(Geld)* remit, transfer

Überweisung remittance, (bank) transfer

über|winden overcome; **~zeugen** convince, persuade

Überzeugung conviction; **~stäter** *offender who has acted on grounds of conscience/conviction*

Übung exercise, practice; **~sgelände** training ground

Ufer waterfront, waterside, bank; **~promenade** lakeside/riverside promenade; **~straße** lakeside/riverside road

U-Haft → **Untersuchungshaft**

Uhr, rund um die ~ (a)round the clock

Uhrzeiger hand; **gegen/im den ~sinn** (anti-)clockwise
Ultimatum deadline
Ultraleichtflugzeug microlight aircraft
umarmen embrace, hug
Um|armung embrace, hug; **~bau** conversion
um|bauen convert, rebuild; **~benennen** rename; **jemanden ~bringen** kill someone
Umbruch radical change, upheaval
um|disponieren make new arrangements; **~drehen** 1 turn around; 2 *(Seite)* turn; 3 *(zurückfahren)* drive back
Umdrehung *(Motor)* revolution
umfahren 1 run down; 2 go around, bypass
Umfang 1 circumference; 2 *(fig)* scope, extent; **in großem ~** to a large extent
um|fangreich extensive; **~fassen** comprise, include; **~fassend** comprehensive; **alles ~fassend** all-embracing
Um|feld environment; **~friedung** ⌂ border
Umgang contact; **~ mit den Medien** dealing with the media; **~ pflegen mit** associate with; **~sformen** manners; **~ssprache** colloquial speech
um|gangssprachlich colloquial; **~geben** surround
Umgebung 1 vicinity, neighbourhood; 2 *(Ort)* surroundings; 3 *(sozial)* environment; **nähere ~** vicinity; **sichere ~** safe/secure environment
umgehen 1 bypass; 2 *(Problem)* circumvent
Umgehung circumvention; **~sstraße** bypass, ring road, arterial (road)
umgekehrt reverse
Umhang cape
Umhänge|gurt shoulder strap; **~tasche** shoulder bag
um|kehren turn round/back, reverse; **~kippen** overturn, tip over
Umkleide|kabine *(Kaufhaus usw)* changing cubicle; **~raum** *(Sporthalle usw)* changing room; **~raum mit Spinden** locker room
umkommen be killed, perish
Umkreis 1 radius; 2 surrounding area; **in einem ~ von .... Kilometern** within a radius of .... kilometres
um|krempeln *(fig)* turn inside out; **~laden** reload, transfer
Umland surrounding area
Umlauf|, im ~ sein circulate; **in ~ bringen** circulate
umleiten *(Verkehr)* redirect, divert, re-route
Umleitung (traffic) diversion; **eine ~ einrichten** set up a diversion; **~sempfehlung** recommended diversion; **~sschild** diversion sign
umrechnen *(Währung)* convert
Umrechnung conversion
umringen, jemanden ~ crowd around someone
Umriss outline; **~leuchte** position lamp/light, clearance light
umrüsten re-equip
Umsatzsteuer value-added tax (VAT), sales tax *US*
umschalten 1 shift, switch; 2 *(Ampel)* change
Umschlaggerät cargo handling equipment
umschreiben paraphrase
Umschreibung 🚗 change of ownership
umschulen retrain
Umschulung retraining
um|seitig overleaf; **~setzen** 1 implement, put into practice; 2 *(Person innerhalb der gleichen Behörde)* redeploy, transfer
Umsetzung 1 implementation; 2 redeployment, transfer
Umsetzzeit *(Zeit von Verständigung bis zum Eintreffen am Einsatzort)* response time
umsichtig prudent
Umstände circumstances; **besondere ~** exceptional circumstances; **erschwerende ~** aggravating circumstances; **mildernde ~** extenuating/mitigating circumstances; **nähere ~** particular circumstances; **unter diesen ~n** in/under the circumstances
Umstandskleidung maternity outfit/wear
umsteigen *(Bus, Bahn usw)* change, transfer
Umsteiger transfer passenger

um|stellen 1 rearrange, switch; 2 *(umzingeln)* surround, encircle, cordon off; **~stellt sein** be under siege; **~stoßen** knock over; **~stritten** contentious, controversial; **~stürzen** tip (over)

Um|verpackung outer package; **~weg** detour; **~welt** environment; **~welt-** environmental

Umwelt|belastung environmental impact; **~bewusstsein** environmental awareness; **~delikt** environmental offence

umweltfreundich environmentally/ ecologically friendly, eco-friendly

Umwelt|gefahr environmental hazard; **~kriminalität** environmental crime; **~ministerium** ministry of the environment, environment department; **~schutz** environmental protection, conservation; **~schützer** environmentalist; **~straftat** environmental crime; **~verschmutzer** polluter; **~verschmutzung** (environmental) pollution

Umzäunung enclosure, fence

umziehen move, change one's address; **sich ~** change (clothes)

umzingeln surround, encircle, cordon off

Umzug *(Wohnungswechsel)* removal

unabhängig independent; **~ von** irrespective of

Unabhängigkeit independence

un|absichtlich inadvertent, unintended, unintentional; **~achtsam** inattentive, careless

Unachtsamkeit inattentiveness, carelessness

un|anfechtbar incontestable; **~angebracht** inappropriate; **~angemeldet** unexpected; **~angemessen** inadequate, inappropriate; **~angenehm** unpleasant

Unannehmlichkeit|(en) inconvenience; **jemandem ~en bereiten** inconvenience someone

un|anständig indecent; **~antastbar** inviolable; **~auffällig** unobtrusive; **~auffindbar** 1 *(Person)* missing; 2 *(Gegenstand)* untraceable; **~aufmerksam** inattentive; **~ausweichlich** inevitable, unavoidable; **~beabsichtigt** unintentional, inadvertent; **~beaufsichtigt** unattended; **~bedeutend** insignificant, petty; **wenn es ~bedingt sein muss** if absolutely necessary; **~befahrbar** impassable; **~befangen** unbiased; **~befestigt** 1 *(Straße)* unpaved; 2 *(Randstreifen)* soft; **~befristet** indefinite, permanent; **~befugt** unauthorized; **~begründet** groundless, unsubstantiated; **~behaglich** *(Gefühl)* awkward, uneasy, uncomfortable; **~beherrscht** uncontrolled, intemperate; **~beholfen** clumsy, awkward; **~bekannt** unknown

Unbekannte(r) unknown/unidentified person; **der große ~** the mystery man *(coll)*

un|beladen unladen; **~beleuchtet** unlit; **~bemerkt** unnoticed; **es bleibt Ihnen ~benommen** you are free to; **~bequem** uncomfortable; **~berechenbar** unpredictable, unforeseeable; **~berechtigt** unjustified, unauthorized; **~beschreiblich** undescribable, unimaginable; **~besetzt** vacant, unmanned; **~bestätigt** unconfirmed; **~bestechlich** not open to bribery; **~bestimmt** indefinite; **~bestreitbar** unquestionable, indisputable; **~bestritten** undisputed; **~beteiligt** uninvolved

Unbeteiligter *(Verkehrsunfall)* person not involved (in the accident)

un|bewacht unguarded, unattended; **~bewaffnet** unarmed; **~bewegt** *(Miene, Gesichtsausdruck)* deadpan; **~bewiesen** unproven; **~bewohnbar** uninhabitable; **~bewohnt** uninhabited, vacant, unoccupied; **~bewusst** unintentional; **~bezahlt** unpaid

unbrauchbar useless; **~ machen** render useless

un|datiert undated; **~denkbar** inconceivable, unthinkable; **~dicht sein** leak; **~durchführbar** impracticable; **~eben** ▽ bumpy, uneven; **~echt** sham, fake, bogus, artificial; **~ehelich** illegitimate; **~ehrlich** dishonest; **~eidlich** unsworn; **~eingeschränkt** unrestricted; **~einig sein** disagree

Uneinigkeit disagreement

un|entschuldigt fehlen 1 *(Schule)* play truant; 2 *(Dienst)* be absent without leave; **~erfahren** inexperienced; **~erfreulich** unpleasant; **~erheblich** irrelevant, immaterial; **~erhört** outrageous; **~erkannt** unrecognized; **~erlässlich** essential; **~erlaubt** unauthorized, without permission; **~erledigt** pending, unfinished; **~erträglich** unbearable; **~erwartet** unexpected; **~erwünscht** undesirable, unwanted

Unfall 1 accident; 2 → auch **Verkehrsunfall**; **infolge des ~s** as a result of the accident; **~ mit Sachschaden** damage-only accident; **~ mit Todesfolge** fatal accident; **~ aufnehmen** record an accident; **~ melden** report an accident; **~ verursachen** cause an accident; **in einen ~ verwickelt sein** be involved in an accident; **schwerer ~** bad/serious/severe accident; **tödlicher ~** fatal accident/crash

Unfall- accidental

Unfall|(aufnahme)bericht accident report; **~beteiligter** person involved in an accident, party to the accident; **~brennpunkt** accident black spot; **~flucht** → **Fahrerflucht**; **~fluchtermittlungsgruppe** hit-and-run investigation team; **~flüchtiger** hit-and-run driver; **~folge** 1 injuries resulting from an accident; 2 results of an accident

unfallfrei without causing accidents

Unfall|gefahr danger of accidents; **~geschädigter** victim of an accident; **~häufungsstelle** accident black spot; **~hergang schildern** say how the accident happened; **~kategorie** class of accident; **~klinik** emergency/casualty hospital; **~meldeschema** accident reporting procedure; **~merkblatt** transport emergency card; **~opfer** casualty

Unfallort scene of the accident, accident scene/site; **~ absichern** secure the scene of the accident; **am ~ eintreffen** arrive at the scene of the accident; **am ~ sterben** die on the spot

Unfall|rate accident rate; **~risiko** accident risk; **~schaden** accidental damage; **~spuren** traces of the accident; **~station** *(Krankenhaus)* emergency/casualty| ward, ~ department; **~statistik** accident statistics; **~stelle** → **~ort**; **~tod** accidental death; **~toter** fatality; **~ursache** cause of the accident; **~verhütung** prevention of accidents; **~verhütungsvorschriften** safety regulations; **~verletzter** person injured in the accident; **~versicherung** accident insurance; **~verursacher** guilty party in an accident, person responsible for the accident; **~zeit** time of the accident

unflätig obscene

Unfug mischief; **grober ~** common/public nuisance, malicious mischief

un|geachtet irrespective/regardless of; **~gebührlich** *(Benehmen)* disorderly, improper, anti-social; **~gedeckt** *(Scheck)* bad

Ungeduld impatience

un|geduldig impatient; **~geeignet** unsuitable; **~gefähr** approximately; **~gefährlich** harmless, safe, non-hazardous; **~gehalten** indignant, annoyed; **~gehindert** unimpeded

Ungehorsam disobedience

un|gehorsam disobedient; **~geklärt; ~gelöst** *(Fall)* open, unsolved, unaccounted for; **~genau** inaccurate, vague; **~genügend** insufficient; **~gepflegt** *(Erscheinung)* scruffy, unkempt

ungerecht unjust; **~fertigt** unjustified

Un|gerechtigkeit injustice; **~gereimtheit** inconsistency

un|geschickt heavy-handed, clumsy, awkward; **~gestört** undisturbed; **~gestraft** with impunity, unpunished; **~gewiss** uncertain; **~gewöhnlich** 1 uncommon, unusual; 2 *(Bedingung)* abnormal

Ungewöhnliches, etwas ~ bemerken notice something unusual

Ungeziefer pest(s), vermin

un|giftig non-toxic, non-poisonous; **~glaublich** incredible, unbelievable; **~glaubwürdig** implausible

Ungleich|gewicht imbalance; **~heit** inequality
Unglück 1 *(Unfall)* accident, disaster; 2 *(Pech)* bad luck
unglücklicherweise unfortunately
Unglücksort scene of the disaster
ungültig invalid, void; **~ machen; für ~ erklären** invalidate
Ungunst, zu ~en von to the disadvantage of
un|günstig unfavourable; **~haltbar** untenable; **~höflich** impolite, rude, uncivil
Unhöflichkeit discourtesy
Uniform| tragen wear a uniform; **in ~** uniformed; **~jacke** uniform jacket, tunic
unkenntlich machen deface
Unkenntnis ignorance
un|klar ambiguous, vague, unclear; **~leserlich** illegible; **~lösbar** insoluble
Unmenge vast amount
un|missverständlich clear, unequivocal; **~mittelbar** direct, immediate; **~nachgiebig** intransigent, adamant; **~nötig** unnecessary; **~ordentlich** *(Erscheinung)* unkempt, scruffy
Unordnung disorder, mess *(coll)*
unparteiisch impartial, neutral
Unparteilichkeit impartiality, even-handedness
un|passend inappropriate; **~passierbar** impassable; **~pässlich** indisposed; **~rasiert** unshaven
Unrecht ⚖ 1 injustice, wrong; 2 *(Zivilrecht)* tort; **zu ~** wrongly
unrechtmäßig illegal, unlawful
Unrechtsbewusstsein awareness of wrongdoing
Unruhe disturbance, riot, unrest; **~ stiften** cause/foment disorder; **gewalttätige ~n** violent disorder; **~stifter** troublemaker, rioter
un|scharf *(Foto)* blurred; **~scheinbar** nondescript
Unschuld innocence; **seine ~ beteuern** protest one's innocence; **seine ~ beweisen** prove one's innocence, clear oneself
unschuldig innocent, not guilty; **~, solange nicht rechtskräftig verurteilt** presumed innocent until proved/proven *US* guilty (in a court of law)
Unschulds|beteuerung protestation of innocence; **~miene** innocent expression; **~vermutung** ⚖ presumption of innocence
unsicher 1 *(Gegend, Stadtviertel usw)* unsafe; 2 *(Bewegung)* unsteady; 3 *(Erwartung usw)* uncertain; 4 *(psychisch)* insecure
Un|sicherheit 1 uncertainty; 2 *(psychisch)* insecurity; **~sinn** nonsense, rubbish, bullshit *(coll)*; **~sitte** bad habit/practice
un|sittlich indecent; **~stimmig** inconsistent
Unstimmigkeit inconsistency, discrepancy
untätig bleiben fail to take action
Untätigkeit der Polizei police inaction
unten below, underneath; **~ durch** underneath
unter below
Unter|abteilung subdivision; **~arm** forearm, lower arm; **~bau** 1 roadbed; 2 base
unter|besetzt understaffed, undermanned; **~bezahlt** underpaid; **~binden** stop, prevent
Unterboden 🚗 underbody
unterbrechen 1 interrupt; 2 ☎ cut off; 3 ⚡ cut
Unterbrechung interruption
unterbringen *(Person)* put up, accommodate
Unterbringung 1 accommodation; 2 *(Truppen usw)* billeting, cantonment; **vorübergehende ~** temporary accommodation
unterdrücken *(Nachricht usw)* suppress
Unterdrückung 1 suppression; 2 *(politisch)* oppression, repression
Unter|fahrschutz underride protection; **~führung** 1 underpass, undergrade crossing *US*; 2 *(Fußgänger)* subway; **~gebener** subordinate
untergeordnet subordinate, inferior
Unter|geschoss 🏠 basement; **~grundbahn** → **U-Bahn**

unterhalb underneath, below

Unterhalt 1 maintenance, support; 2 *(für Kinder)* alimony; **jemanden wegen ~ verklagen** sue someone for maintenance

unterhalten 1 *(Gäste)* entertain; 2 maintain; **sich ~** chat, talk

unterhaltsberechtigt entitled to maintenance

Unterhalts|berechtigter person entitled to maintenance; **~kosten** *(auch Kfz)* maintenance costs; **~pflicht** maintenance; **~zahlung** maintenance payment; **~zuschuss** subsistence allowance

Unter|händler negotiator, mediator; **~hemd** 1 *(Damenwäsche)* chemise; 2 *(Mann)* vest; **~holz** undergrowth; **~hose** briefs, (under)pants, (under-) shorts *US*

unterirdisch underground

Unter|kiefer lower jaw; **~kleid** *(Damenwäsche)* chemise

unterkommen find accommodation

Unter|körper lower part of the body; **~kühlung** hypothermia; **~kunft** 1 accommodation, lodging(s); 2 *(Truppen usw)* billeting; 3 *(nach Katastrophe usw)* shelter; **~kunft und Verpflegung** board and lodging; **~kunftsbereich** cantonment area

Unterlagen documents, papers, records; **~ übergeben** surrender documents; **alte ~** non-current records; **beigefügte ~** appended/attached/enclosed documents

unterlassen fail, refrain from

Unterlassung failure, omission; **durch ~** by default; **~sdelikt** crime of omission, default offence

Unter|legkeil wheel wedge; **~leib** abdomen

unterliegen *(Vorschrift)* be liable/subject to

Unter|lippe lower lip; **~mieter** lodger, subtenant; **~nehmen** firm, company, business (enterprise)

unternehmen *(Schritte)* take, undertake

Unternehmer industrialist, operator; **~anschrift** *(auf Bus usw)* operator's name

Unteroffizier non-commissioned officer (NCO); **~e und Mannschaften** enlisted personnel

unterqueren cross under

Unterricht instruction; **lebenskundlicher ~** character guidance lessons

unterrichten teach, instruct, inform; **sich ~** inform oneself

Unter|richtsfach subject; **~rock** slip

untersagen prohibit

Untersagung prohibition; **~ der Weiterfahrt** prohibition to continue to drive; **~sverfügung** prohibition decree, negative injunction

unter|schätzen underestimate; **~scheiden** distinguish, differentiate; **sich ~scheiden** differ

Unter|scheidung distinction; **~scheidungsmerkmal** distinguishing feature; **~schenkel** lower leg

unterschieben *(Beweismaterial, Drogen)* plant

Unterschied difference

unter|schiedslos indiscriminate; **~schlagen** misappropriate

Unterschlagung misappropriation

Unterschlupf shelter; **~ finden** find shelter; **jemandem ~ gewähren** harbour/shelter someone

unter|schlüpfen find shelter; **~schreiben** sign; **links/rechts unten ~schreiben** sign in the bottom left/right-hand corner

Unterschrift signature; **eigenhändige ~** personal signature; **elektronische ~** electronic signature; **falsche ~** false signature; **gefälschte ~** forged signature

unter|setzt stocky, stout, thickset; **jemandem ~stehen** report to someone

unterstellen *(Sache usw)* insinuate; **vorübergehend ~** assign, attach to

unterstellt attached, subordinate; **~ sein** be assigned (to)

Unterstellung innuendo, insinuation, imputation; **~ einer bösartigen Absicht** imputation of malice; **fachdienstliche ~** functional/technical control

unter|steuern 🚗 understeer; **~streichen**

1 underline; 2 stress; **~stützen** 1 assist, help; 2 *(Argument)* support; 3 *(Hilfe durch zweiten Streifenwagen usw)* back up

Unterstützung 1 assistance, support; 2 back-up (crew); **~ anderer Polizeibehörden** supporting other police authorities; **~ bekunden** express support; **logistische ~** logistical support; **technische ~** technical support

Unterstützungs|aufgaben support tasks; **~einheit** support unit; **~kräfte** ancillary units; **~maßnahmen** support measures; **~verfahren** support procedures

untersuchen examine, investigate, probe; **genau ~** investigate thoroughly, scrutinize; **sorgfältig ~** study

Untersuchung investigation, examination, enquiry, inquiry, probe; **ärztliche ~** medical checkup/examination; **erneute ~** re-examination; **gerichtliche ~** official investigation, judicial enquiry/inquiry; **stationäre ~** inpatient examination

Untersuchungs|bericht *(TÜV)* MOT report *GB*; **~gefangener; ~häftling** remand prisoner, prisoner awaiting trial, prisoner on remand; **~gefängnis** remand prison

Untersuchungshaft (remand) custody, pre-trial confinement, remand; **in ~ nehmen** remand; **in ~ sitzen** be on remand; **~befehl** committal order

Untersuchungsrichter examining magistrate; **~richter zur Klärung der Todesursache** coroner

untertauchen *(fig)* go underground, go into hiding

Unterteil bottom

unter|teilen (sub)divide; **~wandern** penetrate, infiltrate

Unter|wanderung penetration, infiltration; **~wäsche** underclothes, underwear; **~wasser-** underwater; **~wassersuchtrupp** underwater search unit

unter|wegs en route, on the move/way; **~weisen** instruct

Unter|weisung instruction, training; **planmäßige ~weisung** formal training; **~welt** underworld, gangland

unter|worfen sein be subjected to; **~zeichnen** sign

Unterzeichner signatory; **~staat** signatory state

Unterzeichneter the undersigned

unterziehen, sich ~ undergo

unterzogen werden be subjected to

un|trennbar inseparable; **~treu** disloyal

Untreue disloyalty, breach of trust

un|überlegt rash; **~übersichtlich** unclear, confusing; **~umgänglich** unavoidable, inevitable; **~unterbrochen** 1 uninterrupted; 2 *(Straßenmarkierung)* continuous; **~umwunden** frank, open

unver|antwortlich irresponsible; **~besserlich** incorrigible; **~bindlich** not/non-binding, tentative, without obligation; **~blümt** blunt; **~dächtig** 1 unsuspected; 2 *(Person)* above suspicion; **~einbar** incompatible; **~froren** insolent, impudent

Unverfrorenheit insolence, impudence

unver|hältnismäßig *(Mittel)* unreasonable, disproportionate, heavy-handed; **~heiratet** unmarried, single; **~kennbar** unmistakable

Unverletzlichkeit inviolability

unver|letzt unhurt; **~meidlich** inevitable, unavoidable; **~mindert** unabated; **~mutet** unexpected; **~nünftig** unreasonable; **~schämt** impertinent

Unverschämtheit impertinence

unver|schuldet through no fault of one's own; **~sehrt** *(Plombe usw)* undamaged

Unversehrtheit integrity; **körperliche ~** freedom from injury

unver|ständlich incomprehensible; **~zichtbar** indispensable; **~zollt** undeclared; **~züglich** without delay, prompt, immediately

un|vollständig incomplete; **~voreingenommen** unbiased, unprejudiced; **~vorhersehbar** unforeseeable, unpredictable

Unwahrheit untruth, falsehood; **die ~ sagen** lie

un|wahrscheinlich improbable, unlikely; **~wesentlich** insignificant, immaterial
Unwetter storm; **~warnung** gale warning
un|wichtig irrelevant; **~widerruflich** irrevocable; **~willig** reluctant
unwirksam ineffective; **für ~ erklären** set aside
unwissend ignorant; **sich ~ stellen** plead ignorance
Unwissenheit ignorance; **~ schützt vor Strafe nicht** ignorance of the law is no excuse/defence
Unwucht 🚗 imbalance
un|zählig countless, innumerable; **~zertrennlich** inseparable
Unzucht indecent act
unzu|gänglich inaccessible; **~länglich** inadequate; **~lässig** inadmissible; **~mutbar** unreasonable; **~rechnungsfähig** of unsound mind
Unzurechnungsfähigkeit insanity
unzu|reichend inadequate, insufficient; **~sammenhängend** incoherent; **~treffend** incorrect; **~verlässig** unreliable
urinieren urinate
Urinprobe urine sample/test, urinalysis
Urkunde 1 *(Zeugnis)* certificate; 2 ⚖ bill, deed, document; **beglaubigte ~** certified document; **~nfälschung** forging/forgery of documents, falsification of an official document
Urlaub 1 leave, holiday, vacation; 2 ⚔ furlough; **jemandem ~ gewähren** allow someone a holiday; **~ haben** be on holiday; **~ nehmen** take a holiday; **unbezahlter ~** unpaid/exceptional leave
Urlaubs|anschrift holiday address; **~anspruch** holiday entitlement; **~geld** holiday pay; **~ort** (holiday) resort; **~reise** holiday/vacation trip; **~sperre** ban on leave; **~vertretung** holiday replacement; **~zeit** holiday season
Ursache cause, reason, grounds; **ungeklärte ~** unknown cause
urschriftlich original
Ursprung source, origin
ursprünglich initial, original
Ursprungs|land country of origin; **~zeugnis** certificate of origin
Urteil 1 ruling, judg(e)ment, verdict, sentence, (court) decision, finding; 2 *(Zivilrecht)* adjudication, award; **~ aufheben** rescind a judg(e)ment, quash a conviction, overturn a sentence; **~ fällen/verkünden** deliver a judg(e)ment, return a verdict; **zu einem ~ gelangen** come to/reach a verdict
Urteil, rechtskräftiges ~ final judg(e)ment
urteilen *(Gericht)* rule, find, decide
Urteils|begründung reasons for the judg(e)ment; **~fähigkeit** ability to judge; **~verkündung** sentence, verdict, pronouncement of the judg(e)ment; **~vermögen** judg(e)ment; **~vollstreckung** execution/enforcement of a judg(e)ment

V

vakuumverpackt vacuum-sealed/-packed
Vandalismus vandalism, criminal damage
variieren vary
Vene vein
Ventil valve; **~kappe** *(Reifen)* valve cap
Ventilator fan
verabreden (pre)arrange
Verabredung 1 *(Termin)* appointment; 2 arrangement; **~ zur Rechtsbeugung** conspiracy to pervert the course of justice; **~ zu einer Straftat** conspiracy to commit a crime, criminal conspiracy
verabreichen ⚕ administer
verabschieden 1 *(Gesetz)* adopt, pass; 2 *(Ruhestand)* pension off; **sich ~** say goodbye
ver|allgemeinern generalize; **~altet** obsolete, antiquated, out of date
Veranda porch
Verändern von amtlichen Ausweisen tampering with official documents

Veranlagung disposition; **kriminelle ~** criminal disposition

veranlassen arrange; **jemanden dazu ~ etwas zu tun** induce someone to do something

Veranlassung reason; **auf ~ von** on the initiative of; **weitere ~** further action; **zur sofortigen ~** for immediate action

veranstalten organize

Veranstalter organizer

Veranstaltung event; **öffentliche ~** public event

ver|antworten be responsible for; **~antwortlich** 1 accountable, responsible; 2 *(Führungsfunktion)* in charge

Verantwortlich|er person responsible; **~keit** responsibility, accountability

Verantwortung responsibility; **~ tragen** bear the responsibility; **~ übernehmen** assume responsibility; **jemandem die ~ übertragen** entrust someone with the responsibility; **~ zuweisen** apportion the responsibility; **in eigener ~** on one's own responsibility; **politische ~** political responsibility; **~sbereich** area/sphere of responsibility

ver|antwortungslos irresponsible; **~arbeiten** 1 process; 2 *(gedanklich)* digest

Verarbeitung 1 *(Vorgang)* processing; 2 *(Qualität)* finish

Verband 1 ⚕ bandage, dressing; 2 federation, association, organization; 3 *(Fahrzeugkolonne)* convoy; **im ~ fahren** drive in convoy

Verbands|gemeinde rural district; **~kasten** first aid box/kit; **~material; ~stoff; ~zeug** dressing material; **~training** policing in formations

ver|barrikadieren barricade; **~bergen** conceal, hide; **~bessern** improve

Verbesserung improvement; **~smöglichkeiten** room for improvement

ver|beulen 🚗 dent; **~bieten** 1 ban, prohibit, impose a ban; 2 *(polit. Partei)* proscribe; **~binden** 1 ⚕ bandage; 2 ☎ put through, connect; **~bindlich** binding, authoritative

Verbindung 1 *(Verkehrsmittel)* service, link; 2 connection; **in ~ mit** ⚖ in conjunction with; **~ aufnehmen/herstellen** establish contact/liaison, liaise, contact; **in ~ bringen** associate, link; **~ halten** maintain contact/liaison; **miteinander ~ halten** keep in touch with each other; **sich in ~ setzen mit** contact

Verbindungs|aufnahme establishment of liaison; **~beamter** liaison officer; **~büro** liaison office; **~glied** link; **~kabel** connecting cable; **~linie** line of communication; **~straße** connecting/link road, road link; **~stück** joint; **~tür** communicating door; **~weg** line of communication

Verbleib whereabouts; **~adresse** temporary address

ver|bleiben remain, stay; **~blichen** *(Farbe, Stoff)* faded; **~blüfft** amazed, flabbergasted, astonished

Verblüffung astonishment, amazement

ver|bluten bleed to death; **~borgen** hidden

Verbot ban, prohibition; **~ des Einsatzes von Zwangsmitteln** ban on the use of force

verboten 1 prohibited, illicit, forbidden; 2 ⚔ off limits; **strengstens ~** strictly forbidden/prohibited

Verbrauch consumption

verbrauchen consume

Verbraucher consumer

Verbrechen crime; **~ gegen das Leben** crime against life; **~ gegen die Menschlichkeit** crime against humanity; **~ anzeigen** report a crime; **~ begehen** commit a crime; **~ bekämpfen** fight/tackle/combat crime; **~ lohnt sich nicht** crime does not pay; **~ vermuten** suspect a crime; **nicht aufgeklärtes ~** unsolved crime; **häufig begangenes ~** volume crime; **feiges ~** cowardly crime; **schweres ~** capital/major/serious crime, felony *US*

Verbrechens|datei crime file; **zentrale ~datei** National Criminal Intelligence Service (NCIS) *GB*; **~flut** tide of crime; **~muster** pattern of crime; **~rate** crime rate; **~verhütung; ~vorbeugung** crime prevention; **~welle** crime wave

Verbrecher criminal, felon *US*; **gewerbsmäßig handelnder ~** professional criminal; **einem ~ Unterschlupf gewähren** harbour a criminal; **~album** rogues' gallery
verbrecherisch criminal, felonious *US*
Verbrecher|laufbahn criminal career; **~milieu** criminal circles; **~organisation** crime syndicate, racket
ver|breiten disseminate, spread; **~breitern** widen; **weit ~breitet** widespread
Verbreitung spread(ing), dissemination
verbrennen burn
Verbrennung 1 ⚕ burn; 2 combustion; 3 *(Abfall usw)* incineration; **~smotor** 🚗 internal combustion engine
Verbringen, grenzüberschreitendes ~ von Abfall cross-border transport of waste
ver|bringen take, transport; **~brühen** scald
Verbrühung 1 scald; 2 *(Vorgang)* scalding
verbunden connected, linked
Verdacht suspicion; **unter ~** under suspicion; **~ bestätigen** confirm a suspicion; **~ erhärten** corroborate a suspicion; **~ erregen/erwecken** arouse suspicion; **jemanden aufgrund eines ~es von .... festnehmen** arrest someone on suspicion of ....; **~ haben** suspect; **unter ~ stehen** be suspected of
Verdacht|, dringender ~ reasonable and probable cause; **geringer ~** faint suspicion; **hinreichender ~** reasonable grounds for suspicion, reasonable suspicion/cause
verdächtig suspicious, suspect, fishy *(coll)*; **~ sein** be suspected of; **jemandem ~ vorkommen** strike someone as suspicious
Verdächtigen| beschatten tail a suspect; **~ festnehmen** arrest/apprehend/capture a suspect; **~ vernehmen** question/interview a suspect
verdächtigen suspect; **jemanden ~ etwas getan zu haben** suspect someone of (having done) something
Ver|dächtiger suspect; **etwas ~dächtiges** something suspicious
Verdächtigung suspicion; **falsche ~** false suspicion
Verdeck *(Kabriolett)* hood
ver|deckt undercover, clandestine, covert; **~derben** 1 spoil; 2 *(Lebensmittel)* perish; **~derblich** perishable; **sich ~dichten** *(Verdacht)* grow; **~dienen** 1 earn; 2 *(Strafe usw)* deserve
Verdienst 1 merit; 2 *(Einkommen)* income; **~ausfall** loss of earnings
Verdunklung tampering with evidence; **~sgefahr** danger of collusion, danger of tampering with evidence
ver|dünnen *(Alkohol usw)* dilute, stretch; **~eidigen** swear in; **~eidigt** sworn; **~eidigt werden** be sworn in
Ver|eidigung swearing-in; **~ein** club, association, society
vereinbar mit compatible with
vereinbaren agree (on); **ausdrücklich ~** stipulate
Vereinbarung arrangement, agreement; **~ aushandeln** negotiate/reach an agreement; **~ nicht einhalten** breach an agreement
verein|fachen simplify; **~heitlichen** standardize
Vereinigtes Königreich (von Großbritannien und Nordirland) United Kingdom (of Great Britain and Northern Ireland)
Vereinigung association, organization; **kriminelle ~** criminal association/organization; **terroristische ~** terrorist organization
Vereins|freiheit freedom of association; **~lokal** club bar
ver|einzelt scattered, occasional; **~eisen** ice over/up; **~eist** icy; **~eiteln** 1 *(Plan)* thwart, spoil; 2 *(Verbrechen)* prevent
Vereitelung prevention
Verfahren 1 ⚖ proceedings; 2 procedure(s); **gegen jemanden ein ~ einleiten** institute proceedings against someone; **~ einstellen** drop proceedings; **beschleunigtes ~** accelerated/summary proceedings; **ordentliches ~** due process of law
verfahren, sich ~ lose one's way, get lost

Verfahrens|einstellung cessation of proceedings; **~frage** procedural problem/matter; **~mängel** procedural defects; **~ordnung** rules of procedure; **~recht** procedural law; **~regel** rule of procedure; **zentrales staatsanwaltschaftliches ~register** national register of public prosecutions; **~weise** process, procedure; **rechtliche ~weise** (due) process of law

verfallen expire, lapse

Verfallsdatum expiry date

verfälschen → **fälschen**

ver|färben discolour; **~fassen** write, compose

Ver|fasser writer, author; **~fassung** *(Staat)* constitution

verfassungs|feindlich anti-constitutional; **~mäßig** constitutional

Verfassungs|recht constitutional law; **~schutz** *(Organisation)* Special Branch *GB*

verfassungswidrig unconstitutional

ver|fault rotten; **~fehlen** miss

Verfehlung misconduct

verfolgen 1 *(Fall)* pursue; 2 *(strafrechtlich)* prosecute; 3 *(Minderheit)* persecute; 4 *(allgemein)* chase, hunt; 5 *(konkret durch Hinterherfahren oder -laufen)* give chase, pursue

Verfolger pursuer

Verfolgter, politisch ~ victim of persecution

Verfolgung 1 chase, pursuit, hunt; 2 prosecution; 3 persecution; **~ eines Kfz** car chase; **~ von Menschenrechtsverletzungen** prosecution of human rights abuses; **~ auf frischer Tat** hot pursuit

Verfolgungs|behörde law enforcement authority; **~fahrt** pursuit, chase; **~fahrt mit hoher Geschwindigkeit** hot pursuit, high-speed chase; **~recht** right of pursuit

verfügbar available

Verfügbarkeit availability

verfügen order; **~ über** have (at one's disposal)

Verfügung instruction, direction, ruling; **~ erlassen** order, make out an order, issue a writ; **sich zur ~ halten** stand by; **zur ~ stellen** provide; **einstweilige ~** ⚖ injunction, interim/provisional order, writ; **richterliche ~** injunction, writ, court order

Verfügungs|berechtigter authorized person; **~bereitschaft** standby, readiness; **~gewalt über ein Fahrzeug** custody of a vehicle; **~kräfte** standby forces

verführen seduce

Verführung seduction; **~ einer Minderjährigen** seductionl of a minor, ~ of an under-age girl

ver|gammelt scruffy; **~geblich** futile, in vain

Vergehen (indictable) offence

vergehen, sich an jemandem ~ indecently assault someone

Vergeltung retaliation, retribution; **~ üben** retaliate; **~smaßnahme** reprisal, retaliatory measure

vergewaltigen rape

Vergewaltiger rapist

Vergewaltigung rape; **~ unter Homosexuellen; männliche ~** male rape; **~ durch mehrere Täter** gang rape; **versuchte ~** attempted rape

vergewissern, sich ~ make certain

vergiften poison

Ver|giftung poisoning; **~gleich** comparison

vergleichen compare

Ver|gleichsmaterial reference material; **~gnügen** entertainment, pleasure, fun

Vergnügungs|fahrt pleasure cruise/ride/trip; **~park** pleasure ground

vergrößern 1 extend, increase; 2 *(Foto)* enlarge, blow up

Ver|größerung 1 increase; 2 🏠 extension; 3 enlargement; **~günstigung** benefit, perk, privilege

verhaften → **festnehmen**

Verhaftung → **Festnahme**

Verhalten behaviour, conduct; **~ gegenüber einer Menschenmenge** conduct towards a crowd; **aggressives ~ im Straßenverkehr** road rage; **auffälliges ~** suspicious behaviour; **gewalttätiges ~** violent conduct; **kriminelles ~** criminal behaviour/conduct; **rassendiskriminierendes ~** racially discriminatory behaviour; **sittenwidriges ~** immoral behaviour; **soziales ~** social conduct; **strafbares ~** punishable behaviour; **unvernünftiges ~** irrational behaviour; **verdächtiges ~** suspicious behaviour

Verhaltens|änderung change of behaviour; **~forschung** *(Abteilung)* behavioural science section; **~regeln; ~richtlinien** code/rules of conduct/practice

Verhältnis 1 relationship; 2 *(sexuell)* affair; 3 *(Zahlen)* ratio; **im ~ zur Bedrohung** proportionate to the threat; **~ zwischen den Bevölkerungsgruppen** community relations

Verhältnismäßigkeit appropriateness; **~ der Mittel** appropriateness of the means employed; **~ der Mittel bei Gewaltanwendung** appropriate use of force

Verhältnisse|, für die ~ zu schnell fahren drive too fast given the prevailing conditions; **persönliche ~** personal circumstances; **wirtschaftliche ~** economic circumstances

verhandeln 1 negotiate; 2 ⚖ hear; **neu ~** ⚖ retry

Verhandelnder negotiator

Verhandlung 1 negotiation; 2 → **Gerichtsverhandlung**; **~en führen** conduct negotiations; **in öffentlicher ~** ⚖ in open court; **in nicht öffentlicher ~** behind closed doors, in camera; **mündliche ~** hearing; **öffentliche ~** public hearing/trial

Verhandlungs|basis basis for negotiations; **~führer** chief negotiator; **~führung** ⚖ conduct of proceedings; **~geschick** negotiating skills; **~gruppe** *(bei Geiselnahme)* hostage negotiation team; **~lösung** negotiated settlement; **~partner** negotiating party

ver|hängen *(Strafe)* impose; **~harmlosen** belittle, play down; **~heerend** disastrous; **~heimlichen** conceal, suppress, hold back, keep secret

Verheimlichung concealment

verhindern prevent

Verhinderung prevention

Verhör → **Vernehmung**

verhören → **vernehmen**

verhüten prevent; **~d** preventive

Verhütung prevention

verirren, sich ~ lose one's way, get lost

ver|jähren ⚖ become statute-barred; **~jährt** statute-barred

Verjährung statute of limitations, limitation; **~sfrist** limitation period

Verkauf sale, selling

verkaufen sell; **zu ~** for sale

Verkäufer 1 shop/sales assistant, salesman, salesperson; 2 ⚖ seller, vendor; **~in** shop/sales assistant, salesgirl, saleslady

Verkaufs|automat vending/slot machine; **~personal** sales staff; **~stelle** outlet

Verkehr 1 traffic; 2 *(Beförderung)* transport, transportation *US*; **~ in beiden Richtungen** two-way traffic; **~ anhalten** stop the traffic; **~ behindern** obstruct the traffic; **~ regeln** control/direct the traffic; **~ umleiten** divert the traffic; **aus dem ~ ziehen** *(Münze usw)* take out of circulation

Verkehr|, dichter ~ mit Stillstand bumper-to-bumper traffic; **fließender ~** moving traffic; **gewerblicher ~** commercial transport; **grenzüberschreitender ~** cross-border/international traffic; **innerstädtischer ~** intracity traffic; **langsamer ~** slow-moving traffic; **ruhender ~** stationary traffic; **schienengebundener ~** railborne traffic; **stehender ~** standing traffic; **zähfließender ~** slow-moving traffic, stop and go

verkehren 1 *(Verkehrsmittel)* run; 2 *(Personen)* associate with; 3 *(Lokal usw)* frequent

Verkehrs|abteilung traffic department/division/section; **~achse** main/trunk road; **~ampel** → **Ampel**; **~angelegenheiten** traffic management; **~art** type of traffic

Verkehrsaufkommen volume of traffic; **mittleres ~** medium traffic; **schwaches ~** light traffic; **starkes ~** heavy traffic; **stockendes ~** slow-moving traffic

Verkehrs|beeinflussungsanlage traffic guidance system; **~beeinträchtigung; ~behinderung** traffic obstruction, obstruction/disruption of traffic, unlawful obstruction of the highway; **~belastung** traffic load; **~beratung** counselling about traffic rules
verkehrsberuhigt traffic-calmed
Verkehrs|beruhigung traffic calming; **~beschränkung** traffic restriction; **~chaos** chaos on the roads; **~delikt** motoring/traffic offence; **~dichte** traffic density; **~dienst** 1 *(Abteilung)* traffic division, special traffic services; 2 *(polizeiliche Tätigkeit)* traffic duty; **~direktion** (road) traffic department/division; **~ebene** traffic level; **~erziehung** road safety instruction/training; **~fluss** flow of traffic; **~führung** traffic/movement control, traffic handling; **einspurige ~führung** singlefile (traffic); **~gericht** traffic court; **~gewühl** scramble
verkehrsgünstig gelegen easy to reach
Verkehrs|hindernis obstruction to road users; **~infarkt** snarl-up; **zentrales ~informationssystem (ZEVIS)** central traffic information service; **~insel** traffic island, (street) refuge, divider *US*, safety zone *US*, pedestrian refuge/island *US*; **~klasse** traffic category; **~knoten** hub; **~kommando** traffic squad; **~kommissariat** traffic unit
Verkehrskontrolle (on-the-)spot/random/routine traffic check; **~ durchführen** conduct a traffic check
Verkehrs|kreisel → **Kreisverkehr**
Verkehrslage traffic situation; **besondere ~** special/exceptional traffic situation; **unklare ~** potentially dangerous traffic situation
Verkehrslärm traffic noise
Verkehrsleit|einrichtungen traffic controls; **~system** traffic guidance system
Verkehrs|leitung traffic control; **~lenkung** traffic control; **~lenkungsmaßnahmen** traffic guidance measures; **~ministerium** ministry/department of transport
Verkehrsmittel means of transport; **öffentliche ~** public transport/transportation *US*, mass transit *US*
Verkehrs|netz traffic network, transport system; **~opfer** road accident victim
Verkehrsordnungswidrigkeit (minor) traffic infraction, (minor) driving offence; **~sanzeige** charge for a traffic infraction
Verkehrs|planung traffic planning; **~polizei** 1 *(Abteilung)* traffic police/department/division; 2 *(Streife)* highway patrol; **~polizist** traffic policeman/officer/cop, traffic patrol officer, (state) trooper *US*, bear *(coll) US*
Verkehrsraum traffic space; **(nicht) öffentlicher ~** (non-)public traffic space; **tatsächlich öffentlicher ~** semi-public traffic space
Verkehrs|recht (road) traffic law; **~regel** highway code rule; **~regelung** traffic control/direction; **~regelungsmaßnahme** traffic control measure
verkehrsreich busy
Verkehrs|richter traffic magistrate; **~rowdy** *(coll)* road hog *(coll)*; **~sache** ⚖ traffic case
Verkehrsschild → **Verkehrszeichen**
verkehrssicher roadworthy; **nicht ~** not roadworthy, unsafe
Verkehrssicherheit road/traffic safety; **~sabteilung** traffic safety branch; **~sausschuss; ~skomitee** traffic safety committee; **~sberater** traffic safety counsellor; **~splanung** highway safety planning
Verkehrssignal|anlage → **Ampel**; **~steuerung** traffic signal control
Verkehrs|spitze peak period/traffic, rush hour(s); **~stau** (traffic) hold-up/jam, congestion, delay, snarl-up *(coll)*, tailback; **~stockung** slow-moving traffic, stop and go; **~streife** traffic unit; **~streifen** traffic lane; **~strom** flow of traffic
Verkehrssünder (motoring/traffic) offender, (traffic) violator *US*; **~ anhalten** pull a violator over; **~kartei** → **Verkehrszentralregister**
verkehrstauglich roadworthy
Verkehrs|tauglichkeit roadworthiness;

~teilnehmer road user, motorist; **~tote** *(Statistik)* road deaths; **~toter** traffic fatality, road accident victim; **~überwachung** traffic enforcement/control; **~übungsplatz** practice area for learner drivers

Verkehrsunfall 1 → auch **Unfall**; 2 road (traffic) accident (RTA), auto/traffic accident, collision, (car) crash; ~ **unter Alkoholeinwirkung** drink and drive/ drinking and driving accident, alcohol/ drink-related accident; ~ **auf der Autobahn** motorway accident; ~ **mit Dienst-Kfz** police collision; ~ **mit Fahrerflucht** hit-and-run accident; ~ **mit Personenschaden/Verletzten** injury accident, accident resulting in bodily injury; ~ **mit Todesfolge** fatal road (traffic) accident; ~ **mit Wild** road traffic accident involving game

Verkehrsunfall| aufnehmen/bearbeiten record an accident, take down the details of an accident, record and investigate an accident; **an einem ~ beteiligt sein** be involved in an accident

Verkehrsunfall|, schwerer ~ serious/ severe traffic accident; **tödlicher** ~ fatal traffic accident

Verkehrsunfallanzeige 1 traffic accident report; 2 *(Formular)* accident report form

Verkehrsunfallaufnahme accident recording and investigating; **~richtlinien** accident recording guidelines

Verkehrsunfall|dienst traffic accident department; **~ermittlung** traffic accident investigation; **~flucht** fleeing the scene of a traffic accident, hit-and-run (offence); **~kommando** accident squad; **~opfer** road accident victim; **~ort** traffic accident scene; **~prävention** prevention of road accidents, accident prevention; **~skizze** sketch of the collision; **~untersuchung** accident investigation; **örtliche ~untersuchung** 1 evaluation of accident black spots; 2 on-the-spot accident investigation

Verkehrsverein local tourist office

Verkehrsverstoß motoring offence, (road) traffic offence, traffic violation; ~ **auf der Autobahn** motorway offence; ~ **mit dem Fahrrad** cycling offence; ~ **während der Verkehrsteilnahme** moving-traffic offence; **jemanden wegen eines ~es anhalten** stop someone for a traffic violation; ~ **begehen** break the highway code; **geringfügiger** ~ minor traffic offence; **schwerer** ~ severe traffic offence

Verkehrs|vorschriften traffic regulations; **~warnfunkmeldung** radio announcement, traffic update, traffic information announcement; **~weg** traffic/transport route; **~zählung** traffic census

Verkehrszeichen (road/traffic) sign; ~ **beachten** comply with/obey/observe a traffic sign; ~ **nicht beachten** fail to comply with/to obey a traffic sign, ignore a traffic sign

Verkehrs|zentralregister (VZR) central register of traffic offenders; **unsicherer ~zustand** 🚘 unsafe condition

verkehrt herum upside down

verklagen sue; **jemanden** ~ bring/institute/start (legal) proceedings against someone, proceed against someone, take someone to court, bring an action against someone

verkleiden disguise; **sich** ~ disguise oneself; **sich ~ als** dress up as

Verkleidung disguise

ver|kleinern make smaller; **~kohlt** charred; **~krampft** tense; **~kratzen** scratch; **~krüppeln** cripple

Verkrüppelung crippling

ver|künden 1 announce; 2 → **Urteil**; **~kürzen** 1 reduce; 2 *(Text)* abridge; **~laden** load

Ver|lader shipper; **~laderampe** loading platform

verlagern shift

Verlangen, auf ~ on/upon request

ver|langen 1 demand; 2 *(Preis)* charge; **~längern** *(Genehmigung usw)* renew

Verlängerung renewal

verlangsamen *(Geschwindigkeit)* reduce speed, slow down

verlassen *(Verb)* 1 leave, abandon; 2 *(Partner)* desert; **sich ~ auf** count/depend/rely on
verlassen *(Adjektiv)* deserted
Verlauf course
verlaufen *(Straße)* run; **sich ~** lose one's way
verlegen 1 transfer, deploy; 2 *(weglegen und nicht wiederfinden)* mislay, misplace; 3 *(verschieben)* postpone
Verlegenheit embarrassment; **in ~ bringen** embarrass; **~slösung** makeshift solution
Verlegung transfer, (re)deployment
ver|leihen 1 *(Urkunde, Auszeichnung)* award; 2 lend, loan; **~leiten** incite
Verleitung ⚖ incitement
verletzen 1 ⚖ break, violate, infringe; 2 ⚕ injure, hurt; **schwer ~** maim
verletzt hurt, injured; **leicht ~** slightly injured; **schwer ~** seriously injured
Verletzte|, die ~n the injured; **~ bergen** rescue the injured; **~ ärztlich untersuchen lassen** have the injured examined
Verletzter injured person
Verletzung 1 ⚖ breach, violation; 2 ⚕ injury, wound; **~ der Anzeigepflicht** non-disclosure; **~ eines Dienstgeheimnisses** breach of an official secret; **~ der Amts-/Dienstpflichten** abuse/misuse of authority; **~ des Eigentums** trespass; **~ eines Geheimnisses** breach of a secret; **~ des Persönlichkeitsrechts** invasion of personal privacy; **~ des Postgeheimnisses** violation of postal confidentiality; **~ der Privatsphäre** invasion of privacy; **~ der Sorgfaltspflicht** lack of care; **~ der Unterhaltspflicht** failure to provide maintenance; **~ erleiden** suffer/sustain an injury
Verletzung|, eklatante ~ flagrant violation; **im Dienst erlittene ~** injury sustained on duty; **grobe ~** gross violation; **innere ~** internal injury; **leichte ~** minor/slight injury; **mehrfache ~en** multiple injuries; **schwere ~** serious/severe injury; **schwerwiegende ~** serious violation; **tödliche ~** fatal injury
Verletzungs|delikt criminal injury; **~gefahr** risk of injury
ver|leumden slander, libel; **~leumderisch** slanderous, libellous
Verleumdung slander, libel
verlieren 1 lose; 2 *(Anspruch usw)* forfeit
Verlobte fiancée; **~r** fiancé
Verlust 1 loss; 2 ⚖ forfeiture; **als ~ abschreiben** write off; **~ anzeigen** report a loss; **finanzieller ~** pecuniary loss
vermeiden 1 *(verhüten)* prevent; 2 *(umgehen)* avoid
Vermerk entry, endorsement, note
ver|merken 1 Note; 2 *(Führerschein)* endorse; **~mieten** let, rent (out)
Vermieter landlord; **~in** landlady
ver|missen miss; **~misst** *(Person)* missing
Ver|misstenanzeige erstatten report someone missing; **~misster** missing person
vermitteln 1 *(Streit)* mediate; 2 *(überbringen)* convey
Vermittler intermediary, mediator, go-between
Vermittlung 1 ☎ (switchboard) operator, trunk exchange; 2 *(Streit)* mediation; **~sgebühr** commission
Vermögens|schaden 1 *(Sache)* property damage; 2 *(finanziell)* pecuniary damage; **~verhältnisse** financial circumstances; **~wert** asset
vermummt masked
Vermummung mask; **~sverbot** ban on wearing masks (during demonstrations)
vermuten assume, presume, suspect; **man vermutet, dass jemand ....** someone is believed to be/have ....
Vermutung assumption, presumption, speculation, guesswork; **~ anstellen** speculate
vernachlässigen neglect
Vernachlässigung neglect
ver|narbt scarred; **~nehmen** interview, question, interrogate, examine, quiz
Vernehmung interrogation, examination, questioning, interview; **erneute ~** re-examination; **zeugenschaftliche ~** interviewing of a witness; **~sersuchen** request to interrogate

vernehmungsfähig capable of being interrogated/questioned/interviewed

Vernehmungs|methode interrogation technique; **~protokoll** written statement of an interview/interrogation

vernichten destroy

Vernichtung destruction; **~ von Beweismitteln** destruction of evidence

Vernunft reason; **~ annehmen** be reasonable; **gegen alle ~** contrary to all common sense

ver|nünftig sensible, reasonable; **~öffentlichen** 1 make public; 2 *(Nachricht)* publicise; 3 *(Buch usw)* publish

Veröffentlichung publication

verordnen decree, ordain

Verordnung *(städtisch)* by-law, municipal ordinance

verpacken 1 pack; 2 *(einwickeln)* wrap up

Verpackung package; **leere ~** empty package; **ungereinigte ~** uncleaned package; **zusammengesetzte ~** combination pack; **~smaterial** packing material

ver|passen miss; **~pfeifen** squeal *(coll)*; **~pflegen** cater for, feed

Verpflegung food; **~ empfangen** draw rations; **~sabteilung** catering department; **~sausgabestelle** food distribution point; **~sbeutel** lunch/food pack; **~ssatz** ration scale

verpflichten commit, oblige; **sich ~** undertake; **sich zu etwas ~** commit oneself to doing something

ver|pflichtend obligatory, binding, mandatory; **~pflichtet** obliged

Verpflichtung obligation, commitment; **~ einhalten** honour a commitment; **~ eingehen** enter into a commitment; **rechtliche ~** legal obligation; **~szeit** ⚔ term of enlistment

ver|plomben ⊖ seal; **~prügeln** beat up

Verrat treason, betrayal

verraten betray; **sich ~** give oneself away

verrechnen *(aufrechnen)* set off; **sich ~** miscalculate

verrenken, sich etwas ~ ⚕ dislocate something

Verrenkung dislocation

verriegeln bolt

verringern reduce; **sich ~** decrease

Verringerung reduction, decrease; **~ der Geschwindigkeit** deceleration, slowing-down

ver|rostet rusty; **~rückt** 1 insane; 2 *(Fahrweise usw)* crazy; 3 *(erregt)* mad

Ver|rückter maniac; **~ruf** disrepute

verrufen ill-famed/reputed

Versagen failure; **menschliches ~** human error; **technisches ~** mechanical failure

versagen *(Bremsen)* fail

Versager *(Munition)* dud

versammeln, sich ~ assemble, gather

Versammlung assembly, gathering, meeting; **friedliche ~** peaceful assembly; **öffentliche ~** public assembly/meeting; **unfriedliche ~** riotous assembly; **verbotene ~** unlawful assembly; **zulässige ~** lawful assembly; **~sfreiheit** freedom of assembly

Versand shipment; **~formular** dispatch form; **~haus** mail-order firm; **~ort** place of dispatch; **~schein** ⊖ transit document; **~stück** package

versäumen 1 *(etwas zu tun)* fail; 2 *(Gelegenheit)* miss

Versäumnis *(Unterlassung)* omission, default; **~gebühr** default fine; **~verfahren** ⚖ default proceedings

Verschaffen von falschen amtlichen Ausweisen procuring forged official documents

verschaffen, sich ~ obtain

verschanzen, sich ~ barricade oneself

ver|schärfen 1 *(Gesetz)* tighten up; 2 *(Situation usw)* aggravate; **jemanden ~scheuchen** scare someone off; **~schieben** 1 put off, postpone; 2 smuggle

Verschiebung von Kfz vehicle smuggling

verschieden different, varied

Verschiedenes *(Tagesordnung)* miscellaneous, any other business

verschlechtern, sich ~ become worse, deteriorate

Verschlechterung deterioration

verschleiern cover
Verschleiß wear (and tear)
ver|schleppen → **entführen**; **~schließen** lock
verschlimmern aggravate, make worse; **sich ~** deteriorate
ver|schlissen worn (out); **~schlucken** swallow
Verschluss 1 ⚒ bolt; 2 seal; 3 *(Kleidung usw)* fastener, clasp
verschlüsseln encrypt, (en)code
Verschlüsselung encryption; **~sgerät** scrambler
Verschlusssache classified document
verschmelzen merge, amalgamate
Verschmelzung merger, amalgamation
verschmerzen, etwas ~ get over something
ver|schmutzen pollute; **~schmutzt** soiled
Verschmutzung pollution
ver|schneit snow-covered; **~schollen** lost, missing, unaccounted for; **~schonen** spare; **~schreiben** ⚕ prescribe
Verschreibung prescription
ver|schreibungspflichtig prescription-only; **~schrotten** scrap
Verschubung *transfer| of a prisoner, ~ of an arrested person*
verschüchtert intimidated
Verschulden fault; **beträchtliches ~** major share of the blame, considerable fault
ver|schulden cause; **~schuldet** indebted, in debt
Verschütten *(Flüssigkeit)* spillage
verschütten 1 spill; 2 bury
Verschütteter *person buried alive*
verschwägert related by marriage
Verschwägerter relative (by marriage)
ver|schweigen withhold, conceal; **~schwenden** waste
Verschwendung waste
verschwiegen discreet
Verschwiegenheit discretion
verschwimmen *(Sicht)* blur
verschwinden disappear, abscond, vanish; **spurlos ~** vanish without trace
verschwören, sich ~ ⚖ conspire, plot
Verschwörung conspiracy, plot, scheme
verschwunden, spurlos ~ lost without trace
ver|sehentlich inadvertent, by mistake; **~senden** ship, send, dispatch; **~sengen** singe; **~setzen** *(an andere Dienststelle)* post, transfer
Versetzung transfer, redeployment
verseuchen contaminate
Verseuchung contamination
Versicherer insurer
versichern 1 insure; 2 *(zusichern)* assure; **sich ~** take out (an) insurance
versichert insured; **nicht ~** uninsured
Versichertenkarte *(Krankenkasse)* health insurance card
Versicherter the insured, insuree *US*
Versicherung 1 insurance (company), insurer; 2 *(Beteuerung, Zusicherung)* assurance; **~ abschließen** take out (an) insurance; **~ an Eides Statt** affirmation in lieu of oath
Versicherungs|anspruch insurance claim; **~bescheinigung** certificate of insurance; **~betrug** insurance fraud; **~doppelkarte** cover note; **~gesellschaft** insurance (company); **~karte** insurance card, cover note; **grüne ~karte** international/green insurance card; **~kennzeichen** insurance numberplate; **~nachweis** proof/certificate of insurance; **~nehmer** policyholder, the insured, insuree *US*; **~police; ~schein** (insurance) policy; **~prämie** insurance premium; **~scheinnummer** insurance policy number
Versicherungsschutz (insurance) cover, (insurance) coverage *US*; **ohne (ausreichenden) ~** without (adequate) cover; **voller ~** full cover
Versicherungs|summe sum insured; **~träger** insurer
versiegeln seal
Versiegelung seal; **~splombe** seal
versorgen 1 supply, provide; 2 ⚕ treat; **jemanden mit etwas ~** provide someone with something
Versorgung 1 ⚕ treatment; 2 supply; **ärztliche ~** medical care/treatment;

~sunternehmen utility; **öffentliches ~sunternehmen** public utility
verspäten delay; **sich ~** be late
Verspätung delay
versperren obstruct, block
Verstand reason
verständigen notify, inform; **sich ~** 1 communicate; 2 *(Übereinkunft)* agree (to do something)
Verständigung 1 notification, information; 2 communication; **~sschwierigkeit** difficulty of communication
verständlich 1 *(Haltung usw)* understandable; 2 *(Äußerung usw)* comprehensible; **schwer ~** difficult to understand
Verständnis understanding; **~ haben für** appreciate, understand
verstärken reinforce, strengthen
Verstärker amplifier
Verstärkung reinforcement, back-up; **auswärtige ~** external reinforcement; **~skräfte** augmentation forces
verstauchen sprain
Verstauchung sprain
verstauen *(Ladung usw)* stow; **rutschfest ~** *stow items in such a way that they don't slip/shift*
Versteck 1 *(Person)* hideout, hiding place; 2 *(Objekt)* hiding place, cache, dump; **~ tarnen** disguise the hiding place
verstecken conceal, hide, stash (away); **sich ~** hide
versteckt 1 hidden, covert; 2 *(Anwesen)* secluded
verstehen make out; **etwas falsch ~** misunderstand something; **jemandem zu ~ geben** give someone to understand
ver|stellbar adjustable; **~stellen** adjust; **~stopfen** 1 *(Leitung, Rohr)* choke; 2 *(Straße)* congest; **~stopft** *(mit zuviel Verkehr)* clogged; **~storben** deceased
Verstorbener the deceased
Verstoß breach, infringement, infraction, misdemeanour, violation; **~ gegen Bewährung(sauflage)** parole violation; **~ gegen Einreisegesetze** immigration abuse; **~ gegen gesellschaftliche Norm** transgression; **~ gegen das Rechtsfahrgebot** failure to keep to the right; **~ gegen das Waffengesetz** firearms violation
ver|stoßen (gegen) break, infringe, violate, offend against; **~streuen** scatter; **~stümmeln** maim, mutilate
Ver|stümmelung mutilation; **~such** attempt, trial, try
versuchen 1 attempt, try; 2 *(in Versuchung führen)* tempt
Versuchung temptation
vertagen adjourn
Vertagung adjournment
ver|tauschen mix up; **~teidigen** defend
Verteidiger defence attorney/counsel/lawyer, counsel for the defence, defender; **~ bestimmen** appoint a counsel
Verteidigung defence; **~smittel** means of defence; **~swaffe** defensive weapon
verteilen 1 distribute; 2 *(Papiere bei Besprechung usw)* hand out; **neu ~** reallocate
Verteiler *(auch)* distributor; **~ring** distribution network; **~schlüssel** distribution list
Verteilung distribution; **räumliche ~** *(Personal)* deployment
Vertrag 1 *(Zivilrecht)* contract; 2 *(Völkerrecht)* convention, treaty; **~ abschließen** enter into a contract; **~ erfüllen** honour a contract; **~ kündigen** rescind a contract; **~ verletzen** 1 breach a contract; 2 violate a treaty
vertraglich contractual; **~ verpflichtet sein** be bound by contract
Vertrags|bedingungen, allgemeine ~ terms and conditions; **~bestimmungen** contractual provisions, terms of contract, terms and conditions, stipulations; **~bruch; ~verletzung** breach of contract; **~händler** approved dealer; **~partei** contracting party, party to the contract; **~werkstatt** authorized garage
Vertrauen confidence, trust
vertrauen trust
Vertrauens|bildung confidence building; **~bruch** breach of confidence; **~person** 1 confidant(e); 2 *(Informant)*

confidential informer; **~sache** matter of trust

ver|trauenswürdig trustworthy; **~traulich** confidential

vertraut familiar; **sich ~ machen mit** acquaint oneself with

vertreiben 1 *(z.B Drogenabhängige)* drive away/out, chase off/away; 2 *(Bevölkerung)* expel

vertreten represent

Vertreter 1 *(Bevollmächtigter, Beauftragter usw)* agent, representative; 2 salesman; **~ der Anklage** ⚖ (public) prosecutor, counsel for the prosecution, prosecuting counsel; **ständiger ~** deputy

Vertretung ⚖ representation; **~sbefugnis; ~svollmacht** power of attorney; **~sorgan** representative body

Vertriebener refugee, expellee

vertuschen cover/hush up

Vertuschung cover-up

ver|unglücken have an/be involved in an accident; **~unreinigen** 1 *(Abfall)* litter; 2 *(Substanz)* pollute

Verunreinigung pollution

verunstalten deface, spoil

veruntreuen embezzle

Veruntreuung embezzlement; **~ im Amt** misappropriation by a public official; **Person, die ~ begeht** embezzler

verursachen cause

Verursacher person responsible, perpetrator; **~ ermitteln** investigate the guilty party; **~prinzip** polluter pays principle

verurteilen ⚖ convict, sentence

Verurteilter convicted person

Verurteilung conviction, sentence; **~ mit Bewährung** suspended sentence; **~ wegen einer Straftat** criminal conviction; **~ wegen eines Verkehrsdelikts** motoring conviction; **~ zu Schadensersatz** judg(e)ment for damages

verwahren keep (in a safe place); **sich gegen etwas ~** protest against something

verwahrlost run-down, neglected, dilapidated

Verwahr|losung neglect; **~ort für abgeschleppte Kfz** car pound

Verwahrung ⚖ custody; **~ von Sachen** safekeeping of items; **~ von Waffen** storage/safekeeping of weapons; **in ~ geben** deposit

verwalten administer, manage, run

Verwalter administrator, manager; **~in** manageress

Verwaltung 1 administration, management; 2 *(Stelle)* administrative section/services, staff services; **~ und Recht** administrative and legal affairs; **allgemeine ~** general administration; **öffentliche ~** public administration; **örtliche ~** local authority/government

Verwaltungs- administrative

Verwaltungs|abteilung administration department, management and services division; **~akt** administrative act; **~aufgaben** administrative tasks; **~beamter** official; **~behörde** administrative authority; **~bezirk** division; **~ebene** level of government; **~gebühr** administrative fee/costs; **~gericht** administrative tribunal/court; **~kosten** administrative costs/expenses; **~personal** administrative staff; **~recht** administrative law; **~tätigkeit** administrative work

verwandt related

Verwandte relations, relatives; **enge ~** family; **~r** relative

Verwandtschaft relations, kinship; **~sgrad; ~sverhältnis** degree of relationship

verwarnen caution, warn; **gebührenpflichtig ~** fine

Verwarngeld → Verwarnungsgeld

Verwarnung 1 caution, warning; 2 *(disziplinarische Maßnahme)* reprimand; **~ mit Verwarngeld** citation *US*; **gebührenfreie ~** verbal warning, (police) caution; **gebührenpflichtige ~** on-the-spot (warning) fine, warning fine/ticket, ticket, warning and exemplary fine; **polizeiliche ~** police caution; **schriftliche ~** written warning

Verwarnungsgeld on-the-spot/(warning) fine, fine; **~ für falsches Parken** parking fine; **~ anbieten** offer a warning fine; **mit ~ belegen** fine, impose a fine; **mit einem ~ einverstanden sein** accept a (warning) fine; **vorgeschriebenes ~** mandatory (warning) fine; **~katalog** list of warning fines

verwechseln mistake, confuse

Verwechselung 1 *(Person)* mistaken identity, misidentification; 2 *(Sache)* mix-up

ver|wehren deny, refuse; **~weigern** refuse

Ver|weigerung refusal; **~weis** reprimand

verweisen an/auf refer to

Verweisung referral

verwenden use, utilize, employ

Verwendung 1 use; 2 *(Person)* assignment, posting; **~sdauer** tour of duty

verwerten utilize

Verwertung utilization

verwesen rot, decompose

Verwesung rot, decomposition

verwickeln *(Verbrechen)* implicate, involve

Verwicklung implication, involvement

ver|wirken ⚖ forfeit; **~wirren** confuse; **~wirrend** confusing

Verwirrung confusion

ver|wischen *(Spur)* cover (up); **~wischt** blurred; **~wunden** wound

Ver|wundeter casualty, wounded person; **~zehr** consumption

ver|zehren consume; **~zeichnen** record, note; **nicht ~zeichnet** *(Telefonnummer)* unlisted

Verzeichnis register, directory, list; **~ der beschlagnahmten Gegenstände** list of seized/confiscated items

verzerrt *(Gesicht)* contorted

Verzicht ⚖ waiver

verzichten waive; **~ auf** do without

Verzichtserklärung waiver

ver|ziehen move away; **unbekannt ~zogen** removed - address unknown; **~zögern** delay, hold up

Verzögerung delay; **~smaßnahme** delaying action; **~sstreifen** ▽ deceleration lane **~staktik** delaying tactics

verzollen declare

Ver|zollung (customs) clearance; **~zug** delay

ver|zweifeln despair; **~zweifelt** desperate

Verzweiflung 1 *(Gemütszustand)* despair; 2 *(Ratlosigkeit)* desperation; **~stat** act of despair

verzweigen, sich ~ branch off

Video|, auf ~ aufnehmen videotape, record on videotape

Video|abstandsmessanlage video distance recorder; **~aufnahme** video recording; **~aufnahme von Zeugenaussagen von Kindern** video recording of testimony from child witnesses; **~band** videotape; **~fahrzeug** video recording vehicle; **~kamera** video camera; **~rekorder** video (cassette) recorder (VCR); **~überwachung** television surveillance, closed-circuit television (CCTV); **mobile ~überwachung** mobile closed-circuit television

Vieh cattle, livestock; **~dieb** cattle rustler; **~diebstahl** cattle rustling; **~seuche** livestock disease

vielfach multiple

Viel|falt diversity; **~zahl** variety, multitude

viereckig rectangular, square

Vier|ganggetriebe 🚗 four-speed transmission; **~kant(schlüssel)** square-section key; **~radantrieb** four-wheel drive

vierspurig four-lane

Viertakt- 🚗 four-stroke

Viertel 1 quarter, neighbourhood; 2 *(Wein usw)* quarter litre

viertürig 🚗 four-door

Vignette (motorway toll) sticker

Villenviertel exclusive residential district

Visier *(Helm)* visor

Visitenkarte (calling/visiting) card

Visum visa; **~ zur mehrmaligen Einreise** multiple-entry visa; **~ erteilen** issue a visa; **~ verlängern lassen** have a visa renewed; **gefälschtes ~** forged visa; **~antrag** visa petition; **~pflicht** visa requirement

Vize- vice

Vogel|, jemandem den ~ zeigen tap one's forehead; **~kot** bird's droppings

Volk, fahrendes ~ travellers

Volks- ethnic

Volks|fest (fun) fair; **~gruppe** ethnic group; **~verhetzung** ⚖ sedition, incitement; **~zählung** census

voll *(Bus usw)* crowded; **~automatisch** fully automatic

Voll|bart full beard; **spitzer ~bart** pointed full beard; **im ~besitz seiner Kräfte** in full possession of one's faculties; **~bremsung machen** slam on the brakes; **mit ~gas** at full throttle; **~gas geben** step on the gas

volljährig of age

Voll|jähriger major; **~jährigkeit** full/legal age, majority; **~kasko(versicherung)** comprehensive cover/insurance, no-fault insurance

vollkommen perfect

Vollkontrolle comprehensive check

Vollmacht 1 authority, mandate; 2 ⚖ proxy, power of attorney; 3 ⚖ *(Durchsuchung, Verhaftung)* warrant; **umfassende ~en** catch-all powers; **~geber** warrantor

Vollrausch drunken stupor

voll|schlank full-figured, plump; **~ständig** complete; **~streckbar** enforceable; **~strecken** ⚖ execute, enforce

Vollstreckung execution, enforcement; **~sanordnung** writ of execution; **~saufschub** stay of execution; **~sbefehl; ~sbescheid; ~sbeschluss** writ/warrant of execution; **~behörde** enforcement agency; **~shaft** → **Haft**

voll|tanken top/fill up; **~verzinkt** fully galvanized; **~zählig** complete

Vollzeit- full-time

vollziehen enforce, execute

Vollzug execution, prison, confinement; **offener ~** open prison; **kommunaler ~sdienst** local government enforcement agency; **~smeldung** *report that an instruction has been carried out*

Vor- previous, preliminary

Vorabend eve

vorangehen precede

Vor|anschlag estimate; **~arbeit leisten für** lay the groundwork for; **im ~aus** in advance, beforehand

voraus|fahren go/drive ahead; **~gehen** precede; **~gesetzt dass ....** provided (that) ....

Vor(aus)kommando advance party

voraus|schauend (handelnd) proactive; **~sehen** anticipate, foresee

Voraus|setzung prerequisite, precondition, requirement; **~sicht** anticipation, foresight

Vorbedacht premeditation; **mit ~** premeditated, with malice aforethought

Vor|bedingung precondition, prerequisite; **~behalt** reservation, proviso

vorbehalten, sich ~ reserve the right to ....

vorbehalt|lich subject to; **~los** unconditional, without reservations

vorbei|fahren drive/go past, pass; **haarscharf aneinander ~fahren** *(Kfz)* only just manage to avoid each other; **~gehen** pass, walk/go past; **aneinander ~reden** talk at cross-purposes; **~schießen** 🔫 miss

Vor|besitzer previous owner; **~besprechung** briefing

vorbestraft convicted; **~ sein** have a criminal record, have a previous conviction; **einschlägig ~ sein** have previous convictions for similar offences; **nicht ~ sein** have a clean record/slate *(coll)*

Vorbestrafter ex-con(vict); **mehrfach ~** old offender

vorbeugen prevent; **~d** preventive, precautionary

Vor|beugung prevention; **~bild** role model

vorbildlich exemplary

Vorbringen ⚖ submission, contention

vorbringen submit, contend

Vordach canopy

Vorder|eingang front entrance; **~grund** foreground; **~rad** front wheel; **~seite** front; **~sitz** front seat; **~teil** front part

vordrängen, sich ~ jump the queue

vor|dringen advance; **~dringlich** urgent

Vordruck form

vor|eilig premature; **~eingenommen** biased, prejudiced

Voreingenommenheit prejudice

vor|enthalten withhold; **~fahren** drive/pull up

Vorfahrt right of way; **~ achten/gewähren** give way, yield *US*; **~ nicht beachten** fail to give way, fail to yield the right of way; **~ haben** have priority

vorfahrtberechtigt sein have the right of way

Vorfahrt|regel rule concerning the right of way; **~straße** major/priority road, throughway *US*; **~verstoß** violation of the right of way

Vorfall incident, occurrence; **~ mit rassistischem Hintergrund** racist incident

vorfinden find

Vorführbericht MOT test report *GB*

vorführen 1 show, demonstrate; 2 bring before the judge

Vorführung show, demonstration; **~sbefehl** warrant to appear (in court)

Vor|führwagen demonstration car; **~gabe** guidance; **~gang** event; **~gänger** predecessor; **~garten** front garden

vorgeben pretend

Vorgehen approach, procedure, (course of) action, modus operandi; **~ der Sicherheitskräfte** action by the security forces; **~ und Verhalten im Streifendienst** *(Eigensicherung usw)* patrol technique; **polizeiliches ~** police/operational procedure; **unvorschriftsmäßiges ~** improper/irregular procedure; **~sweise** modus operandi

vorgehen proceed, act; **gegen jemanden gerichtlich ~** take someone to court

Vorgeschichte record, (prior) history

vorgeschrieben obligatory, mandatory; **gesetzlich ~** statutory; **wie ~** as required

Vorgesetzter senior, superior

vorglühen *(Kfz)* pre-heat

Vorhaben plan, intention

vor|haben intend, plan; **~handen** available

Vor|handensein availability, existence; **~hang** curtain

Vorhängeschloss padlock; **mit einem ~ sichern** padlock

vorher beforehand, previously; **~ erwähnt** aforesaid, aforenamed; **~gehend** previous; **~ig** previous, last

Vorhersage forecast, prediction

vorher|sagen predict; **~sehen** anticipate, foresee

Vorjahr previous year

Vorkehrung precaution; **~en treffen** take precautions

Vorkommen incidence, occurrence

vorkommen happen, occur; **häufig ~** be a common occurrence

Vorkommnis incident; **keine besonderen ~se** nothing to report

vorladen *(Polizei)* summon

Vorladung summons; **~ zur Vernehmung** summons for questioning

Vorlage production, submission; **bei ~ von** on production/presentation of

vorläufig provisional, preliminary, temporary, tentative

Vorleben record, past

vor|legen *(Dokument usw)* submit, produce, furnish; **~lesen** read aloud/out

Vorliebe preference

vorliegen, es liegt etwas gegen jemanden vor someone is suspected of ....; **es liegt nichts gegen jemanden vor** someone has a clean record

vormerken make a note of

Vor|merkung von Auslagen *information about additional costs (for example for an interpreter)*; **~mittag** morning

Vormund guardian; **~schaft** custody

Vorname Christian/first name, forename; **zweiter ~** middle name

Vorort suburb

Vorort- suburban

Vorrang priority, precedence, right of way; **~ für Fußgänger** pedestrian right of way; **~ gewähren** accord precedence; **~ haben** have priority

vorrangberechtigt sein have the right of way

Vorrangfahndung intensive search (for high-profile criminals)

vorrangig principal; **etwas ~ behandeln** give something (top) priority, prioritize something

Vorrat stock(s), supply; ~ **anlegen** stockpile
vorrätig available, in stock
Vor|recht prerogative, privilege; **~richtung** device; **~ruhestand** early retirement; **~saison** early season; **~- bzw Nachsaison** low season
Vorsatz ⚖ intent, premeditation; **~delikt** premeditated offence
vorsätzlich wilful, intentional, premeditated, deliberate, malicious, with malice aforethought
Vorschlag proposal, suggestion; **einem ~ zustimmen** go along with a suggestion
vor|schlagen propose, suggest; **~schreiben** prescribe, stipulate
Vorschrift provision, regulation, rule; **~ sein** be standard procedure; **~ übertreten** break the rule; **gültige ~** valid regulation
Vorschriften rules and regulations
vorschrifts|mäßig proper, in due form; **~widrig** irregular; **~widrig sein** be against regulations
Vorschriftswidrigkeit irregularity
vorsehen envisage, plan; **sich ~** beware
Vorsicht caution, care; **~, bissiger Hund!** beware of the dog!
vor|sichtig cautious, careful; **~sichtshalber** as a precaution
Vorsichtsmaßnahme precautionary measure; **~n treffen** take precautions
Vorsorge für etwas treffen; vorsorgen provide for something, make provision for something
Vorspiegelung, unter ~ falscher Tatsachen under false pretences
Vor|sprung 1 *(Abstand)* lead; 2 *(Mauer usw)* projection; 3 *(Fels)* ledge; **~stadt** suburb
vorstellen, jemanden ~ introduce someone; **sich ~** 1 introduce oneself; 2 *(Phantasie)* imagine
vorstellig werden make representations
Vorstellung 1 idea; 2 *(Theater usw)* performance
Vorstrafe (previous) conviction, history, (criminal) record; **~nregister** criminal record, rap sheet *US*
Vortäuschen| einer falschen Identität impersonation; **~ einer Straftat** simulating a criminal offence
vortäuschen pretend, simulate, fake
Vorteil advantage, benefit; **~ ziehen aus** take advantage of; **finanzieller ~** pecuniary advantage
vorteilhaft favourable, advantageous
Vorteilsannahme bribe-taking
Vortest ✗ pre-test, preliminary test
vorübergehend temporary
Vor|untersuchung preliminary investigation; **~urteil** prejudice, bias; **~verfahren** preliminary proceedings
Vorwahl(nummer) ☎ (area) code; **internationale ~** country/international code
Vorwand pretext, pretence
vorwarnen warn in advance
Vor|warnung (advance) warning; **~wegnahme** anticipation
vor|wegnehmen anticipate; **~weisen** show; **~werfen** accuse
Vorwissen previous knowledge
Vorwurf accusation; **sich zu dem ~ äußern** make a statement regarding the accusation; **über jeden ~ erhaben sein** be above reproach
Vorzeigegeld flash money
vor|zeigen show, produce; **~ziehen** prefer
Vorzimmer ante-room, secretary's office
Voyeur Peeping Tom *(coll)*

W

Waage 1 scales; 2 *(LKW usw)* weighbridge
wach awake
Wach|beamter desk officer; **~dienst** guard duty; **~- und Bezirksdienst** patrol and community beat;
Wache 1 police station; 2 → **Wachposten**; **~ haben** be on guard (duty)
Wach|gebäude guardhouse; **~- und Schließgesellschaft** private security organization; **~habender** duty officer; **~habender sein** work the desk; **~häuschen** sentry box; **~hund** guard

dog, watchdog; **~mann** watchman, security guard/man; **~mannschaft** security personnel/staff; **~polizist** *police officer (of low rank) protecting objects and checking visitors at public buildings*; **~posten** 1 security guard/man, watch, guard; 2 ⚔ sentry; **~raum** duty room

Wachs wax; **~abdruck** wax impression

wachsam vigilant

Wachsamkeit vigilance

Wachstum growth, increase

Wackelkontakt ⚡ loose connection

Wade calf

Waffe 1 *(allgemein)* weapon; 2 *(Schusswaffe)* firearm, gun; **~n** arms; **mit gezogener ~** with drawn gun, gun-wielding; **mit schussbereiter ~** with one's gun ready; **mit vorgehaltener ~** at gunpoint; **~ für Gummigeschosse** rubber gun

Waffe| abgeben hand in one's gun; **jemanden mit einer ~ bedrohen** threaten someone with a gun; **~ legal besitzen** possess a gun legally; **~ in Anschlag bringen** aim a gun at a person; **~ einsetzen** make use of a gun; **tödlich wirkende ~n einsetzen** use deadly/lethal force; **~ fallen lassen** drop a gun; **~ gebrauchen, um sich der Festnahme zu entziehen** use a gun to resist arrest; **~ auf jemanden richten** level/point a gun at someone; **~ tragen** carry/tote a gun; **~n tragen** bear arms; **~ ziehen** draw a gun; **mit der ~ auf jemanden zielen** level/point a gun at someone

Waffe|, automatische ~ automatic weapon; **biologische ~** biological weapon; **chemische ~** chemical weapon; **gefährliche ~** dangerous weapon; **halbautomatische ~** semi-automatic weapon; **nachgebildete ~** replica/mock/imitation gun; **verbotene ~** illegal/prohibited weapon; **verdeckt getragene ~** concealed gun/weapon

Waffen|arsenal arsenal, stockpile of weapons; **~art** type of weapon; **~ attrappe** dummy gun

Waffenbesitz possession of firearms; **~karte** permit/licence to possess firearms

Waffen|depot armoury; **~delikt** firearms offence; **~diebstahl** arms theft; **~einsatz** use of firearms

Waffengebrauch use of firearms; **gerechtfertigter ~** lawful shooting; **ungerechtfertigter ~** unlawful shooting

Waffen|gesetz firearms act, gun law; **~gewalt** armed force; **~handel** arms trade; **~händler** arms/gun dealer; **~kammer** armoury; **~kunde** weapons handling; **~lager** weapons depot; **~schein** firearms certificate/licence/permit; **~schmuggel** arms traffic(king), gun-running; **~spürgerät** weapon(s) detection device; **~stillstand** ceasefire; **~versteck** arms cache/dump; **~werkstatt** armoury

Wagen → auch **Auto** (motor)car

Wagen|heber jack; **~ladung** carload

Waggon 1 🚂 carriage; 2 *(Güterwagen)* waggon

Wahl 1 choice, option; 2 *(Auswahl)* selection; 3 *(Politik usw)* election; **geheime ~** secret ballot; **in die engere ~ kommen** be shortlisted; **keine andere ~ haben** have no choice/alternative

wahlberechtigt eligible to vote

wählen 1 choose; 2 *(auswählen)* select; 3 *(Politik usw)* elect, vote; 4 ☎ dial

Wahl|fach *(Unterricht, Ausbildung usw)* optional subject; **~gegenüberstellung** lineup, identification/identity parade; **~gegenüberstellung per Video** video ID parade; **~hebel** *(Automatik)* selector lever; **~lichtbildvorlage** photo spread/identification; **~möglichkeit** option; **~recht** right to vote; **~verteidiger** defence lawyer chosen by the defendant; **~wiederholungstaste** ☎ redial button

Wahnsinn 1 *(allgemein)* madness; 2 ⚖ insanity

wahnsinnig mad, insane, crazy,

Wahnvorstellung hallucination, delusion

wahr true

Wahrheit truth; ~ **sagen** tell the truth; **die ungeschminkte** ~ the plain/unvarnished truth; **ein Körnchen** ~ a grain of truth; **die ~ aus jemandem herausbekommen** get the truth out of someone

wahr|heitsgemäß truthful; **~nehmbar** perceptible; **~nehmen** perceive

Wahrnehmung perception; **~sveränderung** change of perception

wahrscheinlich probable, likely

Wahrscheinlichkeit probability, likelihood; **mit an Sicherheit grenzender** ~ in all probability; **~sgrad** degree of probability

Wahrung von Recht und Gesetz maintenance of law and order

Währung currency

Wahrzeichen landmark

Wald|brand forest fire; **~weg** forest path

Waliser Welshman; **~in** Welshwoman

walisisch Welsh

Wallfahrt pilgrimage

Wallone Walloon

Wandel change

Wander|baustelle moving (road) construction site; **~er** hiker, rambler; **~karte** hiking map

wandern hike

Wanderung hike, walking tour

Wanderweg (hiking) trail

Wandkalender wall calendar

Wange cheek

Wanze bug(ging device) *(coll)*

Wappen coat of arms

Ware(n) merchandise, goods

Warenhaus department store

Wärme warmth, heat; **~bildgerät** thermal imager; **~bildkamera** thermal image camera

Wärmeentwicklung heat development

wärmen warm up

warmlaufen lassen 🚗 warm up

Warnanlage warning device

Warnblink|anlage emergency warning lights/device, (hazard) warning flashers/lights, (emergency) flashers; **~licht** *(an Baustellen)* flashing/warning beacon, flashing danger light

Warndreieck (hazard) warning triangle; **~ aufstellen** set up/display the warning triangle

warnen warn

Warn|fackel flare; **akustisches ~gerät** acoustic warning device; **~hinweis** warning notice; **~kleidung** safety jacket/clothing, high-visibility jacket/clothing; **~leuchte; ~licht** *(an Baustellen usw)* warning light/beacon, flashing beacon, flashing danger light, *(auf Baken)* beacon light; **~meldung** warning; **~ruf** warning shout; **~schild** 1 *(Etikett)* warning label; 2 warning/danger sign; **~schuss** warning shot; **~schuss abgeben** fire a warning shot; **~signal** warning signal; **~symbol** hazard symbol

Warnung warning; **ohne ~ schießen** shoot without warning; **rechtzeitige ~** timely warning

Warn|weste fluorescent vest; **~zettel** hazard note; **~zeichen** warning sign

Warte|frist waiting period; **~halle** waiting room; **~häuschen** bus shelter; **~linie** waiting line; **~liste** waiting list

warten 1 wait; 2 *(pflegen)* maintain, service; **~ auf** wait for; **bitte ~!** ☎ hold on!

Wartepflicht duty to wait

Wärter 1 warden, warder; 2 *(Zoo)* animal keeper; **~in** wardress

Warte|saal 🚆 waiting room; **~schlange** queue, line; **~zeit** waiting time; **~zimmer** waiting room

Wartung 🚗 maintenance, servicing; **~shandbuch** service manual

Warze ⚕ wart

Waschbecken washbasin

Wäsche laundry, washing

waschen *(Geld)* launder

Wasser, unter ~ stehen be flooded

wasserdicht 1 *(von außen)* waterproof; 2 *(Verschluss usw)* watertight

Wasser|fahrzeug water-craft; **~fall** waterfall; **~flugzeug** seaplane; **~hahn** tap; **~kühlung** 🚗 water cooling; **~leiche** floater *(coll)*; **~leitung** 1 *(im Haus)* water pipe; 2 *(unter der Straße)* water main; **~linie** water line

wasserlöslich water-soluble

Wasser|motorrad jetski; **~pfeife** ✗ hookah; **~pistole** water pistol; **~pumpe** water pump; **~schaden** flood damage; **~- und Schifffahrtsamt** waterways board/authority; **~schutzgebiet** water protection area; **~schutzpolizei** river police; **~schutzpolizeistation** river police station; **~sportler** water sports enthusiast; **~stand** water level; **~stoff** hydrogen; **~straße** waterway; **~verschmutzung** water pollution; **~versorgung** water supply; **~werfer** water cannon; **~werferschutz** *(Gruppe)* water cannon protection team; **~zeichen** watermark

waten wade

Watte cotton wool

Wechsel (ex)change; **gestaffelter ~ von Kräften** phased/staggered rotation of forces; **turnusmäßiger ~ von Kräften** rotation of forces

Wechsel|aufbau *(LKW)* swapbody; **~behälter** swapbody, demountable container; **~brücke** swapbody; **~geld** change; **~gelddiebstahl** theft of small change; **~kurs** (currency) exchange rate, rate of exchange

wechseln (ex)change

Wechsel|pritsche demountable platform; **~schichtdienst** shift work

wechselseitig mutual

Wechsel|sprechverkehr two-way communication; **~stube** bureau de change, (currency) exchange office; **~wirkung** reciprocal effect

wecken 1 wake; 2 *(Wunsch, Sexualität)* arouse

Wecker alarm clock

Weg 1 *(Richtung)* way; 2 *(Fußweg usw)*, trail, (foot)path; **öffentliche ~e und Plätze** public places; **nach dem ~ fragen** ask the way; **den ~ freimachen** clear the way; **in die ~e leiten** initiate; **im ~ stehen** stand in the way of; **~ versperren** bar/block the way; **jemandem den ~ zeigen** show someone the way; **auf halbem ~e** halfway, midway

Wegbeschreibung directions

wegbringen take away

Wegelagerei highway robbery

wegen owing/due to, because of

Wegerecht|e im Straßenverkehr special traffic rights; **~sfahrt** driving with flashing blue lights and/or siren

wegfahren ⛛ pull away, drive off, depart

Wegfahrsperre 1 immobilizer, anti-theft starting system; 2 *(mechanisch)* Krooklock™

weg|führen *(Neben- von Hauptstraße)* lead off; **~gehen** leave, walk away; **~lassen** leave out, omit; **~laufen** run away; **~legen** put aside

weg|nehmen take away; **~räumen** remove; **seitlich ~rutschen** *(Fahrzeug)* sideslip; **~schauen** look the other way; **~schicken** send away/off

Wegstrecke stretch of road; **zurückgelegte ~** distance travelled; **~nzähler** distance/trip recorder; **~nzählerstand** distance recorder reading

Wegtragen von Personen removal of persons

wegtragen carry off/away

Wegweiser sign(post), road/direction sign

Wegwerf- disposable, throwaway

wegwerfen dump, throw away

Wehr weir

Wehrdienst military service; **~verweigerer** conscientious objector

wehren, sich ~ resist

Wehr|gesetze military laws; **~pflicht** conscription, national service; **~pflichtarmee** conscript armed forces; **~pflichtiger** conscript, draftee *US*; **~pflichtzeit** period of conscription

weiblich female

Weiche 🚂 point, switch *US*

weigern, sich ~ refuse

Weigerung refusal

Weihnachts|beleuchtung Christmas illuminations; **~feier** Christmas party; **~geld** Christmas bonus; **~stimmung** Christmas spirit/mood

Weile spell

Wein|berg vineyard; **~gut** vineyard, winery; **~karte** wine list; **~keller** wine

cellar; **~kellerei** winery; **~lese** 1 *(Vorgang)* grape harvest; 2 *(Zeit)* vintage; **~probe** wine tasting; **~stube** wine bar
Weißer *(Rasse)* white, Caucasian *US*
Weisung instruction, order; **~sbefugnis** power of instruction
weisungs|berechtigt authorized to issue instructions; **~gebunden** bound by instructions; **~gemäß** as directed
Weisungsrecht authority to issue instructions
weit *(Fläche)* vast
Weiterbildung advanced/further/special training
weiterfahren carry/drive/go/keep on, continue to drive, proceed
Weitergabe onward transmission; **unbefugte ~ von Informationen** improper disclosure of information
weiter|geben forward, pass on; **~gehen** proceed, go/walk on; **~leiten** forward, pass on; **~machen** carry on, continue; **~verbinden** ☎ put through; **~verkaufen** resell; **~winken** *(bei vollem Parkplatz usw)* wave on
weiträumig spacious, wide; **etwas ~ umfahren** give something a wide berth
Weitsicht foresight
weitsichtig long-sighted, far-sighted
Weitwinkellinse für Heckfenster wide-angle lens for rear windows
Welle 1 wave; 2 🚗 shaft; **grüne ~** 🚦 linked signals, synchronized traffic lights
Wellen|brecher breakwater; **~länge** wavelength
Weltkulturerbe world cultural heritage
weltweit worldwide
WE-Meldung instant report
Wende turn; **~kreis** 🚗 turning circle
Wenden (U-)turn
wenden turn (around), do a U-turn; **sich ~ an** apply to
Wende|platz turnaround, turning place; **~punkt** turning point
werben advertise
Werbe- und Auswahldienst *(Einstellung bei Polizei)* recruiting department
Werbung advertising; **~skosten** *(Steuer)* job-related expenses

Werk works, factory; **~sausweis** company pass, staff identity card; **~schutz** security personnel/staff; **~schutzangehöriger** security officer; **~sgelände** factory site; **~sparkplatz** staff/company car park; **~statt** garage, workshop; **~tag** working day, workday
werktags *(Schild)* weekdays (only)
Werkzeug tool, implement; **gefährliches ~** dangerous implement; **~kasten** toolbox; **~spur** *trace of the tool used;* **~tasche** tool bag
Wert value; **~ legen auf** attach importance to; **gemessener ~** reading; **geschätzter ~** estimated value; **im ~ von** valued at
Werte|verfall loss of moral standards; **~vorstellung** moral concept
Wert|gegenstand article of value; **~marke** token; **~minderung** loss of value; **~sachen** valuables; **~sachen sichtbar im Kfz lassen** leave valuables in motor vehicles for everyone to see; **~stoff** recyclable material
wertvoll valuable, expensive
Wertzeichen stamp
wesentlich 1 essential; 2 ⚖ material
Wesentliche, das ~ the essentials
West- west
Weste vest; **kugelsichere ~** body armour, bulletproof/bullet-resistant/protective vest; **saubere ~** *(fig)* clean slate
Westen west; **in Richtung ~; nach ~ fahrend** westbound
Wettbewerb competition; **unlauterer ~** unfair competition
Wettbüro betting office/shop, gambling shop
Wette bet
wetten bet
Wetter|bedingungen weather conditions; **unter normalen ~bedingungen** under normal weather conditions; **~bericht** weather report
wetterfest weather-proof
Wetter|lage weather situation; **~leuchten** sheet lightning; **~verhältnisse** weather conditions; **~vorhersage** weather forecast

Wettfahrt race
wichtig important, relevant; **äußerst ~** crucial, extremely important
Wichtigkeit importance, significance
wider|lich revolting; **~rechtlich** unlawful, illegal
Widerruf revocation
wider|rufen 1 revoke; 2 *(Urteil)* quash; **sich ~setzen** oppose, defy, resist; **~spenstig** unruly, rebellious; **~spiegeln** reflect; **~sprechen** contradict; **sich ~sprechen** contradict oneself
Wider|spruch 1 contradiction; 2 ⚖ appeal; **~spruch einlegen** appeal; **sich in ~sprüche verwickeln** get caught up in contradictions
widersprüchlich contradictory, inconsistent
Widerstand resistance; **~ gegen Vollstreckungsbeamte** resisting law enforcement officers/officials (in the execution of their duties), obstructing the police, resisting apprehension/arrest, resisting public authority; **~ leisten** resist, put up resistance; **keinen ~ leisten** offer no resistance; **passiver ~** civil disobedience
widerstehen resist
wiederauffinden recover
Wiederaufleben der Gewalt resurgence of violence
wiederbeleben 1 *(Tradition usw)* revive; 2 ⚕ resuscitate
Wieder|belebung resuscitation; **~belebungsversuch** attempt to resuscitate someone; **~einreise** re-entry
wieder|erkennen recognize; **~erlangen** recover, retrieve; **~geben** *(zurückgeben)* give back; **~gutmachen** redress, make up for, compensate
Wiedergutmachung compensation, redress
wiederherstellen *(Sicherheit und Ordnung usw)* restore
Wiederherstellung der öffentlichen Ordnung restoring law and order
wieder|holen *(Äußerung)* reiterate, say again; **sich ~holen** *(Ereignis)* recur; **~holt** recurrent
Wiederholung repetition; **im ~sfall** in the event of recurrence; **~skurs** refresher course; **~stat** repeat offence; **~stäter** repeat offender, repeater, re-offender, persistent offender, recidivist; **jugendlicher ~stäter** persistent young offender
Wiederkehr 1 *(Rückkehr)* return; 2 *(Ereignis)* recurrence
wieder|kehren 1 return; 2 recur; **~kommen** come back, return
Wiedervereinigung reunification
Wiege|karte; ~schein weighbridge ticket
Wiegen, achsweises ~ weighing by the axle
wiegen weigh
Wien Vienna
Wild deer, game; **~erei** poaching; **~erer** poacher
wildern poach
Wild|leder suede; **~schaden** damage caused by game; **~schwein** wild boar; **~unfall** accident involving game; **~wechsel** game path
Willkür arbitrariness; **~akt** arbitrary act
willkürlich arbitrary, random
Wimpel pennant
Wimper (eye)lash
Winde winch
Wind|fang 🏠 porch; **~generator; ~rad** wind generator/turbine; **~geschwindigkeit** wind speed; **~jacke** wind jacket; **~leitkörper** *(LKW)* wind deflector; **~mühle** windmill; **~sack** wind cone; **~schatten** slipstream, lee
Windschutzscheibe (wind)screen, windshield *US*; **~naufkleber** windscreen sticker
Windstärke gale force
windstill calm
Wind|stoß gust (of wind); **~surfer** surfer
Wink mit dem Zaunpfahl big hint
Winkel 1 angle; 2 *(Rangabzeichen)* chevron; **toter ~** 🚗 blind spot
winken wave
Winter|garten conservatory; **~reifen** snow tyre
winzig tiny

Wirbel| machen make a fuss; **~glatze** bald patch; **~säule** backbone, spine; **~strombremse** (electric) retarder
wirklich real, true; **~keitsfremd** unrealistic
wirksam effective; **ab sofort ~** effective immediately
Wirk|samkeit effectiveness; **~stoff** ☣ (effective) agent
Wirkung effect, impact; **abschreckende ~** deterrent effect; **berauschende ~** intoxicating effect; **~sbereich; ~skreis** scope
wirkungslos ineffective
Wirkungsschuss effective shot
Wirt landlord, publican; **~in** landlady
Wirtschaft economy; **~s-** economic
Wirtschafts|angelegenheiten property management; **~flüchtling** economic migrant/refugee; **~kriminalität** economic/white-collar crime; **~spionage** commercial/industrial espionage; **~straftat** commercial/white-collar crime; **~weg** agricultural road, farm track
Wissen knowledge; **nach bestem ~ und Gewissen** to the best of one's knowledge and belief
wissen know
Wissen|schaft science; **~sstand** state of knowledge
wissentlich knowingly
Witterung *(Hund)* scent
Witwe widow; **~r** widower
Witz joke
Woche, zwei ~n fortnight
Wochenend|arrest weekend prison; **~bereitschaft** weekend standby duty; **~haus** weekend house
Wochenkarte weekly season ticket
wohlbehalten safe and well
Wohl|ergehen wellbeing; **~fahrt** social service(s)
wohlhabend wealthy, affluent
Wohl|stand wealth, affluence; **~tätigkeitsorganisation** charity (organization); **~verhalten** good conduct/behaviour
Wohn- residential
Wohn|anhänger house trailer; **~anlage** housing estate; **~anschrift** private/home address; **~block** block of flats, apartment complex; **~gebiet** residential area/district, housing area; **~geld** housing benefit; **~gemeinschaft** flatshare, *group sharing a flat*
wohnhaft resident
Wohn|haus house, residential building, dwelling house; **~heim** hostel, dormitory, rooming house *US*; **~hochhaus** tower of flats; **~mobil** camper, motor caravan, motorhome; **~mobilstellplatz** motorhome site; **~ort** (place of) domicile/residence; **~schlafzimmer** bedsit(ter); **~siedlung** (housing) estate
Wohnsitz abode, domicile, residence; **jemandes ~ feststellen** establish someone's residence; **seinen ~ haben in ....** be resident in/at ...; **fester ~** fixed address/abode; **ohne festen ~** of no fixed abode/address, without fixed abode/address; **~loser** drifter, tramp, vagrant; **~überprüfung** residence check
Wohnung flat, dwelling, home, apartment *US*; **~ durchsuchen** check/search a flat; **jemanden aus der ~ vertreiben** evict someone from one's home; **konspirative ~** *flat used by persons engaged in subversive activities*
Wohnungs|einbruch (residential/household/domestic) burglary, burglary in a dwelling; **~einbruch mit Beuteziel hochwertige PKW** homejacking; **~inhaber** owner of the flat
Wohn|viertel residential area; **~wagen** caravan, camper-trailer, camper *US*, trailer *US*; **~zimmer** sitting room, lounge
Wolkenbruch cloudburst
wolkenbruchartig torrential
Wolkenkratzer skyscraper
Wort| durchstreichen cross out a word; **jemanden ins ~ fallen** interrupt someone; **jemanden beim ~ nehmen** take someone up on that; **daran/davon ist kein ~ wahr** not a word of it is true
Worte, beleidigende ~ offensive/insulting language

Wörterbuch dictionary
Wortführer spokesman, spokesperson; **~in** spokeswoman, spokesperson
Wortlaut wording; **~ auslegen** construe
wörtlich verbatim, literal
Wort|liste glossary; **~wechsel** argument; **~wechsel haben** exchange words
Wrack wreck; **~ eines ausgebrannten Kfz** shell of a burnt-out car; **~teile** wreckage
Wucher usury
wühlen rummage
wulstig *(Lippen)* thick
Wunde wound
Wunder miracle, wonder
Wundstarrkrampf ⚕ tetanus
Wunsch wish, desire
wünschen wish
Wunschkennzeichen *(Kfz)* personalized registration number
Würde dignity; **~ des Menschen** human dignity
Wurf|geschoss missile; **~pfeil** dart
Würge|griff stranglehold; **~mal** strangling mark
würgen strangle
Wurzel root
Wut rage; **seine ~ an jemandem auslassen** vent one's rage on someone
Wutanfall, in einem ~ in a rage
wütend furious; **~ machen** infuriate

X

X-Beine knock-knees; **~ haben** be knock-kneed

Y

Yard *(0,91 m)* Yard

Z

zäh tough
Zahl figure; **~ der Todesopfer** death toll
zahlbar payable
Zahlenkombination (numerical) combination/sequence
Zahl|karte money order; **~stelle** 1 cashier's office; 2 *(gebührenpflichtige Straße usw)* toll gate/booth
Zahlung payment; **~ verweigern** refuse to pay; **unbare ~** non-cash payment; **~serinnerung** reminder (to pay); **gesetzliches ~smittel** legal tender
Zahn tooth (*pl* teeth); **~ ausschlagen** knock out a tooth; **gelblicher ~** yellowish tooth; **künstlicher ~** false tooth; **plombierter ~** filled tooth; **~brücke** bridge; **~ersatz** denture
Zähne, bis an die ~ bewaffnet armed to the teeth
zahnlos toothless
Zahn|lücke gap; **~radbahn** rack-and-pinion railway; **~riemen** 🚗 cam/timing belt; **~schmerzen** toothache
Zange (pair of) pliers
Zapf|hahn; ~pistole *(Tankstelle)* nozzle; **~säule** fuel/petrol/gas pump; **~stelle** water point
Zaun fence
Zebrastreifen zebra/pedestrian crossing, crosswalk *US*
Zech|betrug → **~prellerei**; **~betrüger** → **~preller**
Zeche *(Rechnung)* bill, check *US*; **die ~ bezahlen** foot the bill, pay the price; **die ~ prellen** bilk, make off without payment
Zech|gelage booze-up; **~preller** bilker; **~prellerei** bilking, making off without payment
Zehe toe; **~nnagel** toenail
Zeichen sign, signal, mark, token; **~ geben** give a sign; **~sprache** sign language
Zeichner im Gerichtssaal courtroom artist
Zeichnung drawing; **maßstabgerechte ~** drawing made to scale
Zeigefinger forefinger, index/first finger
zeigen 1 show; 2 *(dar-, ausstellen)* display, exhibit; **für kurze Zeit ~** flash
Zeiger *(Uhr)* hand
Zeit|, zur ~ currently, at present; **zur ge-**

gebenen ~ in due course; **in der letzten** ~ lately; **die ~ ist um** the time is up; ~ **nehmen** clock, time; **mitteleuropäische** ~ Central European Time

Zeit|arbeit temporary work; **~arbeitsfirma** temp agency; **~aufwand** time needed; **unter ~druck stehen** be pushed for time; **~gewinn** time saved; **~karte** season ticket; **~plan** schedule; **~punkt** time, moment; **zu diesem ~punkt** at this stage

zeitraubend time-consuming

Zeit|raum spell, period of time; **~schrift** magazine; **~soldat** *soldier/volunteer under a temporary contract*; **~spanne** time span

Zeitungskiosk newspaper kiosk

Zeit|unterschied time difference; **~verschwendung** waste of time

zeitweilig temporary

Zeit|wert current value; **~zone** time zone

Zelle cell

Zelten camping

Zensur censorship

Zentner hundredweight *(45,4kg)*

Zentralarchiv central records division

Zentrale 1 *(Polizei)* control (room), operations room; 2 *(Unternehmen usw)* head office, headquarters

Zentralverriegelung central locking (system); **fernbediente** ~ remote control central locking, keyless entry system

zer|brechen break; **~brechlich** fragile; **~hacken** *(Funkspruch)* scramble

Zerhacker scrambler

zer|kratzen scratch; **~legen** dismantle, take to pieces; **~lumpt** ragged; **~quetschen** crush; **~reißen** tear up; **~rissen** torn; **~schlagen** smash (up)

zersetzen *(untergraben)* subvert, undermine; **sich** ~ decompose

Zersetzung 1 subversion; 2 decomposition

zer|splittern *(Glas)* splinter; **~stechen** *(Reifen)* puncture, slit

zerstören destroy, demolish, damage; **vorsätzlich** ~ vandalize

Zerstörung damage

zer|streuen *(auseinandertreiben)* disperse; **~streut** distracted, absent-minded; **~trümmern** smash, demolish

Zettel slip/piece of paper

Zeug stuff, gear

Zeuge witness; ~ **der Anklage** prosecution witness; ~ **der Verteidigung** defence witness; **einen ~n beeinflussen** influence a witness; **einen ~n benennen** name a witness; **einen ~n vernehmen** question/interview a witness; **vereidigter** ~ witness on oath, sworn witness

Zeugen Jehovas Jehova's Witnesses

Zeugen|angabe testimony; **~aussage** evidence, testimony; **~aussage unter Eid** sworn testimony; **widersprüchliche ~aussage** conflicting/contradictory evidence; **~beeinflussung** subornation of a witness; **~entschädigung** witness allowance; **~fragebogen** *questionnaire for witnesses to fill in*; **~ladung** witness citation; **~stand** witness box/stand *US*; **~vernehmung** examination of a witness

Zeugin witness

Zeugnis certificate; **falsches ~ ablegen** bear false witness; **~verweigerungsrecht** privilege/right to refuse to give evidence, right to keep/remain silent; **~verweigerungsrecht aus persönlichen/beruflichen Gründen** right to remain silent on the grounds of privilege

Zickzack fahren weave, zigzag

Ziegelstein brick

ziehen pull, draw; **nach links/rechts** ~ pull to the left/right; **nach sich** ~ entail

Ziel 1 *(allgemein)* goal, aim; 2 *(konkret)* objective, target; 3 target; 4 *(Reise)* destination; **mit unbekanntem ~ abreisen** leave for an unknown destination; ~ **verfehlen** miss a target; **gemeinsames** ~ common purpose/aim/goal; **vorrangiges** ~ overriding/primary goal

zielen aim; **auf jemanden** ~ point a gun at someone

Ziel|fahndung manhunt for a high-profile criminal; **~fernrohr** telescopic sight; **~gruppe** target audience/group; **~land** target country; **~ort** destination; **~person** target person; **~scheibe** 🔫 target; **~setzung** aims; **~staat** target country

Ziffer figure, digit

Zigarette| drehen roll a cigarette; **~nanzünder** 🚗 cigarette lighter; **~nautomat** cigarette machine; **~nschachtel** cigarette packet

Zimmer | mit Frühstück bed and breakfast (place); **~kellner** room waiter; **~lautstärke** low volume; **~mädchen** chambermaid; **~schlüssel** 1 *(herkömmlich)* room key; 2 *(Codekarte)* (electronic) keycard; **~vermittlung** accommodation service

Zins interest; **~satz** rate of interest

zitieren quote; **falsch ~** misquote, quote incorrectly

zittern tremble

zittrig shaky

Zivil, in ~ in plain clothes

Zivil- civilian, plain-clothes

Zivil|angestellte *(bei Polizei)* civilian employees, unsworn personnel *US*; **~beamter** civilian employee; **~dienst** alternative/community service

Zivilfahrzeug| von Angehörigen der Stationierungsstreitkräfte *non-military vehicle belonging to members of Allied Forces stationed in Germany*; **~ der Polizei** unmarked (police) car

Zivilgericht civil court; **~sbarkeit** civil jurisdiction

Zivilist civilian

Zivil|klage lawsuit, civil/private action; **~kleidung** plain clothes; **~personal** unsworn personnel, civilian personnel/staff; **~prozess** lawsuit, civil action/suit/case/proceedings; **~recht** civil/private law

zivilrechtlich civil-law

Zivil|schutz civil defence; **~streife** plain-clothes patrol; **~verfahren** 1 civil procedure; 2 *(Prozess)* civil proceedings; **~wagen** unmarked car

Zocker compulsive gambler

zögerlich reluctant

zögern hesitate; **ohne zu ~** without hesitation

Zoll 1 *(2,54 cm)* inch; 2 ⊖ tariff, duty; **~abfertigung** customs clearance; **~amt** customs office; **~anmeldung** (customs) declaration; **~beamter** customs officer; **~behörde** customs; **~bestimmungen** customs regulations; **~boot** customs boat/cutter; **~dokumente** customs documents; **~erklärung** customs declaration; **~fahnder** customs investigator; **~fahndung** customs investigation (department); **~formalitäten erledigen** clear something through customs

zollfrei duty-free

Zoll|grenzbezirk *frontier area under customs surveillance*; **~kennzeichen** → **Ausfuhrkennzeichen**; **~kontrolle** customs examination/inspection; **~papiere** customs documents

zollpflichtig dutiable

Zoll|plombe customs seal; **~quittung** customs receipt; **~schranke** customs barrier; **~stempel** customs stamp; **~unterschlagung** evasion of customs duty, customs evasion; **~vergehen** customs offence; **~verschluss** customs seal

Zone area

Zopf plait

Zu|behör 1 accessories; 2 💉 paraphernalia; **~bringer(straße)** access road, feeder (road)

zucken *(Mund, Augenlider)* twitch

zu|drehen turn off; **~erkennen** award

Zufahrt *(Garage usw)* drive(way); **~smöglichkeit** vehicular access; **~sstraße** access/approach road

Zufall coincidence, chance; **durch ~** by chance

zufällig random, accidental

Zufalls- random

Zuflucht refuge; **~sort** (place of) retreat

zu|friedenstellen satisfy; **~frieren** freeze (over); **~fügen** *(Schaden)* inflict

Zug 1 train → **Eisenbahn**; 2 🚗 tractor and trailer(s)

Zugang access, entry; **~ erlangen** gain access; **rechtmäßigen ~ haben** have right of access; **~ verweigern** deny access; **freier** ~ free access; **sicherer** ~ safe access; **ungehinderter** ~ unimpeded access

zugänglich accessible

Zugangs|berechtigung right of access; **~kontrolle** control of access; **~möglichkeit** possible access

Zug|begleiter guard, conductor; **~begleiterteam** train crew; **~begleitung** *(Polizeischutz bei Bahntransport)* train escort; **~chef** chef de train

zugeben acknowledge, admit, confess, own up to

Zugehörigkeit affiliation, membership

zugelassen, amtlich ~ registered

Zugeständnis concession

zugewiesen assigned

Zug|führer 1 *(Polizei)* squad commander; 2 chef de train; 3 platoon leader; **~maschine** *(LKW)* tractor (truck/unit), towing unit, traction engine, motor/truck tractor

zugreifen 1 access; 2 *(polizeiliches Eingreifen)* take action, intervene

Zugriff 1 access; 2 (police) action, intervention

zugrundeliegend underlying

Zuhälter pimp; **~ei** pimping

zuhören listen (to)

zukommen, auf jemanden ~ approach someone, come up to someone

Zukunftsaussichten (future) prospects

zukunftsorientiert forward-looking

Zuladung payload; **maximale** ~ permissible payload

Zulage 1 *(Gehalt)* allowance; 2 *(einmalige)* bonus

zu|lassen permit, allow, admit; **~lässig** admissible, permissible

Zulassung 1 *(Vorgang)* licensing, registration; 2 *(Dokument)* licence; 3 → **Kfz-Zulassung**; ~ **zur Beförderung gefährlicher Güter** licence to transport hazardous goods; **abgelaufene ~** expired licence

Zulassungs|bescheinigung licensing certificate/document; **~behörde** licensing/registration authority; **~nummer** licence/registration number; **~stelle** licensing authority; **~verfahren** licensing, licensure *US*; **~vorschriften** licensing regulations; **~zeugnis** certificate of registration

zumutbar reasonable

Zu|mutung unreasonable demand; **~nahme** increase

zünden *(Sprengkörper)* detonate

Zünder detonator

Zünd|kabel ignition lead; **~kerze** spark(ing) plug; **~kerzenschlüssel** plug spanner/wrench; **~schloss** ignition lock; **~schlüssel** ignition key; **~schnur** fuse; **~spule** coil

Zündung 1 ignition; 2 *(Explosion)* detonation; ~ **aus/einschalten** switch off/on the ignition; ~ **kurzschließen** bypass the ignition circuit, short-circuit the ignition system

zu|nehmen increase; **~ordnen** assign to; **jemanden ~parken** box in another car; **~rechnungsfähig** responsible, of sound mind; **sich ~rechtfinden** find one's way

Zurr|gurt tie-down strap; **~mittel** fastenings; **~seil** tie-down rope

zurück|behalten retain; **~bekommen** get back; **~bleiben** remain/stay behind; **~datieren** date back; **~drängen** force/push back; **~erhalten** recover; **~fahren** drive back; **~finden** find one's way back; **~fordern** claim back; **~geben** return, give back; **~geblieben** *(geistig)* retarded; **~gehen** 1 go back; 2 *(sich verringern)* decrease, decline

Zurückhalten restraint, suppression; ~ **von Beschwerden** suppression of complaints; ~ **von Beweismaterial** suppression of evidence; ~ **von Urkunden** suppression of documents

zurück|halten, etwas ~halten retain something; **sich ~halten** restrain oneself; **~kehren; ~kommen** return, come back; **~klappen** *(Sitz)* fold back; **etwas ~lassen** leave something behind; **~legen** put back/aside; **sich ~melden** report back; **~nehmen** *(Äußerung)* retract, take back; **~prallen** bounce back; **~rollen** roll back(wards); **~rufen** call/

phone/ring back; **~schalten** change down; **~schieben** *(illegal einreisende Person)* return, deport; **~schießen** return the fire; **~schlagen** hit/strike back; **~senden** return; **~setzen; ~stoßen** back, reverse; **~treten** 1 *(Bahnsteigkante, Unfallstelle usw)* step back; 2 *(Vertrag)* rescind; 3 *(Amt usw)* step down; **~verfolgen** trace back; **~weisen** 1 reject; 2 *(ins Herkunftsland)* repatriate

Zurückweisung 1 rejection; 2 repatriation

zurück|zahlen repay, refund, pay back; **sich ~ziehen** withdraw

Zusage promise

zusagen 1 promise; 2 accept

Zusammenarbeit cooperation, collaboration

zusammen|arbeiten cooperate; **~bauen** assemble; **~binden** tie together; **~brechen** break down, collapse

Zusammenbruch breakdown, collapse

zusammenfassen 1 *(Text usw)* summarize; 2 *(Mittel)* pool

Zusammenfassung summary, résumé *US*

zusammen|flicken patch up; **~fließen** *(Verkehr)* merge

Zusammenführung von Familienmitgliedern von Asylbewerbern *reuniting of families of asylum seekers*

zusammengesetzt composite

Zusammenhalt solidarity

Zusammenhang 1 connection; 2 *(geistig)* context; **in diesem ~** in this connection/context; **im ~ mit** in connection with

zusammen|hängen be related to, be connected; **~kommen** meet

Zusammen|ladeverbot prohibition of mixed loads; **~ladung** mixed load

zusammen|leben live together; **~legen** *(Verwaltungseinheiten usw)* merge

Zusammenpackung mixed packing

zusammenrotten, sich ~ riot, gang up

zusammen|schlagen beat up, bash; **sich ~schließen** merge

Zusammenschluss 1 *(Organisation)* federation; 2 *(Vorgang)* amalgamation

zusammensetzen assemble, put together

Zusammensetzung composition

zusammenstellen compile, put together

Zusammen|stellung compilation; **~stoß** 1 collision, crash; 2 *(Demonstration)* clash

zusammen|stoßen collide, crash; **frontal ~stoßen** collide head-on; **~tragen** collect, collate; **~treffen** 1 meet; 2 *(zeitlich)* coincide

Zusatz addition; **~blitzleuchte** additional flashing light; **~heizung** auxiliary heating; **~leuchten** additional lights

zusätzlich in addition to

Zusatz|scheinwerfer additional (head-) lights; **~schild** additional panel

Zu|schauer onlooker, spectator; **~schlag** *(Fahrkarte usw)* supplement

zuschlagen 1 hit, strike; 2 *(Tür)* slam

Zuschuss grant(-in-aid)

zusichern assure, promise

Zusicherung assurance, promise

zuspielen *(Information)* leak

Zustand condition, state; **geistiger ~** state of mind; **in gutem/schlechtem ~** in good/bad repair; **jetziger ~** current condition; **technischer ~** mechanical/technical condition

zuständig responsible; **~ sein** be in charge

Zuständigkeit 1 jurisdiction, purview *US*; 2 responsibility; **unter die ~ fallen von** come under the jurisdiction of; **örtliche ~** local jurisdiction; **~sbereich** 1 jurisdiction, purview *US*; 2 *(sachlich)* area of responsibility; 3 *(räumlich)* area of jurisdiction; 4 force/administrative area

zu|steigen get on, board; **~stellen** deliver

Zustellung delivery; **~sadresse** service address; **~surkunde** writ of summons

zustimmen consent to, agree (to), approve

Zustimmung consent, agreement, approval; **ausdrückliche ~** express consent; **uneingeschränkte ~** full consent; **vorherige ~** prior agreement

Zustrom influx

zuteilen 1 *(Streifenbezirk usw)* assign; 2 *(Ressourcen)* allocate

Zuteilung allocation

zutreffend correct, applicable

Zutritt access, admission; **~ nur für Mitglieder** *(Schild)* members only; **~ verboten** *(Schild)* keep off/out, no admittance, off limits; **~ gewähren** admit; **sich mit Gewalt ~ verschaffen zu ....** force one's way into ...., break into ....; **kein ~** *(Schild)* no entry; **~skontrollliste** entry control list

zu|verlässig reliable, dependable; **~versichtlich** confident

Zuwanderer immigrant

Zuwanderung immigration; **~sgesetz** immigration act

zu|weisen 1 *(Aufgabe)* assign; 2 *(Ressourcen)* allot; **~widerhandeln** contravene, infringe

Zuwiderhandlung 1 *(Nichteinhalten)* non-compliance; 2 *(Übertretung)* contravention, violation, infringement

Zwang force; **körperlicher ~** physical force; **unmittelbarer ~** direct force

zwanghaft compulsive

Zwangs- compulsory

Zwangsanwendung use of force; **unangemessene ~** improper/undue use of force

zwangsernähren force-feed

Zwangslage dilemma, predicament

zwangsläufig unavoidable, inevitable

Zwangs|maßnahme coercive measure, enforcement action; **~mittel** means of coercion; **~räumung** eviction; **~versteigerung** court-ordered sale/auction; **~vorführung** compulsory attendance

Zweck purpose; **zu diesem ~** for this purpose, to this end, therefore; **berufliche ~e** business purposes

zweck|dienlich appropriate, useful, relevant; **~los** pointless, useless; **~mäßig** appropriate

Zweckmäßigkeit appropriateness, usefulness

zweideutig ambiguous, ambivalent

Zweideutigkeit ambiguity, ambivalence

zwei|fach twofold; **~farbig** 🚗 two-tone

Zweifel doubt; **ohne ~** undoubtedly; **jeden vernünftigen ~ ausschließend** beyond reasonable doubt; **im ~ für den Angeklagten sein** give the accused the benefit of the doubt; **begründeter vernünftiger ~** reasonable doubt

zweifel|haft 1 dubious, doubtful, fishy *(coll)*; 2 *(Person)* shady; **~los** undoubtedly

zweifeln doubt

zweifelsfrei beyond reasonable doubt

Zweig branch; **überhängende ~e** overhanging branches

zweigeschossig 🏠 two-storey

Zwei|klanghorn 🚗 two-tone horn; **~rad** two-wheeler; **~radfahrer** rider; **~rumpfboot** catamaran

zwei|seitig two-sided, bilateral; **~sprachig** bilingual; **~spurig** two-lane

Zweitakt- 🚗 two-stroke, two-cycle *US*

Zweit|schlüssel duplicate/spare key; **~schrift** duplicate

zweitürig two-door

Zweit|waffe back-up weapon; **~wagen** second car

zwielichtig shady, dubious

Zwilling twin; **~sreifen** dual/twin tyres

zwingen force, compel

Zwinger kennel

zwinkern blink

Zwischen|bericht interim report; **~bescheid** 1 provisional notification; 2 *(Gericht)* interim decision

Zwischenfall incident; **~ mit Waffe** shooting incident; **größerer/kleinerer ~** major/minor incident

Zwischen|landung ✈ stopover; **~prüfung** intermediate examination

zwischenstaatlich inter-state

Zwischen|verfahren interlocutory proceedings; **in der ~zeit** in the meantime, meanwhile

Zylinder|kopf cylinder head; **~schloss** cylinder lock

Anhang

Anhang 1 – Verkehrszeichen

Bei den Zusatzzeichen wurden nicht alle aufgenommen.

	Verkehrszeichen	**Road/Traffic signs**
Zeichen Nr.		
	Gefahrzeichen	**Danger warning signs**
101	Gefahrstelle	Danger; Caution
102	Kreuzung oder Einmündung (mit Vorfahrt von rechts)	Crossroads or junction (with priority from right)
103	Kurve	Bend
105	Doppelkurve (zunächst links)	Double bend (first to right)
108	Gefälle	Steep hill downwards; Steep descent
110	Steigung	Steep hill upwards; Steep ascent
112	Unebene Fahrbahn	Uneven road
114	Schleuder- oder Rutschgefahr	Slippery road
117	Seitenwind	Crosswind
120	Verengte Fahrbahn	Road narrows (on both sides)
121	Einseitig verengte Fahrbahn	Road narrows (on right)
123	Arbeitsstelle	Roadworks
124	Stau	Congestion; Delays possible
125	Gegenverkehr	Two-way traffic (straight ahead)
131	Lichtzeichenanlage	Traffic signals
133	Fußgänger	Pedestrians
136	Kinder	Children
138	Radfahrer	Cyclists
142	Wildwechsel	Wild animals; Game crossing
151	Bahnübergang	Level crossing
156	Bahnübergang mit dreistreifiger Bake etwa 240 m vor dem Bahnübergang.	Triple bar countdown marker about 240 m before approach to level crossing
159	Zweistreifige Bake etwa 160 m vor dem Bahnübergang	Double bar countdown marker about 140 m before approach to level crossing
162	Einstreifige Bake etwa 80 m vor dem Bahnübergang	Single bar countdown marker about 80 m before approach to level crossing

	Vorschriftzeichen	Signs giving orders; Mandatory signs
201	Andreaskreuz; Dem Schienenverkehr Vorrang gewähren!	St. Andrew's cross, railway traffic has priority
205	Vorfahrt gewähren.	Give way (to traffic on major road); Yield US
206	Halt. Vorfahrt gewähren.	Stop and give way
208	Vorrang des Gegenverkehrs	Give priority to vehicles from opposite direction; Oncoming traffic has priority
209	Rechts	Turn right ahead
211	Hier rechts	Turn right
214	Geradeaus oder rechts	Ahead or right only
215	Kreisverkehr	Roundabout, (give way to traffic inside the circle); Traffic circle US; Rotary US
220	Einbahnstraße	One-way street
222	Rechts vorbei	Keep right; Pass on the right
223.1	Seitenstreifen befahren	Use hard shoulder
223.2	Seitenstreifen nicht mehr befahren	Leave hard shoulder
223.3	Seitenstreifen räumen	Clear hard shoulder
224	Haltestelle	Stop (bus or tram/streetcar US)
229	Taxenstand	Taxi rank
237	Radweg	Cyclists only
238	Reitweg	Horse riders only
239	Gehweg	Pedestrians only
240	Gemeinsamer Geh- und Radweg	Pedestrians and cyclists only, no separation
241	Getrennter Rad- und Gehweg	Pedestrians and cyclists only, separate track and path
242.1	Beginn eines Fußgängerbereichs	Beginning of a pedestrian zone
242.2	Ende eines Fußgängerbereiches	End of a pedestrian zone
244.1	Beginn einer Fahrradstraße	Cycle road
244.2	Ende einer Fahrradstraße	Cycle road ends
245	Bussonderfahrstreifen	Bus lane

	Verkehrsverbote	Prohibitory signs
250	Verbot für Fahrzeuge aller Art	No vehicles; All vehicles prohibited
251	Verbot für Kraftwagen und sonstige mehrspurige Kraftfahrzeuge	No motor vehicles (except solo motorcycles, scooters and mopeds)
253	Verbot gilt für Kraftfahrzeuge mit einem zulässigen Gesamtgewicht über 3,5 t, einschließlich ihrer Anhänger, und für Zugmaschinen, ausgenommen sind Personenkraftwagen und Kraftomnibusse	No motor vehicles with a permissible maximum weight exceeding 3.5 t, including their trailers, and tractors and locomotives, except passenger cars and buses
254	Verbot für Fahrräder	No cycling
255	Verbot für Krafträder, auch mit Beiwagen, Kleinkrafträder und Mofas	No motorcycles with or without sidecar, mopeds or motor-assisted cycles
259	Verbot für Fußgänger	No pedestrians
260	Verbot für Krafträder, auch mit Beiwagen, Kleinkrafträder und Mofas sowie für Kraftwagen und sonstige mehrspurige Kraftfahrzeuge	No motorcycles with or without sidecar, mopeds and motorassisted cycles and other motor vehicles
261	Verbot für kennzeichnungspflichtige Kraftfahrzeuge mit gefährlichen Gütern	No motor vehicles carrying hazardous goods
262	Tatsächliches Gewicht.	No vehicles over weight shown (maximum weight limit)
263	Tatsächliche Achslast	No vehicles over axle weight shown (axle weight limit)
264	Tatsächliche Breite	No vehicles over width shown
265	Tatsächliche Höhe	No vehicles over height shown
266	Tatsächliche Länge	No vehicles over length shown
267	Verbot der Einfahrt	No entry for vehicular traffic
268	Schneeketten vorgeschrieben	Snow chains mandatory
269	Verbot für Fahrzeuge mit wassergefährdender Ladung	No vehicles carrying waterpolluting substances
270.1	Beginn einer Verkehrsverbotszone zur Verminderung schädlicher Luftverunreinigungen	Driving ban in the event of smog or to reduce air-polluting substances
270.2	Ende einer Verkehrsverbotszone zur Verminderung schädlicher Luftverunreinigungen	
272	Verbot des Wendens	No U-turns

273	Verbot des Unterschreitens des angegebenen Mindestabstandes	Keep minimum distance shown
274	Zulässige Höchstgeschwindigkeit	Maximum speed; Speed limit
274.1	Beginn der Tempo 30-Zone	Beginning of 30 kph speed limit zone
274.2	Ende der Tempo 30-Zone	End of 30 kph speed limit zone
275	Vorgeschriebene Mindestgeschwindigkeit	Mandatory minimum speed
276	Überholverbot für Kraftfahrzeuge aller Art	No overtaking; Do not pass US
277	Überholverbot für Kraftfahrzeuge mit einem zulässigen-Gesamtgewicht über 3,5 t, einschließlich ihrer Anhänger, und für Zugmaschinen, ausgenommen Personenkraftwagen und Kraftomnibusse	No overtaking for motor vehicles with a permissible maximum weight exceeding 3.5 t including their trailers, or for tractors and locomotives, except passenger cars and buses
278	Ende der zulässigen Höchstgeschwindigkeit	End of speed limit; National speed limit applies GB
279	Ende der vorgeschriebenen Mindestgeschwindigkeit	End of mandatory minimum speed
280	Ende des Überholverbots für Kraftfahrzeuge aller Art	End of no overtaking for all motor vehicles
281	Ende des Überholverbots für Kraftfahrzeuge über 3,5 t	End of overtaking for motor vehicles with a permissible maximum weight exceeding 3.5 t including their trailers or for tractors and locomotives, except passenger cars and buses
282	Ende sämtlicher Streckeverbote	End of all previous prohibitions and restrictions
283	Absolutes Haltverbot	No stopping
286	Eingeschränktes Haltverbot	No waiting
290.1	Beginn eines eingeschränkten Halteverbots für eine Zone	No-waiting zone
290.2	Ende eines eingeschränkten Halteverbots für eine Zone	End of no-waiting zone
293	Fußgängerüberweg	Pedestrian crossing
294	Haltlinie	Stop line
295	Fahrstreifenbegrenzung und Fahrbahnbegrenzung	Unbroken/solid white line (at sides or in centre of carriageway)

296	Einseitige Fahrstreifenbegrenzung	Double white lines with broken line on the left (do not cross or straddle)
297	Pfeilmarkierungen	(Direction) Arrows
297.1	Vorankündigungspfeil für Fahrstreifenbegrenzung oder Ende eines Fahrstreifens	Lane will end
298	Sperrfläche	Area not to be entered by vehicles
299	Grenzmarkierungen für Halt- und Parkverbote	No stopping or waiting area
	Richtzeichen	**Information signs**
301	Vorfahrt	Priority
306	Vorfahrtstraße	Priority road
307	Ende der Vorfahrtstraße	End of priority road
308	Vorrang vor dem Gegenverkehr	Priority over vehicles from opposite direction
310	Ortstafel (Vorderseite)	Beginning of built-up area/reduced road
311	Ortstafel (Rückseite)	End of built-up area/reduced road
314	Parken	Parking area
314.1	Beginn einer Parkraumbewirtschaftungszone	Beginning of parking area with ticket or parking disk displayed
314.2	Ende einer Parkraumbewirtschaftungszone	End of parking area with ticket or parking disk displayed
315	Parken auf Gehwegen	Parking on pavement permitted
318	Parkscheibe	Parking disk
325.1	Beginn eines verkehrsberuhigten Bereichs	Beginning of traffic-calmed/ play zone
325.2	Ende eines verkehrsberuhigten Bereichs	End of traffic-calmed/play zone
327	Tunnel	Tunnel
328	Nothalte- und Pannenbucht	Emergency refuge area
330.1	Autobahn	Motorway, freeway US, interstate US
330.2	Ende der Autobahn	End of motorway, freeway US, interstate US
331.1	Kraftfahrstraße	Motor road
331.2	Ende der Kraftfahrstraße	End of motor road

333	Ausfahrt von der Autobahn	Motorway exit (arrow-shaped sign)
340	Leitlinie	Broken centre line
341	Wartelinie	Give-way line
350	Fußgängerüberweg	Pedestrian crossing
354	Wasserschutzgebiet	Water protection area
356	Verkehrshelfer	School crossing patrol
357	Sackgasse	No through road; Cul-de-sac; Dead-end street US
358	Erste Hilfe	First aid
363	Polizei	Police station
385	Ortshinweistafel	Place name
386.1	Touristischer Hinweis	Tourist information
386.2	Touristischer Route	Touristic route
386.3	Touristische Unterrichtungstafel	Tourist information on motor-ways
390	Mautpflicht nach dem Autobahnmautgesetz	Toll road (according to motor-way law)
391	Mautpflichtige Strecke	Toll road
392	Zollstelle	Customs
393	Informationstafel an Grenzüber-gangsstellen	Information at frontier crossing points
394	Laternenring	Street lamp not on all night
401	Bundesstraßen	Federal highway number
405	Autobahnen	Motorway number
406	Knotenpunkte der Autobahnen (Autobahnausfahrten, Auto-bahnkreuze und Autobahndrei-ecke)	Motorway junction number (exits, interchanges and three-way junctions)
410	Nummernschild Europastraßen	European road number
415	Pfeilwegweiser auf Bundes-straßen	Direction sign on federal roads
418	Pfeilwegweiser auf sonstigen Straßen	Direction sign on other road
419	Pfeilwegweiser auf sonstigen Straßen mit geringer Verkehrs-bedeutung	Local direction sign
420	Pfeilwegweiser zur Autobahn	Direction sign to motorway
432	Pfeilwegweiser zu Zielen mit erheblicher Verkehrsbedeutung	Local direction sign
434	Tabellenwegweiser	Direction sign

437	Straßennummernschild	Street name
438	Vorwegweiser	Advance direction sign
439	Vorwegweiser	Detailed advance direction sign
440 und 441	Vorwegweiser zur Autobahn	Advance direction signs at approach to motorway
448	Ankündigungstafel einer Autobahnausfahrt, eines Autobahnkreuzes oder -dreiecks	Advance direction sign at approach to exit, interchange or three-way junction
448.1	Autohof	Services off motorway
449	Vorwegweiser auf Autobahnen	Advance direction sign on motorways
453	Entfernungstafel	Route distances sign (on motorways)
454	Umleitung	Diversion
457.1	Umleitung	Diversion (advance sign)
457.2	Ende der Umleitung	End of diversion
458	Planskizze	Outline of diversion
460	Bedarfsumleitung	Alternative route off motorway
466	Bedarfumleitungstafel	Outline of alternative route
467.1	Umlenkungspfeil	Arrow indicating diversion route
467.2	Ende der Streckenempfehlung	End of diversion route
501	Überleitungstafel	Change to opposite carriageway
531	Einengungstafel	Merging traffic
590	Blockumfahrung	Mandatory route (to turn left)
	Verkehrseinrichtungen	**Traffic facilities**
600	Absperrschranke	Barrier
605	Pfeilbake, Leitbake	Warning marker
610	Leitkegel	Traffic cone
615	Fahrbare Absperrtafel	Mobile barrier board (for roads with contraflow traffic)
620	Leitpfosten (rechts)	Marker post (on the right)
620	Leitpfosten (links)	Marker post (on the left)
625	Richtungstafel in Kurven	Sharp bend
630	Parkwarntafel	Warning plate for parked large goods vehicles
	Zusatzzeichen	**Additional panels**
1000-10	Richtung, linksweisend	Direction left
1000-11	Richtung der Gefahrstelle, linksweisend	Location of hazard to the left

1000-12	Fußgänger Gehweg gegenüber benutzen	Pedestrians use pavement on opposite side
1000-30	Beide Richtungen, zwei gegenseitig gerichtete waagrechte Pfeile	Both directions
1000-31	Beide Richtungen, zwei gegenseitig gerichtete senkrechte Pfeile	Both directions
1000-32	Kreuzender Radverkehr von links und rechts erlaubt	Bicycles crossing from both sides
1001-30	Länge einer Strecke	For .... m (distance for which prohibition applies)
1002-10	Verlauf der Vorfahrtstraße	Direction of priority road at junctions
1004-31	Halt nach .... m	Stop after .... m
1004-32	Entfernungsangaben	After .... m (distance)
1006-30	Ölspur	Oil patch
1006-31	Rauch	Smoke
1006-32	Rollsplit	Loose chippings
1006-33	Baustellenausfahrt	Roadworks exit
1006-34	Straßenschäden	Road surface damaged
1006-35	Verschmutzte Fahrbahn	Dirt on road
1006-36	Unfallgefahr	Danger of accidents
1006-37	Krötenwanderung	Toads crossing; Migrating toads
1006-38	Staugefahr	Danger of congestion
1006-39	Eingeschränktes Lichtraumprofil durch Bäume	Trees limiting vehicle clearance
1007-30	Gefahr unerwarteter Glatteisbildung	Danger of sudden ice on road
1008-30	Vorfahrt geändert	Change of priority
1008-31	Verkehrsführung geändert	Change of traffic layout
1010-10	Kinder; Spielen auf der Fahrbahn und auf den Seitenstreifen erlaubt	Children playing on carriageway and shoulder
1010-11	Wintersport erlaubt	Winter sports permitted
1010-13	Kennzeichen von Parkflächen, auf denen Wohnwagen auch länger als 14 Tage parken dürfen	Parking area where caravans may be parked longer than 14 days
1010-14	Information Rollende Landstraße	Information on „Rollende Landstraße“ piggyback service

1012-30	Anfang	Beginning
1012-31	Ende	End
1012-32	Radfahrer absteigen	Cyclists dismount
1012-34	Grüne Welle bei .... km/h	Green wave at speed of .... kph
1020-11	Schwerbehinderte mit Parkausweis Nr. .... frei	Except severely disabled persons with parking permit No. ....
1020-12	Radfahrer und Anlieger frei	Except cyclists and residents
1020-30	Anlieger frei	Except residents
1022-10	Radfahrer frei	Except cyclists
1022-11	Mofas frei	Except motor-assisted bicycles
1022-12	Krafträder auch mit Beiwagen, Kleinkrafträder und Fahrräder mit Hilfsmotor frei	Except motorcycles with and without sidecar, mopeds and motor-assisted bicycles
1024-10	Personenkraftwagen frei	Except passenger cars
1024-13	Lastkraftwagen mit Anhänger frei	Except lorries with trailers
1024-14	Kraftomnibusse frei	Except buses
1024-17	Kraftfahrzeuge, die nicht schneller als 25 km/h fahren können oder dürfen, frei	Except motor vehicles with (permissible) maximum speed not exceeding 25 kph
1026-30	Taxi frei	Except taxis
1026-32	Linienverkehr frei	Except public transport vehicles
1026-35	Lieferverkehr frei	Except delivery vehicles
1026-38	Land- und forstwirtschaftlicher Verkehr frei	Except agricultural and forestry vehicles
1028-30	Baustellenfahrzeuge frei	Except works traffic
1040-10	Wintersport zwischen 10 und 16 h erlaubt	Winter sports permitted from 10.00 to 16.00 hrs
1040-30	Zeitliche Beschränkung	Time limit(s)
1040-32	Parkscheibe 2 Stunden	Parking disk, 2 hours
1040-33	Parken mit Parkscheibe in gekennzeichneten Flächen 2 Stunden	Parking with parking disk in designated areas, 2 hours
1042-30	Zeitliche Beschränkung (werktags)	Time limit (weekdays)
1042-35	Zeitliche Beschränkung (6–22 h an Sonn- und Feiertagen)	Time limit (6.00-22.00 hours on Sundays and public holidays)
1042-36	Schulbus (tageszeitliche Benutzung)	School bus (only during the hours shown)
1044-10	Nur Schwerbehinderte mit außergewöhnlicher Gehbehinderung und Blinde	Except disabled persons with severe walking difficulties and blind persons

1044-30	Anwohner mit Parkausweis Nr..... frei	Except residents with parking permit No. ....
1048-10	Nur Personenkraftwagen	Passenger cars only
1048-11	Nur PKW mit Anhänger	Passenger cars with trailers only
1048-12	Nur Kfz mit einem zulässigen Gesamtgewicht über 3,5 t, einschließlich ihrer Anhänger,und Zugmaschinen, ausgenommen PKW und Kraftomnibusse	Motor vehicles of 3.5 t permissible maximum weight including their trailers only, no cars and buses
1048-15	Nur Sattelkraftfahrzeuge und Züge	Articulated vehicles and trucks and trailer only
1048-17	Nur Wohnmobile	Motor caravans only
1049-11	Kraftfahrzeuge und Züge bis 25 km/h dürfen überholt werden	Motor vehicles and trucks and trailer with a speed not exceeding 25 km/h may be overtaken
1049-13	Nur LKW, Kraftomnibus und PKW mit Anhänger	Trucks, buses and passenger cars with trailers only
1050-31	Taxen	Taxis
1052-30	Streckenverbot für den Transport von gefährlichen Gütern auf der Straße	No motor vehicles carrying hazardous goods
1052-31	Streckenverbot für Fahrzeuge mit wassergefährdender Ladung	No motor vehicles carrying water-polluting substances
1052-33	Nur mit Parkschein	With parking ticket only
1052-34	Gebührenpflichtig	Subject to charges
1052-35	Gewichtsangabe	Weight
1052-36	Bei Nässe	When wet
1052-37	Haltverbot auch auf dem Seitenstreifen	No stopping on carriageway or shoulder
1052-38	Schlechter Fahrbahnrand	Unsafe edge of road
1052-39	Auf dem Seitenstreifen	On shoulder
1053-30	Parken in gekennzeichneten Flächen erlaubt	Parking in designated areas only
1060-10	Gefahrzeichen für Wohnwagengespanne an Gefällstrecken mit starkem Seitenwind auf Autobahnen	Danger sign for towed caravans on steep descents in heavy crosswinds on motorways
1060-11	Auch Fahrräder und Mofas	Also bicycles and motor-assisted bicycles
1060-30	Streugut	Grit

Anhang 2 – Dienstgrade

Die folgende Tabelle gibt einen Überblick über die britischen und amerikanischen Polizeidienstgrade sowie die Dienstgrade der NATO und der Bundeswehr. Eine genaue Zuordnung ist nicht immer möglich, da Größe, Aufgabenbereich, Struktur, Bezahlung usw. oft erheblich voneinander abweichen. Für Deutschland wurden das Bundesland Nordrhein-Westfalen und die Bundespolizei ausgewählt.

Für die USA wurden Police Departments (im Osten) und Sheriff's Departments (Westen) ausgewählt; da es Hunderte von Staats-, Kreis- und städtischen Polizeien gibt, besteht kein einheitliches Dienstgradsystem.

Besoldungsgruppe	**NATO**	**Bundeswehr (Heer, Marine)**	**Innenministerium NRW**	**Polizeien der Länder**	**Bundespolizei (BPol)**	**Polizeien in England und Wales**	**USA: Polizei- und Sheriff's Departments Staatspolizeien**	**USA: Kriminalpolizei Bundespolizeien**
B 11	General of the Army *(in case of war)*					Commissioner Metropolitan Police Service London	Police Commissioner*	Director FBI
B 10	General	General; Admiral	Staatssekretär			Commissioner City of London Police		
B 9	Lieutenant General	Generalleutnant; Vizeadmiral			Präsident BKA President Federal Criminal Police Office; Präsident BPol-Präsidium Commander Federal Police	Chief Constable (of smaller constabularies/ police services like Suffolk, Dorset)	Police Commissioner; Chief of Police; Sheriff; First Deputy Commissioner*	Deputy Director FBI

B 8			Regierungspräsident			Deputy Chief Constable	Deputy Commissioner*	
B 7	Major General	Generalmajor; Konteradmiral				Assistant Chief Constable		
B 6	Brigadier General	Brigadegeneral; Flotillenadmiral	Ministerialdirigent	Leiter Polizeiabteilung im Innenministerium Head of Directorate General for Police Affairs at the State Ministry of the Interior	Vizepräsident Bundespolizeipräsidium Vice President Federal Police Headquarters		Deputy Commissioner; Assistant Chief; Undersheriff	Associate Director FBI
B 5			Ministerialdirigent	Polizeipräsident Köln Police Commissoner Cologne	Präsident Bundespolizeidirektion President Directorate Federal Police			Executive Assistant Director FBI

Besoldungsgruppe	NATO	Bundeswehr (Heer, Marine)	Innenministerium NRW	Polizeien der Länder	Bundespolizei (BPol)	Polizeien in England und Wales	USA: Polizei- und Sheriff's Departments Staatspolizeien	USA: Kriminalpolizei Bundespolizeien
B 4			Ltd. Ministerialrat	Inspekteur der Polizei Inspector General of Police; Landeskriminaldirektor Supervisor of the CID service at the Ministry of the Interior; Polizeipräsident Police Commissioner (of a region or major city)	Präsident Bundespolizeidirektion President Directorate Federal Police		Marshall; Superintendent	Assistant Director in Charge FBI
B 3			Ministerialrat	Präsident Bundespolizeidirektion President Directorate Federal Police				

B 3	Colonel	Oberst; Kapitän zur See		Leiter LKA Director State Criminal Police Office; Leiter Landesamt für Aus- und Fortbildung NRW Director Institute for Training and Advanced Training NRW	Direktor in der Bundespolizei als Abteilungsleiter im Bundespolizeipräsidium Federal Police Department Head		Undersheriff; Chief of Patrol; Bureau Chief	Special Agent in Charge (SAC)
B 2		Oberst; Kapitän zur See	Ministerialrat					
A 16	Colonel		Ltd. Regierungsdirektor	Ltd. Polizeidirektor Chief Police Officer	Ltd. Polizeidirektor BPol Chief Police Officer Federal Police		Inspector; Deputy/ Assistant Chief	
A 15	Lieutenant Colonel	Oberstleutnant; Fregattenkapitän	Regierungsdirektor	Polizeidirektor Chief Superintendent	Polizeidirektor BPol Chief Superintendent Federal Police	Chief Superintendent	Inspector	
A 14	Lieutenant Colonel	Oberstleutnant; Fregattenkapitän	Oberregierungsrat	Polizeioberrat Chief Superintendent	Polizeioberrat BPol Chief Superintendent Federal Police		Deputy Inspector	Supervisory Special Agent FBI (SSA)

Besoldungsgruppe	NATO	Bundeswehr (Heer, Marine)	Innenministerium NRW	Polizeien der Länder	Bundespolizei (BPol)	Polizeien in England und Wales	USA: Polizei- und Sheriff's Departments Staatspolizeien	USA: Kriminalpolizei Bundespolizeien
A 13	Major	Major; Korvettenkapitän	Regierungsrat	Polizeirat Superintendent	Polizeirat BPol Superintendent Federal Police	Superintendent	Captain	Special Agent FBI
A 13 gehobener Dienst		Stabshauptmann; Stabskapitänleutnant	Oberamtsrat	Erster Polizeihauptkommissar (First) Chief Inspector	Erster Polizeihauptkommissar BPol (First) Chief Inspector Federal Police	Chief Inspector	Captain	Detective Captain
A 12	Captain	Stabshauptmann; Hauptmann; Kapitänleutnant	Amtsrat	Polizeihauptkommissar Chief Inspector	Polizeihauptkommissar BPol Chief Inspector Federal Police			
A 11	Captain	Hauptmann; Kapitänleutnant	Amtmann	Polizeihauptkommissar Chief Inspector	Polizeihauptkommissar BPol Chief Inspector Federal Police			
A 10	First Lieutenant	Oberleutnant	Verwaltungsoberinspektor	Polizeioberkommissar Inspector	Polizeioberkommissar BPol Inspector Federal Police			

A 9	Second Lieut-enant	Leutnant	Verwal-tungsins-pektor	Polizeikom-missar Inspector	Polizeikommis-sar BPol Inspector Fede-ral Police	Inspector	Lieutenant; Sergeant	Detective Lieuten-ant; Special Agent
A 9 Mitt-lerer Dienst	Sergeant Major of the Army bis Mas-ter Ser-geant (= 5 Dienst-grade)	Oberstabs-feldwebel; Stabsfeld-webel	Verwal-tungs-amtsins-pektor	Polizei-hauptmeister Sergeant	Polizei-hauptmeister BPol Sergeant Federal Police	Sergeant	Sergeant; Corporal	Detective Sergeant; Detective
A 8	Sergeant First Class	Oberfähn-rich; Hauptfeld-webel; Hauptboots-mann		Polizeiober-meister (Senior) Police Constable	Polizeiobermeis-ter BPol (Senior) Poli-ce Constable Federal Police	Constable	Senior Trooper	
A 7	Staff Sergeant	Fähnrich; Oberfeld-webel; Feldwebel; Stabsunter-offizier; Bootsmann		Polizeimeister Constable	Polizeimeister BPol Police Constable Federal Police	Constable	Patrol Officer; Officer; Deputy; Trooper	
A 6	Sergeant	Stabsunter-offizier; Obermaat		Polizeimeister-anwärter			Reserve Officer	

Besoldungsgruppe	NATO	Bundeswehr (Heer, Marine)	Innenministerium NRW	Polizeien der Länder	Bundespolizei (BPol)	Polizeien in England und Wales	USA: Polizei- und Sheriff's Departments Staatspolizeien	USA: Kriminalpolizei Bundespolizeien
A 5	Corporal	Unteroffizier; Oberstabsgefreiter; Stabsgefreiter; Fahnenjunker; Maat; Seekadett					Non-sworn Personnel	
A 4	Private First Class	Hauptgefreiter; Obergefreiter				Recruit; Trainee	Recruit; Trainee; Cadet	
A 3	Private	Gefreiter Soldat Matrose						
A 2	Private							
A 1						Auxiliary Police		

Bei vielen Dienstgraden wird entweder „Police“ oder „Detective“ (für die Kriminalpolizei) vor die Rangbezeichnung gesetzt.

*Diese Dienstgrade beziehen sich auf das New York City Police Department (NYPD).

Weitere Bezeichnungen für Polizeibeamte aus dem englischen Sprachbereich sind in alphabetischer Reihenfolge und ohne Berücksichtigung der Dienstgrade:

Acting Commissioner; Advanced Staff Sergeant Major; Assistant Commissioner, Brigadier, Brigadier General, Constable First Class/Grade; Gárda; Inspector First Class; Lance Corporal; Major General; Senior Constable First Grade; Senior Non-Commissioned Officer; Senior Sergeant; Senior Superintendent; Sergeant First Class; Sergeant Major First/Second Class; Staff Sergeant.

Anhang 3 – Länder, Ländernamen, Währungen

Bei Adjektiv, Bewohner, Hauptstadt und Währung ist nur die englischsprachige Form angegeben.

Land	**Country**	**Adjektiv adjective**	**Bewohner inhabitant**	**Hauptstadt capital**	**Währung currency**	**Nationalitäten-kennzeichen**
Afghanistan	Afghanistan	Afghan	Afghan	Kabul	Afghani	AFG
Ägypten	Egypt	Egyptian	Egyptian	Cairo	Egyptian Pound	ET
Albanien	Albania	Albanian	Albanian	Tirana	Lek	AL
Alderney	Alderney		Ridunians	St. Anne	Pound Sterling	GBA
Algerien	Algeria	Algerian	Algerian	Algiers	Dinar	DZ
Andorra	Andorra	Andorran	Andorran	Andorra la Vella	Euro	AND
Angola	Angola	Angolan	Angolan	Luanda	Kwanza	ANG
Antigua und Barbuda	Antigua and Barbuda	Antiguan	Antiguan	St. John's	East Caribbean Dollar	AG
Äquatorialguinea	Equatorial Gui-nea	Equatorial Gui-nean	Equatorial Gui-nean	Malabo	Franc CFA	GQ
Argentinien	Argentina	Argentine Argentinian	Argentinian	Buenos Aires	Peso	RA
Armenien	Armenia	Armenian	Armenian	Yerevan	Dram	ARM
Aserbeidschan	Azerbaijan	Azerbaijanian	Azerbaijani	Baku	Manat	AZ
Äthiopien	Ethiopia	Ethiopian	Ethiopian	Addis Ababa	Birr	ETH
Australien	Australia	Australian	Australian	Canberra	Australian Dollar	AUS
Bahamas	The Bahamas	Bahamian	Bahamian	Nassau	Bahamian Dollar	BS
Bahrain	Bahrain	Bahraini	Bahraini	Manama	Dinar	BRN
Bangladesch	Bangladesh	Bangladeshi	Bangladeshi	Dhaka	Taka	BD

Land	Country	Adjektiv adjective	Bewohner inhabitant	Hauptstadt capital	Währung currency	Nationalitäten-kennzeichen
Barbados	Barbados	Barbadian	Barbadian	Bridgetown	Barbados Dollar	BDS
Belgien	Belgium	Belgian	Belgian	Brussels	Euro	B
Belize	Belize	Belizean	Belizean	Belmopan	Belize Dollar	BZ *(formerly BH)*
Benin	Benin	Beninese	Beninese	Porto Novo; Seat of Govern-ment: Cotonou	Franc CFA	BJ *(formerly BH)*
Bermuda	The Bermudas	Bermud(i)an	Bermud(i)an	Hamilton	Bermuda Dollar	
Bhutan	Bhutan	Bhutanese	Bhutanese	Thimphu	Ngultrum	BHT
Birma = Burma = Myanmar	Burma = Myanmar	Burmese Myanmar	Burman Burmese	Rangoon	Kyat	MYA
Bolivien	Bolivia	Bolivian	Bolivian	Sucre; Seat of Govern-ment: La Paz	Boliviano	BOL
Bosnien und Herzegowina	Bosnia and Herzegowina	Bosnian	Bosnian Herzegovian	Sarajevo	Convertible Mark	BIH
Botswana	Botswana	Botswanan	Botswanan	Gaborone	Pula	RB
Brasilien	Brazil	Brazilian	Brazilian	Brasilia	Real	BR
Brunei	Brunei	Bruneian	Bruneian	Bandar Seri Be-gawan	Brunei Dollar	BRU
Bulgarien	Bulgaria	Bulgarian	Bulgarian	Sofia	Lev	BG
Burkina Faso	Burkina Faso	Burkina Faso	Burkina Faso	Ouagadougou	Franc CFA	BF
Burundi	Burundi	Burundian	Burundian	Bujumbura	Brundian Franc	BU

Chile	Chile	Chilean	Chilean	Santiago de Chile	Peso	RCH
China	China	Chinese	Chinese	Beijing	Renmimbi Yuan	VRC
Costa Rica	Costa Rica	Costa Rican	Costa Rican	San José	Colón	CR
Dänemark	Denmark	Danish	Dane	Copenhagen	Danish Crown	DK
Deutschland	Germany	German	German	Berlin	Euro	D
Dominica	Dominica	Dominican	Dominican	Roseau	East Caribbean Dollar	WD
Dominikanische Republik	Dominican Republic	Dominican	Dominican	Santo Domingo	Peso	DOM
Dschibuti	Djibouti	Djiboutian	Djiboutian	Djibouti	Djiboutian Franc	DJI
Ekuador	Ecuador	Ecuadorean	Ecuadorean	Quito	US Dollar	EC
Elfenbeinküste	Ivory Coast	Ivorian	Ivorian	Yamoussoukro	Franc CFA	CI
El Salvador	El Salvador	Salvadorean	Salvadorean	San Salvador	US Dollar	ES
Eritrea	Eritrea	Eritrean	Eritrean	Asmara	Nakfa	ER
Estland	Estonia	Estonian	Estonian	Tallinn	Estonian Crown; 1st Jan 2011: Euro	EST
Färöer	Faeroe Islands Faeroes	Faeroese	Faeroese	Torshavn	Danish Crown	FR
Fidschi-Inseln	Fiji	Fijian	Fijian	Suva	Fiji Dollar	FJI
Finnland	Finland	Finnish	Finn	Helsinki	Euro	FIN
Frankreich	France	French	Frenchman Frenchwoman	Paris	Euro	F
Gabun	Gabon	Gabonese	Gabonese	Libreville	Franc CFA	G

Land	Country	Adjektiv adjective	Bewohner inhabitant	Hauptstadt capital	Währung currency	Nationalitäten-kennzeichen
Gambia	Gambia	Gambian	Gambian	Banjul	Dalasi	WAG
Georgien	Georgia	Georgian	Georgian	Tbilisi	Lari	GE
Ghana	Ghana	Ghanaian	Ghanaian	Accra	Cedi	GH
Gibraltar	Gibraltar	Gibraltarian	Gibraltarian		Gibraltar Pound	GBZ
Grenada	Grenada	Grenadian	Grenadian	St George's	East Caribbean Dollar	WG
Griechenland	Greece	Greek	Greek	Athens	Euro	GR
Großbritannien → Vereinigtes Königreich	Great Britain	British	Briton	London	Pound Sterling	GB
Guatemala	Guatemala	Guatemalan	Guatemalan	Guatemala City	Quetzal	GCA
Guernsey	Guernsey	Channel Islander	Channel Islander	St. Peter-Port	Pound Sterling; Guernsey Pound	GBG
Guinea	Guinea	Guinean	Guinean	Conakry	Guinean Franc	RG
Guinea-Bissau	Guinea-Bissau	Guinea-Bissau		Bissau	Franc CFA	GNB
Guyana	Guyana	Guyanese	Guyanese	Georgetown	Guyanese Dollar	GUY
Haiti	Haiti	Haitian	Haitian	Port-au-Prince	Gourde	RH
Honduras	Honduras	Honduran	Honduran	Tegucigalpa	Lempira	HN
Indien	India	Indian	Indian	New Delhi	Rupee	IND
Indonesien	Indonesia	Indonesian	Indonesian	Djakarta	Rupiah	RI
Irak	Iraq	Iraqi	Iraqi	Baghdad	Dinar	IRQ
Iran	Iran	Iranian	Iranian	Tehran	Rial	IR

Irland	Ireland, Irish Republic (Eire)	Irish	Irishman Irishwoman	Dublin (Baile Atha Cliath)	Euro	IRL
Island	Iceland	Icelandic	Icelander	Reykjavik	Icelandic Crown	IS
Israel	Israel	Israeli	Israeli	Jerusalem	New Shekel	IL
Italien	Italy	Italian	Italian	Rome	Euro	I
Jamaika	Jamaica	Jamaican	Jamaican	Kingston	Jamaican Dollar	JA
Japan	Japan	Japanese	Japanese	Tokyo	Yen	J
Jemen	Yemen	Yemeni(te)	Yemeni(te)	Sana'a	Rial	YE
Jersey	Jersey	Channel Islander	Channel Islander	St. Helier	Pound Sterling; Jersey Pound	GBJ
Jordanien	Jordan	Jordanian	Jordanian	Amman	Dinar	JOR
Kambodscha	Cambodia	Cambodian	Cambodian	Phnom Penh	Riel	K
Kamerun	Cameroon	Cameroonian	Cameroonian	Yaoundé	Franc CFA	CAM
Kanada	Canada	Canadian	Canadian	Ottawa	Canadian Dollar	CDN
Kap Verde	Cape Verde Islands	Cape Verdean	Cape Verdean	Praia	Escudo	CV
Kasachstan	Kazakhstan	Kazakh	Kazakh	Astana	Tenge	KZ
Katar	Qatar	Qatari	Qatari	Doha	Riyal	Q
Kenia	Kenya	Kenyan	Kenyan	Nairobi	Shilling	EAK
Kirg(is)istan	Kyrgyzstan Kirghizia	Kyrgyz Kirghiz	Kyrgyz Kirghiz	Bishkek	Som	KS
Kiribati	Kiribati	Kiribati	Kiribati	Bairiki	Kiribati Dollar	KIR
Kolumbien	Colombia	Colombian	Colombian	Bogotá	Peso	CO
Komoren	Comoros	Comoran	Comoran	Moroni	Comoro Franc	COM
Kongo	Congo	Congolese	Congolese	Brazzaville	Franc CFA	RCB

Land	Country	Adjektiv adjective	Bewohner inhabitant	Hauptstadt capital	Währung currency	Nationalitätenkennzeichen
Kongo Demokratische Republik	Democratic Republic of Congo	Congolese	Congolese	Kinshasa	Congolese Franc	CD
Kosovo	Kosovo	Kosovan	Kosovar	Pristina	Euro *(adopted unilaterally)*	
Kroatien	Croatia	Croat(ian)	Croat(ian)	Zagreb	Kuna	HR
Kuba	Cuba	Cuban	Cuban	Havana	Peso	C
Kuwait	Kuwait	Kuwaiti	Kuwaiti	Kuwait City	Kuwaiti Dinar	KWT
Laos	Laos	Laotian	Laotian	Vientiane	Kip	LAO
Lesotho	Lesotho	Lesotho	Lesotho	Maseru	Loti [Pl: Maloti]	LS
Lettland	Latvia	Latvian	Latvian	Riga	Lats	LV
Libanon	Lebanon	Lebanese	Lebanese	Beirut	Lebanese Pound	RL
Liberia	Liberia	Liberian	Liberian	Monrovia	Liberian Dollar	LB
Libyen	Libya	Libyan	Libyan	Tripoli	Libyan Dinar	LAR
Liechtenstein	Liechtenstein	Liechtensteiner	Liechtensteiner	Vaduz	Swiss Franc	FL
Litauen	Lithuania	Lithuanian	Lithuanian	Vilnius	Litas	LT
Luxemburg	Luxembourg	Luxembourg	Luxembourger	Luxembourg	Euro	L
Macao	Macau	Macanese	Macanese	Macao City	Pataca	
Madagaskar	Madagascar	Madagascan Malagasy	Madagascan Malagasy	Antananarivo	Ariary	RM
Malawi	Malawi	Malawian	Malawian	Lilongwe	Kwacha	MW

Malaysia	Malaysia	Malaysian	Malaysian	Kuala Lumpur	Ringgit	MAL
Malediven	Maldives Maldive Islands	Maldivian	Maldivian	Male	Rufyaa	MV
Mali	Mali	Malian	Malian	Bamako	Franc CFA	RMM
Malta	Malta	Maltese	Maltese	Valletta	Euro	M
Man	Isle of Man	Manx	Manxman Manxwoman	Douglas	Pound Sterling; Isle of Man Pound	GBM
Marokko	Morocco	Moroccan	Moroccan	Rabat	Dirham	MA
Mauretanien	Mauritania	Mauritanian	Mauritanian	Nouakchott	Ouguiya	RIM
Mauritius	Mauritius	Mauritian	Mauritian	Port Louis	Rupee	MS
Mazedonien Makedonien	Macedonia	Macedonian	Macedonian	Skopje	Denar	MK
Mexiko	Mexico	Mexican	Mexican	Mexico City	Peso	MEX
Mikronesien	Micronesia	Micronesian	Micronesian	Palikir	US Dollar	FSM
Moldau = Moldawien	Moldova Moldavia	Moldovan Moldavian	Moldovan Moldavian	Chisinau	Leu	MD
Monaco	Monaco	Monégasque	Monégasque		Euro	MC
Mongolei	Mongolia	Mongolian	Mongolian	Ulan Bator	Tugrik	MGL
Montenegro	Montenegro	Montenegrin	Montenegrin	Podgorica	Euro *(adopted unilaterally)*	MNE
Mosambik	Mozambique	Mozambican	Mozambican	Maputo	Metical	MOC
Namibia	Namibia	Namibian	Namibian	Windhoek	Namibian Dollar	NAM
Nauru	Nauru	Nauruan	Nauruan	no official capital	Australian Dollar	NAU

Land	Country	Adjektiv adjective	Bewohner inhabitant	Hauptstadt capital	Währung currency	Nationalitäten- kennzeichen
Nepal	Nepal	Nepalese	Nepalese	Kathmandu	Rupee	NEP
Neukaledonien	New Caledonia	New Caledonian	New Caledonian	Nouméa	Euro	
Neuseeland	New Zealand	New Zealand	New Zealander	Wellington	New Zealand Dollar	NZ
Nicaragua Nikaragua	Nicaragua	Nicaraguan	Nicaraguan	Managua	Cordoba Oro	NIC
Niederlande	The Netherlands	Dutch	Dutch	Amsterdam; Seat of govern-ment: The Hague	Euro	NL
Niederländische Antillen	Netherlands Antilles	Netherlands Antillean	Netherlands Antillean	Willemstad	Netherlands Antillean Guilder	
Niger	Niger	Niger		Niamey	Franc CFA	RN
Nigeria	Nigeria	Nigerian	Nigerian	Abuja	Naira	WAN
Nordkorea	North Korea	North Korean	North Korean	Pyongyang	North Korean Won	DVRK
Nordzypern	North Cyprus		Northern Cypriot	Nikosia	Turkish Lira	
Norwegen	Norway	Norwegian	Norwegian	Oslo	Norwegian Crown	N
Oman	Oman	Omani	Omani	Muscat	Omani Rial	OM
Österreich	Austria	Austrian	Austrian	Vienna	Euro	A
Ost-Timor	East Timor Timor-Leste	East Timorese	East Timorese	Dili	US Dollar	
Pakistan	Pakistan	Pakistani	Pakistani	Islamabad	Rupee	PK

Palau	Palau	Palauan	Palauan	Melekeok		
Panama	Panama	Panamanian	Panamanian	Panama City	Balboa	PA
Papua-Neuguinea	Papua New Guinea	Papua New Guinean	Papua New Guinean	Port Moresby	Kina	PNG
Paraguay	Paraguay	Paraguayan	Paraguayan	Asunción	Guaraní	PY
Peru	Peru	Peruvian	Peruvian	Lima	Nuevo Sol	PE
Philippinen	Philippines	Philippine Filipino	Filipino	Manila	Peso	RP
Polen	Poland	Polish	Pole	Warsaw	Zloty	PL
Portugal	Portugal	Portuguese	Portuguese	Lisbon	Euro	P
Puerto Rico	Puerto Rico	Puerto Rican	Puerto Rican	San Juan	US Dollar	
Ruanda	Rwanda	Rwandan Rwandese	Rwandan Rwandese	Kigali	Rwandan Franc	RWA
Rumänien	Romania	Romanian	Romanian	Bucharest	New Leu	RO
Russland	Russia	Russian	Russian	Moscow	Rouble	RUS
Saint Kitts und Nevis	Saint Kitts and Nevis			Basseterre	East Caribbean Dollar	KN
Saint Lucia	Saint Lucia	Saint Lucian	Saint Lucian	Castries	East Caribbean Dollar	WL
Saint Vin-cent und die Grenadinen	Saint Vin-cent and the Grenadines			Kingstown	East Caribbean Dollar	WV
Salomonen	Solomon Islands The Solomons	Solomon	Solomon Islander	Honiara	Solomon Islands Dollar	SOL
Sambia	Zambia	Zambian	Zambian	Lusaka	Kwacha	Z
Samoa	Samoa	Samoan	Samoan	Apia	Tala	WS

Land	Country	Adjektiv adjective	Bewohner inhabitant	Hauptstadt capital	Währung currency	Nationalitäten-kennzeichen
San Marino	San Marino	San Marinese Sanmarinese	San Marinese Sanmarinese	San Marino	Euro	RSM
Sao Thomé und Principe	Sao Tomé and Principe	(of) Sao Tomé and Principe		Sao Tomé	Dobra	STP
Saudi-Arabien	Saudi Arabia	Saudi Arabian	Saudi Arabian	Riyadh	Saudi Riyal	KSA
Schweden	Sweden	Swedish	Swede	Stockholm	Swedish Crown	S
Schweiz	Switzerland	Swiss	Swiss	Bern(e)	Swiss Franc	CH
Senegal	Senegal	Senegalese	Senegalese	Dakar	Franc CFA	SN
Serbien	Serbia	Serb(ian)	Serb	Belgrade	Serbian Dinar	SRB
Seychellen	Seychelles	Seychellois	Seychellois	Victoria	Rupee	SY
Sierra Leone	Sierra Leone	Sierra Leonean	Sierra Leonean	Freetown	Leone	WAL
Simbabwe	Zimbabwe	Zimbabwean	Zimbabwean	Harare	Zimbabwean Dollar	ZW
Singapur	Singapore	Singaporean	Singaporean	Singapore City	Singapore Dollar	SGP
Slowakei	Slovakia	Slovak(ian)	Slovak	Bratislava	Euro	SK
Slowenien	Slovenia	Slovenian Slovene	Slovenian Slovene	Ljubljana	Euro	SLO
Somalia	Somalia	Somali(an)	Somali	Mogadishu	Shilling	SP
Spanien	Spain	Spanish	Spaniard	Madrid	Euro	E
Sri Lanka	Sri Lanka	Sri Lankan	Sri Lankan	Colombo	Rupee	CL
Südafrika	South Africa	South African	South African	Pretoria	Rand	ZA
Sudan	Sudan	Sudanese	Sudanese	Khartoum	Sudanese Po	SUD

Südkorea	South Korea Republic of Korea	South Korean	South Korean	Seoul	South Korean Won	ROK
Surinam	Suriname	Surinamese	Surinamer Surinamese	Paramaribo	Surinamese Dollar	SME
Swasiland	Swazuiland	Swazi	Swazi	Mbabane	Lilangeni [Pl: Emalangeni]	SD
Syrien	Syria	Syrian	Syrian	Damascus	Syrian Pound	SYR
Tadschikistan	Tajikistan Tadzhikistan	Tajik Tadjik Tadzhik	Tajik Tadjik Tadzhik	Dushanbe	Somoni	TJ
Taiwan	Taiwan	Taiwanese	Taiwanese	Taipei	Taiwan New Dollar	RC
Tansania	Tanzania	Tanzanian	Tanzanian	Dodoma	Shilling	EAT
Thailand	Thailand	Thai	Thai	Bangkok	Baht	THA
Togo	Togo Togolese Republic	Togolese	Togolese	Lomé	Franc CFA	RT
Tonga	Tonga	Tongan	Tongan	Nuku‘alofa	Pa‘anga	TO
Trinidad und Tobago	Trinidad and Tobago	Trinidadian Tobagan Tobagonian	Trinidadian Tobagan Tobagonian	Port-of-Spain	Trinidad and To-bago Dollar	TT
Tschad	Chad	Chadian	Chadian	N‘Djamena	Franc CFA	TCH
Tschechien Tschechische Republik	Czechia Czech Republic	Czech	Czech	Prague	Czech Crown	CZ
Tunesien	Tunisia	Tunisian	Tunisian	Tunis	Dinar	TN
Türkei	Turkey	Turkish	Turk	Ankara	Lira	TR
Turkmenistan	Turkmenistan Turkmenia	Turkmenian	Turkmenian	Ashgabat	Manat	TM

Land	Country	Adjektiv adjective	Bewohner inhabitant	Hauptstadt capital	Währung currency	Nationalitäten-kennzeichen
Tuvalu	Tuvalu	Tuvaluan	Tuvaluan	Funafuti	Australian Dollar; Tuvaluan Dollar	TUV
Uganda	Uganda	Ugandan	Ugandan	Kampala	Shilling	EAU
Ukraine	Ukraine	Ukrainian	Ukrainian	Kiev	Hryvnia	UA
Ungarn	Hungary	Hungarian	Hungarian	Budapest	Forint	H
Uruguay	Uruguay	Uruguayan	Uruguayan	Montevideo	Peso	ROU
Usbekistan	Uzbekistan	Uzbek	Uzbek	Tashkent	Som	UZ
Vanuatu	Vanuatu	Vanuatuan	Vanuatuan	Vila	Vatu	VU
Vatikanstadt	Vatican City				Euro	V
Venezuela	Venezuela	Venezuelan	Venezuelan	Caracas	Bolivar Fuerte	YV
Vereinigte Arabische Emirate	United Arab Emirates	(of the) United Arab Emirates	(of the) United Arab Emirates	Abu Dhabi	Dirham	UAE
Vereinigte Staaten von Amerika	United States of America	American	American	Washington	Dollar	USA
Vereinigtes Königreich von Großbritannien und Nordirland	United Kingdom of Great Britain and Northern Ireland		Briton	London	Pound Sterling	GB
Vietnam	Vietnam	Vietnamese	Vietnamese	Hanoi	Dong	VN
Weißrussland	Belarus Belorussia White Russia	Belorussian	Belorussian	Minsk	Rouble	BY
Zaire	Zaire	Zairese	Zairese	Kinshasa	Zaire	
Zentralafrikanische Republik	Central African Republic	(of the) Central African Republic	(of the) Central African Republic	Bangui	Franc CFA	RCA
Zypern	Cyprus	Cypriot	Cypriot	Nicosia	Euro	CY